KB162268

한글생활사 연구

한글생활사 연구

백 두 현

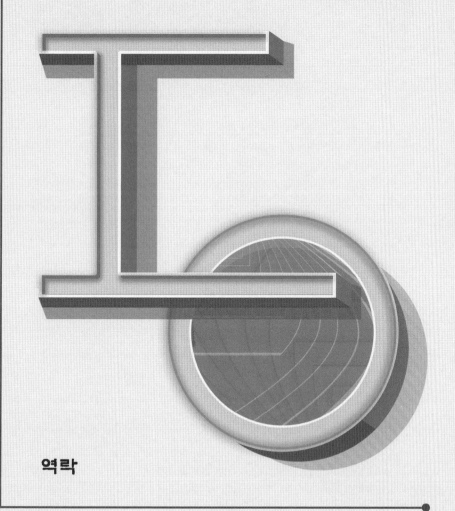

역락

머리말

인간의 언어생활은 크게 보아 '언어', '사람', '환경'이라는 세 가지 구성
요소로 이루어진다. '언어'는 음운·통사·어휘 등의 차원에서 크고 작은
요소가 중층적으로 결합하여 형성된 구조체이다. 이 언어를 사용하는 주체
는 '사람'이다. 언어는 사람 의존적 존재이다. 언어는 사람을 떠나서 존재
할 수 없다. 언어와 언어생활은 반드시 사람과 관련지어 연구되어야 한다.

언어생활에서 '환경'은 언어와 사람을 둘러싸고 있는 사회적·자연적 여
건을 가리킨다. 언어와 사람을 둘러싼 환경은 사회환경(social context)과 자연
환경(natural context)으로 나눌 수 있다. 환경은 언어의 특징을 형성하는 데 큰
영향을 미친다. 언어·사람·환경은 삼각의 축을 이루고, 이들의 상호 작
용이 하나로 수렴되어 언어생활을 형성한다.

국어학을 포함한 20세기의 언어 연구는 이 세 요소 중 '언어'에 초점을
두고, '사람'과 '환경' 요소는 의도적으로 일정한 거리를 두어 왔다. 언어에
대한 엄밀한 연구 방법론을 세우기 위해서 언어 구조에 집중하는 연구 태
도는 불가피한 선택이었다. '사람'과 '환경'에 대한 연구는 다른 여러 개의
분과 학문이 담당하였다.

그러나 언어에 작용하는 '사람'과 '환경' 요소를 일정한 수준에서 언어 연
구에 끌어들일 필요가 있었고, 실제로 그렇게 해 온 분야가 있다. 언어학에
서 '사람' 요소를 비중 있게 고려하는 분야로는 심리언어학, 인지언어학, 음

성학 등이 있다. '사회환경'을 중시하는 사회언어학, '자연환경'을 고려하는 방언지리학 등도 있다.

그러나 국어사 연구에서는 '사람'과 '환경'의 요소를 적극적으로 도입한 연구 방법론이 발전하지 못하였다. 언어 자료를 생성한 주체로서의 '사람'과 그 사람이 살았던 '환경'은 이미 과거의 시간 속에 흘러가 버렸기 때문에, 연구 대상으로 삼기가 쉽지 않다. 국어사 연구에 언어 외적 요소를 끌어들이는 것을 비언어학적 태도라고 생각하는 경향도 있다. 그런데 한글생활사 연구는 국어 연구에 한글을 사용한 '사람'과 '환경'을 끌어들여야 한다. 한글생활사 연구가 그리 활발하지 않았던 까닭은 이런 방법론적 특성과 연관되어 있다.

훈민정음 해례본에서 독창적 음성 분석 방법론이 창안되었고, 이런 전통을 바탕으로 주시경은 국어 연구를 위한 용어를 정립하는 등 새로운 방법론을 세우려 했다. 그러나 광복 이후 국어학 및 국어사 연구의 상당 부분은 서구의 언어학 이론을 수입하여 한국어에 내재된 규칙과 체계, 구조적 원리를 규명하는 데 몰두에 왔다. 이러한 노력의 결과, 우리는 상당한 학문적 성과를 이루어냈다. 언어 구조를 중심으로 한 언어 내적 연구에 집중함으로써 한국어에 대한 언어학적 이해를 심화시킬 수 있었다. 그러나 주시경이 추구한 독자적 용어 체계의 수립과 연구 방법의 모색은 후대에 정착되지 못하였다.

언어 내적 연구가 진행되면서 한국어학과 한국어의 역사적 연구(=국어사)는 정교함과 방법론적 치밀함을 획득하였고, 학문적 전문성이 심화되었다. 전문성의 심화는 현대 학문의 여러 분야에서 나타나는 공통적 현상이며, 전문가를 요구하는 시대적 흐름에도 부합된다. 그러나 전문성의 심화는 타 분야의 지식인이나 일반 교양인이 해당 분야를 이해하기 어렵게 만든다. 국어사 연구는 고도로 전문화된 연구 방법과 그 내용 때문에 교양 시민 혹은 대중과의 격절(隔絶)이 큰 것 또한 사실이다. 이것의 정도가 지나치게 되면 학자들의 연구는 사회적 관심에서 멀어져 점차 고립되어 가고 연구자 규모도 작아진다. 우리는 이 점에 유의하여 학문적 연구와 사회적 관심 간의 간극을 좁힐 수 있도록 노력할 필요가 있다.

국어사의 학술적 성과와 현황을 고려할 때 우리가 취할 수 있는 연구 방법은, 우리의 연구에 '사람'과 '환경'의 요소를 적극적으로 도입하는 것이다. 한국어의 내적 구조에 관심의 초점을 두되, 여기서 더 나아가 한국어와 한글을 사용하는 '사람'과 언어 사용을 둘러싼 '환경'을 적극적으로 고려하는 연구로 나아가자는 것이다. 현대 국어에서는 이런 방법의 적용이 그리 어렵지 않다. 특히 현대 국어를 대상으로 한 사회언어학 연구에서는 '사람'과 '환경' 요소를 당연히 고려해야 하고, 이것이 현실적으로 가능하다.

그러나 과거의 한국어를 기록한 문헌 기반의 국어사 연구에서 '사람'과 '환경'의 요소를 도입한 연구 방법의 개발은 쉬운 것이 아니다. 문헌 속의 한국어는 그것을 사용한 사람도 사라져 버렸고, 그것이 사용된 사회적 환경 혹은 맥락도 소멸되어 없어진 상태다. 과거의 한국어를 둘러싸고 있던 자연환경도 지금과는 다르다. 과거의 한국어에 대한 연구 즉 국어사 연구는 이런 점에서 불리한 여건에 놓여 있다. 국어사 연구는 문헌 자료 속에 투영된 언어 연구에 초점을 맞추지 않을 수 없었다. 국어사 연구자는 사람과 환경의 요소를 고려하는 데 있어서 원천적 제약을 안고 있는 것이다. 이러한 점 때문에 지금까지 국어사 연구는 문헌 자료에 반영된 언어 자료의 분석과 연구에 집중해 왔던 것이다.

과거의 한국어를 연구함에 있어 언어 내적 연구가 일차적이고 기본적인 것은 틀림없지만, 여기에만 그치게 되면 한국어를 폭넓은 시각으로 바라보기 어렵다. 과거의 한글 자료가 갖는 여러 가지 제약이 크지만 가능한 데까지 이 제약을 극복하려는 노력이 필요하다. 음운사·문법사·어휘사 연구를 뛰어넘어 더 넓은 시야를 가질 필요가 있다. 특히 언어생활의 중요한 구성 요소로서 언어 사용자인 사람과 이를 둘러싼 사회환경을 고려할 필요가 있다. 한글생활사 연구자는 국어사 문헌의 생산자와 향유자를 고려하고, 문헌 내용 속에 반영된 사람과 사회환경적 요소를 분석하여, 이를 언어 요소 연구와 결합시키려는 노력을 해야 한다.

한글생활사 연구는 한국어 연구의 새로운 길을 찾기 위한 시도의 하나이다. 과거의 한국어와 한글이 당대 한국인의 생활에 어떻게 작용했으며, 오늘날 현대 한국인의 삶에 어떤 영향을 미치고 있는지를 밝히는 것이 한글생활사 연구이다. 이 방향의 연구로 나아가기 위해서는 새로운 방법론이 요구된다. 국어사 자료에 반영된 언어 자체의 철저한 연구를 기반으로 하여, 인접 학문의 성과와 그 방법론을 참고하여 한글생활사 연구의 방법을 개발해야 한다. 서지학, 생활사, 한국사와 한국문화사 등 인접 분야의 연구 성과와 연구 방법을 주의 깊게 관찰하여 한글생활사 연구에 활용할 수 있는 길을 찾아야 한다. 그동안 축적되어 온 국어사 연구 성과를 기반으로 삼아, 오늘날의 시대적 요구를 고려한 재해석과 재창조의 노력이 필요한 시점이다.

한글생활사 연구는 한국인의 정체성을 드러내고 그 핵심에 접근하는 길의 하나이다. 한국인의 정체성은 한국어를 핵심 매체로 발현되기 마련이다. 한국어는 한글로 기록되어 왔다. 한국인의 정체성을 포착하고, 그 실체를 이해하는 길은 한글 연구에서 찾을 수 있다. 한국인이 형성해 온 정체성이 한글 문헌에 담겨 있다. 우리는 옛 한글 문헌을 통해 한국인이 형성해온 언어적 정체성을 포착할 수 있다. 한글생활사 연구는 과거의 한글 문헌에 대한 언어 내적 연구와 그 관점과 방법을 달리해야 한다. 저자는 일찍이 「국어사 연구의 새로운 방향 설정을 위하여」(2006년 국어학회 특강, 국어학 47호 게재)라는 제목으로 국어사 연구가 인접 학문과 소통하면서 동시에 교육과 문화 등 한국의 현실이 요구하는 과제에 부응해야 함을 주장한 바 있다. 이 책은 이러한 주장의 실천을 위해 필자가 지금까지 써온 글들을 다시 고쳐 쓰고, 이 책의 체제에 필요한 글을 새로 써서 함께 묶은 것이다.

이 책은 4개 부로 구성되어 있다. 제1부에서는 한국인의 문자생활과 어문생활사 연구 방법을 논하였다. 제1장은 용어 문제를 먼저 검토하고 문자생활사 자료의 서술 방법을 논하였다. 이어서 사용 문자를 기준으로 한국인의 문자생활사를 시대 구분하고, 사용 목적을 기준으로 문자생활을 다섯 부류로 나누어 논하였다. 제2장은 어문생활사의 관점에서 한글 편지와 한글 고문서의 연구 방법을 논한 것이다. 연구 방법을 검토하고 이어서 실제 사례를 통해 언간과 한글 고문서의 연구 방법을 논하였다.

제2부의 제1장은 한국어를 가리킨 명칭의 변천을 민족어 의식의 발달이라는 관점에서 논한 것이다. '國語'라는 한자어가 동아시아 한자 문화권에서 쓰인 양상과 우리나라에서 쓰인 '國語'의 유래와 뜻을 살펴보았다. 제2부의 제2장은 한국어를 표기한 문자의 명칭이 사료 속에서 어떻게 출현하였는지, 한글을 중심으로 한국 문자 명칭의 역사적 변천을 고찰하였다.

제3부는 한글의 사회적 활용이라는 관점에서 4개 장으로 세부 주제를 나누어 논하였다. 제3부 제1장은 사회적 의사소통 매체라는 측면에서 훈민정음의 기능을 다양한 자료와 기록을 통해 종합적으로 논한 글이다. 조선왕조실록 등의 사료에서 관련 자료를 찾고, 선행 연구자들의 논저에서 관련 사례를 찾아 사실을 기술하고 그것이 가진 의미를 해석했다. 한글은 한문자와 달리 신분을 초월한 소통 매체였으며, 공적 업무를 위해 왕과 관리들이 사용한 사례와 그 의미를 논했다. 백성이 주체가 된 상향적 소통에 한글이 이용된 자료들을 검토하고, 이러한 고찰에서 얻은 몇 가지 통찰을 제시하였다. 제3부의 제2장에서는 국가가 인민 통치를 위해 한글 문헌을 어떻게 활용했는지를 역사적 관점에서 논하였다. 윤리적 교화를 목적으로 한 한글 문헌의 간행과 임금이 백성과 소통하기 위한 윤음언해의 반포 등 다양한 자료에 초점을 두고 이것이 한글생활사에서 어떤 의미를 갖는지 논하였다. 의약서 언해본과 농서 편찬 등 인민의 후생복지를 위한 국가 정책에 한글이 활용된 사실을 검토하고, 이것의 정치적 의미를 논하였다. 제3부

의 제3장은 관리 선발 시험에 한글을 부과한 법률을 검토하고, 숙종 1년에 시행한 사채(私債) 문서 언문 사용 금지법의 의미와 이것이 후대에 미친 영향을 조선왕조실록에 나타난 사례를 들어 논하였다. 이어서 『삼강행실도』 언해본의 간행은 법률로 정하고, 이와 반대로 언문 사채 문서의 법적 효력을 없앤 양반 지배층의 모순된 정책을 짚어 보았다. 또한 갑오개혁 이후 공문식 법령의 제정과 그 의미, 대한민국 정부 수립 이후 한글 관련 법률의 변천을 논하였다. 제3부의 제4장은 훈민정음의 사용과 보급에 초점을 두고 선배 학자들의 연구 성과를 시기를 나누어 정리한 글이다. 글 말미에 필자가 생각해 본 앞으로의 연구 방향을 언급해 놓았다.

제4부의 3개 장은 모두 조선시대 여성의 문자생활을 논한 글이다. 2012년~2014년 사이에 필자는 「조선시대 여성의 문자생활」이라는 주제의 연구를 진행하여 세 편의 논문을 발표한 바 있다. 이 연구는 조선왕조실록 및 한글 필사본, 한글 편지와 한글 고문서, 음식조리서와 여성 교육서를 각각 나누어 조선시대 여성들이 영위한 문자생활을 다룬 것이었다. 제4부 제1장에서는 조선시대 여성의 문자생활을 조선왕조실록의 기록과 각종 한글 필사본 자료를 중심으로 논하였다. 제2장은 한글 편지와 한글 고문서를 중심으로 여성의 참여 양상을 계량적 방법을 적용하여 객관적으로 밝혀 보았다. 제3장은 한글 음식조리서와 여성 교육서를 중심으로 필사 관련 요소를 분석하여 여성의 문자생활에서 이들이 갖는 의미를 찾아본 것이다.

제4부의 3개 장은 저자가 한국학술진흥재단의 지원을 받아 쓴 글이며, 2007년에 시행한 인문사회분야 우수 성과에 선정되었던 논문이다. 이 논문들은 조선시대 여성의 생활에서 한글 문헌 자료가 활용된 양상과 그 의미를 파헤친 것이다. 한글생활사 연구를 문헌 자료와 기록에 실제로 적용해 본 글들이다. 저자의 이 연구들은 국어사 연구와 다른 학문 분과 간의 연계성을 만들기 위한 시도이기도 하다.

이 책은 한글생활사와 관련하여 필자가 발표했던 글들을 다듬어 고치고, 내용을 보완하거나 새로 써서 한 권의 책으로 엮은 것이다. 제1부의 제1장은 이전에 발표한 글의 형식과 내용을 대폭 고쳐서 새로 쓴 것이다. 제3부에 속한 4개 장 중에서 제1장 「사회적 의사소통 매체로 기능한 훈민정음」은 기존의 글은 약간 이용하였고 대부분 내용을 새로 썼다. 제2장 「국가의 인민 통치와 한글 문헌의 활용」 역시 필자가 앞서 발표했던 글을 전면 개수하여 새로 쓴 글이다. 제3부의 제3장 「법률 제정으로 본 한글의 사회적 활용」은 새로 쓴 글이다. 제3부 제4장 「훈민정음의 사용과 보급에 관한 연구 성과와 연구 방향」은 국립한글박물관의 공동연구 과제에서 저자가 맡아서 집필했던 글의 한 부분을 확장 심화하여 새로 쓴 글이다. 각 편의 최초 출처는 각 편 첫 면 하단 주석에 밝혀 놓았다.

한글생활사는 한국인의 어문 생활에서 한글이 어떻게 사용되어 왔고, 그것이 한국문화의 형성에 어떻게 작용했으며, 한글이 현대 한국인의 삶에 어떤 영향을 행사하고 있는지를 밝히는 학문이다. 이러한 연구는 한민족과 한국문화의 정체성의 핵심을 드러내는 길이며, 미래 한국인의 언어·문자 생활을 위한 방향 모색과 정책 수립에 필요한 기초가 된다. 지금까지 '한글생활사'를 주제로 한 학술 연구서가 출판된 적이 없었다. 이 책이 본격적 한글생활사의 체제와 내용을 갖춘 것은 아니지만, 앞으로 이 분야의 연구가 한 걸음 더 나아갈 수 있는 디딤돌은 될 수 있을 것이다.

2021년 5월 15일
백두현 씀

차례

제2부 한국어 명칭과 한국 문자 명칭의 변천

제3부 한글의 사회적 활용

제1부

한국인의 문자생활과
어문생활사 연구 방법

제1장
한국인의 문자생활과 한글

1. 어문생활사와 문자생활사

1.1. 언어생활 속의 글생활

언어는 그 표현 수단에 따라 음성언어와 문자언어로 나누어진다. 인간의 언어생활은 청각을 매개로 하는 음성언어 생활과 시각을 매개로 하는 문자에 의해 영위된다. 문자에 의한 언어생활을 '글생활'이라 하고, 음성에 의한 언어생활을 '말생활'이라 부른다.

흘러간 과거의 말생활에 대한 연구는 문자로 기록된 자료를 통해 부분적으로 가능하다. 그러나 시각적 표현 수단인 문자는 청각적 표현 수단인 말소리를 온전히 반영하지 못한다. 로마자나 한글 같은 음소문자라 하더라도 말소리를 반영하는 데 한계가 있다.

이 글에서 필자는 현대 사회처럼 언어생활의 확대가 일어나지 않았던 조선시대의 문자생활을 한글 사용에 초점을 두고 논한다. 음성언어에 의존

---

* 이 글은 『서강인문논총』 22호(2007, 서강대학교 인문과학연구소) 157-203쪽에 실었던 것을 대폭 수정하여 새로 쓴 것이다.

한 언어생활 연구는 흘러가 버린 조선시대에 적용할 수 없다. 조선시대에는 음성언어를 보존할 수 있는 장치가 없었기 때문에, 당시의 음성언어는 기록된 문자를 통해 간접적으로 엿볼 수 있을 뿐이다. 조선시대의 음성언어 생활에 대한 연구는 문자 의존적일 수밖에 없다.

조동일(2003) 선생은 음성언어 및 문자언어를 망라하여 '어문생활'이라는 용어를 사용하였다. 이 '어문생활'이란 용어는 언어생활이 '語文' 즉 '語'[말]와 '文'[글]을 매개로 이루어짐을 겉으로 드러낸 것이다. 어문생활은 말생활과 글생활로 영위된다. 말생활과 글생활은 어문생활(語文生活)의 두 측면을 고유어로 표현한 것이다. 말생활은 음성을 통한 언어생활을 다르게 표현한 것이라 할 수 있으나, 의미의 함축성이 더 풍부하고 외연이 더 넓다.

문자는 언어 음성을 표기하려는 노력의 산물이다. 과거 시대의 어문생활을 연구하는 것은 문자를 통해 흘러간 시대의 말생활을 들여다보려는 시도이다. 문자언어를 통하여 음성언어를 엿볼 수 있고, 문자생활(글생활)에 대한 연구를 통해 말생활의 일부를 포착할 수 있다. 문자는 말소리를 반영한 것이기 때문에 문자생활에 관한 연구는 곧 말생활 연구로 나아가기 위한 기초 작업이 될 수 있다. 이 글에서 필자는 조선시대의 문자생활 특히 한글 생활의 일면을 밝혀 보고자 한다. 이 작업은 우리 민족의 말글생활[語文生活] 연구를 위한 기초를 닦는 일이다.

1.2. 문자생활사 자료의 서술 방법

문자생활사 연구는 인간이 축적해 온 문자 기록물을 연구 대상으로 삼는다. 문자 기록물을 대상으로 하여 인간이 영위해 온 삶과 문화를 밝히려는 학문이 문자생활사 혹은 어문생활사 연구이다. 문자생활사 연구는 개인이나 집단의 생활 속에서 전개된 문자 행위 및 문자 활동에 초점을 둔다. 과거에 행해진 음성언어 활동을 현재의 연구자가 관찰할 수 없기 때문에,

연구자는 과거 사람들의 문자 활동에 의해 산출된 기록물(서적이나 고문서 등)을 통해 옛사람들의 문자생활을 엿볼 수 있고, 나아가 그 시대 사람들의 언어생활을 일면이나마 드러낼 수 있다.

　문자 기록 자료를 연구하는 방법은 자료 검토에서 시작한다. 문자생활사 자료를 연구하는 방법은 역사적 사실이나 사건을 기록할 때 쓰는 육하원칙(六何原則)의 기준을 활용할 수 있다. 문자 기록물을 분석함이 있어서 육하원칙에 따라 분석하고 서술하면, 자료의 실체를 가장 간명하게 파악할 수 있다. 문자생활사 관련 자료를 육하원칙에 따라 기술할 때, 육하원칙의 어느 항목에서 어떤 내용을 다루어야 하는지 고찰해 보기로 한다.

　1) 언제 : 문자생활 관련 자료의 기술에서 '언제'는 어떤 문자 활동이나 행위가 일어났던 시간적 위치를 뜻한다. 시간적 위치의 범위는 연구 목적이나 필요에 따라 넓게 잡을 수도 있고, 좁게 잡을 수도 있다. 몇 가지 예를 들면 다음과 같다.

　　① 고대, 중세, 근대, 현대
　　② 삼국시대, 통일신라시대, 고려시대, 조선시대, 개화기, 일제강점기, 분단시대
　　③ 10세기, 15세기, 19세기 등과 같은 세기별 범위
　　④ 1446년, 1894년, 2005년 등과 같은 연도별 범위

　우리는 문자생활사 서술의 목적이나 자료의 특성에 따라 위의 시간 범위 중 적합한 것을 가려서 사용할 수 있다. 예컨대 포괄적인 문자생활사를 논할 때는 ①, ②, ③과 같은 넓은 시간 범위에서 접근하고, 특정 문서나 금석문을 다룰 때는 그 자료가 산출된 연도 즉 ④를 밝혀 기술한다.

　2) 어디서 : 문자생활사 관련 자료의 기술에서 '어디서'는 어떤 문자 활

동이나 행위가 일어났던 공간적 위치 즉 장소를 의미한다. 공간적 위치도 서술 대상이 되는 문자 활동의 성격에 따라 그 범위가 넓을 수도 있고, 좁을 수도 있다. 포괄적 서술일 때는 '한반도', '신라 지역' 등과 같은 광범위한 지역 용어를 쓸 것이고, 석탑의 각문(刻文) 등 금석문 자료인 경우에는 그것이 존재하는 특정 지역이나 공간을 밝혀 기술한다. 예컨대, '서울에서', '경주에서', '사찰에서', '관청에서', '사가(私家)에서' 등과 같은 용어가 서술 대상 및 목적에 따라 달리 선택될 것이다. 조선시대 한글 필사본의 필사기에는 필사자가 거주한 지명이나 당호(堂號)를 밝혀 놓은 경우도 있는바 이런 사항이 '어디서'의 관점에서 기술된다.

3) 누가 : '누가'는 문자 활동의 행위 주체를 의미한다. 기록이나 문서 작성자가 명시된 경우는 특정 인명이 거론될 것이다. 그렇지 않은 경우는 문서의 내용을 분석하여 작성한 사람과 그의 신분을 추정할 수 있다. 예컨대 감산사아미타여래조상기(甘山寺阿弥陀如來造像記, 719년)는 그 본문에 '開元七年 歲在己未二月十五日 奈麻 聰 撰奉教'라는 기록이 나오므로 문자 행위 주체를 설총이라고 밝혀 말할 수 있다. 조선시대 한글 필사본의 필사기에는 필사자에 관한 정보가 나타나 있다. 필사자에 관한 정보가 지명, 택호 등으로 표기된 것이 많다. 사람 이름이 구체적으로 명시된 것은 매우 드물다. 필사자의 신분은 양반층이 대부분이나, 매매 문서의 서명자에는 양인(良人) 혹은 천민(賤民)의 이름도 등장한다. 문서의 주체가 양인 혹은 천민일 경우는 이른바 필집(筆執)이 대필한 것으로 본다.

4) 왜 : '왜'는 특정 문자 행위를 하게 된 동기나 목적을 의미한다. 문서 작성의 목적은 문서나 기록물에 따라 다르므로 다양하게 서술할 수 있다. 예컨대, 어떤 문자 활동이 종교적 목적에서 행해진 것인가? 실용적 목적에서 행해진 것인가? 기록물의 생산 목적이나 동기를 설명하는 것이 이 질문

에 대한 답이 된다. 앞에서 언급한 감산사아미타여래조상기(甘山寺阿弥陀如來造像記)의 경우는 '왜'라는 질문에 대해, '불상을 조성한 경위를 기록하기 위함'이라고 답할 수 있다. 한글 필사본의 경우는 편지와 생활에 필요한 문서 그리고 여성 교육서와 음식조리서 등과 같이 실용적 목적을 위해 작성한 것이 대부분이다.

5) **무엇을** : '무엇을'은 문자로 기록한 내용이다. 문서나 기록물, 서적 따위의 내용이 여기에 해당한다. 불상 조성의 경위(甘山寺阿弥陀如來造像記의 경우), 화엄경을 사경한 경위(華嚴經寫經造成記의 경우), 안부 인사(편지의 경우), 매매 대상(매매 문서의 경우) 등 다양한 내용이 '무엇을'에 해당한다. 조선시대 한글 필사본에는 여성 교육, 음식 조리, 각종 경제 행위, 종교 생활 등과 관련된 내용이 다양하게 포함되어 있다.

6) **어떻게** : '어떻게'는 문자 행위에 사용한 문자의 종류, 서사 도구, 서사 재료 등에 관한 설명이다. 사용 문자는 한문, 차자(구결, 이두 등), 한글 등으로 나누어 서술할 수 있다. 서사 도구는 붓이 대부분이나, 각필 구결 자료의 경우는 뾰족한 바늘과 같은 필기구가 사용되었다. 금석문의 경우는 돌에 글자를 새기는 정과 쇠망치까지 언급할 수도 있다. 서사 재료의 하나인 염료와 먹물 등의 서사용 물질을 밝혀야 하는 경우도 있다. 백회(白灰), 주사(朱砂) 등 문자를 표현하는 염료성 재료가 여기에 해당한다. 문자를 쓰는 바탕 물질도 서사 재료의 하나이다. 문자를 쓰는 바탕 물질이란 종이, 비단, 나무조각[木簡], 돌, 쇠, 뼈[甲骨], 도자기 따위를 가리키며, 이것들이 서사 재료가 된다. 그리고 서사 도구를 사용하는 숙련도와 기법도 '어떻게' 항에 넣을 수 있다. 서사의 솜씨를 뜻하는 달필과 졸필의 여부, 해서체 혹은 초서체 등의 서체(書体) 정보까지 '어떻게'에 넣어 기술할 수 있다.

위와 같은 육하원칙을 화엄경사경조성기(華嚴經寫經造成記)에 적용해 보면 다음과 같이 된다.

언제 : 755년에 (755년, 신라 경덕왕 14)
어디서 : 경주의
누가 : 붓글씨 쓰기[寫經]에 능숙한 어느 승려가
왜 : 불교의 가르침을 펴기 위해
무엇을 : 화엄경을 조성한 경위와 목적을
어떻게 : 한문과 차자를 이용하여 붓으로 닥종이에 썼다.

필사기가 있는 『음식디미방』에 이 원칙을 적용해 보면 다음과 같다.

언제 : 17세기 후기(1680년경)에
어디서 : 안동 및 영양에 살았던
누가 : 안동장씨(장계향) 부인이
왜 : 음식조리법을 전수하기 위해
무엇을 : 각종 음식과 술 만드는 방법을
어떻게 : 한글 문장을 붓으로 닥종이에 썼다.

'누가' 난에 적은 '안동장씨 부인'은 문헌 자체에 기록된 것이 아니라 집 안에서 전승되어온 구전(口傳)에 의한 것이다. 이 구전의 사실 여부는 현전 하는 『음식디미방』의 서지 사항(지질, 책의 보존 상태 등)과 필사본 한글의 서 체 등을 분석하여 방증(傍證)을 찾을 수 있다.

1.3. 문자생활의 범주화와 분류

문자생활의 다양한 양상을 범주화하는 일은 간단치 않다. 서술하고자 하 는 기준과 관점을 어디에 두는가에 따라 여러 가지 범주화가 가능하다. 필 자는 다음과 같은 세 가지 기준에 따라 한민족의 문자생활의 여러 부류를 나누었다.

1. 사용 문자를 기준으로
   1) 한자에 의한 문자생활
   2) 차자표기에 의한 문자생활
   3) 한글에 의한 문자생활
   4) 한자와 한글을 병용한 이중 문자생활
   5) 일본 문자 강요 시기의 문자생활
2. 사용 목적을 기준으로
   1) 실용적 문자생활 : 편지, 실용적 생활문서(매매·의례 등), 각종 생활 기록을 위한 문자생활
   2) 교육적 문자생활 : 윤리·품성 교육, 언어 및 문자학습, 지식 및 교양을 위한 문자생활
   3) 문학적 문자생활 : 문학작품의 창작, 독서, 기행, 행장(行狀)과 전기 등에 관련된 문자생활
   4) 종교적 문자생활 : 불교, 기독교 등 신앙생활을 위한 문자생활
   5) 학술적 문자생활 : 학술적 성격의 저술을 위한 문자생활
3. 사용자의 역할을 기준으로
   1) 독서자로서의 문자생활 : 각종 문헌을 읽는 주체로서의 문자생활
   2) 서사자로서의 문자생활 : 각종 문헌을 저술·필사하는 주체로서의 문자생활

위의 분류는 문자를 인간이 사용하는 도구의 하나로 간주하고, 어떤 도구를, 어떤 목적으로, 어떤 처지에서 사용하느냐를 기준으로 삼아 나눈 것이다. 이러한 분류 외에도 문자생활에 필요한 각종 도구와 재료(붓, 펜, 연필/종이, 비단, 갑골, 나뭇잎 등)를 기준으로 한 분류도 가능하다. 이 글에서는 서사 재료나 서사 도구 등은 제외하고, 문자생활의 성격을 파악하는 데 핵심적 요소가 되는 위의 세 기준에 따라 한민족이 영위해 온 문자생활사의 기본 틀을 세우고, 각각에 대해 논한다. 2장에서는 사용 문자를 기준으로 논하고, 3장에서는 사용 목적을 기준으로, 4장에서는 사용자의 역할을 기준으로 논한다. 3장과 4장에서는 사용 문자를 한글에 국한시키고 사용 목적 및 사용

자의 역할에 대해 논한다. 한자와 한문(=한문자)을 사용한 문자생활을 포함하면 대상 범위가 지나치게 확대되어 이 글에서 감당하기 어렵다.[1]

2. 사용 문자를 기준으로 본 문자생활

한 나라나 지역 안에서도 인종과 문화, 역사와 전통, 문자 사용의 목적 등에 따라 서로 다른 문자가 사용될 수 있다. 중국 대륙을 지배한 원나라의 몽골족과 청나라의 만주족은 그들의 역사를 기록하는 데 고유 문자와 한자를 병용했다. 한반도와 만주 일대를 무대로 살아온 우리 민족의 경우에도 문자생활은 이중적인 것이었다. 사용 문자의 종류를 기준으로 볼 때 우리 민족의 문자생활은 크게 두 가지로 나누어진다. 한자에 의한 문자생활과 한글에 의한 문자생활이 그것이다. 전자를 다시 나누어 한자를 변용한 차자표기에 의한 문자생활을 따로 세울 수 있다. 차자표기 중에서도 이두나 향찰과 달리, 약체(略體) 구결자는 본래의 한자 자형을 과감히 줄인 글자를 만들어 쓴 것이라는 점에서 다시 차별화된다.[2]

2.1. 한자(漢字)에 의한 문자생활

우리 민족의 문자생활은 중국으로부터 한자가 유입됨으로써 첫 단계의 문이 열렸다. 한자의 유입 시기는 학자에 따라 약간의 차이가 있으나 기원전 300년 전후(황위주 1996)으로 봄이 일반적이다. 기원전 108년경 한나라가 고조선 지역에 낙랑군 등 사군을 설치함으로써 한자를 비롯한 중국 문명의

---

1) 한문자에 의한 한국인의 문자생활에 관한 연구는 한문학 전공자들에 의해 수행되어 왔다.
2) 그러나 약체화하지 않은 구결자도 병용되었다.

한반도 유입이 본격화되었다.3) 고구려가 서기 313년에 낙랑을 멸망시키며 한반도의 주요 세력으로 등장하였다. 고구려는 국초(소수림왕 시기로 추정)에 『留記』(유기) 100권을 편찬하였다. 서기 600년(영양왕 11)에 태학박사 이문진 (李文眞)으로 하여금 『유기』를 재편하여 5권으로 된 『新集』(신집)을 엮었다고 하니, 이미 국초부터 한문을 사용했음을 알 수 있다. 백제가 『書記』(서 기)(375년)를 편찬하고, 신라는 『國史』(545년)을 편찬하였다. 고구려, 백제, 신 라의 역사서 편찬은 한문을 이용한 대표적 문자 활동이다. 고구려가 372년 (소수림왕 2)에 태학(太學)을 세워 학자를 양성함으로써 한문에 의한 문자생활 이 크게 발전했을 것이다. 백제는 왕인을 보내어 일본에 한문과 서적을 전 수하였다.

신라의 경우, 399년에 가야와 왜의 연합 세력의 공격을 받아 위태로워지 자 고구려 광개토왕의 군사가 남진하여 신라를 구원하고 장기간 신라에 주 둔하였다. 이때 고구려의 영향으로 한문 사용이 늘었고, 6세기를 거치면서 한문 능력이 향상되었으며,4) 8세기에는 중국에서 인정하는 수준이 되었다 고 본다(주보돈 2002 : 395, 400, 401). 그 후 강수와 설총 등의 유학자와 원 광5) · 원효 · 의상 등 불교계의 고승들에 의해 신라의 한문 능력은 원숙해 졌을 것이다.

---

3) 이하의 서술 내용은 송기호(2002), 주보돈(2002)를 참고한 것이다. 전자는 삼국시대 등 고대의 문자생활 전반에 대한 연구이고, 후자는 신라의 한자와 한문 수용에 초점을 둔 연구이다.

4) '법흥왕'의 표기에 나타난 차이가 그 증거이다. 울진 봉평비(524)에 법흥왕을 '牟卽智'로 표기했고, 울주 천전리서석(539)에는 '另卽智'로 표기했다. 천전리 서석 을묘명(乙卯 銘)(535)에 '法興大王'이라 하여 불교식 순 한자어로 표기되어 있다. 법흥왕의 다음 왕인 진흥왕부터는 한자어 왕호만 쓰였다. 승려의 법명도 이 시기에 한문식으로 변화하였다. 불교 수용이 신라의 한문화에 큰 영향을 미친 것이다(주보돈 2002 : 414). 법흥왕 대인 530년대가 고유어식 인명 표기가 한자어식 인명으로 넘어가는 과도기인 듯하다. 이상 의 내용은 주보돈의 설을 필자가 정리한 것이다.

5) 원광법사는 진평왕 30년(608)에 고구려를 정벌해 달라고 수나라에 요청하는 「乞師表」를 지었다(주보돈 2002 : 400).

1446년 훈민정음이 반포되기까지 거의 1700~1800년 동안[6] 한문자(한자+한문)를 아는 지식 계층에 국한하여 문자생활이 이루어져 왔다. 고려와 조선의 문무반 지식인층은 한문자로 문자생활을 영위했다. 과거(科擧) 시험의 답안 작성은 물론, 국가의 공적 기록과 국정에 대한 의견 진술, 시문 창작, 사사로운 편지 쓰기 등 문자생활의 모든 국면에서 거의 대부분 한문자를 썼다. 조선시대 남성 양반 지식인이 한글 문장을 쓴 경우는 시조나 가사 등 문예물 창작과 부인에게 보내는 한글 편지 등 몇몇 경우에 한정되었다. 이러한 문자 사용의 편중은 갑오개혁(1894) 이전까지 지속되었다. 조선시대에 한문자를 익힌 양반가 여성 중의 소수는 한시문 창작과 간찰 작성은 물론, 한문으로 지은 학술적 저술을 생산하는 등 한문자의 사용이 비교적 자유로웠다. 허균의 동생 허난설헌, 미암 유희춘의 처 송덕봉, 정부인 장계향, 임윤지당 등이 그러한 예이다.

그런데 한문자에 의한 문자생활도 그 내용을 들여다보면 단순치 않다. 백화문(白話文)이 아닌 중국 고문(古文)으로 기록된 각종 전적과 문헌을 통한 문자생활이 있는가 하면, 중국 한자의 음훈을 이용하여 우리말을 표기한 문자생활도 있었다. 후자는 기본적으로 한자를 이용한 것이기는 하나 한자를 이용한 방법이 현저히 달랐다. 한자의 음훈을 이용한 우리말 고유명사 표기, 향찰식 표기, 기록 문서에 이용된 이두식 표기 등은 한자를 이용한 창의적 문자생활의 일면이다. 특히 한문 학습에 병용된 구결자는 한자의 음훈을 이용한 것이나, 한자 자형을 크게 간소화하여 원래의 한자와 전혀 다른 꼴로 바꾸어 썼다. 이것이 약체 구결자이다. 일본의 가나문자와 함께, 약체 구결자는 한국어의 음절 구조에 알맞도록 한자의 음과 훈을 빌려 이를 약체의 한자로 표기한 것이다. 약체 구결자는 한자의 자형과 음훈을 독창적으로 변용한 사례이다.

---

6) 여기서 말하는 1700~1800년이란 수치는 기원전 3세기경 한자 도입을 시작으로 하여 계산한 시기다.

2.2. 차자표기에 의한 문자생활

차자표기는 한자의 음과 훈을 빌려 우리말을 적는 방식을 가리킨다. 구결, 향찰, 이두의 표기 원리는 음차와 훈차라는 점에서 공통성을 가진다. 즉 한자의 음과 훈을 빌려 우리말 어휘나 문법형태를 표기한 것이라는 점에서 서로 같다. 그러나 이들은 그 쓰임새[用途]에 차이가 있다.

① 이두에 의한 문자생활

흔히 '이두'라는 용어는 광의와 협의 두 가지로 쓰이고 있다. 광의의 '이두'는 차자표기 전반을 포괄하는 용어이고, 협의의 이두는 실용문과 사건 기록 등의 문서에 쓰인 우리말 표기를 가리킨다. 고대의 이두는 신라시대 금석문·촌락 문서·목간(木簡) 그리고 고려시대의 금석문에서 찾아볼 수 있다. 조선시대의 이두문은 많은 자료가 전해지고 있다.

신라시대의 이두 자료인 감산사아미타여래조상기는 설총이 지은 것이다. 설총은 유교 경서를 신라말로 풀이하여 읽은 당대 최고의 한문 독해자였다. 고려시대의 이두문 자료로 남아 있는 정도사(淨兜寺) 형지기(形止記)나 공신 유경(柳璥)의 녹권(錄券) 등은 당시 지방사회의 승려 혹은 중앙 관인에 의해 지어진 것이다. 조선시대의 이두문 작성자는 공무에 종사하는 양반 혹은 서리층이 중심이었다. 조선시대의 관문서는 이두문으로 작성된 것이 많으며, 개인 간의 매매 문서 등도 일정한 투식의 이두문으로 작성되었다.

이두는 가장 오랜 기간 동안 관문서 작성에 사용된 문자였다. 세종은 훈민정음을 만들어 형벌과 옥송(獄訟) 관련 문서[刑殺獄辭]에 쓰이는 이두를 훈민정음으로 대체하려고 했다.7) 옥송 문서 작성을 맡은 실무자들이 정음 문

---

7) 세종의 이러한 의도는 최만리 등이 낸 언문 반대 상소문에 나와 있다. 若曰如刑殺獄辭, 以吏讀文字書之, 則不知文理之愚民, 一字之差, 容或致冤. 今以諺文直書其言, 讀使聽之, 則雖至愚之人, 悉皆易曉而無抱屈者.("만일 刑殺에 대한 獄辭(조선서나 판결문)를 吏讀文으로 쓴다면 文理를 모르는 어리석은 백성들이 한 글자의 착오로 간혹 원통한 일을 당할 수 있다.

서 작성 능력을 갖추도록 하려고 세종은 신문자 창제 직후에 이서(吏胥) 선발 시험 과목에 훈민정음을 부과하기도 했다. 최만리 등의 언문 반대 상소에는 이서들에게 언문을 가르치는 일을 비판한 내용이 있다. 그러나 이두 문서의 정음 문서화가 정착되기 전에 세종이 승하하여 형살옥사(刑殺獄辭) 문서의 이두 문자를 정음 문자로 대체하려던 세종의 뜻은 결실을 맺지 못하였다. 세종 이후에 이 정책은 중단되었다. 세종 이후의 그 누구도 이두 문서를 정음 문서로 대체하려는 세종의 뜻에 관심을 두지 않았다.

세종 대 이후부터 갑오개혁 때까지 매매와 거래 등 각종 실용 문서는 물론 관아에서 작성한 각종 공문서는 한문 혹은 이두문으로 작성되었다. 이두가 이렇게 계속 사용된 까닭은 언문을 경시한 양반층의 태도에 있다. 한문과 이두로 쓴 문서는 양반층과 이서(吏胥)층이 평민층을 지배하는 수단이었다. 이두문의 지속적 사용은 언문을 경시한 양반층의 태도 및 지배 계급의 이익을 지키려는 의지가 복합적으로 작용한 결과이다. 행정과 통치용 문서에 사용하는 문자를 지배층이 전유함으로써 그들의 사회적 특권과 지위를 지키려 한 것이다.

② 향찰에 의한 문자생활

향찰은 신라 노래인 향가의 표기에 이용되었다. 우리말 문장의 어휘 요소와 문법형태를 모두 표기한 것이 향찰이다. 향가 가사에 포함된 우리말 요소를 모두 표기한 향찰은 신라 향가, 균여 향가, 고려 예종의 「도이장가」 등에 이용되었으나 점차 퇴조하여 쓰이지 않게 되었다. 그런데 최근 제주도의 무당 노래를 채록한 『풍속무음』(제주대학교, 1994)의 가사에 향찰식 표

그런데 이제 諺文으로 그 말을 직접 써서 읽고, 그들로 하여금 듣게 한다면 비록 지극히 어리석은 사람이라도 모두 다 쉽게 이해해서 억울함을 당할 자가 없을 것이다."라고 한다면 이는 옳은 말인 것 같습니다.) 원문과 번역문은 한우근·이태진 편저(1984 : 102-107에서 인용.

기와 군두목식 표기[8]가 여전히 유지되어 있음을 발견하였다. 『풍속무음』
에 실린 가사의 한 예를 보이면 다음과 같다.

> 천년 살 집 지어 사는 千年生屋 造居何隱
> 하늘로 내린 물 天午路下限水 (상권 39쪽)
> 산오로 흘어 내린 물 山午路流下限水 (상권 39쪽)
> 개 고양이 손 시슨 물 狗猫手洗限水 (상권 40쪽)
> 쌀 주명 물 주명 멀리 모라 내자米授命 水授命 遠伊 驅出何者 (상권 47쪽)
> 왕으로 하시오 하니 王午路何是要何尼 (상권 249쪽)

'生屋'(살 집), '天午路'(하늘으로), '洗限水'(씻은 물) 등에서 음가자와 훈독자
를 관찰할 수 있다. 20세기에 수집한 제주도 무가(巫歌)에 우리의 오래된 전
통적 표기 방식이 남아 있음을 확인할 수 있다. 향찰 표기의 전통이 천여
년의 거리를 뛰어넘어 전통 신앙을 상징하는 무가에 전승되어 온 사실은
주목할 만하다. 전통문화 요소가 녹아 있는 무가 가사에 대한 국어사적 연
구가 필요하다.

③ 구결에 의한 문자생활

구결은 경서 등 한문을 읽을 때 문장 구조를 이해하고자 우리말 문법형
태(조사와 어미)와 일부 어휘소(ㅎ-, 이- 等)를 삽입하여 표기한 것이다. 구결
은 한문 학습을 위해 만들어진 특수 문자 체계이다. 설총이 방언으로 구경
(九經)을 읽었다는 삼국사기의 기록[9]은 구결이 한문 학습에 이용되었음을

---

8) '군두목'은 '軍頭目' 혹은 '群都目'으로 적는다. 군두목은 한자의 뜻은 거의 무시하고 그
   음만을 빌려서 적는 방법으로 예로부터 군영의 문부(文簿) 작성에 사용되었다(김민수
   1982 : 191). '지갑'(紙匣)을 '地甲'으로, '바지'를 '把持', '홍독개'를 '弘道介'로 적는 식이다.
9) 薛聰 字聰智 祖談捺奈麻 父元曉 (…중략…) 聰性明銳 生知道術 以方言讀九經 訓導後生 至今
   學者宗之 又能屬文 而世無傳者 但今南地 或有聰所製碑銘 文字缺落不可讀 竟不知其何如也 (三
   國史記 卷第四十六 列傳 第六 强首 崔致遠 薛聰)

증언한 것이다. 구결 문자는 고대로부터 조선시대에 이르기까지 꾸준히 사용되었다. 현전하는 가장 오래된 구결 자료는 고려시대까지 소급된다. 11-12세기의 각필 구결 자료와 13세기의 석독구결 자료, 14세기의 음독구결 자료가 있다.

한문 학습에 구결이 쓰인 배경은 크게 두 가지 정도를 상정할 수 있다. 하나는 한문의 뜻을 이해하기 위해 한문으로 쓴 문장의 문법 구조를 우리말 구조로 분석하기 위함이다. 분석된 한문의 어절 단위에 우리말 문법형태를 삽입한 것이 구결이다. 특히 석독구결은 한문 구조를 우리말 구조로 바꾼 것이다. 다른 하나는 구결을 붙임으로써 주요 경서의 해석을 공론적 차원에서 확정하여 잘못된 해석을 없앨 수 있다는 점이다. 세종 때 권근 등에게 경서에 구결을 달도록 한 국가 정책은 이러한 목적을 실현하기 위함이었다. 인쇄 구결을 붙여 간행한 『대학토석』(大學吐釋), 『예기집설』(禮記集說) 등은 주요 경서의 풀이를 통일하려는 의도를 담고 있다.

우리가 만든 문자로서 한국 문자 사용의 역사에서 가장 오랫 동안 쓰인 문자는 구결자이다. 8세기에 활동한 설총 이후, 21세기인 지금까지도 여전히 구결자가 사용되고 있다. 구결이 조선시대는 물론 현재까지 전승되는 까닭은 한문 학습의 보조 도구로서 유용한 것이기 때문이다.

이두와 향찰은 한자의 온전한 자형을 이용하지만 구결은 자획을 과감하게 줄인 약체자를 사용한다는 점[10]이 크게 다르다. 구결 표기에 한자 약체자를 사용하는 이유는 두 가지 정도로 생각해 볼 수 있다. 첫째, 한문 문장의 좁은 행간(行間)에 구결을 기입해야 하기 때문에 획수가 많은 정자체 한자보다 획수가 적은 약체자로 써야 편리하다는 점이다. 둘째, 스승이 구송(口誦)하면서 한문구에 붙이는 토씨를 제자(=학습자)가 듣고 좁은 행간에 빠

---

10) 이기문(2005 : 242)은 약체 구결자를 다음과 같이 평한 바 있다. "구결자는 참으로 대담무쌍하다고밖에 표현할 수 없습니다. 漢字를 완전히 해체한 것입니다. 漢字에 대한 큰 모독이라고 할 만한 것으로 중국인들은 생각도 못한 일입니다."

르게 써넣는 데 약체자를 쓰는 것이 편리하다는 점이다. 약체 구결자는 속기용(速記用) 서체라 할 수 있다.

우리 조상들은 이두, 향찰, 구결 등과 같이 한자를 이용하여 우리말을 표기하는 방법을 고안해 냈다. 그러나 이러한 차자들은 우리말의 소리를 온전히 표기해 내기 어려운 본질적 한계를 지니고 있다. 박제가는 중국과 달리 조선은 구어와 문어의 불일치 때문에 생각의 표현에 한계가 있음을 인식하고, "우리나라는 중국과 매우 가깝고 성음이 대략 같으니 온 나라 사람이 본국 말을 버린다고 해도 불가할 것이 없다."(조성산 2009 : 187)라고 말하기도 했다.11) 한문 텍스트를 읽고 이해하는 것이 어려울 뿐 아니라, 내면 깊은 곳의 정서나 심오한 학문적 사상을 한문에 담아 표현하기 어려운 점을 인식했던 것이다. 박제가의 말은 음성언어와 문자언어 간의 괴리로 인해 조선의 학자들이 겪은 어려움과 고통에서 비롯된 것이며, 한문 글쓰기의 한계를 인식한 것이기도 하다.

2.3. 한글에 의한 문자생활

훈민정음의 창제와 반포는 한국의 문자생활사에서 가장 굵고 큰 획을 그은 사건이다. 이두와 향찰은 한자의 음과 훈을 이용하여 우리말을 표기한 것이기 때문에 우리말의 표기에 근본적 한계를 가진 방식이었다. 이 한계를 완벽하게 극복해 낸 것이 훈민정음이다. 훈민정음 창제는 우리말의 모든 요소를 배우기 쉬운 문자로 표현해 낼 수 있게 하였다. 그리하여 훈민정음은 한자와 한문을 모르는 여성과 하층민들도 문자생활을 가능케 하였다. 문자로 자기의 생각과 느낌, 감정과 정서를 한 번도 표현해 보지 못

---

11) 박제가(朴齊家), 박지원(朴趾源), 이희경(李喜經) 등은 조선의 언문불일치 문제를 고민하였고, 음성언어와 문자언어의 괴리에 대해 논하였다. 이에 대한 설명은 조성산(2009)을 참고하였다.

했던 사람들에게 훈민정음은 크게 환영받았을 것이다.

그러나 훈민정음이 너무나 배우기 쉬운 문자이고 학문적 용도가 아니라 일상적 조선어를 적어낸다는 점에서 양반층은 '어제' 훈민정음을 오히려 낮잡아 보았다. 훈민정음은 국사(國事)의 기록을 위한 문자가 되지 못하는 것이라 여겼으며, 학문적 탐구 결과를 표현하는 학문용 문자가 될 수 없는 것이라고 보았다.

그리하여 훈민정음이 반포되어 널리 알려진 이후에도 이 문자는 국가의 공적인 기록 문자가 되지 못하였고, 학문용 문자가 되지 못하였다. 국가의 공적 기록은 계속 한문으로 쓰여졌고, 관청에서 공무로 작성하는 문서도 이두문 혹은 한문으로 썼다. 양반 지식인층이 지은 학문적 글은 모두 한문으로만 썼다. 한글로 작성한 공문서는 법률적 효력을 인정받지 못했다.[12] 금전 차용증 등의 실용 문서를 한글로 작성하지 못하게 한 숙종 때의 법률 규정은 한글 사용을 개인적·사적 차원에 국한시키고 공적 문서에 한글이 진입하는 것을 막았다. 드물게나마 전하고 있는 한글 고문서는 대부분 19세기의 것이다. 19세기에 들어서 한글 문서 작성을 금지하는 법률 규정의 효력이 상대적으로 약화되었던 듯하다.

19세기 후기에는 한글 문해자가 얼마간 늘어났을 것으로 판단된다. 다음과 같은 몇 가지 사실이 이 판단을 뒷받침한다. 19세기 후기에 낱장으로 된 한글 음절표가 목판으로 간행되어 팔리기도 했다. 한글 편지를 쓰는 방법을 설명한 『언간독』이 여러 곳에서 방각본으로 간행되었다. 남아 있는 한글 편지 자료는 19세기 이후의 것이 가장 많다. 한글을 배운 사람이 늘어나 편지를 더 많이 쓴 것이다. 18세기 말기 이후부터 19세기에 걸쳐 한

12) 『속대전』(續大典) 호전(戶典) 징채(徵債) 항에 "언문으로 되었거나 증필이 없는 사채(私債) 문서는 소송을 들어 주지 않는다."(私債成文 諺文及無證筆者 勿聽)라는 조항이 있다. 이 법령은 1675년(숙종 1)의 수교(受敎=王命)에 근거한 것이며, 수교집록(受敎輯錄) 호전 징채 항에 수록되어 있다.

글 소설[古談]이 방각본으로 간행되어 널리 읽혔다. 19세기 후기에는 동학의 확산으로 동학가사를 통해 한글을 배운 농민도 있었을 것이다.

개화기 이후 독립 국가로서의 민족의식이 싹트게 되면서, 우리 문자에 대한 주체적 인식이 형성되었다. 1894년의 갑오개혁과 더불어 정부 조직이 개편되고, 공문서 작성 문자를 국문을 본으로 삼는다는 법령이 새로 공포되었다. 이에 따라 '언문'이 '국문'(國文)으로 승격되었다.[13] 훈민정음은 1446년에 반포된 후 수백 년 동안, '언문'이라 불리면서 양반가의 남녀와 극소수의 하층민 사이에서 일상생활의 용도로 '약간' 쓰이면서 근근히 자생해 왔었다. 이렇게 생존해 온 '언문'이 1894년 갑오개혁에 이르러 드디어 '국문'으로 제자리를 잡았으니, 이는 천지가 개벽(開闢)한 역사적 대사건이라 아니할 수 없다. 언문은 448년 동안 국가 공용(公用) 문자가 되지 못하였고, 주로 남녀가 주고받는 편지나 개인의 사사로운 기록용 문자, 그리고 시조·내방가사·언문 소설(小說) 등에 쓰이면서 그 명맥을 유지해 왔다. 이런 상태가 448년 동안이나 이어지다가 1894년에 드디어 혁명적 전환기를 맞이한 것이다. 국가 법률을 통해 언문을 국문화한 법률의 공포는 훈민정음 반포 이후 가장 큰 사건이었다. 갑오개혁 이후 국문 전용 및 국한문 혼용 신문이 창간됨으로써 국문이 공론장의 문자로서 국가의 사회정치 문제를 논하는 문자로 기능하게 되었다. 한문만 통용되던 조선시대의 공론장 문자가 국문으로 대체된 것이 이 변화의 핵심이다. 송호근(2011)(2013)은 한글 문해 인민의 성장에 착안하여 공론장의 구조 변동에 따른 한국 사회의 변화를 관찰하고 이에 대한 새로운 관점을 제시하였다.

그러나 전면적이고 실질적인 문자생활의 한글화는 시간이 더 필요하였다. 공문서를 포함한 공공적 문자생활의 한글화는 1894년 이후에 계속 진

---

13) 1894년(고종 31) 6월 25일에 설치된 군국기무처(軍國機務處)에서 6월 28일에 관제를 개혁하면서 '언문'을 '국문'(國文)이라 고쳤다. 고종실록의 고종31년 6월 28일 기사에 학무아문(學務衙門)의 편집국(編輯局)에서 '국문철자(國文綴字)'를 관장한다는 규정이 나온다.

행되었다. 대한제국기를 포함한 20세기 초기의 각종 간행물들이 국한혼용체 문장을 썼다고 하나, 한문 서적과 별반 차이가 없다고 할 만큼 한자어와 한문구 사용이 많았다. 지나친 한자어와 한문구 사용으로 국문은 토씨 표기에 사용되었다고 할 정도이다. 개화기의 선각자 유길준이 국한문체로 썼다고 한 『서유견문』도 그러했다. 이런 상태의 한글 사용을 두고 문자생활의 한글화가 이루어졌다고 말하기 어렵다.

일제강점기는 일본어와 일본 문자가 '國文'의 자리를 강탈하여 조선의 문자는 정상적 발전을 할 수 없었고, 오히려 존망의 위기에 빠지기도 했다. 1945년의 광복 이후 민주 공화국 정부가 수립되면서 국가가 주도한 한글 교육이 제대로 이루어지기 시작했다. 한글 문해자 비율은 빠르게 높아져 갔다. 1950년에 발발한 육이오 남북전쟁이 끝난 1953년 이후에 국민 의무 교육이 강화되었고 국어교육이 각급 학교에서 시행되었다. 한글 문해율이 크게 높아지면서 한글 전용을 주장하는 목소리가 높아졌고, 교과서와 신문 등에서 한자가 크게 줄어들었다. 1970년대에 한자 교육이 일시적으로 폐지된 시기를 거치면서 1980년대 이후에는 신문의 한글 전용이 크게 늘어났다. 한자는 학술서나 논문 등의 특수 목적을 가진 글에 국한되었고, 대중적 독서 매체에서 사라져 갔다. 그리하여 1990년 후반 이후부터 대중 매체의 전형인 신문에서 한자는 거의 사라졌다. 대중 독서 매체에서 한자가 사라진 1990년대는 문자생활의 전면적 한글화가 완성된 때라 할 수 있다.

지금까지 조선시대 이후 전개된 한글 사용의 확대 과정을 간략히 정리해 본 셈이다. 문자생활의 한글화에 기여한 문헌 부류와 각 부류의 대표적 장르는 다음과 같다.

① 실용 생활문 : 대표적 매체는 언간. 언간은 개인의 실생활에서 한글로 직접 문장을 작성하였던 매체로서 한글의 확산에 중요한 역할을 하였다. 이 판단은 현전하는 언간의 발신자와 수신자를 분석한 결과에 근거한 것이다(백두현 2005).

② 문학서 : 대표적 매체는 한글 고소설과 내방가사. 한글로 표기된 문학
작품 중 일반인들에게 가장 널리 사랑을 받았던 것이 한글로 쓴 옛날
이야기 즉 한글 고소설이다. 18세기 이후 한글 고소설의 간본과 이를
필사한 자료가 널리 유포되었다. 한글 소설은 일찍부터 한글 전용을
실천한 대표적 장르라는 사실도 주목받아 마땅하다.

③ 종교서 : 불교서, 동학가사, 기독교서 등.『석보상절』,『월인석보』, 간
경도감판 불교서 언해 등의 한글 불교서는 한글 창제 초기부터 한글
의 확산에 중요 역할을 하였다. 16세기부터 19세기 말까지 각 지역에
서 꾸준히 간행된『부모은중경언해』와 18세기 이후 전국의 여러 지
역에서 간행된『염불보권문』은 한글의 대중화에 일정한 영향을 끼쳤
을 것이다. 후자는 포교서로 평민 이하의 하층민을 염두에 둔 출판물
이다. 19세기 후기의 동학가사와 한글 성경 등 기독교서도 한글 확산
에 기여했다.

④ 신문 :「독립신문」등 한글 신문. 개화기 인민들에게 큰 영향을 미친
「독립신문」과「제국신문」은 처음부터 한글을 전용하여 한글 보급과
인민 계몽에 크게 기여했다. 과거에 없던 비판적 공론장을 제공함으
로써 한글의 사회적 역할을 혁신하였다. 한국어와 한글이 공론장의
말과 문자로 기능하게 됨으로써 진정한 의미의 '근대'가 시작되었다
고 해도 과언이 아니다.「독립신문」의 한글 전용은 공론장 문자의 역
사적 전환을 통찰한 선택이었다.『독립신문』은 1896년에 서재필이
창간하였고, 정부 비판적인 논조가 적지 않았다.[14]

⑤ 신교육 교과서 : 국민 교육을 위해 편찬된 한글 교과서. 국문 교육이

---

14)『독립신문』을 마땅치 않게 여겼던 고종 정부는 신문사를 경제적으로 압박하였고, 사
옥 건물의 국가 반환을 요구하였다. 서재필은 정부의 압력을 견디지 못하고 1899년 12
월 24일에 신문사를 정부에 양도하기로 결정했다. 언론의 비판을 싫어한 고종 정부는
독립신문사를 매수한 후 복간을 약속했으나 이행하지 않았다. (한국민족문화대백과
사전 참고)

국가의 제도적 교육으로 자리잡게 된 때는 1895년부터이다. '학부고
시 제4호(學部告示第四號)'가 발령됨으로써 한글 교육은 법률적 시민권
을 얻게 되었다.15) 대한제국 학부에서 간행된 교과서의 문장은 한문
투에 한글 토씨를 겨우 넣은 정도였다. 『국민소학독본』(1895), 『만국역
사』(1895), 『소학독본』(1895), 『소학만국지지』(1895), 『조선역사』(1895), 『조
선지지』(1895), 『신정심상소학』(1896), 한문본 『泰西新史』를 번역한 『태
서신사』(1897) 등이 여기에 해당한다. 이 교과서류보다 앞서서 외국인
이 간행한 책이 오히려 국문 전용으로 되어 있다. 외국인 선교사 호
머 헐버트가 간행한 『사민필지』(1889)는 세계의 지리와 문화에 관한
지식을 순 국문으로 가르친 근대 교육서로의 역사적 의의가 크다.

2.4. 한문과 한글을 병용한 이중 문자생활

세종은 훈민정음을 창제하면서 한자와 정음자를 함께 쓸 수 있도록 조
처를 해 놓았다. 해례 합자해에 "초성 중성 종성 세 소리를 합하여 글자를
이룬다."16)라고 규정하여 음소 문자로 만든 정음자를 음절자처럼 운용하도
록 했다. 세 소리를 합한 글자, 즉 초성자+중성자+종성자를 결합한 음절
자는 사각형 구조를 갖게 되고 이는 한자의 사각형 구조와 조화롭게 어울
리게 된다. '孔子ㅣ 魯ㅅ:사룸'과 같이 한자와 정음자를 섞어서 쓸 때[文與諺
雜用]의 예시까지 합자해에 제시해 놓았다.17) 그리고 훈민정음 창제 이후
이 문자로 만든 최초의 문장인 『용비어천가』 한글 가사를 국한혼용(國漢混

15) 학부고시 제4호(學部告示第四號) : (…중략…) 學徒 八歲以上으로 十五歲꼬지 增集ᄒᆞ야 其
科程은 五倫行實로붓터 小學과 本國歷史와 地誌와 國文과 算術其他外國歷史와 地誌等 時
宜에 適用ᄒᆞᆫ 書冊을 一切敎授ᄒᆞ야 (…하략…) ○학생은 8살부터 15살까지 더 모집하고
그 과정은 오륜행실로부터 소학과 우리나라 역사와 지리, 국문, 산술 그 외에 외국 역
사와 지리 등 시의에 적용되는 책을 일체 가르쳐서…. (고종 32년 9월 28일)
16) 初中終三聲 合而成字 <正音解例20b_3>
17) 文與諺雜用則有因字音而補以中終聲者, 如孔子ㅣ 魯ㅅ:사룸之類 <正音解例21b_4>

用)으로 지었다. 세종은 한자와 한글의 조화로운 공존을 생각했던 것이다. 일찍이 김완진(1972 : 191-194)은 『두시언해』의 초간본과 중간본, 오대산 상원사 어첩, 『용비어천가』 등 국한혼용을 한 문헌의 문자를 논하면서 독자를 고려한 문체 사용 양상을 언급한 바 있다.

최만리 등이 성학(聖學) 즉 유학 공부에 방해된다는 등의 이유를 들어, 언문 사용을 반대하였으나 이는 기우에 지나지 않았고, 반포 이후 언문은 한자 학습과 유학을 위한 유용한 도구가 되었다. 세종이 김문 및 김구를 시켜 사서를 언해하도록 명했다. 세조는 한자에 한글 석음을 단 『초학자서』(初學字書)를 편찬하였다(홍윤표 2017). 그 이후에 『훈몽자회』 등 한자 학습서의 석 표기에 언문이 이용되었다. 양반층 남성은 어린 시절에 자훈서 등의 동몽서(童蒙書)를 익히기 위해 언문을 먼저 배웠다. 한자 학습 자훈서 『천자문』, 동몽서 『동몽선습』 등에 한글로 훈과 음을 달아 아이들이 쉽게 배울 수 있도록 만들었다.

한문과 한글을 병용한 문자생활의 대표적 예가 언해[18]서이다. 현전하는 언해서의 거의 대부분은 한문 원문(혹은 한글 구결을 단 원문)과 언해문을 병렬해 놓았다. 선조 대에 이루어진 사서언해는 이런 형식을 보여 주는 전형적 국한 병용 텍스트이다. 언해서의 언해문 텍스트는 조선시대의 이중 문자생활을 상징하는 전형적 양식과 문체를 보여 준다. 언해서의 대부분은 어린이 혹은 학문의 초보자를 위한 도서이거나(『천자문』, 『동몽선습언해』, 『십구사략언해』), 백성들에게 읽히기 위한 풍속 교화서(『경민편』, 『삼강행실도』 등 행실도류), 대중에게 불교 포교를 위한 책(『염불보권문』)이었다. 책을 접하는 독서자를 고려하여 한글과 한문을 병용했다. 독서자가 여성이나 어린이인 경우는 한문에 한글 주음을 달거나 한글로 번역하여 읽었다. 왕실 여성의

---

18) '언해'라는 이름을 서명에 달고 나온 최초의 책은 초간본이 경상도에서 간행된 『정속언해』(1518)이다. 16세기 초기에 '번역'이라는 용어를 쓴 책이 간행되기도 했으나(『번역소학』, 『번역노걸대』 등) 점차 '언해'라는 이름으로 통일되어 갔다.

경우는 신분상 상층에 속하지만 교양 습득을 위해 한글로 번역된 역사서나 여행기를 읽었고, 심지어 한시도 한글 음으로 써서 향유하였다(이종묵 2007). 한글 고설에 삽입된 제문(祭文)이나 공문서의 본문이 한글로 표기된 사례를 보면 평민들 역시 한문 텍스트를 한글로 주음하여 읽었음을 알 수 있다(이종묵 2007 : 182).

양반 남성도 유년 시절에는 한글을 한문 교육의 보조 수단으로 이용하였다. 그러나 양반 남성 성인은 한문을 전용하였다. 양반 남성 성인이 쓴 국가의 각종 기록물19)과 그들이 창작한 저작물과 시문은 모두 한문으로 썼고 한문 서적에 담겨 간행되었다.20)

독서자를 고려하여 한문과 한글을 병용한 문자생활은 언해서뿐 아니라, 개인이 작성한 편지에도 나타난다. 『은진송씨 제월당편』(恩津宋氏霽月堂篇)21)에 실린 「선찰」(先札) 소재 언간 자료 중에는 아버지 송규렴이 아들에게 쓴 편지가 여럿 실려 있다. 한 장의 편지 안에 아들에게 말하는 내용은 한문 초서로, 며느리에게 말하는 내용은 언문으로 각각 따로 써 놓았다(언간번호 2-1, 3-1). 아들에게 보낸 한문 간찰 말미에는 발신자를 한자로 '父'라 썼고, 며느리에게 보낸 언문 간찰에는 발신자를 한글로 '구'22)라고 적었다. 또 언간번호 7-1·2·3·4에서 조부 송규렴이 손자 덕손에게 준 내용은 한문 간찰로, 덕손의 모(며느리 칠원 윤씨)에게 보낸 것은 언문으로 썼다. 한글 편지 발신자는 '구', 한문 편지 발신자는 '祖父' 또는 '祖'라고 써서 구별하였다.

---

19) 조선왕조실록 기사에는 정부에 올린 보고서에 언문을 섞어 쓴 특수 사례가 있다. 영조 52년 2월 27일 기사에 암행어사 안관제(安寬濟)가 관서 지방을 순행할 때, 백성이 부른 노래를 언문으로 적어 한문 계문(啓文)에 삽입한 것이다.
20) 조선시대의 양반 지식인들은 그들의 시문집이나 학술적 서적에 언문 글을 넣지 않았다. 그러나 19세기 문집 중에는 한글로 표기한 시조 작품이 들어간 경우가 있다.
21) 한국정신문화연구원(2003), 한국간찰자료선집Ⅲ.
22) '구'는 '舅'(시아비)의 한자음을 적은 것이다.

이와 같은 사례는 다른 집안의 편지에서도 찾아볼 수 있다. 며느리에게 말하는 내용을 한글로, 아들에게 말하는 내용은 한문으로 쓴 것은 성(性)에 따라 문자를 달리 쓴 문자생활의 이중적 양상을 보여 준다.23) 이 점은 일본의 전통 사회에서 가타카나는 남성들이 주로 사용하고, 히라가나는 여성들이 사용했던 관습과 닮은 데가 있다. 양자는 문자생활에서의 성 구분 혹은 성차별이라는 점에서 공통적이다. 성별에 따른 문자생활의 차별은 갑오개혁 이후 한글이 '국문'으로 승격되면서 빠르게 소멸되었다.

2.5. 일본 문자 강요 시기의 문자생활

일본 제국주의의 강제 침탈로 인해 국권을 상실한 1910년(8월 27일)부터 1945년(8월 15일)까지의 우리나라 문자생활은 일본 문자가 공용(公用) 문자가 된 특수 시기이다. 이 시기에 '국문'은 '조선문'이라는 이름으로 격하되었고, '국어'는 일본어를 뜻하게 되었다. 문장으로서의 한문 사용은 크게 줄어들었지만, 국한혼용체 문장을 씀에 있어서 전통 한문과 일본의 서양서 번역에서 조어된 일본식 한자어 사용24)이 늘어났다(송민 1988, 1989)(김광해 1995). 사용 문자의 종류라는 측면에서 일제강점기는 한글, 일본 문자, 한자가 병용된 세 문자 공존 시기이다. 이 시기는 비록 짧은 기간이었으나, 한국인의 어문생활에 광범위한 영향을 미쳤다.

---

23) 이종묵(2007 : 195)은 이런 양상을 '이중언어체계(Diaglosia)'라 칭하고, "여성은 한문을 알아도 한글을 써야 하고, 한문으로 된 책을 읽고자 하여도 한글로 된 책을 읽어야 하는 언어적인 차별의 시대가 된 것"이라고 표현했다. '이중언어체계'보다 '이중문자체계'라고 표현함이 더 정확하다.

24) 송민(1989 : 74-75)은 '大統領'이란 일제 한자어가 정착되는 과정을 예시해 보였다.

2.6. 우리나라 문자생활사의 시대 구분

지금까지 논구한 내용을 토대로 하여 사용 문자 및 문자 사용의 역사적 전환기를 고려하였을 때, 한민족이 영위해 온 문자생활의 역사는 다음과 같이 시대 구분할 수 있다.

1) 한문 및 차자표기 시대 : 기원전 3세기경부터
  ① 한문 시대 : 기원전 300년경 한문자 유입 후 갑오개혁(1894년)까지 공용 문자로 사용
  ② 차자(借字)표기 시대 : 고대의 한문자 유입 이후
    ㉠ 이두 : 고구려, 백제, 신라의 우리말 표기. 19세기 말까지 문서 작성에 사용
    ㉡ 향찰 : 통일신라시대에 완성, 고려 초기(인종)까지 사용
    ㉢ 구결 : 설총의 경서 해석, 고려 및 조선, 현대의 한문 학습
2) 고유 문자 시대
  ③ 훈민정음 및 언문 시대 : 1443년부터 19세기 말까지
  ④ 국문 시대 : 갑오개혁 이후 1894년부터 1910년까지
  ⑤ 조선문 시대 : 일제강점 1910년부터 1945년까지. 조선문과 일문(日文)의 공존기
  ⑥ 한글 시대 : 1945년 이후 현재까지

위 시대 구분에서 시대적으로 서로 중복된 것도 있다. 예컨대 한문 시대는 차자표기 시대 및 훈민정음 및 언문 시대와 시기적으로 겹친다. 차자표기 시대 안에서도 이두는 훈민정음 시대 및 국문 시대와 겹쳐지는 부분이 있으며, 구결은 현대에도 한학자들의 한문 학습에 일부 사용되기 때문에 한글 시대를 포함한 전 시기와 부분적으로 겹쳐진다. 따라서 우리는 위의 시대 구분을 시대 간 단절적인 것이 아니라 연속적 관점에서 이해해야 한다.

3. 사용 목적을 기준으로 본 문자생활

문자는 인간이 발명한 도구의 하나이다. 사용자가 누구인가, 사용 목적이 무엇인가에 따라 도구는 여러 가지 목적으로 쓰일 수 있다. 조선시대의 문자생활은 개인의 신분이나 지식 수준에 따라 그 내용과 범위가 달랐으나 문자 사용의 목적에는 공통적 요소가 있었다. 한글에 의한 전통 사회의 문자생활을 논함에 있어서 사용 목적을 기준으로 삼는 것이 효과적이다. 전통 사회의 문자생활을 사용 목적에 따라 실용적 문자생활, 교육적 문자생활, 문학적 문자생활, 종교적 문자생활, 학술적 문자생활이라는 다섯 부류로 나누어 논한다.

3.1. 실용적 문자생활

실용적 문자생활이란 관아의 공무 수행과 개인의 사적 생활에서 생산된 문자 활동을 뜻한다. 관청과 관청, 관청과 개인, 개인과 개인의 문서 작성은 물론이고, 개인이 일상생활의 기록을 위해 작성한 글도 여기에 포함된다. 일상생활의 필요에 따라 작성한 문서와 글은 대부분 실용적 문자생활과 관련되어 있다. 일상생활에서 작성한 각종 문서는 실용적 문자생활의 대표적 자료이다. 그런데 현실적 필요에 의해 작성된 문서라도 긴 세월이 흐른 뒤에는 현실적 효용성이 소멸된다. 이처럼 그 효용성이 상실된 문서를 고문서(古文書)[25]라 칭한다. 고문서는 과거의 문자생활사를 연구하는 데 가장 적합한 자료 중의 하나이다.

현전하는 고문서는 대부분 이두문 혹은 한문으로 쓰였으나 한글로 표기된 것도 더러 있다. 한글 고문서는 고문서 양식을 대체로 따르면서 한글로

---

25) 고문서란 관청 혹은 민간에서 어떤 실용적인 목적으로 작성했던 문장 자료이다. 고문서는 작성해 주는 자(발급자 發給者)와 이를 받는 자(수급자 受給者)가 있고, 사회적 약속에 의한 효력을 가진다. 1910년 이전의 문서를 고문서로 인정하는 것이 학계의 대체적 경향이다.

표기된 각종 문기(文記)를 가리킨다. 조선시대의 한글 고문서는 그것의 법적
효력이 보장되지 않은 것이어서 널리 통용되지 못했다. 그럼에도 불구하고
17세기 이후 19세기에 이르는 기간에 작성된 한글 고문서가 전하고 있다.
현전하는 한글 고문서는 19세기 이후의 것이 많다.

한글 고문서의 내용은 관청과 관련된 개인적 문제를 해결하기 위한 것,
개인과 개인 간의 매매·계약을 위한 것, 개인의 일상생활과 관련된 기록
을 위한 것 등 여러 가지로 나누어진다. 고문서의 분류 체계는 관점과 기
준에 따라 다르다. 『생활문화와 옛문서』(국립민속박물관, 1991)과 『박물관 도
록 -고문서』(전북대학교 박물관, 1999)를 참고하여, 필자는 한글 고문서를 다
음과 같이 분류해 보았다. 이런 분류는 문자생활의 범위와 양상을 체계적
으로 파악하기 위한 것이다.

> 1) 관문서(官文書)
>   ① 교령류 : 관에서 백성들에게 내린 훈령을 한글로 기록한 것. 윤음.
>   권농 감결.
>   ② 청원 소지류 : 한글 소지(所知). 청원문 등.
>   ③ 호적과 호구단자 : 상주황씨가 한글 호적.
> 2) 매매·계약 문서
>   ① 노비 매매 문서
>   ② 전답 매매 문서
>   ③ 계약 문서
> 3) 의례(儀禮) 문서
>   ① 혼례 : 혼수 물목. 의양(衣樣), 음식 재료기 등.
>   ② 상례 : 상례 물목. 제문(祭文).
>   ③ 제례 : 제수기. 제수물목.
>   ④ 관례 : 관례 홀기. 축문. 관례착시물종기(冠禮着示物種記). 동상안(東
>   床案).
> 4) 신앙·종교 문서
>   ① 무속. 동제. 불교 관련 문서.

　　5) 의식주 문서
　　　　① 의복류 : 심의 모형. 버선본. 수본(繡本). 옷본. 불복장 의류기.
　　　　② 음식류 : 음식조리법. 양조법.
　　　　③ 주거류 : 가옥. 건물. 기와에 쓰인 한글.
　　6) 가족·친족 문서
　　　　① 가계류(家系類) : 가승. 가계.
　　　　② 문중류 : 문중계. 문중 계안. 종계 일기. 회문. 재산 문서. 선영도
　　　　③ 상속류 : 분급문기. 별급문기. 분재기. 유서(遺書). 화회문기(和會
　　　　　文記).
　　7) 공동체 생활 문서
　　　　① 촌락 조직 문서 : 동계(洞約). 계문(契文). 동약(洞約)언해. 동계안.
　　　　　(동계치부책. 동중 전답안. 향규. 향안. 촌계 등)
　　　　② 농업관련 노동 조직 문서 : 두레 문서. 진세책(進貰冊). 농계류(農契
　　　　　流).
　　　　③ 계 문서 : 족계. 서당계. 松契. 보민계. 상두계. 친목계.
　　8) 개인 생활 문서
　　　　① 고목(告目).
　　　　② 일기. 장부. 치부. 추수기.

　　위 분류는 한글 고문서의 사용 양상을 개략적으로 파악하기 위해 잠정적으로 시도해 본 것이다. 개별 유형에 드는 문서 사례를 문자생활이라는 관점에서 간략히 검토해 본다.

　　관문서로서 백성에게 내린 대표적인 것이 이른바 윤음이다. '윤음'이라는 명칭을 사용하지 않았지만 임금이 백성에게 내린 한글 교서의 최초 사례는 성종 연간에 나타났다. 선조가 임진왜란 와중에 백성들에게 내린 언문 유서(諭書)도 그 내용은 윤음의 성격을 띤다. 18세기의 영조와 정조가 반포한 윤음이 비교적 많고 실물 자료가 전해진다. 특히 정조 대의 윤음이 가장 많다. 현재 남아 있는 왕의 한글 교서('윤음'이라고 명기되지 않은 것도 포함)는 선조 대 1건, 영조 대 2건, 정조 대 25건, 헌종 대 1건, 고종 대 2건으로 모

두 31건이다.[26]

임금이 각도(各道) 감영(監營)에 내린 윤음의 뜻을 널리 알리기 위해 다시 하급 관아[郡縣]로 보낸 한글 문서도 있다. 두 개 사례를 소개해 둔다. 하나는 「권룡뉸음」(勸農綸音)이라는 제목이 붙은 것인데 두 부분으로 구성되어 있다. "순영관문너절치슈유지닉에 왕약왈[27] 나라 근본은 빅셩의게 잇고 빅셩의 근본은 롱스에 이스니…"로 시작하여 "셩샹의 빅셩 딜념[28] 흐심과 롱스 듕이 녀기시는 셩덕을 알게 흐라 흐여 게시니 너의 면임 존동[29]이 자셔이 지위흐여[30] 빅셩이 다 알게흐라"고 끝맺었다. 임금의 뜻을 백성들에게 가르쳐 널리 펴도록 면(面)과 동(洞)의 책임자에게 권농을 부지런히 할 것을 당부하였다.

다른 하나의 자료는 한글 감결(甘結)[31]이다. 이 문서는 '감결'이라는 제하(題下)에 "즈세 붉키 일너 알게 흐라 우리 샹감흐신 유지 밧즈와"로 시작하여 "각별이 암힝홀 거시니 착실이 거힝홀 쓴즈로 즈셔이 알게 흐여라 乙亥 五月日"로 끝맺었다. 문서의 주 내용은 밭갈기에 힘써 농사를 게을리 말며 흉년에 대비토록 하라는 임금의 하교이다. 왕이 내린 교서를 다시 한글 문서로 작성하여 하급 관청에 하달한 것이다. 두 자료는 윤음을 시행하는 단계에서 임금의 뜻을 백성에게 알리려고 한글을 사용한 증거이다.[32] 국가가

---

26) 이에 대한 자세한 정보는 본서의 제3부 제2장의 2.4절을 참고하기 바란다.
27) 왕약왈 : 王若曰. 왕이 이렇듯이 말씀하시기를. '왕'은 한 자를 올려 썼다.
28) 딜념 : 軫念. 존귀한 사람이 아랫사람을 돌보아 생각함.
29) 면임 존동 : 面任 尊洞. 面의 책임자와 동네의 존자. 향촌 사회의 윗사람.
30) 지위흐여 : 知委흐여. 자세히 통보하여. 알려.
31) 감결은 상급 관청에서 하급 관청으로 내리는 公文이다.
32) 백성을 상대로 한글 포고문을 내린 전통은 대한제국기와 일제강점기 시대에도 이어졌다. 구한말에 나온 한글 포고문의 한 사례로 융희(隆熙) 3년(1909) 탁지부 대신의 이름으로 발표된 화폐 개혁 고시문이 있다. 이것은 '구 백동화'(舊 白銅貨) 사용을 금지하고, 보유한 백동화를 기한 내에 교환하도록 백성들에게 포고한 문서이다. 1924년 일제의 조선총독부가 주세를 걷기 위해, 사사로운 양조를 금지하는 '주세령(酒稅令)'을 만들어 이를 한글 포고문으로 붙인 자료도 있다. 본서의 제3부 제2장의 2.4절을 보라.

백성을 통치하기 위한 공공적 목적에 한글이 사용되었다는 점에서 한글 윤음과 한글 감결은 중요한 자료이다.

청원 소지류 문서가 한글로 작성된 것이 간혹 발견된다. 비교적 이른 시기의 자료는 1687년에 조지원(趙持元)의 처 정씨(鄭氏)가 예조에 올린 소지이다(안승준 1999). 친정에서 잘못 들인 양자가 집안을 몰락시켜 친정집의 조상 신주를 돌볼 사람이 없게 되자, 출가녀인 정씨가 신주를 모실 수 있도록 허락해 달라는 청원서이다. 이 문서는 딸자식에게 조상 봉사를 허가해 달라는 요구를 한글로 써서 관아에 제출한 것이라는 점에 그 의의가 있다.

한글 호적류는 상주 황씨가의 황징(黃徵)이 작성한 것으로 추정되는 한글 노비 호적 사문서를 예로 들 수 있다. 이 자료는 집안의 노비 관리 문서에 한글을 사용하였다. 매매·계약 문서를 한글로 작성한 것은 19세기 이후의 것이 일부나마 전해지고 있다. 한국정신문화연구원의 『고문서집성』에 수록된 문중 문서 속에 한글 문서가 산재해 있다. 의례(儀禮) 문서로 한글을 사용한 대표적인 것은 혼례 문서의 하나인 물목기(物目記)이다. 혼례 시에 보낸 한글 물목기는 조선 후기 및 대한제국기의 것, 20세기 전반기의 것이 다수 남아 있다. 여기에는 가정생활에 필요한 각종 집기와 의복, 도구, 선물 물품 등의 물명이 적혀 있어서 어휘사 및 생활사 연구의 좋은 자료가 된다. 동춘당 송준길 가문에 전해지는 한글 물목기가 비교적 오래된 것인데 대전의 선비박물관에 보존되어 있었다가, 현 대전시립박물관에 소장되어 있다.

제례나 상례와 관련하여 한글이 가장 많이 활용된 것은 한글 제문이다. 제문은 보통 한문으로 작성되었으나 고인이 여성이거나 제문 작성자가 여성인 경우에 한글 제문도 작성되었다. 특히 출가한 딸이 친정 부모의 죽음을 애통해 하는 제문이 많고, 사망한 친족 여성을 조상(弔喪)하며 남성이 지은 한글 제문도 있다. 한글 제문 연구를 위해서 자료 정리와 목록화 작업이 우선적으로 이루어져야 한다.

매매나 계약 문서가 한글로 작성된 것은 다른 자료에 비해 빈약하다. 19

세기 후기의 명문(明文) 자료가 간혹 있기는 하나 한글 물목이나 한글 제문, 언간 등에 비교해 볼 때 그 수가 아주 적은 편이다.

한글 고목(告目)류는 문중 문서에 드물게 나타난다. 구례의 문화유씨가, 해남윤씨가 문서 등 정신문화연구원에서 간행한『고문서집성』에 한글 고목이 간혹 실려 있다. [그림 1]에서 보듯이 19세기 중엽에 간행되고 필사된『언간독』말미에 한글 고목 작성 서식이 실려 있다. 한글 고목 작성 서식이 방각본『언간독』에 실린 것은 양반 주인이 노복 등 아랫사람에게 한글 문서로 업무를 지시하는 것이 일상화되었음을 의미한다.

조선시대의 고문서는 거의 대부분 이두문으로 적혀 있다. 한글 고문서는 전체 고문서 가운데 그 양이 적고

〔그림 1〕『언간독』에 실린 고목의 규식

용도도 제한되었다. 한글 고문서를 대상으로 한 연구는 많이 미진한 상태이다. 언간 자료와 함께 한글 고문서 자료는 국어사 연구는 물론 문자생활사를 포함한 생활사 연구, 사회사 연구에도 이용될 수 있다.

낱장 문서가 아닌 것으로 실용적 문자생활을 보여 주는 대표적 한글 문헌은 음식조리서이다. 한글 방문이 포함된 음식조리서로 연대가 가장 오래된 것은 필자가 16세기 자료로 판단한『주초침저방』이다. 31장의 잔본(殘本)으로 전하는 이 책에는 한문으로 쓴 방문 121개와 한글로 쓴 방문 5개가 실려 있다(백두현 2017). 두 번째로 오래된 한글 음식조리서는 17세기 초기에 필사된『주찬방』이다(백두현·홍미주 2019). 이 책은 16세기의 원본을 보고 옮겨적은

것인데 한문 방문도 일부 포함되어 있다. 17세기 말기 혹은 18세기 초기로 판단되는 『주방문』(규장각 소장본)은 방문 이름만 한자어와 한글이 병용 표기되어 있다(백두현 2012). 이 세 책은 모두 남성이 쓴 한글 음식조리서이다.

여성이 쓴 한글 음식조리서로 저자와 연대가 분명한 책은 1670년경에 장계향이 지은 『음식디미방』이다. 여성의 일상생활에서 가장 중요한 것은 음식 만드는 일이고, 특히 봉제사(奉祭祀), 접빈객(接賓客)에서 음식은 필수적이었다. 남성이 지은 한글 음식조리서는 집안의 여성들을 위한 것으로 보이지만 조리법을 서술함에 있어서 여성들의 협력이 있었을 것이다. 이성우(1981)는 한글 및 한문으로 저술된 음식조리서 문헌[33]을 집대성하였다. 이 자료집을 통해 음식 조리법과 관련된 실용적 문자생활의 양상을 파악할 수 있다.

3.2. 교육적 문자생활

교육적 차원에서 행해진 문자생활 자료는 그 범위가 넓고 그 양도 많다. 많은 문헌들이 교육을 목적으로 출판되거나 필사되었다. 아이들의 문자 교육을 위한 『초학자회』나 『훈몽자회』 등의 동몽학(童蒙學) 서적이 대표적 사례이다. 『천자문』, 『유합』 등도 초학자에게 한자를 가르칠 때 교재로 사용되었다. 초학자에게 한자의 음과 훈을 가르칠 때 한글을 먼저 깨우치게 한 것은 한자 교육의 효율성을 높이기 위한 수단이었다. 한글을 통한 문자생활의 첫 출발이 한자 교육을 위한 보조 수단으로 시작되었던 것이다.

아이들이 한글을 배우는 초보 과정이 실제로 어떻게 시행되었는지 살펴보기로 한다. 조선시대의 관학은 지방의 향교, 서울의 사부학당과 성균관을 중심으로 이루어졌다.[34] 초학 단계를 벗어난 학습자에게는 사학(私學)인

---

33) 이성우(1981), 『한국식경대전』, 향문사.
34) 조선시대의 교육 제도와 그 실상에 대한 연구는 『조선시대 교육의 연구』(이원호, 2002년, 문음사)를 참고할 수 있다.

서원도 중요한 교육 기관이었다. 그런데 이와 같은 제도권의 교육 기관에서 한글(언문) 교육은 공식적 지위를 갖지 못하였다. 언문 교육을 위한 과목도 없었고 교재도 없었다. 한문과 달리 언문을 대상으로 한 시험 혹은 언문으로 쓰는 시험을 치는 일은 아예 없었다. 관학과 사학을 막론하고 제도권 교육 제도 안에서는 한문을 통한 경서와 사서의 읽기와 쓰기 등 한문교육만 시행되었다. 경서 언해본은 한문 경서의 이해를 위한 보조 수단으로 이용했을 것이다.

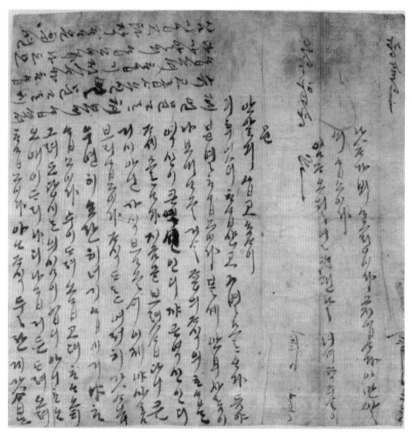

〔그림 2〕 곽주가 장모에게 한글 교육을 당부한 편지 〈현풍곽씨언간 2번〉 (1612. 5. 15)

한자 학습을 위한 자훈서나 경서 언해본을 읽으려면 한글을 알고 있어야 한다. 그렇다면 한글 교육은 어느 단계에서·누가·어떻게 행하였을까? 17세기 초기에 쓰인 「현풍곽씨언간」에 이 의문을 풀 수 있는 사연이 나온다. 곽주(1569~1617)가 장모 벽진 이씨(합산댁)에게 보낸 편지에 아이들에게 한글을 가르쳐 달라고 청하는 내용이 있다.[35] 곽주가 부인 하씨에게 보낸 편지에도 아이들에게 한글을 빨리 익히도록 당부하는 내용이 있다.[36] 곽주의 이 편지들은 조선시대의 한글 교육이 가정에서 사사롭게 행해졌고, 가르친 주체도 여성이었음을 알려 준다. 한글을 아는 여성(=할머니나 어머니)이 집안에서 아이들에게 한글을 가르쳤던 것이다. 이런 방식의 한글 교육은 천자문이나 동몽서를 배우기 이전에 행해졌거나, 이런 책을 배우는 시기에 동시에 베풀어졌을 것이다.

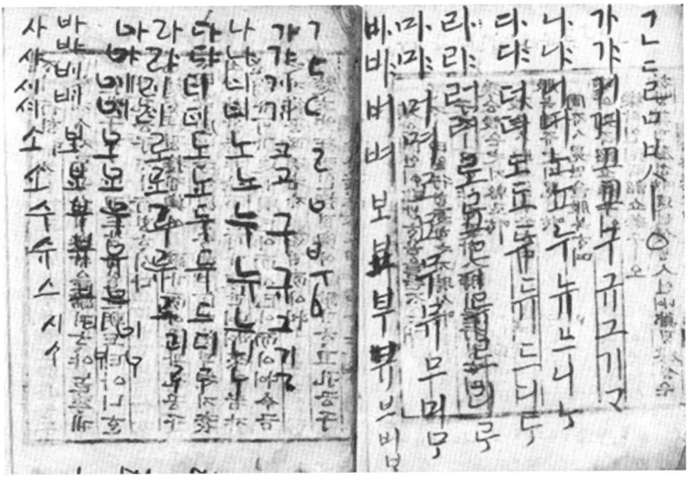

〔그림 3〕 17세기 목판본 『논어언해』 이면지에 쓰인 한글 음절자의 습자(習字)
이 사진은 서로 다른 두 면을 합친 것으로 오른쪽 면의 글씨는 한글에 익숙한 사람이 쓴 것이고, 왼쪽 면은 이제 막 배우기 시작한 아이가 쓴 것이다.

35) 아ᄋᆞ ᄌᆞ식 둘란 게 갓숩ᄂᆞᆫ 제 언문 ᄀᆞᄅᆞ쳐 보내ᄋᆞᆸ쇼셔. 슈고롭ᄉᆞ오만 언문 ᄀᆞᄅᆞ치ᄋᆞᆸ쇼셔. ᄒᆞᄋᆞᆸ기 젓ᄉᆞ와 ᄒᆞᄋᆞᆸ다가 알외ᄋᆞᆸ노이다. (현풍곽씨언간 2)(1612. 5.15) 위의 [그림 2]

36) 쟈근 아기 언문 쾌히 ᄇᆡ화 내게 유무 수이 ᄒᆞ라 ᄒᆞ소. (현풍곽씨언간 36)
가온대 아기 언문 쾌히 ᄇᆡ홧다가 내게 뵈라 ᄒᆞ소. 셋재 아기도 이제ᄂᆞᆫ 쾌히 셩ᄒᆞ여 이실 거시니 언문 외와싯다가 뵈라 니ᄅᆞ소. (현풍곽씨언간 39)

실제로 아이들이 한글을 배우면서 글자를 익히려고 한글 음절자 행렬을 연습 삼아 쓴 습자(習字)가 고서 속의 이면지와 여백 면에 남아 있다. [그림 3]은 17세기 목판본 『논어언해』 이면지에 쓰인 한글 음절표(=반절표)이다. [그림 3]의 왼쪽 면은 이제 막 한글을 배운 어린이가 쓴 것인데, 한글 음절자 행렬이 아주 서툰 솜씨로 씌어 있다. 오른쪽 면은 이 아이보다 나이를 더 먹은 형이 쓴 것이거나 아이를 가르친 어른이 습자용 견본으로 써 준 것인 듯하다. 곽주 집안의 아이들도 17세기 초기에 성장했으니 [그림 3]과 같은 방식으로 한글 음절자를 쓰면서 글자를 익혔을 것이다. [그림 3]은 한글 음절표가 17세기의 양반 집안에서 실용되었음을 보여 주는 증거이다.

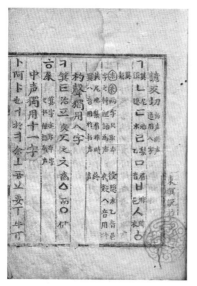

〔그림 4〕『밀교개간집』(1784)의 '언반절(諺反切)'

한글 음절표의 기원은 『훈몽자회』 범례의 「언문자모」에 있다. [그림 4]에서 보듯이 「언문자모」의 내용이 『밀교개간집』(1784)[37]에서 '언반절'이란 이름으로 바뀌어 있다. [그림 5]는 해인사 도솔암판 『일용작법』(1869)[38]의 권두에 실린 「언본」이다. 한글 음절표의 명칭이 '언본'으로 되어 있는 점도 주목된다. 『일용작법』의 「언본」은 간소화된 음절표 형식이 처음으로 공간(公刊)된 자료에 등장했다는 점에서 역사적 의의가 특별한 것이다.

---

37) 경상도 성주목 불령산 쌍계사 수도암에서 개간한 목판본이다. 이 책의 권말 간기는 "乾隆四十九年甲辰(1784)七月日 慶尙右道星州牧西佛靈山雙溪寺修道菴開刊"으로 되어 있다.
38) 이 책의 원명은 『僧家日用食時 默言作法』(승가일용식시 묵언작법)이다. 최초 간본은 1666년(현종 7) 설악산 신흥사에서 간행되었고, 1869년에 해인사 도솔암에서 개간한 판본이 있다. 1882년(고종 19)에 도솔암판의 내용을 보완하여 다시 중간하였다. 1869년의 도솔암판에 한글 음절표가 실려 있다.

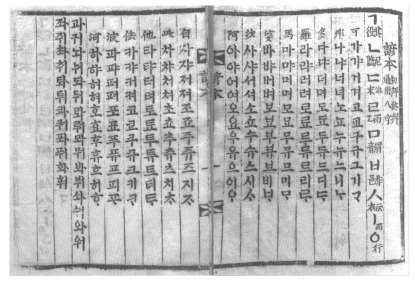

〔그림 5〕『일용작법』(1869)의 언본(경북대학교 고서실 소장본)

    19세기 중엽 이후에는 방각본으로 장터에서 판매된 낱장의 한글 음절표(=언반절, 반절표)가 유포되어 한글 학습 초보 교재로 사용되었다. [그림 6]은 한글 음절표가 낱장의 목판본으로 인쇄되어 장터에서 팔린 방각본 음절표이다. 간기가 삭제되어 있으나 1870년대 경의 자료로 판단된다. 이러한 형식으로 목판 인쇄된 낱장의 한글 음절표는 한글 문해자의 증가에 기여했을 것이다.

    교육적 문자생활은 그 범위가 넓어서 이 글에서 자세히 다룰 수 없다. 외국어 교육을 위한 각종 역학서, 의학 교육을 위한 언해본 의학서 등도 교육적 문자생활사 자료이다. 윤리 교화서 문헌도 교육적 문자생활의 범주에 넣을 수 있다. 『삼강행실도』, 『이륜행실도』, 『오륜행실도』 등이 여기에 속한다. 『소학언해』도 교육적 문자생활사 자료의 하나이다. 한글 음절표와 같은 문자 학습 자료는 서사자로 참여한 문자생활 자료이고, 교화서 등은 독서자로 참여한 문자생활 자료이다.

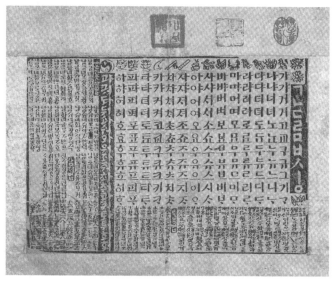

〔그림 6〕 19세기에 방각본으로 판매된 한글 음절표(=반절표) (홍윤표 제공)

3.3. 문학적 문자생활

문학작품을 창작하고 향수하는 것은 문자생활에서 비중이 높은 영역의 하나이다. 한글로 시조·가사·고소설·기행문·일기 등을 창작·전사·독서하는 행위가 문학적 문자 활동의 중심이다. 여기에서 창작자, 전사자(轉寫者), 독서자(혹은 朗誦者), 청취자(혹은 傍聽者)로서의 문자 활동이 이루어진다. 전통 사회에서 한글로 시조·가사·소설 등 문학작품을 창작할 수 있는 사람은 극소수에 지나지 않았을 것이다. 남이 지은 글을 낭송하는 사람, 전래된 고소설이나 가사를 베껴서 읽을거리로 삼는 사람, 여러 사람이 모인 자리에서 그러한 작품을 낭송해 주는 사람, 그 옆에서 듣는 사람들이 있었을 것이다. 전통 사회의 생활 양식으로 볼 때 남성들은 사랑방과 정자 등의 회합에서 한시문을 지어 낭송하고, 여성들은 규방에서 한글 가사 따위를 낭송하거나 들었을 것이다. 언문 고담(古談)이 여인들에게 가상 인기 있는 것이어서 부인네들이 모인 자리에서 고소설을 읽거나 방청(傍聽)했다고 한다.

양반층 남성들의 문학적 문자 활동은 거의 대부분 한문으로 이루어졌다. 조선시대의 양반 남성이 남긴 학술서나 문집, 시문 등은 한문으로 지은 것이 대부분이다. 윤선도의 「어부사시사」, 이황의 「도산십이곡」, 정철의 「관동별곡」 등 가사 작품이 한글로 창작되었으나 그 수가 많지 않다. 한국 문학의 고유 장르인 시조와 가사 창작에 한글이 이용되었다. 인간 심성 내면의 곡진한 느낌과 깊숙한 생각을 실감 나게 표현하는 데는 한글이 한문보다 훨씬 더 적합했을 것이다.

남성의 한글 문학 창작으로 빼놓을 수 없는 것은 기행문이다. 유의양이 남해에 귀양살이하면서 1771년에 지은『남해문견록』(南海聞見錄)(송지혜 2002), 유의양이 1773년 함경도 유배 중에 지은『북관노정록』(北關路程錄)은 한글로 지은 기행문이다. 북경을 다녀온 후 지은 연행록 중에도 한글로 지은 것이 있다. 김창업이 1713년에 지은『노가재연행록』(老稼齋燕行錄), 서유문(徐有聞)의『무오연행록』(戊午燕行錄) 등이 그것이다. 박조수(朴祖壽)가 18세기 말경에 지은『남정일기』(南征日記)도 한글 기행문이다.

조선시대 여성으로서 문학 활동을 한 사람도 있다. 한글은 물론 한문에도 능통하여 글과 그림을 남긴 여류문인들이 그들이다. 「권선문첩」(勸善文帖)과 산수화 두 폭을 남긴 설씨 부인(1429~1508), 그림·자수·글씨 등에서 탁월한 예술작품을 남긴 신사임당(1504~1551), 미암 유희춘의 부인으로 한시문을 남긴 송덕봉(1521~1578),『난설헌집』(蘭雪軒集)이란 한시 문집으로 중국의 문인들에게 알려진 허난설헌(1563~1589), 거문고와 노래를 비롯해서『매창집』(梅窓集)이란 시집을 남긴 이매창(1573~1610) 등이 대표적 여류문인이다. 중종 연간에 활약한 황진이는 시조 6편과 한시 7편을 남겼고, 선조 연간에 활약한 이옥봉은『옥봉집』(玉峰集)을 남겼다(정창권 2002 : 27-30). 이밖에도 한시문을 남긴 서영수각(徐令壽閣 1753~1823), 김삼의당(金三宜堂 영조 45년

1769~?), 강정일당(姜靜一堂 1772~1832), 남정일헌(南貞一軒 1840~1922), 강지재
당(姜只材堂 1863~ 1907) 등이 여성 문인으로 명성을 얻은 분들이다.

사대부가 여성이 한글로 지은 기행문도 있다. 의유당 김씨(意幽堂 金氏)가
1829년(순조 29)에 지은 『동명일기』(東溟日記), 정부인(貞夫人) 연안이씨(延安李氏
1737~1815)가 지은 『부여노정기』(扶餘路程記), 송기정(1771~1840)의 딸 은진송
씨가 1845년(현종 12)에 지은 『금행일기』 등이 있다.

여성의 문학 활동과 한글 작품 창작에서 빼놓을 수 없는 집단은 기녀들
이다. 황재군(1985 : 56-58)에 의하면 「청구영언」(靑丘永言), 「해동가요」(海東歌
謠) 등의 시조집에 수록된 4,000여 수의 고시조 중, 그 내용이나 표현으로
보아 여성이 지은 것으로 추정되는 것은 92수라 한다. 이 중에서 작자 이
름이 알려진 것은 25명이며 이들이 지은 작품은 59수이다. 이름이 알려진
25명의 신분을 처(妻), 첩(妾), 기녀(妓女)로 분류하면, 처와 첩이 각각 2명이
고 나머지 21명은 모두 기녀라고 한다.

여성의 문학 활동으로 한글을 사용한 대표적 장르는 규방가사이다. 내방
가사라고도 부르는 이 장르는 영남의 규방에서 가장 많이 창작되고 유포되
었으며, 현전하는 작품이 가장 많다. 여성들의 애환을 담고 있는 규방가사
는 여성의 한글 문자생활에서 고소설에 버금가는 비중을 갖고 있다.[39]

3.4. 종교적 문자생활

한글에 의한 문자생활에서 종교는 중요한 의미를 가진다. 훈민정음 창제
직후 세종 당시에 한글로 간행된 『석보상절』(1447)과 『월인천강지곡』(1447),
그 후의 『월인석보』(1459)와 간경도감판 불경 언해서는 모두 불교서이다.

---

39) 내방가사의 다양한 특성을 다수의 연구자가 각각의 관점에서 풀어 쓴 『여성, 한글로
   소통하다 -내방가사 속 여성들의 이야기』가 최근에 출판되었다. 국립한글박물관・한
   국국학진흥원, 2020.

이 책들은 한글 반포 초기의 한글 보급에 상당한 영향을 미쳤을 것이다. 『월인석보』권두에 실린 훈민정음 언해본40)은 한글 학습 자료로 효율적 체제를 갖춘 것은 아니지만, 한글 확산에 그 나름대로 기여했을 것이다.

간경도감이 폐지된 후 16세기에는 지방의 사찰에서 언해본 불교서가 간행되었다. 가장 많이 간행된 책이 『불설대보부모은중경언해』(佛說大報父母恩重經諺解, 1567년판 외 다수)이다. 이밖에 대중에게 널리 읽힌 『지장경언해』(1569년판 외 다수)와 포교서에 속하는 『미타참략초(염불보권문)』(1704년 예천 용문사판 외 다수) 등이 전국의 사찰에서 여러 차례 간행되었다. 한글 불교서의 독자층은 승려와 여성층, 그리고 평민층 이하의 남성들이었을 것이다.

조선 왕조는 성리학을 통치 이념으로 삼았기 때문에, 다른 사상과 종교에 대한 배척이 심했다. 그러나 조선조 중기까지만 해도 이런 배척이 덜하여, 장자의 저술로 알려진 『남화경』(南華經)에 한글 구결을 붙인 『구해남화진경』(句解南華眞經)과 같은 책이 16세기에 간행된 적이 있다. 그러나 이 책의 언해는 이루어지지 못하였다. 그러다가 성리학의 영향력이 퇴조한 19세기 후기에 도교류 언해서가 성행하였다. 도교류 언해서로는 『태상감응편도설언해』(太上感應編圖說諺解 1852), 『경신록언해』(敬信錄諺解 1880), 『과화존신』(過化存神 1880) 등이 있다. 도교류 언해서들은 도교와 관련되어 신격화된 인물을 숭배했다. 예컨대 태상 노군을 섬기거나, 관운장의 힘을 숭배하며 그 힘에 의탁하려는 풍조가 나타났다. 19세기에 간행된 도교류 언해서는 성리학이란 이념적 지표를 잃은 조선 말기의 사회적 혼란과 관련되어 있다. 고종(高宗)의 도교에 관심도 이 책들의 출판에 영향을 미친 것으로 알려져 있다.

성리학이 그 사상적 지배력을 상실하고, 서양 종교와 문명 지식이 유입되기 시작한 19세기 후기에 한글 기독교서가 간행되기 시작했다. 『성찰기략』(省察記略), 『회죄직지』(悔罪直指), 『신명초행』(神命初行), 『영세대의』(領洗大

---

40) 『월인석보』에 앞서서 『석보상절』권두에 해례본의 정음편(세종 어제 서문과 예의)을 번역한 훈민정음 언해본이 먼저 수록되었다.

義), 『성교요리문답』(聖敎要理問答) 등이 이 시기에 나온 기독교류 한글 문헌이다. 그 후 『성경직해광익』(聖經直解廣益 1866) 등 다양한 기독교서가 국문 신활자로 간행되었다. 기독교 서적은 대부분 처음부터 한글본으로 간행되었다. 포교의 대상을 양반 지식층이 아닌 평민과 여성층에 두었기 때문에 한글본 중심으로 간행한 것이다.

최제우(崔濟愚)는 한문 경전 『동경대전』(東經大全)의 요지를 담은 한글 가사(동학가사)를 지어 널리 퍼뜨렸다. 1860년에서 1863년 사이에 지은 『용담유사』(龍潭遺詞)에 교훈가, 권학가, 도덕가 등 9편의 가사 작품을 실었고, 최제우가 순교한 후 후계자 최시형이 1881년에 목판본으로 처음 간행하였다. 이 목판본의 중간본이 1883년과 1893년에 다시 간행되었다. 1860년부터 1894년 간에 『용담유사』의 동학가사는 농민 등 하층민들에 빠른 속도로 전파되었을 것이다. 동학가사를 읽으려는 사람들은 한글을 배워야 했고, 동학의 확산이 한글 학습의 동기로 작용했을 것이다. 동학의 확산은 1894년의 동학농민봉기로 이어졌다. 이를 진압하려는 중국 청군(淸軍)과 일본군이 한반도에 진입하여 청일 전쟁이 벌어졌고, 이 싸움을 이긴 일본군이 동학 농민군을 학살하는 비극이 발생했다. 이러한 역사의 흐름 속에서 국문전용으로 쓰인 동학가사는 한글을 농민층으로 확산시키는 데 일조했을 것이다.

『용담유사』는 일제강점기에 활자본(1921)과 석인본(1932)으로 간행되었다. 상주에서 활동한 동학 지도자 김주희(金周熙)는 1922년부터 1933년 사이에 방대한 분량의 동학가사를 출판하였다. 동학가사는 국문전용의 한글 가사로 민중들에게 쉽게 수용되었을 것이다.

19세기 말기에 간행된 한글 기독교서와 15세기 중기에 세종과 세조가 간행한 한글 불교서는 독자층의 측면에서 공통적 특성을 가진다. 불교, 도교, 기독교 등 종교를 배경으로 간행된 한글본은 각각 다른 시기에 한글의 확산에 기여했다. 불교서 한글본은 한글 반포 직후부터 19세기에 이르기까지 꾸준히 간행되어 한글의 확산에 가장 장기적 영향을 미쳤다. 도교서는 19세기 중엽에 잠시 영향을 미치는 데 그쳤다. 동학가사는 19세기 후기에 농민층의 한글 문해자 증가에 영향을 미쳤을 것이다. 기독교서 한글본은 19세기 중엽 이후부터 20세기 초기에 걸쳐 한글의 대중적 확산에 영향을 미쳤다.

3.5. 학술적 문자생활

조선시대의 학술 활동은 거의 대부분 한문을 매개로 이루어졌다. 한문으로 저술된 남성의 학술적 글은 그들의 문집에 수록되어 있다. 그런데 조선시대 남성이 한글로 학술서를 저술한 사례는 없다. 굳이 찾는다면, 19세기에 활동한 유희의 『물명고』를 고려 대상에 넣을 수 있다. 『물명고』는 실사구시(實事求是)에 입각하여 갖가지 한자어 물명에 한글풀이를 붙인 것이다. 학술서에 한글을 사용한 사례로 볼 여지가 있다. 그러나 『물명고』는 한자와 한문으로 작성한 내용이 대부분이어서 한글 학술서로 인정하기에 모자란 점이 많다.

여성으로서 조선시대 남성의 전유물이었던 성리학을 궁구하여 한문 저술을 남긴 이도 있다. 임윤지당(任允摯堂 1721~1793)은 희귀한 여류 성리학자였다. 임윤지당은 성리학자로 당대에 이름을 날린 임성주(任聖周 1711~1788)와 임정주(任靖周 1727~1796)의 누이다. 이분은 학문에 잠심하여 문집 『윤지당유고』(允摯堂遺稿)를 남겼으며, 여성으로서 한문을 통한 학술적 성취를 이룬 특이 사례가 되었다.

학술적 연구를 통해서 나온 저술은 아니지만 여성으로서 한글 번역서를 남긴 업적은 학술적 문자생활에 넣을 수도 있다. 번역서의 편찬 작업은 넓은 의미의 학술적 성격을 띠기 때문이다. 『내훈』은 부녀자를 가르치기 위해 성종의 어머니 소혜(昭惠)왕후가 『소학』(小學), 『열녀전』(烈女傳), 『여교』(女敎)

등에서 가려 뽑아 언해한 책이다. 이 책은 후세에 나온 여성 교육서의 전범
이 되어 독서를 통한 여성의 교육적 문자 활동에 상당한 영향을 미쳤다.

앞의 실용적 문자생활에서 언급한 음식조리서들은 생활의 필요에 따라
실용적 목적으로 저술된 것이다. 이 책들은 당대의 음식조리법을 관찰하
고 정리하여 저술한 것이기 때문에 학술서로 인정해 줄 수 있다. 17세기
초기에 필사된 『주찬방』은 권두에 정연한 목록을 갖추어 학술서의 특징을
지니고 있다. 17세기 양반가의 음식 조리법을 정리한 정부인 장계향의 『음
식디미방』은 각종 음식 방문들을 부류로 나누어 체계화하였다. 또한 장계
향이 들어서 배운 음식조리법인 '맛질방문'을 별도로 표기했는데 이는 출
처를 밝히는 인용 태도를 보여 준다. 부류를 세운 점과 인용처를 밝힌 점
은 『음식디미방』의 학술적 성격을 인정하는 근거가 된다. 20세기 초기에
필사된 『시의전서』(是議全書)[41]는 목록과 분류 체계를 가진 것이어서 학술
적 성격이 뚜렷하다. 음식 조리법을 체계적으로 분류하고 조리 있는 문장
표현으로 음식 조리 과정을 기술한 음식조리서는 학술적 문자 활동의 결
과로 간주한다.

이와 동일한 관점을 빙허각 이씨(1759~1824)가 지은 『규합총서』와 『청규
박물지』(淸閨博物志)에 적용하여 두 책을 한글 학술서로 인정할 수 있다. 『규
합총서』는 주사의(酒食義), 봉임칙(縫紝則), 산가락(山家樂), 청낭결(青囊訣), 술수
략(術數略) 등 5권의 분류 체계를 갖고 있다. 동경대 오구라문고 소장본인 『청
규박물지』는 제1책 앞머리에 서문과 목록을 갖추고 있다. 제1책의 권두에
'청규박물지 권지일'이란 권두서명과 권차가 제시되고, 바로 이어서 제1장
첫머리에 '셔일'(序一)이란 제목으로 제1권의 序文을 일곱 면에 걸쳐 써 놓

---

41) 이 책은 '시의전서'로 널리 알려져 있으나 권두서명은 '음식방문'이다. 상하 2권으로
   나뉘어 1책으로 장정되어 있는데 상권 권두서명은 '음식방문 상권'(제1면), 하권 권두
   서명은 '음식방문 ㅎ권'(제75면)으로 쓰여 있다. 권두서명은 '음식방문'은 이 책의 저
   자(혹은 필사자)가 직접 쓴 것이고, 표지서명 '是議全書'는 장정자가 쓴 것으로 보인
   다. 따라서 전자를 이 책의 본디 서명으로 봄이 타당하다.

았다. 제5장 뒷면에 '쳥규박물지서'라는 제목으로 이 책 전체의 서문이 4면 이상에 걸쳐 서술되어 있다. 제7장 뒷면부터 '쳥규박물지 목녹'이란 제하에 5개의 부류와 각 부류 안에 들어간 세목이 큰 글씨의 한글과 작은 한자로 나열되어 있다. 5개 부류의 이름은 '텬문부天文府', '지리부地理府', '화목부花木府', '금슈부禽獸府', '진보부珍寶府'이다. 천문부와 지리부는 한 행에 묶여 있고 이에 속한 세목도 연결되어 있다. 그 세목의 이름은 '일월日月', '히海', '셩하星河', '됴셕潮夕', '풍운風雲', '슈水', '뇌우雷雨', '하河', '빙셜氷雪', '강하江河' 등 18개이다. 화목부 아래에는 '화花', '목木', '곡穀', '과果', '초艸'의 5개 세목이 있다. 금수부 아래 5개 세목, 진보부 아래 3개 세목이 있다. 그리고 본문 곳곳에 어려운 한자어를 풀이한 협주가 두 줄의 잔글씨로 씌어 있다. 책 머리에 서문과 목록이 있고, 본문에 주석이 붙어 있는 이런 형식은 전형적 학술서의 모습이다. 빙허각은 여성들에게 필요한 백과사전식 지식을 체계화했다.

유희의 어머니 이사주당(李師朱堂 1739~1821)이 지은 『태교신기』도 학술서의 성격을 띤 책이다. 사주당은 태교에 대한 지식을 체계화한 것이다. 빙허각과 사주당의 책들은 여성이 저술한 한글 학술서이다. 조선시대의 남성이 저술한 한글 학술서는 찾아내기 어렵지만[42] 여성이 지은 한글 학술서가 존재한다. 이 사실은 한글생활사의 역사적 전개에서 주목받아 마땅한 발전적 국면이다.

---

42) 이광명(李匡明 1701~1778)이 한글로 지은 「이쥬풍쇽통」(夷州風俗通)은 함경도 갑산에 오랫동안 유배되어 지내면서 이 지방의 풍속과 언어를 사투리로 기록한 글이다. 이 글은 학문적 연구의 결과를 논설문 형식으로 쓴 것이 아니라 현장 관찰 결과를 기록한 풍토기(風土記)이다. 이런 글은 넓은 의미의 학술적 저술로 간주할 수 있으며, 적어도 '준학술문'의 지위는 부여할 수 있다고 본다. 「이쥬풍쇽통」은 간본이 아니라 이광명의 필사본 문집 격인 『贈參議公 謫所詩歌』(증참의공 적소시가)(국사편찬위원회 소장)에 실려 있다. 제14장에서 23장에 걸쳐 쓰여 있는 한글 필사본이다. 「夷州風俗通」에 대한 연구는 윤병석(1977)과 곽충구(2010)를 참고하였다.

4. 문체로 본 문자생활

훈민정음 창제 이전에 한민족은 한자와 한문을 썼다. 한문으로 쓴 문체를 포괄적으로 말해 한문체라 부른다. 우리말을 표기하려고 한자를 변용한 이두, 향찰, 구결을 만들어 사용했고, 이것이 쓰인 문체를 이두문체, 향찰문체, 구결문체라 부를 수 있다. 이 세 문체는 한문체에서 파생된 변이 문체이며, 이두문체와 구결문체는 한문 중심 텍스트에 쓰인 것이어서 한문체의 변종으로 볼 수 있다. 그러나 향찰문체가 쓰인 향가 텍스트는 한문이라 할 수 없기 때문에 한문체의 변종으로 보기 어렵다. 한문에 한국어 문법이 착종(錯綜)된 잡종 문체가 향찰문체이다.

훈민정음을 반포하면서 편찬한『훈민정음』해례본에는 정음자와 한자를 섞어 쓴 국한혼용체가 예시되어 있다. 해례 합자해에 나온 "孔子ㅣ魯ㅅ: 사룸之類"가 이것이다. 한자에 정음자 주음(注音)이 없는 이 문체를 국한혼용체라 부른다. 한자에 정음자 주음을 붙이지 않은 국한혼용체의 대표적 사례는『용비어천가』의 한글 가사와『두시언해』의 번역문이다.

『훈민정음』언해본,『석보상절』,『월인천강지곡』에는 한자에 동국정운식 한자음을 정음자로 주음해 놓았다. 한자에 음을 붙인 이러한 문체를 국한병용체라 부른다.『훈민정음』언해본과『석보상절』은 한자를 크게 하고 그 옆에 작은 크기의 정음자로 주음했다. 그러나『월인천강지곡』은 정음자로 표기한 음을 큰 글자로 하고 한자를 작은 글자로 했다.『월인천강지곡』의 가사 표기에 정음자로 표기된 한자음 글자를 더 크게 한 까닭은 의례에서 부르려고 만든 노래 가사이기 때문이다. 가사를 눈으로 보면서 노래하려면 정음자 글자가 커야 편리하다.『월인천강지곡』의 한자음 표기에는 종성자에 'ㅇ'를 표기하지 않았다. 이는 온전한 동국정운식 한자음 표기가 아니다. 이렇게 한 까닭도 가사 낭송자의 편리함을 도모한 것이다. 그 문헌의 이용자를 고려하여 문체를 선택하였음을 알 수 있다.

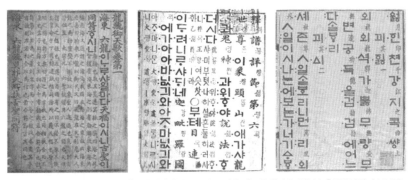

〔그림 7〕 왼쪽 : 국한혼용체 『용비어천가』(1447). 가운데 : 국한병용체ⓝ형 『석보상절』(1447).
오른쪽 : 국한병용체㉮형 『월인천강지곡』(1447).

한편 『용비어천가』의 제2장, 제30장 등43)은 한자어가 전혀 없이 순수하
게 고유어로 된 한글 가사를 정음자로 표기했다. 이러한 문체를 국문체라
부른다. 15세기 말기의 「나신걸언간」과 17세기 후기의 『음식디미방』이 국
문체의 좋은 사례이다.

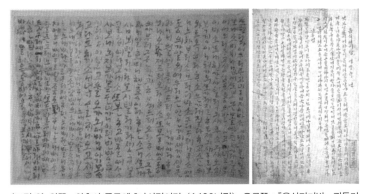

〔그림 8〕 왼쪽 : 최초의 국문체 「나신걸언간」(1490년경). 오른쪽 : 『음식디미방』 권두면

조선 후기 특히 19세기에 국문체는 상류계급에 속한 왕실 여성들의 교

---

43) 『용비어천가』 가사의 제2, 30, 67, 68장이 국문체 가사이다.

양과 읽을거리를 위한 서적의 번역에 많이 쓰였다(이종묵 2007). 한자 혼용과
한자음 표기 방식을 기준으로 위에서 논한 문체들을 분류하여 표로 정리하
면 다음과 같다.

〔표 1〕 한글을 사용한 문체의 종류와 그 예시

문체		구분	예시문	대표 문헌	예상 독서자
국한 혼용체		한자음 표기 없이 한글과 한자를 섞어 쓴 것	海東 六龍이 ᄂᆞᄅᆞ샤 일마다 天福이시니(용비어천가 제1장)	용비어천가, 상원사중창권선문, 두시언해	양반층
국한병용체	㉮형	한글 주음 글자를 한자보다 더 크게 한 것	·매賣화花:녀女 구琪이夷 :션善·혜慧ㅅ ·ᄠᅳᆺ:아ᅀᆞ·바 부夫쳐妻·원顧으·로 고·줄 받ᄌᆞ·ᄫᆞ시·니(월인천강지곡 其六)	월인천강지곡	여성 및 평민층
	㉯형	한자를 한글 주음 글자보다 더 크게 한 것	그 城쎵 안·해 혼 大·땡臣씬 護·뽕弥밍라 ·호·리 가·ᄉᆞ멸·오(석보상절6,14a)	석보상절, 월인석보, 사서언해	여성 및 평민층
국문체		한글로만 쓴 것	쏘 분ᄒᆞ고 바롤 엿 사 보내뇌 지븨 가 몯 뎐녀 가니 이런 민망호 이리 어더 이실고(나신걸언간 2)	나신걸언간, 음식디미방, 천의소감언해	여성 (기타)

[표 1]에 해당 문헌의 예시문을 넣어 실제 모습을 확인할 수 있도록 하
였다. [표 1]의 세 가지 문체는 15세기부터 공존해 왔다. 문헌의 용도와 예
상 독자층에 따라 어느 하나의 문체가 선택되었다. 『용비어천가』와 『두시
언해』와 같은 시문집은 한자음이 없는 국한혼용체가 쓰였는데 이 책들은
양반층이 읽었기 때문이다. 『삼강행실도』 초간본의 언해문은 국한혼용체였
으나, 선조 대 중간본 이후 국문체로 변했다. 『속삼강행실도』의 언해문은
초간본부터 국문체로 간행되었다. 여성이 독자일 때 국문체가 많이 사용되
었으나 『속삼강행실도』와 『천의소감언해』의 예에서 보듯이 여성을 포함한
평민층과 양반층 모두를 포괄하기 위해 선택된 문체이다. 『음식디미방』은
국문체이나 『주찬방』과 『주방문』(규장각본)에는 한문 방문 및 한자어 방문

명(方文名)이 표기되어 있다. 『음식디미방』은 여성(장계향)의 저술이고, 『주찬방』(강화부 관아의 관리?)과 『주방문』(하생원?)은 남성이 쓴 저술로 판단된다.

국한병용체 ㉮형과 ㉯형은 현대 한국어 문체에서 약간 변형되어 쓰인다. '대한민국(大韓民國)'처럼 쓰는 것은 ㉮형의 변형이고, '大韓民國(대한민국)'처럼 쓰는 것은 ㉯형의 변형이다. 이 예시에서 ( ) 표기는 없어도 무방하다. 한자와 한자음 표기를 기준으로 볼 때, 훈민정음 반포 이후 한국어 문체가 겪어온 변화는 사실상 [표 1]에 제시한 틀을 벗어나지 않는다. [표 1]의 세 가지 문체는 그 용도와 예상 독자층에 따라 선택적으로 사용되어 오다가[44] 개항, 갑오개혁, 대한제국기를 거치면서 한국어 문체는 큰 변화를 겪게 된다. 강화도 조약 체결(1876) 이후 일본에 수신사(修信使)란 이름으로 일본이 이룬 서양 문명과 제도를 배우기 위해 일본에 파견하였다(1876/1880). 1881년(고종 18)에는 조사시찰단(朝士視察團=신사유람단) 38명을 근 4개월 동안 일본에 파견하여 일본의 행정 제도와 산업을 시찰하고 배우도록 했다.[45] 이러한 흐름 속에서 정병하(鄭秉夏)의 『農政撮要』(1886)가 학술서로서는 가장 먼저 국한혼용체로 간행되었다.

갑오개혁으로 공문서의 문자를 국문으로 삼았고, 그 다음해 간행된 유길준의 『서유견문』(1895)이 국한혼용체를 썼다. 일본어 문체의 영향을 크게 받은 국한혼용체는 대한제국기의 몇몇 신문(황성신문 등), 공문서, 학술서 문장의 주류를 이루었다. 그러나 한자를 전혀 쓰지 않은 국문체가 『사민필지』(1889), 독립신문, 신소설, 동학의 용담유사, 기독교 교리서 등에서 활발하게

---

44) 이기문(2005 : 245) 선생은 한글 창제 이후 우리나라 문자생활은 ① 漢文, ② 漢字와 한글의 混用體, ③ 순 한글이란 세 층으로 나누고, 吏讀는 漢文에 딸린 것으로 보았다. 조선시대의 시조와 가사에는 ②가 쓰였고, 내방가사와 일상적 용도의 글(언간 等)에는 ③이 쓰였다고 하였다.

45) 유길준은 이때 어윤중의 수행원으로 신사유람단에 참가하여 일본에 갔었고, 일본에 머물던 중 일본의 근대화를 이끌던 후쿠자와 유키치(福澤諭吉 1843~1901)를 만나 그의 문하에 들어갔다.

사용되었다.

문체의 선택은 저술자의 사상과 정치적 배경 등의 요인에 따라 선택되는 경향이 있었다. 예컨대 위정척사파는 한문과 구결문 형식과 비슷한 한문 현토체를 주로 썼고, 친일적 성향의 온건 개혁파는 국한혼용체를 썼고, 민족주의적 성향의 독립신문 창간과 미국 유학을 경험한 서재필과 윤치호 등은 국문체를 썼다. 크게 보아 학술서와 논설문의 문체는 국한혼용체가 주류를 이루었다. 이는 당시의 지식인이 가졌던 전통 한문의 소양과 신문명 수입의 근원이 된 일본어 문장의 영향을 크게 받은 결과이다. 20세기 후기(대체로 1990년대 이후부터)에 국문체가 압도적 우위를 점하게 되었고, 21세기 오늘날에는 국문체 중심으로 사용되고 있다.

이러한 문체 변화 속에서 학술서의 문체 변화가 가장 느리게 진행되었다. 학술서에서 국문체로의 변화는 쉽지 않은 것이었고, 오늘날에도 학술서 문장에 국한혼용체가 남아 있다. 용도에 따라 다양한 문체가 존재하는 것이 오히려 바람직하다고 볼 여지도 있다.

5. 마무리

문자는 인간이 만들어 낸 가장 유용하고 탁월한 도구이자 인간의 생각과 문화를 담는 그릇이다. 문자는 인간의 언행과 지적 활동의 결과를 기록하고, 사회 집단의 역사를 서사(書寫)함으로써 인류 문화의 발전과 문명[46] 진보를 가능케 했다. 한글은 한민족이 영위한 여러 가지 문자생활에서 가장 중요한 역할을 해 왔다. 이 글은 한글을 중심으로 우리 민족의 문자생활사를 개략적으로 고찰하였다.

---

46) '文化'는 '글로 됨'이고, '文明'은 '글로 밝힘'의 뜻이니, 인류가 이룩한 문화와 문명은 모두 '文'(=글)이 만들어 낸 결과물이다.

필자는 이 글에서 육하원칙에 의거하여 문자생활사 자료를 기술하고 분석하는 기본적 방법을 제시하였다. 이어서 사용 문자를 기준으로 우리 민족의 문자생활의 종류를 다섯 가지로 나누고, 각각에 대해 논하였다. 한자(漢字)에 의한 문자생활, 차자표기에 의한 문자생활, 한글에 의한 문자생활, 한문과 한글을 병용한 이중 문자생활, 일본 문자 강요 시기의 문자생활이 그 다섯 가지이다. 그리고 사용한 문자의 역사적 추이를 고려하여 한국 문자생활사의 시대 구분을 여섯 단계로 나누어 설정하였다. 우리나라에서 전개된 문자생활사의 단계를 요약하면 다음과 같다.

① 한문 시대 : 기원전 300년 전후에 한자가 유입된 때부터 갑오개혁(1894년)까지 공용 문자로 사용
② 차자표기 시대 : 고대의 한자 유입 이후. 이두, 향찰, 구결의 사용
③ 훈민정음 및 언문 시대 : 1443년부터 19세기 말까지
④ 국문 시대 : 갑오개혁 이후 1894년부터 1910년까지
⑤ 조선문 시대 : 일제강점기 1910년부터 1945년까지. 조선문 및 일문(日文)의 공존기
⑥ 한글 시대 : 1945년 이후 현재까지

위의 여섯 가지 시대는 시간적으로 분리된 것이 아니라 시대 간 서로 교차되는 부분이 적지 않다. 예컨대 차자표기 중의 구결은 오늘날의 한글 시대에서도 한문 학습에 사용되고 있다. 각 시기의 주류 문자 혹은 역사적 의미가 있는 문자를 중심으로 위와 같이 시대 구분을 한 것이다.

이어서 사용 목적을 기준으로 문자생활의 유형을 실용적 문자생활·교육적 문자생활·문학적 문자생활·종교적 문자생활·학술적 문자생활로 나누고, 각각의 내용과 관련 자료를 고찰하였다. 끝으로 한글과 한자 표기의 양상을 기준으로 세 가지 부류의 문체를 설정하고, 이 부류들이 훈민정음 창제 이후 지속되어 온 것임을 밝혔다.

제2장
어문생활사로 본 언간과 한글 고문서의 연구 방법

1. 들어가기

한글 고문서는 한문이나 이두문 고문서에 비해 남아 있는 분량이 적은 편이다. 그런데 언간(諺簡) 즉 한글 편지도 넓은 의미의 고문서에 넣을 수 있다. 언간을 고문서에 포함시키면 한글 고문서의 분량은 크게 늘어나고 그 연구 내용도 풍부해진다.[1]

언간과 한글 고문서는 이두를 포함한 한문 고문서와 구별되는 연구 가치를 가진다. 언간과 한글 고문서에는 한문이나 이두문 문서에 없는 내용이 적지 않다. 특히 언간은 일상생활의 다양한 사연을 반영하고 있다. 이런 점에서 언간은 어문생활사를 포함한 생활사 연구에 유용하다.

언간과 한글 고문서는 작성 목적과 작성 내용이 현저히 다른 부류의 문

---

* 이 글은 『국어사연구』 10호(2010, 국어사학회) 41~72쪽에 실었던 것을 고치고 다듬은 것이다.
1) 고문서 분류 틀에서 한문 간찰을 넓은 의미의 고문서에 포함시킨다. 언간도 이와 같은 맥락에서 한글 고문서의 하나로 간주할 수 있다. 그런데 본고에서 편의상 언간을 별도로 세워 설명하는 경우가 많다. 이는 언간의 성격이 여타의 한글 고문서와 다른 점이 많기 때문이다.

헌이다. 그러나 언간과 한글 고문서는 둘 다 일상생활에 밀착된 자료라는 점에서 공통성을 가진다. 언간과 한글 고문서는 현실의 삶 속에서 실제 생활의 필요에 의해 작성된 자료라는 점이 서로 같다. 생활 밀착형 자료인 만큼 언간과 한글 고문서는 어문생활사 혹은 한글생활사 연구에 유용하다. 이 글의 제2.1절에서는 '어문생활사' 및 '국어생활사'라는 용어의 뜻과 그 용법을 논하고, 제2.2~2.4절에서는 어문생활사적 관점에서 언간과 한글 고문서의 무엇을, 어떻게 연구할 수 있는지 그 방법을 모색해 보려 한다. 이 글의 제3장에서는 한글 고문서의 특성과 연구 방법을 논하고, 선행 연구의 사례를 통해 고문서 연구의 가치를 평가해 본다.

2. 어문생활사의 연구 방법론

2.1. 어문생활사와 국어생활사의 용어 문제

한국 역사학계에서 생활사 연구는 1990년대에 시작된 것으로 보고 있다. 한국고문서학회의 『조선시대 생활사』(1996 역사비평사)는 생활사 연구에 대한 관심을 불러일으켰고, 생활사 연구 성과의 대중화에 기여했다.[2]

한국의 생활사는 독일과 프랑스에서 발달한 미시사와 일상생활사 연구에 영향을 받았다. 그러나 오늘날까지도 한국의 생활사가 정치사나 경제사와 같은 독립된 연구 분야의 하나인지, 아니면 구조사나 미시사처럼 역사 연구 방법론의 하나인지에 대한 판단조차 모호하다(정연식 2009 : 291). 김경숙(2006)은 생활사를 "한 사회의 체제와 운영 원리 등 사회적 특성을 근거로

---

2) 한국고문서학회에서 각 분야 전문가들로 집필진을 구성하여 생활사 전반을 다룬 세 권의 시리즈를 출판했다. 제2권이 2000년도에 간행되었고, 1~3권이 2006년도에 모두 간행되어 생활사 연구의 기본 도서가 되었다.

하여 그 속에서 인간이 어떠한 삶의 방식을 보이는가에 대하여 탐구하는 학문"이라고 규정하였다.

'생활(生活)'은 한자어 뜻 그대로 보면 '살면서 활동하는 것'이다. 사람이 생명을 유지하면서 생활하는 데 필수적인 것이 옷과 식량과 집이다. 그래서 이 세 요소에 관한 생활을 의생활, 식생활, 주생활이라 부르며, 생활사 연구의 주요 대상으로 삼아 왔다.

언어 역시 인간 생활에서 빼놓을 수 없는 필수 요소이다. 사회 속에서 인간관계를 영위하는 데 가장 중요한 것이 언어생활 혹은 언어활동이기 때문이다. '언어생활'은 일차적으로 음성언어를 통한 의사소통 활동을 의미한다. 인간의 지혜는 음성언어를 기록할 수 있는 문자를 창안하였고, 문자 창안은 인류 문명의 진보에 가장 중요한 역할을 하였다. 문자는 인간으로 하여금 지식의 축적을 가능케 하였다. 인간은 문자를 통해 시공을 초월한 정보 전달과 의사소통이 가능하게 되었다. 문자에 의한 기록과 의사소통을 문자생활이라 부른다. 음성 언어생활과 문자생활을 통합하여 하나로 표현한 용어가 '어문생활'(語文生活)이다. '語'는 음성언어의 측면을, '文'은 문자언어의 측면을 가리킨다. '어문생활'에 '사'(史)를 접미시킨 것이 '어문생활사'이다. 어문생활사는 음성 언어생활(=말생활)과 문자 언어생활(=글생활)의 역사적 전개와 그 의미를 탐구하는 학문이다. 이와 같은 사실들을 염두에 두고, 어문생활사 및 국어생활사라는 용어가 갖는 문제점을 먼저 검토해 보기로 한다.

국어학계에서 이루어진 이 분야에 대한 연구는 관련 용어 사용에서부터 그 편차가 적지 않다. 김광해(1996 : 146)는 국어교육론의 측면에서 '국어생활사' 및 '언어생활사'라는 용어를 도입하고 새로운 연구 분야로서의 가능성을 처음 언급하였다. 조동일(2003)은 어문생활사의 '어문'을 '언어와 문학'이라는 뜻으로 보고, 국어와 국문을 통해 이루어지는 생활사를 두루 포괄하는 의미로 '어문생활사'라는 용어를 만들었다. 장윤희(2005)는 국어에 초점을 둔 '국어생활사'라는 용어를 사용하면서 이 학문의 구성과 내용을 논하였다. 백낙천(2007) 역시 '국어생활사'라는 용어를 채용하면서 언간의 가치를 논하였다.

국어생활사를 국어교육과 관련지은 집중적 검토는 한국문법교육학회의 『문법교육』 제10호(2009)에서 이루어졌다. 여기에 실린 장윤희(2009), 구본관(2009), 김유범(2009), 조태린(2009) 등의 논문들은 학회의 기획에 따라 국어생활사의 제 문제를 집중적으로 조명하였다. 장윤희(2009 : 290-298)는 국어사, 국어문화사, 국어생활사의 개념의 넓이와 상관성에 대해 논하였다. 구본관(2009 : 3-7)은 국어생활사에 대한 국어교육학자들의 선행 연구를 검토하면서 국어교육에서 차지하는 국어생활사의 위상을 논하였다. 김유범(2009 : 50-52)은 국어생활사를 국어사, 문자사, 국어학사, 국어교육사 등과 대조하면서 그 특성을 네 가지로 파악하였다. 조태린(2009)은 역사학계에서 진행된 생활사의 주요 개념과 방법론을 검토하고 국어생활사의 연구 방법을 논하였다. 조태린의 이 논문은 국어생활사와 사회언어학의 방법론적 상관성을 논함으로써 국어생활사 연구 방법론의 새로운 가능성을 보여 주었다.

한편 홍윤표(2006, 2008), 허재영(2008a), 이장희(2008)에서는 '어문생활사'라는 용어를 채택하여 그 연구 내용과 방법 등을 논하였다. 홍윤표(2008 : 110)는 '한국 어문생활사'를 '한국인의 어문생활 역사'로 규정하고, '어문생활을 통한 한국인의 생활사 규명'에 그 목표를 두었다. 아울러 어문을 통하여 생활사를 바라보는 방식에서 출발하여 생활사를 통하여 어문을 바라보는 방식으로 나아가야 함을 말하였다(홍윤표 2008 : 111). 이장희(2008)는 서양에서 유입된 생활사 이론에 비추어 우리나라의 어문생활사 연구 동향을 점검하고 관련 용어의 정립을 시도하였다. 김은성(2007)은 그 논제에 '국어 어문생활사'라는 용어를 제시하고, 이 학문의 연구 방법론, 특히 자료 수집과 정리 방법을 논하였다.

어문생활사와 국어생활사라는 용어를 서로 비교해 보면, 어문생활사는 일반 생활사의 한 부문이라는 의미가 더 뚜렷하고, 국어생활사는 이 분야를 국어사 혹은 국어학의 한 영역으로 간주하려는 생각이 깔려 있다. 국어생활사는 국어음운사·국어어휘사 등과 대등한 지위를 가지면서, 국어사의 한 분야로서 '생활과 관련된 국어사 연구'라는 의미를 함축한다. 국어학자의 입장에서 보면 국어생활사라는 용어가 더 쉽게 수용되고 친근한 어감을 준다. 또한 국어음운론, 국어어휘론 등과 같이 '국어생활론'이라는 분야를 설정할 수 있는 것처럼 여겨진다. 사실 '국어생활'이라는 용어는 국립국어원 간행의 잡지명[3]이나 여타의 저서명에서 사용되어 온 것이라서 국어학 관련자에게 상당히 익숙하다. 이러한 친숙성 때문에 '국어생활사'라는 용어는 국어학의 한 분야로 쉽게 수용될 수 있는 장점을 가진다.

그러나 '국어생활사'라는 용어는 다음과 같은 점에서 한계가 있다. 첫 번째의 한계는 이 분야의 연구를 지나치게 국어 혹은 한글에 한정시킬 가능성이 높다는 것이다. 사용 문자의 측면에서 한반도 사람들의 문자생활은 한문자에 의존한 바가 크다. '국어생활사'라는 용어는 한문과 한자를 이용한 우리 민족의 어문생활을 포용하기 어렵다. 다만 한자의 음과 훈을 이용한 우리말 표기 자료는 국어생활사에서 다룰 수 있다. 그러나 한문으로 저술한 수많은 문예 창작물과 역사 기록물 등도 한국인의 어문생활사에서 중요한 비중을 차지한다. '국어생활사'라는 용어는 이 부문을 포괄하기 어렵다.

'국어생활사'라는 용어가 갖는 두 번째의 한계는 국어사 및 생활사와의 연관성에 관련된 것이다. 생활사는 사회사에 가까우면서도 인접 학문과 관련된 융합 학문적 성격을 띠고 있다. 의식주 생활뿐 아니라 사회계층, 경제, 농업, 의료, 놀이 등 여러 가지 측면이 생활사에 포용될 수 있다. 국어생활사도 생활사의 한 부분이 될 수 있고, 그렇게 나아가야 바람직하다. 그런데 문제는 '국어생활사'에서 '국어'에 초점이 주어지면 그것은 국어사의

---

3) 이 잡지는 그 이름을 『국어생활』을 쓰다가 『새국어생활』로 개명하였다.

한 부분으로 받아들이기 쉽다는 것이다. 국어사의 하위 영역에 있는 국어 음운사·국어형태사·국어어휘사 등과 국어생활사가 동격이 되어 버리면 생활사 일반으로 나아가는 데 어려움이 따를 수 있다. 국어음운사 등이 언어 내적 연구라면, 국어생활사는 언어 외적 연구의 성격이 강하다. 여기서 말하는 '외적'이라는 것은 언어 사용 환경(context), 언어 사용 주체, 언어 사용 목적 등 언어 구조체의 외부에서 언어활동에 영향을 미치는 측면을 뜻한다. 이런 점으로 인해 국어생활사는 국어 음운사·국어 문법사 등과 동등한 국어사의 하위 분야로 설정하기 어렵다. 언어 내적 측면에 초점을 두는 국어사와 달리, 언어 외적 측면에 초점을 두는 국어생활사를 설정하는 것이 이 분야의 학문적 정체성 혹은 차별성을 확립하는 데 유용하다.

이와 같은 두 가지 한계점을 고려할 때, '국어'에 제한되는 '국어생활사'보다 더 넓은 외연과 더 다양한 내포를 갖는 '어문생활사'를 일반적 용어로 사용하는 것이 낫다고 생각한다. 지역 혹은 공간을 명시적으로 드러내기 위해 '어문생활사'에 '한국'을 부가하여 '한국 어문생활사'라는 용어를 만들 수 있다. 그리고 대내적 차원 혹은 국어교육론 차원에서 '한국 어문생활사'를 줄여서 '국어 어문생활사'(약칭 '국어생활사')를 쓸 수도 있다.

한편 '어문'(語文)을 '언어와 문학'(조동일 2003)의 의미로 볼 수도 있겠지만 필자는 '언어와 문자'로 보는 것이 '어문생활사'의 영역과 정체성을 명료히 설정할 수 있다고 생각한다. '문학'의 개념을 수용하게 되면 어문생활사의 범위는 크게 넓어져 광범위한 연구 분야와 연결됨으로써 학문 단위로 정립시키는 데 어려움을 겪을 수도 있다. 그렇다고 어문생활사의 연구 대상에서 문학작품을 배제하자는 것은 아니다. 언어와 문자를 활용한 산물로서 문학작품을 어문생활사의 연구 대상에 포함시킬 수 있기 때문이다. '어문생활사'로 하든 '국어생활사'로 하든 문학작품의 창작과 향수 활동을 이 영역에서 다룰 수 있다. 문학작품의 창작과 향수도 언어 혹은 문자를 통한 활동이기 때문에 어문생활사의 한 영역으로 간주된다. 그러나 문학작품의 창작과 향수에 관한 연구는 사실상 문학적 연구와 구별되기 어려운 점이 있다. 어문생활사라는 학문이 새롭게 설정되고 모색되는 초기 단계에 있는 점을 감안할 때, 어문생활사 혹은 국어생활사의 영역과 개념을 좁게 파악하여 이 학문의 정체성을 명료히 하는 것이 바람직하다고 판단된다. 이러한 점에서 문학작품에 관한 어문생활사적 연구는 꼭 필요한 경우에 언급하기로 한다.

필자는 '어문생활사'에서 '어문'의 뜻을 언어의 두 측면 즉, 청각적 측면인 소리로서의 말[語]과 시각적 측면인 부호로서의 말[文]을 의미하는 것으로 본다.4) 그리하여 어문생활사는 말과 문자를 통한 인간 생활의 변천사라는 뜻이 된다.

말과 문자를 통한 인간 생활의 역사 혹은 그것을 연구하는 학문이라는 측면에서 볼 때, '어문생활사'라는 용어가 가장 적절하다. '어문생활사'와 '국어생활사' 중에서 전자가 더 넓은 의미를 가진다. 한국어에 한정되는 명칭보다 여러 언어와 문자에 두루 쓰일 수 있다는 점에서 '어문생활사'라는 용어가 더 보편성을 띤 것이다. 이 점을 고려하여 필자는 언어와 문자를 동시에 표상할 수 있는 '어문생활사'라는 용어를 기본으로 삼고, 한국이라는 지역을 명시하기 위해서 '한국 어문생활사'5)라고 칭하는 것이 적절하다고 본다. '한국 어문생활사'라고 하면 한국인과 한반도에서 일어난 어문생활사라는 뜻을 드러낼 수 있다. 특정 시대를 명시하려면 시대 명칭을 덧붙여 '고구려의 어문생활사', '백제의 어문생활사', '신라의 어문생활사' 등의 용어로 세분할 수도 있다. '국어생활사'라는 용어만 쓴다면 이와 같은 다양

---

4) 여기서의 '어문'에서 '문'(文)에는 한글뿐 아니라 한자와 한문, 그리고 향찰과 구결과 같은 차자도 포함된다.

5) 남북 분단의 정치적 상황을 고려하면 '한국 어문생활사'라는 용어는 북측에서 수용하지 않을 것이다. 이런 상황을 염두에 두면 '한반도 어문생활사'라는 용어를 고려하는 것도 한 대안이다. 그러나 '한반도 어문생활사'는 고구려의 강역을 포괄하지 못하는 용어라고 비판하는 사람도 있을 것이다.

한 용어로 확장하는 데 어려움이 있다.6)

필자의 의견을 요약하면, '어문생활사'라는 용어를 기본으로 하고 지역 혹은 공간을 명시하는 '한국 어문생활사'를 쓰자는 것이다. 국어교육론에서는 후자를 줄여 '국어 어문생활사' 혹은 이의 약칭으로 '국어생활사'를 사용할 수 있다. 조금씩 다른 명칭들로 인한 약간의 혼란이 예상된다. 이런 혼란은 이 분야가 새롭게 정립되어 가는 과정 속에서 불가피한 것일 수도 있다. 앞으로 연구가 진행되면서 용어의 정리가 이루어질 것으로 본다.

2.2. 어문생활사의 연구 대상

어문생활사와 국어생활사의 개념을 이렇게 파악할 때, 우리가 지금까지 연구해 온 국어사(國語史)와 어문생활사 혹은 국어생활사의 차이는 무엇인가?7) 국어사의 하위 연구 분야로 음운사, 형태사, 어휘사, 문법사 등이 있다. 국어사는 국어 자체의 내적 변화 과정과 원리 연구에 초점을 두며, 국어의 사용자 및 사용 환경 관련 요소를 크게 고려하지 않는다. 그러나 국어사 연구와 어문생활사 연구가 서로 만나는 접점이 있을 것이다.

어문생활사는 '생활'과 관련된 언어와 문자 활동의 역사이기 때문에 '생활'의 요소가 포함되어야 한다. 인간 생활의 다양한 국면과 관련된 언어와 문자 활동 및 그 변천을 연구하는 분야가 어문생활사이다. 여기서 우리는 한 가지 고민을 안게 된다. 인간 생활과 관련된 어문활동을 어떻게 정의하고 그 범위를 설정해야 하는지가 쉽지 않기 때문이다. 인간 생활 속에서 언어가 필수적 요소임은 두말할 나위가 없다. 다양한 언어활동이 인간 생

---

6) '고구려의 국어생활사', '백제 시대 국어생활사'와 같은 용어는 매우 어색하다. 그러나 '고대 어문생활사' 등은 무방하게 수용된다. 이 차이는 '국어'가 고대의 여러 국명(國名)을 포괄하는 용어가 되지 못하기 때문에 생긴 것이다.
7) 여기서 우리는 일단 한국어라는 범위 안에서 이 용어의 개념 문제를 다루기로 한다.

활 속에서 수행되어 왔고 지금도 수행되고 있다. '어문생활사'라고 '사'(史)를 붙이면 시간적으로 과거에 속한 어문생활을 다루는 것이기 때문에 현재 이루어지고 있는 어문생활은 제외된다. 그리고 '어문생활사'에 '생활'이라는 용어가 들어가 있는 만큼 어문생활사는 당대인의 '생활'과 밀착된 언어활동 및 관련 요소에 초점을 맞추어야 한다.

그렇다면 생활과 밀착된 언어활동 및 관련 요소에는 어떤 것이 있는가? 그리고 그것을 어떻게 연구해야 어문생활사가 되는가? 우리는 어문생활사의 연구 대상을 어떻게 설정해야 하는가? 이 질문에 답하기 위해 언간을 예시로 삼아 어문생활사 연구에서 다룰 수 있는 대상을 생각해 보자. 생활과 밀착된 언어 요소가 어문생활사의 연구 대상이 되는 것으로 간주하고, 언간에 담긴 이러한 요소를 탐색해 보자.

첫째, 언어생활 밀착형 소재로 가장 먼저 떠오르는 언어 예절을 포함한 화법(話法)이다. 화법에도 여러 가지 측면이 있다. 언간에서 가장 중요한 화법은 언어 예절법, 즉 언어를 통한 예의갖춤법이다. 편지의 서두나 말미에서 행한 인사말의 전개 양상, 표현 방법, 인사말의 시대적 변천 등이 어문생활사의 연구 대상이 될 수 있다. 예의갖춤법은 언어 표현에 의한 것이 중심이지만 칸비움법(이격법 離隔法), 줄바꿈법(이행법 移行法), 글자 올림법(대두법 擡頭法) 등과 같은 서법(書法)에 의해 표현된 것도 있다. 이러한 서법 역시 어문생활의 한 부분인 예의갖춤법의 하나로 간주한다. 화법의 세부 요소로 청탁의 화법, 거절의 화법, 설득의 화법 등도 어문생활사 연구에서 다룰 수 있다. 그러나 이런 화법은 예의갖춤법에 비해 문헌에 반영된 것이 드물고, 개인적 편차가 큰 것이어서 체계적 기술이 쉽지 않을 수 있다.

둘째, 생활 밀착형 언어 요소로 호칭어와 지칭어가 있다. 언간에는 주로 가족 관계와 친족 관계의 호칭어와 지칭어가 많이 나타난다. 이들은 친족 어휘와 동일한 것이 많아서 친족 어휘 연구와 직접 관련된다. 호칭어와 지칭어는 언간을 통해 살펴볼 수도 있지만, 등장인물의 대화가 풍부한 고전

소설 작품을 함께 활용하는 것이 바람직하다.

셋째, 언간에 등장하는 지명과 인명도 일상생활과 밀착된 언어 요소이다. 지명은 관련 인물의 생활 공간과 관련되어 있고, 인명은 생활 속의 인간관계를 반영한다. 이에 관한 연구는 종래의 국어사 연구에서 소홀히 다루어졌던 것이기도 하다. 지명과 인명의 작명법을 분석하여 언어생활의 일면을 엿볼 수 있다.[8] 언간에 등장하는 지명과 인명은 고유어와 한자어로 나눌 수 있다. 그리고 한자어 인명과 한자어 지명, 고유어 인명과 고유어 지명에 투영된 사고방식이나 공간 인식, 작명법 등에 반영된 인식 양상을 탐구할 수 있을 것이다. 아이의 이름이나 노비의 이름을 붙이는 방법,[9] 한자식 인명과 고유어식 인명의 사용 양상 등을 분석해 볼 수 있을 것이다.

넷째, 의식주와 관련된 어휘도 생활 밀착형 소재이다. 이에 관한 연구는 생활사의 인접 분야(복식사, 음식사, 건축사 등)와 연관될 수 있다. 예컨대 「현풍곽씨언간」에 나오는 각종 음식 이름과 그것이 등장하는 배경은 음식어휘 연구는 물론 식생활사 연구의 자료가 될 수 있다. 「현풍곽씨언간」과 시기적으로 가까운 음식조리서 『음식디미방』에 쓰인 음식 어휘와 비교하여 실생활과 음식조리서의 연관성도 파악해 낼 수 있다. 한 예를 들어 「현풍곽씨언간」에는 '보도쥬법'(포도주법)이 있으나 『음식디미방』에는 이것이 없다.[10] 「현풍곽씨언간」의 '보도쥬법'에 대한 고찰은 음식사 연구와 연결된

---

8) 안병희(1977)는 세종 대 문헌 『사리영응기』(1449)의 시주자 이름을 분석하여 한글 작명법의 유형을 논한 바 있다. 인명 표기에 관한 어문생활사 연구는 흥미로운 연구 주제의 하나이다.

9) 차자표기로 적은 노비 이름에는 '叱'자를 쓴 것이 있다. '叱'가 들어간 사람 이름은 노비 등의 하층민으로 간주해도 무방하다.

10) 한편 빙허각이 지은 필사본 『규합총서』(정양완 주해본)에 서양식 포도주법이 짤막하게 소개되어 있다. "대완국(大宛國)의서는 포도쥬 비난 니가 만하 만흔 즈 쳔만 석이나 ᄒᆞ야 비록 슈십여 인이라도 마시 그로디 아니ᄒᆞ더라"(大宛國에서는 포도주 빗는 이가 많아서, 많은 자는 천만 석이나 하여, 비록 수십여 년이 지나도 맛이 그르지 않더라.)(정양완 주해본 규합총서 권지일 5a). 그러나 한글 음식조리서에서 포도주법은 찾을 수 없다. 「현풍곽씨언간」에 곽주가 쓴 포도주법(보도쥬법)이 있으나 포도를 재료로 한 것은

다.11) 「나신걸언간」에는 농기구 이름, 종자로 뿌릴 씨앗 이름(피씨), 옷이름 등 의식주 관련 낱말이 모두 나타나 있는데, 15세기의 생활어 연구에 유용한 자료이다.

다섯째, 언간에 쓰인 이두 어휘도 고찰의 대상이다. 이두 어휘는 실용 문서(계약서, 청원서 등)에 사용되는 것인데 이런 어휘가 언간에 등장할 수도 있다. 이러한 예는 실용 문서 어휘의 생활 어휘화라는 측면에서 연구 자료가 된다. 언간에 나타난 이두식 어휘를 한글 고문서의 어휘와 비교해 봄으로써 두 실용문의 상관성을 포착해 낼 수 있을 것이다. 문서에 쓰이던 어휘가 생활 어휘로 전환되는 양상은 흥미를 끌 수 있는 소재이다. '그ᅀᆷ알이'(管掌)으로 훈독되던 이두 어휘 '次知'가 음독 한자어로 변하여 일상생활어에서 '차지'로 쓰이게 된 역사적 과정을 밝혀내는 일이 여기에 해당한다. 「나신걸언간」에 쓰인 '쉬빛'은 곡식 수납 서리인 '禾色'을 가리킨 고유어이고, '어우리'는 '幷作'을 뜻한 고유어이다. 고유어 '쉬빛'과 '어우리'가 한자어 '禾色'과 '幷作'으로 바뀐 역사적 과정은 아직 밝혀지지 않았다.

여섯째, 일기류 등 한문 문적에 나오는 특수한 용법의 실용 어휘가 언간에 등장한 것은 좋은 연구 대상이 될 수 있다. 예컨대 「현풍곽씨언간」에는 "감ᄉᆞ게 칭념ᄒᆞ여"(32번 편지)에서 보듯이 '칭념'(稱念)이라는 한자어가 쓰였다. '칭념'은 양반들의 노비 추쇄나 현물 수수와 관련하여 관인(官人)에게 청탁하거나 부탁하는 행위를 뜻하며, 유희춘의 『미암일기』나 이문건의 『묵재일기』 등 실용적 한문에 자주 쓰였던 낱말이다.12) 언간에는 이런 어휘가 사용된 정황이 함께 나타나 있기 때문에 생활사 연구와 바로 연결될 수 있는 소재가 된다.

아니다. 백두현(2019 : 294-297)의 주석과 해설을 참고하기 바란다.
11) 문제는 이런 언어 자료를 어떤 방법으로 연구하는가이다. 연구 방법론의 정립은 어문생활사 연구의 중요 과제이다.
12) '칭념'의 의미와 용례 등에 대한 역사적 연구는 이성임(2004)을 참고하였다.

일곱째, 비유 표현과 수사법도 어문생활사에서 다룰 수 있다. 은유, 직유, 환유 등의 수사법은 언어생활의 일면을 드러내 주면서 당대인의 사고방식을 반영할 수 있다. 이런 수사법이 사용된 문장 자료를 찾아서 그것이 쓰인 환경과 문맥을 분석하면 흥미로운 결과를 얻을 수 있다. 비유법 등의 수사법에 관한 언어 표현은 언간뿐 아니라 고전소설에서 찾는 것도 효과적인 방법이다.

어문생활사의 구체적 연구 대상을 설정하기 위해 위의 일곱 가지에 대해 생각해 보았다. 국어사와 국어 어문생활사 연구는 이 지점에서 서로 만날 수 있다. 여기에 언급한 '생활 밀착형 언어 요소'를 지나치게 강조하며 이에 대해 연구하다가 생활사의 관점을 놓쳐 버리는 것을 경계해야 한다. 일상생활과 직결된 언어 요소를 국어사적 관점으로만 연구하면 그것은 '생활국어사'의 하나가 되어 버릴 것이다.[13] 국어사가 아닌 생활사의 방법을 '생활 밀착형 언어 요소'에 적용하는 것이 중요하다. 그러기 위해서는 언어 사용자, 언어생활을 둘러싼 문화적 환경, 사회적 환경 등의 다양한 요소를 고려한 연구 방법이 필요하다.

위 일곱 가지는 어문생활사 연구와 관련될 수 있는 언어 내적 요소 즉 생활 밀착형 언어 요소에 대해 생각해 본 것이다. 어문생활사 연구는 언어 내적 요소와 언어 외적 요소가 상호 작용하는 양상과 그 원리를 밝히는 것이기도 하다. 이러한 연구로 나아가기 위한 연구 방법을 다음 몇 가지로 나누어 생각해 보았다.

첫째, 어문생활을 둘러싼 사회적 측면을 고려하는 것이다. 어문의 사용 주체(발화자, 문서 작성자)와 대상(청취자, 독서자)의 사회적 위치(계층, 신분, 성별, 연령 따위)를 고려하여 어문생활사의 전개를 기술할 수 있다. 둘째, 어문 사용 주체의 목적을 고려하는 것이다. 사용자의 목적이 무엇이냐를 기준으로

---

13) 생활국어사에 대한 언급은 조태린(2009 : 363)을 참고하였다.

어문생활의 다양한 양상을 분석할 수 있다.[14] 셋째, 어문생활 중 특히 문자의 필사 과정과 관련된 물질적 측면을 어문생활사 연구 대상에 포함시키는 것이다. 필사 도구인 붓과 먹, 필사 재료인 종이, 고대의 목간, 금석 등의 물질적 요소를 어문생활사의 연구 대상으로 다룰 수 있다.

이와 같은 어문생활의 외적 요소를 포함하여 어문생활사를 기술하면 그 내용이 더욱 풍부하고 다양해지며, 인접 연구 분야와의 소통 가능성도 높아진다. 이렇게 될 때 어문생활사 연구는 문화사의 한 부문으로서 흥미로운 통섭적 연구 영역으로 나아갈 수 있다.[15]

2.3. 어문생활사의 연구 방법

어문생활사의 연구 방법은 여러 가지 관점에서 다양한 자료를 대상으로 고찰할 수 있다. 일반 생활사의 연구 방법에서와 마찬가지로 어문생활사의 연구 방법을 정립하는 것은 간단치 않은 문제이다. 거시이론의 차원을 염두에 두면서 미시적이면서도 구체적인 연구 방법을 찾아야 어문생활사의 세부 기술이 가능하다. 필자는 어문생활사 연구의 방법으로 다음 몇 가지를 숙고해 보았다.

첫째, 어문생활사와 관련된 개별 자료를 정확하게 기술할 수 있는 방법을 확보해야 한다. 이를 위해 육하원칙의 활용을 제시한 바 있다(백두현 2007). 육하원칙은 기사 작성의 일반 원칙으로 어떤 사건의 경위를 기술하는 데 쓰여 온 것이다. 육하원칙에 따른 기술은 사건의 주체와 사건이 일

---

14) 백두현(2007b)에서 언간뿐 아니라 한글 자료 전반을 대상으로 사용 목적에 따라 실용적, 교육적, 문학적, 종교적, 학술적 문자생활로 나눈 바 있다.
15) 홍윤표(2008 : 116-117)는 필자와 다른 시각에서 어문생활의 구성 요소를 여섯 가지로 설정하였다. 사람, 말과 문자, 도구, 언어 환경, 표출 형식, 표현 양식과 방법이 그 여섯 가지다. 필자는 위에서 언어 내적 측면과 언어 외적 측면으로 나누어 어문생활사의 연구 대상을 설정해 보았다. 어문생활사 연구의 의의에 대한 논구는 홍윤표(2008 : 115-116)를 참고할 수 있다.

어난 경위 등을 간명하게 제시할 수 있기 때문에 어문생활사 자료의 기본적 성격과 특징을 파악하는 데 요긴하다. 이 방법은 너무나 상식적이고 초보적인 것처럼 여겨질 수도 있지만 생활사의 자료 기술에 유용한 것이다. 자료의 생산자와 향유자 그리고 이들의 사회적 관계, 자료 생산의 목적 등에 대한 고찰은 연구 대상 자료의 성격을 밝히는 데 필수적이다.

둘째, 어문생활사 요소를 적출하여 그것을 공시와 통시의 두 관점에서 기술하는 것이다. 공시와 통시의 방법은 언어 연구에서 널리 사용되어 온 방법이다. 이 방법을 어문생활사 연구에도 적용할 수 있다. 어문생활사 관련 자료에 대한 공시적 기술이 축적되어야 통시적 기술과 통합적 해석으로 나아갈 수 있다. 어문생활사 연구의 초기 단계인 지금과 같은 상황에서는 개별 생활사 관련 자료를 발굴하고, 이것을 당대적 관점에서 정밀하게 분석하고 기술하는 작업의 축적이 필요하다.

셋째, 학문 연구의 일반적 방법이면서 절차라고 할 수 있는 세 단계를 적용하는 것이다. 기술(description)·설명(explanation)·해석(interpretation)이 그것이다. 이 세 단계를 어문생활사 연구에도 적용할 수 있다. 설명은 기술된 사실을 놓고 그 사실의 생성 배경, 원인, 과정을 밝혀 드러내는 것이다. 설명에서 한 걸음 더 나아가 역사적 관점 혹은 문화사적 관점에서 사실과 설명의 의미를 추구하는 것이 해석이다. 어문생활사 연구에서 설명과 해석의 작업을 수행하려면 일정한 이론적 틀 혹은 관점이 필요하다. 이론적 틀이나 관점은 언어학, 역사학, 사회학에서 통용되는 기존 이론을 원용하고, 여기서 나아가 분과 학문의 관련 이론들을 통합하여 새로운 방법론을 만들어 내는 것이 바람직하다. 이것이 쉬운 일은 아니지만 지속적 노력이 요구되는 과제이다.

넷째, 어문생활사 연구를 다른 생활사 연구의 결과와 연계하여 고찰하는 방법이 있다. 언어와 문자로 표현된 어문생활사 자료는 인간 생활의 다양한 측면과 연관되므로 인접 분야의 연구 성과나 방법론과 연계하려는 노력이 필요하다. 의생활사, 식생활사, 주생활사, 의례사 등의 연구를 활용할 수 있으며, 사회사, 경제사, 정치사 등의 거시적 연구 성과에도 유의해야 할 것이다. 생활사 관련 인접 분야의 연구자들이 무슨 일을 해 놓았고 또 무슨 일을 하고 있는지 주의 깊게 관찰하여, 그 성과를 어문생활사 연구에 끌어와서 새로운 연구 방법의 개발에 활용하려는 시도가 필요하다. 학문 연구가 세분화·전문화된 요즘 시대에 이런 시도를 한 개인이 모두 하기 어렵다. 이것은 학제적이면서 융합적 연구가 요구되는 지점이다.

연구 방법에 대한 필자가 논구한 요점을 요약하면 다음과 같다. 개별 자료에 대한 정확한 기술, 연구 대상 자료에 반영된 어문생활사 요소의 적출, 어문생활사 요소에 관한 공시적 기술과 통시적 고찰, 밝혀낸 사실을 해석하기, 인접 학문의 이론과 성과를 활용한 학제적 연구와 새로운 연구 방법의 개발 등이 요구된다. 여기에 제시한 요점을 실제로 적용하여 성과를 얻어내는 것이 앞으로의 과제이다.

2.4. 연구 대상과 연구 방법의 적용

앞의 2.2절에서는 어문생활사의 연구 대상을 검토하였고, 2.3절에서는 연구 방법을 생각해 보았다. 이제 이 두 가지를 결합하여 구체적으로 어문생활사의 연구에 어떻게 적용될 수 있는지를 실제 사례를 통해 검토해 보자.

앞에서 우리는 언어예절법을 연구 대상으로 설정해 보았는데, 우리가 익숙히 접해 온 경어법도 여기에 속한다. 언간에 나타난 경어법을 국어사적 관점에서 연구하는 것과 어문생활사적 관점에서 연구하는 것이 어떻게 같고 다를까? 국어학적 혹은 국어사적 관점에서 경어법을 연구해 온 성과는 우리가 익히 알고 있다. 경어법의 체계(주체경어법, 객체경어법, 상대경어법)가 밝혀져 있고, 경어법이 쓰이는 통사론적 구조와 형태론적 환경 등이 기술되어 있다. 그리고 경어법 선어말어미의 형태와 그것의 통시적 변화가 정밀한 언어학적 방법의 적용을 통해 깊이 연구되어 왔다.

중세국어 이후 현대국어에 이르기까지 변화해 온 국어의 경어법 체계를 어문생활사적 관점에서는 어떻게 다루어야 하는가? 경어법에 대한 언어학적 연구 방법과 어문생활사적 연구 방법의 차이를 어떻게 설정할 수 있는가? 전자가 경어법 형태가 보여 주는 음운·형태·통사론적 연구라면, 후자는 경어법 형태가 보여 주는 '생활 속의 쓰임새'를 연구하는 것이라 할 수 있다. 전자는 언어를 독립적 자율체계로 보고 그 속에서 기능하는 경어법 형태를 연구한다. 경어법의 언어 형식과 기능 그 자체에 초점을 두는 경어법 연구이다. 후자는 개인의 발화가 수행되는 생활 속의 경어법에 대해 연구한다. 후자는 언어 형태 자체에 초점을 두는 것이 아니라, 그것이 사용되는 인간 관계의 맥락과 사회 환경, 문화 환경과 관련지어 경어법이 가진 의미와 그것의 변화 양상을 연구한다.

예를 들어서 설명해 보자. 이른바 객체경어법(겸양법 '-습-')은 근대국어 이후 상대경어법으로 변화하는 모습을 보인다. 겸양법에 대한 언어학적 연구는 겸양법이 쓰인 통사 구조의 변화, '-습-'의 형태와 기능 변화 등에 초점을 둘 것이다. 이에 비해 어문생활사적 연구는 경어법 형태가 인간관계의 변화와 어떤 연관성을 맺고 있으며, 사회적 관계 맥락에 어떤 변화가 일어나서 객체경어법 형태가 소멸되고 상대경어법 어미 속에 융합된 것인지를 밝히고자 할 것이다. 객체경어법의 통사적 대상인 인간과 사물에 대한 인식에 어떤 변화가 발생하였으며, 이 변화가 통사적 표현에 어떻게 작용했는지를 밝히는 방향으로 나아갈 수도 있다. 중세국어에 존재하지 않던 존칭 주격 '-꠵셔'가 근대국어에서 발생한 언어적 배경은 무엇이며, 이른바 공손법 어미 '-이-'가 소멸한 원인을 밝히는 문제도 어문생활사의 관점에서 새롭게 접근할 수 있을 것이다. 이러한 접근을 통해 밝혀낸 사실을 통해 우리는 언어 변화 및 사회 변화의 원리에 대한 새로운 이해에 도달할 수 있다.

경어법에 대한 어문생활사적 연구는 국어학적 이해는 물론, 조선 후기 사회 질서의 변화 특히 인간관계의 변화에 대한 이해를 필요로 한다. 이런 관점에서 연구하려면 조선시대 사회사, 가족 제도사 등에 관한 폭넓은 이해가 필요하다. 그러나 이와 같은 연구 방법의 적용은 현실적으로 쉽지 않다. 전문화된 분과 학문의 체제 아래 진행되어 온 국어학의 연구자 개인이 인접 학문의 성과를 소화하여 본인의 연구 방법을 갱신시키는 것이 어렵기 때문이다. 이러한 일에는 학제적이고 학문 융합적인 협동이 필요하다. 개인이 가진 한계를 극복하기 위해 학문 간 서로 협동하여 연구하는 수준이 미래 한국학의 깊이와 넓이를 결정하게 될 것이다.

이어서 어휘에 대한 어문생활사적 연구를 생각해 보자. 친족어에 대한 언어학적 연구는 친족 어휘의 음운·형태·의미 연구에 초점을 둔다. 친족어의 통시적 변화도 여기에 포함될 수 있다. 친족어에 대한 어문생활사적 연구는 이 어휘들이 사용된 사회적 맥락, 인간관계, 생활 환경을 중시한다. 예컨대 언간에 나타난 '아즈바님'의 용례를 분석해 보면 이 낱말이 실제로 쓰인 사회적 맥락과 이 낱말로 형성되는 인간관계를 파악할 수 있다. 호칭어나 지칭어가 실제로 사용된 자료의 분석을 통해 언어학적 연구와 구별되는 어문생활사적 연구 방법을 찾아낼 수 있다.

한국어 색채어의 사례를 들어 보자. 색채어의 발달과 변화는 생활 환경과 밀접하게 연관되어 있다. 조선시대 전통 사회에서 화려한 색채가 등장하는 경우는 혼례 등 특별한 의례에 국한되었다. 검소함을 지향하는 유교 문화의 전통 그리고 화려한 색채를 내기 위한 염색 재료 개발과 염색 기술의 한계로 인해 다양한 색채가 일상생활에서 쓰이지 않았다. 색채어의 다양한 발달이 이루어지지 못한 배경이 여기에도 있다. 우리가 익히 쓰는 '빨강', '파랑', '하양', '까망' 등의 색채 명사는 옛 한글 문헌에서 찾을 수 없다. '검정'은 오래전부터 있었으나 원래 아궁이에 껴붙은 검댕을 뜻하는 명사였다. 이것이 현대국어에 와서 색채어로 전용된 것이다. '파랑', '빨강', '하양'

등도 20세기 이후에 생겨난 것으로 판단한다. 색채의 세밀한 변이를 표현하는 파생 형용사(불그스름하다, 벌거죽죽하다, 노르스름하다. 푸르스름하다 등등)도 20세기 이후의 현대국어에서 발달한 것으로 판단한다.

현대국어에서 이루어진 색채어의 풍부한 발달은 의생활 등 생활 환경의 변화와 관련지어 연구하면 흥미로운 결과를 얻을 가능성이 있다. 어휘 변화와 생활 환경의 변화를 상호 관련지어 연구하는 것이 어문생활사의 연구 방법이다. 어문생활사 연구는 언어 변화에 내포된 사회 환경의 변화, 생활 환경의 변화, 인간 관계의 변화 등을 고려하는 방법론이다.

인간의 일상생활과 관련된 어휘 연구, 예컨대 식생활·의생활·주생활 어휘를 언어학적(혹은 국어학적) 측면의 분석에 그치지 않고, 생활사 특히 어문생활사적 관점에서 연구하는 방법을 찾아야 한다. 신체어, 동식물어 등 다양한 어휘류에도 이런 접근이 시도될 수 있다. 특히 현대 식물학 연구자들이 새롭게 정비하여 붙인 식물 명칭어를 옛 문헌의 그것과 비교해 볼 필요가 있다. 이런 연구의 결과가 나온다면 어휘 변화와 사회 변화의 상관성에 대해 우리는 많은 시사점을 얻을 수 있을 것이다.

2.5. 언간에 대한 어문생활사 연구 사례

어문생활사의 관점에서 언간을 연구한 선행 연구 사례를 검토해 보자. 필자는 「현풍곽씨언간」을 주해하면서 각 편지에 대한 주해 체제를 다음과 같이 세웠다. 편지 번호 1을 대상으로 그 예를 보이면 다음과 같다.

① 편지의 제목 : 쇠고기 네 오리와 전복 열 낱을 보내옵니다.
　발신자와 수신자 : 곽주가 장모에게
　편지를 쓴 연월일 : 1602. 10. 16.
편지의 제목은 원본 편지에 없는 것을 주해자가 붙인 것이다. 해당 편지 내용에서 가장 중요한 부분을 가려서 제목으로 삼았다. 이 제목을 통해 해당 편지의 내용을 대강 알 수 있도록 했다. 제목 아래 발신자와 수신자 그리고 작성 연월일을 표시했다. 작성 연월일이 편지 본문에 없는 경우는 편지 사연을 보고 그 시기를 추정하여 적기도 했다.

② 판독문 : 주해문 독자의 편의를 위해 각 편지의 원문을 판독하여 띄어쓰기를 하고, 각 문장의 끝에 문장종결부호를 넣어서 표기하였다. 행관의 구별은 원본 그대로 살렸다. 그리고 원본의 사진을 판독문 옆에 실었다. 증보판(도서출판 역락)에서는 원본 사진을 책 끝에 모아서 실었다.

③ 현대국어 번역문 : 위 판독문을 현대국어로 직역하였다. 일반 독자는 이 번역문만 읽으면 편지 내용을 이해할 수 있다.

④ 해설 : 각 편지를 쓴 시대적 배경, 발신자와 수신자의 처지, 편지 사연에 나타난 중요 사항과 그것의 의미를 설명하였다. 해설란은 편지 전체를 이해하는 데 중요한 부분이고, 편지의 내용적 가치를 평가하는 역할을 한다.

⑤ 주석 : 원문의 판독문 중 어려운 낱말이나 내용 파악에 필요한 사항을 자세히 설명하였다. 고어에 대한 국어학적 설명이 주석의 중심 내용이다. 주석은 원문 텍스트를 정확히 이해하는 데 반드시 필요하다.

위와 같은 형식과 내용으로 176매 편지를 일일이 주해하니 편지 전체의 내용이 이해되고, 그 내용 중에서 어느 편지는 어떤 연구에 도움이 되는지 파악할 수 있었다. 어문생활사의 관점에서 주목되는 내용과 일반 생활사(=생활문화사)의 관점에서 연구할 수 있는 내용을 구별할 수 있었다. 편지의 발신자와 수신자에 따른 경어법의 차이, 글경어법이 나타난 양상, 글쓰기와 관련된 내용과 어휘들(종이, 책, 붓 등에 관한 어휘)은 어문생활사와 직접 관련된 것이다. 이에 관한 연구 결과를 각 편지의 해설문 및 주석문에 반영하였다.

한글 교육과 관련하여 곽주가 장모와 아내에게 쓴 사연은 한글 교육사에서 중요한 자료여서 어문생활사 및 생활사 전반에 모두 이용될 수 있다.

필자가 낸 『한글편지로 본 조선시대 선비의 삶』(도서출판 역락)은 「현풍곽씨
언간」을 중심으로 하고 여타의 언간을 참고하여 언간에 나타난 생활사의
측면을 중심으로 쓴 교양서이다. 어문생활사의 측면보다 일반 생활문화의
측면에서 쓴 내용이 더 많았다.

　언간에 어문생활사의 관점을 적용한 연구가 더 많이 나올 필요가 있다.
언간에 실린 다양한 내용 중에서 언어생활과 직접 관련된 요소(경어법, 친족
어, 지명어, 의식주 관련어 등)가 어문생활사의 측면에서 주요 연구 대상이 된
다. 언간의 지명어 연구는 현전하는 모든 언간에 적용할 수 있다. 언간에
나타난 문자생활 관련 어휘들(편지, 유무, 붓, 종이, 언문, 글씨 등)에 대한 연구
도 흥미로운 주제가 된다.

　언간에 나타난 의식주 생활 어휘를 모두 가려 뽑아 시대별 혹은 언간 자
료별로 비교하는 연구도 가능하다. 「나신걸언간」, 「유시정언간」, 「이동표
언간」, 「은진송씨언간」 등은 물론 조선 왕실 언간들도 포괄하여 어문생활
사의 관점과 방법론을 적용한 연구를 시도할 필요가 있다. 「나신걸언간」은
두 장밖에 안되는 적은 분량이지만 의복 어휘, 곡물 어휘, 당시의 세역(稅役)
관련 어휘 등 일상생활 어휘의 다양한 요소가 반영되어 있다. 언간을 통한
어문생활사 연구의 내용과 사례는 본서 제4부 제2장에 수록한 「조선시대
여성의 문자생활 연구─한글 편지와 한글 고문서를 중심으로」를 참고하기
바란다.

3. 한글 고문서의 특성과 연구 방법

3.1. 한글 고문서의 특성

한글 고문서는 그 내용과 형식에 따라 소지(所志), 명문(明文), 분재기(分財

記), 고목(告目) 등으로 나누어지고, 각각 특유의 서식을 가지고 있다. 소지, 명문, 분재기, 고목 등은 사용된 어휘와 문장 표현 방식이 각각 다르다. 언간은 그 안에 하위 장르를 갖지 않지만, 한글 고문서는 그 안에 여러 개의 하위 장르를 가지고 있다. 이러한 특성을 가진 한글 고문서 부류를 어문생활사적 관점에서 연구하는 방법을 찾아야 한다.

한글 고문서는 각각 특유의 서식(書式)을 갖고, 이 서식에 따라 작성되기 때문에 그 내용과 문장 표현에서 일정한 편향성을 지니고 있다. 예컨대 한글 가승(家乘)이나 제일기(祭日記)는 대부분의 내용이 조상의 관직 경력과 이름을 한자로 쓴 것이다. 이런 문서는 당해 문서의 특성상 문장으로 표현된 내용이 거의 없는 것이 보통이다. 추수기(秋收記)와 같은 문서에도 전답 명칭, 수확량, 인명 등 필요한 사항이 명사로 나열되어 있을 뿐이다. 이처럼 한글 고문서는 문서의 종류에 따라 특유의 내용과 표현 방식을 가지기 때문에, 어문생활사적 관점에서 모든 문서를 동일한 기준이나 관점을 세워 연구하기 어렵다.

3.2. 한글 고문서의 연구 절차와 연구 내용

한글 고문서가 갖는 이러한 특성을 감안하여 우리는 한글 고문서의 연구 방법을 어떻게 세워야 하는지 고찰해 보자. 홍윤표(2006)의 제6장에는 한글 고문서 연구가 이제 걸음마 단계라고 하면서 다음과 같은 과제를 설정하였다. 기존 업적 조사 및 정리, 고문서에 대한 식견 확충, 한글 고문서의 수집 및 분류, 한글 고문서 자료의 디지털화, 자료의 해독 및 입력, 자료의 주석, 자료에 쓰인 국어 연구, 자료에 쓰인 내용 연구 등이다. 한글 고문서 연구의 절차는 다음 몇 단계로 나누어 볼 수 있다.

첫째, 홍윤표(2006)에서 지적되었듯이 먼저 한글 고문서의 분류 틀을 세워야 한다. 백두현(2006a : 33-34)에서 고문서 분류에 대해 짤막하게 언급하고, 백두현(2015c : 220-224)에서 좀 더 자세히 논한 바 있다. 필자가 세운 한글 고문서 분류 체계는 고문서 학계의 일반적 고문서 분류 체계를 기준으로 하되, 한글 고문서와 무관한 부분을 제외하고 설정한 것이다. 그러나 한글 고문서의 특성을 충분히 고려한 세부적 분류 작업에는 더 자세히 보아야 할 점이 남이 있다.

둘째, 한글 고문서 자료를 전면적으로 조사하여 그 목록을 종합 정리해야 한다. 앞에서 언급한 분류 틀을 고려하여 지금까지 알려진 한글 고문서의 목록을 집대성하고, 나아가 기관과 개인에게 소장된 한글 고문서를 찾아내어 그 목록을 만드는 작업이 필요하다. 한글 고문서는 단편적이면서도 드문 것이어서 이를 찾아내는 작업이 쉽지 않다. 그리고 한글 고문서는 일반(한문 혹은 이두문) 고문서 속에 끼어 있어서 특별한 관심을 갖고 살펴야 찾아낼 수 있다. 한국학중앙연구원에서 지속적으로 간행해 온『고문서집성』의 여러 호에 걸쳐 한글 고문서가 산재해 있다. 대학의 박물관 혹은 한국학 관련 연구소에서 간행한 각종 도록과 목록집에 한글 고문서가 실려 있기도 하다. 그리고 고문서 연구자 혹은 역사학자가 쓴 개별 논문에서 한글 고문서를 단편적으로 소개한 것도 있다. 이런 자료들을 전체적으로 정리하는 작업이 필요하다. 이상규(2011)의 작업은 이러한 목록 정리와 주석을 겸한 것이다.

기존 자료집에서 한글 고문서를 찾아내는 것뿐 아니라 아직 알려져 있지 않은 자료를 발굴하는 일도 이에 못지않게 중요하다. 홍윤표(2006)에 소개된 다수의 문서 자료들은 이런 점에서 소중한 가치를 가진다. 학자가 아닌 개인이 소장하고 있는 한글 고문서를 발굴하는 것은 매우 어려운 일이다. 개인 소장가들은 대부분 자료 공개를 꺼리는 경향이 있어서 자료에 대한 접근이 쉽지 않다.

셋째, 수집한 한글 고문서 자료에 대한 기초적 연구를 진행해야 한다. 개별 고문서에 관한 기초 정보를 기술하여 그 자료의 성격을 밝혀야 한다.

여기서 말하는 기초 정보란 서지 정보는 물론 문서의 작성자와 수취자, 작성 목적 등에 관한 것이다. 개별 한글 고문서의 기초 정보에 대한 조사와 연구는 고문서학자들이 사용하는 조사 양식을 이용하는 것이 효과적이다. 그리고 백두현(2007b)에서 제시한 육하원칙의 방법론을 활용하여 자료를 분석하는 방법은 개별 고문서의 기초 정보를 파악하는 데 유용하다. 고문서에 얽혀 있는 여러 가지 내용은 하나의 사건을 담고 있기 때문에 육하원칙이라는 사건 분석의 틀을 이용하는 것이 편리하다. 육하원칙의 방법을 써서 고문서의 기초 정보를 정리하면 그 문서의 성격을 간명하게 드러낼 수 있다.

넷째, 한글 고문서의 원문 입력, 주석, 현대어역을 하는 작업이 필요하다. 이 작업에는 국어학적 지식과 역사학적 지식이 함께 필요하다. 주석 작업을 국어사적 차원에서만 하게 되면 해당 문서의 내용을 충분히 파악하기 어렵다. 여러 분야의 전공자와 함께 공동 작업이 필요한 부분이다.

다섯째, 국어사적 연구, 어문생활사적 연구, 생활사적 연구 등 다양한 관점에서 한글 고문서를 연구하는 작업이 수행되어야 한다. 어문생활사적 관점에서 한글 고문서를 연구할 때, 역사학에서 행해지는 생활사 연구 방법론에 기반을 두면서 한글 자료가 갖는 고유성이나 특성을 고려해야 한다. 한글 고문서에 대한 구체적인 연구 방법론은 앞으로 계속 추구해야 할 과제라 생각한다.

앞에서 논한 연구 방법과 연구 내용을 고려하여, 어문생활사의 관점에서 한글 고문서의 연구 주제를 정리하면 다음과 같다.

■ 한글 고문서에 관한 연구 주제

　　문서 작성의 목적과 어문생활사적 의미
　　발신자와 수신자의 사회적 위상과 문서의 의미
　　사용 문자와 그 의미(국한문 혼용 여부 등)

> 한자어와 고유어 사용 양상, 이두식 한자어 사용 양상
> 인명과 지명 등의 고유명사에 나타난 특성
> 예의 갖춤법, 경어법, 친족어, 호칭어와 지칭어
> 관용 표현과 수사법
> 문서에 나타난 언어변화의 양상과 수용 태도

3.3. 한글 고문서에 대한 선행 연구 사례

3.2절에서 논한 연구 절차라는 측면에서 한글 고문서에 관한 선행 연구를 검토해 보면, 위의 다섯 단계가 순차적으로 적용되지 않았음을 발견할수 있다. 필자의 연구를 포함한 선행 연구들은 연구자가 새롭게 발견했거나 기존 고문서 자료집에 수록된 한글 고문서를 소개하며 원문 판독과 주석문을 붙인 것이 대부분이다. 위의 연구 단계 중 주로 셋째와 넷째의 작업이 한글 고문서에 행해져 온 것이다.

여기서 선행 연구 논문을 검토하여 기존 한글 고문서에 대한 연구 현황과 내용을 파악해 보기로 한다. 한글 고문서에 대한 선행 연구는 그리 많지 않다. 필자가 찾아 본 목록을 연구자 별로 정리하면 대체로 다음과 같다.

■ 선행 연구 목록

김일근(1978), 「경기도 지평현 백성들의 노상(路上) 발괄(白活)」, 『독서신문』 제
398호(1978년 10월 15일자) 한글반포 532주년 기념 특집호.
김용경(2001), 「평해황씨가 완산이씨의 유언 및 소지」, 『문헌과 해석』, 통권 14
호, 2001년 봄호
백두현(2006b), 「안동권씨가 남긴 한글 분재기」, 『문헌과 해석』, 통권 36호.
백두현(2008a), 「17세기 한글 노비호적 연구」, 『어문학』 100집, 한국어문학회.
백두현(2015c), 『한글문헌학』, 제11장.
안승준(1999), 「1689년 정씨부인(鄭氏夫人)이 예조(禮曹)에 올린 한글 소지(所志)」,
『문헌과 해석』, 통권 8호, 1999년 가을호.

안승준(2000a), 「1556년 이씨 부인이 경상도 관찰사에게 올린 청송(請送)」, 『문
    헌과 해석』, 통권 13호, 2000년 겨울호.

이상규(2011), 『한글 고문서 연구』, 도서출판 경진.

정승혜(1999a), 「조선시대 토지매매에 사용된 한글 배지(牌旨)」, 『문헌과 해석』,
    통권 9호, 1999년 겨울호.

정승혜(1999b), 「한글 토지매매명문(土地賣買明文)」, 『문헌과 해석』, 통권 8호,
    1999년 가을호.

정승혜(2000), 「한글 토지매매명문(土地賣買明文)과 배지(牌旨)에 대한 일고찰(一
    考察)」, 『국어사 자료 연구』 창간호, 국어사 자료학회.

정재영(1998), 「안락국 태자 변상도」, 『문헌과 해석』 통권 2호, 1998년 봄호.

홍윤표(2000), 「조선 후기 한글 고문서 석독」, 『고문서연구』, 16·17호, 한국고
    문서학회.

홍윤표(2001a), 「딸이 쓴 아버지 제문」, 『문헌과 해석』, 통권 17호, 2001년 겨울호.

홍윤표(2001b), 「물목에 담은 부모 마음」, 『문헌과 해석』, 통권 16호, 2001년 가
    을호.

홍윤표(2001c), 「버선본에 담은 효심」, 『문헌과 해석』, 통권 15호, 2001년 봄호.

홍윤표(2006), 「한글 고문서의 연구 현황과 과제」, 『영남학』 10호, 경북대 영남
    문화연구원.

홍윤표(2009), 「한글 고문헌 및 한글 고문서의 주석 방법에 대하여」, 『영남학』
    15호, 경북대 영남문화연구원.

홍은진(1998a), 「구례 문화 유씨가의 한글 所志에 대하여」, 『고문서연구』, 13집,
    한국고문서학회.

홍은진(2000a), 「조선 후기 한글 고문서의 양식과 특징」, 『고문서연구』, 16·17
    호, 고문서학회.

홍은진(2000b), 「한글 배지(牌字)와 명문(明文)」, 『문헌과 해석』, 통권 11호, 2000
    년 여름호.

홍은진(2000c), 「구례 문화유씨가(文化柳氏家)의 동약독법(洞約讀法) 언해(諺解)」,
    『문헌과 해석』, 통권 12호, 2000년 가을호.

비록 정규 논문집에 수록된 것이 아니고 신문 지상에 소개한 것이지만,
한글 고문서의 연구 가치를 학계에 널리 알린 연구는 김일근(1978)의 글이

다.16) 그러나 이 글이 발표된 후에도 한동안 국어학자들은 한글 고문서에 대해 별다른 관심을 기울이지 않았다. 홍은진(1998a)이 구례 문화유씨가의 한글 소지를 소개하면서 다시 이에 대한 관심이 싹트기 시작했다. 홍은진(2000a)은 토지 매매 명문 등 매매 문서를 중심으로 한글 고문서의 투식과 특징을 밝혔다. 이어서 홍은진(2000b, 2000c)은 한글 배지와 동약언해(洞約諺解)를 소개하여 한글 문헌의 새로운 내용과 가치를 학계에 알리기도 했다.

정승혜(1999a)는 한글 토지매매명문(土地賣買明文)에 주석을 붙여 소개했고, 정승혜(1999b)는 토지 매매와 관련한 해남윤씨가 및 은진송씨가의 한글 배지의 작성 연대, 작성자, 수취자, 문서 크기를 밝히고 원문을 판독하고 주석과 현대어 해석을 붙였다. 이어서 이러한 연구 내용을 논문 형식에 담아서 본격적으로 연구한 논문(정승혜 2000)을 발표하였다.

안승준(1999)은 1689년에 정씨 부인이 예조에 올린 한글 소지에 대해 이 가문의 가계와 소지를 올리게 된 배경, 예조의 처분 등을 자세히 밝힌 후 원문의 판독과 주석을 붙였다.

홍은진, 정승혜, 안승준의 한글 고문서 자료의 소개와 연구는 국어사 자료의 지평을 확장했다.

백두현(2006)은 한글 분재기에 대한 원문 소개와 주석 작업이고, 백두현(2008a)은 17세기의 한글 노비 호적 관련 자료에 대한 연구이다. 백두현(2015c)은 한글 고문서를 별도의 장으로 세우고 한글 고문서의 분류 체계를 논하였으며, 홍은진과 정승혜의 연구에서 다루어진 몇 가지 유형의 한글 고문서 원문을 소개하고 그 양식을 정리하였다.

이상규(2011)는 다수의 한글 고문서를 집성하여 원문을 제시하고 주석을 붙여 이 방면 연구자들의 유용한 참고가 되도록 하였다.

홍윤표(2006, 2008)는 한글 고문서 연구의 문제점을 짚고 앞으로 연구 방

---

16) 김일근의 이 글은 고종 26년(1889) 경기도 지평현(지금의 양평) 백성들이 경기도 관찰 사에게 억울한 사정을 호소한 노상(路上) 발괄(白活)을 소개한 것이다. (후술함)

향을 제시하면서 다수의 새로운 자료를 소개하였다. 이 논문은 기존 한글 고문서 연구를 한 단계 끌어올린 성과이다.

■ 선행 연구 사례

끝으로 한글 고문서에 대한 실제 연구 사례 몇몇을 검토하여 주요 내용 과 특징을 소개해 둔다.

1) 지평현민 노상 원정(砥平縣民 路上 原情)

이 문서는 <독서신문> 제398호(1978년 10월 15일자) 한글반포 532주년 기 념 특집호에 "김일근 교수가 국내 첫 공개하는 한글로 된『路上 白活(발괄)』" 이라는 제목으로 소개하였다.[17]

육하원칙에 따라 이 문서의 핵심 사항을 정리하면 다음과 같다. 이 문서 는 고종 26년(1889) 경기도 지평현(지금의 양평) 백성들이 고을 원의 수탈을 견디지 못하다가 마침 순행 중인 경기도 관찰사에게 노상(路上)에서 올린 진정서(陳情書)이다. 고을 원의 수탈과 부정을 고발하며 백성들을 편안케 해 달라는 것이 이 문서의 내용이다. 문서 크기는 가로 53cm, 세로 51cm이며 닥종이에 한글로 쓴 것이다. 1행에 35자 내외, 총 1천 1백 자 정도이며, 글 자가 틀린 곳이나 빠진 곳이 몇 군데 있다.[18] 필체는 소박하지만 반듯한 해서체이다. 이 문서에 표기된 문자는 탄핵 대상인 '柳智永'(유지영)의 이름 자 외에는 모두 한글이다.

이 문서의 사진이 당시의 신문에 게재되었으나 영인된 사진이 작고 인 쇄 상태가 좋지 않다. 김일근 선생이 이 자료를 공개하면서 원문의 판독문

---

17) 김일근 선생은 이 문서를 '발괄(白活)'로 이름 붙였다. 그러나 이 문서의 말미에 "긔축 이월 일 지평 대쇼민 등 극통흔 원정"으로 되어 있다. 문서 작성자가 쓴 명칭대로 '원 정(原情)'(=진정서)으로 부름이 적절하다.

18) 이 서지 정보는 김일근(1978)에서 인용한 것이다.

을 <독서신문>에 함께 실어 놓아 그것을 참고하였다.[19] <독서신문>에 실린 김일근의 글을 중심으로 하고, 필자가 조선왕조실록의 관련 정보를 보완하여 이 문서를 어문생활사 연구에 이용될 수 있도록 여기에 자세히 해설해 둔다.[20]

김일근은 1978년 5월 초에 해주 오씨 집안에서 전해 온 문서 뭉치를 입수하였다고 한다. 문서가 나온 이 집안은 현종(顯宗)의 부마였던 해창위(海昌尉) 오태주(吳泰周)의 후손가이다. 오태주의 7대손인 오준영(吳俊泳)과 관련된 문서 뭉치(호구단자. 서간문, 문집 원고, 언간 등 수십 점) 속에 이 문서도 포함되어 있었다. 오준영은 순조 29년(1829)에 태어나서 고종 31년(1894)에 세상을 떠난 인물이다. 문과에 급제한 후 이조참의, 경기감사, 황해감사, 이조판서 등을 역임하였다. 이 문서는 오준영이 경기감사로 재직할 당시에 지평현을 순시하던 도중 그곳의 백성들이 감사에게 올린 청원서이다.

오준영이 경기감사로 임명된 것은 고종 25년(1888) 6월 30일이었다.[21] 위 문서에 기록된 백성들의 민원 사건은 고종 26년 5월 24일자 고종실록에 기록되어 있다. 이 날짜의 실록 기사에, 경기감사 오준영이 장계를 올려 지평현감 이승희(李承憙), 한용석(韓容奭), 유지영(柳智永)의 부정부패를 조정에 고하고 이들을 파직할 것을 건의했다고 기록되어 있다. 위 문서의 말미에 '기축년 이월'에 이 문서를 백성들이 오준영에게 냈다고 되어 있고, 고종실록 기사에는 5월 24일에 관련 내용이 처음 나타난다.

고종 26년 5월 24일에 지평현에 관한 장계를 올린 오준영은 그 후 한 달이 못 된 고종 26년(1889) 6월 20일에 황해도 관찰사로 전임되었다. 그러나 이 사건은 그 후의 고종실록에 여러 번 등장하는데, 지평현 백성들의 핍박받은 사건의 본질은 뒷전으로 밀려나고, 송시열을 비난했다는 한용석을 두

---

19) 이 판독문을 필자가 다시 입력하면서 교정하고, 현대어 번역도 보완하였다.
20) 원문과 그것의 현대어역을 모두 완성해 두었으나 지면 관계상 생략한다.
21) 조선왕조실록, 고종 25/06/30(경술)

고 전국 유림들의 색목(色目) 간 파벌 싸움으로 비화되었다. 수 개월간 여러 집단의 상소문이 올라가면서 조야가 들끓었다.[22] 성균관 유생들의 집단적 반발을 불러일으키기도 하였다. 결국에는 노론과 소론 간의 싸움으로 번져 버렸고, 백성들이 진정서를 낸 목적은 잊혀졌다.

고종실록 기사를 검토해 보니 이 사건을 처리한 고종의 태도는 우유부단했고, 결과는 흐지부지된 모습이다. 고종 26년 6월 8일 기사에는 지방에 있는 유생 신석문 등 99명이 상소를 올려 한용석 등을 탄핵하는 글을 올렸다. 그리고 고종 8월 30일 기사에는 충청, 경상 두 도의 유생 송종협 등이 한용석의 무리를 강하게 처벌하기를 청하는 상소를 올렸다. 이러한 상소문은 모두 색목 간의 싸움으로 비화된 결과이다. 조선조 말기의 지식인 혹은 유생들이 국가 경영의 개혁에 눈뜨지 못하고 여전히 색목 간의 싸움에 빠져 있었음을 여실히 보여 준다.

김일근은 이 문서의 가치를 다섯 가지로 제시한 바 있다. 필자가 역사적 측면과 어문생활사적 측면에서 볼 때, 이 문서의 가치는 다음 두 가지로 요약할 수 있다.

첫째, 이 문서는 조선 말기 지방 사회의 실상을 반영하고 있다. 부패한 지방관과 아전배들이 결탁하여 백성을 착취한 실상이 나타나 있다. 동학농민봉기 등 조선 후기의 민란이 부패한 지방관의 착취에 그 원인이 있음을 이 문서가 실증하고 있다. 그러나 백성들이 고발한 지방관의 부패를 처벌하지는 않았다. 중앙 정부의 무능이 극에 달해 있던 이 시대에 백성들의 고통은 해소될 수 없었음을 보여 준 문서이다.

둘째, 백성들이 그들의 원통함을 풀기 위해 직접 언문 진정서를 작성하여 순찰 중인 감사에게 올린 것은, 하층민이 자신의 문제를 해결하려고 한글을 공론장의 문자로 사용한 사례이다. "원이 흐로 잇스오면 흐로 희(害)가

---

22) 조선왕조실록, 고종 26/05/28(계유)

잇고 잇틀 잇스오면 잇틀 희가 잇스오니 통촉흐와 빅셩들이 침식(寢食)을 편케 흐야 쥬시기 쳔만 복걸(伏乞) 〃 흐오며 스도게셔 쳐분 아니 나리시면 난(亂)을 지으랴 흐오며"라는 문장에서 백성들의 의지와 정치적 목적을 분명하게 드러내었다.[23] 세종은 백성들이 말하고자 하는 바를 편안하게 할 목적으로 훈민정음을 창제했다. 백성들이 경기도 관찰사에게 올린 한글 진정서는 세종의 한글 창제 목적이 구현된 전형적 사례이면서 한글이 공론장의 문자로 부상하고 있는 변화의 전조(前兆)를 보여 준 것이다.

2) 상주황씨가 한글 노비 호적

이 문서는 백두현(2008a)에서 소개한 것으로 이 문서에 관한 핵심 사항을 육하원칙으로 요약하면 다음과 같다. 이 문서는 황해도 백천군에 살았던 3개 노비 호(戶)의 가계(家系)와 등재 인물의 신분 정보를 한글로 적은 것이다. 이 노비들은 황이환(黃以煥)(尙州 黃氏)이 소유한 것이다. 1개 노비 호의 내용은 강희 5년(1666)에 작성된 것이고, 다른 2개 노비 호의 내용은 강희 29년(1690)에 작성되었다. 따라서 이 문서들이 작성된 하한 연도는 1690년이 된다. 이 문서는 황징의 집안사람이 쓴 것으로 판단되며, 이런 점에서 공문서가 아닌 사문서에 해당한다. 필자는 이 문서를 '상주황씨가 한글 노비 호적'이라 명명하였다. 이 문서는 한 장의 닥종이[楮紙]에 작성된 것이며, 그 크기는 세로 28.2cm, 가로 100.5cm이다.

이 노비 호적대장을 작성한 목적은, 노비의 소유주가 자기 나름대로 노비의 계보를 명확하게 문서화하여, 이것을 그의 자손들에게 물려줌으로써 노비의 소유와 관리를 효율적으로 하기 위함이다. 한글로 호적을 작성하여 관청에 제출할 수 없었던 점과, 필자가 밝힌 사실로 보아 이 문서는 사문

---

23) 훈민정음 반포 이후 양반 지배층은 이 문자를 백성들에게 가르쳐 주지 않았다. 글을 배우게 된 백성들이 정치적으로 각성되고, 이러한 정치적 각성이 문서를 통한 반발로 이어지는 것이 두려웠을 것이다.

서의 일종이다. 공적 문서로 작성하여 제출한 한문 호구단자를 한글로 번역하여 사적(私的)인 노비 호적 문서를 만들었던 것이다.

상주황씨가 한글 노비 호적은 17세기 양반층의 노비 소유와 관리 양상을 보여 준다. 이 문서는 문자생활이라는 측면에서 볼 때, 노비 호적 작성에 한글을 이용했다는 점에서 그 가치가 특별하다.

3) 안동권씨의 한글 분재기

이 문서는 백두현(2006)에서 원문과 현대어역 및 문서의 특징이 소개되었다. "닉 나히 구십이라"로 시작하는 이 문서는 최영천의 부인 안동권씨가 나이 구십이 되어 앞서 고인이 된 남편의 유서 내용을 보완하고, 그 유지(遺志)를 다시 강조하여 재산 상속 문제를 명확히 하기 위한 것이다. 이 문서는 비교적 두껍고 질이 좋은 닥종이에 해서체의 한글로 적혀 있다. 이 문서의 크기는 가로 34cm, 세로 133cm이다. 애초에 이 문서는 한문으로 된 것이었는데, 집안의 9대손 최완구가 언문으로 번역한 것이다. 본문에 나타난 아래아 자(ㆍ)의 표기 양상 등으로 보아 이 문서는 19세기에 작성된 것으로 판단된다.

한문이나 이두문으로 작성된 분재기는 여러 가지가 알려져 있다. 그러나 한글로 작성된 분재기는 지금까지 한 번도 보고된 적이 없었다. 한글로 작성된 분재기라는 점에서 안동권씨의 한글 분재기는 어문생활사의 중요 자료라 할 수 있다.

4. 맺음말

필자는 이 글에서 한글 편지(언간)와 한글 고문서를 어문생활사적 관점에서 어떻게 연구할 수 있는지 그 방법론을 논하였다.

　제2장에서 '국어생활사'와 '어문생활사'라는 두 용어를 비교 분석하여 각 용어가 갖는 특성을 논하였다. 필자는 '어문생활사'라는 용어를 기본으로 하고, 지역 혹은 공간을 명시화하는 '한국 어문생활사'를 쓰는 것이 바람직하다고 보았다. 국어교육론에서는 후자를 줄여 '국어 어문생활사' 혹은 '국어생활사'로 약칭할 수 있다. 어문생활사의 연구 대상은 언간과 고문서에 반영된 여러 요소 중 생활과 밀착된 언어 표현과 문자 활동이 되어야 한다고 보았다. 이어서 어문생활사의 연구 방법을 논하고, 연구 대상과 연구 방법을 결합하여 실제 연구에 적용할 때 어떻게 실천될 수 있는지 검토하였다.

　제3장에서는 언간과 구별되는 한글 고문서의 특성에 초점을 두고, 이에 대한 연구의 절차와 방법론을 논하였다. 한글 고문서를 다룬 선행 연구 업적을 요약하고 몇몇 연구 사례를 검토하여 그 가치를 논하였다. 한글 고문서에 관한 연구는 드문 편이다. 이런 상황에서 필자는 선행 연구 목록을 정리하고 몇몇 사례의 구체적 내용을 살펴보았다.

　언간과 한글 고문서에 대한 국어사적 연구와 어문생활사적 연구가 더 활발하게 이루어지려면 새로운 고문서 자료의 발굴은 물론이고, 이미 보고된 자료에 대한 목록 정리와 문서 본문에 대한 기초적 연구가 필요하다. 이러한 연구를 위한 연구 방법론의 개발도 병행되어야 한다. 이 글에서 논한 연구 방법은 비판적 검토를 통한 정련이 필요하다. 이러한 작업을 통해 한국 어문생활사 연구가 진전될 수 있으며, 그동안 성취된 국어사 연구의 성과를 어문생활사 연구와 결합하여 한국어와 한글이 사용되어 온 역사를 새롭게 해석할 수 있을 것이다. 이러한 작업은 한국 어문에 대한 역사적 연구를 인접 분야의 학문과 연계하는 길을 여는 것이기도 하다.

제2부

한국어 명칭과
한국 문자 명칭의 변천

제1장
우리말[韓國語] 명칭의 역사적 변천과 민족어 의식의 발달

1. 머리말

한국어와 한국의 문자를 지시하는 명칭어는 역사적으로 여러 가지가 사용되어 왔다.[1] 오늘날의 우리는 '국어'(國語)[2]와 '한글'을 가장 널리 쓰고 있다. 전자는 우리말을, 후자는 우리글을 가리키는 용어이다. 일제강점기에는 '朝鮮語'(조선어)라 불리기도 했으나, 해방 후 국권을 회복하면서 우리의 모어(母語)가 복권되어 '國語'(국어)라는 명칭어를 쓰게 되었다. '국어'나 '한글'이 일반화된 것은 20세기에 들어와서의 일이다. 과거 우리 조상들이 지은 각종 문헌에는 우리말과 우리 문자를 가리킨 명칭어가 여러 가지로 나타나 있다. 이 명칭어들은 각각 그것을 사용한 당대인의 자국(自國) 어문관(語文觀)을 반영한다. 이에 대한 통시적 검토를 통해 국가어 혹은 민족어 의식의

---

* 이 글은 『언어과학』 28호(2004, 언어과학회) 115-140쪽에 실었던 것이다. 한자를 한글로 바꾸고 내용을 보완하면서 문장을 다듬었다.
1) 이 글에서 쓰는 '한국어문'(우리말글)은 한국어와 그것을 표기한 문자를 통칭하는 용어이다. 이 글에서 한국어의 명칭은 '우리말 명칭어'로, 한국 문자의 명칭어는 '우리글 명칭어'로 쓰기로 한다.
2) '國語'는 우리나라뿐 아니라 일본 등 한자 문화권에서 각기 자기 나라의 말을 가리키는 용어로 쓰고 있다.

발달 과정을 규명할 수 있다. 필자는 이 글에서 주요 사서(史書)와 『훈민정음』 해례 및 각종 전적3)의 기록을 분석하여 한국어 명칭어들의 역사적 변천 과정을 기술하고, 민족어 의식의 발달이라는 관점에서 그 명칭어들이 갖는 의미를 밝히고자 한다.

우리말과 우리글의 명칭어에 대한 종합적 고찰은 국어 연구의 기초적 과제임에도 불구하고, 지금까지 이에 대한 설명은 개론서나 주석 등에서 단편적으로 언급되는 데 그쳤다. 일찍이 안자산(安自山 1938), 홍기문(洪起文 1946), 최현배(1976) 등에서 이에 대한 검토가 간략하게 이루어졌었다. 최근 이상혁(1997), 이승재(2001), 김영욱(2001) 등에서 고대로부터 우리말을 가리킨 용어들과 그 의미가 검토된 바 있다. 이상혁(1998, 1999)은 문자 사용에 따른 문자 의식의 변천을 논하였다.

필자는 이 글에서 선행 연구를 바탕으로 하여 각종 사료와 우리말 관련 자료에 나타난 우리말 명칭어를 수집하고 분류하여, 그 명칭어들이 쓰인 의미를 고찰한다. 이 작업은 국어학 연구의 기초이자 한국인의 언어 생활사 연구의 일부이다. 이 글에서는 한국어 즉 우리말 명칭어에 관해 살펴보고, 한국 문자 즉 우리글 명칭어에 대한 연구는 다른 글에서 행할 것이다. 먼저 각종 사료와 문헌 자료에서 추출된 한국어 명칭어의 언어학적 · 역사적 의미를 분석하고, 이어서 그 명칭어들에 반영된 당대의 민족어 의식을 고찰하는 순서로 진행한다.4)

---

3) 필자가 이용한 주요 문헌 자료는 다음과 같다. 『삼국사기』, 『삼국유사』, 『고려사』, 고려시대 이두자료, 『조선왕조실록』, 『훈민정음』 해례본, 『증보문헌비고』 등.
4) 문헌에 나타난 명칭어 용례는 꼭 필요한 경우에만 본문 및 각주에 제시한다. 용례 자료 전체는 이 글의 말미에 붙인 <부록>의 '우리말 명칭어 용례' 자료에 정리해 두었다.

2. 우리말[韓國語] 명칭어의 변천과 그 의미

2.1. 고대 시기의 국명(國名) 관련 명칭어(辰言, 加羅語 등)

『삼국사기』에는 고대의 국명을 이용하여 우리말을 지시한 여러 가지 용어가 출현하고 있다. '辰言'(진언), '加羅語'(가라어), '扶餘俗語'(부여속어), '麗語'(려어)와 같은 것이 그 예이다.[5] '辰言'은 『삼국사기』 제1권 「赫居世居西干」(혁거세거서간)의 즉위년 기사에 나오며, 진한(辰韓) 사람들이 쓴 말을 가리킨다. '辰言'은 한반도에서 사용된 언어를 지칭한 명칭어로서 사료(史料)에 나타난 가장 오래된 것이다. 역시 『삼국사기』에 나오는 '加羅語', '扶餘俗語', '麗語'(=고구려어)는 고대 국가의 이름을 빌려 당시의 백성들이 썼던 언어를 지칭한 것으로 이들은 모두 우리 민족의 선대어(先代語)이다.

『삼국사기』에 나오는 이런 용어들은 한반도의 여러 지역에서 거주한 집단들이 각각 그들이 사용한 언어를 각각의 국가 단위로 인식했음을 보여준다. 이른바 성읍(城邑) 연합체 정도의 성격을 가진 '國' 단위에서 사용했던 말들을 각각 별개의 언어명으로 지칭한 것이다. '민족'이라는 근대적 개념이 형성되지 않은 고대 시기의 소국(小國) 단위별로 언어 명칭을 붙인 것은 자연스러운 일이다. 당시의 한반도 지역에는 오늘날 우리가 생각하는 韓민족(혹은 조선족)의 개념이 형성되지 않았다. 한민족 전체의 언어를 통칭하는 명칭어가 만들어질 수 없는 상황이었다. 이 점을 고려하면 소국 단위로 붙여진 언어명은 이름만 다를 뿐, 그 차이는 언어적인 것이 아니라 방언적 차이였을 듯하다. 다만 다민족 국가로 짐작되는 고구려의 경우, 고구려 말을 가리킨 '麗語'는 고구려의 지배 집단이 사용한 말로 간주함이 적절하다.

---

5) 이러한 명칭어들은 여러 국어사 논저에서 자주 언급되었던 것이다.

2.2. 중국 변방의 말이라는 뜻을 함축한 '方言', '方音', '鄕言' 등

중화사상은 중국을 세계의 중심이라고 생각하는 중국인의 세계관이다. 이 관점에서 중국 밖의 나라는 모두 오랑캐의 나라였다. 그리하여 중국어[漢語] 이외의 다른 언어를 '方言'이라 부르기도 했다. 이러한 용법이 『삼국사기』, 『삼국유사』 등 각종 문헌에 나타나 있다.6) 우리나라 역사서나 다른 문헌에 사용된 '方言'이라는 용어는 '우리말'을 가리킨 경우도 있고, 일반적 의미로 '특정국의 언어 혹은 어떤 지역의 언어'를 뜻한 용례도 있다. '方言'과 함께 우리나라 말을 '鄕言'이나 '俚語'라 부르기도 하였다.7)

'方言'이란 명칭어를 중심으로 하여, '俚語' 등에 반영된 언어 의식을 분석해 보자. 『삼국사기』에 사용된 '方言'은 신라어를 가리킨다. 김부식은 '次次雄'(차차웅), '尼師今'(니사금), '麻立干'(마립간)이라는 왕호가 모두 신라말이라 하고, 김대문의 설을 인용하여 그 어원을 풀이하였다.8) 이 어원 풀이는 고대인의 모어(母語) 인식과 어원론을 보여 준다는 점에서 김민수(1964/1980 : 25-30)의 주목을 받은 바 있다. 그런데 모어 의식의 발달과 신라어에 대한 인식을 보여 주는 기록임에도 선행 연구에서 주목받지 못한 자료가 있다. 『삼국사기』의 편찬자 김부식이 쓴 다음 문장이 그것이다.

신라 왕으로서 거서간이라 칭한 이가 한 사람, 차차웅이라 칭한 이가 한 사람, 이사금이라 칭한 이가 열여섯 사람, 마립간이라 칭한 이가 네 사람이었다. 신라 말기의 이름난 유학자 최치원이 지은 『제왕연대력』에서는 모두를 아무 왕이라 칭하고 거서간 등의 칭호는 쓰지 않았으니, 혹시 그 말이 촌스러워 칭할 만한 것이 못 된다고 여겨서일까? 좌전과 한서는 중국의 역사책인데도 오히려 초나라 말인 '穀於菟'(곡어도), 흉노(匈奴) 말인 '撑犁孤塗'

---

6) 사서 등 고대 문헌에 나타난 '方言'과 그 유사 지칭어에 대한 연구는 이승재(2001)를 참고할 수 있다.
7) '鄕言'이 쓰인 문헌 용례는 <부록>의 (6)ⓒ, '俚語'가 쓰인 예는 (8)-(10)을 참조.
8) 구체적 용례는 <부록> (5)를 참조.

(탱리고도) 등을 그대로 보존하였다. 지금 신라의 사실을 기록함에 그 방언을 그대로 쓰는 것이 또한 마땅하다.

論曰 新羅王稱居西干者一 次次雄者一 尼師今者十六 麻立干者四 羅末名儒崔致遠作帝王年曆 皆稱某王 不言居西干等 豈以其言鄙野不足稱也 曰左漢中國史書也 猶存楚語穀於菟匈奴語撑犁孤塗等 今記新羅事 其存方言亦宜矣 (三國史記 卷 第四 新羅本紀 第四 智證麻立干)

이 사론(史論)은 김부식이 최치원의 역사 기록을 논평한 것으로 그의 사관과 모어관(母語觀)을 보여 준다. 최치원이 「帝王年代曆」에서 '麻立干' 등 신라 초기의 고유어 왕호들을 원래의 것 그대로 쓰지 않고, 죄다 '王'으로 바꾸어 부른 것을 옳지 않은 태도라고 김부식이 최치원을 비판한 것이다. 최치원은 이 용어들이 변방에서 쓰는 비루하고 촌스러운 것으로 생각하여 '왕'이라는 명칭어로 바꾸었지만, 김부식은 신라의 일은 신라말[方言] 그대로 적음이 옳다고 보았다. 그리하여 김부식은 신라에서 왕을 가리킨 '居西干', '次次雄', '尼師今', '麻立干'이라는 용어를 있는 그대로 기록하였다. 김부식의 이런 논평과 기록 태도는 사실을 사실 그대로 적으려 한 역사가의 사론(史論)이면서, 김부식이 가졌던 민족 주체 의식을 보여 준다.[9]

『삼국유사』에는 '방언'이라는 용어를 사용하면서 당시의 어휘를 기술한 내용이 여럿 나온다. 예컨대 '涿'과 '梁'을 '道'(도)라 읽는 것을 신라 사람들의 방언이라고 했다.[10] '加西' 또는 '嘉栖'는 당시 신라말에 쓰인 '방언' 어휘임을 말한 기록도 있다. <부록> (6)ⓛ의 기록에서 우리는 '加西'와 '嘉栖'의 뜻이 '岬'(갑)이며 그 발음은 '古尸'임을 알아낼 수 있다. '古尸'는 '곳' 또는 '곶'으로 읽을 수 있고, 15세기의 '곶'에 연결되는 우리말 표기이다. '元曉'의 이름을 당시 신라말로는 '始旦'이라 했다는 기록도 보인다(<부록> (6)ⓒ. '始

---

9) 흔히 김부식이 『삼국사기』를 사대주의적 관점에서 기술했다고 하지만, 국사학계에는 이에 대한 반론도 적지 않다.

10) <부록> (6)㉠을 참조

旦’은 ‘셜’이라는 우리말을 적은 훈독 표기이다.

『삼국사기』에서 ‘방언’이라고 한 어휘 표기 중에는 그 어형은 파악하기 어려운 것도 있다. ‘努肹夫得’과 ‘怛怛朴朴’이라는 두 사람의 이름은 신라 방 언이고11) 이 말의 뜻은 ‘마음과 행실이 높고[騰騰] 절개가 굳음[苦節]’이라 하였다.12) 문맥으로 보아 ‘努肹夫得’의 뜻이 ‘높음’[騰騰]이고 ‘怛怛朴朴’의 뜻 은 ‘절개가 굳음’[苦節]이라 할 수 있다. 이 기록으로 ‘努肹夫得’과 ‘怛怛朴朴’ 의 뜻은 알 수 있으나 그 음가와 어형은 밝히기 어렵다.

『삼국사기』와 『삼국유사』에 쓰인 ‘方言’은 당시의 신라말을 가리킨 것이 다. ‘方言’이 특정 지역의 언어뿐 아니라, 여러 지역과 나라에서 쓰이는 언 어를 일반적으로 칭한 용례도 확인된다.13) 『삼국유사』에는 ‘方言’뿐 아니라 이와 동일한 뜻으로 ‘方音’을 사용한 예도 발견된다.14)

고려시대 문서 「咸昌金氏丙子年准戶口」(1336년)의 주석에 ‘巴只方言小兒之 稱’이라 한바(이승재 1992 : 33) 이곳의 ‘方言’은 당시의 우리말인 고려어를 가 리킨 것이다. 『고려사』에도 고려어를 ‘方言’이라 한 예가 발견된다.15)

조선시대의 여러 문헌에 ‘方言’으로 우리말을 지칭한 용례가 다수 발견 된다. 『훈민정음』 해례에는 ‘方言俚語’를 합하여 우리말을 가리키는 용어로 썼다. ‘方言俚語萬不同’(방언과 이어가 만에 하나도 같지 않으매. 훈민정음 해례 합자 해 訣), ‘吾東方禮樂文章 侔擬華夏, 但方言俚語 不與與之同’(우리나라는 예와 음 악과 문화가 중국과 흡사한 수준이나 오직 우리말이 중국말과 같지 않다. 훈민정음 해 례 정인지 序)이라는 용례가 그것이다. 후자의 예에서 보듯이 중국[華夏]의 대

---

11) 人名을 ‘方言’이라 한 것은 혜공(惠空)의 사실을 기록한 내용에서도 보인다. 釋惠空, 天眞 公之家傭嫗之子, 小名憂助盖方言也. (삼국유사 권 제4 義解 제5 二惠同塵)
12) <부록>의 (6)㉣을 참조.
13) 羅古記云 加耶國嘉實王 見唐之樂器 而造之 王以謂 “諸國方言各異 聲音豈可一哉” 乃命樂師 省熱縣人于勒 造十二曲. (三國史記 卷 第三十二 雜志 第一 樂 新羅樂 加耶琴)
14) 聰生而睿敏, 博通經史, 新羅十賢中一也. 以方音通會華夷方俗物名, 訓解六經文學. (三國遺事 卷 第四 義解 第五 元曉不羈)
15) <부록> (7)을 참조.

척적 위치에 '方言俚語'를 두고 있다. 우리말을 '方言俚語'라 한 것은 중국 중심의 세계관(=天下觀)을 기준으로 한 것이지만, 이런 용법은 중국어와는 구별되는 언어로서의 우리말에 대한 母語 의식을 반영한 것이기도 하다. 따라서 이들은 모어로서의 우리 민족어에 대한 의식이 투영된 용어라 할 수 있다.

유창균은 『訓民正音 譯註』(1996 : 99~100)에서 해례의 '方言'은 지방의 언어 (사투리)라는 뜻으로 쓰는 현대어의 개념과 다르다고 하고, 중국어 이외의 다른 지역의 언어를 통틀어 방언이라고 했으며, 중국어와 대립되는 우리 고유의 언어 즉 국어를 뜻한 것이라 하였다. 유창균은 '俚語'라는 낱말은 위의 '方言'과 같은 개념으로 쓸 때와 대립 개념으로 쓸 때가 있으며, '俚語' 는 중국어에 대해서 국어란 뜻을 가지며, '方言'은 국어 속에 나타나는 사 투리 즉 표준어가 될 수 없는 언어들을 가리키는 것이라고 설명하였다. 해 례에 쓰인 '俚語'는 '國語'의 뜻에 가깝다고 하였다. 필자는 유창균 선생의 이러한 풀이에 대부분 동의한다. 다만 '方言'과 '俚語'를 구성하고 있는 漢字 의 뜻을 살려, '方言'은 '地方의 언어'라는 지역적 함의가 있는 용어로 볼 수 있고, '俚語'는 지방의 언어라는 뜻과 함께 '세간에서 쓰는 속된 언어'라는 사회방언적 함의를 가진 것으로 볼 수 있다. 따라서 해례에 쓰인 '方言俚語' 는 '方言'이 가진 지역어적 함의와 '俚語'가 가진 사회방언적 함의를 포괄하 는 것으로 간주한다. '方言俚語'는 중국의 한어에 대한 상대어로서 우리말 을 총칭하는 포괄적 의미의 용어라 할 수 있다.

'方言'이 우리나라 말을 가리킨 것이라고 명료하게 정의한 자료는 『월인 석보』의 서문에 나온 다음 문장이다.

方言은 우리 東方ㅅ 마리라 (월인석보 序 23b)
우리나랏말을 옮겨 써 펴면 드를 사르미 다 시러 키 울월리니
    (方言이 騰布ᄒᆞ면 聞者ㅣ 悉得以景仰 ᄒᆞ리니) (월인석보 序 23a-23b)

'方言'을 '우리 동방의 말', '우리나랏말'로 정의해 놓았다. 위 인용문의 두 번째 예는 서천(西天) 문자로 쓰인 불경을 '우리나라 말'로 번역해 놓으면, 이를 듣는 사람의 신앙심이 더 깊어질 것이라고 하면서 언해의 효과를 설명한 문장이다.

현대국어 사전에서 '俚語'는 俚言'과 같은 것으로 '상스러운 말'16)이라는 뜻으로 풀이되어 있다. 그러나 해례의 '俚語'는 '方言'과 같은 뜻으로 쓰였을 뿐 '상스럽다'와 같은 가치폄하적 의미를 가진 것은 아니다. 세종 25년 12월 30일 조에 실린 훈민정음 창제 기사가 그 증거이다.

> 是月 上親制諺文二十八字 (…중략…) 凡于文字及本國俚語

이 자료에서 중국의 '文字'에 대립하는 용법의 '俚語'가 확인된다. '俚語' 앞에 '本國'이라는 관형어가 선행하고 있는 점은 '俚語'가 당시의 우리말을 가리킨 용어임을 분명히 보여 준다.

'方言'의 의미가 특정화되어 신라말, 고려말, 조선말 등 우리나라에서 쓰는 언어를 구체적으로 가리킨 사례도 적지 않다.17) 이러한 의미로 쓰인 '方言'의 예는 최만리 등의 언문 반대 상소문 등에 보인다.18) 앞에서 언급한『월인석보』서의 '방언'은 우리나라 말 일반을 가리킨 것이나 이 서문이 쓰여진 시대를 고려하면 '조선말'을 가리킨 것이 된다.

『조선왕조실록』에 '方言'이 우리말을 가리킨 용례는 매우 많다. 이 글 말

---

16) '俚語'과 '俚言'을 '상스러운 말'로 풀이하는 것은 옳지 않다. 현대국어에서 '상스럽다' 는 '常스럽다'의 원래 한자 뜻대로 이해되지 않고, 비하적 의미를 표현하기 때문이다. 최근의 <우리말샘>에 '俚語'과 '俚言'을 "항간(巷間)에 떠돌며 쓰이는 속된 말"로 풀이 했으나 '속된 말'이 적절치 못하다. '항간의 입말에 쓰이는 일상적인 말로 풀이함이 적절하다.
17) 이 글의 말미에 실은 <부록> (5)~(11)을 참조
18) 自古九州之內 風土雖異 未有因方言而別爲文字者 (옛부터 九州 안에 풍토가 비록 다르더라 도 방언으로 인해 따로 글자를 만든 일은 없었다) (최만리 등의 언문 반대 상소문)

미의 <부록> (11)에 대표적 예문 몇 가지를 보였다. (11)㉠은 우리말 어휘 '맑-'을 '方言'이라 설명한 것이다. (11)㉡에서 '文詞'는 漢文을 가리키고 '方言'은 우리말을 뜻한다. 조선 인민의 일상생활에 쓰이는 언어를 '方言'이라 한 기록이 여럿 나타난다. 그 밖에 우리말을 가리킨 '方言'의 용례는 성삼문이 지은 『童子習』序文[19] 등 조선시대의 여러 문헌에 보인다. 특히 『증보문헌비고』(1908) 제13권 「여지고」(輿地考) 등에는 지명과 관직명 등의 우리말을 '方言'이라 부른 예가 다수 발견된다.

지금까지 살펴본 '方言'의 예들은 '우리말'을 뜻하는 용례들이다. '方言'이 '특정 국가나 민족의 언어 또는 어떤 지역의 언어'라는 일반적 의미로 쓰인 예도 『조선왕조실록』 등의 문헌에 적지 않게 발견된다.[20] 『조선왕조실록』의 용례문을 통해 알 수 있듯이 '方言'은 女眞語나 일본어 등 특정 언어를 가리키는 데도 쓰였다. 이런 용례의 '方言'은 '어떤 민족이나 나라 또는 특정 지역에서 쓰이는 언어'를 뜻한다. 이러한 의미로 쓰인 '方言'이란 술어에는 중심어로서 중국어의 대척점에 놓이는, 중국의 변방에서 쓰는 말이라는 뜻이 함축되어 있다.

'方言'이라는 용어로 중국어가 아닌 특정 국가의 언어를 가리킨 용법은 중국 중심주의 즉 화하주의(華夏主義=中華主義) 세계관에서 비롯된 것이다. 이를 다른 관점에서 본다면, '方言'은 중국어와 구별되는 제 나라 언어의 지위와 독자적 특성을 인식하고 쓴 용어라 할 수 있다. 그리하여 '方言'이란 용어를 쓴 것은 중국어와 구별되는 모어를 인식한 결과이고, 일상생활에서 사용하는 언어를 '方言'으로 본 당대인의 인식을 보여 준다.

하나의 명사적 용어는 아니나 신라 말을 뜻하는 동사구 표현으로 '鄕稱', '鄕云', '俗云', '俚云' 등이 있다. 이러한 표현은 『삼국유사』에 적지 않게 나타난다.[21] 이들 표현에서 핵심적인 의미는 '鄕' 혹은 '俗'에 있다. '鄕稱', '鄕

---

19) 以正音譯漢訓 細書逐字之下 又用方言以解其義 (동자습 서)
20) <부록> (12) 참조

云'의 '鄕'은 지역적으로 신라를 뜻하였고, '俗云' 및 '俚云'의 '俗'과 '俚'에는 신라 지역과 함께 신라의 민간 사회를 뜻하는 개념도 함의되어 있다.22) '俗 云'과 '俚云'이 같은 문맥에서 동시에 쓰인 예도 보인다.23) 그 용법에서 약간의 어감 차이를 감지할 수 있다.

'鄕稱', '鄕云', '俗云', '俚云'이 쓰인 용례문에서 우리말에 대한 당시 사람들의 인식을 알 수 있다. 당시의 신라 지역 혹은 신라 사회를 '鄕·俗'이라는 관점에서 인식했다는 것은, 중국 중심적 사고방식이 내재되어 있으면서도, 다른 한편으로 중국어에 맞서는 개념으로서의 신라어 즉 모어를 뚜렷하게 인식하고 있었음을 함의한다. 이러한 인식은 근대 민족 국가를 배경으로 한 민족어 의식과 동질적인 것은 아니지만, 근대적 의미의 민족어 인식으로 성장해 간 씨앗이라고 할 수 있다.

2.3. 한문에 대응되는 일상생활어라는 개념의 '諺', '語', '諺語'

『훈민정음』 해례에는 '國語' 이외에도 우리말을 가리킨 다른 용어로서 '諺', '語', '諺語' 등이 쓰였다. "且半舌之ㄹ當用於諺而不可用於文"24)(종성해)에서는 '諺'과 '文'을 대립적 용어로 썼다. 이와 같은 용법은 "六聲通乎文與諺 戌閭用於諺衣糸". "閭宜於諺不宜文"25)(종성해 訣), "而文之入聲 與去聲相似 諺

---

21) <부록> (13)의 예 참고. 이런 동사구들은 하나의 명칭어가 아니지만 의미상 본고의 주제와 명백히 관련되므로 함께 다루기로 한다.
22) '鄕稱'과 '鄕云'은 신라를 '鄕'이라 표현했고, '俗云'과 '俚云'은 일상생활의 뜻이 함축된 '俗'과 '俚'(신라인의 현실 사회)를 써서 신라 말을 가리켰다.
23) 東都南山之南, 有一峯屹起, 俗云高位山, 山之陽有寺, 俚云高寺, 或云天龍寺 (삼국유사 권 제 3 탑상 제4 천룡사).
24) 이 문장은 다음과 같이 번역된다. "또 半舌音 ㄹ은 마땅히 諺(우리말)에는 쓰이지만 文 (漢語)에는 쓸 수 없다."
25) 종성해 訣의 인용문을 번역하면 다음과 같다. "여섯 개의 소리(ㄱ ㆁ ㄷ ㄴ ㅂ ㅁ)은 한자와 우리말에 모두 쓰이나, ㅅ(戌)과 ㄹ(閭)은 우리말의 '옷'과 '실'의 종성에만 쓰이네." "(종 성)의 ㄹ(閭)은 우리말에는 어울리나 한자에는 그렇지 않네."

之入聲無定"26)(합자해) 등에서도 확인된다. 여기에 쓰인 '諺'은 당시의 조선어를 가리키고, '文'은 그 상대어로서 漢語(한어)를 뜻한다. 『훈민정음』에서 '諺'을 '文'에 대립시켜 사용한 것은 중국 漢文字 및 漢語와 구별되는 조선어의 특질과 그 독립적 성격을 인식한 결과이다.

지역에 따른 언어 간의 차이는 당시의 동양적 언어관에서는 이른바 風土說(풍토설)에 의해 뒷받침된다. 정인지의 『훈민정음』 서문이나 『동국정운』 서문 등에서 지역에 따른 언어적 차이는 풍토 즉 자연환경의 차이에서 비롯된 것이라는 동양의 풍토적 언어관을 엿볼 수 있다.27) 오늘날의 자전류(字典類)에는 '諺'이 '상말', '俗言'(속언) 등과 같은 비하적 의미로 풀이되어 있다. 그러나 『훈민정음』 해례의 '諺'은 공공(公共)의 문어(文語)로 사용된 漢文에 대하여 일상의 구어(口語)로 쓰인 우리말을 가리킨 것이며, 비하적 의미는 없는 것으로 본다. 해례에서 '諺'은 도합 6회가 나타나는데 우리말을 지시한 한자로서는 가장 높은 출현 빈도이다.

한편 『훈민정음』에는 '語'가 '諺'과 같은 뜻으로 쓰인 예도 있다. "語入無定亦加點, 文之入則似去聲"28)(합자해 訣)이 그것인데 우리말의 입성에도 가점을 한다는 것과 중국 한어의 입성은 거성과 비슷함을 말한 내용이다. '語'가 우리말을 뜻한 용례는 이것이 유일하다. 이 문맥의 '語'는 '諺'과 의미 차이가 없기때문에 용어 사용의 일관성을 잃은 것은 아니다. '語'라는 한자의 다양한 의미 중에는 '俗談'(속담)이라는 뜻도 내포되어 있다. 이런 점에서 '語'는 '諺'의 대용어로 쓰일 수 있다.

한편 『훈민정음』에는 '諺'과 '語'를 결합시킨 '諺語'가 존재한다. "ㅅ如諺語옷爲衣, ㄹ如諺語실糸之類"29)(종성해), "中聲二字三字合用 如諺語과爲琴柱 홰

---

26) 이 인용문은 다음과 같이 번역된다. "한자음의 입성은 거성과 서로 비슷하고 우리말의 입성은 정해진 바가 없네."

27) 有天地自然之聲 則必有天地自然之文 (천지자연의 소리가 있으면 곧 반드시 천지자연의 글이 있다.) (훈민정음 해례본 정인지 서문)

28) 우리말의 입성은 정함이 없으나 점을 더하고, 한자음의 입성은 거성과 비슷하네.

爲炬之類"30)(합자해) 등 도합 6회에 걸쳐 '諺語'가 쓰였다. '諺語'는 종성해에 1회 나오고, 합자해에 집중적으로 나타난다(5회). 이 용어가 쓰인 문맥을 보면 뚜렷한 공통점을 찾을 수 있다. 그것은 이 '諺語'가 '고유어 낱말'의 예를 드는 문장에서 쓰였다는 점이다. '諺語'는 조선어(당시의 우리말)에 쓰인 '낱말'을 가리킨 용어이다. '語'가 개별적인 낱말을 의미하는 기능으로 자주 쓰였기 때문에 낱말 어휘를 드는 데는 '諺'과 '語'를 함께 붙여 '諺語'로 쓴 것이다.

이러한 용법에서 '諺語'는 현대어의 '國語'와 같은 뜻으로 쓰인 것이 아니라 글자의 뜻 그대로 '우리말의 낱말'(고유 어휘)을 뜻한 것이라고 봄이 적절하다. 유창균(1996 : 66)은 종성해에 쓰인 '諺語'를 설명하면서, 한자어가 아닌 우리 고유어를 말하는 것으로 중국말에 대립시켜 국어를 가리킨 용어로 쓴 것이 '諺'이라고 하였다. 그러나 이 설명을 더 정밀하게 표현할 필요가 있다. 필자는 '諺'과 '諺語'를 다음과 같이 구별하여 인식하는 것이 적절하다고 본다. 즉, '諺'이 개념적 차원에서 중국 한어에 구별되는 우리말(=조선어)을 가리킨 것이라면, '諺語'는 보다 구체적 의미로 쓰인 우리말 어휘를 지칭한 용어이다. 따라서 엄밀한 의미로 보면 '諺'은 '우리말'(현대어의 國語)이라는 뜻으로 쓰였고 '諺語'는 '우리말의 낱말'(이른바 '고유어휘')이라는 의미를 가진 것이라 하겠다.

明나라에 대한 사대(事大)를 중시했던 조선시대 유학자의 의식을 고려하여 '諺'과 '諺語'의 함의를 생각해 보자. '諺'은 국가의 공공 기록 혹은 시부(詩賦) 등의 문장에 쓰는 '漢文字'의 대립어이다. '諺'에는 당시 조선 사람들의 '일상생활에서 쓰는 상말[常言]'이라는 뜻이 포함되어 있다. 이러한 점에서 '諺'과 '諺語'는 '日常語'(일상어)라는 의미로 사용되었던 것으로 판단한다.

---

29) ㅅ은 우리말의 '옷'(衣), ㄹ은 우리말의 '실'(絲)의 예와 같다. (종성해)
30) 중성에 두 글자 합용과 세 글자 합용이 있으니, 우리말의 '과'(琴柱 거문고의 기러기발) 와 '홰'(햇불)의 예이다. (합자해)

이 용어들이 漢語(한어) 혹은 漢文字의 상대어로 쓰인 점을 고려하면, 그 뜻은 '일상생활에서 쓰는 우리말'(당시의 조선어)이 된다. 세종 당시의 기록에 쓰인 '諺', '諺語', '諺文'은 비하적 의미를 가진 것이 아니라 일상생활어라는 뜻으로 쓰인 것이다.

2.4. 고려와 조선시대의 '高麗話', '高麗ㅅ말', '朝鮮ㅅ말'

나라 이름을 매개로 특정 언어를 지시한 용법은 『고려사』의 기록과 조선시대의 언해본에 나타나 있다. 『고려사』에는 '高麗話'(고려화)가 쓰인 예가 있다.[31] 이 '高麗話'는 '達達話'(타타르어) 및 '漢兒話'(중국어)와 같은 문맥에서 나란히 쓰였다. 외국의 언어와 대등한 존재로서 고려어를 인식했음을 보여준다. '高麗話'는 '高麗'라는 국가 명칭어를 이용하여 만든 용어이다. 국제어의 하나로 자국어를 인식한 것이다. 그런데 '漢兒話'는 '漢人話' 혹은 '漢族語'라는 뜻을 가진 것이어서 漢族(한족)이라는 민족 명칭을 이용해 만든 용어이다. '達達話'도 이와 같다. 다시 말해 '高麗話'에 비하여 '漢兒話'와 '達達話'는 국가 개념이 전제되어 있지 않은 명칭이라는 것이다. 이렇게 된 까닭은 당시의 중국 대륙이 宋, 元, 遼(요) 등 민족 중심의 여러 나라로 나누어져 있었기 때문일 것이다. 그리하여 '漢兒話'는 중국의 대표 민족인 漢族이 사용하는 언어를 지시한 용어이다. 이에 비해 '高麗話'라는 명칭에는 고려라는 국가를 배경으로 한 민족 언어의 뜻이 함의되어 있다. 이 명칭어를 통해 우리는 공민왕 재임기인 고려말(14세기)에는 '고려어'라고 하는 민족 국

---

31) 李火者來了兩三番. 也見達達說達達話 見一般火者說高麗話 見漢兒說漢兒話. (이내시李內侍는 여기 온 지가 두세 번 되었다. 이내시는 달달인達達人을 만나면 달달어達達語로 이야기하고 보통 내시들을 만나면 고려어高麗語로 말하고, 중국인을 만나면 중국어로 말하였다. (高麗史 44卷, 世家44, 恭愍王22 : 7 壬子) 이(李)라는 성(姓)을 가진 내시는 달달(達達), 회회(回回) 등 여러 종족 사람과 더불어 대화가 가능한 사람으로 교역과 정탐에 종사하고 있었다.

가어 의식이 형성되었다고 말할 수 있다.

16~17세기의 언해 문헌에는 다음에서 보듯이 '高麗ㅅ말솜' 혹은 '高麗ㅅ
말'이 나타난다.

> ㉠ 이제 됴뎡이 텬하를 一統ᄒ야 겨시니 셰간애 쓰노니 漢人의 마리니 우
> 리 이 **高麗ㅅ말소믄** 다믄 高麗ㅅ짜해만 쓰는 거시오 義州 디나 中朝
> 짜해 오면 다 漢語 ᄒᄂ니 아뫼나 ᄒᆞᆫ 마를 무러든 쏘 디답디 몯ᄒ면
> 다ᄅᆞᆫ 사ᄅᆞ미 우리를다가 므슴 사ᄅᆞ몰 사마 보리오 (번역노걸대 上 6a)
> ㉡ 이제 朝廷이 天下룰 一統ᄒ여시니 셰간에 쓰는 거슨 한말이니 우리 이
> **高麗ㅅ말**은 다만 高麗ㅅ짜히만 쓰고 義州 디나 漢ㅅ 짜히 오면 다 한
> 말이라 아뫼나 ᄒᆞᆫ 말을 무러든 쏘 디답디 못ᄒ면 다ᄅᆞᆫ 사ᄅᆞᆷ이 우리룰
> 다가 므슴 사ᄅᆞᆷ을 사마 보리오 (노걸대언해, 上 5a)

16세기 문헌인 『번역노걸대』에는 '高麗ㅅ말솜', 17세기 후기 문헌인 『노
걸대언해』(1670)에는 이것이 '高麗ㅅ말'로 약간 달라져 있다. 이런 명칭도 역
시 '고려'라는 국가명을 언어 명칭으로 사용한 것이다. 따라서 이 명칭어들
은 국가와 민족에 대한 인식을 토대로 하여 만들어진 것이라 할 수 있다.
이것이 조선 후기에 들어가서는 '朝鮮ㅅ말'로 바뀐다.

> ㉢ 이제 朝廷이 天下룰 一統ᄒ여시니 간 곳마다 쓰는 거시 다 이 한말이
> 오 우리 이 **朝鮮ㅅ말**은 다만 朝鮮ㅅ짜히만 쓰고 義州 지나 中國ㅅ짜
> 히 가면 다 이 한말이라 만일 사ᄅᆞᆷ이 ᄒᆞᆫ 구 말을 무러든 쏘 니ᄅᆞ지 못
> ᄒ면 다ᄅᆞᆫ 사ᄅᆞᆷ이 우리룰다가 므슴 사ᄅᆞᆷ으로 보리오 (노걸대신석언해,
> 上 6a-6b)

같은 조선시대 문헌임에도 불구하고 16~17세기 문헌에는 '高麗ㅅ말'이
쓰였고, 18세기에는 '朝鮮ㅅ말'이 쓰였다. 후자는 시대에 맞게 한문 본문과
언해문을 고친 것이다. 이 '朝鮮ㅅ말'은 위 자료에 보이는 '한말'(漢族의 언어,

즉 漢語)의 상대어로 쓰인 것이다. '朝鮮ㅅ말' 역시 '高麗ㅅ말'과 같이 국명을
이용한 명칭으로 국가와 민족어 의식이 형성되어 있음을 보여 준다.

2.5. 민족 국가의 주체 의식이 드러난 '國之語音'과 '國語', '한말'

우리말을 가리키는 용어로 오늘날 가장 널리 쓰이는 것이 '국어'(國語)이
다. '國語'가 여러 문헌에 출현하여 쓰인 양상을 분석하여, 국가의 언어 즉
國語라는 명칭이 굳어지게 되는 과정을 밝히고, 여기에 함축된 역사적 의
미를 고찰해 본다.

우리는 앞에서 '方言'이란 용어가 '우리말'을 뜻한 경우와 '특정 국가나
민족의 언어 또는 어떤 지역의 언어'라는 뜻으로 쓰인 문헌의 예를 검토하
였다. 이와 같은 뜻으로 쓰인 '國語'라는 용어도 발견된다. 『훈민정음』의 첫
머리에 실린 세종의 어제 서문 첫 귀절이 '國之語音 異乎中國 與文字 不相
流通'이고, 여기에는 우리말을 뜻하는 '國之語音'이 쓰여 있다. '國之語音'은
'우리나라의 語音'[言語]이라 풀이할 수 있다. '語音'의 '語'는 '말'(혹은 '말씀')에
대응하고, 그 뜻이 포괄적이어서 언어 일반을 통칭한 것이라고 이해된다.
'音'은 말의 소리를 뜻하니, '語音'은 곧 '말소리'를 뜻한다. '國之語音'이란
구절 속의 '語音'은 선행하는 '國' 즉 '조선'의 '語音'을 특정한다. '國之語音'
은 넉 자로 된 句이지 단일 낱말이 아니므로 하나의 명칭어는 아니다. '國
之語音'을 줄여 하나의 낱말로 만든 것이 '國語'이다.

해례본에는 조선어를 지시하는 문맥에서 '國語'라는 한자어도 쓰였다. 이
는 조선 사람이 쓰는 말을 '국가의 언어' 즉 '國語'로 인식했다는 증거이다.
다음 예에서 확인되듯이, '國語'라는 명칭어가 『훈민정음』 해례본에 두 번
쓰였다.

(가) 『훈민정음』에 나타난 '國語'

㉠ 半舌有輕重二音, 然韻書字母唯一, 且國語雖不分輕重, 皆得成音.

○ (우리말의) 반설음에는 輕과 重 두 음이 있으나, 운서의 자모로는 하나뿐이다. 또 '**국어**'에서는 비록 경과 중을 비록 구별하지 않더라도 다 음을 이룰 수 있다. (합자해)

㉡ ·ㅣ起ㅣ聲 於國語無用, 兒童之言 邊野之語 或有之. 當合二字而用 如ㄱㅣ ㄱㅣ之類之類, 其先縱後橫, 與他不同.

○ ·ㅑ ㅡㅣㅏ ㅣ에서 일어나는 소리는 '**국어**'에서는 쓰이지 않으나 아동의 말과 변방 시골의 말에 간혹 있다. 이런 경우는 마땅히 두 글자를 합하여 써야 할 것이니 'ㄱㅣ ㄱㅣ'류와 같은 바 그 세로로 된 것을 먼저 소리 내고, 가로로 된 것을 나중에 소리 냄이 다른 것과 같지 않다. (합자해)

위 두 예의 '國語'는 당시의 우리말 즉 조선어를 뜻하며, 현대어의 '國語'와 그 용법이 같다. 세종과 해례본 편찬에 참여한 집현전 학자들은 당시의 우리말 즉 조선어를 가리킬 때, '諺'뿐 아니라 '國語'라는 용어도 사용했던 것이다. 2.3절서 보았듯이 『훈민정음』 해례본에는 '文'(漢字 혹은 漢文)에 대립하는 용어로 '諺'과 '諺語'가 쓰였다. '諺'이 당시 국가의 공용(公用) 문자로 기능한 漢文 혹은 중국 漢語의 상대어로 쓰였음에 비하여, '國語'는 조선이라는 국가에서 쓰는 언어 즉 조선어를 가리킨 것이다. 위와 같은 '國語'의 용례에서 조선국에 대한 세종의 국가 의식과 민족 주체 의식을 확인할 수 있다.[32]

그러나 다른 한편으로는 '國'이라는 용어가 중국 중심의 천하관에서 황제국을 섬기는 '諸侯國'이라는 뜻을 가진 점도 유의해야 한다. '國'의 정치적 의미가 오늘날과 같지 않았음을 염두에 두어야 한다는 것이다. 세종과

---

32) 세종의 민족 주체성을 보여 준 정책 사례가 여럿 있으나, 대표적인 것으로 단군 사당에 바치던 향사(享祀)를 별도로 시행한 사실을 들 수 있다. 세종 7년 9월 25일 정척(鄭陟)의 상소에 따라 단군의 신위(神位)에 대한 제사 제도를 바꾸었다. 이전까지 단군을 箕子(기자)의 신위에 배향하던 것을 단군 사당을 별도로 세워 향사케 했다.

해례본 편찬자들이 당시의 조선어 즉 우리말을 가리키는 용어로 쓴 '國語' 는 이러한 관점에서 이해되어야 한다.

여기서 우리는 '國語'라는 낱말이 중국과 우리의 사료에 어떻게 쓰였는 가를 살펴봄으로써 이 '國語'에 함축된 중층적 의미를 보다 깊이 이해할 수 있다. 먼저 중국 측 사료에서 '國語'가 어떤 민족이 쓴 특정 언어를 가리킨 예를 검토해 보자.33)

(나) 중국 측 사료에 나타난 '國語'

㉠ 又後魏初定中原, 軍容號令, 皆以夷語. 後染華俗, 多不能通, 故錄其本言, 相傳敎習, 爲之國語

　○ 또 후위(後魏)가 중원을 처음 다스릴 때 군사상의 호령을 모두 오랑캐말(선비족의 말)로 썼다. 나중에는 중국의 풍속에 물들어 그들 말로 능히 뜻을 통할 수 없는 것이 많아졌다. 그런 까닭에 그들의 본래 언어를 기록하고 가르쳐 전하게 한바 이를 '國語'라 하였다. (隨書 經籍志)

㉡ 撫循部曲之暇, 則命也滅堅以國語講

　○ 정무(政務)를 돌보는 여가에 곧 也滅堅(人名)에게 명하여 국어로 강(講)하게 하였다. (元史 顯宗傳)

㉢ 故命文臣依國語製國書, 不用蒙古 漢字.

　○ 그리하여 문신들에게 명하여 국어로 國書를 짓게 하였는 바 몽고 문자나 한자를 쓰지 않았다. (通鑑 淸 魏源 聖武記 卷一)

㉠의 『隨書』(수서)는 당나라 태종의 충신인 위징(魏徵)이 편찬한 사서(史書) 이다. 이 문맥의 후위(後魏)는 북위(北魏)를 가리킨다. 북위는 중국 북동 지역 에서 세력을 떨쳤던 선비족이 세운 나라이다. ㉠에는 북위의 지배자였던 선비족이 중국 漢語와 구별하기 위해 그들의 말을 스스로 지칭하여 말하기

---

33) 아래의 중국 측 자료는 『漢語大詞典』(1989, 中國 上海, 漢語大詞典出版社) 권 3에서 뽑은 것이다.

를 '國語'라 하였다고 기록되어 있다. 따라서 ㉠의 國語는 선비족의 언어를
뜻한다.

㉡은 『元史』(원사) 현종전에 나오는 '國語'의 용례이다. 元이 그들의 언어
를 지칭하는 용어로 '國語'를 썼다. 따라서 이때의 '國語'는 몽고어를 뜻한
다. 원나라는 몽고족이 세운 나라이고 몽고어를 사용했다. ㉢은 청나라 위
원(魏源)이 지은 성무기(聖武記)에서 나온 것이다. 淸은 만주족이 세운 나라이
니 여기서의 '國語'는 만주어와 그 문자를 뜻한다.

위 세 자료는 모두 漢族이 아닌 이민족이 중국을 정복하여 대륙을 통치
할 때, 통치하던 민족이 '漢語' 혹은 다른 언어에 대비하여 그들 자신의 언
어를 지칭한 용어로 '國語'를 쓴 사례이다. 위의 인용문과 달리, 근대 이전
의 중국 한족(漢族)이 그들의 언어를 스스로 '國語'라 칭한 사례는 찾을 수
없다.[34] 전근대 시대의 중국에서 '國語'는 左丘明(좌구명)이 지은 역사서 書
名(서명)으로 쓰였다. 左丘明이 지은 역사서 『國語』는 총 21권으로 춘추 시
대 列國(열국)의 사적을 나라 별로 기록한 역사서이다.[35] 이런 용법의 '國語'
는 오늘날의 '언어'라는 개념으로 쓰인 것이 아니다. 중국 한족이 그들 언
어를 '國語'라고 부른 것은 서세동점(西勢東占)에 따른 서구 문물의 영향으로
중국 중심의 천하관이 깨어지고, 민족국가의 개념이 확립된 최근세의 일이
다. 그러나 중국 한족이 이런 의미의 '國語'로 그들의 '漢語'를 지시한 용법
은 일반적인 것이 아니었다.

---

34) 諸橋轍次의 『大漢和辭典』(권3, 77쪽)에 '國語'의 뜻풀이 항의 첫 번째에 "그 나라의 고유
   언어"라고 정의하고 다음 두 용례를 들었다.
   『唐書』 選擧志 : 聞習 時務策, 讀國語說文字林三蒼爾雅
   『唐書』 百官志 : 暇則習 隸書 國語說文字林三蒼爾雅
   위 인용문의 문맥을 살펴보면, 이 용례들에 쓰인 '國語'는 '그 나라의 고유 언어'를 뜻
   하는 것이 아니라 책 이름으로 쓰인 것이 분명하다.
35) 중국이나 우리나라 사서에 쓰인 '國語'라는 명칭은 대부분 좌구명이 지은 역사서 이름
   을 가리킨다. 이 책은 원래 左丘明이 지었고 그 뒤 韋昭(吳)와 宋庠(宋) 등이 解와 輔音을
   붙여 明代 이래 계속 간행되었다. 이 책은 우리나라에서도 많이 참고되었으며 그 이름
   이 『조선왕조실록』에 빈번하게 등장한다.

우리나라의 사료에서 '國語'는 어떻게 쓰였을까. 『고려사』 CD롬의 원문 [漢文]에서 '國語'를 검색해 보니 4건의 용례가 발견되었다. 그 중의 1건은 좌구명이 지었다고 하는 『國語』라는 책의 이름으로 쓰였고, 나머지 3건은 특정 언어를 지시하는 것으로 쓰였는데, 다음이 그 예이다.

(다) 『高麗史』에 나타난 '國語'

㉠ 趙彛, 初名麟如, 咸安人, 嘗爲僧歸俗, 學擧子業, 中進士, 後反入元, 稱秀才, 能解諸國語, 出入帝所
  ○ 조이(趙彛)의 처음 이름은 조린여(趙麟如)이니 함안 사람이다. 일찍 이 중이 되었다가 환속하여 과거 공부[擧子業]를 하여 진사에 합격 하였고 뒤에 반역하여 元에 들어가 조수재(趙秀才)라 일컬었는데 능히 여러 나라말(諸國語)을 해득하여 제소(帝所, 원나라 황제의 居所)에 출입하였다. (고려사 列傳 43, 叛逆, 趙彛)
㉡ 趙仁規, 字去塵, 平壤府祥原郡人. (…중략…) 又曰, 高麗人解國語如此, 何 必使守衡譯之.
  ○ 조인규(趙仁規)의 자는 거진(去塵)이요, 평양부 상원군(祥原郡) 사람이 니 (…중략…) (세조가) 또 말하기를, "고려인이 國語(=몽고어)를 해득함이 이와 같은데 어찌 반드시 강수형을 시켜 통역하게 하는 가?"라고 하였다. (고려사 列傳 18, 諸臣, 趙仁規)
㉢ 全英甫, 本帝釋院奴, 治金薄, 爲生. (…중략…) 國語, 假面爲戲者, 謂之廣大.
  ○ 전영보(全英甫)는 본래 제석원(帝釋院)의 노비로 금박을 만들어 생계 를 삼으니 (…중략…) 國語(=고려말)에 가면을 쓰고 희롱하는 자를 '광대'(廣大)라고 한다. (고려사 列傳 37, 嬖幸(폐행), 全英甫)

㉠의 '國語'는 문맥에 나타나 있듯이 '여러 나라의 말'(諸國語)을 뜻한다. ㉡의 '國語'는 원나라 세조와 고려인 조인규(趙仁規)와의 대화에 쓰인 예이 다. 조인규는 평양부 위원부 출신으로 몽고어 실력이 출중하여 등용되었다. 조인규가 고려 사신으로 원나라에 가서 통역관 강수형을 세우지 않고도 원 의 세조와 능히 몽고어로 대화를 하니, 이에 세조가 그를 칭찬한 사실을

기록한 것이 ⓛ이다.

그런데 ⓒ의 '國語'는 고려 사람들 간의 대화 문맥에 쓰였으며, 이 기록은 '광대'(廣大)라는 한자어가 당시 고려어에 쓰였음을 증언한 것이기도 하다. 이 문맥에 쓰인 '國語'는 당시의 우리말(=고려말)을 지시한다. 필자의 과문함일 수도 있으나, ⓒ은 한반도에 거주하는 우리 민족의 언어를 가리키는 데 '國語'가 쓰인 최초 예가 아닌가 한다. 이런 점에서 『고려사』에 나타난 ⓒ의 용례는 귀중한 가치를 지닌다. 이 기록에 나타난 전영보(全英甫)는 고려 충숙왕(재위 기간 1314~1330)에 살았던 사람이다. 고려사의 이 기록을 근거로 14세기 초에 이미 우리말을 뜻하는 '國語'라는 용어가 쓰였다고 판단한다.[36]

『조선왕조실록』(고종 및 순종실록은 제외함)의 번역문을 검색해 보니 '國語'는 모두 21회 쓰여 있다. 이 21회 용례 중에서 20회는 중국의 사서(史書)인 『國語』를 뜻한다. 정조실록에 나온 다음 기록만 이와 다른 뜻으로 쓰였다.

(라) 『조선왕조실록』의 '國語'
　㉠ 四詩의 악보를 정하니 風(풍), 雅(아), 頌(송)을 악장에 맞게 하였고, 세
　　나라 역사의 잘못을 바로잡으니 遼(요), 金(금), 元(원)의 國語를 번역하
　　였다. (正祖 23/5/27)

이 자료는 중국 청나라 仁宗이 선왕인 高宗의 시호를 올리고 반포한 詔書의 일부로 淸 고종의 치적을 나열한 문맥 속에 놓여 있다. 따라서 이 자료의 '國語'는 遼, 金, 元의 언어를 각각 지칭한 것이다. 이와 같은 '國語'의 의미는 앞서 『漢語大詞典』에서 인용한 (나)의 용례와 동일하다.

조선총독부가 편찬한 까닭으로 별도의 실록으로 취급받고 있는 고종순종실록을 검색해 보니 '國語'가 우리말(당시의 조선어) 혹은 일본어를 가리키

---

36) 현전하는 『고려사』 개수 작업이 세종 때에 이루어졌다. 개수 작업을 기준으로 본다면 『훈민정음』 해례본과 『고려사』에 쓰인 '國語'는 동시대적 성격도 가진다.

는 용례가 발견되었다.

ⓒ 平安兵使李容象, 以卽接龍岡縣令兪初煥馳報, 則異樣船六隻來泛於本縣多美
   面珠英浦矣. (…중략…) 其中一洋人, 頗解我國語, 先通姓名, 而糊難記矣.
 ○ 평안병사 이용상(李容象)이 보고하였다. "용강 현령 유초환(兪初煥)
   이 보내온 급보에 의하면 이양선(異樣船) 6척이 본 현의 多美面 珠
   英浦에 떠돌아다녔습니다. (…중략…) 그중 한 명의 서양인은 우리
   나라 말(我國語)을 자못 알아들었으므로 먼저 통성명을 하였으나
   그 말이 분명치 못하여 잘 기억하지 못했다고 합니다". (高宗
   3/7/15)
ⓒ 前守奉官李漢疏略, 今與日本修好, 而不通其國語, 交際通商之際, 未免聾啞
   相對. 玆敢類聚其日用常行之言語若干, 以進之, 使通知彼言之人, 昭詳增衍,
   以諺文懸註, 製成冊子, 使之于市, 則人可易習, 而交際上免致窒矣.
 ○ 전 수봉관(前守奉官) 이규가 상소하였는데, 대략 이러하였다. "지금
   일본과 우호 관계를 가지고 있으나 그 나라말을 모르기 때문에 교
   제를 하고 통상을 할 적에 벙어리끼리 서로 마주선 것과 같은 현
   상을 면치 못합니다. 그래서 일상 용어 약간을 모아서 올리니 저들
   의 말을 아는 사람을 시켜 구체적으로 수정하고 언문으로 주석을
   달아 책을 만들어 시장에서 팔게 하면 사람들이 쉽게 배울 수 있
   고 교제에서 말이 막혀 장애 받는 현상을 면하게 될 것입니다."라
   고 하였다. (高宗 19/12/6)

ⓒ의 '國語'는 서양인의 언어에 대응하여 우리말을 가리키는 데 쓰인 것
이다. ⓒ의 '國語'는 일본어를 가리키는 것으로 쓰였다. 둘 다 자국어를 지
시하는 데 '國語'를 쓴 예이다.

지금까지 검토한 중국 측 사료와 우리나라의 사료에 쓰인 '國語'의 의미
는 두 가지로 정리된다. 첫째는 제3자의 입장에서 어떤 민족 혹은 국가가
사용하는 특정 언어를 지시한 '國語'이다. 위 자료의 (다)ⓒ, (라)ⓒⓒ의 용
례가 여기에 속한다. 둘째는 자기 민족 혹은 자국에서 사용하는 언어를 스

스로 지칭할 때 쓴 '國語'이다. 위 자료의 (나)~(라) 중 나머지 예가 여기에 속한다. (나)는 대륙 북방의 이민족이 중국을 통치할 때 漢語와 대립되는 의미에서 선비족, 몽고족 등 각 민족이 자민족의 언어를 '國語'라 부른 것이다.[37] (다)ⓛ은 원나라 사람이 스스로 몽고어를 지칭하여 '國語'라 했고, (다)ⓒ, (라)ⓛ은 우리나라(고려와 조선) 사람이 우리말을 가리켜 '國語'라고 하였다. 각각 자기 나라의 말을 지칭하기 위해 '國語'를 사용한 점에서 그 의미가 서로 같다. 다만 구체적 지시 대상 언어는 해당 나라의 말을 가리킨 것이므로 서로 다르다.

둘째는 우리나라 사람이 우리말을 지시하는 데 '國語'를 쓴 것이다. (다)ⓒ과 (라)ⓛ에 쓰인 '國語'가 여기에 해당한다. 『훈민정음』 해례본에 2회 출현한 '國語'는 조선 사람이 조선말을 지시하기 위해 쓴 것이다. 이렇게 쓰인 '國語'는 현대국어에 쓰이는 '國語'와 같은 의미라고 볼 수 있다.

(나)(다)(라)에 쓰인 '國語'는 당시 사람들의 인식에 있어서, 우리가 앞서 검토했던 '方言'과의 개념적 차이가 크지 않은 것으로 생각된다. '國語'가 국가적 단위를 배경으로 한 의미를 갖고, '方言'이 지역적 의미를 갖는 것이라는 점에서 약간 다르다. 과거의 중국에서 '國'은 중화(中華)의 황제에게 종속된 '諸侯國'이라는 뜻으로 쓰였기 때문에, 그 '國'의 언어를 '方言'(변방 지역의 언어) 혹은 '國語'(제후국의 언어)라 부르기도 했던 것이다. 그러나 '方言'에 비해 '國語'는 국가 단위를 배경으로 한 언어라는 정치적 인식을 드러낸 용어이다. '國語'가 국가 단위라는 정치적 의미를 내포한다는 점에서 '방언'과 의미 차이가 있다. 옛 문헌에 쓰인 '國語'는 국가를 배경으로 한 정치적 의미를 표현한 명칭이고, '方言'은 중국 漢語에 상대되는 용어로 우리나라

---

37) 신숙주(申叔舟 1417~1475)의 문집인 『保閒齋集』(보한재집)의 서문을 강희맹(姜希孟 1424~1483)이 썼다. 이 서문에도 이와 같은 뜻의 '國語' 예가 있다. "列國皆有國音之文 以記國語 獨我國無之"(여러 나라가 모두 제 나라 언어음을 적을 글자를 가지고 있어서 이로써 그 國語를 기록하고 있으나 우리나라만 홀로 글자가 없다.)

말을 가리킨 것이다. '俚語'는 '시골마을의 말'이라는 사회적 의미를 함의한 용어이다.

우리나라의 사료를 기준으로 볼 때 '國語'는 고려 말기 충숙왕대(1314~1330)의 기록에 최초로 쓰였고, 15세기 중엽의 『훈민정음』 해례본에서 우리 말 지칭어로 사용되었다. 그 후 장기간의 오랜 공백기를 거쳐 19세기 후기에 와서야 '國語'는 다시 그 모습을 드러내었다.[38] 20세기에 들어와서 주시경이 지은 책 이름과 글에 '國語'가 쓰였고, 자주독립국의 위상을 강화해 간 이 시기에 '國語'는 일상적으로 쓰는 한자어로 확산되어 갔다. 주시경의 저술인 『대한국어문법』(1906), 『國語文典音學』(1908), 『國語文法』(1910) 및 「국어와 국문의 필요」[39]에 나타난 '국어'가 그러한 예이다. 후자는 한 나라의 말과 글이 갖는 의의를 말한 내용인데, "ᄌ금 이후로 우리 국어와 국문을 업수이 넉이지 말고 힘써 그 법과 리치를 궁구ᄒ며"라고 하여 국어와 국문을 존중하고 그 이치를 학문적으로 궁구하려는 새로운 인식을 보여 주었다. '국어'에 대한 주시경의 이러한 인식과 국어를 학문 연구의 대상으로 규정한 주시경의 말은 역사의 획을 긋는 중요한 의미를 가진다. 조선인 스스로 국어에 대해 이런 견해를 표명한 것은 이것이 처음이기 때문이다. 이능화(李能和)가 쓴 「國文一定意見」(1906)에 '三, 輯述國語規範一冊, 添入國語一科'라는 내용에서도 우리말을 뜻한 '國語'가 사용되었다.

그러나 1910년에 일제의 식민 통치가 시작되면서 '國語'는 일본어를 가리키고 우리말 명칭은 '朝鮮語'로 바뀌었다. 일제강점기 시대에 간행된 『初等國語』 교과서 등의 '國語'는 일본어를 뜻하고, 우리말을 지시한 명칭은 『朝鮮語讀本』과 같은 책 이름에 나타나 있듯이 '朝鮮語'가 되었다. '국어'가 오

---

38) '國語'가 우리말을 지시한 고종순종실록의 기사를 고려한 진술이다. 이 기사는 1866년의 일을 기록한 것이다.

39) 西友學會(서우학회)의 월간지 『西友』 2호(1907년 1월 1일)에 수록된 글이다. 『주시경전집』(上)에 재수록되었다.

늘날처럼 우리말을 가리키는 명칭어로 널리 대중화된 것은 광복 이후 학교 교육에서 우리말을 가르치는 과목이 설정되고 이에 따라 간행된 '초등국어', '중등국어'라는 제목을 단 교과서가 널리 보급된 이후부터이다.[40]

대중적으로 널리 쓰이지는 못했지만 우리말을 가리킨 용어로 '배달말'과 '한말'이 있었다. 1908년에 창립된 '국어연구학회'가 1911년 9월에 '배달말글몯음'(조선언문회)로 바뀌었다.[41] 그러므로 '배달말글'의 最古(최고) 사용 연대는 1911년 9월이다. '배달말글'이 실용된 것은 현전하는 최현배의 1913년 3월 2일자의 졸업증서 및 『한글모 죽보기』의 중등과 제2회 졸업증서에서 볼 수 있다(고영근 1983a/1983b). 따라서 '배달말글'은 1911년 9월에 학회 명칭의 일부로 쓰이기 시작하여 1913년 3월 2일의 졸업증서에서 실용되었다고 말할 수 있다.

'한말'이라는 명칭도 이와 비슷한 시기에 나타났다. 1911년 4월 1일에 주시경의 이름으로 오봉빈에게 주어진 한글 강습 수료 증서에 '한말'이 쓰여 있다. 이 증서 첫머리에 '한말익힘곳침'이라는 네모 도장이 찍혀 있다.[42] 이

---

40) '국어'라는 제목을 달고 해방 직후에 나온 교과서로 필자가 實査(실사)한 것은 다음과 같다.
 ㉠『초등 국어 독본』
  저작자 : 조선어학회, 발행자 : 군정청 학무국, 발행일 : 1946년 5월 5일
  인쇄 : 조선서적인쇄주식회사
 ㉡『초등 국어』 6-1
  저작 겸 발행 : 군정청 문교부, 발행일 : 1947년 1월 25일
  발행소 : 조선서적인쇄주식회사
 ㉢『중등 국어』
  지은이 겸 편 이 : 문교부, 발행일 : 단기 4282년(1949) 8월 29일
  박은이 : 조선교학도서주식회사
 ㉠의 발행자는 朝鮮書籍印刷株式會社의 崔長秀이다. ㉡의 6-1은 6학년 1학기를 뜻한다. ㉡『초등 국어』는 각 학년별로 두 권씩(한 학기에 한 권) 공부하도록 되어 있다. 이 교과서들을 열람할 수 있도록 빌려주신 文興韓國學資料館(대구시 수성구 파동) 金正元 관장님께 심심한 감사를 드린다. 金正元 관장은 한국학 관련 진본들을 다수 소장한 분이다.
41) '배달말글몯음'(조선언문회)은 1913년 3월에 다시 학회 이름을 '한글모'로 바꾸었다.
42) 『한글모 죽보기』에 의하면 이 증서를 받은 수료자 오봉빈은 1910년 10월부터 1911년

'한말'은 주시경이 1910년에 기고한 바 있었던 '한나라말'의 '나라'를 떼고 만든 이름으로 짐작된다(고영근 1983b : 289-290). 우리말을 뜻한 '배달말'과 '한말'이란 새 용어를 만든 까닭은 일제강점기 하에서 '國語'라는 용어를 쓸 수 없었기 때문이다. 여기에는 한자어가 아니라 고유어 낱말로 우리말을 지시하는 용어의 필요성도 있었을 것이다. 그러나 '배달말'과 '한말'은 널리 쓰인 대중적 용어로 발전하지 못하였다. 특히 우리 문자를 지시한 '한글'과 짝을 이루어 우리말을 가리킨 '한말'이 일반화되지 못한 것은 아쉽고 유감스러운 일이다.[43]

3. 결론

지금까지 필자는 고대의 각종 사료와 『훈민정음』 등의 문헌 기록에 나타난 우리말 명칭어의 용례를 통해 그것들의 의미와 그 속에 담긴 민족어 의식을 논하였다. 사료 텍스트를 조사하여 우리말을 지시한 용어를 찾아내어 각 용어의 의미를 논하였다. 인용된 사료의 문맥을 자세히 분석하고, 당시의 '國'에 대한 인식을 고려하여 각 용어에 내포된 역사적 함의를 찾고자 했다. 아울러 20세기 초기의 우리말 연구자들이 만든 우리말 명칭어와 그것의 시대적 의미를 고찰하였다. 이 글에서 밝혀진 주요 내용을 간추리면 다음과 같다.

첫째, 고대의 國名을 이용한 '辰言', '加羅語', '扶餘俗語', '麗語'와 같은 우

6월 27일 사이에 국어연구학회 강습소 제2회 졸업생으로 되어 있다.

43) 이렇게 된 이유는 '한글'은 각급학교 국어 교과서에 등재되며 널리 퍼졌음에 비해 '한말'은 그렇지 못하였던 데 있다. 그리하여 오늘날 일반인들이 '한글'로 우리말과 문자를 동시에 가리키는 뜻으로 흔히 쓴다. '한글'에 포함된 '글'의 어원적 의미로 볼 때 '한글'이 음성언어로서의 우리말을 가리키는 용어가 되기 어렵다. 지금이라도 초등학교 교과서 등에 '한말'을 등재시켜 일반인들이 우리말과 우리 문자를 혼동하는 일이 없도록 가르쳐야 한다.

리말 관련 명칭어가 『삼국사기』 등의 사료에 나타난다. 이 명칭어들은 민족 의식이 형성되기 이전에 사용된 것이다.

둘째, 중국 漢語에 대응하여 우리말을 뜻한 '方言', '方音', '鄕言', '俚言', '俚語' 등이 있다. 이 명칭어들은 삼국시대, 고려, 조선시대 등 여러 시대에 걸쳐 사용되었다. 이 명칭어들은 중국 漢語에 대응하여, 우리 민족의 말을 지칭한 것으로 중국과 차별화된 민족어 의식이 반영된 용어이다.

셋째, 단일 명칭어는 아니지만 '鄕稱', '鄕云', '俗云', '俚云' 등의 동사구로 우리말에 쓰이는 어휘를 지칭한 기록이 『삼국사기』, 『삼국유사』, 『고려사』 등에 다수 존재한다. 이런 표현들은 삼국의 역사를 기록한 사료에 주로 쓰였다.

넷째, 『훈민정음』 해례본에서 우리말과 그 낱말을 뜻하는 용어로 '諺'과 '諺語'가 쓰였다.

다섯째, 『고려사』에 나오는 '高麗話', 16세기 이후의 언해 문헌에 나오는 '高麗ㅅ말' 및 '朝鮮ㅅ말'은 나라 이름을 언어 명칭어에 붙인 것이다. 국명을 언어 명칭어에 붙인 '辰言', '加羅語', '扶餘俗語', '麗語'와 같은 예들은 고대 사료에 쓰인 것이다. 이런 명칭어들은 국가 단위를 배경으로 한 정치적 의미를 내포한다. 그런데 민족어 의식의 반영 여부는 명칭어 자체만으로 판단하기 어렵다. 당시의 정치적 상황과 민족 의식의 역사적 형성 과정을 함께 고려해야 한다. 고려시대는 거란, 몽고 등의 침범이 빈번하였고, 元 제국의 지배에 복속되면서 고려 말기에는 민족 의식이 높아졌다. 대몽항쟁을 통하여 민족 의식이 형성되었으며, 이규보의 「동명왕편」도 이러한 시대를 배경으로 한 것이다. 이런 점을 고려할 때, '高麗話'라는 용어에는 민족어 의식이 함의되었을 가능성이 높다.

여섯째, 민족과 국가에 대한 관념을 강하게 반영한 용어로 '國語', '한말', '배달말'이 있다. 우리 민족이 우리말을 가리키는 데 '國語'를 쓴 최초 예는 14세기 초기에 생존한 전영보라는 인물의 관련 기사(『고려사』 열전)에 나타난다. 이어서『훈민정음』해례본에 같은 의미의 '國語'가 2회 쓰였다. 해례본에 쓰인 이 '國語'는 세종 대의 민족 주체성에 대한 인식을 반영한 것이다. 해례본의 '國語'라는 용어는 중국 대륙을 통치한 이민족이 자국의 언어를 자칭하여 '國語'라고 부른 것과 그 의미가 유사하다. 세종 이후 우리말을 '國語'라고 한 사례는 고종실록에 유일 예가 있다. 주시경이 국어를 학술적으로 연구하여 출판한 책 이름에 '國語'가 여러 번 쓰였고, '국어'를 학문 연구의 대상으로 선언하였다. 해방 이후 학교 교육에서 모어의 읽기, 쓰기, 듣기, 말하기 등을 가르치는 과목을 '초등국어', '중등국어'로 명명함으로써 '국어'라는 명칭어가 일반화되었다. '한말'과 '배달말'은 20세기 초에 학계 등 일부에 국한되어 쓰였고, 우리말 명칭어로 자리잡지 못하였다. 그 결과 문자 명칭인 '한글'이 우리말을 뜻하는 용법으로 쓰이고 있다.

〈부록〉 우리말 명칭어 용례 자료

(1) 辰言, 辰人謂

辰人謂瓠爲朴 以初大卵如瓠故 以朴爲姓 居西干 辰言王 或云呼貴人之稱[44]. ○진한 사람들은 박[瓠]을 박(朴)이라 일컬었는데, 처음에 큰 알이 마치 박과 같았던 까닭에 박(朴)을 성으로 삼았다. 거서간은 진한의 말로 왕을 뜻한다. 혹은 존귀한 사람을 부르는 호칭이다. (三國史記 卷 第一 新羅本紀 第一 始祖 赫居世居西干/始祖 卽位年)

(2) 加羅語

旃檀梁城門名 加羅語謂門爲梁云. ○旃檀梁은 城門 이름이다. 加羅語에 門을 梁[돌]이라 하였다. (三國史記 卷 第四十四 列傳 第四 斯多含)

(3) 扶餘俗語

自作弓矢射之 百發百中 扶餘俗語 善射爲朱蒙 故以名云. ○제 손으로 弓矢를 만들

---

44) 이와 거의 같은 내용이『삼국유사』권1의 第二南解王 항에도 나온다.

어 쏘는데, 百發百中이었다. 扶餘 俗語에 활 잘 쏘는 이(善射者)를 '朱蒙'이라 하므로, 그와 같이 이름을 지었다. (三國史記 卷 第十三 高句麗本紀 第一 始祖 東明聖王)

(4) 麗語

二年 夏六月 松讓以國來降 以其地爲多勿都 封松讓爲主 麗語謂復舊舊土爲多勿 故以名焉. ○여름 6월에 송양이 나라를 들어 항복해 오므로 그 땅을 다물도(多勿都)로 삼고 송양을 봉하여 우두머리로 삼았다. 고구려말에 옛 땅을 회복하는 것을 다물이라 하였으므로 그렇게 이름한 것이다. (三國史記 卷 第十三 高句麗本紀 第一 始祖 東明聖王 2)

(5) 『삼국사기』에 나타난 '方言'의 용례

㉠ 南解次次雄 立 次次雄 或云慈充 金大問云 方言謂巫也. ○南解次次雄이 왕위에 올랐다. 次次雄은 慈充이라고도 하였다. 金大問이 말하기를, 次次雄은 方言에서 무당을 일컫는 말이다. (三國史記 卷 第一 新羅本紀 第一 南解次次雄)

㉡ 金大問則云 尼師今方言也. 謂齒理. ○김대문이 말하기를 尼師今은 方言인데 잇금을 뜻한다. (三國史記 卷 第一 新羅本紀 第一 儒理尼師今)

㉢ 訥祗麻立干立 金大問云 麻立者 方言謂也. 操 准位而置. ○눌지 마립간이 즉위하다. 김대문이 말하기를 麻立은 方言인데 말뚝을 이르며 지위에 따라 세웠다. (三國史記 卷 第三 新羅本紀 第三 訥祗麻立干)

㉣ 今記新羅事 其存方言 亦宜矣. ○지금 신라의 사실을 기록함에 그 方言을 그대로 쓰는 것이 또한 마땅하다. (三國史記 卷 第四 新羅本紀 第四 智證麻立干)

㉤ 聰性明銳 生知道術 以方言讀九經 訓導後生. ○설총은 성품이 총명하고 예리하여 배우지 않고도 道를 알았고, 方言으로 九經을 읽어 후생을 가르쳤다. (三國史記 卷 第四十六 列傳 第六 薛聰)

㉥ 九州所管郡縣 無慮四百五十 方言所謂鄕部曲等雜所 不復具錄. ○9주가 관할하는 군현이 무려 450개였으니, 방언으로 일컫는 향(鄕), 부곡(部曲) 등의 잡스러운 곳은 이루 다 기록하지 않는다. (三國史記 卷 第三十四 雜志 第三 地理一 新羅)

(6) 『삼국유사』에 나타난 '方言'의 용례

㉠ 又崔致遠云：辰韓本燕人避之者, 故取涿水之名, 稱所居之邑里, 云沙涿·漸涿等.

【羅人方言, 讀涿音爲道. 故今或作沙梁, 梁亦讀道】. ○또 최치원이 말하기를 辰韓은 본래 燕人이 피난해 온 것이므로, 涿水의 이름을 취하여 그들의 사는 읍리를 沙涿, 漸涿 등이라 한다. 【신라 사람의 方言에 涿의 음을 道라고 하였으므로, 지금도 혹 沙梁이라 쓰고 梁을 또한 道라고 읽는다】 (三國遺事 紀異 卷 第一 辰韓)

ⓛ 時聞圓光法師入隋回, 寓止嘉瑟岬(或作加西, 又嘉栖, 皆方言也. 岬, 俗云古尸, 故或云古尸寺, 猶言岬寺也. ○때에 圓光法師가 隋에서 돌아와 嘉瑟岬【혹은 加西 또는 嘉栖라 하니, 모두 方言(방언)이다. 岬은 俗言에서 古尸(곶/곳) 혹은 古尸寺라 하니 마치 岬寺라 하는 것과 같다】에 머물러 있었다. (三國遺事 卷 第四 義解 第五 圓光西學)

ⓒ 元曉亦是方言也, 當時人皆以鄕言稱之始旦也. ○元曉는 또한 方言이니 당시 사람들은 모두 鄕言으로 始旦이라 칭하였다. (三國遺事 卷 第四 義解 第五 元曉不羈)

ⓔ 山之東南三千步許, 有仙川村, 村有二人, 其一曰努肸夫得(一作等), 父名月藏, 母味勝; 其一曰怛怛朴朴, 父名修梵, 母名梵摩.(≪鄕傳≫云雉山村, 誤矣. 二士之名方言, 二家各以二士 心行騰騰苦節二義, 名之爾). ○산의 동남 삼천보 쯤에 仙川村이 있는데 그 마을에 두 사람이 있었다. 한 사람은 努肸夫得(노힐부득) 【得은 等이라고도 쓴다】이라고 하였는데 그 아비의 이름은 月藏이요 그 어미는 味勝이다. 또 한 사람은 怛怛朴朴(달달박박)이라 하는데, 그 아비의 이름은 修梵이요 그 어미는 梵摩이다. 【鄕傳(향전)에 이 마을을 雉山村이라 함은 잘못이다. 두 사람의 이름은 方言이니 두 집안의 두 사람이 각각 心行이 높고 苦節하다는 뜻에서 이름하였다】 (三國遺事 卷 第三 탑상 第四 南白月二聖 努肸夫得 怛怛朴朴)

(7) 『고려사』와 『훈민정음』 해례본의 '方言'과 '俚語'

ⓛ 고려 태조는 나라를 세운 첫시기에 신라, 태봉의 제도를 참작하여 관청을 설치하고 직무를 분담하여 모든 사무를 처리하였다. 그러나 그 관직의 명칭에는 간혹 方言을 섞어 쓴 것도 있었다. (고려사 제76권 志 제30 百官 1)

ⓒ 낭(廊)이란 것은 관청의 명칭인데 方言으로는 조설(曹設)이라고 한다. (고려사』 제77권 - 志 제31 百官 2 外職 서경유수관)

(8) 方言俚語萬不同   방언과 시골말이 만에 하나 같지 않으매,

有聲無字書難通　　소리는 있고, 글자가 없어 통하기 어렵더니
一朝制作侔神工　　하루 아침에 만드시어 神工과 같고,
大東千古開朦朧　　우리나라 천고의 어둠을 밝게 열도다.
(훈민정음 합자해 訣)

(9) 吾東方禮樂文章 侔擬華夏, 但方言俚語 不與之同 學書者患其旨趣之難曉 治獄者 病
其曲折之難通 ○우리나라는 예와 음악과 문화가 중국과 흡사한 수준이나 오직
우리말이 중국말과 같지 않아서 글(한문)을 배우는 이는 그 뜻을 깨침이 어려
움을 근심하고, 옥사를 다스리는 이는 그 곡절을 통찰하기 어려움을 걱정하였
다. (훈민정음 해례본 정인지 序)

(10) 是月 上親制諺文二十八字 (…중략…) 凡于文字及本國俚語, 皆可得而書. 字雖簡易,
轉換無窮, 是謂訓民正音 ○이 달에 임금이 친히 언문 28자를 지었다. (…중
략…) 무릇 문자(文字=중국 어문)에 관한 것과 우리나라의 이어(俚語)에 관한
것을 모두 쓸 수 있게 되었다. 글자가 비록 簡易하나 전환하여 씀에 막힘이
없어 이를 일러 훈민정음이라 하였다. (세종 25/12/30)

(11) 조선왕조실록에 쓰인 '方言'의 예
　　㉠ 勿巨尹 李徹이 죽었다. …… 李徹은 술에 취하면 눈동자가 맑지 아니하였는
　　　데, 方言에 눈이 맑지 아니한 것을 '물거(勿巨)'라고 하기 때문에, 임금이 희
　　　롱하여 이것으로 이름을 붙여서 '勿巨尹'이라 부르게 된 것이었다. (세조
　　　13/02/11)
　　㉡ 이 曲은 文詞를 쓰지 않고 方言을 많이 써서 지금 쉽게 이해할 수 없으나 土
　　　風을 보존해야 할 것이요 (중종 13/04/01)
　　㉢ 魚得江은 아뢰기를, "우리 나라는 모든 일에 方言을 사용합니다. 그래서 各
　　　司에서 쓰는 橫看45)에도 방언이 많습니다". (중종 24/05/25)
　　㉣ 상이 일렀다. "경회루에서 잔치하는 날 天使들은 비록 알아듣지 못했을지라
　　　도 요동에서 온 두목들은 우리 나라 方言을 알므로, 격분하게 여기는 말들
　　　을 그들이 반드시 알아듣고 天使에게 말하였을 것이다." (중종 32/03/17)
　　㉤『삼강행실도』와『이륜행실도』는 바로 인륜을 밝히는 책이니, 方言으로 번
　　　역하고 그 형상을 그려서 여염의 부인이나 아동들로 하여금 한번 보아 모

---

45) 조선시대의 재정 세출표(歲出表).

두 흠복 감탄하여 良心이 저절로 생기게 하면 風化에 도움이 어찌 적겠습니까. (선조 39/05/21)

(12) '方言'이 특정 국가나 지역에서 쓰는 말을 뜻한 용례

㉠ 이로 말미암아 女眞의 人民이 그 사이에 섞여 살아서, 각각 方言으로 그들이 사는 곳을 이름지어 길주(吉州)를 '해양'(海陽)이라 칭하고, 단주(端州)를 '독로올'(禿魯兀)이라 칭하고, 영주(英州)를 '삼산'(參散)이라 칭하고, 웅주(雄州)를 '홍긍'(洪肯)이라 칭하고, 함주(咸州)를 '합란'(哈蘭)이라 칭하였습니다. (태종 4/05/19)

㉡ 왜국의 동자라고 판명되면 그만이지만, 만일 우리나라 어린 아이로서 그들의 포로가 된 뒤에 그곳의 풍속에 익숙해져 方言을 잘 이해하는 것인데도, 邊將이 우리나라 아이가 아니라고 여겨 돌려보내고 받아들이지 않는다면 이는 비웃음만 받을 것입니다. (명종 11/05/08)

㉢ 사역원이 아뢰기를, 倭學『첩해신어』(捷解新語)는 다만 그 方言을 언문으로 주석하였기 때문에 이것을 배우는 사람들이 뜻을 알기가 어렵습니다. (정조 20/02/04)

(13) 삼국유사에 나타나는 '鄕云', '俗云' 등의 예

㉠ 第二十二智哲老王, 姓金氏, 名智大路, 又智度路, 諡曰智證, 諡號始于此. 又鄕稱 王爲麻立干者, 自此王始. ○第二十二代 智哲老王의 姓은 金씨요, 이름은 智大路 또는 智度路라고 하며 시호를 智證이라 하였으니 시호는 이 때부터 시작되었다. 또 '신라에서 칭하기를'(鄕稱) 王을 麻立干이라 하였다. (三國遺事 卷 第一 紀異 第一 智哲老王)

㉡ 橵音般, 鄕云雨木; 橌音牒, 鄕云加乙木. ○橵은 음이 般이니 鄕에서 이르기를 雨木이라 하고, 橌은 음이 牒이니 '신라에서 이르기를' 加乙木이라 한다. (三國遺事 卷 第五 避隱 第八 包山二聖)

㉢ 今東岳中有一井, 俗云遙乃井是也. ○지금의 동악 중에 샘이 하나 있으니 '세간에서 이르기를' 요내정이라 한다. (三國遺事 卷 第一 紀異 第四 脫解王)

㉣ 村名佛地, 或作發智村 (俚云弗等乙村). ○마을 이름인(村名) 佛地는 혹은 發智村【'시골마을에서 이르기'를 弗等乙村이라 하였다】이라고도 하였다. (三國遺事 卷 第四 義解 第五 元曉不羈)

(14) '諺'의 용례

㉠ 且半舌之ㄹ當用於諺而不可用於文 如入聲之彆字終聲當用ㄷ 而俗習讀爲ㄹ 盖ㄷ 變而爲輕也. ○또 半舌音 ㄹ은 마땅히 諺(우리말)에는 쓰이지만 文(漢語)에는 쓸 수 없다. 가령 입성의 彆(별)字 같은 것은 종성을 마땅히 ㄷ(볃)으로 써야 하지만 속습으로 ㄹ(별)로 읽고 있다. 이는 대개 ㄷ이 변하여 가벼운 소리로 되었기 때문이다. (종성해)

㉡ 六聲通乎文與諺 戌閭用於諺衣糸 閭宜於諺不宜文.46) ○ㄱㆁ ㄷㄴㅁㅂ 6자는 우리말(諺)과 漢語(文)에 모두 쓰이나, ㅅ(戌)과 ㄹ(閭)은 우리말의 '옷'과 '실'에만 쓰이네. (종성) ㄹ은 우리말(諺)에는 알맞으나 漢語(文)에는 맞지 않네. (종성해 訣)

㉢ 文與諺雜用 則有因字音而補以中終聲者 如孔子ㅣ魯ㅅ사롬之類. ○漢語와 우리말을 섞어 쓰면 곧 글자의 음에 따라서 중성 혹은 종성으로써 보완해야 할 것이 있는 바, 가령 '孔子ㅣ 魯ㅅ사롬'류 같은 것이다. (합자해)

㉣ 而文之入聲 與去聲相似 諺之入聲無定. ○한어의 입성은 거성과 서로 비슷하나, 우리말의 입성은 일정함이 없다. (합자해)

㉤ 初聲之ㆆ與ㅇ相似 於諺可以通用也. ○초성의 과 ㅇ은 서로 비슷하기 때문에 우리말에서는 가히 통용될 수 있다. (합자해)

把欲於諺用相同 ○(挹)과 ○(欲)은 우리말에서 서로 함께 쓰이니 (합자해 訣)

㉥ 諺之四聲何以辨. 平聲則弓上則石, 刀爲去而筆爲入, 觀此四物他可識. ○우리말의 사성은 어떻게 구별하나. 평성은 곧 '활'(弓)이요, 상성은 즉 ':돌'이라. '· 갈'은 거성이고 '붇'은 입성이니, 이 넷을 보면 다른 것도 가히 알 수 있으리라. (합자해 訣)

(15) '語'의 용례

語入無定亦加點, 文之入則似去聲. ○우리말의 입성은 일정치 않으나 점을 더하고, 한자음의 입성은 곧 거성과 비슷하다. (합자해 訣)

(16) '諺語'의 용례

㉠ ㅅ如諺語옷爲衣, ㄹ如諺語실糸之類. ○ㅅ은 우리말 '옷'(衣)의 ㅅ과 같고, ㄹ은 우리말 '실'(糸)의 ㄹ의 쓰임과 같다. (종성해)

---

46) 6성이란 "然ㄱㆁㄷㄴㅂㅅㄹ八字可促用也"에서 조선음 표기에만 쓰이는 ㄹ과 ㅅ을 제외한 나머지 여섯 글자를 말한다.

ⓛ 初聲二字三字合用並書 如諺語ᄯᅡ爲地 ᄦᅡ爲隻 ᄲᅳᆷ爲隙之類. ○초성의 二字, 三字 합용병서는 우리말의 'ᄯᅡ'(地), 'ᄦᅡ'(隻), 'ᄲᅳᆷ'(隙) 등에 쓰인 류와 같다. (합자해)

ⓒ 各自並書 如諺語 혀爲舌而ᅘᅧ爲引 괴·여爲我愛人 而괴·ᅇᅧ爲人愛我 소·다爲覆物 而쏘·다爲射之類. ○각자병서는 우리말의 '혀'(舌) : 'ᅘᅧ'(引), '괴여'(내가 남을 사랑하다) : '괴ᅇᅧ'(남이 나를 사랑하다), '소다'(물건을 엎지르다) : '쏘다'(화살을 쏘다) 등에 쓰인 류와 같다. (합자해)

ⓔ 中聲二字三字合用 如諺語과爲琴柱 홰爲炬之類. ○중성의 二字, 三字 합용은 우리말의 '과'(琴柱 거문고발), '홰'(炬) 등에 쓰인 류와 같다. (합자해)

ⓜ 終聲 二字三字合用 如諺語ᄒᅙᆰ爲土 낛爲釣 ᄃᆞᆰᄣᅢ爲酉時之類. ○종성의 二字, 三字 合用은 우리말의 'ᄒᅙᆰ'(土), '낛'(釣), 'ᄃᆞᆰᄣᅢ'(酉時) 등에 쓰인 류와 같다. (합자해)

ⓗ 諺語平上去入 如활爲弓而其聲平 : 돌爲石而其聲上 ·갈爲刀而其聲去 붇爲筆而其聲入之類. ○우리말의 평상거입성은 '활'이 弓이 되어 그 소리는 平이며, ' : 돌'이 石이 되어 그 소리는 上이며, '·갈'은 刀가 되어 그 소리는 去이며, '붇'은 筆이 되어 그 소리가 입성이 되는 류이다. (합자해)

1. 들어가기

우리 민족이 한국어를 표기하려고 사용한 문자는 크게 두 가지로 나뉜다. 하나는 漢字의 음과 훈을 빌려 한국어를 적는 차자표기이고, 다른 하나는 훈민정음이다. 차자표기에는 인명·지명·관직명 등의 명사를 적은 어휘표기, 향가를 적은 향찰, 각종 기록과 문서 작성에 이용된 이두, 한문을 읽을 때 한문 문장에 한국어로 삽입되는 문법형태와 일부 어휘형태를 표기한 구결 등이 있다. 그러나 차자표기는 한국어의 일부를 적은 것에 지나지 않고, 한자로부터 기원한 것이어서 본격적인 한국 문자라 하기 어렵다. 한국어를 제대로 표기한 한국 문자는 훈민정음이다.

오늘날 한국 사회에서 가장 널리 쓰이는 한국 문자 명칭어는 '한글'이다. 그러나 '한글' 이외에도 여러 가지 명칭어가 쓰여 왔다. 필자는 한국어 명칭어의 역사적 변천과 민족어 의식의 발달을 살펴본 바 있다(백두현 2004). 이 글은 그 후속 작업으로 주요 사서(史書)와 『훈민정음』 해례 및 각종 전적

---

* 이 글은 『문학과 언어』 26호(2004, 문학과 언어학회) 1–16쪽에 실었던 것을 보완하여 고쳐 쓰고 문장 표현을 다듬은 것이다.

과 그것의 서문 등[1])에 나타난 한국의 문자 명칭어를 종합하여 기술하고,
그것의 역사적 변화를 밝혀 이 변화가 갖는 의미를 논하기 위한 것이다.

2. 한국 문자 명칭어의 변천과 그 의미

본 장에서는 각종 사료와 문헌 자료에서 한국 문자 명칭어를 찾아내어
그 변천 과정을 기술하면서, 그것의 언어적 · 역사적 의미를 논한다. 조선
왕조실록 및 『훈민정음』 해례본에 처음 등장한 '訓民正音'과 '正音', 조선왕
조실록 기사의 '諺文', 갑오개혁 때 처음 쓰인 '國文', 1910년대에 새로 만든
'한글'이라는 명칭어에 초점을 두고 논한다.

2.1. 訓民正音과 正音

'訓民正音'이 처음 등장한 것은 세종 25년(1443) 12월 30일의 훈민정음 창
제 기사이다. 이어서 세종 28년(1446) 9월 29일의 훈민정음 완성 기사에 '訓
民正音'이 처음 쓰였다.

> 창제 기사 : 是月 上親制諺文二十八字 (…중략…) 是謂 <u>訓民正音</u> (세종 25
> 년 12월 30일 기사)
> 완성 기사 : 是月 <u>訓民正音</u>成 (세종 28년 9월 29일 기사)

창제 기사는 훈민정음이란 문자체계가 처음 만들어져 세상에 나온 때를
기록한 것이고, 완성 기사는 창제 이후 이 문자를 다듬고 보완하여 이에
대한 해설서 『훈민정음』을 완성했음을 기록한 것이다. 1443년 12월의 창제

---

1) 필자가 이용한 주요 1차 자료는 다음과 같다. 삼국사기, 삼국유사, 고려사, 고려시대 이
두 자료, 조선왕조실록, 훈민정음 해례본, 증보문헌비고, 경세유표, 담헌서, 지봉유설 등.

기사야말로 '훈민정음'이란 새 문자의 탄생을 알린 세계사적 기록이다. 훈민정음 완성 기사에 쓰인 '訓民正音'은 문자의 명칭이면서 『훈민정음』 해례본이란 서명(書名)이기도 하다. 『훈민정음』 해례본에 쓰인 '訓民正音'과 '正音'의 용례를 모두 뽑아 보니 다음과 같다.

(1) 訓民正音과 正音

㉠ 癸亥冬, 我殿下創制**正音**二十八字, 略揭例義以示之, 名曰**訓民正音.** (『훈민정음』 해례, 정인지 서문)

　○ 계해년 겨울에 우리 전하께옵서 正音 스물여덟 글자를 창제하시고, 간략히 예와 뜻을 들어 보이셨다. (이를) 이름하여 訓民正音이라 하셨다.

㉡ **正音**之作, 無所祖述, 而成於自然. (정인지 해례 서문)

　○ 정음을 지으심에 先人의 서술에 의지함이 없이, 스스로 그러함(自然)의 이치로 이룬 것이다.

㉢ 今**正音**之作, 初非智營而力索, 但因其**聲音**而極其理而已. (제자해)

　○ 이제 正音을 지음이 애초부터 슬기로써 도모하고 힘써 찾아낸 것이 아니라, 다만 그 聲音에 기인된 이치를 지극히 한 것일 따름이다.

㉣ **正音**二十八字, 各象其形而制之. 初聲凡十七字 (…云云…). (제자해)

　○ 정음 28자는 각각 그 형상을 본떠 만들었다. 초성은 17자이니…

㉤ 吁 **正音**作而天地萬物之理成備, 其神矣哉. 是殆天啓聖心 而假手焉者乎. (제자해)

　○ 아! 정음의 지음에 천지만물의 이치를 이룩하여 갖추니 신묘하도다. 이는 거의 하늘이 성상의 마음을 열어서 그 손을 빌린 것이로다.

㉥ **正音**制字尙其象 因聲之厲每加畫 (제자해). ○ **正音**之字只廿八(제자해 결)

　○ 정음의 제자는 그 모양을 본뜨고, 소리의 거세짐에 따라 획을 더했도다. ○ 정음 字는 단지 스물여덟 개뿐이로다.

㉦ **正音**初聲, 卽韻書之字母也. **聲音**由此而生, 故曰母. (초성해)

　○ 정음의 초성은 곧 운서의 자모이다. 聲音이 이로부터 생기므로 母라고 부른다.

『훈민정음』 해례에서 새로 창제한 우리 문자를 총괄적으로 가리킨 표현은 '訓民正音'과 '正音'이다. 이를 더 자세히 '正音二十八字'(제자해)라고 표현했다. (1)㉠에 그 명칭어가 나타나 있다. ㉡이하의 '正音'은 '訓民正音'에서 관형부 '訓民'을 생략한 약칭이다. '訓民正音'은 온전하게 갖춘 이름 즉 온이름이고, '正音'은 편리하게 쓰기 위해 온이름을 줄인 준이름이다.

해례본에서 '正音'은 제자해에 4회, 초성해에 1회, 정인지 서문에 2회가 쓰였다. '正音'은 '音'(소리)이라 표기되어 있음에도 문자를 지칭한다. ㉣의 '正音二十八字'와 ㉥의 '正音制字'와 같이 '正音'의 단위가 '字'로 표현되었다.

훈민정음의 약칭으로서의 '正音'은 『童子習』 序(成三問), 『釋譜詳節』 序, 『月印釋譜』 序에서도 쓰였다. 『석보상절』 序의 협주에 "正音은 正흔 소리니 우리나랏마롤 正히 반드기 올히 쓰논 그릴씨 일후믈 正音이라 흐니라"라고 '正音'의 뜻풀이를 해 놓았다. 이 협주는 '正音'을 문자로 인식했음을 보여준다. ㉢에서 '正音'이 '聲音'의 상대어로 쓰였다. '聲音'은 소리를 뜻하고, '正音'은 문자를 뜻한다. '聲音'은 음성 언어 즉 '말소리'이고 '正音'은 그것을 시각화한 글자를 가리킨다.2)

㉦에서 '正音의 초성은 운서의 자모'이며 '이로부터 성음(말소리)이 생겨난다'라고 하였다. 이 문맥에서 '正音'은 성운학의 '字母'에 상응되어 있다. 이때의 '자모'는 현대 언어학의 음소 단위나 다름없다. 해례본에 쓰인 '正音'은 '初聲', '中聲', '終聲'이라는 구성 요소를 내포한다. '正音'의 '音' 안에 여러 종류의 '聲'이 내포된 셈이다. '正音二十八字'에 속한 문자들은 初聲, 中聲, 終聲이라는 청각적 음성 단위를 표상하면서 동시에 시각적 문자 단위이다. 해례본에 기술된 내용으로 볼 때, 시각적 단위로서의 문자(字)와 청각적 단위로서의 소리(音과 聲)가 용어상으로 엄격하게 구별된 것은 아니다.

---

2) '正音'은 원래 韻學에서 나온 술어이다. 운학의 '正音'은 四聲(평상거입)의 올바른 규범을 의미하는 '正聲'의 對語로서 七音(아설순치후 반설반치)의 올바른 규범을 뜻한다. 일찍이 홍기문(1946, 正音發達史 下 : 44-45)에서 '正音'의 본래적 의미가 구명된 바가 있다.

2.2. 諺文

『훈민정음』해례본에서 나타나지 않으나, 훈민정음 창제 당시부터 신제 (新制) 문자를 가리키는 명칭어로 가장 널리 사용된 용어는 '諺文'이다. '諺文'이 비롯된 소종래(所從來)를 먼저 기술하고, '諺文'의 뒤를 이어 등장한 '國文'이란 용어의 출현과 그 의미에 대해 논한다.

'諺文'이라는 용어가 가장 먼저 나타난 기록은 훈민정음 창제 기사(記事)의 '是月 上親制諺文二十八字'이다. 세종 25년(1443) 12월 30일의 창제 기사에 '諺文'이 처음 등장하였다. 이어서 세종 26년(1446) 2월 16일에 최항, 박팽년 등에게 '諺文'으로『운회』를 번역하게 했다는 기사에 '諺文'이 쓰였다. 같은 해 2월 20일에 최만리 등이 언문의 부당함을 아뢴 상소문(한문 원문)에서 '諺文'은 무려 22회나 쓰였다. 이 상소문을 본 세종이 최만리 등을 불러 따져 묻는 기사(1444.2.20)에도 '諺文'이 6회가 쓰였다. 최만리 등의 상소문과 이 상소문을 본 세종이 최만리 등을 불러 대화한 기사에 '諺文'이 도합 28회나 등장하였다. 최만리 등이 지은 상소문에 '正音' 혹은 '訓民正音'은 아예 쓰이지 않았다. 상소문 제출 이후에 세종이 최만리 등을 불러 따진 기사를 쓴 사관(史官) 역시 철저하게 '諺文'이란 명칭어만 썼다.

'訓民正音'(혹은 '正音')과 '諺文'이 쓰인 당시의 실록 기사 및『훈민정음』해례본의 내용을 근거로 우리는 '訓民正音'과 '諺文'의 관계를 다음과 같이 파악할 수 있다. '훈민정음' 또는 '정음'은 공식적인 명칭어이고, '언문'은 이 문자를 예사롭게 부르는 일상적 명칭어이다. 전자는 공식(公式) 명칭어, 후자는 일상(日常) 명칭어(=속칭 俗稱)로 구별하여 쓴 것이다. 최만리와 세종실록을 쓴 사관 등은 정치적 위상이 부여된 '訓民正音'보다 일상 구어를 표기한다는 뜻이 뚜렷한 '諺文'을 더 선호한 것으로 보인다.

'언문'을 낮잡아 부르는 이름 즉 비칭(卑稱)의 명칭으로 보는 경향이 있으나, 적어도 세종 당대에는 그렇지 않았던 것으로 판단한다. 이렇게 보는 근거는 두 가지이다. 첫째는 조선왕조실록의 '是月上親制諺文二十八字'(세종 25 년 12월 30일)이라는 기록이다. 실록에서 임금이 친제한 문자를 '諺文'이라고 부른 것이다. '諺文'이 비하적(卑下的) 의미를 가졌다면 이런 문맥에서 결코 쓸 수 없다.[3] 두 번째 근거는 최만리 등의 언문 반대 상소문에 쓰인 '諺文' 의 용례이다. '諺文'이 비하적 의미를 함의했다면 최만리가 임금이 직접 만 든 문자를 지칭하는 데 이 용어를 쓸 수 없었을 것이다. 이런 점에서 '훈민 정음'(혹은 '정음')이 격식을 갖춘 정중한 용어라면 '언문'은 이것을 평범하게 칭한 명칭어로 봄이 적절하다.

이밖에도 실록 기사에는 우리 문자를 지칭하는 '諺文'이라는 용어가 빈 번하게 등장하는데 이들을 일일이 거론할 필요는 없다. 다만 특이한 경우 로, 일본 문자를 가리키는 '諺文'의 용례가 있음은 언급해 둘 만하다.

> (2) 국법(國法)은 귀천(貴賤)·남녀(男女)를 막론하고 6, 7세 때부터는 **언문 (諺文)**을 가르치는데, 이를 이름하여 '가나[假名]'라고 하며 공사(公私) 의 문서는 모두 이 '가나'를 사용합니다. **진문(眞文)**의 관원 자리가 하 나 있는데, 시서(詩書)를 알고 해서(楷書)·초서(草書)를 대략 이해하는 사람이면 곧 이 자리에 차임합니다. (순조 9년 1809년 12월 2일)

이 기사는 도해역관(渡海譯官) 현의순(玄義洵)·최석(崔昔) 등이 일본에 대해 보고 들은 것을 보고하는 별단(別單)을 옮긴 것이다. 이 기사의 '諺文'은 당 시의 조선인이 일본 문자를 가리키는 뜻으로 썼으며, '眞文'(漢字)과 대립된 용어이다. '漢文' 혹은 '漢字'의 대립어로 쓴 '諺文'의 용법과 같다.

한편 실록 기사에는 '諺文'과 같은 뜻으로 '諺字'라는 용어도 자주 쓰였다. 이러한 예들 중에서 이른 시기의 것 세 개 예만 보이기로 한다.

> (3) 임금이 동궁에 있을 때 서연관(書筵官)에게 명하여 『대학연의』에 諺字

---

3) 이에 대한 자세한 고찰은 이상혁(1998, 1999)을 참고할 수 있다.

로 어조사(語助辭)를 붙여 종실 가운데 문리가 통하지 않는 자를 가르
치려고 하였다. (문종 원년 1451년 12월 17일)

(4) 지중추원사(知中樞院事) 최항(崔恒)·우승지(右承旨) 한계희(韓繼禧) 등
문신(文臣) 30여 인에게 명하여, 諺字로 잠서(蠶書)를 번역하게 하였다.
(세조 7년 3월 14일)

(5) 승전색 설맹손(薛孟孫)이 諺字와 漢字를 섞은 편지 한 장을 가지고 와
서 승정원에 보였다. (성종 10년 1479년 9월 4일)

(3)의 기사는 훈민정음을 이용하여 『대학연의』의 본문에 구결을 달았던
사실을 적은 것이다. '諺字'로 한문 풀이를 위한 '語助辭'를 붙여 문리를 통
하게 했다는 것이다. 이 기사는 漢字의 약체(略体)로 쓴 구결자를 대체하기
위해 문종이 세자 때부터 한글 구결을 만들어 한문 교육에 활용한 사실을
알려 준다. 이 기사를 통해 우리는 훈민정음으로 표기한 구결자가 세자와
왕실 자제의 한문 학습에 이용되었음을 알 수 있다. (4)는 잠서언해에 관련
된 기록이다. 한문의 언해 작업에 이용된 훈민정음을 '諺字'라 칭한 예이다.
(5)는 양반 관료가 훈민정음과 한자를 섞어서(이른바 국한문 혼용) 서간문을
작성한 사실을 보여 주는 사례이다. 이 기록은 서간문 문체 연구에서 이용
될 만한 자료이다. 이밖에도 후대의 기록에는 '諺文'을 '諺字'라고 부른 예
가 적지 않다. 이런 사실로 볼 때, 두 용어는 구별 없이 혼용되었다고 말할
수 있다.

한편 '언문'과 별도로 우리 문자를 가리킨 용어로 '反切'이 있었다. 이 용
어는 최세진이 지은 『훈몽자회』의 「凡例」 항에 처음 쓰였다. 이 「범례」의
'諺文字母' 항에 '俗所謂反切二十七字'라 하여 '反切'을 우리 문자 명칭어로
썼다. 그런데 '反切'이 우리 문자를 지칭한 용례는 조선왕조실록에 나타나
지 않는다. '反切'이란 용어는 중국 한자음을 표기하는 방법으로 두 개 한
자로 한 개 한자음의 성모와 운모의 음가를 각각 표상한다. 훈민정음이 창
제된 후 이 문자가 『동국정운』, 『홍무정운역훈』 등에서 중국 한자음을 표

기하는 수단으로 쓰였다. 한자음 표기 수단으로 쓰인 훈민정음의 용도가
중국 한자음 표기 방법을 뜻한 '반절'과 같다고 생각하여, 훈민정음을 '반절'
이라 칭한 것이다. 따라서 '반절'은 우리나라에서 만든 우리 문자 명칭어가
아니다. 한자음 표기법을 가리킨 이 용어가 훈민정음을 가리킨 용어로 전
용(轉用)되었을 뿐이다. 이런 까닭으로 '반절'이란 명칭은 중요한 의미를 갖
지 않는다.4) 이 글에서도 '반절'이란 용어를 깊이 다루지 않는다.

2.3. '國文'의 출현

우리 문자를 가리킨 명칭어로 '訓民正音', '正音', '諺文', '諺字' 등이 통
용되다가 19세기 말엽에 큰 변화가 일어났다. 서구 문명과 지식이 유입되
고, 열강과 수교를 맺으면서 조선은 '대한제국'으로 이름을 바꾸었다. 일본
의 침략 정책이 노골화되고, 중국 청나라와의 사대 관계가 약화되면서 대
한제국의 독립과 민족 자주 의식이 고취되었다. 일본은 조선과 청나라의
관계를 떼어 놓으려고 조선의 '독립'을 부추겼다. 갑오개혁에 수반된 대대
적 제도 개혁의 일환으로 우리의 고유 문자 '諺文'은 국가 문자로 그 지위
가 격상되었다. 諺文이 국가 문자가 되면서 그 명칭도 '國文'으로 바뀌었다.
우리의 문자를 국가적 차원에서 공식적으로 '國文'이라고 칭하게 된 기록은
고종실록에 나타나 있다.

> (5) 軍國機務處啓 議政府以下各衙門官制職掌
> 學務衙門 管理國內敎育學務等政 (…중략…) 編輯局 掌國文綴字各國文繹
> 及敎課書編輯等事 ○학무아문은 국내의 교육과 학무 등을 관리한다.
> 편집국을 두어 국문 철자와 각국의 문장을 번역하고 교과서를 편찬하
> 는 일을 관장케 한다. (고종 31년 1894년 6월 28일)

---

4) 필자가 『일용작법』의 「언본」, 혹은 '기축신간반절' 등 한글 자모 학습용으로 만들어진
   한글 음절표를 '반절표'라고 칭하지 않는 이유도 여기에 있다.

갑오개혁 이후 군국기무처에서 의정부 이하 각 아문(衙門)의 편제와 직무를 근대 정부 조직으로 개편했다. 이때 학무아문(學務衙門) 내에 편집국(編輯局)을 설치하여 '國文 綴字' 등에 관한 업무를 관장토록 하였다. 이 법률이 정해짐에 따라 '諺文'이 공식적인 '나랏글' 즉 '國文'이 된 것이다. 이로써 '언문'의 정치적 위상이 '국문'으로 격상되었다. 그 후 '國文'이란 이름으로 시행된 정책과 이를 뒷받침한 법률은 다음 기사에 나타나 있다.

(6) 凡國內外公私文字 遇有外國國名地名人名之當用歐文者 俱以**國文**繹施行事
　　○ 일체 국내외의 공적 문서와 사적 문서에 외국의 나라 이름, 고장 이름, 사람 이름을 구라파 글로 쓴 것이 있으면 모두 국문으로 번역하여 시행할 것. (고종 31년 7월 8일)

(7) 銓考局條例 (…중략…) 一. 普通試驗 **國文**漢文寫字算術內國政外國事情內情外事 俱發策
　　○ 전고국 조례(銓考局條例). 보통시험에는 **國文**, 漢文, 글자 쓰기, 산술, 국내 정사, 외국 사정, 국내 사정, 외무 일을 모두 시험 문제로 낼 것. (고종 31년 7월 12일)

(8) 勅令第一號, 朕裁可公文式制 使之頒布. 從前公文頒布例規 自本日廢止, 承宣院 公事廳 並罷之.
　　○ 칙령 제1호, "짐이 결재한 공문식 제도를 공포케 하고, 종전의 공문 반포 예규는 오늘부터 폐지하며 承宣院 公事廳도 아울러 혁파한다."라고 하였다. (고종 31년 11월 21일)
　　公文式 (…중략…) 第十四條, 法律勅令 總以**國文**爲本 漢文附譯 或混用國漢文.
　　○ 공문식 제14조, 법률과 칙령은 모두 국문(國文)을 본으로 하고 한문 번역을 붙이거나 혹은 국한문(國漢文)을 섞어 쓴다. (고종 31년 11월 21일)

(9) 勅令第四十九號 法官養成所規程. 第四條 凡本所의 生徒되는 者는 年齒二十歲 以上으로 入學 試驗에 及第호 者 或 現在官署에 奉職호는 者를 限홈. 入學 試驗 科目이 左와 如홈. 一. 漢文作文. 一. **國文**作文. 一. 朝鮮歷史及地誌大要.

○ 칙령 제49호 법관양성소 규정 제4조. 본 양성소의 생도로는 20살
이상으로서 입학 시험에 합격한 사람이나 또는 현재 관청에서 근
무하는 사람으로 제한한다. 입학 시험 과목은 아래와 같다. 1. 한문
작문 1. 국문 작문 1. 조선 역사와 지리 대요 (고종 32년 3월 25일)

(10) 勅令第八十六號 公文式 裁可頒布. 第一章 頒布式. (…중략…) 第九條 法
律命令은 다 <u>國文</u>으로써 本을 삼꼬 漢譯을 附ㅎ며 或國漢文을 混用홈.

○ 칙령 제86호 공문식을 재가 반포하다. 제1장 반포식 제9조 법률과
명령은 다 국문으로서 본을 삼고 한문 번역을 덧붙이거나 혹은 국
한문을 혼용토록 함. (고종 32년 1895년 5월 8일)

(11) 學部告示第四號 (…중략…) 學徒 八歲以上으로 十五歲ᄭ지 增集ᄒ야
其科程은 五倫行實로붓터 小學과 本國 歷史와 地誌와 <u>國文</u>과 算術 其
他 外國歷史와 地誌 等 時宜에 適用ᄒ 書冊을 一切敎授ᄒ야 (…하
략…)

○ 학생은 8살부터 15살까지 모집하고 그 과정은 오륜행실부터 소학
과 우리나라 역사와 지리, 국문, 산술 그 외에 외국 역사와 지리 등
시의에 적용되는 책을 모두 가르쳐서…. (고종 32년 9월 28일)

(12) 內閣總理大臣李完用奏 以學部大臣李載昆請 議設置國文硏究所

○ 내각총리대신 이완용이 아뢰고 학부대신 이재곤이 청하여 국문연
구소를 설치하였다. (고종 44년 1907년 7월 8일)

(6)은 각종 문서의 외국어 고유명사를 국문으로 번역하도록 한 기사
(1894.7.8)이다. (7)은 각급 아문의 관리 등용 시험에 '國文'을 부과한 기사
(1894.7.12)이고, (8)은 국가의 공문서 기록에 국문을 본으로 삼고, 한문 혹은
국한문도 쓸 수 있게 한 공문식 법률이다. 칙령 제1호 제14조의 공문식
(1894.11.21)에 의해 한글은 국가 공문서에 사용하는 문자로 공인되었으니,
이것이 갖는 역사적 의미는 참으로 크다. 이 내용은 1895년에 칙령 제86호
(1895.5.8)로 구체화되었다. (9)는 법관양성소 입학시험 과목에 '國文'을 부
과한 칙령 49호(1895.3.25)이다. 세종 당대에 제한적으로 이서배(吏胥輩) 선발
시험에만 훈민정음을 부과한 이후, 관리 임용 시험 전반에 '國文'을 부과한

최초의 사건이 (9)에 기록되어 있다. (10)은 칙령 제86호(1895.5.8)의 공문식으로 법률 문장 표기에 국문을 본으로 하고 국한문을 병용할 수 있도록 하였다. 이것은 (8)을 재확인한 셈이다. (11)은 학교의 정규 교과목으로 '國文'을 가르치도록 한 학부 고시 제4호(1895.9.23)의 내용이다. (12)는 우리글을 연구하는 국가 기관 '국문연구소'의 설립 기사(1907.7.8)이다. 이때 설립한 국문연구소에서 주시경 등 주요 인사들이 여러 차례의 토론을 거쳐 국문을 새롭게 정비한 「국문연구의정안」(1909)을 만들었으나 대한제국이 멸망하여 실제로 시행되지는 못하였다.

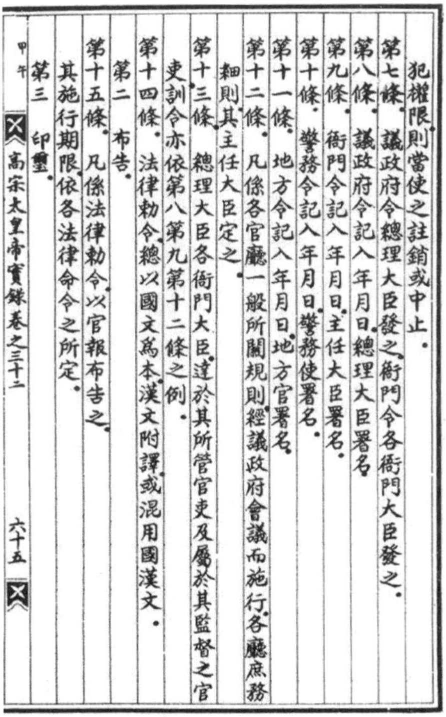
犯權限則當使之註銷或中止。
第七條 議政府令總理大臣發之衙門令各衙門大臣發之。
第八條 議政府令記入年月日總理大臣署名
第九條 衙門令記入年月日主任大臣署名。
第十條 警務令記入年月日警務使署名。
第十一條 地方令記入年月日地方官署名。
第十二條 凡係各官廳一般所關規則經議政府會議而施行各廳庶務細則其主任大臣定之
第十三條 總理大臣各衙門大臣達於其所管官吏及屬於其監督之官吏訓令亦依第八第九第十二條之例。
第十四條 法律勅令總以國文爲本漢文附譯或混用國漢文。
第二 布告
第十五條 凡係法律勅令以官報布告之。其施行期限依各法律命令之所定。
第三 印璽
甲午 高宗太皇帝實錄卷之三十二 六十五

〔그림 1〕 公文式 제14조, 고종실록 권32, 제65장

갑오개혁 이후 국가의 공문서와 교과서, 신문, 각종 국어 문법서 등에 '國文'이 통용되었다. '國語'와 '國文'이라는 명칭이 책의 이름, 단체 이름, 과목 이름 등에 쓰인 예는 고영근의 「한글의 유래」(288-289쪽)에 기술되어 있다. 이에 따르면, 리봉운의 『國文正理』(1897.1)과 주상호의 『국문론』(1897.9.25, 9.28 독립신문)에 쓰인 '국문'이 그 연대가 이른 예이다. 이밖에 주시경의 『國文文法』(1905.6), 지석영의 「新訂國文」(1905.7.19.), 주시경의 『대한국어문법』(1906.6), 「국어와 국문의 필요」(『西友』 2, 1907.1), 「必尙自國文言」(『황성신문』 2442-7. 1907.4) 등에서 '國文'이 쓰였다. 그러나 '國文'은 1910년 일본의 강점 이후 '朝鮮文'(혹은 '鮮文')으

로 추락하고 國文의 자리를 일본 문자에게 빼앗기고 말았다. 그러나 신명을 바쳐 우리말을 연구한 주시경과 당시의 학자들은 '한글'이라는 새로운 용어를 만들고 확산시켰다.[5]

오늘날 우리의 일상생활에서 우리말을 가리키는 '國語'는 널리 쓰이지만, 우리글을 가리키는 용어로는 '國文'보다 '한글'이 일반적으로 쓰인다. 오늘날의 일상어에서 '國文'이라는 용어는 노년층의 일부에서 드물게 쓰는 낱말이 되었다. '國文'은 대학의 국어국문학과를 줄여서 부르는 '國文科' 정도에서 부분적으로 쓰일 뿐이다. 우리 문자를 가리키는 일상적 명칭어로서의 '국문'은 일상어에서 퇴조하였다. '국문'이란 명칭어는 그 역사적 소임을 다하고 사라져 가는 중이다.

2.4. '한글'의 출현

'한글'을 누구가 언제 만들었는가 하는 문제는 고영근의 「한글의 유래」(1994[6])에서 밝혀졌다. 최남선(1946 : 179-180, 1973 : 87)[7]은 朝鮮光文會에서 '한글'을 만들었다고 주장한 바 있었다. 그러나 1910년 주시경의 글에 나타나는 '한나라글'에서 '한글'의 유래가 비롯되었고, 주시경의 손으로 쓴 각종 증서에 '한말', '배달말글', '한글'이 실용된 증거가 존재하는 것으로 보아 '한글'의 작명부는 주시경으로 봄이 옳다(고영근 1983a/1994 : 294).

'한글'이 처음 출현한 것은 1913년 3월 23일에 창립한 조선언문회 창립총회의 기록이다. 창립총회의 전말을 기록한 「한글모 죽보기」의 "四二四六年

---

5) '한글'이라는 용어는 일제의 억압으로 쓸 수 없게 된 '國文'을 대신하여 우리글을 보존하고 발전시키려는 애국적 의도에서 만들어진 것이다.
6) 이 논문은 원래 「한글의 유래에 대하여」라는 제목으로 『백석 조문제선생 화갑기념 논문집』(1983)에 발표되었던 것인데, 「'한글'의 유래」로 제목을 바꾸어 『통일시대의 어문문제』(1994, 도서출판 길벗)에 재수록되었다. 여기서는 후자에 실린 글을 인용하였다.
7) 『육당최남선전집』 3, 육당전집편찬위원회, 현암사, 1973을 이용하였다.

三月二十三日(日曜)下午一時 …… 本會의 名稱을 '한글모'라 改稱하고……"라
는 문장에 '한글'이 처음 등장하였다.[8] 따라서 '한글'의 最古 사용 연대는
1913년 3월 23일이 된다(고영근 1983a/1994 : 293).[9]

그 후 '한글'이라는 명칭은 『아이들보이』(1913.9)의 「한글풀이」 난에서 처
음 실용화되었고, 1914년 4월에 조선어강습원의 이름을 바꾸어 '한글배곧'
이라 부른 것에도 '한글'이 쓰였다. 여기서 나온 중등과 제4회 수업 증서,
고등과 제3회 수업 증서, 우등증(1915.3) 등에 '한글배곧'이 실용되어 있다.
주시경의 제자들이 '한글'을 처음 쓴 기록은 김두봉의 『조선말본』(1916)의
머리말이다. 이 머리말에 '한글모임자 한샘'이란 표현이 쓰여 있다. 이규영
의 「한글적새」와 「한글모 죽보기」의 두 원고는 1916~19년에 엮어진 것인
데 여기에 '한글'이 쓰인 것으로 보아, 주시경의 제자들이 '한글'의 보급에
앞장섰음을 알 수 있다(고영근 1984a/1994 : 295).

'한글'이 언문의 이름을 갈음하는 새 이름으로 일반인들에게 널리 쓰인
것은 1926년 훈민정음 반포 기념식을 성대히 거행한 이후의 일이다. 1927
년에 『한글』이 창간되어 이 이름이 일반인의 눈에 띄게 되고 이 해의 기념
일부터 '한글날'로 고쳐 일컫게 되었다. 한글 운동이 점점 성대해짐에 따라,
한글이란 이름도 더욱 널리 퍼지고 깊이 뿌리를 박아 일반 사회가 즐겨 쓰
게 되었다(최현배 1976 : 52-53).

남광우(1989)는 이종일(1858~1925)이 기록한 「묵암비망록」(默菴備忘錄)(일명
沃坡備忘錄)을 발굴하였다. 남광우는 이 자료의 1898년 7월 4일 기록에 '한
글'이 출현함을 근거로 이종일이 '한글'의 작명부(作名父)라고 주장했다. 임
홍빈(1996)은 '한글'을 처음 쓴 사람이 최남선이라고 주장했다. 고영근(200

---

8) 이 '한글모'는 '朝鮮言文會'를 우리말로 옮긴 것이다. 여기서 '한글'은 '朝鮮言文'에 대응하
  고 '모'는 '모임'을 가리키는 '會'의 뜻이다.
9) 「한글모 죽보기」의 검토를 통해 '배달말글'의 最古 사용 연대(1911.9.3.)도 문증(文證)되
  었다. '배달말글'이란 말은 광복 후 최현배에 의해 쓰이기 시작한 것으로 알려져 왔으나
  이미 주시경에 의해 1911년에 사용된 것이다(고영근 1994).

3 : 133-134)은 이러한 주장과 반론을 검토하고, "이종일이 '한글'의 최초의 작명부이기는 하지마는 발전적으로 사용되지 못하였다"라고 이종일의 한계점을 지적하면서, 실질적 작명부는 주시경임을 재확인하였다. 이종일이 '한글'을 처음 만들었다고 해도, 이는 개인의 비망록에 사적으로 한 메모에 지나지 않는 것이다. 이에 비해 주시경은 '한글'을 실용 문서에 실제로 사용했다. 주시경이 만든 '한글'이 이종일의 영향을 받았다고 볼 정황적 증거도 찾을 수 없다. 이런 점을 고려할 때 '한글'의 실질적 작명부는 주시경이라는 주장은 설득력이 높다. 임홍빈(2006)에서 이 문제가 재론되었다.

3. 맺음말

지금까지 필자는 『훈민정음』 등 문헌 자료에 나타난 우리 문자 명칭어를 중심으로 그 쓰임을 분석하고 의미를 논하였다. 각각의 용어가 구체적으로 사용된 문장 텍스트를 검토하고, 관련된 史料에 쓰인 용례를 분석하여 그것이 쓰인 문맥과 역사적 맥락을 파악하였다. 이 글에서 밝힌 주요 내용을 간추리면 다음과 같다.

우리 문자를 지칭한 용어는 훈민정음 창제 기사에서 처음 나타났다. 『조선왕조실록』과 『훈민정음』에서 우리글 명칭어로 사용된 용어는 '訓民正音', '正音', '諺文'이다. '訓民正音'에서 관형부인 '訓民'을 생략한 것이 '正音'이다. '훈민정음'은 세종실록과 정인지의 해례 서문 등에서 쓰였고, '正音'은 『훈민정음』을 비롯한 여러 문헌에 나타난다. 『釋譜詳節』序의 협주에는 '正音'의 뜻풀이가 문장으로 표현되어 있다. 한편 '正音'이 '聲音'의 상대어로 쓰인 문장 자료에서 '正音'은 성운학의 '字母'에 상응하고, 현대 언어학의 음소 단위에 가까운 함의를 가진다. 正音 二十八字의 正音字들은 청각적 음성 단위와 시각적 문자 단위를 동시에 표상한다.

『훈민정음』해례본에는 등장하지 않았으나, 우리 문자를 가리키는 명칭
어로 훈민정음 창제와 동시에 가장 널리 사용된 명칭어는 '諺文'이다. '諺文'
이라는 용어가 가장 먼저 사용된 자료는 세종실록 훈민정음 창제 기사의
'是月 上親制諺文二十八字'이다. 세종 25년(1443) 12월 30일의 이 기사에 이
어, 세종 26년(1446) 2월 16일 기사에 최항, 박팽년 등에게 諺文으로『운회』
를 번역하게 했다는 기사에서 '諺文'의 용례가 나온다. 같은 해 세종 2월
20일 최만리 등이 언문 제작의 부당함을 아뢴 상소문[漢文]에서 '諺文'은 무
려 22회나 쓰였다. 최만리 등을 불러 꾸짖는 세종의 말 속에서도 '諺文'이
6회나 보인다. 후자의 용례는 세종실록을 편찬한 사관(史官)의 것이니 이는
최만리 등의 상소문에 쓰인 '諺文'과 그 성격이 같다. 최만리 등과 세종실
록을 편찬한 사관은 '訓民正音'보다 '諺文'이란 용어를 선호한 것으로 보인
다. '訓民'은 정치적 의미를 내포하고, '正音'은 표준 규범이라는 위상을 가
진다. 이에 비해 '諺文'은 일상의 입말[口語]를 적는 글이라는 뜻을 표현한
용어이다. 최만리와 사관 등 당시의 양반 관료층이 '언문'을 선호한 것은
이러한 배경에서 나온 것이다. 이들은 '訓民正音'이란 명칭에 표현된 '訓民'
의 정치적 의미가 '訓民'의 범위를 벗어나 확대되거나, '正音'이 일상어 표
기라는 울타리를 벗어나 문자 표기의 일반 규범으로 사회적 위상을 갖게
되는 것을 경계했던 듯하다.10) '訓民正音'과 '諺文'은 정치적 위상과 사회
적 함의가 크게 다른 용어이다.

최만리 등의 상소문에는 언문을 27자라고 했다(二十七字諺文). 이 27자는
한자음 표기에 쓰인 ㆆ을 제외한 것으로 봄이 국어학계의 통설이다. 조선
의 고유어 혹은 일상어를 적는 데 ㆆ는 필요 없는 것이고, 조선의 일상어
를 적는 문자라는 의미에서 최만리 등은 '二十七字諺文'이라고 했던 것이다.

'훈민정음'이나 '정음'은 격식을 갖춘 공식적 명칭어이고, '언문'은 이를

---

10) 한자음을 표기하기 위한 용도로서 훈민정음이 갖는 위상에 대해서는 별도의 고찰이
필요하다.

평범하게 부르는 일상적 명칭어로 창제 때부터 함께 사용되었다. 세종실록의 "是月上親制諺文二十八字"에서 임금이 친제한 문자를 '諺文'이라 한 것으로 보아 '諺文'이 처음부터 비하적(卑下的) 의미를 가진 것은 아니었다. 한편 조선왕조실록에는 '諺文'과 같은 의미로 '諺字'라는 용어도 많이 쓰였다.

'國文'은 1894년 갑오개혁 이후에 고종이 내린 칙령과 공문식을 정한 법률 규정에 처음 등장하였다. 이로써 '언문'은 '국문'으로 격상되었고, 국가의 공용 문자로서 자리잡게 되었다. 훈민정음이 1443년 창제된 이후 450년 만에 비로소 국가 차원의 '나랏글'로서의 위상을 얻게 된 것이다. 450년이란 긴 세월 동안 훈민정음은 우리 민족이 영위해 온 문자생활의 주변부에 머물러 있었다. 쉽고 간편한 우리 문자를 뒷전에 밀쳐두고, 어렵고도 불편한 남의 문자[漢字]에 얽매여 있던 질곡으로부터 해방된 것이다.

1910년에 대한제국이 멸망했다. 일제의 강점으로 나라가 망하여 '國文'이란 용어를 더 이상 쓸 수 없게 되었다. '국문'의 위상을 얻은 지 불과 15~6년 만에 국가 문자로서의 위상을 박탈당한 것이다. 일제 강점 치하에서 신명을 바쳐 우리말과 우리글을 연구한 주시경과 그의 제자들이 있었다. '국문'을 쓸 수 없게 된 정치 상황 속에서 주시경이 '한글'이라는 용어를 만들었고, 제자들에 의해 점차 확산되어 갔다. '한글'은 1913년 3월 23일 창립된 '조선언문회'의 고유어 명칭 '한글모'에서 처음 등장한 후, 『아이들보이』(1913.9)라는 아동 잡지의 「한글풀이」 난에서 쓰였다. 주시경의 제자 김두봉과 이규영이 이 용어를 적극적으로 사용하여 널리 퍼뜨리는 데 앞장섰다. 1926년에 훈민정음 반포 기념식이 성대히 거행되었고, 1927년에 『한글』이 창간되어 '한글'이란 이름이 널리 알려졌다. 1927년의 한글날 기념일부터 그 이름을 '한글날'로 고쳐 일컫게 되었고, 이로써 '한글'이란 이름이 널리 퍼져 대중들이 즐겨 쓰게 되었다.

한국 문자 명칭어는 시기의 흐름에 따라 일정한 특징과 경향성이 있다. 이 점을 고려하여 문자 명칭어가 사용된 시기를 나누고, 각 시기의 특징을 간략히 요약하면 다음과 같다. 진한 글자로 굵게 표현한 것은 각 시기에 쓰인 주류 명칭어 중심으로 시대 구분을 하기 위함이다.

① 15세기 : **'訓民正音'과 '諺文'의 공존 시대**. 훈민정음 창제 시기와 그 직후. 이 시기에 쓰인 '諺文'은 비하적 의미를 가진 것이 아니었다. 그러나 '訓民正音'과 '諺文'은 정치적 위상과 사회적 함의에 차이가 있었다.

② 16세기~19세기 말 : **'諺文' 중심 시대**. '諺文'이 주류이고 '諺字'도 부분적으로 쓰였다. '訓民正音'은 성운학 연구서 등 소수의 학술 문장에서 부분적으로 사용되었다.

③ 19세기 말~20세기 초 : **'國文' 시대**. 갑오개혁의 시행과 대한제국의 수립 이후 자주독립과 민족 국가 의식이 싹트면서 '諺文'이 '國文'으로 격상되었다. '국문'이 학술어 기능을 갖기 시작했고, 공론장의 문자로 기능한 점이 가장 큰 변화이다.

④ 20세기 초~현대 : **'한글' 시대**. 일제 치하에서 '國文'이라는 명칭어를 쓸 수 없게 됨에 따라 '한글'이 만들어져 널리 쓰이게 되었고 이 명칭어가 현대로 이어졌다. 한글이 학술어·공공어·문학어·일상어 등 한국인의 어문생활 전 영역을 표현하는 문자가 된 시기다.

제3부

한글의 사회적 활용

1. 소통 매체로서의 훈민정음

세종대왕은 백성들의 편리한 의사표현을 위해 훈민정음이란 새 문자를 창제했다. 세종이 지은 『훈민정음』 서문에 창제 목적을 다음과 같이 명시해 놓았다. "어린 백성(愚民, 문자를 모르는 백성)이 말하고자 하는 바가 있어도 능히 그 뜻을 (글로) 펼쳐내지 못하는 사람이 많다. 내가 이를 딱하게 여겨 새로 스물여덟 글자를 만들었으니 사람마다 쉽게 익혀 나날의 쓰임에 편안케 할 따름이니라." 세종은 글로 하는 의사표현에 어려움을 겪는 백성들의 처지를 연민(憐憫)하여, 그 어려움을 덜어 주기 위해 새 문자를 창제하였다. 세종을 포함한 당시의 지배층 지식인들은 문자를 사용하는 의사표현에 큰 어려움이 없었다. 한문을 통한 글쓰기와 의사표현 능력은 양반 지식인의 상징이었으며 그들의 사회적 지위를 지켜가는 중요한 수단이기도 했다. 백성들이 훈민정음을 배워 글쓰기 능력을 가지게 되면 양반 기득권층의 사회

---

* 이 글은 국립한글박물관 기획특별전(2015)의 도록 『한글편지, 시대를 읽다』 138-149쪽에 실었던 짧은 글(「소통의 관점에서 본 조선시대의 한글 편지」)을 대폭 확충하고 고쳐서 새로 쓴 것이다.

적 지위를 위협할 수도 있었다. 그럼에도 불구하고 백성들이 겪는 의사표현의 불편함을 없애기 위해 임금이 백성에게 문자를 만들어 주었다. 이 일은 세계 문명사의 경이로운 사건이었다.

훈민정음 창제 이후 국가와 개인, 양반과 평민 등이 새 문자의 사용 주체로 참여했으며, 다양한 상황에서 여러 가지 목적을 위한 의사소통 매체로 활용되었다. 훈민정음은 소통 주체의 신분적 다양성, 소통 목적의 다양성, 소통 매체의 다양성, 소통 방향의 다양성 등을 구현하면서, 그 용도와 용처를 확장했고, 이로써 통해 훈민정음의 사회적 기능이 점점 커져 갔다.

지배 권력층과 피지배층 간의 구별이 분명했던 전근대사회에서 사회적인 의사소통은 대부분 위에서 아래로 향한 하향적 소통이었다. 하향 소통의 가장 전형적인 경우가 왕이 백성에게 내린 유서(諭書)나 윤음이었다. 윤음은 왕이 백성들을 설득하고 호소하는 기능을 가진 것이어서 왕도(王道) 정치를 구현하는 소통 매체로 기능하였다. 백성을 배려하고 백성을 위한 정치를 베풀려고 애쓴 왕일수록 윤음을 많이 내린 사실은 윤음의 긍정적 소통 효과를 보여 준다.[1]

그런데 사용자의 신분에 따른 소통의 측면에서 훈민정음의 사회적 기능은 크게 제약되어 있었다. 정치 권력을 장악하고 행정 권력을 행사한 양반층과, 이들에게 지배를 당한 하층민 사이에 이루어진 문서 소통에 훈민정음(=언문)이 이용된 경우는 매우 적었다. 양민층 이하 하층민들의 상향적(上向的) 문서 소통에서 언문 사용은 사실상 봉쇄되어 있었다. 조선사회에서 상향적 문서 소통은 관청을 대상으로 한 것이 대부분이다. 관청을 대상으로 한 소통에서 양반은 한문 혹은 이두문을 사용했다. 언문은 양반가 여성이 관아에 제출한 민원성 청원서에 드물게 사용되었을 뿐이다. 소지(所志)나 원정(原情)과 같은 청원 문서에 언문을 쓴 것은 대부분 양반가 여성이었다.

---

1) 소통의 관점에서 보면 윤음은 윤리교화서와 비교할 수 없는 차이를 가진다. 윤리교화서 인 향약언해나 경민편 등은 소통이라기보다 일방적 가르침이다.

남성의 경우 양반이든 평민이든 언문 청원서 제출이 관습적으로 금지되어 있었다.

하층민 간의 수평적 문서 소통에 언문을 사용한다는 것은 현실적으로 불가능하였다. 대부분의 하층민들은 언문을 배울 기회가 없어서, 문서 작성에 언문(이하에서 '한글'로 씀)을 쓸 능력이 없었기 때문이다. 그러나 드물기는 하지만 궁중에서 생활한 특수 신분인 궁녀2)의 경우, 한글 편지로 의사소통을 한 사례가 왕조실록 기사에 나타나 있다. 특수 신분의 하나인 승도(僧徒)의 경우에도 한글 편지로 의사소통을 한 사례와 그 실물이 전하고 있다.

조선시대에는 원거리 통신 수단이 편지밖에 없었다. 이 시대를 살았던 사람들에게 편지는 유일한 원거리 소통 매체였다. 그러나 한문을 쓰고 읽을 수 없는 양반가 여성 혹은 하층민(양인 이하)에게 한문 편지는 접근 불가능한 영역에 있었다. 훈민정음이 창제되고 보급된 이후에 비로소 여성과 하층민들도 편지를 쓸 수 있는 길이 열렸다. 원거리 통신을 가능케 한 소통의 새 길이 열리기는 했으나, 이 길도 하층민이 접근하기 어려운 것이었다. 지체 높은 왕실 여성과 양반가 여성들은 언문(=한글) 학습이 가능하였고, 한글이란 소통 매체를 사용할 수 있었다. 하층민 중에서 궁중의 궁녀와 같은 특수 신분층이나 관청에 소속된 일부 하층민은 한글을 배울 기회가 있었다. 평민층 이하의 대부분 하층민들에게 한글 학습은 쉽지 않은 일이었다.

이 글의 목적은 조선 사회에서 한글이 소통의 측면3)에서 어떤 역할을 하였는지 새롭게 해석해 보는 것이다. 한글을 매체로 이루어진 조선시대의 의사소통을 개인적 차원의 소통과 공공적 차원의 소통으로 나누어 고찰한

---

2) '궁녀'(宮女)는 왕족을 제외한 궁중 여인으로 상궁, 나인, 방자, 무수리, 의녀 등을 통칭한다.
3) '소통'의 범위는 관점에 따라 달라질 수 있다. 이 글에서 다루는 소통은 한글을 매개로 사람과 사람 사이에 이루어지는 의사전달을 뜻한다.

다. 이를 위해 조선왕조실록의 기록, 한글 편지, 한글 고문서, 국가에서 왕명으로 반포한 윤음, 각종 문헌[4]에 나타난 한글 사용의 기록을 이용한다.

2. 개인 간의 소통 : 신분을 가로지른 소통 매체로서의 한글 편지

제2절에서는 상위 계층부터 하위 계층에 이르기까지 다양한 신분의 사람들이 한글 편지와 한글 문서를 통해 어떻게 서로 소통했는지, 소통 참여자의 신분에 따라 나누어 고찰한다.

2.1. 왕실 가족 간에 주고받은 한글 편지

훈민정음 창제 후에 새 문자를 가장 먼저 사용한 사람은 창제자인 세종이었다. 세종이 의도적으로 정음 문서를 써서 신하들에게 보라고 준 일이 여러 번 있었다(백두현 2001 : 195). 세종의 측근에 있었던 가족들(왕후와 비빈, 왕자와 공주)은 주변 인물 중에서 가장 먼저 훈민정음을 배운 학습자였을 듯하다. 특히 세자(훗날의 문종)는 부왕을 도와 훈민정음 일에 관여했으니 이 문자를 깊이 알았음이 분명하다. 수양대군 역시 『석보상절』편찬에 관여했으니 정음자와 정음문 작성에 능했을 것이다. 소헌왕후[5]를 비롯한 비빈과 공주들은 정음자를 배우면서 새 문자의 시용(試用)을 도왔을 것이다. 그러나 이들이 남긴 한글 자료는 없다.

---

4) 한문 서적을 번역한 언해서는 한글을 매개로 한 소통의 하나이기는 하지만 책과 사람 사이의 소통이기 때문에 고찰의 대상에서 제외했다.

5) 소헌왕후가 정음 문자를 알고 있었음을 암시하는 자료가 있다. 소헌왕후가 세상을 떠나자 세종이 왕후의 추천(追薦)을 위해 지은 『월인천강지곡』이 그것이다. 특히 제1곡 가사는 마치 소헌왕후에게 하는 말처럼 표현되어 있다. "世尊ㅅ일 술ᄫᅩ리니 萬里 外ㅅ 일이시나 눈에 보논가 너기ᅀᆞᄫᅥ쇼셔. 世尊ㅅ말 술ᄫᅩ리니 千載 上ㅅ 말이시나 귀예 듣논가 너기ᅀᆞᄫᅥ쇼셔."

왕실 사람으로 한글 편지를 쓴 최초 기록은 양녕대군이 남겼다. 문종 1년(1451) 11월 17일 문종실록 기사에 양녕대군이 왕(문종)에게 짧은 언문 편지를 써서 김경재를 위해 청탁한 기록이 있다.[6] 그런데 왕실 언간으로 실물이 전하는 것 중의 가장 오래된 편지는 「목릉신한첩」에 장첩(粧帖)된 선조 언간이다. 선조 27년(1594)에 선조가 옹주에게 보낸 것이 가장 이른 왕실 언간이다.[7] 왕실 언간은 박부자(2015 : 106)의 목록에 도합 412건이 정리되어 있다. 이 목록을 보면 왕실 언간의 발신자는 왕과 왕후,[8] 공주 등으로 다양하나 왕의 필적이 가장 많다. 이는 어필을 가장 소중히 여기고 보존해 온 관습의 결과이다.

조선 후기의 양반 남성들은 한문을 진서라 칭하고, 훈민정음을 '언문'이라 부르며 낮잡아 보는 경향이 있었다. 이런 풍조에도 불구하고 왕과 왕비를 중심으로 한 왕실가 사람들은 한글 편지를 쓰는 데 거리낌이 없었다. 선왕(先王) 세종이 창제한 문자에 대해 왕실 후손들은 경애심을 갖고 있었을 터이고, 게다가 이 문자는 배우기가 쉽고 쓰임이 편리한 것이어서 더욱 환영받았을 것이다. 혼인하여 궁밖에 사는 공주는 매일 편지를 써서 대비와 부왕과 모후에게 문안 인사를 드리는 관습[9]이 있었고, 이는 왕실 여성들이 언간을 많이 쓰게 된 동기로 작용했다.

왕실 언간의 내용은 대부분 가정생활과 안부에 대한 것이다. 일상생활의 대소사와 질병 등 건강에 관한 안녕을 묻는 것이 대부분이다. 그런데 순원

---

6) 이 기사의 내용은 다음과 같다. "양녕대군 이제(李禔)가 언문으로써 짧은 편지를 써서 아뢰니, 그 뜻은 김경재(金敬哉)로 하여금 상경(上京)하여 그 딸을 시집보내도록 하기를 청하는 것이었다. 정부(政府)에 내려 의논하게 하였다."

7) 김일근(1971)은 세종이 신하들에게 내린 언문 전지(傳旨)나 왕비가 내린 언서(諺書) 등을 모두 '諺簡'에 넣어 다루었다.

8) 이남희(2020 : 35)는 왕후가 쓴 언간 목록만 따로 정리하여 표로 만들었다.

9) 출가한 공주는 매일 상서하여 대비께 문안을 드리는 것이 예이며, 이때는 으레 언문으로 썼다. 숙종 15년(1689) 2월 4일 송시열 비망기 관련 실록 기사에 이 사실이 기록되어 있다.

왕후 언간의 사연 중에는 정치적인 것이 일부 나타나 있다. 순원왕후 김씨 (1789~1857)는 안동김씨 세도가 김조순의 딸이다.[10] 순원왕후는 두 번이나 수렴청정을 하면서 막강한 권력을 행사했고, 이런 상황에서 그의 집안사람 들에게 쓴 편지 사연에 관직 문제 등의 정치적 내용이 적지 않다.[11]

대원군과 갈등하며 조선 말기의 국정에 관여한 명성왕후의 언간에도 당 시의 정치와 관련된 언급이 나온다. 그의 편지에는 친정 집안의 민영달, 민 영복, 민영환 등 조카뻘 되는 인물이 자주 등장한다. 김성근, 민영승, 안준 옥 등의 관직 보임에 관여한 정황도 있다. 이용원(李容元)이 임오군란과 관 련하여 민씨 일족을 비판하는 상소를 올리자 이에 대해 "통분하다"라고 한 탄한 내용도 보인다(이기대 2007 : 55-59). 당대 정치에 깊숙이 관여했던 순원 왕후와 명성왕후의 언간은 시대 정황을 반영하고 있다. 이 점에서 이들의 언간은 독특한 역사적 가치를 가진다.

2.2. 궁녀들의 한글 편지 : 한글로 전한 사랑의 마음

문자를 모르는 사람들에게 새로운 문자가 주어지고, 이를 배워 글을 쓸 수 있게 된 사람들에게 새 문자는 어떤 의미를 가진 것일까? 한 번도 자기 의 생각을 '글'로 표현해 본 적이 없는 사람들에게 훈민정음은 새로운 세계 를 열어 주었을 것이다.[12] 한자를 배울 수 없었던 조선시대의 보통 사람들,

---

10) 순원왕후의 형제들 김유근, 김원근, 김좌근과 재종형제인 김홍근, 김응근, 김흥근 등은 온갖 관직을 두루 맡으면서 60여 년 동안의 세도정치로 조선의 국정을 부정부패로 몰 아넣었고, 종당에는 국망(國亡)의 비극을 초래하는 데 일조했다.
11) 이 기술은 이승희(2010 : 17-19)를 참고한 것이다. 순원왕후언간의 역사적 배경과 자 세한 내용이 소개되어 있다.
12) 오늘날에도 이런 사람들의 이야기가 소개되곤 한다. 어려서 학교를 다니지 못해 한글 을 못 배운 70대 할머니가 뒤늦게 한글을 깨우쳐 55년 전에 사별한 남편에게 보낸 편 지가 세인의 감동을 불러일으킨 뉴스가 있었다(2015.12.22). 남해 고현면에 사는 박상 엽 할머니가 남해군에서 운영한 <찾아가는 한글교실>에 참여해 한글을 깨우치고 쓴 편지가 소개된 바 있다.(http://m.blog.daum.net/mfma69/63064)

특히 여성들에게 훈민정음 반포는 자기 표현의 신세계를 열어준 획기적 사건이었다. 자기 생각을 '글'로 적어서 남에게 전할 수 있다는 것, 이것을 가능케 한 훈민정음은 그들에게 참으로 고맙고도 기특한 존재였을 것이다. 그리하여 훈민정음은 여성들의 문자생활에 커다란 변화를 가져 왔다. 조선시대 전 기간 동안 여성(거의 대부분이 양반층)은 양반층 남성과 함께 훈민정음 사용의 중심이 되었다.

여성이 훈민정음을 사용한 최초의 기록은 단종 1년(1453)의 실록 기사에 나타나 있다. 이때가 1453년이니 훈민정음이 반포된 지 7년 후의 일이다. 수강궁의 묘단이란 시녀가 언문 편지를 써서 혜빈에게 일러바쳤다. 방자(房子)13) 신분의 하급 궁녀인 자금(者今), 중비(重非), 가지(加知) 등이 별감과 사통했다는 고변(告變)이었다. 혜빈이 그 글을 승정원에 보내어 처결토록 하니 의금부의 조사가 진행되었고, 중비 등이 별감(別監)인 부귀(富貴)와 수부이(須夫伊)와 몰래 간통하려고 언문 편지를 주고받았음이 탄로 났다. 실록에 기록된 내용14)에 따르면, 방자(房子) 신분의 하급 궁녀 자금, 중비, 가지는 한글을 몰라서 시녀 월계(月桂)의 방을 찾아가 언문 편지를 써 달라고 부탁하였고, 쓴 편지를 별감 부귀(富貴)에게 보냈다. 그 뒤 자금, 중비, 가지는 같은 신분인 방자 복덕(卜德)을 찾아가 언문 편지를 써 달라고 청했다. 복덕은 그들의 청하는 사연을 듣고서 언문으로 그 정을 써서 바깥에 보내도록 하였

---

13) 조선왕조실록에는 이들의 신분이 '방자(房子)'라고 되어 있다. 방자는 궁중에서 궂은일이나 잔일을 하는 하급 궁녀다. 무수리와 비슷한 하녀이나 무수리와 달리 나인(궁녀) 처소에 머물며 나인의 하녀 노릇을 했다. 넓은 의미의 궁녀라 할 수 있다(김용숙 1970 : 286). 필자가 실록을 검색하다가 '방자는 시녀의 여종'이라는 기사를 발견하였다. 방자는 궁내에 살았지만 노비와 같은 신분이다. 다음이 해당 기사이다. "전교하기를, 「방자(房子)는 시녀의 여종인지라, 전일 심부름할 때 매를 맞았으므로, 궁궐을 나가게 되면 원한을 품고 말하기를 '어느 시녀는 이러하고, 어느 궁인은 저러하다.' 하여, 내간의 일을 이 사람 저 사람에게 퍼뜨리는 자가 더러 있는데, 어찌 누설할 것을 두려워하여 견책(譴責)하지 않겠는가. 전지(傳旨)를 내려, 궁을 나간 방자들로 하여금 금중(禁中)의 일을 누설하지 못하도록 하라.」라고 하였다." 연산 10년(1504) 8월 8일(을축) 기사.

14) 단종실록 1년 4월 14 기사.

고, 그 답서가 오면 이들에게 읽고 풀이해 주었다.15) 이 사건이 적발되어 남자인 부귀와 수부이는 함경도 부령의 관노로 추방되었고, 궁녀인 중비, 자금, 가지는 평안도 강계의 관비(官婢)로 부처(付處)되어 쫓겨났다. 조선왕조실록에 이 사람들에 대한 기사가 3회에 걸쳐 나오는 것으로 보아, 이 사건은 당시 궁중 남녀의 스캔들이 되어서 적지 않은 소동을 일으켰던 것으로 보인다.

이 사건에서 우리의 관심을 끄는 것은 궁중의 하급 궁녀들이 연애편지를 한글로 썼다는 사실이다. 궁중에 갇혀 지내던 젊은 여성이 궁중 별감으로 근무하는 남성을 사모하여 사랑의 마음을 한글 편지로 전했다. 이 사건에 나오는 궁녀들 중에는 한글을 깨우친 자도 있고, 그렇지 못한 자도 있었다. 시녀 신분의 월계가 언문 편지의 대필자로 나온다. 방자 신분인 궁녀 중에는 언문을 아는 사람과 모르는 사람이 섞여 있다. 방자 신분인 복덕은 언문을 배워서 다른 방자 궁녀를 위해 편지의 대필자 및 대독자(代讀者) 역할을 하였다.16)

신분을 뛰어넘어 사랑의 감정을 한글 편지로 썼다가 죽음을 당한 궁녀 덕중(德中)의 이야기가 세조실록에 나온다. 덕중은 세조의 잠저(潛邸) 때 총애를 받아 후궁으로 입궐하여 자식을 낳았고, 세조 즉위 후 소용(昭容)에 봉해졌으나 낳은 자식이 죽어버려 외롭게 된 나인(內人)이었다. 외로운 덕중이 귀성군(龜城君) 이준(李浚)을 연모(戀慕)하여 언문 편지를 썼다. 그 편지를 환관 최호(崔湖)와 김중호(金仲湖)에게 부탁하여 이준에게 전하였다. 허나 이준

---

15) 단종실록 1년 5월 8일 기사.

16) 이정명 작가의 소설 『뿌리 깊은 나무』를 극화한 사극 드라마(SBS TV)가 2011년에 큰 인기를 끈 적이 있다. 이 사극에서 세종을 모시는 궁녀 '소이'가 세종을 도와 훈민정음 창제에 가담하는 것으로 그려져 있다. 그리고 새로 만들어진 문자를 백성들에게 가르쳐 보급하는 역할도 소이를 비롯한 궁녀들이 하는 것으로 극화되어 있다. 조선왕조실록 기사에 궁녀들이 훈민정음 반포 직후부터 이 문자를 배워 연애편지를 쓴 사실과 사극에 묘사된 궁녀의 역할은 서로 통하는 점이 있다.

은 덕중의 뜻을 받아들이지 않았고, 그의 아버지 임영대군(臨瀛大君) 이구와 함께 세조 임금에게 가서 이 사실을 고발하였다. 편지를 전한 환관 2명은 문초를 받아 장형을 당해 죽었고(세조 11년 9월 4일), 이튿날 덕중은 교수형에 처해졌다. 귀성군 이준은 세종의 넷째 아들인 임영대군의 아들인바 세조의 조카가 되는 왕족이다. 일개 나인 덕중이 왕의 조카를 사랑하여 언문 연애 편지를 보냈으니 큰 사단이 생긴 것이다. 덕중은 교수형을 당했고, 편지 심부름을 한 환관 두 사람이 곤장 아래 죽어 나갔다. 그러나 당사자 이준은 도총관 등의 관직에 오르며 권력과 부귀영화를 누렸다.

궁중 여인의 동성애 사랑 글에 한글이 이용된 사건이 조선왕조실록에 실려 있다. 제안대군(齊安大君) 이원(1466~1525)은 예종의 아들인데, 첫째 부인과 이혼하고 둘째 부인 박씨를 맞이했다. 제안대군은 남성 기능이 부실하여 여자를 가까이할 줄 몰랐다. 외로움을 이기지 못한 부인 박씨가 거느리는 몸종과 동성애를 나누었다. 이 사실을 강자평이란 자가 알고 왕대비전에 일러바쳤다. 그리하여 박씨의 시비(侍婢)와 유모(乳母) 등이 의금부에 잡혀가 국문을 당했다. 함께 동침한 자들의 이름은 내은금(內隱今), 금음덕(今音德),[17] 둔가미(屯加未)로 드러났다. 서로 동침한 후, 제안대군의 부인 박씨가 언문으로 글을 써서 내은금 등에게 주었다. "어젯밤에 몇 번이나 나를 사랑했느냐? 내가 남자였더라면…"과 같은 아쉬움의 표현이 그 글 속에 있었다.[18] 성종실록에서는 이 사건의 조사 결과가 조금 이상하게 결말지어져 있다. 사건을 조사한 후 금음덕 등의 시비들이 박씨를 모함하려고 말을 꾸며내 동침을 운운했다는 판결이 나왔다. 모함을 했다고 판결받은 시비들은 관비(官婢)에 처해져 외방으로 내쳐졌다. 나중에 박씨 부인도 결국 다른 이유로 궁에서 쫓겨났다. 그러나 제안대군의 성향(性向)이나 실록에 묘사된 시

---

17) '內隱今'은 우리말 이름 '안금'을, '今音德'은 우리말 이름 '그믐덕'을 표기한 것일 수 있다.
18) 성종실록 13년 6월 11일 기사.

비들의 핍진(逼眞)한 사연 묘사 등으로 볼 때, 시비들이 거짓으로 모함한 것이 아니라, 박씨 부인이 실제로 동성애 행각을 벌인 것으로 여겨진다. 박씨 부인이 한글로 문장을 써서 시비들에게 주며 애틋한 마음을 전달하였으니, 한글이 이런 특별한 일에도 의사소통의 수단으로 쓰였음이 흥미롭다.

19세기 말기에 명성왕후를 모시던 궁녀가 민영소에게 개인적 상황을 알리려고 보낸 편지[19]에는 명성왕후를 중심으로 한 왕실의 상황과 궁녀의 경제적 처지를 반영한 사연이 있다. 1883년부터 1895년 사이에 쓴 이 편지에는[20] 궁궐에서 쓸 금전과 물품(음식, 종이, 장신구, 부채 등)을 보내 달라는 부탁과 인사를 청탁한 내용도 적혀 있다(이기대 2007 : 339). 조선조 말기 왕실 경제의 궁핍한 모습과 어지러운 정치 상황을 반영한 편지이다.

2.3. 부부와 가족 간의 소통 수단

현재 전하고 있는 주요 한글 편지들은 대부분 남편과 아내 사이, 모녀나 모자 사이 등 가족 간에 주고받은 것이 압도적으로 많다. 「순천김씨언간」, 「현풍곽씨언간」, 「정철 가 언간」, 「김정희 가 언간」, 「은진송씨언간」, 「의성김씨언간」, 「이봉환언간」 등 대부분의 현전 편지들은 가족 간에 주고받은 것이다. 「순천김씨언간」[21]에는 16세기 당시 우리 조상들의 삶의 모습(장담기, 의복 짓기, 병문안, 물건 보내기 등)이 생생하게 그려져 있다.[22]

---

19) 36통의 이 편지들은 이기대(2007)가 연구하여 소개했다. 이기대의 글에는 이 편지의 명칭을 정해 놓지 않았다. '궁녀편지'라고 하면 변별이 안 되므로 '명성왕후 궁녀 언간'으로 칭함이 적절하겠다.

20) 편지를 쓴 필자의 정체는 드러나지 않았다. 민영소와 민영익을 '오라바님'이라 칭한 것으로 보아 이 궁녀는 민영소와 민영익과 매우 친밀한 관계이며, 명성왕후의 측근으로 중궁전 살림을 전담한 상궁으로 추측된다(이기대 2007 : 336-337).

21) 이 편지 중에서 연대가 가장 오래된 것은 명종 10년(1555)에 쓰인 것이다.

22) 시집간 딸을 그리워하며 애태우는 모정, 시집간 딸에게 먹을 것 입을 것을 챙겨 주며 노심초사 걱정하는 친정어머니, 병들어 빈한하게 보내는 노년의 적막함과 서글픔, 시앗을 본 남편에 대한 미움, 양잠과 길쌈 등으로 쉴 새 없이 일하는 여인네들의 고달픔,

필자가 533건의 한글 편지의 수신자와 발신자의 성별 및 관계를 분석하여 논문으로 발표한 적이 있다(백두현 2005). 발신자와 수신자의 관계를 기준으로 533건의 점유율을 분석한 결과는 다음과 같은 순위였다.[23)

① 남편이 아내에게(27.8%)
② 어머니가 딸에게(22.1%)
③ 어머니가 아들에게(17.4%)
④ 딸이 어머니에게(8.1%)
⑤ 아들이 어머니에게(5.4%)
⑥ 시아버지가 며느리에게(3.6%)
⑦ 아버지가 딸에게(2.6%)

단일 역할로 보면 어머니가 딸과 아들에게 보낸 것이 39.5%로 가장 많다. 사실상 동일한 신분인 아내·어머니·며느리가 수신자 역할을 한 비율은 40.5%에 이른다. 이 수치는 한글 편지의 수수 관계에서 '어머니와 아내로서의 여성'이 가장 큰 비중을 차지했음을 보여 준다. 남성 간에 한글 편지를 주고받은 경우는 매우 드물어 0.9%에 지나지 않았다. 한글 편지는 가족 사이에, 그것도 특히 발신자와 수신자 중 적어도 어느 한쪽은 여성인 경우에 주로 이용되었음이 통계 수치 분석을 통해 확인된 것이다. 한글 편지는 대부분 여성과 관련된 소통의 매체였던 것이다.

남성 학자나 관인들은 어머니, 아내, 딸에게 편지를 쓸 때 한글을 사용했고, 남성 간의 안부나 공무로 보낸 편지는 모두 한문으로 썼다. 김원행(金元行 1702~1772)이 사위와 딸에게 편지를 보내면서 사위에게는 한문으로, 딸에게는 한글로 각각 달리 쓴 편지도 전한다[그림 1].[24)

주인과 노복 사이에 벌어지는 갈등 등등 인간사의 온갖 희로애락이 이 편지들에 담겨 있다(조항범 1998 : 24).
23) 아래의 수치 및 관련 내용의 인용은 백두현(2005a : 58~60)에서 간추린 것이다.
24) 김원행이 딸에게 쓴 한글 편지에는 "니실 어제 글시는 반기며 든든… 이즉 쩌나게 ㅎ

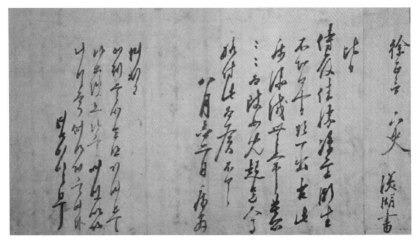

〔그림 1〕김원행이 딸과 사위에게 쓴 편지, 왼쪽의 한글이 딸에게 쓴 것이다. (한옥션, 2020년 8월 1일)

남성 편지에는 일상사는 물론 학문적 토론이나 시문의 교환, 당시의 세태와 정치 등이 반영되어 있지만, 여성의 한글 편지는 거의 대부분 일상생활에 대한 것이다. 한글 편지는 가족과 집안사람들이 안부를 서로 나누고 정서적으로 소통하는 매체로 기능했다. 부모와 자식, 형제와 자매, 부부 사이의 그립고 애틋한 마음을 전달하는 유일한 수단이 한글 편지였다.

편지 실물은 전해지지 않지만 조선왕조실록에는 가족 간에 주고받은 한글 편지와 관련된 기록이 다수 발견된다. 영원군(靈原君) 이헌(李櫶)이 죄를 지어 문초를 받았다. 그러자 과부가 된 누이에게 한글 편지를 보내 의금부 수사에서 좋은 말로 대답해 달라고 애걸한 일이 있었다.[25] 죽은 승지 김보택(金普澤)의 집안이 죄에 빠져 의금부의 조사를 받던 중, 김보택의 아내가 쓴 한글 편지에서 그의 죄상이 적발되자, 그의 아내가 가문 보호를 위해

여라 넘 이일 부"라는 내용이 있다. '니실'은 '李室'을 적은 것으로 사위의 성이 이씨임을 보여 준다. '넘 이일 부'는 '念 二日 父'를 적은 것으로 22일에 아버지가 썼음을 적은 것이다.

25) 숙종 36년 10월 29일 기사.

자결한 일도 있었다.26) 포도청에 잡혀 있던 이소(李炤)의 첩 초정(草貞)이 이양제에게 보낸 한글 편지가 수사 대상에 오른 기사도 있다.27)

영산현감을 지냈던 고(故) 남효문(南孝文) 집안에서 남효문의 아내와 그의 수양아들 남순필이 간통한 패륜 치정 사건이 발생했다. 남순필이 수양어미에게 보낸 언간을 어떤 사람이 수양아비 남효문에게 잘못 전달하였다. 남효문이 그 언간을 열어 보니 글 속에 남효문의 수양아들 남순필과 남효문의 아내가 음란한 말을 주고받은 내용이 가득하였다.28) 강상의 윤리를 범한 패륜 사건을 밝히기 위해, 의금부 낭관과 내관을 보내어 남순필 집안의 문서를 수색한 일이 있었다.29) 이 사건에 관련된 기사가 중종실록에 20건이나 나타나 있다. 한글 편지가 불륜을 저지른 남녀 사이의 소통에도 이용되었던 것이다.

2.4. 승려의 소통 수단이 된 한글 편지

한글 문헌 중 가장 많은 것이 불경 관련 언해본이다. 사찰의 승려들은 불경 언해서를 읽는 등 한글을 가장 많이 사용한 신분층이라 할 수 있다. 승려들은 한글 편지를 써서 승려끼리 혹은 외부인과 소통하기도 했다. 승려가 쓴 한글 편지를 검토하여 여기에 담긴 의미를 고찰한다.

조정에서 세금과 역을 부담하지 않는 승려의 숫자를 줄이기 위해, 승려들로 하여금 『금강경』과 『법화경』을 강경(講經)케 하여 능하지 못한 자를 환속시키려 했다. 이 말을 들은 승려 신미(信眉)가 임금(예종)에게 한글 편지를 써서 비밀히 아뢰었다.30) "중으로서 경(經)을 외는 자는 간혹 있으나, 만약에 강경(講經)을 하면 천 명이나 만 명 중에 겨우 한둘뿐일 것이니, 원컨

---

26) 경종 2년 9월 12일 기사.
27) 영조 28년 4월 18일 기사.
28) 중종 29년 5월 11일 기사.
29) 중종 29년 5월 10일 기사.
30) 예종 1년 6월 27일 기사.

대 다만 외는 것만으로 시험하게 하소서."라고 하였다. 이 편지를 본 예종은 "이 법은 아직 세우지 않았는데, 너는 어디서 이 말을 들었느냐? 내가 말한 자를 크게 징계하려고 한다."라고 하였다. 신미가 두려워하며 대답하기를, "길에서 듣고 급히 아뢴 것이니, 실로 노승에게 죄가 있습니다."라고 변명했다. 예종은 신미를 광평대군(廣平大君)의 집에 격리 거처하도록 하고, 병졸로 하여금 문을 지키게 하여 사람과 만나는 것을 금하였다. 이 기록에 나타나 있듯이 아직 시행도 되지 않고 궁중에서 논의하고 있던 일을 신미가 미리 알아낸 것이다. 세종 말년부터 실록 기사에 등장한 신미는 세조 때 특히 큰 영향력을 행사하였고, 학조(學祖)[31]와 학열(學悅)로 이어진 사승(師承)의 관계 속에서 왕실 여성들과 연결되어 있었다. 짐작건대, 불교를 옹호하고 신심을 가진 왕실 여성들이 학조와 학열에게 승려에 대한 강경 시험 계획을 알려 주었고, 이것이 스승 신미에게 보고되었던 듯하다. 예종은 국사에 관여한 신미의 죄를 물어 신미를 격리시켰다.

승려와 외부인 간의 소통 기록을 더 검토해 보자. 명종 14년 11월 9일 기사에는 승려 성청(性淸)이 금원군 이영(錦原君 李岺)과 내통하며 부처에게 복을 빌고, 성청이 대비의 한글 편지를 위조했다는 사건이 기록되어 있다.[32] 왕실 관련 가문에서 사찰을 세우고 원당(願堂)을 지어, 승려들에게 붉은 인장을 찍은 차첩(差帖)까지 발급해 주었다는 내용도 있다. 성청이 대비의 한글 편지를 위조한 것이 아니라 대비가 보낸 것일 수도 있다.

궁중 나인의 한글 편지가 먼 절간까지 전해지고 있던 사실을 홍문관 부

---

31) 학조는 1488년(성종 19)에 인수대비의 명을 받아 해인사를 중수했고, 1500년(연산군 6)에 왕비의 명으로 해인사 대장경을 인출하였다. 이때 봉서사판 『목우자수심결언해』(1500)을 번각했다. 봉서사는 해인사 바로 곁에 있는 원당암의 옛이름이다. 조선왕조실록에는 학조에 대한 비판적 기사가 여러 번 보인다. 예컨대 월산대군의 부인과 관련하여 학조를 문초해야 한다는 기사들(성종 25년 5월 6일, 5월 7일, 5월 8일 기사, 1494년)이 있다.

32) 성청(性淸)이 대비의 언문 서찰을 위조하여 경상도 관찰사 이감(李戡)에게 보내어 자기가 거주하던 절을 돌봐주고자 하였으나 일이 발각되어 마침내 처형당했다.

제학 김귀영이 상소문에서 언급한 기사도 보인다(명종 20년 10월 10일). 궁중의 보모상궁이라 자칭한 여인이 임해군 이숙노의 집에 머물던 중과 정기적으로 사통(私通)했고, 이 자리에서 한글 편지 10여 통이 발견되었다는 기사도 있다(인조 4년 7월 7일). 이런 기사에서 유신(儒臣)들은 궁중 여성과 중 사이에 오간 한글 편지를 사통의 수단으로 간주하며 강하게 비판하였다. 이런 기사는 궁중 여성과 승려 간의 교신이 한글 편지로 이루어졌으며, 한글이 궁중 여성들의 종교 생활에 중요 매체가 되었음을 보여 준다.

승려가 노비와 한글 편지를 주고받은 사건도 발견된다. 은수라는 중이 죄를 지어 문초를 받았다. 은수가 말하기를, "서울 사는 내수사의 노비 윤만천(尹萬千)이 언문으로 된 편지를 나에게 보내왔는데, 그 내용 중에 여러 차례 짚신을 보내 주어 대단히 감사하니 한 번 와서 서로 만났으면 한다고 하였습니다."라고 한 것이다.[33] 내수사(內需司)의 노비가 한글 편지를 써서 중 은수에게 보냈고, 편지의 사연은 여러 차례 짚신을 보내 준 데 대한 감사의 뜻이었다. 은수의 죄를 논하는 어전 회의에서 검토관(檢討官) 임형수(林亨秀)는 아뢰기를, "신은 젊어서 절에서 글을 읽은 적이 있습니다. 그때 중들이 하는 말을 들었는데, 아무 사찰은 아무 전(殿)의 원당(願堂)이고 아무 사찰은 아무 왕자, 아무 공주, 아무 옹주의 원당이라고 하였습니다. 또 공공연히 한글 편지에다 아무 전으로 보내는 것이라고 썼습니다."라고 하였다. 중종 34년(1539)에 궁중의 각 전각에서 원당(願堂)을 두고 여러 가지 불사를 벌였으며 이를 진행함에 있어서 궁중 여성과 승려 사이에 한글 편지가 수시로 왕래했음을 증언한 것이다.

조선시대 한글 사용 신분층 중에 빼놓을 수 없는 집단이 승도(僧徒)이다. 세종이 훈민정음을 창제하고 반포하기 이전인 그 사이에 세종 비 소헌왕후가 세상을 떠났다(1446.3.24). 세종은 왕비의 추천(追薦)을 위해 『석보상절』을

---

33) 중종 34년 5월 21일 기사.

편찬하고 『월인천강지곡』을 지어서 간행하였다. 그 후 세조가 간경도감을 세워 다수의 불경을 번역 출판하고, 오대산 상원사를 중창하는 등 불교가 한때 흥하는 기운을 보이기도 했다. 그러나 성종 이후 성리학이 학문과 정치의 중심이 되면서 척불정책이 부활하였다. 성종 대에는 도첩제(승려 허가제) 폐지가 논의되면서 종파 통합 등 불교 축소 정책이 시행되었다. 승도의 사회적 지위가 낮아졌고, 사찰 운영도 어려운 상황이 이어졌다. 이런 처지의 승도와 사찰을 도운 사람들은 왕실 여성 일부와[34] 일반 백성인 양인과 노비 등 천민들이었다. 조선 후기에 간행된 불교 서적의 권말 간기를 보면 시주자 명단이 열거되어 있다. 열거된 인명을 보면 승도의 법명을 빼고는, 대부분 양인(良人)으로 짐작되는 부부 이름과 하층민에 속한 여성의 인명이 많다. 이처럼 인명이 적힌 불교서의 간기는 그 수가 많아서 일일이 언급하기 어렵다.

이어서 승려와 승려 간의 소통에 한글 편지가 이용된 사례를 검토해 본다. 이런 편지가 많았겠지만 오늘날 실물이 전해지고 있는 것이 극히 드물다. 안동 광흥사 불복장에서 『월인석보』 권21 등과 같이 발견된 숙종 대 화승(畫僧) 신민(信敏)[35]이 스승에게 쓴 편지가 있다. 이 편지의 끝에 "壬申七月二十三日信敏拜"라고 발신자와 발신 연월일 기록이 있다. 여기의 임신년은 1692년으로 추정되었다(천명희 2014 : 16).

충청도 서산 문수사 청련암에 있었던 「지장보살도」의 후면 복장물 속에서 언간 4매와 한문 간찰 2매가 발견되었고, 강영철(2006)에서 이 서간문의 필자들과 관련된 정보와 그들의 관계가 밝혀졌다. 설훈(雪訓), 경념, 광율(廣律), 대해(大海)가 쓴 언간에는 탱화 제작과 관련된 사연이 있다. 화승 설훈이 스승에게 쓴 편지에는 탱화 제작에 소요된 금가루와 명주를 구하는 사

---

34) 조선왕조실록에는 인수대비가 도첩제 폐지를 막으려고 언문서를 내려 조정 대신과 설전을 벌린 기사가 여러 번 나온다.
35) 한국민족문화대백과사전에 '신민' 항목이 있고 간단한 인물 소개가 나와 있다.

연이 있다. 설훈이 스승에게 아뢰기를, "다름이 아니오라 마곡사 성조(成造)
날을 미룬다고 합니다. 급히 빨리 서울로 홍정 사람을 보내시고, 금(金)이
이곳에서 두어 묶음 넘게 올라가오니 열 속만 가져오게 하옵소서. 서울에
가서 다녀올 사이에 바탕 명주를 먼저 바꾸어다가 얼른 빨리 하겠습니다."
라고 하였다. 화승 설훈은 마곡사에 탱화 작업을 하고 있었고, 스승에게 청
하기를, 서울로 사람을 보내어 그림 재료에 들어갈 금 열 속(束)을 보내 달
라고 한 것이다. 그 사이에 설훈은 그림 그릴 바탕 명주를 구해다가 빨리
일을 끝내겠다고 하며, 성조 행사를 급히 준비해 달라고 청하였다. 불화 제
작을 완성하는 날[成造日]에 대비한 행사 준비를 스승에게 부탁한 내용도
있다.36)

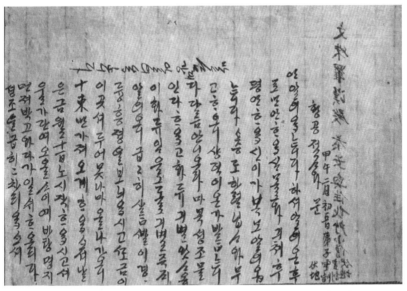

〔그림 2〕 화승 설훈이 그의 스승에게 보낸 편지. 수덕사 근역성보관 소장

---

36) 이 편지의 끝에 '甲午二月初五日 弟子雪訓 伏地'(갑오년 이월 초오일에 제자 설훈이 엎드
   려 사룁니다)라고 편지를 쓴 연월일을 기록해 놓았다. 이 탱화의 제작 연대가 1774년
   이므로 편지 말미에 나오는 '甲午'는 1774년에 해당한다.

2.5. 비밀 모의의 소통 수단으로 쓰인 언서

비밀스러운 일을 도모한 사람들이 모의(謀議)를 진행하면서 언서(諺書)를 주고받으며 작당했다는 기사가 조선왕조실록에 나타나 있다. 실록의 기사에 거론된 비밀 모의에는 사사로운 이익을 도모한 것도 있고, 정치적 반역에 가까운 모의도 있다. 이에 대한 사례 몇 개를 검토하여 그 의미를 고찰해 본다.

평안도 관찰사 유관(柳灌)이 올린 보고서에 김세필이란 자가 다른 공모자들과 밀약한 내용을 언서(諺書)로 썼다. 김세필을 잡아들여 문초를 가하는 도중에 이 언서를 찾아내도록 의주목사 이윤경에게 명했다.[37] 김세필은 1542년에 동지사 최보한(崔輔漢)의 사행(使行) 길을 인도한 갑사(甲士)이다. 그는 은 2근을 몰래 갖고 중국에 가서 요동의 상인으로부터 아청색(鴉靑色) 비단 여덟 필, 유청색(柳靑色) 비단, 백마(白馬)와 유마(騮馬) 두 마리를 사 왔었다. 이 일이 탄로나 김세필은 도망쳐 숨어다니면서 모의를 같이 한 사람들과 비밀리에 언서를 주고받았다. 이 비밀 모의가 평안도 관찰사에게 포착되어 김세필 등이 체포되었다. 갑사[38] 김세필이 사행을 수행하던 중 비단과 말을 사 와서 밀무역을 했고, 이 일을 모의하면서 언서를 써서 비밀리에 소통했던 것이다. 이 사건은 서출(庶出) 무관 김세필의 언문 사용을 보여준다. 『무예도보통지언해』 편찬에 박제가·이덕무와 함께 참여한 백동수가 바로 서출의 무관이었다.

문관직 관리가 비밀 모의를 진행하면서 언문 편지를 주고받은 사건이 실록에 등재되어 있다. 사헌부에서 울산군수 고경명(高敬命)을 탄핵하면서 그의 파직을 청했다.[39] 사유인즉슨 고경명이 간사한 자들을 제거하는 일

---

37) 중종 39년(1544) 3월 14일 기사.
38) 서울 도성 방위를 맡은 오위(五衛)의 가운데 중위(中衛)에 해당하는 의흥위 소속 무관을 갑사(甲士)라 하였는데, 양반의 서출 자제들이 주로 임명되었다.
39) 명종 17년(1562) 6월 24일 기사.

처리에 참여하였으나 직무 중에 알게 된 비밀스러운 내용을 언문 편지에 써서 그의 장인 김백균에게 은밀히 보냈다는 것이다. 군수 신분의 양반 관리 고경명이 비밀스러운 편지를 언문으로 썼다는 점을 사헌부에서 문제 삼아 그것이 간휼(奸譎)한 행위라고 비판하며, 그의 파직을 요청한 것이다. 고경명이 장인에게 보낸 언문 편지에는 예조판서를 지냈던 이양(李樑)에게 그 내용을 전달해 달라는 사연도 있었다. 사관은 "언문으로 편지를 써서 보냈으니 더욱 간사하다."라고 특별히 명기해 놓았다. 무언가 비밀스러운 정보 교환을 위해 관리가 일부러 언문 편지를 써 보냈다고 비판한 것이다. 양반 관직자가 다른 남성에게 보내는 편지는 당연히 한문으로 써야 하는데 이것을 언문으로 쓰는 일 자체를 불온시했던 것이다. 조선시대 양반 남성들의 통념에 언문 편지는 아내나 딸에게 쓰는 것이라고 여겼다. 고경명에 관한 이 기사에는 남성 관리들 간에 오간 언문 편지를 불온 문서로 간주한 당시 양반 관리들의 생각이 나타나 있다.

한글 편지가 역모 사건에 이용된 기록은 명종 2년(1547) 9월 18일 기사에서 찾을 수 있다. 호산군(壺山君) 송세형(宋世珩)이 언문 편지를 가지고 와서 밀계(密啓)하였다. 그 글에 "전성정(全城正)의 종 8명이 그 주인이 있을 적에 철퇴를 만들어 반역을 도모하였으며, 여자 종 4명과 안주인 및 무녀(巫女)가 임금을 원망하며 저주하였습니다."라고 고했다. 이 글은 밤 사이에 그 집에 던져진 익명서이고 언문으로 쓴 것이어서 믿기 어렵다고 신하들이 임금에게 아뢰었으나, 임금은 전성정을 잡아들여 국문하라고 명했다. 전성정의 노복들과 무녀들이 철퇴를 만들고 반역을 꾀하였다면 이것은 분명 역모에 해당한다. 왕명에 따라 전성정을 포함한 관련자들을 잡아들여 압슬형을 가했다. 삼성(三省)이 모두 나서서 심문하였으나, 언문서에 기록된 사람들이 모두 모른다고 대답하였고 별다른 단서가 없어서 모두 석방되었다. 결론은 전성정 집안의 누군가가 안주인을 원망하여 모함한 것이라고 판단하였다. 이와 같은 날의 실록 기사에 양재역(良才驛) 벽서(壁書) 사건이 발발했고, 이 벽서가 조정의 큰 논란이 된 일이 기록되어 있다.40) 그런데 양재역 벽서는 언문으로 쓴 것이 아니었다.

광해군 대에 나타난 언문 익명서 사건 몇 가지의 요점을 뽑아 보면 다음과 같다. 개성부 유수 이시언(李時彦)이 김덕겸의 집에 던져진 익명서에 대해 장계하였다.41) 누군가 언문 편지 한 장을 책에 묶어 김덕겸의 집에 던져 넣었다는 것이다.

광해군 6년의 기사에는 서얼을 차별하는 신분제를 비난하고 불만을 토로한 언문 글이 발견된 기사도 보인다. 이 언문 글은 서얼로 태어난 통분함과 수치스러움을 욕되게 생각하며 그 심정을 옷깃에 적은 것이었다.42) 이 사건에 계축옥사 관련자인 서자 출신 서양갑의 형(서용갑)의 아들이 연루되어 있었다. 경기 감사가 옷깃에 쓴 언문 글을 발견하고 이를 조사해서 보낸 기록에는, 자칭 '妾朴'(첩박)이란 사람이 서얼로 태어난 수치스러움과 통분함을 언문 글로 썼으며, 이 글에는 과거에 응시할 수 있기를 바란 내용도 있었다.43)

전라 감사가 올린 장계에 '王齒國'(왕치국)이란 이상한 이름의 문서가 역모와 관련된 것이라 하고, 이 문서에 '帥'를 언문자로 쓴 것이 있다고 보고했다.44) 옥에 갇혀 있는 죄인 허환(許暶)과 이덕복(李德福)이 옥리 몰래 언서로 외부와 소통한 사건도 있었다(광해 14년 3월 2일). 병조에 소속된 서리(書吏) 서응상(徐應祥)이 대비전의 나인들과 주고받은 언문 편지 한 통이 국청에 내려져 조사의 대상이 되기도 했다.45)

허균과 관계된 언문 익명서 사건은 특히 주목할 가치가 있다. 경운궁과

---

40) 명종 2년(1547) 9월 18일 기사.
41) 광해군 4년(1612) 8월 4일 기사.
42) 광해 6년(1614) 2월 12일 기사.
43) 광해 6년(1614) 2월 12일 기사.
44) 광해 6년(1614) 4월 4일 기사.
45) 광해 6년(1614) 1월 7일 기사.

남대문에 방문(榜文)을 내걸었다는 죄목으로, 허균은 광해군 10년(1618) 8월
21일에 하옥되었고 관직을 삭탈당했다. 같은 날에 허균의 처첩 집을 뒤져
관련 문서를 수색하였다.46) 허균과 공모한 죄로 하인준, 황정필 등 여러 사
람이 잡혀가 형신을 당하였다. 하인준이 형신 끝에 자백하기를, 정월에 황
정필이 반 폭짜리 백지에 주홍색으로 쓴 익명 언서를 가져 왔는데 "이이첨,
김개, 허균 등이 반역을 모의하여 사람을 많이 죽이고 주상으로 하여금 나
쁜 짓을 하게 하니, 이제 신병(新兵)이 크게 일어나 이이첨 이하 하인준, 민
심, 황정필 등을 죽일 것이다."라는 내용이 있더라고 고했다.47) 윤황과 하
인준은 허균이 역모의 주동자라고 자백했으나48) 허균은 끝내 승복하지 않
고 공초(供招) 문서에 서명하지 않았다. 좌우의 수사관들이 강제로 핍박하여
붓을 허균의 손에 강제로 쥐이고 서명케 하였다. 이 서명을 근거로 광해 10
년 8월 24일에 저잣거리에서 허균을 처형해 버렸다.49) 체포한 지 사흘 만

---

46) 광해군일기[중초본] 광해 10년(1618) 8월 21일 기사.

47) 광해 10년(1618) 8월 23일 기사.

48) 두 사람이 자백한 내용은 "몰래 승도들을 모아 난을 일으키려고 모의한 것, 산에 올라
가 밤에 소리쳐서 도성의 백성들을 협박하여 나가게 한 것, 유구(琉球)의 군대가 원수
를 갚으러 와서 섬에 숨어있다고 한 설 등이 모두 허균이 한 것"(광해 10년 8월 24일)
등이다. 실천 불가능한 황당한 모의가 방문 내용이라고 실록에 기록된 점도 내용의 진
실성을 의심스럽게 한다.

49) 처형 기사가 실린 이날 실록 기사의 끝에 사관 기자헌(奇自獻 1562~1624)이 쓴 사평
(史評)이 있다. 이 사평에 "예로부터 형신도 하지 않고 결안도 받지 않은 채 단지 공초
만 받고 사형으로 나간 죄인은 없었으니 훗날 반드시 이론이 있을 것이다."라고 서릿
발 같이 지적해 놓았다. 허균을 처형한 것이 법률적 절차를 지킨 것이 아니었음을 비
판한 것이다. 사관(史官)의 소임을 다한 기자헌의 풍모를 알 수 있다.
1601년 정여립(鄭汝立) 모반 사건에 연루되어 억울하게 죽은 최영경(崔永慶)을 기자헌
이 상소하여 신원(伸寃)시켰고, 인조반정에 가담해 달라고 요청받았으나 신하로서 왕
을 폐하는 일을 할 수 없다고 하며 거절했다. 인조반정 후 쿠데타 세력이 기자헌을 불
렀으나 가지 않았다. 그 뒤 이괄의 난이 일어나자 반정파가 기자헌의 태도를 문제 삼
아 그와 그의 일족을 몰살시켰다. 인조와 반정파 공신의 부도덕함과 무능함은 결국 인
조가 청태종 앞에서 무릎 꿇고 기어가 이마에 피가 나도록 절하는 치욕을 당하게 했
고, 호란으로 인해 수십 만명의 백성을 죽게 하거나 청나라로 끌려가게 한 치욕의 역
사를 만들었다. 기자헌 같은 충직한 신하를 저렇게 만들었으니 국가 운영이 제대로 될
리가 없었던 것이다.

에 처형한 것이다. 허균을 처형한 날의 실록 기사에는 허균의 첩 추섬을 형신하여 흉서 사건과 역모는 모두 허균의 소행이라고 자백받았다는 내용도 있다. 허균을 처형한 날로부터 5일이 지난 8월 29일에 추국청(推鞫廳)에서 관련자인 죄인 소명국 등을 형신하였는데, 소명국은 이 사건에서 나온 진서와 언서를 허균이 아니라 본인이 쓴 것이라고 자백했다[50](광해 10년 8월 29일). 허균을 처형한 뒤에 이런 자백이 나온 것이다. 허균 스스로 끝까지 부인했음에도 불구하고, 그를 처형해 버린 것은 허균을 증오했던 관리들이 사건 주모자를 허균으로 몰고 간 의도적 소행이었다.

소설 『홍길동전』을 지었다고 알려진 허균과 관련된 역모 사건에 언문 익명서가 등장한 점이 특히 주목된다. 한문 방문과 언문 방문을 각각 별도로 경운궁과 남대문에 내건 의도는 독자를 달리 설정했기 때문이다. 경운궁의 한문 방문은 문자를 아는 양반층을 대상으로 한 것이고, 남대문의 언문 방문은 한문을 모르는 백성들을 겨냥한 것이다. 언문 방문을 내건 것은 일반 하층민 백성들에게 소문을 퍼뜨리기 위한 것이다.

사사로운 일로 개인이 언문 편지를 보내거나 받은 사례는 실록 기사에 다수 나타나 있어서[51] 일일이 언급할 필요가 없다. 백두현(2005a)에 정리된 사례를 참고할 수 있다.

그 후에도 노론을 중심으로 한 반정 공신들은 허황하기 짝이 없는 북벌(北伐) 정책을 내세우며 기득권 유지에 골몰하였다. 조선이 청나라를 치겠다는 북벌론은 오늘날의 한국이 중화인민공화국을 정벌하겠다는 것과 다름없다. 17~18세기의 청나라는 세계 최강국이었기 때문이다.

50) 소명국이 자백한 내용은 경운궁과 남대문에 붙인 흉서가 허균이 쓴 것이 아님을 증언한 것이다. 허균에게 죄를 씌워 강제 서명케 하고 그를 처형한 일이 잘못된 것임을 알 수 있다. 기자헌은 이 점을 인지하고 앞의 각주에서 언급한 사평을 남겼던 것이다.

51) 공직에 있는 자가 사사로운 일로 언간을 보냈다가 처형당한 일이 연산군 폭정 때 일어나기도 했다. 하위 무관직인 겸사복 벼슬의 한곤(韓崑)이 그의 첩 채란선(採蘭仙)에게, "예쁘게 꾸미지 말라. 예쁘게 꾸미면 (궁중에) 뽑힐 것이 틀림없다."라는 내용이다. 연산 11년(1505) 5월 22일, 24일 기사.

3. 공적 업무를 위한 소통

3.1. 임금이 백성에게 내린 언문 유서

왕이 백성들에게 내린 언문 유서(諭書)는 한글 방문에 해당하며, 오늘날의 대통령 담화문과 비슷한 성격을 가진다. 조선시대의 왕들이 백성들에게 내린 글은 한문과 한글 두 가지로 작성하였는데 언문 유서나 윤음은 한문을 모르는 백성들을 위한 것이었다.

'윤음'이란 용어가 쓰이기 이전 시기의 언문 유서 혹은 언문 방문(榜文)에 대한 기사를 실록에서 찾아보자. 왕의 뜻을 써서 언문 유서를 널리 반포한 최초 문건은 성종 3년(1472)의 무본 절용 유시(務本 節用 諭示)52)이다. 내각 회의에 해당하는 의정부(議政府)에서 성종에게 아뢰기를, "예로부터 제왕이 백성을 보전하고 교화를 일으키는 데에 뜻을 두는 것은 몸소 절검(節儉)을 행하는 것으로써 선무(先務)를 삼지 아니함이 없었습니다. (…중략…) 청컨대 전교서(典校署)로 하여금 전지(傳旨)를 쓰거나 인쇄하여 한성부(漢城府)와 모든 도(道) 여러 고을에 이를 반포해서 관문과 방시(坊市)·촌락·여항(閭巷)에 걸어 두도록 하여, 위로는 크고 작은 조신(朝臣)으로부터 아래로는 궁벽한 곳에 사는 작은 백성들에 이르기까지 성상께서 백성을 인도하는 지극한 뜻을 알지 못함이 없게 하기"를 건의했다. 왕이 이를 윤허하여 왕의 유시를 한글로 번역 인출하고, 서울과 지방에 널리 반포하여 부인과 어린이들까지 두루 알도록 하라고 명했다. 한글로 쓴 방문 즉 한글 포고문을 전국의 관문, 시장, 촌락에 보내어 알리라고 한 것이다. 이는 한글 방문을 매체로 한 상의하달의 전형적 사례이다. 백성이 임금의 뜻을 직접 접하기 어려운 시대에 임금이 내린 담화문은 의미 있는 정치적 소통이라 할 수 있다. 한글

---

52) 성종 3년(1472) 9월 7일 기사. 근본에 힘쓰고 근검 절약하라는 유시(諭示)이므로 이 문서를 '무본 절용 유시'(務本 節用 諭示)라고 칭한다.

반포 후 25년이 지난 때이니 반포된 성종의 유시문은 온 나라 방방곡곡의
인민들에게 말로만 듣던 '언문'의 실체를 널리 보여 주는 데 기여했을 것
이다.

중종 8년(1513) 2월 6일에는 임금이 직접 의정부에 하교하였다. "우연히
성종께서 검소를 숭상하고 용도를 절약하도록 한 분부를 발견하였는데, 사
치를 버리고 순박함으로 되돌려 백성을 감화시키려는 뜻이 말에 넘쳐흘렀
다."라고 하면서 성종의 본을 받아, "거듭 중외에 효유하여 나의 검소를 숭
상하고 용도를 절약하려는 뜻을 알리고, 아울러 성종의 유시문과 같이 언
문으로 번역하여 부녀자와 어린이로 하여금 모두 알게 하라."라고 명했다.
성종과 중종의 언문 유서[언문 敎書 혹은 諭示]는 둘 다 전해지지 않는다. 문
서가 남아 있지 않으니 그 내용과 형식을 구체적으로 알 수 없고 실록 기
사에 의존하여 미루어 짐작할 뿐이다.

중종 22년(1513) 2월 6일에는 세자를 음해한 사건의 범인을 색출하기 위
해 왕이 신하들에게 명했다. "자수하는 자는 죄를 면해주고 알면서도 고하
지 않은 자는 죄를 준다는 내용을 언문으로 바꿔 써서 내외에 방(榜)을 내
걸면 와서 고발하는 자가 있을지도 모른다."[53]라고 하였다. 언문으로 써서
내외에 방을 걸라(內外掛榜)는 방안을 임금이 낸 것이다. 임금이 언문 방문으
로 백성에게 널리 알려 범인을 색출하려 했던 것이다.

임진왜란 전란 중에도 언문 방문이 이용되었다. 1592년 4월 14일 왜군이
부산에 쳐들어와 파죽지세로 밀고 올라오니, 선조는 서울을 버리고 도망쳤
다. 북쪽으로 달아나면서 선조는 황해도 백성들에게 내리는 교서를 언문으
로 번역하여 방문처럼 곳곳에 붙여 촌민들이 모두 알게 하라는 영을 내렸
다. 선조 25년(1592) 8월 1일 기사에 왕이 전교하기를, 황해도에 내릴 교서
를 지어 와서 그 내용을 보니, 양반 선비들은 알아볼 수 있겠지만 그 나머

---

53) 而自首者免罪, 知而不告者罪之事, 以諺文易書, 於內外掛榜, 則意或有來告之者矣

지 사람들은 아마 알지 못할 것이므로 이두를 넣고 지리한 말은 빼버려 조정의 방문처럼 만들라고 하였다. 또한 의병장이나 감사로 하여금 언문으로 번역하게 하여 촌민들이 모두 알 수 있도록 하라고 명했다.[54] 전쟁의 혼란 속에서 임금의 뜻을 백성들에게 전하기 위해 언문 방문을 널리 붙이도록 한 것이었다. 선조 25년(1592) 8월 19일 기사에도 언서(諺書) 방문을 많이 써 붙여 백성을 효유하라고 명했다. 유성룡(柳成龍)이 어떤 중을 대동하고 북도(北道)로 가서 정탐하는 길에도 언서로써 백성을 효유하라는 왕명이 있었다.

선조 25년 9월 4일 기사에는 명나라 황제가 내린 칙서를 언문으로 번역하여 함경도의 여러 곳에 보내라고 명한 내용이 있다. 明 황제의 칙서를 한글로 번역한 사례는 이것이 유일하지만 자료가 남아 있지 않다.

임진왜란 전란 중에 선조가 내린 언문 유서 중에 현재 전하는 것이 단하나 남아 있다. 선조 26년(1593) 9월에 내린 '빅셩의게 니르는 글이라'라는 제목의 한글 유서(諭書)(보물 제951호)가 이것이다.[55] 포고문에 해당하는 이 유서는 전란을 피해 산골 깊숙이 숨은 백성들에게 다시 살던 곳으로 돌아와 생업을 돌보라는 선조의 뜻을 담고 있다. 그러나 임금은 도성을 버리고 도망쳐 의주에서 압록강을 건너 중국 땅에 들어가려고 하면서, 백성들에게 피난처에서 나와 마을로 돌아가 생업에 종사하라는 선조의 호소가 얼마나 먹혀들었을지 의심스럽다.[56] 이 포고문이 내려진 당시에 조선은 명군의 지원과 의병의 봉기로 평양성을 회복하고, 점차 전열을 정비하고 있었다. 왜군은 차츰 남쪽으로 밀렸지만 부산 동래 등과 남해안 지방에서 왜성을 축

---

54) 이런 명령과 한글 방문을 내린 점으로 보아 '촌민' 중에는 한글을 아는 사람이 있었음이 분명하다. 16세기에 하층민 중 일부가 한글을 깨우쳤음을 암시한다.

55) 당시에 김해 수성장(金海 守成將)을 자임했던 권탁(權卓 1544~1593)이 이 문서를 가지고 적진에 침투하여 왜군을 죽이고 강제 사역을 당하던 백성들을 구출하여 나왔다고 한다.

56) 조선 왕조에서 가장 핍박받은 노비층이 왕과 조정 신하들이 도망치고 비어버린 한양 도성에서 왜군이 점령하기에 앞서서 경복궁에 불을 지르고, 장예원의 노비 문서를 불 태운 일은 노비층의 원한을 상징적으로 보여 준 사건이다.

성하여 웅거하고 있었다. 백성들 중에는 왜적에게 끌려가 부역을 한 경우
도 적지 않았다.[57] 선조는 백성이 읽을 수 있는 언문으로 유서를 내려 백
성들과 소통하려 한 것이다.

현종 14년(1673) 1월 21일에 임금이 조참(朝參)을 받는 자리에서 김휘가 아
뢰었다. 김휘가 바닷가 고을의 수령으로 있을 때에, 임금이 백성을 불쌍히
여겨 군역을 너그러이 하는 교서를 내렸는데, 이 교서를 김휘가 언문으로
번역해서 여러 백성들을 모아 놓고 성상의 덕의를 선포하니, 고을 부로(父
老)들이 모두 감동하여 눈물을 흘렸다는 내용이다. 임금이 내린 유시를 한
글 방문에 써서 붙인 것이 아니라 언문으로 번역하여 구두로 읽어 주었다
는[58] 것이다. 백성들을 모아서 어명을 읽어 주는 구두 전달 방식이 통용되
었음을 증언한 기사이다. 하층민들은 언문을 읽을 수 없는 사람들이 훨씬
많았기 때문에 구두 전달 방식을 썼던 것이다.

3.2. 임금이 백성에게 내린 한글 윤음

요즘의 벽보 혹은 대자보에 해당하는 방문(榜文)과 달리, 몇 장의 얇은 책
자 형태로 간행하여 백성들에게 왕의 뜻을 알린 것이 이른바 윤음(綸音)이
다. '윤음'은 임금의 말이란 뜻이며, 왕의 뜻을 백성들에게 전달하는 의사소
통 수단이었다. 왕이 관리나 백성들을 상대로 어떤 정책을 호소하거나 위
무·경계하려 할 때 윤음을 반포했다. 심한 흉년이나 전염병 등으로 재해
가 극심할 때 민습 수습을 위해 윤음을 반포하기도 했다. 당대의 가장 시
급한 사태를 수습하기 위한 수단으로 한글 윤음이 이용되었다. 왕이 사민
(士民)과 소통하는 데 가장 적합한 정책 수단이 윤음의 반포였다. 반포한 윤

---

57) 왜군 점령 지역의 조선 백성들 중에는 왜군에게 가담하여 길잡이가 되거나 물자를 나
르는 등 협조하는 자가 있었다.
58) 이는 언문을 읽을 수 없는 사람들에게 '말'로 왕의 뜻을 전달하기 위함일 것이다.

음의 실제 집행은 조정의 관료와 관찰사를 비롯한 지방관들의 몫이었다. 윤음을 내린 주체는 임금이지만 그것을 받아 시행한 자는 조정의 대소 신료와 지방관, 지방민 등으로 다양했다. 임금이 윤음을 통해 관료 집단은 물론 양반 사족과 양민 등 다양한 계층과 소통했던 것이다.

윤음을 내린 목적은 다양하지만, 한마디로 요약하면 '민심 수습'이라 할 수 있다. 흉년과 질병 등의 재해를 당한 백성을 위무하고 환곡 상환을 연기해 주거나 공세를 탕감해 준 내용이 가장 빈번하다. 왕세자의 책봉이나 왕자의 첫돌을 경하하며 내린 윤음은 그 기쁨을 백성들과 함께 나누어 왕실 권위를 높이려는 정치적 목적이 깔려 있다.

1592년에 선조가 내린 언문 유서 이후에 왕이 내린 언문 교서는 '윤음'이란 이름을 달고 영조 대에 가서 처음 나타났다. 이때부터는 왕이 내리는 문서 이름을 윤음이라 칭했다. 현전하는 윤음언해(=언해문이 있는 윤음)는 선조 대의 언문 교서를 포함하면 모두 31건이다. 한편 언해문이 없는 윤음이 3건 더 있다.[59)]

왕대 별 '윤음언해'의 건수는 성종 대 1건, 중종 대 1건, 선조 대 1건, 영조 대 2건, 정조 대 25건(언해가 없는 3건을 합치면 28건), 고종 대 3건으로 모두 33건(언해가 없는 것을 포함하면 도합 36건)이다. 정조 대의 윤음이 압도적으로 많다. 백성과의 소통을 중시한 탁월한 정치가였던 정조의 면모가 윤음에서도 확인된다. 정조 대에 집중적으로 나타난 한글 윤음은 인민 통치를 가장 중요한 책무로 생각했던 정조의 치세관과 정치력을 보여 준다. 이런 점에서 윤음은 명군 혹은 현군의 한 징표라 할 수 있다. 정조 이후의 순조, 철종 연간에는 윤음을 내린 예가 없고, 고종 대 3건만 나타난다.

윤음은 왕이 백성에게 보내는 편지에 가깝다. 개인 간 간찰이 개인 대 개인의 소통 수단이라면, 왕의 윤음은 공개적으로 인민과 소통하는 정치적

---

59) 윤음언해의 목록과 윤음의 시행 방법, 시행의 사례 등에 대한 자세한 내용은 이 책의 제3부 제2장의 2.4절을 참고하기 바란다.

행위였다. 민심을 다스리는 왕의 정치력을 보여 준다는 점에서 윤음은 군
왕 중심의 정치 체제에서 효과적인 통치 수단이었다. 한글이 왕과 백성 사
이의 의사소통 수단인 윤음에 사용된 점은 정치적 의미가 크다.

3.3. 왕후와 대비의 언서(諺書)

조선시대의 여성은 정치 권력에서 소외되었지만 수렴청정을 하는 특수
상황에서 대비가 정치에 공식적으로 관여했다. 왕이 어린 나이로 즉위했을
때 대비가 일정 기간 수렴청정을 하였고, 이 시기에 언문서를 통해 국정에
관여했다. 대비가 내린 문서는 언문으로 작성되었으며 '언교', '언문서', '언
서'라 불리었다.60) 이 언문서는 한문으로 번역되었고, 그 내용이 축약되어
실록에 실리기도 했다. 왕후와 대비들이 스스로 '文字'(=한문)를 모른다고
말한 겸사(謙辭)가 실록 기사에 보이지만, 이들이 한문을 몰랐을 리가 없다.
왕대비들이 언문서를 내린 것은 문자 사용에서 남성과 여성을 구별하려는
관행을 따른 것이었다. 남자와 여자를 구별한 내외법이 문자 사용에도 적
용되었던 것이다.61)

정희대비(세조의 비), 인수대비(성종의 생모), 인혜대비(예종의 비)가 연명으로
언문서를 내어 조정 대신에게 의견을 개진한 일도 있었다. 성종의 어머니
인수대비는 언문서를 통해 국정에 관여하였다. 특히 연산군의 생모 윤씨를
폐비시키는 과정에서 인수대비가 영향력을 행사한 기사가 실록에 다섯 건
이나 보인다.62) 대비들은 불교를 옹호하여 사찰을 중창하고 불경을 간행하

---

60) 조선왕조실록의 한문 원문에서 대비나 왕후가 내린 한글 문서를 가리킬 때 '諺書', '諺
   敎', '諺文書' 등이 쓰였다. '諺文 敎書'는 한문 원문에 없고, 번역문의 몇 곳에 쓰여 있다.
   저자가 이미 발표한 논문에서 '언문 교서'라고 칭한 것이 많은데 이 책에서는 '언문서'
   를 주로 썼다. '敎書'는 엄밀한 의미에서 임금이 내린 글을 가리킨다.
61) 조선 후기로 갈수록 여성이 한문 글을 쓰는 것을 드러내려 하지 않은 경향이 뚜렷해
   지고 심지어 여성이 쓴 한문 글을 스스로 없애버린 사례(사주당 이씨 부인)도 있다.
62) 구체적 내용과 해당 기사는 백두현(2003 : 172)에 수록된 여성 문자생활 관련 목록과

였다. 인수대비는 승도의 신분을 법적으로 인정하는 도첩제를 유지하기 위해, 조정 대신들에게 언문서를 내려 자기의 정치적 견해를 피력했다. 조정 대신을 상대로 대비가 언문서를 통해 논쟁을 벌이기도 했다. 대비는 언문서를 내려 자신의 의견을 국가 공사(公事)에 반영시켰다. 특히 연산군의 생모 윤씨 폐비를 주도한 인수대비의 언문서는 당시의 정치 현안에 큰 영향을 미쳤다.

명종 대의 문정대비, 인조 대의 인목대비, 영조 대의 인원대비, 정조 대와 순조 대의 정순대비가 언문서로 국정에 관여한 사례가 실록에 실려 있다. 인목대비는 광해군 치하에서 소생 영창대군을 잃고 서궁에 유폐되는 등 쓰라린 고초를 겪었지만, 인조반정 이후 그 지위를 회복하면서 국사에 영향력을 행사하였다. 인목대비는 폐위된 광해군의 죄목 열 가지를 언문서로 작성하여 조정 대신들에게 내렸으며, 이는 당시의 정국에 크게 작용하였다. 또 인목대비는 억울하게 죽은 영창대군의 행장을 언문으로 작성하여 승정원에 내렸는데, 이에 대해 사헌부 관원들이 대비가 언문서를 승정원에 내린 것은 옳지 않다는 상소를 내기도 했다. 이 상소는 언문서를 국가 공문서로 인정하지 않으려는 관료들의 태도를 보여 준다. 대비나 왕비가 내린 언문서는 여성이 국사에 대해 의견을 밝히고 중요 결정을 내린 것이어서 역사적 의의가 있다. 한글을 표기 수단으로 한 왕실 여성의 문자 활동이 국가 공무에 영향력을 행사하였고, 그것이 정치적으로 크게 작용한 경우도 있었다.

대비로서 당시의 집정 대신에게 정무를 부탁한 한글 편지 세 건이 있다. 이는 한글 편지가 정치적 목적으로 이용된 사례이다. 현종 비 명성왕후가 숙종 대에 대비가 되어 송시열에게 국정을 도와 달라는 청탁 편지를 보냈다.63) "듣자오니 빨리 돌아가려 하신다고 하오니 주상도 간절히 (그대를)

내용 요약을 참고하기 바란다. 이 글은 본서 제4부 제1장에도 수록되어 있다.

63) 이 편지는 『송서습유』(宋書拾遺) 권두에 실려 있다. 이 책은 송시열(1607~1689)의 문집

머무르시고자 하시거니와 (…중략…) 주상도 젊으신 사람이 만기를 당하여 근근이 애쓰는 모양이 민망하옵니다. 선비와 많은 사람이 우러러보는 경(卿) 같은 분이 누대에 걸쳐 조정의 은혜를 입고 계시니 어찌 떨치고 가시겠습니까."라고 호소하였다.

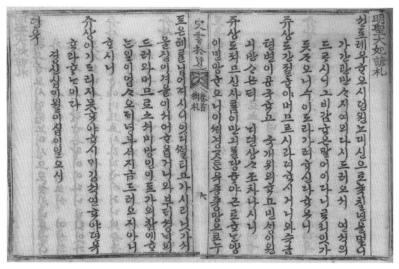

〔그림 3〕 명성대비가 송시열에게 보낸 언간 (『송서습유』 권1 권두)

대비가 언문서를 내린 기록은 조선왕조실록에 빈번하게 나타나지만 실물은 극히 드물다. 그런데 명성대비가 송시열에게 내린 한글 편지는 현재 그 내용이 남아 있는 것이어서 자료적 가치가 높다.[64] 가장 큰 정치적 영향력을 가졌던 송시열에게 왕의 어머니인 대비가 국정 협조를 간절히 부탁했던 것이니, 국정의 안정을 도모하려는 대비의 노력이 한글 편지로 실천된 사례라 하겠다. 이 편지의 작성은 말미의 기록에 나오듯이 경신년 12월

에 빠진 글을 모아 1927년에 9권 4책으로 간행되었다. 『송서습유』 권두에는 이 편지의 이름을 '明聖大妃諺札'(명성대비언찰)이라 붙여 놓았다.
64) 이 언찰 앞에 효종이 송시열에게 준 한문 편지 '孝宗大王密札'(효종대왕밀찰)도 실려 있다.

22일인바 숙종 6년(1680)에 해당한다. 조선왕조실록 숙종 6년 12월 23일 기사에 명성대비가 송시열에게 왕을 도우라는 언문서를 내렸다는 내용이 있다. 편지가 작성된 그다음 날의 실록 기사에 이 내용이 기록된 것이다. 숙종 20년(1694) 5월 11일 기사에는 송시열의 아들 송기태가 대비로부터 받았던 한글 편지 등을 임금에게 바쳤다는 기사가 있다. 바로 이 편지를 15년 뒤에 임금에게 직접 보여 주었던 것이다.

정조 13년(1789)에 혜경궁 홍씨가 채제공[65](蔡濟恭 1720~1799)에게 보낸 편지도[66] 명성대비의 한글 편지와 같은 목적으로 쓴 것이다. "주상이 지통(至痛) 중에 달포를 심려하며 지내시옵고 자주 미령(靡寧)하옵시어 성체가 손상하심이 이를 것이 없사온데 (…중략…) (내가) 성궁(聖躬, 왕의 몸)을 위하는 염려가 간절하여 (그대를) 붙들어 못 가시게 하였으나 이제 즉시 가려하오시니 지극한 정을 생각하시어"라고 하며 채제공에게 머물러 달라고 간절히 청했다. 왕의 어머니가 조정의 중신에게 왕을 잘 보필해 달라고 청했다는 점에서 위의 명성대비의 편지와 그 목적이 같다. 이러한 사례는 한글 편지가 사사로운 가정사뿐 아니라 대비가 관련된 조정의 국사에 이용되었음을 보여 준다.[67]

3.4. 임진왜란 중의 비밀 소통 수단

임진왜란 도중에 장수들이 한글 편지를 주고받은 사실도 실록 기사에

---

65) 1780년(정조 4)에 홍국영이 실각할 때 채제공은 서울 근교 명덕산에서 8년 동안이나 은거했다. 그는 1788년 정조의 특명으로 우의정이 되었으며 2년 후 좌의정으로 승진하였다. 이 편지를 받은 해(1789)는 그의 우의정 재임 시에 해당한다.
66) 이 편지는 이병기(1948)의 『근조내간선』 14쪽에 처음 소개되었고, 김일근(1986)의 『언간의 연구』 225쪽에도 실렸으나 원문의 누락이 있어서 온전치 못하다. 이충렬(2010 : 207)에 원본 사진이 실려 있어서 실제 모습을 볼 수 있다.
67) 19세기에 순원왕후가 심승택에게 보낸 편지도 이러한 사례에 해당한다. 이는 이승희(2013)에서 언급된 바 있다.

보인다. 함경도 회령에서 피란했던 두 왕자(임해군, 순화군)가 왜장 加藤清正
(가토 기요마사)의 포로가 되었다. 왕자를 수행하던 신하 김귀영(金貴榮)·황정
욱(黃廷彧)·황혁(黃赫)과 군대 지휘관 이영(李瑛)이 모두 포로가 되었다. 김귀
영·황정욱·황혁 등이 비밀문서 '언서'를 조정에 보냈다. 금은(金銀)과 호
피·표피 등을 왜통사(倭通事)를 통해 들여보내 주면 뇌물을 써서 왕자의 탈
출을 도모하겠다는 내용이다. 선조가 비변사에 일러 이를 허락했다.[68] 왕
자를 수행하다가 포로로 잡힌 문관 세 명이 언서를 비밀히 써서 조정에 아
뢴 것이다.

　회령 싸움에서 왜군에게 패하고 왕자를 적의 수중에 넘긴 남병사 이영
(李瑛)이 적중에서 윤백인(尹伯仁)에게 언문 편지를 보내었다. 이 편지가 선조
에게 들어갔다. 이를 읽은 선조가 분노하여 신하들에게 편지를 보이면서
"나로서는 차마 보지 못하겠다."라고 하고서, 이영의 죄는 한극함보다 심하
고 지금 도원수의 진영에 있다 하니 군율에 따라 처단하라고 명했다.[69] 이
영이 왕자를 두고 적중을 탈출하여 언문 편지를 윤백인에게 보냈고 이것이
선조의 손에 들어간 것이다. 전쟁 중에 왕자를 수행하던 문관들이 언문 편
지를 써서 조정에 밀계했고, 싸움을 지휘한 장수들이 한글 편지를 보냈음
이 이 기사들을 통해 확인된다. 한문 편지로 소통하다가 적군에게 탈취당
하면 비밀이 누설될 것을 염려하여 언문 편지를 썼던 것이다.

　왜란이 끝난 후 왜군에게 잡혀간 조선인 포로들이 언문 편지를 보내어
송환을 요청한 기사가 있다. 예조가 아뢰기를, "왜란 때, 영등포 만호 양지
손(梁智孫)의 첩과 수종하던 여자 3인이 포로가 되어 대마도에 있으면서 언
간을 보내어 돌아오기를 희망하니, 도주(島主)로 하여금 쇄환(刷還)하게 하는
것이 어떠하리까?"라고 하였다.[70] 대마도 도주가 조선과의 관계를 회복하

---

68) 선조 25년(1592) 10월 2일 기사.
69) 선조 26년 3월 16일 기사. 이영과 한극함은 죄를 벗어나지 못하고 참형을 당했다.
70) 중종 9년(1514) 4월 4일 기사.

기 위해 포로를 송환하고 표류한 어민을 돌려보낸 이야기가 함께 나온다. 포로로 잡혀간 조선 여인들이 언문 편지를 보내어 송환을 요청했으니, 한 글을 통해 고국으로 돌아온 사례라 할 수 있다.

중국 명군(明軍)이 조선인을 중국으로 데려가기도 했다. 조정은 명나라로 가려는 백성을 회유하기 위해 언문 방문을 만들어 믿을 만한 사람에게 주 어 명나라로 가려는 백성들 속으로 들어가 회유하라는 왕명도 있었다.[71] 전라도 남원에 살았던 유대춘(柳大春)이 중국 장수의 꾐에 제주도 출신 조선 인 여럿과 함께 중국 남경(南京)에 건너갔다. 유대춘이 언서 한 통을 보내어 귀국할 수 있도록 도움을 청했다. 이 언서에 임진년 사이에 중국 장수에게 꾀여 남경에 머문 사람이 300여 명에 달하는데, 중국인 주인이 허락하지 않아 조선에 돌아갈 수 없음을 하소연했다.[72] 이 언서를 비변사에 보내어 처리토록 했는데 그 결말이 실록에 나타나 있지 않다.

신경(申炅 1613~1653)이 지은 『재조번방지』(再造藩邦志)의 한글 번역본에는 임진왜란과 관련된 이야기들이 수록되어 있다. 전쟁 통에 포로가 되어 일 본에 끌려가 고국을 그리워하며 겪는 사람들의 고통과 애환을 그리고 있 다. 전라도에서 재인(才人)으로 활동하던 소년이 정유재란 때 일본군의 장수 가 되어 다시 조선에 들어왔다. 그는 조선군에게 투항할 기회만 찾다가 뜻 을 이루지 못하자, 옛 고향집을 찾아가 저간의 회포를 한글로 써서 주춧돌 에 새겼다는 이야기도 있다. 천민 신분에 속한 재인이 한글을 깨우쳐 자기 의 생각을 글로 표현한 점이 주목된다. 또 이 책 권5의 첫머리에는 서울에 머무는 왜적의 동정과 포로가 된 왕자의 형편을 탐지하기 위해 김천일 장 군 수하에 있는 '니신튱'을 적중에 보낸 이야기가 있다. '니신튱'이 가지고 온 첩보 문서는 한글로 씌어 있었다.[73] 적정을 보고하는 문서를 한글로 작

---

71) 선조 27년(1594) 8월 25일 기사.
72) 선조 32년(1599) 6월 16일 기사.
73) '니신튱'은 '이신충'을 적은 표기다. 관련 내용을 옮기면 다음과 같다.

성한 것은 한글이 비밀스러운 정보 소통에 이용되었음을 보여 준 사례의
하나이다.

3.5. 외교의 비밀 소통 수단

조선의 왜학 역관(倭學譯官)과 일본 대마도에 살았던 조선어통사(朝鮮語通
事)가 외교상의 문제를 논의하기 위해 한글 편지를 주고받았다. 정승혜(2012,
2013)가[74] 관련 자료 63건을 연구하여 한국학계에 소개하였다.[75] 이 편지들
은 1795년부터 1810년까지 조선의 왜학 역관들이 일본측 상대였던 오다
쿠고로(小田幾五郎 1754~1832)에게 보낸 것이다. 편지를 쓴 조선의 왜학 역관
은 박준한(朴俊漢 1730~1799), 현의순(玄義洵 1765~1845), 현식(玄烒 1762~?) 등이
다. 박준한이 조선어통사 오다 쿠고로에게 보낸 편지(정승혜 2013, 자료번호
41-6)를 인용하여 이들이 쓴 한글 편지의 문체와 그 내용이 무엇인지 알아
보자.

"마침 창의ㅅ 김쳔일의 군듕의 니신튱이란 쟤 이셔 ㅈ쳥ㅎ여 셔울 드러가 젹졍을 탐
디ㅎ고 이 왕ㅈ와 밋 댱계군 황명욱 등을 보고 도라와 닐오더 젹이 강화홀 뜻이 잇더
라 ㅎ고 왕ㅈ의 셔간과 명욱 등의 장계롤 뵈니 그 장계 두 본이 이셔 진본은 언문으로
바르 격듕 ㅅ졍을 벗겨 ㅈ시 긔록ㅎ고 가본은 젹의 니ㄹㄴ더로 쓰니" (後略) (재조번방
지 권5, 1a-1b)

74) 아래 내용과 편지의 본문은 정승혜 교수의 논문에서 인용하였다.

75) 이 편지들은 대마도의 나가사키 현립 대마민속자료관(長崎 縣立 對馬歷史民俗資料館) 종
가문고(宗家文庫)에 소장되어 있다. 정승혜(2013)에는 오사마사노리(長正統 1978)가 이
미 소개했던 조선역관의 편지 8건에 대한 언급도 있다. 이 8건과 정승혜 교수가 소개
한 63건을 합치면 모두 71건의 편지가 역관 사이에 오간 것이 된다. 長正統(1978), 倭學
譯官書簡よりみた易地行聘交涉, 『史淵』 115, 九州大學文學部, 95-131.

〔표 1〕 왜학 역관 박준한이 조선어 통사 오다 쿠고로에게 보낸 편지

幾五郎 公前 上

夜來 平安ᄒ신 일 아옵고져 ᄒ오며 僕은 시방 올나가오니 再明早〃 下來ᄒ
오려니와 舊舘守公 入歸에 多少辭緣은 公이 다 居間ᄒ여 잘 ᄒ여거니와 明春
에 긔별 出來 時 뉘가 오올지 僕 上去ᄒ여 凡事을 隨事 周旋ᄒᆯ 道理가 잇셔야
ᄒ게 ᄒ여ᄉ오니 이 말ᄉᆞᆷ을 從容이 舊舘守게 ᄌᆞ시 ᄒ셔야 이ᄂᆞᆫ 當身이 周旋
ᄒ여 주실 일이오니 今明間 從容이 ᄒ시고 僕이 措手之道ᄅᆞᆯ ᄒ게 ᄒ시며 ᄯᅩ
ᄂᆞᆫ 凡事가 彼此에 次次 順成ᄒ여 가올 제면 舊舘司게셔 부디 修聘使로 나오셔
야 어근날 일이 업ᄉ올 거시오 그리ᄒ여야 僕도 凡事의 相議ᄒ온 디로 ᄒ게
ᄒ여ᄉ오니 修聘使로 나오시게 再三 말ᄉᆞᆷ ᄒ쇼셔 이ᄂᆞᆫ 大關節이옵기로 다시곰
ᄒ오니 僕의 措手之道ᄂᆞᆫ 公이 周旋ᄒ시라 舊舘司게 ᄒ올 거시오 舊舘司 入歸
ᄒ게 周旋ᄒ시기의 잇ᄉ오매 이리 再三 當付ᄒᄂᆞ이다 보시고 즉시 업시 ᄒ옵

十月 十八日 士正

현대역

밤사이 평안하신 줄 압니다. 저는 지금 올라가오니 글피 일찍 내려오려 하
거니와 구(舊)관수공 입귀(入歸)의 다소사연은 공께서 다 거간하여 잘 하였거
니와, 내년 봄에 기별이 내려올 때 누가 올지 제가 올라가서 범사를 일에 따
라 주선할 도리가 있어야 하겠사오니, 이 말씀을 조용히 구(舊)관수께 자세
히 하셔야 하고 이는 당신(當身)이 주선하여 주실 일이오니, 금명간 조용히
하시고 제가 손을 쓸 수 있게 하시며 또 범사가 피차에 차차 순조롭게 이루
어갈 때면 구관사께서 부디 수빙사(修聘使)로 나오셔야 어긋날 일이 없을 것
이고 그리하여야 저도 범사에 상의한 대로 하겠사오니, (구관사가) 수빙사로
나오시게 재삼 말씀하십시오. 이는 요점만 말씀드리는 것으로 다시 말씀드
리오니, 제가 손을 쓸 수 있는 길은 구관사께 공이 주선하시라 할 것이고(공
이 구관사께 말해서 주선하실 것이고), 구관사가 입귀하게 하는 것은 (공이)
주선하시기에 있사오니 이리 재삼 당부합니다. 보시고 즉시 없애십시오.

10월 18일 士正

이 편지에는 두 사람이 서로가 손을 빌려 도운 일[揩手之道]이 있었고, 내년 봄에 오는 수빙사로 부산의 왜관에 근무한 적이 있었던 구관사(舊舘司)가 올 수 있도록 주선해 달라고 청하는 내용이 있다. 개인적으로 보낸 은밀한 편지인지라 본문 끝에 "보시고 즉시 업시ᄒᆞᆸ"이라고 당부해 놓았다. 조선의 왜학 역관은 조선과 일본 간의 협정 등을 원만히 진행하기 위해 일본 측 실무자인 조선어통사가 사사로운 언문 편지를 주고받으며 정보를 교환하였다. 그러나 이런 일을 진행하는 도중에 문서를 날조하거나 뇌물을 받은 죄상이 드러나서 왜학 역관 박준한, 박치검, 김한모 등이 처벌받은 일도 있었다(정승혜 2013).

조선의 왜학 역관들과 일본의 조선어통사들은 그들만의 비밀을 지키기 위해 한문이 아닌 언문 편지를 주고받았다. 언문 편지가 한문 편지보다 보안 유지에 적합했기 때문이다. 위 편지의 문체는 한자어가 상당히 많이 들어간 국한혼용체이다. '再明早早', '多少辭緣', '揩手之道'와 같은 한문 숙어까지 들어가 있다. 이는 가족 간에 주고받은 언간에 한자 표기가 드문 점과 비교해 볼 때 문체상의 차이가 크다. 왜학 역관이 일본인 조선어통사와 주고받은 편지들은 한문에 익숙한 남성 지식인이 쓴 것이어서 편지 문장에 한자와 한문 성구가 많이 섞여 있다.

황문환(2015 : 31-33)은 청나라와의 외교에서 조선의 관리가 언문 편지로 조정에 보고한 사례를 밝힌 바 있다. 1796년 동지부사 이형원(李亨元)이 의주부윤 심진현(沈晉鉉)에게 언간을 보냈다. 한문으로 쓰면 기밀이 누설될까 봐 언문으로 썼으니, 받는 즉시 한문으로 번역하여 조정에 전달하라고 당부했다. 이 언간이 한문으로 번역되어 승정원에 보고된 사실이 조선왕조실록 기사에 올라 있다.

박부자·황문환(2019)은 청나라 사신으로 간 조선의 관리들이 중국 황제의 동향(이동 경로, 신상 변화)와 중국 측 칙사의 일정, 조선의 요구에 대한 중국 측의 태도, 중국의 정세 등을 언문 장계[諺狀]로 조정에 보고한 사실과 그 내용을 밝힌 바 있다. 사신들이 언문으로 작성한 까닭은 기밀 유지를 위한 것이다. 박부자·황문환(2019 : 266)은 비변사등록(1860.2.10)의 기록을 찾아내어 당대 사람의 증언을 제시했다. "사신이 관소(館所)에 머물러 있을 때 혹시 諺書로 몰래 보고하는 경우가 있는 것은 대개 우리나라에 시급하게 꼭 전달하여야 하는데, 저쪽 나라에서 꺼릴 만한 경우입니다."라고 한 내용인바, 언서로 작성하여 비밀을 지키려 했음을 보여 준다. 사신이 쓴 언문 별단(別單)은 나라의 정식 외교 문서는 아니지만 공적 외교를 수행하는 과정에서 나온 것이므로 언문의 공적 사용으로 간주한다(김경록 2006 : 211-212, 박부자·황문환 2019 : 264).

중국에 간 사신의 정세 보고서를 언문으로 작성하여 조선으로 보내고, 이 것을 받은 의주부윤이 이두문으로 번역하여 조정에 보고했다. 그 후 고종 연간에 언문 장계가 더러 있었다는 보고가 승정원일기, 비변사등록, 일성록 등에서 확인된다(이현희 2015 : 50-51). 이보다 앞서 연암 박지원(1737~1805)이 북경에서 보고 들은 것을 서술한 글에서 언문 장계의 필요성을 말한 바 있으니, "내 생각에는 저들의 정세에 대해서 허실을 논할 것 없이, 장계 끝에 붙여 아뢰는 글은 모두 언서로 써서 장계가 도착되는 대로 정원(政院)에서 다시 언역(諺譯)하여 올림이 좋을 듯싶다."76)라고 하였다.

3.6. 이서가 공무로 쓴 한글 편지

지방 관아의 이서(吏胥)가 쓴 한글 편지는 희귀한 것인데, 필자가 얻어 본 사례를 여기에 소개한다. 아래 사진은 경주인(京主人)으로 서울에서 복무했

---

76) 연암의 이 글은 『연암집』 권14 별집, 「열하일기」에 실려 있는 것인데, 이현희(2015 : 51-52)에 인용되어 있어서 필자가 참고하였다. 이현희·후쿠이 레이(2013)는 일본 통신사 일행으로 다녀온 원중거(1719~1790)의 「승사록」(乘槎錄)에 언문 편지로 쓰는 것이 비밀 유지에 별 효과가 없으니 진서 편지를 씀이 마땅하다고 말한 내용을 소개한 바 있다.

던 예천군 아전 이인채(李仁采)가 그의 상전에게 보낸 한글 편지77)다. 경주
인은 경저리(京邸吏)라고 부르기도 하는데, 지방의 군현 관아에서 세납과 공
물 등의 업무 처리를 위해 서울에 파견했던 아전이다. 이인채가 쓴 편지에
스스로 '경주인'(京主人)78)이라 자칭하고 있다.

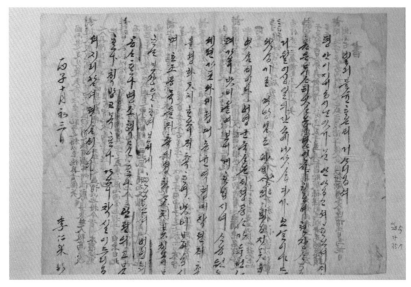

〔그림 5〕 서리 신분의 이인채가 그의 상전에게 보낸 한글 편지

이 편지의 말미에 '丙子 十月初三日 李仁采 頓拜'79)(병자 시월 초삼일 이인채
돈배)라고 연월일 및 발신자 이름을 써 놓았다. 여기에 나온 '丙子'년은 1756

---

77) 이 편지는 백두현(2015a)에서 간략히 소개한 바 있다. 필자가 본 「이인채언간」은 모두
   7매이고, 이두문으로 쓴 고문서까지 도합 12매로 구성되어 있다. 이 문서들은 폐기된
   후 배접지로 사용된 것을 떼어낸 것들이라 상태가 온전치 않다. 좌우에 잘려나간 부
   분, 앞뒤 종이를 붙여 버린 것 등이 있다. 아래에 보인 언간은 상태가 가장 온전한 것
   이다. 「이인채언간」과 관련 문서의 내용은 별도의 단행본에서 소개할 예정이다.
78) 경주인은 지방에서 서울로 오는 관리들에게 숙소와 음식을 제공하고 군역 복무로 서
   울에 오는 지방민의 신변을 관리하였다.
79) 위 사진에서 끝 글자 '拜'가 나타나 있지 않다.

년이다. 이인채가 쓴 이두 문서도 함께 있는데, 그 말미에 '京主人 李仁采 告目'(경주인 이인채 고목)이라고 발신자를 명기해 놓았다. 고목(告目)이란 하급 자가 상급자에게 올리는 편지이자 문서로서, 상급자가 내린 배자에 대한 회답 편지에 해당한다. 이 문서들은 서리 신분의 중인이 양반 상급자에게 한글 편지를 쓴 실물 증거이며, 한글 편지가 직무와 관련하여 계층 간의 소통 매체로 기능했음을 알려 준다.

「이인채언간」에는 서리가 상전에게 업무상 처리해야 할 용건을 써 놓았 다. "어영군(御營軍)이 죽어서 정공사(鄭公事)[80]가 두 번이나 내려가오니 바삐 올려 보내게 하오소서. 사옹원에 내야하는 세전(稅錢) 포목과 세청 대종 균 역청에 바치는 미작전(米作錢) 재촉이 성화이오니 그쪽에 재촉하여 바삐 보 내오소서. 호조에서도 공록의 재촉이 성화같이 보채지만 못 바친다는 보고 문서[報狀]를 작성해 보내소서. 어영청에 보내는 공사(供辭) 하나, 병조에 보 내는 자문[尺文] 하나, 안전에 올리는 고목(告目) 하나, 책방(冊房)에 보내는 고 목이 가오니 착실히 받으오소서."라는 내용이 있다. 이 내용은 균역청과 호 조 등에 바치는 세금에 관한 일과 어영청과 병조에 보내는 문서 처리에 관 한 것이다. 서리 신분의 이인채는 중앙과 지방의 문서 연락과 공물 상납 등 부세 상납을 주선하는 경주인(京主人)으로서의 일을 처리하였다. 이 편지 에 나오는 사옹원, 균역청에 내는 세금 일이 바로 그의 직무였을 것이다. 그가 쓴 다른 편지에 '녀천', '금당실 박싱원', '금당 朴生員 평셔 답장을 밧 비 맛다 보내오되' 등과 같은 내용이 나온다. 이 내용들은 서울에 머물면서 예천군의 경주인으로 일한 이인채의 직무를 보여 준다. 「이인채언간」은 공 무(公務) 처리한 내용을 한글로 적은 것이라는 점에서 그 가치가 특별하다.

---

80) 정공사 : 정씨 성을 가진 공사(公事).

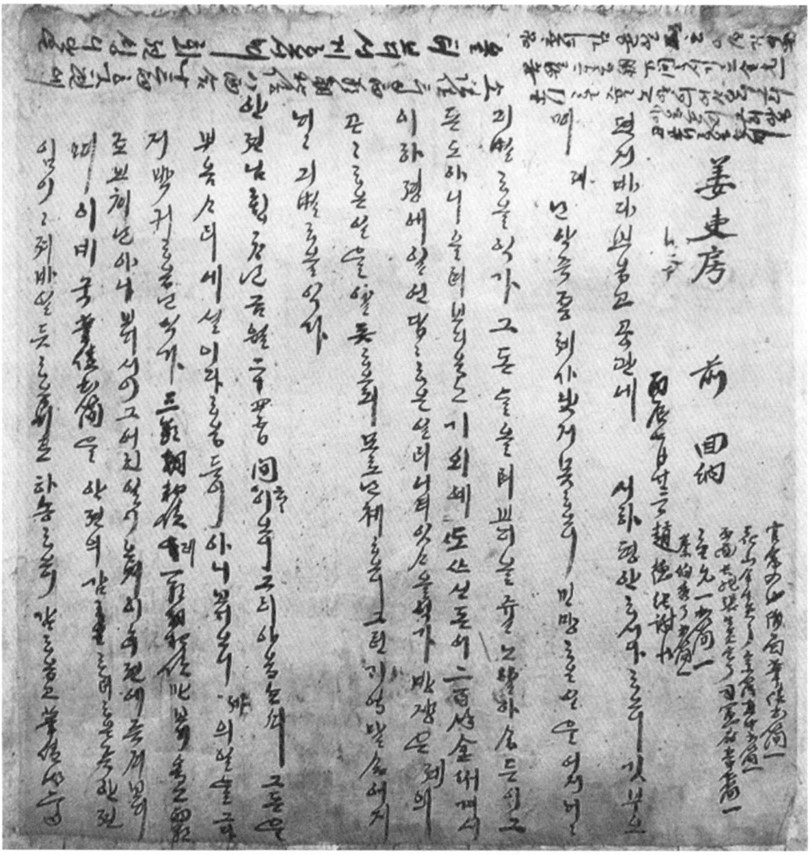

〔그림 6〕 병진년 8월 27일에 조덕순(趙德純)이 강이방(姜吏房)에게 보낸 편지
한옥션 제135회 현장경매 출품 자료(2018.5.5.) www.hanauction.com

고을의 이방(吏房) 간에 주고받은 또 다른 언간[81]이 있다. 발신 기록은 '丙辰 七月 卄三日 趙德純 附'이고, 수신자는 '姜 吏房'으로 되어 있다. 또 다른 한 장에는 발신 기록에 '丙辰 八月 卄三七日 趙德純'이 있고, 수신자는 역시 '姜 吏房'이다. 이 편지에는 "이 형방 편지 지ᄒᆞ여숩더니 보시온지" 등으로 이어지는 구절이 있다.[82] 이방과 형방 등 고을 관아의 서리들

81) 이 편지는 2매인데 2018년 5월에 대구 한옥션 경매품으로 나온 적이 있다.

간에 언문 편지가 왕래했음을 보여 주는 문구이다. 이 편지의 한글 표기와 언어로 보아 발신 기록의 '丙辰'은 1856년으로 판단한다.

중앙 관서의 중인에 해당하는 서리(書吏)가 언문 편지를 쓴 기록들은 조선왕조실록의 여기저기에 나타나 있다. 예컨대 광해군 6년의 병조에 소속된 서리 서응상(徐應祥)이 대비전의 나인들과 주고받은 언문 편지 한 통이 국청에 내려져 수사의 대상이 되기도 했다.[83] 실록 기사에는 이런 내용이 적지 않아서 일일이 기술하지 않았다.

4. 백성이 주체가 된 상향적 소통
: 언문 진정서(陳情書), 투서(投書), 벽서와 격문

조선시대의 백성들은 억울하거나 긴요한 일이 있을 때 임금에게 상언(上言)[84]하거나 관청에 소지(所志=진정서 혹은 청원서)를 올려 호소했다. 오늘날 전하는 고문서 중에 언문 상언이나 소지 등의 청원서 자료가 간혹 발견된다. 상언은 백성들이 개인적 처지나 억울한 사정을 임금에게 호소하여 민원 해결을 시도한 진정서의 일종이다. 이런 점에서 상언은 하의상달을 위한 소통의 수단으로 드물게나마 쓰였다.

임금이 백성들에게 내린 한글 교서(=윤음)는 위에서 아래로 향한(上意下達) 일방적 소통이다. 그러나 아래에서 위를 향한 하의상달(下意上達)에 해당하는 상언이나 소지는 그에 대한 답서가 내려졌으므로 쌍방적 소통이라 할

---

82) 이 편지의 후반부 사연에 "칙방의셔 돈을 드리라 ᄒ셔도 상양 ᄒ셔 ᄒᆞᆸ고 진작은 드리지 마르시고 ᄉ셰을 보아 거힝ᄒᆞᆸ쇼셔"라는 내용이 있다. 이방들 간 실무적인 일을 한글 편지를 통해 의논했음을 보여 준다. 이 편지에도 일부 결락이 있다.

83) 광해 6년 1월 7일 기사.

84) '上言'은 사사로운 일로 신하나 백성이 임금에게 올리는 글을 가리킨다. 이를 상서(上書)라 부르기도 하는데 조선왕조실록에는 조정의 관료나 지방 관료가 올린 상언 기록이 많고, 일반 백성의 上言 기록은 훨씬 적다.

수 있다. 조선시대의 아래에서 위를 향한 소통에는 몇 가지 방법이 있었다. 청원서에 해당하는 소지(所志)나 상언과 같은 문서 제출이 전형적 예이다. 특별한 경우 신문고(申聞鼓)나 격쟁(擊錚)과 같은 직접적 행동으로 하의상달하는 제도도 있었다. 신문고와 격쟁은 행동한 이후에 신고자가 구금되는 등의 힘든 절차를 거쳐야 했기에 위험 부담이 큰 것이었다.

4.1. 관아에 낸 언문 진정서

조선왕조실록에는 여성들이 관아에 진정(陳情)한 언문서 관련 기록이 여러 곳에 나타나 있고 그 내용도 다양하다. 백두현(2013 : 145-147)은 훈민정음 창제 이전과 조선 초기에 여성들이 제출한 문서에 이두가 쓰인 사례를 검토한 바 있다. 언문서(언문 단자, 언문 원정, 언문 발괄 등)와 관련된 조선왕조실록의 기사를 통해 하의상달(下意上達)의 소통 방식에 훈민정음이 어떤 역할을 하였는지 검토해 보자.

1) 여성들이 관아에 낸 언문서

명종의 후궁이었던 신숙의(愼淑儀)가 떠돌아다니다가 충청도 아산에 기거하며 근근히 생명을 부지하였다. 마침 왕명을 받든 관리가 이 고을을 지나갈 때, 언문서를 바쳐 굶주림을 호소했다. 이 사실이 선조에게 보고되어 신숙의를 방치한 아산 현감 권유가 파직되었다.[85] 신숙의가 궁중생활에서 배운 언문을 활용하여 생도(生道)를 얻은 것이다.

소현세자의 제3남 경안군(慶安君) 이회(李檜)에게 나이 들도록 장가들지 못한 아들 이엽이 있었다. 경안군의 처 허씨가 아들 이엽의 혼사를 성사시켜 달라고 종부시에 언서 단자를 올렸다. 허씨가 적성(積城)에 사는 홍구서(洪九

---

85) 선조 26년 7월 11일 기사.

제1장 사회적 의사소통 매체로 기능한 훈민정음 201

斂의 딸을 며느리로 맞이하기 위해 구혼했으나 홍구서가 거절하였다. 경안 군의 처 허씨가 종부시의 힘으로 홍구서를 강제하여 혼사가 성사되도록 해 달라고 청한 것이다. 왕실의 힘을 업은 종부시에서 홍구서에게 청혼 수락 을 강요했으나, 홍구서가 다시 거절했다. 이에 사헌부가 나서서 홍구서를 잡아들이도록 한 사건이 실록에 기록되어 있다.[86] 왕실의 권력으로 장가 못 간 아들을 양가의 처녀와 강제 혼인시키려고, 경원군의 처가 나서서 언 문 청원서를 냈던 것이다. 왕실 여성이 낸 언문 청원서인지라 이에 대한 비판은 실록에 나타나 있지 않다.

숙종 대에 참판(參判)을 지낸 이단석(李端錫)은 청백리로 이름난 사람이었 다. 그가 죽은 뒤 굶어 죽을 지경에 이른 그의 처가 언문 단자(單子)를 올려 생계의 급박함을 구제해 달라고 청원하였다. 이유(李濡)가 그 정상의 가련함 을 들어 진휼청으로 하여금 금년을 기한으로 매달 쌀 1곡(斛)씩을 지급하게 하도록 청하였다.[87]

숙종 14년(1688)에 송시열의 제자이자 여러 관직을 두루 지낸 이상(李翔) 이, 천안(天安) 사람 유두성(柳斗星)과 그의 계모가 정을 통했다고 고발하는 상소를 올렸다.[88] 이 사건의 조사가 진행되는 과정에 피고 유두성의 누이 유두임은 그 지아비와 시아버지가[89] 연루되어 죽을 지경에 이르자, 지아비 를 변호하는 글을 감영에 올렸다. 이때 이상(李翔)이 유두임을 사주하여 오 빠 유두성과 계모의 패륜적 음행을 증언하는 거짓 언문서를 내게 하였다. 이에 사헌부에서 딸이 어머니의 음행을 증언한 것은 강상 윤리에 어긋나니 엄히 다스려 달라고 청하였다.[90] 유두임이 오빠와 계모의 음행을 거짓으로

---

86) 숙종 10년(1684) 10월 27일 기사.
87) 숙종 25년 4월 3일 기사.
88) 숙종 14년 5월 11일 기사
89) 시아버지는 유세귀(兪世龜)이고 남편은 유상일(兪相一)이다. 숙종 15년 4월 18일 기사.
90) 숙종 14년 11월 25일 기사. 이 기사에 유두임이 언문서를 낸 행위를 '諺書呈狀'이라고 표현해 놓았다.

적은 문서는 이상의 지휘를 받은 이대헌(李大憲)이 쓰고, 최재령(崔再齡)으로
하여금 이 언문서를 유두임에게 전했다. 유두임이 이 언문서를 갖고 순찰
사에게 가서 호소했으나 받아들여지지 않았다. 이에 이상이 한문 문서를
다시 유두임에게 주어 순찰사에게 제출케 했으나 유두임이 이를 따르지 않
았다.91) 복잡하게 얽힌 이 기사는 양반가 여성이 언문서를 관청에 제출한
사실을 보여 주며, 언문서가 받아들여지지 않자 다시 한문 문서를 작성하
여 제출케 한 사실이 나타나 있다. 이는 언문 청원서의 효력이 없었음을
보여 준 사례이다.

역모에 연루된 이과(李顆)가 처벌을 당해서 죽고, 그의 어미 철비(鐵非)는
노비로 격하되었다. 철비가 종실의 딸임을 내세워 면천(免賤)해 달라는 언문
서를 관아에 제출했다. 해당 관아에서 "철비는 언문으로 상언을 올려(諺모上
言) 지극히 무례하고, 또한 그 소원도 들어 줄 수 없는 것이니, 추고(推考)하
여 죄를 다스리시기 바랍니다."라고 하니 철비는 언문서를 올렸다는 죄목
으로 다시 처벌당했다.92) 철비는 원래 노비가 아니라 종실 여성이어서 언
문을 배울 수 있었다. 언문서를 내어 면천을 청했으나 면천은커녕 언문으
로 상언함이 무례하다 하여 처벌을 받았다. 여성의 언문 상언이 엄격히 통
제되었음을 보여 준 사례이다.

판관(判官) 유정기(兪正基)가 첩을 들인 후 후처(後妻) 신태영(申泰英)을 내치
려고 죄상을 만들어 이혼을 청하였다. 옥에 갇힌 후처 신태영이 남편 유정
기의 모함을 드러내는 언서(諺書)를 지어 바쳤다. 이 언서에 적은 글의 길이
가 수천 마디에 이르렀고(縷縷數千言), 전처 자식 유언명의 죄상을 지극히 잘
형용하여 썼다고 했다. 신태영이 바친 언서를 한문으로 번역하여 읽어보니

---

91) 숙종 15년(1689) 4월 18일 기사. 사건 조사 결과 이상(李翔)이 유두성의 토지를 빼앗고
   자 벌인 모함임이 밝혀졌고, 이상은 수사 진행 도중에 옥중에서 이질에 걸려 죽었다
   (숙종 16년 1월 19일 기사). 거짓 언문서를 낸 유두임도 벌을 받아 죽음을 당했다(숙종
   16년 1월 5일 기사)
92) 중종 4년(1509) 9월 11일 기사.

글에 조리가 있어 여인이 쓴 것일 수 없다고 하며 어느 문사(文士)가 대신 구성해 준 것이라고 하였다.[93] 신태영의 언문 문장력이 뛰어났음[94]을 짐작할 수 있다. 여기서 주목되는 점은 여성이 써 바친 언문서를 관청에서 한문으로 번역하여 읽고, 해당 사건을 처결했다는 사실이다. 언문서의 접수를 금지했기 때문에 한문 번역 절차를 거쳐 공무를 처리한 것이다.

진사 유석기(兪碩基)가 아내 윤씨와 혼인하여 아들 유언성을 얻고 난 후에 윤씨를 쫓아냈다. 유석기가 죽자 윤씨가 돌아와 상복을 입고 빈청에서 곡을 했다. 이에 유석기의 이모부 심익겸이 윤씨가 입은 상복을 빼앗고 집에서 쫓아냈다. 쫓겨난 윤씨가 통곡하며 죽은 남편 무덤에 가서 언문 유서를 써서 나무에 걸어두고 자결해 버렸다. 이 사건이 조정에 알려져 사건화되었고, 판관의 처결에 따라 심익겸과 유씨 집안의 어른 유명겸을 잡아다가 심문하고 하옥하였다.[95] 윤씨가 죽으면서 남긴 언문 유서가 관청에 낸 청원서 기능을 했던 것이다.

이밖에도 조선왕조실록에는 언문서 관련 기사가 더러 발견되지만 문서를 낸 이들은 대부분 양반층 여성들이다. 평민층 이하 사람들이 낸 언문 청원서도 드물게 발견된다. 백두현(2005)의 제3절 '한글 고문서를 통해서 본 조선시대 여성의 문자생활'에서 여성이 제출하거나 작성 주체가 된 고문서를 소개한 바 있다.[96] 소개한 고문서 목록 중 '김소사(金召史)가 부안 군수에게 낸 양자 입안 청원서', '포곡면 수하동 박소사(朴召史) 백활(白活=발괄)'은 하층민(아마도 양인 신분)이 작성 주체인 문서이다. '召史'는 양인 신분의 여

---

93) 숙종 31년(1705) 9월 12일 기사. 이 부분의 원문은 "翻讀成文, 翻讀成文, 皆有條理, 有若文士構成者然 女人所對, 決不如是"이다.

94) 비첩(婢妾)을 들인 남편 유정기가 아내 신태영을 내치고 이혼하려는 음모에 맞서 싸우는 신태영의 모습으로 보아, 신태영은 총명하면서도 처사에 강단 있는 사람이 틀림없다. 유정기는 재차 이혼 소송을 제기했으나 끝내 성공하지 못했다. 숙종실록에 신태영의 이혼 문제를 논한 기사가 9건이나 실려 있다.

95) 숙종 27년(1701) 4월 25일 기사.

96) 백두현(2005)의 글은 본서 제4부 제2장에 실려 있으니 참고하기 바란다.

성에게 붙는 명칭으로 '조시-조이'로 읽었다. 소개한 고문서 중에 '사비(私婢) 분례의 전답 매매 명문'은 천인 비녀(婢女)가 작성 주체로 되어 있다. '검史', '私婢'가 작성의 주체로 나타나 있지만 이들이 직접 쓴 문서는 아닐 것으로 본다. 필집(筆執)이 썼거나 문서를 대필 작성해 주는 사람의 도움을 받았을 것이다.97)

국립한글박물관에는 조선의 여성들이 관아에 낸 한글 청원서의 실물 몇 개가 소장되어 있다. 이이명(李頤命)의 처 김씨 상언, 해평 윤씨가 1861년에 문경현감 유치량(兪致良)에게 올린 「해평 윤씨 부인 한글 원정」,98) 1877년에 충청도 청주 인근에 살았던 박씨 부인이 고을 사또에게 올린 「박씨 언단」 등이 있다. 뒤의 두 문서는 모두 출가한 부인이 친정댁 산소 묏자리 문제를 해결해 달라고 진정한 청원서이다. 이와 유사한 언문 청원서 사례가 한국학중앙연구원에서 간행한 『고문서집성』, 여러 대학의 고서실, 개인 소장자 등 곳곳에 흩어져 있다. 이 언문 청원서들은 19세기 후기의 지방 사회에서 여성의 언문서 제출이 엄격하게 통제되거나 금지된 것이 아니었음을 보여 준다.

2) 언문 청원서를 접수한 관리를 문책함

앞에서 양반층 부녀자들이 언문 청원서를 낸 몇 가지 사례를 보았다. 그런데 부녀자가 낸 언문 단자를 접수했다는 이유만으로 의금부 관원이 탄핵 당한 사건이 광해군일기에 나온다. 이홍로(李弘老)의 처 기씨(奇氏)가 언문으로 쓴 단자를 의금부 당직청에 올리자 의금부에서 부득이한 사정을 감안하여 이를 접수하였다.99) 그러나 닷새 뒤에 의금부사 이시언(李時彦)과 동지사

---

97) 한문과 한글을 배우지 못한 평민층 이하의 사람들은 신문고를 두드리거나 징을 쳐서 [擊錚] 관청에 호소하는 청원 방식이 제도적으로 존재했지만 이는 위험 부담이 아주 큰 행위였다.

98) 이 문서는 김유범 교수가 2015년 7월 24일에 열린 국립한글박물관 소장 자료 강독회에서 자세하게 분석하여 소개한 바 있다.

최렴(崔濂) 등이 이홍로의 처가 언문으로 상언한 것은 전례가 없는 일이며, "상언은 지극히 중대한 일이므로 터럭만큼이라도 법에서 벗어난 일을 용납해서는 안 되고 언서(諺書)의 출납은 일이 매우 외설스러울 뿐만 아니라 또한 후일의 폐단이 있을까 싶다."라고 하며 의금부 관리들이 스스로 죄를 청했다. 그러나 임금(광해군)이 이를 받아들이지 않았다. 이어서 엿새 뒤에 사간원 관리들이 다시 계를 올려 "상언하는 규례가 법전에 실려 있으므로 비록 억울한 일이 있다고 하더라도 계속하여 올릴 수 없는 법입니다. 더구나 예로부터 있지 않았던 언서(諺書)로 하는 경우이겠습니까. 그러므로 지난번에 죄를 받아 죽은 이홍로의 처 기씨가 함부로 언서로 상언하였을 때, 금부의 관원이 마땅히 도리에 의거하여 물리쳤어야 했는데 감히 받아들였는가 하면, 또 이어서 이에 대한 변명까지 하였으며, 정원에서도 일의 전례를 돌아보지 않은 채 흐리멍덩하게 입계하였습니다. 이러한 일이 한 번 있게 되면 뒷 폐단을 바로잡기 어려우므로 세상의 여론이 더욱 괴이히 여기고 있습니다. 금부의 당상과 색낭청 및 색승지를 파직시키고, 그 언문 상소는 다시 돌려주도록 하소서."라고 청하였다. 임금이 답하기를, "부인의 도리에 있어서 언서로 상언하는 것이 무슨 지장이 있겠는가. 더구나 대신을 신원(伸冤)하는 일과 관계가 있으니 금부와 정원에서 어찌 받아들이지 않을 수 있었겠는가. 이것은 일상적인 법규로 개괄하여 논해서는 안 될 것이니, 이에 대해 논한 바는 지나치다고 하겠다. 윤허하지 않는다."라고 말했다.[100] 상언의 문서 작성 규례가 법률로 정해져 있었으며, 언서 상언은 금지되어 있었음[101]을 이 기록이 증언한다. 조정의 관리들이 언문서 접수에

---

99) 광해 2년(1610) 5월 5일 기사.

100) 광해군일기[중초본] 29권, 광해 2년(1610) 5월 16일 기사. 答曰 : "爲同氣訟至冤, 而且有自明之事, 則其在婦人之道, 以諺書呈上言, 有何所妨? 況係大臣伸冤之擧, 則禁府、政院安得不捧? 此不可槪論以常規, 所論過矣".

101) 조선시대의 관문서에 쓰는 문자에 대한 규정은 『경국대전』 권3 禮典의 「用文字式」에 있다. 이 조항에 각종 공문서 양식이 예시되어 있으나 모두 한문 혹은 이두문을 쓰도

매우 민감하게 반응하며 이를 뿌리 뽑으려 한 태도가 이 기사에 나타나 있다. 부인의 언문 상언을 접수한 의금부 관원을 처벌하라는 요구까지 하였다. 그러나 부인의 도리로 언문 상언을 한 것은 법률로 다 따질 수 없다고 하며 광해군이 사간원의 요청을 물리쳤다. 관리들과 달리 임금은 여성의 언문 상언을 너그러이 관용하는 모습을 보여 주었다.

이 사건은 금전 차용 관련하여 언문 증서를 금지한 숙종 1년의 수교(受敎)102) 이전에 이미 관청에서 언문서를 접수하지 못하도록 하였음을 알려 준다. 이 기사는 관청에서 언문서를 접수하지 못하도록 함으로써 언문이 공문서의 문자로 들어오는 것을 막으려 했던 양반 지배층의 언문 차별 태도를 보여 준다.

그런데 영조실록(1725년 5월 9일 기사)에 이이명(李頤命 1658~1722)의 처 김씨가 상언을 하였고 그 내용이 한문으로 번역되어 실려 있다. 김씨가 올린 두 번째 상언 문서가 국립한글박물관에 소장되어 있고 주석과 해제를 붙여 소개되었다.103) 김씨의 이 상언 문서는 임금과 특별한 인연이 있는 사건의 관련 인물이 올린 한글 상언의 경우 예외적으로 접수가 허용되었음을 보여 준 사례이다. 왕의 허락이 없었다면 김씨의 상언은 접수되지 않았을 것이다.

4.2. 언문 투서(投書)

'투서'란 드러나지 않은 사실의 내막이나 남의 잘못을 적어서 어떤 기관

록 규정되어 있고, 한글 사용은 아예 언급되어 있지 않다. 공문서에서의 한글 사용은 불문율(不文律)로 금지되었던 것이다(안병희 1985b : 806).

102) 『수교집록』은 이익, 윤자완, 최석정 등이 각 도 및 관청에 내려진 수교와 조례 등을 모아 1698년(숙종 24)에 편찬한 법전이다.(한국민족문화대백과 참조)

103) 국립한글박물관(2014), 『소장자료총서 1 곤전어필 정조어필한글 편지 김씨부인한글 상언』.

이나 개인에게 몰래 보내는 행위나 글을 가리킨다. 한문이나 이두문을 쓸 줄 몰랐던 양민 이하 하층민은 그들의 불만을 글로 써서 알릴 수가 없었다. 그런데 하층민 중의 몇몇은 언문을 깨친 자가 있었다. 불우한 처지의 소외된 양반이나 언문을 깨친 하층민이 쓴 것으로 짐작되는 언문 투서 사건이 조선왕조실록에 여러 건 나타나 있다.

1) 시장 상인의 언문 투서

1485년(성종 16) 7월 17일에 서울 시전의 상인들이 저자를 옮기려는 조정의 방침에 불만을 품고 언문으로 판서와 참판을 비웃고 헐뜯는 글을 써서 호조판서 이덕량(李德良)의 동생 집에 몰래 던져 넣었다.[104] 이 언문 투서는 두 장으로 되어 있었다. 이 글에, 저자를 옮겨 배치한 것은 공도(公道)에서 나온 것이 아니라고 주장하고, 판서는 제 자식을 위해서 하는 일이고, 참판은 뇌물을 받으려고 저자 옮기는 일을 한다고 비난하였다. 판서 이덕량이 임금에게 해명하여 아뢰고, 무거운 물건이 많은 철물전과 면주전(綿紬廛) 상인들이 저자 옮기는 것을 가장 싫어하니, 이들부터 잡아들여 국문하기를 청했다. 의금부가 나서서 관련자를 체포하니 옥에 갇힌 자가 79명이나 되었다. 이들을 국문하는 과정에서 여러 사람이 죽어 나갔으나 주모자는 밝혀내지 못했다. 성종은 시전 상인이 투서하여 무고한 고위 관직자를 헐뜯었으니 풍속을 어지럽히는 일이라고 하며, 잡아들인 혐의자들을 철저히 다스리라고 여러 차례 엄명하고 심지어 친국까지 거론하였다. 두 달이 지난 성종 16년 9월 21일에 의금부에 갇힌 많은 사람 중에 언문을 읽을 수 있는 민시(閔時), 나손(羅孫), 심계동(沈戒同), 유종생(劉從生) 등 16인을 제외하고 나머지 사람들을 모두 풀어 주었다.[105]

이 사건으로 체포되어 옥에 갇힌 자가 79명이고, 이 중에서 16명이 언문

---

104) 성종 16년(1485) 7월 17일 기사.
105) 성종 16년 9월 21일 기사.

을 알았다는 점이 흥미롭다. 시전 상인과 점포에 딸려 일하는 사람들은 양
인 이하의 하층민이다. 노비도 포함되어 있다. 79명 중의 16명은 20.25%의
점유율이다. 언문 문해 비율이 20%에 달한 것은 체포된 자들이 모두 시전
에서 일한 직업과 유관하다. 장사에는 기록이 필요하고 언문이나마 문자를
알아야 하는 특성이 이 점유율에 작용했을 것이다.

이 사건의 기사 내용에 유막동(劉莫同), 유종생(劉從生), 유윤동(劉潤同)이란
삼대의 이름이 나오는데, 유윤동은 유종생의 아들이면서 유막지(劉莫知)의
조카였다. 이 중에서 유종생과 유윤동은 옥에 갇혀 있었다. 투서의 실질적
주모자는 유막지라고 추정되었지만 유막지는 자백하지 않았다. 유막지는
당시의 영사(領事) 노사신(盧思愼) 집에 속한 적이 있었던 노복의 사위이고,
언문을 잘 썼다. 집에 출입하던 노복의 사위(유막지)가 언문을 잘 쓴 사실을
정승 노사신이 기억하고 있었다106)는 내용이 이 기사에 나온다. 유막지의
장인이 노비인 것으로 보아 유막지도 노비였을 것이다. 노비가 언문을 잘
썼다는 사실이 주목을 끈다.107) 이덕량을 비방한 투서를 유막지가 쓴 것으
로 의금부에서는 추단하고 있었다. 유종생과 유윤동은 죄를 승복했으나 유
막지는 중죄를 두려워하여 끝까지 자복하지 않았고, 유막지가 범인이라는
증거는 없었다. 증거를 찾으려고 수십 명을 체포하고 형신을 가했으나 찾
지 못하였다. 지지부진한 수사가 답보 상태에 이르면서 여러 사람이 죽었
고 사건의 진상도 의심스러운 바가 있다고 하며, 의금부 위관과 신하들이

---

106) 노사신이 말하기를, "'유막지(劉莫知)의 부옹(婦翁=장인)이 우리 집의 옛날 종이었기
    때문에 유막지가 우리 집에 출입하였으므로 그를 안 지가 오래이다. 그 사람은 **언문
    (諺文)**을 잘 쓰는데, 어떻게 남에게 빌려 썼겠는가? 이것이 의심할 만한 곳이다.'라고
    했으니 조지서(趙之瑞)가 이 말을 듣고 아뢰었을 뿐입니다." (성종 16년 11월 10일).
    유막지가 언문을 잘 썼다는 노사신의 증언이다. 유막지의 장인이 노사신 집의 노비
    였을 때 유막지가 노사신의 집에 출입했고, 이로써 노사신이 유막지가 언문을 잘 쓴
    사실을 알게 된 것이다.
107) 앞에서 서울 사는 내수사의 노비 윤만천(尹萬千)이 승려에게 언문 편지를 써서 보냈
    다는 기사를 보았다. 중종 34년 5월 21일 기사.

사건의 종결을 건의하였다. 성종은 다음 날 다시 문초하라고 지시하였으나[108] 그 뒤에 이 일이 어떻게 결말 지어졌는지 실록 기사에 나타나 있지 않다. 그러던 중에 사건 연루자인 판서 이덕량이 성종 17년(1486) 5월 7일에 사건의 원인이 되었던 저자 이전을 중단하고 예전처럼 복원토록 하자는 건의를 하였다. 성종은 그 자리에서 이 건의를 수용하지 않았으나 이 사건에 대한 기사가 더 이상 등장하지 않는다. 아마도 유막지 등은 풀려난 것으로 짐작된다. 무고한 사람들만 죽어 나갔고, 저자 이전은 중단되었으며, 범인 색출 조사는 흐지부지 끝나고 말았다.

이 사건에서 우리는 노비의 사위인 유막지가 시전(市廛) 장터에서 장사치 밑에서 일하면서 언문을 쓰고 읽을 수 있었다는 점에 주목할 필요가 있다. 유막지는 그의 능력을 활용하여 시장터가 이전될 때 생기는 불이익에 항의하여 언문서를 투서했던 것으로 보인다. 천인은 양반 선비나 관인처럼 관청이나 왕에게 문서를 올릴 자격이 없었다. 천인 신분인 유막지는 시전 이전을 반대한 상인의 뜻에 응하여 시전 이전을 반대한 언문서를 작성했고, 이를 투서한 것으로 보인다. 시전 상인을 포함한 하층민들에게 하의상달의 소통 통로가 막혀 있으니, 언문 투서와 같은 비상(非常)한 방법을 택할 수밖에 없었을 것이다. 언문이 하층민들을 위한 소통 매체로 쓰였으니, 이는 세종대왕의 훈민정음 창제 목적에 부합되는 사건이었다.

2) 언문 익명서 사건과 언문 금압

연산군 10년(1504년 7월 20일)에 왕의 폭정을 비판하는 익명의 언문 투서 사건이 발생하여 조정이 크게 소란해졌다. 이로부터 연산군이 폐위된 1506년 8월 말에 이르기까지 2년 동안에 언문 투서자를 찾아내기 위한 검거와 형신(刑訊)의 폭풍이 몰아쳤다. 제일 먼저 의녀(醫女)인 개금, 덕금, 고온지가

---

108) 성종 16년(1485) 12월 3일 기사.

의금부에 잡혀가 고초를 당했고, 끌려간 자의 가족과 집안사람들까지 형신을 당했다. 이렇게 당한 사람들의 이름이 연산군일기에 나온다. 그중의 일부를 뽑아 보면 다음과 같다.

■ 연산군 10년(1504)

- 7월 20일 검거 : 의녀(醫女) 개금(介今), 덕금(德今), 고온지(古溫知). 이들의 남편.
- 7월 21일 수사 : 의녀(醫女) 개금(介今), 덕금(德今), 고온지(古溫知)의 집에 있는 편지 압수.
- 7월 21일 검거 : 사노비 만동. 황순(黃純)의 종[婢] 자비(者非)와 황순의 아내의 오라비 유구(柳球). 김세호(金世豪). 강문필(姜文弼). 조성(曹姓). 강선과 그의 아들. 강선의 친척인 강성.
- 7월 25일 검거 : 국무녀(國巫女) 돌비[石乙非]. 돌비의 지아비 도야지(都也之). 사위. 계산(季山). 집안 사람들.
- 7월 27일 검거 : 돌비를 거짓 고발한 올미금[吾乙未金].
- 7월 28일 석방 : 무녀 돌비를 석방함.
- 8월 5일 검거 : 김인령(金引齡)의 종 장안산(張內隱山). 나지(羅知). 만년(萬年).
- 8월 10일 검거 : 변상(邊祥). 이과(李顆). 윤금손(尹金孫).
- 8월 10일 석방 : 만년. 한우.
- 8월 16일 검거 : 정금이(鄭金伊). 은소이(銀少伊). 두대(豆大). 어리니(於里尼)의 동성 삼촌(三寸). 동성 육촌. 이성 사촌.
- 8월 18일 검거 : 어리니의 여종 자근조시.
- 8월 19일 석방 : 정금이·은소이·두대·어리니의 족친을 석방함.
- 8월 20일 검거 : 천안에 사는 김세훈. 김세훈의 버린 아내 막비.
- 8월 22일 검거 : 김세훈. 이사침. 소홍장. 승두추. 소상월(瀟湘月). 조춘매(早春梅). 이성손.
- 8월 23일 검거 : 이원동과 그 연루자 9인.
- 8월 30일 석방 : 변상과 관련자 모두를 석방함.
- 9월 1일 검거 : 기녀와 의녀의 지아비들.

- 11월 13일 검거 : 성중온(成仲溫). 성경온(成景溫). 한보(成韓堡).
- 11월 18일 검거 : 죄 지은 자의 자제들.
- 11월 18일 석방 : 투서 죄로 옥에 갇힌 이과(李顆)가 상소하여 풀려남.

이것은 1504년 7월 20일부터 11월 18일까지 불과 4개월 동안에 잡혀와 국문을 당한 사람들에 관한 기록이다.[109] 이후에도 실록 기사에는 연산군이 왕위에서 축출되기 직전까지 언문 익명서에 관한 수사 기록과 국문을 당한 사람들의 이름과 족친들에 대한 기사가 더 있다.[110] 잡혀와 형신을 당한 사람들의 이름에서 알 수 있듯이, 이들은 대부분 천인이거나 양인 신분의 하층민들이다.[111] 이 사건이 1504년에 일어났으니 훈민정음 반포 후 58년이 된 해이다. 약 반세기 만에 한글은 서울의 궁궐 주위에 살던 하층민에게 전파되었음을 이 사건의 기록이 말해 준다.

조선왕조실록에서 '익명서'란 낱말을 검색해 보니 총 582건이 나타나고 그중 연산군 때의 빈도가 101건에 달한다. 연산군이 이 익명서 사건을 얼마나 중시하고 범인 검거에 집착했는지 짐작할 수 있다. 그러나 연산군의 광란적 수사에도 불구하고 끝내 익명서 투서자는 밝혀내지 못했다.[112] 연산군 대의 언문 투서 사건은 백성들이 한글을 이용하여 왕의 실정을 비판했다는 점에서 역사적 의의가 있다. 정치적인 의사소통 수단으로 한글을 이용한 전형적 사례라 할 수 있다.

---

109) 위에서 '검거'라고 표시한 것은 구금, 고문, 형신(刑訊) 등을 포괄한 용어이다.
110) 의금부는 한글을 아는 자에게 언문을 쓰게 하여 필체를 대조하였다. 조금이라도 의심이 가는 자까지 잡아들여 형장을 받게 하니 감옥에 억울한 사람들이 가득 차고 죽어 나간 자가 많았다. 연산 10년(1504) 7월 22일에는 언문 구결 달린 책을 불사르고, 한어(漢語)의 언문 번역을 금하기도 했다.
111) 양반이 확실한 인물로 이과(李顆)가 있다.
112) 연산군 대의 언문 익명서 사건은 한글의 확산에 부정적 영향을 미쳤을 수 있다. 그러나 사건 진행 기간이 단기간(3년)에 종결되었기 때문에 그리 큰 영향을 준 것은 아닌 듯하다.

4.3. 언문 벽서(壁書)와 격문

1) 국정을 비난한 언문 벽서와 선동 격문

언문서가 개인적 차원에서 관아에 제출된 한글 문서이나 언문 벽서는 사회적 차원에서 공개된 한글 문서이다. 그리하여 언문 벽서의 사회적 영향력이 훨씬 크다. 최초의 언문 벽서 사건은 세종 31년(1449) 10월 5일에 영의정 황희가 물러나고 하연(河演)을 영의정으로 삼은 기사에 나타나 있다. 황희는 20년 동안 재상에 있으면서 명재상이란 평을 들었음에 비해, 하연은 민간의 일을 가혹하게 다루었다. 게다가 노쇠하여 일 처리에 착오가 많았기에 어떤 사람이 언문으로 벽서하기를, "하정승(河政丞)아, 또 공사(公事)를 망령되게 하지 말라"라고113) 한 사건이 발생했다. 전형적 언문 벽서 사건이 훈민정음 반포 후 3년 만에 발생한 것이다. 이 기사는 하연, 황보인, 남계영 등에게 관직을 제수한 기사의 중간에 끼어 있다. 황희, 하연, 남계영의 인물평을 하면서 하연에 관한 벽서 사건을 언급해 놓은 것이다.114) 언문으로 하연을 비판한 벽서를 쓴 점으로 보아 이 벽서는 양반층이 아니라 양인층 사람이 쓴 듯하다.

영조 28년 4월 23일에, 김재로가 왕에게 익명시(匿名詩)가 나돌며 암암리에 국정을 비방하며 전파하여 말하는 자가 있다고 아뢰었다. 임금이 대답하여 말하기를, "경박한 습성은 저절로 공론의 지탄을 받게 될 것이니, 이는 금령을 내려 금단할 수 있는 것이 아니다. 작년에 온천에 갔을 때에도

---

113) 演苛察, 又老耄, 行事多顚錯, 人有以諺字書壁上曰 : "河政丞且休妄公事"(세종 31/10/5).

114) 인물평에 해당하는 내용은 다음과 같다. "황희는 재상의 자리에 있기를 20여 년에 지론(持論)이 너그럽고 후한데다가 분경(紛更)을 좋아하지 않고, 나라 사람의 여론을 잘 진정(鎭定)하니, 당시 사람들이 명재상이라 불렀다. 하연(河演)은 까다롭게 살피고 또 노쇠하여 행사에 착오가 많았으므로, 어떤 사람이 언문으로 벽 위에다 쓰기를, '하 정승아, 또 공사(公事)를 망령되게 하지 말라.'라고 하였다. 남계영(南季瑛)은 재산을 영위함에 부지런하였다. 그가 밀양 부사로 재직하였을 때에는 청렴하지 못하다는 이름이 있었다."

길가에 언서를 걸어 그 고을 수령을 비방한 자가 있었으나 내가 가져다 보지도 않았었다."라고 하였다. 백성이 언문서를 길가에 걸어 수령을 비난하는 뜻을 널리 알리려 했음을 이 기사가 보여 준다. 영조는 길가에 내걸린 글을 지나치고 보지도 않았음을 자랑하듯이 말하였다. 영조는 소통을 원하는 백성의 마음을 읽지 못한 것이다. 정조 임금이라면 이런 상황에서 다른 태도를 보였을 듯하다. 이어서 볼 고종 대의 언문서 사건은 더욱 적극적으로 변한 백성들의 모습을 보여 준다.

언문서를 대나무 장대에 매달아 민중 봉기를 선동한 언문 괘서(掛書) 사건은 언문서를 정치적으로 사용한 가장 극단적 사례이다. 순조 3년(1803) 10월 30일에 경상도 감사 김이영(金履永)이 밀계(密啓)를 올려 말하기를, "하동부(河東府)에서 읍과 5리쯤 떨어진 시장 거리에 괘서(掛書)의 변(變)이 있었는데, 흰 명주를 한 자 남짓하게 대나무 장대에 종이 끈으로 꿰어 매달았습니다. 명주 가운데에 쓰기를, '문무의 재주가 있어도 권세가 없어 실업(失業)한 자는 나의 고취(鼓吹)에 응하고 나의 창의(倡義)에 따르라. 정승이 될 만한 자는 정승을 시킬 것이고 장수가 될 만한 자는 장수를 시킬 것이며, 가난한 자는 풍족하게 해주고 두려워하는 자는 숨겨 준다.'라고 하였으며, 그 나머지는 진서(眞書)와 언문을 서로 뒤섞어 난잡하게 쓰다가 지워 버렸습니다."라고 고했다. 왕권을 뒤집어엎겠다는 뜻이 노골적으로 표현되어 있다. 19세기에는 전국 여러 곳에서 민중 봉기가 발생했다. 이 언문 괘서 사건은 이런 민란의 시초[115]를 보여 준 것이다.

2) 백성들이 길에서 관찰사에게 낸 언문서

조선조 말기 지방관 즉 군수나 현감이 지역의 토호와 짜고 백성들의 고혈을 착취하는 일이 다반사였다. 이로 인해 홍경래의 난을 비롯한 온갖 민

---

115) 1862년(철종 13) 2월 18일에 하동의 인근 지역인 진주에서 민란이 발생하였으니, 언문 괘서 사건은 이보다 60년 전에 백성들의 불만이 팽배했음을 보여 준다.

란이 각처에서 일어났다. 도탄에 빠져 생계를 잃은 백성들이 부패한 관리를 처단해 달라는 청원서를 경기도 관찰사에게 제출한 사건도 그 중의 하나이다. 고종 26년(1889년 2월)에 경기도 지평현의 백성들이 노상(路上)에서 길을 가로막고, 순찰 중인 순사또(=경기도 관찰사) 오준영(吳俊泳)에게 언문 진정서를 내밀었다.[116]

경긔(京畿) 지평(砥平) 디쇼민등(大小民等) 지원극통(至冤極痛)호 원정(冤情)을 순사도젼(巡使道前) 올니오니 명찰(明察) 통쵹(洞燭)호옵쇼셔. (…중략…) 원이 호로 잇스오면 호로 희(害)가 잇고 잇틀 잇스오면 잇틀 희가 잇스오니 통쵹호와 빅셩들이 침식을 편케호야 쥬시기 쳔만 복걸 〃 호오며 스도게셔 쳐분 아니 나리시면 난(亂)을 지으랴 호오며 (…후략…)

원문을 줄이고 진정서 내용을 간추려 현대국어로 번역해 보면 다음과 같다.

경기도 지평현(=현재의 양평군)에 사는 백성들은 지극히 억울한 처지를 순사또님께 올리오니 밝히 살피시고 깊이 헤아려 주옵소서. 이즈음에 백성들이 목숨을 지탱하기도 어려운 중에 이 고을의 원님이 내려온 후 무고히 볶이고 시달려 왔습니다. 본읍 일곱 개 면에 사는 양반 상민을 막론하고 유학전(幼學錢) 닷 돈씩을 거두었는데 오천여 호에 이천오백여 냥을 징수하였습니다. 그러나 향교 수리는 겨우 기왓장 십여 장을 갈고, 전사청 세 칸은 수리하는 척만 하였습니다. 거둔 돈을 모두 유지영과 원님이 제 주머니에 넣었습니다. 그러고도 부족하여 고을 백성들에게 기부금을 내라고 하여 백 냥부터 열 냥까지 내게 했습니다. (돈을 내지 않은 사람은) 잡아들여 문초하고 곤장을 치고 옥에 가두어 강제로 빼앗은 돈이 수천여 냥이온대 원님과 장의가 제 주머니에 넣어 버렸습니다. 백성들이 어찌 생계를 보존하겠니까.

---

116) 이 문서는 고 김일근 교수에 의해 「독서신문」 제398호(1978년 10월 15일자) 한글 반포 532주년 기념 특집호에 소개되었다. 소개되었던 사진은 당시 지평 현민들이 낸 문서 원본이다. 아래 인용문에서 괄호 안의 한자는 필자가 넣은 것이다.

이렇게 볶이다가 천만 뜻밖에 아전들이 (나라에 바칠) 부족한 세금이 만 냥이라고 하면서 원님을 끼고 육방의 관리들이 마을에 나와 몇 천 냥에서 몇 백 냥씩 달라고 하였습니다. 관가에서는 그 뒤로 백성을 모두 들어오라고 하여 기부금을 내게 하고 심지어 이십 냥까지 내게 하며 강제로 빼앗았습니다. 저들이 호의호식(好衣好食)한 것을 백성들에게 징수하려 하니 이런 법이 세상에 있는지 어리석은 백성들은 모르겠습니다. 아전들이 빼돌려 먹은 세금을 백성들에게 강제로 기부금을 내게 하는 일은 만고에 없을 듯합니다.

아무리 생각하여도 이대로는 살지 못하겠고 죽기는 마찬가지라고 하면서 민란을 일으키자는 말도 있었으나, 널리 의논해 본즉 먼저 순사또께 진정서를 올려 사또의 처분을 먼저 기다려 보자고 하였습니다. 순사또께 고하여 아뢰지 않고 민란을 일으키면 나라에 불충(不忠)하는 것이고, 순사또께 완악한 백성이 되어 버리니 우선 청원서를 올리오니 사또의 처분을 크게 바라옵나이다. 이놈의 원님이 하루 더 있으면 하루의 해로움이 있고, 이틀 있으면 이틀의 해로움이 있으니 잘 살피시어 백성들의 생활을 편하게 해 주시기를 천만번 엎드려 빌고 또 빕니다. 사또께서 처분을 내리지 않으시면 난리가 일어날 것입니다. 이 고을이 강제 기부금 소동으로 갈팡질팡 어쩔 줄 모르고 있사오니, 우선 기부금 징수를 그만두라는 명령을 내리셔야 백성들을 안정시킬 수 있을 것입니다.

장의(掌議) 유지영은 고을 원을 끼고 무소불위하여 작년 12월 선비들이 통문을 하여 북[鼓]까지 만들어 들이게 하고, 향교 집 공사 할 때는 서재(西齋)를 다 팔아 먹었습니다. 심지어 상놈을 양반 만들어 주겠다고 하면서 고을 원을 끼고 (어느 상민에게) 성을 홍가(洪哥)라 하며 사성(賜姓)을 하기도 했습니다. 고을 원이 성을 내린 전례가 있다고 하면서 사성 문서를 만들어 주었습니다. 사성이라 하는 것이 나라에서 하는 일이지 일개 고을 원이 할 일이옵니까.

백성들이 아뢰는 바가 털끝만큼도 무고한 소송이 아니오니 감영의 관리를 보내어 탐문해 보시면 터럭만큼의 어긋남도 없을 것입니다. 제반 사소한 말씀은 문서를 살펴보시기 바랍니다. 이만 아뢰옵니다. 시각을 넘기지 마시고 처분을 내려 주시기를 엎드려 빌고 비옵니다.

기축년 이월일(己丑二月日) 지평현 대소민등(砥平 大小民等)은 극히 원통한 진정서를 올립니다.

백성들이 그들의 원통함을 풀고자 언문 진정서를 작성하여 지방 순찰 중인 관찰사에게 직접 올린 것은 언문서 제출의 현장을 보여 준 특이 사례이다. 세종대왕이 훈민정음을 창제한 본뜻은 백성들이 이르고자 하는 바를 널리 펼칠 수 있도록 하기 위함이었다. 세종대왕의 훈민정음 창제 정신이 제대로 구현된 사례가 경기도 지평현 백성들이 낸 언문 진정서이다.

백성들의 언문 진정서를 접수한 경기도 관찰사 오준영은 이들을 구하려고 고종 임금에게 장계(=보고서)를 제출하였다. 이 보고서가 고종실록 26년 5월 24일자 기사에 기록되어 있다. 백성들이 진정서를 올린 것이 2월이고, 실록에 이 사건이 등재된 것은 5월 24일자이다. 경기 감사 오준영은 우선 현감 이승희를 파면시켜 놓고 상급 기관에 보고하였다. 이 사건에서 지평현 백성의 고혈을 빨아먹은 자는 지평 현감 이승희(李承喜), 지평 향교의 수임(首任) 한용석(韓容奭), 지평 향교의 장의(掌儀) 유지영(柳智永), 그리고 지평현 소속의 아전들이다.

안동김씨 중심의 세도정치로 인해 국가의 기강이 무너진 고종 치하에서 이 사건이 제대로 해결될 리가 없었다. 경기도 관찰사의 보고서가 올라간 이후 책임자 처벌을 둘러싸고 논란이 벌어졌다. 이 사건의 본질은 엉뚱하게 변질되어 전국 유림들의 파벌(=色目) 싸움으로 비화되었다. 파벌 집단을 대표하는 유림 간의 대립으로 여러 달 동안 조야가 들끓었다. 그 결과 노론의 영수였던 송시열을 비난했다는 죄목으로 소론파의 한용석이 전라도 신지도(薪智島)에 위리 안치되는 것으로 이 사건이 마무리되고 말았다.[117]

4.4. 언문으로 언로를 열어주자는 제안

중종 때의 인물인 동지사 성세창(成世昌 1481~1548)과 좌의정 홍언필(洪彦弼

---

117) 고종 26년 9월 20일 기사.

1476~1549)이 올린 상소문에 한문을 모르는 무사 등이 언문을 쓰면 무시하
는 경향이 있음을 지적하고, 언로를 널리 열어줄 것을 말한 내용이 있다.
실록의 이 기사[118)에, 조정의 신하들이 어떤 문제를 의논할 때 자기의 견
해를 소통하는 방법으로 언문 글을 써낸 일이 있었음이 나타나 있다. (밑줄
은 필자가 그음)

> 동지사 성세창이 아뢰기를,
> "신이 전일 춘추관(春秋館)에 있을 때 조종의 실록을 상고하니 '모든 의논
> 할 일이 있을 때는 비록 육조 참의 이하까지도 모두 자기의 생각을 진달(進
> 達)하기 때문에 어떤 의논은 채택되는 것도 있었다.'라고 했습니다. 무사(武
> 士) 같이 문자를 모르는 자가 간혹 자기 의논을 언문으로 쓰는 자가 있으면
> 지금은 웃음거리가 됩니다. (…후략…)
> 좌의정 홍언필이 아뢰었다.
> "문필(文筆)에 익숙하지 못하면 자기의 생각을 진술하기가 역시 어렵습니
> 다. (…중략…) 대체로 의논한 것이 한결같지 않고 말한 것이 적중(的中)하
> 지 않더라도 말한 것 때문에 죄 주지 않는다면 언로는 넓게 열릴 것이니 초
> 부나 목동과 같이 천한 사람의 말도 성왕의 다스림에 도움이 될 것입니다."

성세창이 말 속에는 당시에 행해진 여론 수렴 방법이 나와 있다. 많은
신하들에게 여론을 물어볼 정치적 사안이 생기면 육조의 참의 이하까지 모
두 자기의 생각을 써내게 했고, 그중에 일부는 채택되기도 했다는 것이다.
그런데 '문자'(=한문)을 모르는 무사(武士)가 언문 글을 쓰면 "지금은 웃음거
리가 된다"라고 하였다. 성세창의 이 말에는 한문에 미숙한 무사들이 언문
으로 자기 생각을 써서 제출한 적이 있었고, 이것을 할 수 있도록 배려하
자는 뜻이 함축되어 있다. 그런데 지금은 무사가 언문서를 쓰면 웃음거리
가 된다고 했다.

---

118) 중종 35년(1540) 1월 24일 기사.

홍언필이 한 말 중의 밑줄 친 부분은 언로를 넓게 열려면, 즉 소통을 원활하게 하려면 초부와 목동이 올리는 천한 사람의 말도 들어 주자고 한 것이어서 관심을 끈다. 초부와 목동이 올리는 말이 한문으로 쓰일 리가 없다. 홍언필은 신분이 낮은 사람이 낸 구두 의견이나 언문으로 쓴 의견도 들어 줄 필요가 있음을 말한 것이다. 그러나 두 사람의 말은 의견에 그쳤다. 두 사람이 이 발언은 한문으로는 불가능한 소통 기능을 언문이 갖고 있었음을 말한 것이다.

5. 필자와 독자의 소통 : 필사기

필사기(筆寫記)는 필사자가 필사 작업을 시작하거나 완성하고 나서, 글을 쓰게 된 목적을 밝혀 두거나, 훗날에 이 글을 읽을 사람에게 당부한 말을 적은 것이다. 필사기는 책의 앞머리에 쓰기도 하지만 대개는 필사를 마치면서 책의 끝부분에 썼다. 필사기는 필사자와 독서자 사이에 이루어지는 소통이다. 이런 점에서 필사기는 소통의 관점에서 검토할 만한 자료이다. 글쓴이는 일찍이 여성 교육서, 음식조리서, 가장전기류(家狀傳記類)를 중심으로 한글 필사본에 나타난 필사기를 정리하여 학계에 소개한 적이 있다(백두현 2007).119) 필사기를 통한 소통은 소통의 뜻을 보여 주는 전형적 사례이다. 이 중의 대표적 사례 몇 가지를 소개하고 간략히 검토한다.

■『계녀약언』

경북대학교 도서관 취암문고에 소장된 『계녀약언』(戒女約言)120)의 권말에

---

119) 이 글은 2007년의 제25회 한말연구학회 전국학술대회 발표 논문집에 실린 것이다.
120) 이 책의 서문 끝에는 '경유 삼월념팔일 손녀 근서'라 되어 있고, 권말에는 원래의 저술자인 듯한 사람이 "경신 윤슴월 회일 父"라고 기록해 놓았다. 이 기록 뒤에는 또

는 다음과 같은 필사기가 있다.

권말의 필사기

쏠릭 네 아비 얼굴 보고 스브고 목소리 듯고 스브거든 이 칙을 헷쳐 주셰
보오라. 오모리 가셔 보고 스브나 그 모양을 엇디 보며 무슨 말을 엇디 호
리. 셰월이 오리면 츤〃잇고 며느리롤 보면 조곰 풀닐가 호야더니 갈스록
약훈 ᄆᆞᆷ 셜밋춘다. 너의 두 노인 경경 싱각호오면 네의 불상훈 ᄆᆞᆷ 격은
덧시오 두려운 걱졍 지향 업다. 너롤 보면 경계훌 말 무궁호야 싱각히ᄂᆞᆫ디
로 긔록호니 칙이 훈 권이라. 그 듕의 혹 격언이 잇스니 만분의 일분이ᄂᆞ
공부호야 이더로 호면 네 존구의 며느리요 니의 뚤이라.121)

경신 윤습월 회일 父 부

"딸아, 네 아비가 보고 싶고 목소리 듣고 싶거든 이 책을 펼쳐 보아라.
아무리 가보고 싶어도 그 모양을 어찌 보며 무슨 말을 어찌 하겠느냐."라
고 아쉬워하는 아버지의 말에 간절한 정이 맺혀 있다. 아비의 이 말이 딸
의 귀에 쟁쟁하였을 듯하다. 권두의 독서기는 그 딸의 딸(조씨의 손녀)이 이
글을 보고 쓴 것이다.

권두의 독서기

이 칙은 우리 큰 고모게셔 연안 니씨 학싱 됴학의 부인 도야 계시더니 불
힝호여 일즉 과거호신고로 우리 됴부게오셔 측은히 여기시고 우구호사 고
금의 효부와 널녀의 가언 션힝으로 인증호시고 당신 경계호신 말슴으로 너

다른 사람이 "졍뉴 三月二十八日" 및 "이 칙은 우리 죠교게셔 큰 고모 연안 니시 부인
되신이…" 등의 쓰여 있다.
121) 이 글의 내용을 간략히 옮기면 다음과 같다.
딸아, 이 아비의 얼굴을 보고 싶거든 이 책을 열어 보아라. 아무리 가서 보고 싶어도
네 안타까운 모습을 어이 보며 무슨 말을 하겠느냐. 세월이 지나 며느리를 보면 너에
대한 마음이 풀릴가 했는데 갈수록 내 마음이 맺히는구나. 너에게 경계할 말이 무궁
하나 생각나는 대로 기록하니 한 권의 책이 되었구나. 만분의 일이나마 공부하여라.
너는 네 시부모의 며느리요, 나의 딸이라.

허 십ᄉ편을 디으ᄉ 경계ᄒ시니 (…중략…) 우리 됴부의 셩은 됴씨요 한양 인이시고 휘와 ᄌ휘ᄂ 감이 쓰디 못ᄒ거니와 별호ᄂ 몽듀라 ᄒ시다. 이 칙 등초ᄒ시ᄂ나ᄂ 편슈의 이 글 벗기여 칙 듀신이 뉘신 줄을 알게 ᄒ시읍소셔. 경유 삼월 념팔일 손녀 근셔

이 독서기는 훗날 이 책을 읽은 손녀가 할아버지가 이 책을 지어서 어머니에게 준 뜻을 밝혀 글을 새로 써서 책머리에 붙인 것이다. 필사기와 독서기를 통해 삼대 간에 이루어진 소통의 모습을 볼 수 있다. 오늘날 이 글을 보는 독자까지 넣으면 소통의 범위는 더욱 넓어지고, 그 의미는 더 새로워진다.

■ 『여학별록』

여성 교육서의 하나인 『여학별록』의 권두에는 '녀학별록셔문이라'는 제목 아래 여성이 직접 쓴 서문이 있다. 서문의 끝 부분에 저술 의도를 말한 다음 문장이 있다.

쇼위 칙 일홈을 녀학별록이라 (…중략…) 니 학식이 좁고 ᄉ년이 졸ᄒ고 ᄯᅩ 의본모 업시 공즁 루각을 지으미 한망ᄒ 졍신이 ᄉ낙ᄒ여 가히 홀만ᄒ 말을 덜 건져시나 츄호 츅낙 업시 이만 힝ᄒ여도 온ᆽ 츅홈이 죡ᄒ리니 부디 건셩으로 보지 말고 ᄆᆞ옴의 박켜 보와 ᄌ나 ᄶᅵ나 닐넘이 (…중략…) 평시 ᄉ업을 삼으라.

　　　　　도광 니십 팔년 무신 명월 쵸슌의 쳐리 남양홍씨 셔

저술자 남양 홍씨가 필사기를 겸한 서문을 책 머리에 붙여 놓았다. 정신이 희미한 중 몇 자 썼으니 건성으로 보지 말고 일념으로 생각하여 이 책에 쓴 가르침을 평생 사업으로 삼으라고 당부한 내용이다. 이 필사기 끝에 '도광 니십 팔년 무신'(1848)으로 명기되어 있고 이 책의 저자가 '쳐리'에 사는 '남양 홍씨'임을 밝히고 있다. 이 책을 지은 취지와 저술자의 의지가 이

필사기에 나타나 있다. 문자생활의 목적을 여성 교육에 두었다는 점에서 이 서문은 여성 교육서의 전형적 사례를 보여 준다.

■『음식디미방』

『음식디미방』은 경상도 북부 지역인 예천, 안동, 봉화, 영양 등지에서 살았던 정부인(貞夫人) 장계향(1598~1680)이 말년에 저술한 한글 음식조리서이다. 경북대학교 도서관 고서실에 소장된 이 책에는 146개 항에 달하는 음식 조리법을 한글로 설명해 놓았다.『음식디미방』의 권말에는 다음과 같은 필사기가 적혀 있다.

> 이 칙을 이리 눈 어두온더 간신히 써시니 이 쓰줄 아라 이째로 시힝ᄒ고 ᄯᆯᄌᆞ식들은 각각 벗겨 가오더 이 칙 가뎌 갈 싱각을안 싱심 말며 부디 샹치 말게 간쇼ᄒ야 수이 써러 ᄇᆞ리다 말라.

이 내용 중 소통의 측면에서 주목되는 것은 "ᄯᆯᄌᆞ식들은 각각 벗겨 가오더 이 칙 가뎌 갈 싱각을안 싱심 말며"라는 구절이다. 원본은 종가에 잘 보존하면서 이용하고, 딸들은 이 책을 베껴 가서 음식 경영에 활용하라는 뜻이다. 이 필사기는 이 책을 저술한 장계향이 딸과 후손들에게 당부한 내용을 담고 있다. 필사기를 남겨 후손들과 소통코자 한 장계향의 의도가 나타나 있다.

■『학봉김선생행장』

『학봉김선생행장』(鶴峯金先生行狀)은 학봉 김성일(金誠一 1538~1593)의 행장을 한글로 번역한 것인데 학봉 종가에 소장되어 있다.[122] 책의 전체 분량

---

122) 2005년에 한학자 김홍영 선생이 이 책의 복사본을 필자에게 주셨다.『학봉선생행장』은 한강 정구 선생이 쓴 한문본이『학봉선생문집』(鶴峰先生文集)과『한강선생문집』(寒岡先生文集)에 그 원문이 실려 있다. 한글본『학봉김선생행장』은 한강 정구가 지은 한

은 104장이나 되는데, 앞 표지 이면에 다음과 같은 필사기가 있어서 이 책을 쓴 사람과 받은 사람을 알 수 있다.

경인 십월 십구일 장칙ᄒ야
제오녀의 손실을 주노라 父 (수결)
듕ᄒ온 힝장이니 이중ᄒ고 홈보로 내여
돌니지 말나 교졍을 못 밋처 ᄒ여시
니 그릇 쓴 ᄃᆡ 만ᄒ리라
　　庚寅十月十九日　金庄粧

그리고 권말에 본문 필사를 모두 마친 후 다음 기록을 써 두었다.

경인 원월 십이일 진시 필셔

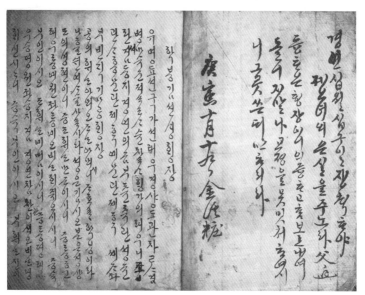

〔그림 14〕 김주국이 쓴 필사기(오른쪽)과 본문의 첫면(왼쪽). (김한별 교수 제공)

문본 행장을 번역한 것이다. 백두현(2007a)에서 이 책의 필사기를 소개했고, 백두현(2015c)에서 이 책을 간략하게 소개했다. 김한별(2018)에서 본격적 연구가 이루어졌다.

한학자 김홍영 선생의 조사에 따르면 권두 필사기를 쓴 '김'은 의성김씨 제27세인 김주국(金柱國 1710~1771)이다. 이분은 1710년에 나서 1771년에 돌아가신 분이며 자는 원석(元石), 호는 철토재(撤土齊)이다. 다섯 딸을 두었는데 이 책을 준 막내딸은 월성인(月城人) 손성건(孫星建 1755~1837)에게 출가했다. 이 책의 권두 필사기에 "제오녀의 손실을 주노라"라고 했는데, 김주국의 다섯째 딸이 바로 '손실'(孫室)임을 알려 준다. 한문본인 학봉 행장을 한글로 번역하여 다섯째 딸에게 준 인물은 김주국이다.[123] 권말 필사기를 통해 우리는 이 책이 경인년(庚寅年) 1월[元月] 12일 오전 10시경에 필사되었음을 알 수 있다. 권두의 필사기에는 경인년 10월 19일에 책으로 장정했다고 되어 있으니 1월에 쓴 책을 10월에 가서 책으로 묶었고, 묶은 책을 다섯째 딸에게 준 것이다.

이 필사기에서 당시 조선시대의 여성들이 출가하여 남의 집안사람이 되면서도 친정 가문의 현조(顯祖)의 업적과 행실을 적은 한글 문헌을 품고 갔음을 알 수 있다. 김주국은 권두 필사기에서 딸에게 당부하기를, "중한 행장이니 애중히 여기고 함부로 돌리지 말라."라고 이 책을 대하는 태도를 가르쳤다. 가문의 위상을 높인 학봉 선생의 가르침을 출가외인인 딸에게 전수하려는 김주국의 뜻을 읽을 수 있다.[124]

▨『임인유사』와『기사유사』

3대의 유언을 한글로 번역한 『임인유사』(壬寅遺事)라는 특이한 문헌이 있다. 이 책에는 김창집(金昌集 1648~1722)이 남긴 유언을 아들 김신겸(金信謙 1693~1738)이 기록한 「임인유교」(壬寅遺敎)가 실려 있고, 김제겸(金濟謙 1680~

---

123) 김주국은 경인년 1770년에 이 책을 번역하여 출가하는 딸에게 주고 그 다음 해인 1771년에 세상을 떠났다.
124) 그리고 "교정을 미처 못 했으니 잘못 쓴 곳이 많으리라."라고 하였다. 아버지가 딸에게 준 사적인 글이니 쓴 후에 일일이 교정하지 않았음을 알 수 있다.

1722)의 유언을 아들 김원행(金元行 1702~1772)이 기록한 「선고유교」(先考遺敎)와 「선고유서」(先考遺書)도 실려 있다. 그리고 김제겸의 할아버지인 김수항(金壽恒 1629~1689)이 사약을 받으면서 남긴 유언을 기록한 『기사유사』(己巳遺事)가 별도의 글로 전해지고 있다.[125] 김수항, 김창집, 김제겸은 조부손 삼대가 사화에 희생되어 사약을 받았고, 사약을 받기 전후에 남긴 삼대의 언행이 『임인유사』와 『기사유사』에 한글로 기록된 것이다. 조선 후기의 당파 싸움에서 발생한 사화(士禍)와 이때 희생된 사람들의 언행을 한글로 기록한 자료들이다. 『임인유사』와 『기사유사』는 한문 중심으로 글쓰기를 한 양반 관료들이 위태로운 정치적 국면에서 한글을 기록 및 소통의 도구로 활용했음을 보여 준다. 이 점에서 두 문헌은 특별한 가치를 가진다. 특히 「선고유서」의 필사기에는[126] 필사 연도, 월, 일, 장소, 글을 받은 사람 이름 등의 정보가 자세히 나열되어 있다. 김제겸이 부령에 유배된 적이 있는데 그 도중에 있는 안보 고을에서 이 유서를 쓴 것이라고 적어 놓았다. 이때 셋째 아들 김원행에게 유서를 써 주었고, 이 유서를 김원행이 다시 필사한 사실까지 기록해 두었다. 후손에게 이 글의 연원을 밝히 알림으로써 그 의미를 더욱 무겁게 하고자 이런 기록을 남긴 것이다.

6. 마무리 : 사료 고찰에서 얻은 몇 가지 통찰

지금까지 사회적 소통 매체로 기능한 훈민정음의 사용 양상을 개인 간의 소통, 공적 업무를 위한 소통, 백성이 주체가 된 상향적 소통, 필자와 독

---

125) 이승복(1998 『문헌과 해석』 가을호)에서 『유교』라는 책을 소개하였다. 이 『유교』에는 '긔스유스'를 포함하여 김창집과 김제겸의 유언을 담은 세 편의 글이 수록되어 있다. 이승복이 소개한 『유교』는 그 내용이 규장각본 『임인유사』와 거의 같다. 자세한 설명은 이승복(1998)을 참고

126) "임인 스월 이십스일 안보셔 원힝元行 뼈 주오신 거시라"

자 간의 소통을 보여 주는 필사기로 나누어 각각의 사례와 그 의미를 논하였다. 훈민정음으로 쓴 언간은 신분을 초월한 소통 매체로서 가장 높은 신분인 왕과 왕후, 공주 간에 사용되었고, 궁중의 가장 낮은 신분인 시녀와 방자들이 사용하였다. 양반가의 부부와 자녀 간에 언간이 쓰였고, 승려와의 소통 수단으로 사용되었다. 심지어 비밀스러운 모의의 소통 수단으로 언서가 오가기도 했다.

공적 업무에 훈민정음을 사용한 글은 임금이 백성에게 내린 언문 유서와 윤음이 대표적이다. 한글 방문과 윤음은 임금과 백성 간의 소통 매체로 국정 운영의 중요 수단으로 활용되었다. 왕후와 대비는 언문서를 통해 국정에 관여하였다. 훈민정음은 임진왜란 중의 비밀스러운 문서 작성에 사용되었고, 일본과 중국과의 외교에서 작성된 사적 문서에 사용되기도 했다.

백성이 주체가 된 상향적 소통 매체에 훈민정음이 사용된 사실을 중시하고 백성이 관아에 낸 언문 진정서, 몰래 던져 넣은 투서, 공개적으로 붙인 언문 벽서와 격문에 관련된 역사적 사실과 그 의미를 논하였다. 중종반정 이후의 개혁적 분위기를 타고 언문으로 쓴 문서를 받아들여 언로를 열어주자는 제안이 나온 사실도 언급하였다.

이러한 논구를 통해 필자가 얻은 통찰 몇 가지를 아래에 서술하여 본 장의 마무리로 삼는다.

1) 언문의 공적 사용에 대한 지배층의 경계심과 사채 문서 언문 금지법 시행의 의미

조선의 양반 지배층은 언문 문서가 널리 통용되는 것을 경계하였다. 언문으로 억울한 사정을 관청에 진정하는 것이 허용되면 언문의 사회적 기능이 커질까 두려워했던 것으로 보인다. 훈민정음 반포 직후에 정승 하연(河演 1376~1453)을 비방한 언문 벽서 사건이 있었고, 성종 대(1485)에 육전 거리

상인들이 호조판서를 비난한 언서 사건이 발생함으로써 언문에 대한 양반 지배층의 경계심은 더욱 커졌을 것이다.

그리하여 언문으로 쓴 사채 문서의 효력을 인정해 주지 않는 법이 정해졌다. 숙종 즉위년(1675)에 언문으로 쓴 출채(出債) 문서(=사채 문서)는 송사의 심리에서 인정하지 않는다는 수교(受敎, 왕명)가 내렸다.127) 사채 문서 언문 금지법이 1698년(숙종 24)에 편찬된 『受敎輯錄』(수교집록)에 실렸다.128) 이 법은 그 후의 여러 법전에서 계속 유지되었다.129) 사채 문서 언문 금지법이 시행되기 이전부터 백성들이 관아에 제출하는 소지(所志)나 상언(上言) 등의 청원서에 언문 사용이 금지되어 왔었다. 숙종 1년에 내려진 『수교집록』호전 징채 조항에서 사채 문서에 언문 사용을 금지함으로써 채무와 관련된 문서의 언문 사용이 제도적으로 막혔다. 이 법은 사채 문서[出債成文]에 국한되지 않고, 모든 관문서 작성에 영향을 미친 것으로 보인다. 관아에 제출한 언문 문서가 극히 드문 까닭이 사채 문서에 언문을 쓰지 못하게 된 숙종의 수교와 직접 관련된 것으로 보인다.130)

---

127) 『수교집록』(1698)과 『典錄通考』(1707)의 '戶典 下 徵債' 조항 말미에 있는 "康熙乙卯承傳"이란 기록은 이 수교가 숙종 1년(1675)에 내려졌음을 뜻한다. 그런데 숙종실록에는 이 기사가 없고 승정원일기(숙종 1년 4월 5일)에 보이는데, 숙종 즉위 초에 신하들이 여러 가지 정책을 일괄 건의한 내용에 묶여 들어가 있다. 아직 정무를 잘 파악하지 못한 즉위 초년의 숙종에게 신하들이 평소 통과시키고 싶었던 여러 법률을 무더기로 들이댄 것으로 짐작된다. 신하들이 내민 장문의 건의를 숙종이 받아들였고, 그 내용이 숙종 1년 4월 5일자 기사에 실려 있다. 이 중에 출채 문서 언문 금지법 기사도 끼어 있다.

128) 이 법률 조항의 문장은 다음과 같다. "出債成文, 必具證筆者 聽理, 諺文及無證筆者, 勿許聽理. 康熙乙卯承傳"(『受敎輯錄』 戶典 徵債). 출채(私債 등의 채무) 문서는 반드시 증필(證人과 筆執)을 갖추어야 심리하고, 언문으로 쓴 것이나 증필이 없는 것은 심리를 허하지 아니한다. 이는 강희 을묘(숙종 1년)의 전지를 이은 것이다.

129) 후대의 법전에 실린 동일 조항의 표현을 보이면 다음과 같다.
"私債成文, 諺文及無證筆者, 勿聽"(『續大典』 戶典 徵債)
"出債成文, 必具證筆者, 聽理. 諺文及無證筆者, 勿許聽理. 康熙乙卯承傳"(『典錄通考』 戶典 下 徵債)

130) 드물게나마 남아서 전하는 한글 고문서들은 한글생활사 연구의 중요 자료이다. 이들은 한글 고문서를 완전히 금할 수 없었던 당시의 현실을 보여 준다. 이두를 정음으로

  양반 지배층이 언문 문서를 금한 것은 누구나 쉽게 언문서를 쓸 수 있기 때문에 문서의 위변조가 쉽다는 이유를 내세웠다. 그러나 이 조치는 결과적으로 평민과 여성 등 사회적 약자의 언문 문자생활을 공공적 차원에서 금지한 것이 되었다. 이는 세종의 훈민정음 창제 목적에 반(反)하는 것이었다. 언문 진정서나 언문 사채 문서를 법적 문서로 인정해 주지 않았고, 이를 불법화한 것은 세종대왕의 훈민정음 창제를 반대하고 나섰던 최만리 등의 뜻을 훗날의 양반층이 계승한 것이라 볼 수 있다. 양반 지배층은 세종이 훈민정음을 창제한 뜻 즉 백성들이 억울한 일을 당하지 않도록 하겠다는 세종의 뜻을 법률적으로 막아 버렸다.

  고려 이래로 법률 문서는 물론 대부분의 공적 문서는 이두문으로 작성되었다. 이 관습은 조선에서도 지속되었다. 훈민정음 창제 이전에 세종은 백성들이 법령의 경중을 모른 채 죄에 빠지는 점을 염려하여, 법률 문장(율문)을 이두로 번역하여 백성들에게 널리 알리라고 명한 적이 있다.131) 훈민정음 창제 이후 세종은 이서(吏胥) 선발 시험과목에 훈민정음을 넣어서 이두 문서를 정음 문서로 대체하려 했으나 세종 이후 이 정책은 계승되지 않았다.

  관문서에 한문과 이두를 섞어 쓴 제도는 갑오개혁 때까지 계속되었다. 이렇게 된 가장 큰 원인은 언문 문서를 법적으로 금지했기 때문이다. 언문 문서 금지 정책은 한문과 이두문 사용을 독점한 당시 지배계급의 권익을

  대체하려고 했던 세종의 본뜻이 그대로 시행되었더라면 수많은 이두 문서가 모두 정음으로 기록되었을 것이고, 우리말의 표현력과 깊이는 크게 향상되었을 것이다.
131) 임금이 좌우 근신에게 이르기를, "비록 사리를 아는 사람이라 할지라도, 율문에 의거하여 판단이 내린 뒤에야 죄의 경중을 알게 되거늘, 하물며 어리석은 백성이야 어찌 범죄한 바가 크고 작음을 알아서 스스로 고치겠는가. 비록 백성들로 하여금 다 율문을 알게 할 수는 없을지나, 따로이 큰 죄의 조항만이라도 뽑아 적고, 이를 이두문[吏文]으로 번역하여서 민간에게 반포하여 보여, 愚夫愚婦들로 하여금 범죄를 피할 줄 알게 함이 어떻겠는가." …… 드디어 집현전에 명하여 옛적에 백성으로 하여금 법률을 익히게 하던 일을 상고하여 아뢰게 하였다. (세종 14년 11월 7일)

유지하는 데 기여하였다. 백성의 편안함을 위해 훈민정음을 창제한 세종의
뜻이 계급의 이익을 지키려는 양반 및 중인층의 집단적 이기심을 넘어서지
못하였다.

2) 소통 문자로서 훈민정음이 갖는 역사적 의의

조선시대 전 기간에 걸쳐 한문은 지배층 내부의 소통 매체였다. 관료를
포함한 양반 지식인의 소통 수단으로 한문은 신분적 특권을 표시하는 징표
였다. 양반 지배층은 아내와 딸들에게 한글 편지를 썼음에도 불구하고, 한
글을 차별하여 부녀자와 평민, 천민들이나 쓰는 하급 문자로 치부하였다.
그러나 소통의 관점에서 보면 한글은 한문보다 훨씬 다양한 계층 간의 소
통 매체로 기능하였다. 한글은 지배층과 피지배층 간의 소통은 물론 피지
배층 간의 소통·가족 간의 소통·남녀 간 사랑의 소통을 위한 매체로 기
능하였다. 부부 사이에 주고받은 한글 편지에는 사랑과 배려의 마음이 담
겨 있고, 자식이 부모에게 드린 편지에는 염려의 마음과 효심이 서려 있다.

한글은 다양한 계층 간의 소통을 가능케 했으니 조선 사회에서 작용한
가장 넓은 소통 수단이라 할 수 있다. 궁중에서는 왕후나 대비가 언문서를
통해 정사를 처리하는 유용한 소통의 매체가 되었다. 사찰에서는 승려와
왕실 여성 간의 소통 수단으로 한글 편지가 이용되었다. 임진왜란 같은 전
란 중에 한글은 비밀 유지와 보안을 위한 소통 매체로 기능하기도 했다.
양반 가문의 여성들은 억울한 일을 당하거나 집안 문제(山訟과 養子)를 해결
하고자 언문 청원서를 작성하여 관청에 제출했다. 조선의 지배 체제에 불
만을 가진 집단에서는 비밀스러운 모의를 꾸미면서 언문서로 비밀 소통을
하였고, 언문 방문(榜文)을 여항 거리에 내걸어 권력자의 비리를 비판하기도
했다. 암행어사의 길을 가로막고 백성들이 언문 진정서를 올린 일도 벌어
졌다.

양반층의 남녀들은 집안의 여성 교육을 위해 여성 교육서를 지었다. 그

리고 접빈객 봉제사를 포함한 일상의 식생활을 위해 음식조리서를 짓거나 필사하였다. 이 문헌들에 남겨진 필사기에는 필사자와 후대 독서자 간의 소통을 바라는 뜻이 나타나 있다.

양반층의 당파 싸움과 권력 쟁탈전에서 죽고 죽이는 참극이 벌어졌다. 이른바 사화(士禍)의 환란 속에서 양반 관리가 사약을 받아 죽음을 앞두고는 아들에게 한글 유서를 남겼다. 이와 같은 한글 유서는 한문 중심의 글쓰기를 해 왔던 양반 관리가 정치적 위기에 몰린 삶의 마지막 순간에 한글을 사용했다는 점에서 그 의미가 특별하다. 당쟁에 희생되어 사약을 받게 된 절체절명의 마지막 위기에 부딪히자 양반층 역시 한문이 아닌 한글 문장으로 유서를 작성했고, 죽음을 맞이하여 아들에게 당부하는 말과 사건의 경위를 한글로 써서 남겼다.

3) 소통 경로의 전환과 현대적 의미

조선시대의 한글 편지에는 흘러 가버린 옛사람들의 의사소통과 삶의 기록이 담겨 있다는 점에서 그 가치가 특별하다. 오늘날의 우리가 조선시대 사람들의 생각과 일상생활의 모습을 들여다볼 수 있는 소통의 창이 바로 한글 편지이다. 이것을 읽는 현대인들에게 옛 한글 편지들은 또 하나의 새로운 소통 채널이 된다. 현대인들은 조선시대의 한글 편지를 통해 우리의 선조들과 소통할 수 있다. 옛 편지글을 통해 그 속에 서려 있는 그들의 생각과 그들의 삶에 접속할 수 있다.

과거에 작성된 한글 편지와 한글 고문서는 시간을 뛰어넘어 과거와 현재의 소통을 가능케 하는 매체가 되어 있다. 한글 편지가 작성되었던 과거 시점에서는 발신자와 수신자 간의 의사소통 매체였지만, 지금은 소통의 경로가 달라졌다. 오늘날의 한글 편지는 과거의 사람과 현재의 사람이 대화하는 소통 매체로 바뀐 것이다. '소통 경로의 전환'(Shift of Communication Channel)이 일어난 것이다. 원이 엄마가 쓴 편지를 읽는 오늘날의 '나'는 편지를 썼던 원이 엄마와 남편 이응태의 마음을 느낄 수 있다. 시앗을 본 늘그막의 남편을 원망하는 신천 강씨의 글을 읽으면서, 어머니의 편지를 받아든 딸 (순천 김씨)의 아픈 마음에 공감하게 된다. 이천 리 제주 바닷가에서 아내의 병 치료를 염려하는 추사 김정희의 안타까움을 그가 쓴 편지를 통해 지금의 '내'가 공감할 수 있다. 과거의 사람들이 쓴 한글 편지를 통해 오늘날의 우리가 그들의 마음과 소통할 수 있는 것이다. 조선시대의 한글 편지는 과거의 발신자·수신자 간 소통 매체에서, 이제 과거와 현대를 이어주는 소통의 매체가 되었다.

소통은 어느 시대를 막론하고 개인과 개인의 관계는 물론 사회단체와 국가 단위에서 가장 중요한 사회적 과제가 되어 왔다. 개인주의를 근간으로 한 현대사회에 있어서 소통의 사회적 중요성은 더 커지고 있다. 과거의 기록과 문헌 자료를 소통의 관점에서 재해석하고 그 의미를 찾아내는 작업은 한글이 과거에 수행한 소통의 기능을 이해하기 위함이다. 소통 매체로 기능한 과거의 한글을 되돌아보는 일은 오늘날 우리가 일상적으로 사용하는 한글의 가치와 의미를 더욱 묵직하게 만든다.

제2장
국가의 인민 통치와 한글 문헌의 활용

1. 조선의 훈민 정책과 훈민정음의 활용

세종은 훈민정음을 창제함으로써 인민 통치를 위한 새로운 수단을 갖게 되었다. 한문이나 이두문으로 불가능에 가까웠던 훈민(訓民) 정책의 실천이 가능하게 되었다. 불교를 배척하고 국가 통치의 이념으로 유교를 내세운 조선 왕조는 유교 윤리를 백성들에게 가르칠 필요가 있었다. 백성을 가르치는 정책 즉 訓民 정책의 시행에 훈민정음은 특별한 의미를 갖는다. 이 문자의 명칭 앞에 '訓民'을 관형(冠形)한 것은 이러한 정치적 의도를 반영한다.

태조 이성계가 조선을 개창하였고, 왕자의 난이란 권력 투쟁을 거친 후 태종 이방원이 정치적 안정을 이루었다. 세종 대에 이르러 국가 경영을 위한 제도 개혁(경연과 집현전의 활성화, 불교 혁파, 貢法 개혁 등)이 이루어졌고, 통치 기반을 다지기 위한 정책의 하나로 훈민 정책이 시행되었다.

세종의 훈민 정책은 크게 두 가지로 나누어 볼 수 있다. 첫째는 충효열(忠孝烈)을 중심으로 한 유교 윤리를 인민들에게 가르치는 것이다. 유교적

---

* 이 글은 "훈민정음을 활용한 조선시대의 인민 통치"라는 제목으로 『진단학보』 108호 (2009, 진단학회) 263-297쪽)에 실었던 글을 대폭 확충하여 새로 쓴 것이다.

가르침에 따라 삼강을 이념적 기치로 내세우고 사회 구성원을 상하 관계로
묶는 지배 질서를 구축하고자 했다. 삼강의 윤리는 주자학의 명분론(名分論)
과 결합하여 조선의 지배 권력층에서 가장 중시되었다. 조선의 지배층은
인민들에게 삼강의 윤리를 부식(扶植)하여 명분론적 사회 질서를 구축하려
고 했다. 세종이 훈민 정책과 관련하여 가장 먼저 시도한 것이 삼강행실도
편찬이었고, 정음 창제 후 사서삼경 언해 사업을 추진하였다. 둘째는 인민
의 후생 복리를 위한 정책 시행이다. 이 정책에는 인민의 복리를 증진하기
위한 문헌 편찬 사업도 포함되어 있다. 세종 대의『농사직설』(農事直說) 및
향약서 출판이 여기에 해당한다. 훈민정음 반포 이후 16~17세기에 걸쳐
새 문자를 이용한 의약서 언해본이 다수 간행된 것은 인민의 후생 복리를
위한 것이었다. 사서의 언해 사업과 농서 및 의약서 출판 사업은 훈민 정
책과 후생 복리 정책의 실천이며, 인민 통치를 위한 훈민정음의 정치적 활
용이었다.[1]

　조선 왕조의 훈민 정책에 있어서 훈민 혹은 교화[2]의 대상이 양인(良人)
이하의 하층민에 한정된 것은 아니라 인민(人民)[3] 전체를 포괄한다. 국가가
시행하는 통치 혹은 교화의 대상인 '人民'은 관인, 사족, 양인, 노비 등을 모
두 포괄하는 용어이다. '人'에는 관인 및 사족 계층은 물론 왕도 포함되었

---

1) 이상의 내용은 이우성(1976 : 185)을 참고하여 필자의 관점에서 정리한 것이다.
2) 조선시대에서 '敎化'의 의미에 대한 설명은 이석규(1998)를 참고하였다. 이에 따르면, 명
　분론적 질서에 합당한 유교 윤리의 규범과 인의예지라는 도덕적 실천을 모든 이에게
　가르치는 것이 교화이다.
3) '人民'의 '人'은 사회적 상위층, '民'은 하위층을 가리킨다. 고대 중국 사회의 '人'과 '民'에
　관한 개념은 趙紀彬의『論語新探』(1976)의「釋人民」편을 참고하였다.『논어』등에 쓰인
　'人'과 '民'의 의미를 분석한 결과, 춘추시대에 '人'과 '民'은 서로 대립되는 두 계급이었
　다. '人'은 통치계급, '民'은 피치(被治)계급을 뜻한다. '人'과 '民'에 대한 고대 중국의 전통
　적 개념은 현대 한국어의 접미사 용법에 남아 있다. '정치인', '시인', '문인', '지식인' 등
　사회적 상층에 속한 사람을 가리킬 때는 접미사 '人'을 쓰고, '서민', '빈민', '천민', '농민',
　'어민' 등 하층에 속한 사람을 가리킬 때는 '民'을 쓰고 있다. 요즘 '농민'이라는 용어보
　다 '농업인' 혹은 '농업경영인'이라는 용어를 많이 쓰는 것은 접미사 '人'의 의미를 인식
　한 결과이다.

다. 경연과 서연은 왕과 세자에게 유교적 가치관과 윤리관을 가르치는 제
도이다. 왕과 세자를 교화하기 위한 제도가 경연과 서연인 것이다.

이 글은 국가 권력의 핵심인 왕과 양반 관료들이 인민을 통치함에 있어
서 훈민정음을 어떻게 활용하였는지, 그 대강의 흐름을 파악하는 데 목적
이 있다. 국가가 인민의 교화 혹은 복리 증진을 위해 편찬한 한글 문헌을
고찰하여, 훈민정음이 인민 통치에 활용된 양상을 기술하고, 그것이 갖는
역사적 의미를 고찰한다. 이를 위해 조선왕조실록을 중심으로 한 사료를
검토하여, 훈민과 교화 그리고 복리와 후생을 위한 한글 문헌의 출판에 대
해 논하고, 이 문헌들이 출판된 사회적 배경과 정치적 의미를 고찰한다.

2. 한글 문헌을 통한 훈민정음의 활용

2.1. 조선 개국의 정당성 확립을 위한 『용비어천가』 편찬

훈민정음을 창제하고 새 문자를 이용하여 세종이 가장 먼저 착수한 사
업은 『용비어천가』 편찬이었다. 『용비어천가』의 본문인 한글 가사는 1445
년에 완성되어 임금에게 진상되었다.[4] 1445년이면 창제한 훈민정음을 반
포하기 이전이다. 조선 왕조 개창의 역사적 당위성을 강조하고 건국의 정
통성을 세우기 위해, 정인지 등은 조선왕실의 조종인 목조(穆祖), 익조(翼祖),
도조(度祖), 환조(桓祖), 태조(太祖), 태종(太宗) 등 6대의 사적(事蹟)을 125개 장
(章)의 훈민정음 가사로 표현하여 임금에게 바쳤다. 조선의 역대 조종(祖宗)

---

4) 이 책의 편찬 경위는 1445년(세종 27)에 쓴 정인지(鄭麟趾) 서문과 권제(權踶) 등의 전문
   (箋文), 그리고 1447년(세종 29)에 쓴 최항(崔恒)의 발문에 자세하다. 이 내용에 의하면
   권제, 정인지, 안지 등이 1445년에 본문에 해당하는 한글 가사를 완성했다. 이어서 최
   항, 박팽년, 강희안 등에게 명하여 한문 주석문을 덧붙이게 하여 이것이 완성되자 1447
   년에 간행했다.

과 개국 시조(開國始祖)의 공적을 노래한 가사를 정음으로 지었으니, 이는 이제 막 창제한 훈민정음에 최고 수준의 정치적 권위를 부여하려는 세종의 뜻을 담고 있다. 훈민정음으로 지은 125개 장의 악장가사에 박팽년(朴彭年), 신숙주(申叔舟), 강희안(姜希顔), 성삼문(成三問) 등이 한문 주해를 붙여 1447년에 목판본으로 간행한 것이 바로 『용비어천가』이다.[5]

『용비어천가』는 초간본이 간행되고 세 차례에 걸쳐 중간되었다. 1612년(광해군 4)에 초간본을 판하본(版下本)으로 삼아 복각판을 간행했으니 이를 만력본(萬曆本)이라 부른다. 1659년(효종 10)에는 판하본을 새로 쓰고 목판에 새겨서 중간본을 간행했다. 이를 순치본(順治本)이라 부른다. 1765년(영조 41)에는 순치본의 책판에서 훼손된 것을 보판(補版)하거나 보각(補刻)하여 다시 찍었으니 이를 건륭본(乾隆本)이라 부른다. 세 차례에 걸쳐 국가적 사업으로 『용비어천가』를 중간하거나 보판했던 것이다. 이러한 중간과 보판은 조선 왕조의 개창자를 존숭하고 왕권의 존엄을 강화하려는 정치적 목적에서 비롯된 것이다. 함경감사 한준겸(韓浚謙 1557~1627)이 총 125개 장 가운데 함경도와 관련이 많은 사조(四祖)의 사적 26개 장을 가려서 약본(約本) 용비어천가를 목판본으로 간행한 것(박병채 1975, 김승우 2008)은 이러한 정치적 의도를 압축한 것이다. 18세기 후반에 건륭본을 저본으로 삼아 베긴 필사본 용비어천가 완질(完帙)[6]이 경북 경산의 조곡서원(早谷書院)에 소장되어 있다(김문웅 2000 : 35-38). 4차례에 걸쳐 국가 주도로 간행했고, 함경감사는 재임 중인 도의 위상을 높이기 위해 『용비어천가』 약본을 간행했다. 그리고 건륭본을 저본으로 개인이 정성을 들여 베껴 쓴 필사본이 전해지고 있다. 세 차례에 걸친 『용비어천가』의 중간본 간행과 약본의 간행 사업에서 『용비어천

---

5) 훈민정음 반포 직후 1447년에 세종대왕은 귀천한 소헌왕후의 추천(追薦)을 위해 『석보상절』과 『월인천강지곡』을 편찬했다. 두 문헌은 인민통치와 관련된 국가적 사업이 아니라 세종의 개인적 편찬 사업이어서 이 글의 검토 대상에서 제외했다.

6) 경산대학교에 재직했던 고 조춘호 교수가 이 필사본을 최초로 공개하였다(김문웅 2000). 이 필사본에 대한 자세한 정보는 김문웅(2000)을 참고할 수 있다.

가』의 정치적 위상과, 이 책을 여러 차례 간행한 정치적 의도를 파악할 수
있다.

2.2. 유교 경서 언해본 간행과 훈민정음 활용

훈민정음이 반포됨으로써 이두나 구결로 해내기 어려웠던 유교 경서의
완전한 번역이 가능하게 되었다. 훈민정음 반포 이후 세종은 훈민정음을
이용한 유교 경서 번역 사업을 공식적으로 시작하였다. 세종은 1448년에
직제학 김문(金汶)에게 사서(四書)[7] 번역을 명했으나 김문이 병으로 급사했
다.[8] 이에 세종은 집현전의 천거를 받아 당시 상주목사로 있던 김구(金鉤)
를[9] 불러 사서 번역 작업을 이어가도록 했다.[10] 그러나 김구도 이 일을 완

---

7) 이때 이용한 사서오경의 저본은 명나라 성조(成祖)가 영락 13년(1415)에 국가적 사업으로
   간행한 『永樂大全』(五經大全, 四書大全, 性理大全)이다. 세종 8년(1426)에 『영락대전』을 明
   에서 가져와 경상·전라·강원 삼도에 명하여 목판본 간행을 명해서 1428년에 완간하
   였다.
8) 조선왕조실록에 세종이 집현전의 김문(金汶)에게 사서 번역을 명한 기사가 별도로 기재
   되어 있지 않다. 다만, 1448년 3월 13일의 세종실록에 김문의 졸기(卒記)가 실렸고, 이
   졸기에 관련 내용이 언급되어 있다. 이 졸기에서 사관은 김문을 다음과 같이 평해 놓았
   다. "(김문은) 경서(經書)와 자사(子史)를 연구하여 궁달(窮達)하지 않은 것이 없고, 그의
   학문은 통달하면서도 고루하지 아니하며, 박학하면서도 능히 정심(精深)하여 의리(義理)
   의 의심날 만한 것이나 전고(典故)의 상고할 만한 것을 묻는 자가 있으면, 즉시 대답해
   도 문득 맞으므로, 당세(當世)가 모두 탄복했다. (…중략…) 이에 이르러 문(汶)을 명하여
   사서를 번역케 하고(至是命汶譯四書), 특별히 자급을 승진시켜 바야흐로 장차 뽑아 쓰려
   고 하였는데, 갑작스러운 중풍으로 폭사하고 말았다." 김문이 경서와 제자백가서와 역
   사서에 두루 밝아서 임금이 그에게 四書 번역을 명했으나 중풍으로 급사하여 일을 이루
   지 못했다는 내용이다. 김문의 학문과 인품을 자세히 기술한 것으로 보아 이 졸기는 김
   문의 행실을 잘 아는 인물이 기록했음이 분명하다.
9) 조선 전기의 문신. 본관은 경주. 1416년(태종 16)의 친시 문과에 을과로 급제. 1448년에
   는 상주목사로 나갔다가 판종부시사로 내직에 임명되어 사서언해의 번역을 맡았다.
   1458년 이승소(李承召)와 함께 최선복(崔善復) 등 12인을 거느리고 『초학자회』(初學字會)
   를 우리말로 번역하였다. (한국민족문화대백과사전)
10) 세종 30년(1448) 3월 28일에 실린 기사 내용은 다음과 같다. "상주사(尙州使) 김구(金鉤)
    를 역마로 부르다. 구(鉤)는 상주사가 된 지 반년도 못되었는데, 집현전에서 어명을 받
    들어 언문으로 사서를 번역하게 하였다. 직제학 김문(金汶)이 이를 맡아 했었으나, 문

성하지 못하고 죽었다. 훈민정음 창제 직후 세종이 사서 번역 작업에 착수
한 것은 경서 해석의 표준을 정하고, 사서의 독자층을 확대하여 인민들에
게 유교 윤리와 가치관을 부식(扶植)하기 위함이었다. 그러나 이 사업은 세
종 대에 이루어지지 못했다.

세조 대에 이르러 불교서·병서·유교 경서에 구결을 붙이는 일이 여러
차례 시행되었다. 세조 12년 2월 9일 기사에는 정인지·정창손·신숙주·
구치관·최항·노사신·강희맹·서거정 등 10여 인을 불러 제서(諸書)의 구
결을 논하였고, 이에 앞서 사서·오경·좌전의 구결을 붙이게 하고 여러
유신(儒臣)들로 하여금 교정하게 하였다.[11]

선조는 사서오경의 구결과 석(釋)이 학자에 따라 이견이 많음을 염려하
여, 미암 유희춘(柳希春)에게 사서오경[12]의 토를 붙이고 풀이하여 올리라고
명했다(1573). 그러나 유희춘은 스스로 사양하고, 이를 율곡 이이가 맡도록
추천하였다.[13] 율곡이 드디어 사서언해를 완성했으나[14] 오경은 마치지 못

(汝)이 죽었으므로, 집현전에서 구(鉤)를 천거하기에 특명으로 부른 것이며, 곧 판종부
시사를 제수하였다."
11) 세조는 불교서, 병서, 유교 경서에 구결을 붙이는 일에 관심이 많았고, 직접 구결을 붙
이는 일도 했다. 세조 9년(1463) 12월 19일 세조실록 기사에 비현합에서 신숙주·최
항·노사신 등을 불러 병서의 구결을 정하게 명했다. 세조 11년 4월 7일 기사에 세조
가 직접 어정 구결(御定口訣)하고 번역(飜譯)한 ≪원각수다라료의경(圓覺修多羅了義經)≫
을 펴 보았다. 세조 11년 9월 26일 기사에 비현합(丕顯閤)에 나아가 정자영(鄭自英)·유
희익(兪希益)·한계회(韓繼禧)·노사신(盧思愼)·강희맹(姜希孟) 등을 불러 주역의 구결
을 의논하였다. 세조 11년 10월 9일에 정난종(鄭蘭宗)·유순(柳洵) 등 30여 인에게 어정
(御定)한 주역 구결과 권근이 붙인 구결을 나누어 주고 논하게 하였다. 세조 11년 12월
23일에도 주역 구결을 강하게 했다.
12) 五經은 詩經, 書經(書傳), 易經, 春秋, 禮記이고, 이 중에서 시경·서경·역경을 삼경이라
한다. 조선의 언해 사업은 이 삼경에 국한되었다. 예기의 경우, 상란에 한글 구결을 기
입한 구결 번역판이 간행되었으나, 춘추의 경우는 구결 번역판이 존재하지 않는다. 四
書는 論語, 孟子, 大學, 中庸이다.
13) 유희춘의 『미암일기』에 언석(諺釋)과 경전의 구결 책정에 관한 기록이 나타나 있다. 그
가 기울인 언석 연구는 『신증유합』 찬술로 결실되었다.
14) 율곡이 이룩한 사서언해는 1745년에 가서야 비로소 홍계희에 의해 『사서율곡언해』로
간행되었다.

하고 죽었다(옥영정 2005 : 366).

선조는 교정청을 설치하고(1585), 이산해(李山海) 등 관원 31명에게 명하여 사서언해 사업을 대규모로 진행하였다. 1588년 10월에 드디어 사서언해가 완성되어 간행 배포되었다. 세종이 시작한 사서언해 사업이 상당한 세월이 지난 뒤, 선조 대에 31명의 학자를 투입해서 드디어 완성을 본 것이다. 이 때 간행된 사서언해로서 현재 남아 있는 것이 도산서원 소장본이다.[15] 도산서원본 『소학언해』에는 만력 16년 정월(1588년 1월)에 쓴 내사기가 있고, 『대학언해』·『논어언해』·『중용언해』의 권두 면지(面紙)에 만력 18년(1590) 7월의 내사기가 있다.[16] 이 내사기를 기준으로 하여 사서언해의 초간본은 1590년에 완간된 것으로 본다. 이 초간본을 교정청 간행 경서자본 사서언해라고 부른다. 1590년의 교정청 간행 경서자본은 17세기 이후에 간행된 사서언해본의 모본(母本)이 되었다. 서당과 향교에서 이루어진 사서 학습에 언해본의 번역과 구결토는 사서 독해의 기준이 되었다.[17] 사서언해본이 경서를 이해하는 기준이 됨으로써 경서 학습의 효과가 높아졌을 것이다.

16세기 말기에 사서언해가 간행되기는 했으나 이 책의 실질적 보급은 임진왜란과 정유재란이 끝난 17세기에 이루어졌다.[18] 임진왜란과 정유재란 이후 흐트러진 사회 기강을 수습하고 유교적 통치 이념을 다시 세우기 위해, 사서언해를 여러 차례에 걸쳐 재간행했다. 사서의 하나인 『중용언해』 간행 사례를 보자. 『중용언해』의 초간본은 1590년에 간행된 것이 남아 있고, 중간본은 지방판까지 합쳐 여러 이판본이 전하고 있다. 교서관을 중심

---

15) 도산서원 소장 고서들이 2006년도에 안동 소재 한국국학진흥원으로 이관되었고, 사서언해 초간본도 소장처가 바뀌었다. 영천 임고서원에도 초간본 『논어언해』의 낙질이 소장되어 있다.
16) 한국국학진흥원 소장 귀중본 도록5 『五書諺解』(2015년 12월 발행)를 참고하였다.
17) 서당이나 향교의 교재로 쓰인 '正文'류 사서(『맹자정문』, 『서전정문』 등)의 광곽 상란에 사서언해본의 구결토가 전사(轉寫)되어 있다.
18) 17세기의 사서언해 간행에 대한 정보는 옥영정(2005)을 참고하였다.

으로 한 서울 간행본도 10여 종이 알려져 있다. 간행 연도가 분명한『중용
언해』의 경우, 17세기 간행본만 해도 1608년(제주목 간행)을 비롯하여, 1612
년(광해군 4), 1631년(인조 9), 1684년(숙종 10) 간행본 등이 있다. 1653년에 간
행된『탐라지』창고조(倉庫條) 책판고(冊版庫)에는 제주 향교에서 간행한『중
용언해』와『대학언해』이름이 등재되어 있다(옥영정 2005 : 370). 제주에 거주
하는 양반 사족층은 극소수였을 것이니 양민의 자제들도 이 책을 이용하여
배웠을 것으로 본다. 조선 후기에는 일부 양인층 자제도 향교나 서당에 입
교할 수 있었다.[19] 한문 사서가 언문으로 번역됨으로써 초학자가 유교 경
서에 더 쉽게 접근할 수 있게 되었다. 현토와 번역문의 변개가 전혀 없이
지방 감영에서 사서언해를 지속적으로 간행한 사실은 이 책의 교육적 효용
성을 입증한다.

　사서언해로서 가장 특이한 판본은 1637년에 개인이 간행한 이른바 '窮儒
寒士本'(백두현 1993)이다.[20] 이 판본의 책 수는『논어언해』2책,『맹자언해』
2책,『대학언해』와『중용언해』를 합쳐서 1책, 사서언해 전체가 5책밖에 안
된다. 이렇게 분량을 줄일 수 있었던 것은 매엽(每葉)에 들어간 행수(行數)와
자수(字數)를 대폭 늘리고, 한문 원문을 각 구절의 첫머리와 끝부분만 남기
고 대부분 삭제했기 때문이다. 그리하여 궁유한사본의 내용과 판식은 기존
경서자본과 확연히 다르게 되었다. 경서자본은 반엽이 10행 19자이지만,
궁유한사본은 반엽 13행이며 각행에 한문은 23자 내외, 언해문은 22자 내
외이다. 궁유한사본에서 한문 원문은 대폭 삭제되었지만 해당 한문에 대응
하는 언해문은 온전히 실려 있다. 언해문은 초학자들의 문리 파악에 표준
이 되었기 때문에 그대로 보존한 것이다. 한문 원문의 앞뒤 글자만 표시하

---

19) 정순우(2012 : 263)는 향리들이 돈을 모아 서당을 운영한 사실과, 유학 남시병이 양반
　　신분이 아닌 역리(驛吏)의 집에 머물면서 그들의 자제를 가르친 기록을 논하였다.
20) 궁유한사본『맹자언해』의 권말 간기에는 시중의 책값이 너무 비싸 가난하고 추운 선
　　비들[窮儒寒士]이 사보기 어려우므로 이를 줄여서 간행했다는 내용이 있다. 이런 점에
　　서 궁유한사본 사서언해는 판매를 목적으로 간행한 최초의 한글 방각본으로 본다.

고 대폭 줄인 것은 당시 유생들이 한문 원문은 이미 암송하고 있었기 때문이다.[21] 언해문을 온전히 실은 것은 사서의 이해에 언해문이 중요한 존재였음을 방증한다.

조선 후기에 이 사서삼경의 언해본은 중간이 거듭되었다. 교서관뿐 아니라 영남 감영 등 전국의 여러 지방 관아에서 간행한 이판본이 다수 전해진다. 18세기 후기와 19세기에 걸쳐서 영남 감영에서 간행한 사서삼경 언해본의 이판본 사례는 다음과 같다.[22]

■ 영남 감영판 사서삼경 언해본의 분류

① 嶺營重刊本 계통[23] : 申丑本(1781), 丁巳本(1797), 戊午本(1798), 壬戌本(1802),[24] 乙丑本(1805), 戊辰本(1808).

② 嶺營新刊本 계통[25] : 壬午本(1822), 甲申本(1824), 丙戌本(1826), 戊子本(1828), 庚寅本(1830), 戊寅本(1878).

영남 감영판만 해도 이렇게 많으니 타 지역 간본을 포함하면 그 수는 크게 늘어날 것이다. 사서삼경의 언해본 간행은 국가가 지속적으로 노력을 기울였던 사업이었다. 지방 수령 특히 각 도 관찰사의 주요 임무 중 하나가 학교 교육의 활성화였던 만큼, 조선시대의 서당, 향교, 서원 등의 교육기관에서 경학 공부의 기초 교재인 사서삼경 언해본이 중시되었다. 사서언

---

21) 과거 시험에 몰두했던 당시의 유생들 대부분은 사서를 수백 번 낭송하여 한문 원문을 다 암송하곤 하였다.

22) 아래 판본은 필자가 경북대, 영남대, 계명대 도서관 등에 소장된 영남감영판 사서삼경 언해를 실사한 것이다. 이 판본들은 대구 봉산동의 고서점에서 가장 흔히 보이는 고서이다.

23) 이 판본들은 정조 17년(계축 1793)에 간행된 사서언해 무신본(戊申本)을 잇는 계통이다.

24) 영남감영판의 간행 연대는 류탁일과 조정화의 논문에서 서로 차이가 있다. 백두현(2003c)은 김희주(1760~1830)의 장서인이 찍힌 『서전언해』 등을 근거로 류탁일 선생의 견해가 옳음을 입증했다. 따라서 이 '壬戌'은 1802년이 된다.

25) 이들은 순조판인 '庚辰新刊內閣藏板'(1820년)을 복각한 것이다.

해가 16세기 말과 17세기 초에 걸쳐 간행되었고, 이후 19세기 말엽까지 지속적으로 간행된 이유가 여기에 있다.

『논어언해』의 이면지에 어린이들이 한글 자모를 익히기 위해 쓴 자모자 혹은 음절자 행렬이 발견되기도 한다.[26] 사서언해 이면지에 낙서처럼 쓰인 한글 자모자 연습 사례를 통해 어린이가 사서언해를 접했음 알 수 있다. 사서삼경 언해본을 지속적으로 출판하여 초학자용 교재로 사용했다. 이 사업은 조선의 통치 이념의 바탕이 된 사서삼경 해석을 표준화했고, 유학을 진작시켰다. 조선 후기에는 일부 양인의 자제도 서당에 다니고 향교에 입교할 수 있었기 때문에 하층민 중의 일부는 사서언해를 접할 수 있었을 것이다. 그리하여 사서언해의 학습 효과는 양반 중심의 상위 계층에서 중인과 서리 이하의 하위 계층으로 파급되어서, 강상(綱常)의 이념이 널리 확산되는 데 기여했을 것이다. 사서삼경 언해본의 지속적 출판은 특히 임진왜란과 병자호란으로 흐트러진 조선 사회의 유교 이념을 다시 세우는 역할을 했을 것이다.[27] 이 점에서 사서언해를 인민 통치에 훈민정음이 이용된 주요 사례로 간주한다.

2.2. 윤리 교화서의 간행과 훈민정음 활용

2.2.1. 행실도류 간행과 훈민정음 활용

훈민정음은 백성들에게 유교 윤리를 가르치는 훈민 정책의 매체가 되었으니 이는 훈민정음 창제의 목적이기도 하다. 가족윤리 孝와 군신 윤리 忠을 결합하여 가부장적 질서를 확립하는 것은 유교 이념을 바탕으로 한 조선의 가장 중요한 통치 방향이었다. 가족은 사회의 기본 단위이므로 가족

---

26) 17~18세기 판본으로 추정된 『논어언해』의 이면지에 한글을 갓 배운 어린이가 '가갸거겨' 등의 자모 음절표를 써 놓은 자료가 있다(백두현 2007 : 183).
27) 이 내용은 옥영정(2005 : 363)의 내용을 참고하여 정리한 것이다.

윤리를 확립하는 것은 사회 안정의 중요 과업이었다. 조선의 지배층은 가
족윤리인 孝를 근본으로 삼고, 효를 군신 간 윤리인 忠으로 전이하였다. 여
기서 더 나아가 孝를 노주(奴主) 간의 관계에 확대 적용함으로써 명분론적
사회질서를 구축했다.[28] 김슬옹(2005 : 64)은 조선왕조실록에 나타난 언해
관련 기사를 분석하여 내용별로 분류한 바 있다. 전체 273건 중 교화(218건
80%), 실용(43건 16%), 문학(6건 0.2%), 불교(4건 0.1%), 어학(2건 0.07%)의 비율을
보였다. 언해 관련 기사의 80%가 '교화'가 차지하여 압도적 점유율을 보여
준다. '교화'의 높은 점유율은 훈민정음이 교화 정책의 수단으로 이용되었
음을 객관적 수치로 실증한 것이다.

교화를 목적으로 간행한 책이 『삼강행실도』이다. 이 책은 유교 윤리의
기초가 되는 충효를 가르치는 데 유용한 것이었다. 『삼강행실도』의 간행은
성종, 중종, 선조, 정조를 거치면서 꾸준히 이어졌다.[29] 『삼강행실도』는 형
식과 내용을 달리하고 때로는 이름이 바뀌어 간행되었다. 『속삼강행실도』,
『동국신속삼강행실도』, 『오륜행실도』 등은 당대의 정치적 필요에 따라 간
행되었으며 이는 『삼강행실도』의 시대적 변용(變容)이라 할 수 있다. 이들을
묶어서 행실도류 교화서[30]라 부른다. 이 중에서 『삼강행실도』가 가장 대표
적인 교화서이며 가장 먼저 그리고 가장 오랫동안 간행되었다. 이 문헌들
의 내용을 백성에게 가르친 방법에 유의하면서, 한글본 교화서 간행의 정
치적 의미를 문헌별로 고찰해 본다.

---

28) '君君 臣臣 父父 子子'(논어 안연편)는 명분론적 원리를 압축한 표현이다.
29) 정조 21년(1797) 1월 1일에 임금이 내린 유시(諭示)가 대표적 사례이다. 이 유시는 『삼
강행실도』·『이륜행실도』·『소학』·『오륜행실도』·『향약』 등을 반포하여 백성을 효
유하라는 내용이다. 이 유시가 윤음으로 반포된 것이 「어제 양로 무롱 반힝 쇼흑 오륜
힝실 향음의식 향약죠례 륜음」(1797)이다.
30) 이 책들의 간본에 대한 정리는 송일기·이태호(2001)를 참고하였다.

1) 『삼강행실도』

『삼강행실도』는 한문본과 한글본 두 가지가 있다. 한문본은 훈민정음 창제 이전에 간행되었다. 진주에서 일어난 김화(金禾)의 살부 사건을 계기로, 세종 13년(1431)에 설순(偰循)에게 삼강행실도를 편찬하라는 명을 내리고, 편찬 방식까지 구체적으로 지시하였다. 이 책의 편찬이 세종 14년(1432) 6월에 완료되자 세종은 『삼강행실도』라는 이름을 내렸다. 곧이어 주자소로 하여금 조판 작업을 하게 하여 세종 16년(1434) 11월에 비로소 완성되어 각 도에 배포하였다.[31]

『삼강행실도』 한문본에는 해당 인물의 사적(事蹟)을 시(詩)와 찬(贊) 형식으로 지어서 넣고, 사적 내용을 표현한 그림을 그려 놓았다. 사적을 그림으로 표현한 것은 한문을 모르는 일반 백성을 위한 배려이다. 그림을 넣은 점에서 이 책의 독자를 어떤 사람으로 설정했는지 짐작할 수 있다. 그러나 한문본에 그림을 넣어도 한문을 모르는 백성들이 그림만으로 그 내용을 이해하기 어려웠다. 한문을 모르는 백성에게 삼강 윤리를 가르치려고 그림을 넣었지만, 그림만으로는 백성이 스스로 깨우칠 수 없는 한계가 있었다. 그리하여 세종은 학식자와 친속(親屬)으로 하여금 백성의 귀천을 가리지 않고 『삼강행실도』를 '구두로 가르치도록' 명했다.[32] 특히 외간 남자를 만날 수 없었던 부녀자는 친속으로 하여금 가르치게 했다. 한성부의 오부(五部)와 지방 관청의 감사와 수령은 학식자를 구해 백성들을 가르치게 했다.[33]

삼강[忠孝烈]의 윤리를 인민들의 정신에 심으려는 정책이 훈민정음 창제 이전에 한문본 행실도 편찬를 간행하여 이미 시행된 것이다. 그러나 한문본으로 백성을 가르치는 데 한계가 있었고, 『삼강행실도』를 백성들에게 쉽

---

31) 한문본 『삼강행실도』의 편찬 과정은 김유범(2006 : 190-195)을 참고하였다.
32) 세종 16년 4월 27일 기사.
33) 令中外務盡誨諭之術, 京中漢城府五部、外方監司守令, 旁求有學識者, 敦加獎勸, 無貴無賤, 常令訓習, 至於婦女, 亦令親屬諄諄教之, 使曉然共知. (세종 16년 4월 27일 기사)

게 가르칠 수 방편이 필요하였다. 이 방편이 곧 새로운 문자의 창제였고, 새로 만든 문자의 이름에 '訓民'을 관(冠)한 것이다. 윤리 교화서를 새 문자로 번역하여 백성들을 가르치는 일은 '訓民正音'이란 문자 명칭에 가장 잘 어울리는 사업이었다.

『삼강행실도』의 언해와 이를 통한 訓民은 세종이 훈민정음 창제의 명분으로 내세운 것이기도 하다. 최만리 등의 언문 반대 상소를 접한 세종이 이들을 불러 대화한 실록 기사에 세종이 일찍이 정창손에게 『삼강행실도』의 언문 번역에 대해 말한 적이 있음이 나타나 있다. 세종이 말하기를, "내가 만일 언문으로 삼강행실(三綱行實)을 번역하여 민간에 반포하면 어리석은 남녀가 모두 쉽게 깨달아서 충신 효자 열녀가 반드시 무리로 나올 것이다." 라고 하였다. 세종의 이 말을 듣고 정창손이 "삼강행실(三綱行實)[34]을 반포한 후에 충신 효자 열녀의 무리가 나옴을 볼 수 없는 것은, 사람이 행하고 행하지 않는 것이 사람의 자질 여하에 달려 있기 때문입니다. 어찌 꼭 언문으로 번역한 후에야 사람이 모두 본받을 것입니까."라고 세종을 반박했다. 이 말을 들은 세종이 크게 노하여, "이따위 말이 어찌 선비의 이치를 아는 말이겠느냐? 아무짝에도 쓸데없는 용속(庸俗)한 선비로다."라고 말하며 정창손을 꾸짖었다. 정창손은 유교적 통치에서 중요한 '교화'(=교육)의 정치적 의미와 그 효용성을 부정했고, 이에 세종이 격노하여 정창손을 심히 나무란 것이다.

세종은 일찍부터 『삼강행실도』의 언해를 염두에 두었으나 훈민정음 반포 이후에 세종의 출판 사업은 『삼강행실도』의 언해에까지 미치지 못하였다. 조선 건국의 역사적 정통성을 부여하는 『용비어천가』 편찬 사업을 해야 했고, 소헌왕후의 귀천(歸天 1446.3.24)에 따른 추천(追薦)을 위해 『석보상절』과 『월인천강지곡』을 편찬하는 일이 더 급한 시무(時務)였다.

---

34) 이때의 '삼강행실'은 한문본을 가리킨다.

세조는 간경도감을 통한 언해본 불경 간행에 몰두하였고, 유교적 윤리관을 백성들에게 가르치기 위한『삼강행실도』간행 사업에 관심이 없었다. 쿠데타로 왕권을 찬탈한 세조가 '忠'을 내세워 신하들과 백성들을 가르치기에는 면목이 서지 않았던 점도 있었을 것이다. 불교를 멀리하고 유교 경학(經學)을 숭상한 성종이 즉위하면서 세종이 마음에 두었던『삼강행실도』언해 사업이 비로소 이루어졌다. 특히 성종 2년에서 16년 사이(1471~1485) 사이에『경국대전』을 수보(修補)하면서『삼강행실도』의 언해와 반포에 대한 사항을 법제화했다(김슬옹 2005 : 63).

> 삼강행실을 언문으로 번역하여 서울과 지방의 사족의 가장(家長)·부로(父老) 혹은 교수(敎授)·훈도(訓導) 등으로 하여금 부녀자·어린이들을 가르쳐 이해하게 하고, 만약 대의(大義)에 능통하고 몸가짐과 행실이 뛰어난 자가 있으면 서울은 한성부가, 지방은 관찰사가 왕에게 보고하여 상을 준다. (三綱行實, 翻以諺文, 令京外士族家長·父老或其敎授·訓導等, 敎誨婦女·小子, 使之曉解。若能通大義, 有操行卓異者, 京漢城府, 外觀察使, 啓聞行賞) <경국대전 권3 예전(禮典) 장권(獎勸)>

『경국대전』의 이 규정은 그 후『삼강행실도』가 지속적으로 간행된 법적 근거가 되었다.『삼강행실도』의 언해와 출판을 국가 통치의 기본 법전인『경국대전』에 넣어 법제화한 것은 주목할 만하다.35)『이륜행실도』등 여타의 교화서 간행에 대한 법률적 규정은 없다.『삼강행실도』간행과 교육에 대해서만 법률 규정을 둔 것은 삼강[忠孝烈]의 윤리를 특별히 중시했기 때문이다.『삼강행실도』의 간행과 교육을 법률로 규정한 것은 훈민정음을 통치 목적에 적극적으로 이용한 제도적 사례가 된다.

위의 법률 조항에 삼강행실의 교육 대상을 '부녀자와 어린이'로 특정한

---

35) 성종 12년(1481)에『삼강행실도』의「열녀도」편을 언해했고, 성종 20년(1489)에 105명의 행실을 한 책에 담아 1490년에 언해본을 출판하였다.

점도 주목된다. '부녀자와 어린이'의 사회적 신분은 양반층은 물론 평민층 이하 하층민도 포함되었을 것이다. 그러나 언문을 읽을 수 있는 하층민의 수는 적었다. 현실적으로 『삼강행실도』를 직접 접하고 읽을 수 있는 사람 은 양반층 남녀(부녀와 어린이)였을 것이다. 언문을 읽을 수 있고, 책에 쉽게 접근할 수 있는 계층이 양반 사족층이고, 이들이 향교 등 국가 교육 기관 의 교육 대상이었다. 양반층은 평민층 자제의 향교 출입을 기피했다. 보통 의 평민은 교육비 부담 등의 경제적 문제로 인해 자제를 향교에 입교시키 기 어려웠을 것이다.

조선시대의 경우 책은 귀한 물건이었다. 책의 출판 부수가 적었고, 출판 비도 비싸게 먹히는 것이어서 양인 이하 하층민이 직접 『삼강행실도』를 구 득해서 읽었다고 보기 어렵다. 『삼강행실도』를 가장 많이 찍은 기록은 중 종 6년의 2,940부이다(옥영정 2008 : 55). 중앙 관아 및 관료들에게 1부, 지방 의 군현 수령들에게 2~3부를 배부할 수 있을 정도로 많은 수량이다. 향리 와 큰 고을에 한두 권 비치해 두고 고을의 부로(父老)와 유생(儒生) 등의 학 식자가 이 책을 이용하여 그 지역의 향민들을 구두로 가르쳤을 것이다. 간 본을 보고 필사하여 개인이 이용한 사례도 물론 있었을 것이나 이것 역시 필사 능력을 갖춘 양반층에 국한되었을 것이다.

『목민심서』(牧民心書) 예전(禮典) 6조 제3조 교민(敎民) 항에 『오륜행실도』의 교훈을 백성들에게 가르치는 방법을 설명한 내용이 있다.

"이제 여씨향약(呂氏鄕約)·진씨향약(陳氏鄕約) 및 주자방유문(朱子榜諭文) 을 모방하고, 『오륜행실도』 중에서 미행(美行) 수십 조를 뽑아 별도로 한 권 의 책을 만들어 언문으로 단정히 써서 수십 본을 등사(謄寫)하여 여러 고을 에 반포하고, 여러 고을에서는 각각 자제(子弟) 백여 명(큰 고을은 120명, 작 은 고을은 80명)을 뽑아 별도로 명부를 만들고 이들에게 반포한 책을 익히 게 한다. 동지 이후 경칩 이전 120일 동안에 매 10일마다 한 번씩 강(講)을 하여, 여러 향의 자제들로 하여금 들어와서 강하게 하고, 나아가서는 백성

을 권유하게 한다." (한국고전종합DB, 목민심서 禮典 6조 제3조 敎民)

정조의 명으로 간행한『오륜행실도』중에서 특히 아름다운 내용 수십
조항을 뽑아 언문으로 필사하여 수십 본을 만들고, 고을에서 선발한 자제
120명(혹은 80명)에게 이 책을 익히게 하고 강(講)을 통해 이를 시험한다. 이
자제들이 백성들에게 나아가 오륜의 덕목을 권유하도록 하였다. 이런 이상
적 제도가 과연 실제 시행되었는지 알 수 없다. 위 인용문에 간행한 간본
을 이용하라는 것이 아니라 간본 중의 내용을 가려 필사본을 다시 만들고,
고을에서 선발한 자제들이 이 필사본을 이용하라는 내용이 있다. 이 필사
본을 익힌 고을의 자제(아마도 향교생일 것)들이 일반 백성들에게 나아가 구
두로 오륜의 미덕을 권유하도록 되어 있다.[36] 간본이든 필사본이든 책을
이용한 사람은 독서가 가능한 사람임을 알 수 있다.

『삼강행실도』본문 텍스트의 문체 변화를 분석해 보면, 이 책의 독자층
이 어떻게 변화해 갔는지 짐작할 수 있다.『삼강행실도』의 언해문에 사용
된 문자를 기준으로 이 책의 이판본 계통을 나누어 보면 다음 세 부류로
나뉜다. ① 한문본, ② 한자음을 한글로 붙인 국한(國漢) 병용본, ③ 한글 전
용본이 그것이다.[37] 국한 병용본과 한글 전용본은 16세기 말과 17세기 초
기에 서로 공존한 과도기가 있었으나, 17세기 이후에는 한글 전용본으로

---

36)『목민심서』의 같은 조항(禮典 6조 제3조 敎民)에 향약 시행을 경계하면서, 여씨향약과
   같은 향약은 섣불리 시행하면 아니된다고 하였다. 그 이유인즉 향리의 토호들이 향약
   을 빌미로 권세를 부리며 백성을 착취하기 일쑤라 하고, 보성군에서 있었던 사례를 소
   개해 놓았다. "뿐만 아니라 약정(約正)과 직월(直月)에 적임자(適任者)를 얻기 어려우니
   여리(閭里)의 호강(豪强)들이 향약과 인연을 맺어 반드시 백성들에게 해를 끼칠 것인데
   누가 그것을 검제(檢制)할 수 있겠는가. 만약 향약을 시행한다면 백성들은 반드시 더욱
   곤궁해질 것이다."라고 하며 허엽((許曄)의 향약 시행 주장을 비판했다.
37) 국한 병용본과 한글 전용본의 구분은 도판의 상란에 있는 언해문을 기준으로 한 것이
   다. 세종대왕기념사업회(1972), 홍문각(1990), 조선학보(145, 146호) 등에서 간행한 영
   인본을 통해『삼강행실도』의 여러 이판본을 비교 분석하였다. 국한 병용본은 언해문
   에 방점이 찍힌『삼강행실도』및『속삼강행실도』에만 해당한다.

단일화되었다. 한문본의 독서자는 양반층 남성 중심이고, 국한 병용본의 독서자는 양반층과 평민층 이하 남녀를 아우르고, 한글 전용본의 독서자는 양반층과 평민층 이하의 여성과 어린이 중심이다. 국한 병용본은 『삼강행실도』 초기본의 독자층이 한자를 아는 사람도 포함되었음을 의미한다. 17세기 이후 언해본 문장이 한글 전용으로 단일화되었다. 한글 전용본으로 단일화된 문체 변화는 누구나 읽기 쉽게 함으로써, 『삼강행실도』의 간행 목적을 더욱 충실하게 구현하려는 의도[38]에서 비롯된 것이다. 성종 대에 언해본 『삼강행실도』가 간행된 이후 한문본 『삼강행실도』는 더 이상 간행되지 않았다. 언해본 『삼강행실도』만 간행한 사실은 이 책의 교화 대상이 한자를 모르는 여성과 하층민이었음을 뜻한다.

국가적으로 시행된 『삼강행실도』 간행 사업이 상당한 효과를 거두었음은 조선왕조실록 기사에 나타나 있다. 중종 21년의 기사에 다음과 같은 내용이 보인다.[39]

> 강원도 관찰사 황효헌(黃孝獻)이 치계(馳啓)하였는데 그 내용은 다음과 같다. "강릉부(江陵府)에 사는 진사 신명화(申命和)의 아내 이씨는 천성이 순후하고, 문자를 대강 알았으므로 늘 『삼강행실도』를 외었습니다. 그리하여 어버이와 남편을 섬김에 있어 그 도리를 다했으므로 일찍부터 고장에 소문이 났습니다."

이 기사 뒤에는 유학(幼學) 최응록(崔應祿) 등의 탁월한 효행이 보고되어 있다. 진사 신명화의 처 이씨가 평소에 『삼강행실도』를 외고 다녔다는 것은 이 책의 교화 대상에 여성이 포함되어 있었음을 증언한다. 진사의 아내이니 이씨는 양반층에 속한다. 유교적 윤리 도덕을 가르치려 한 이 책의

---

38) 언해문에서 한자어 표기가 완전히 사라지고 한글 전용으로 바뀐 것은, 한자를 몰라도 이 책을 읽을 수 있도록 독자층을 넓히기 위함이다.
39) 중종 21년(1526) 7월 15일 기사.

편찬 목적이 시골의 양반층 부녀자에 이르기까지 실현되었음을 보여 준다. 그러나 『삼강행실도』에 의한 교화 정책이 제대로 이루어지지 않았음을 보여 준 기록도 있다. 중종 35년 실록 기사에는 지방 수령들이 삼강 교화 정책을 가벼이 여긴다고 질책한 기사가 있다. 게다가 대대적인 『삼강행실도』 보급 정책에도 불구하고 자식이 아비를 죽이는 사건이 일어났다. 이에 중종은 "삼강행실도와 이륜행실도 등의 책을 반포한 것이 모두 겉치레가 된 셈이다."라고 탄식하였다.[40] 이런 분위기에서 허백기 등은 『소학』의 중요성을 강조하면서 그 간행을 주장하기도 했다.[41]

19세기 말기인 1882년까지 『삼강행실도』의 간행이 계속되었다. 글쓴이가 계명대학교 도서관에서 확인한 『삼강행실도』 중에는, 전라도 능성현(현재, 전라남도 화순시 능주면)에서 1882년에 보판(補版)하여 인출한 판본이 있었다. 박헌양(朴憲陽)이 능성현의 수령으로 왔다가 무너진 누각의 먼지 더미에서 심히 결락된 책판을 발견하고 삼강의 감화(感化)를 새롭게 펼치고자 결락된 판을 다시 새겨 간행했다는 발문이 이 책에 실려 있다.[42] 『삼강행실도』를 통한 훈민정책의 의지가 15세기 전기부터 1882년에 이르기까지 약 450년 동안 지속된 것이다. 조선의 양반 지배층이 『삼강행실도』를 어떻게 생각했는지 엿볼 수 있다.

2) 『속삼강행실도』

『속삼강행실도』는 『삼강행실도』와 달리 조선 사람의 행실만 수록했다.

---

40) 중종 38년(1543) 2월 24일 기사.
41) 중종 39년(1544) 1월 26일 기사. "조강에 나아가니 대신들이 교육의 문제를 아뢰다."
42) 이 발문 끝에 "上之卽阼十九年"(고종 19)이란 구절이 있어서 1882년에 이 책을 간행했음을 알 수 있다. 이 책은 규장각 소장 상백본 『삼강행실도』를 바탕으로 했으나 보판으로 인해 달라진 점이 있다. 보판은 충신편 31판, 효자편에 31판, 열녀편에 28판에 걸쳐 이루어졌다. 박헌양이 간행한 이 책에 대한 정보는 백두현(2008b : 76-77)을 참고할 수 있다. 고종실록(고종 22년 3월 13일 기사, 고종 31년 12월 7일 기사)에 박헌양의 행적에 대한 내용이 나온다.

강상(綱常)의 윤리를 허문 연산군을 내쫓고, 반정으로 집권한 중종은 패륜을 경계하고 인륜을 강조함으로써 반정을 합리화했다. 중종은 『삼강행실도』와 『속삼강행실도』의 간행을 그 방편으로 삼았다. 이뿐 아니라 반정에 공을 세운 인물을 포함한 조선인 59명의 행적을 『속삼강행실도』에 실었는데 이는 공훈을 표창한 것이기도 하다. 이 책에 실린 조선인 여성의 이름 중에 '崔氏', '鄭氏'(尙州人), '姜氏'(南原人) 등과 같이 '氏'가 붙은 사람은 사족 양반층 부녀자이고, 성이 없고 이름만 나온 '召史'(丹城人), '玉今'(安陰人)(楊根人) 등은 양인 평민층 이하의 부녀자들이다. 풍속 교화서 간행을 통한 훈민 정책의 효과가 하층민에게 미쳤음을 보여 준다.

중종 대 및 16세기 중기에 간행된 『속삼강행실도』의 초간본 계열은 국한 병용본이다. 그러나 선조 대 이후 간행된 중간본 계열은 한글 전용본으로 바뀌었다. 이것을 표로 나타내면 다음과 같다.[43)]

〔표 1〕 『속삼강행실도』의 이판본 계열

국한 병용본	초간본	중종 9년(1514), 현전본 미상
	중간본	16세기 중기 (규장각 가람문고본)
한글 전용본	초간본	선조 초기(1570년대)[44)]
	중간본	영조 3년(1727) (규장각 등)

『속삼강행실도』의 한문본은 애초에 간행되지 않았다. 언해본은 [표 1]에

---

43) 이 표는 송일기(2001 : 95-96)를 참고한 것이다. 필자가 직접 조사한 『속삼강행실도』는 홍문각(1983, 초간본 및 기영판), 『조선학보』 105호에 실린 동양문고본, 계명대학교 동산도서관에 소장된 2책이다.

44) 선조 대의 『속삼강행실도』가 국내에 없다고 알려져 있었으나 백두현(2008b : 79-80)에서 계명대학교 고서실에 소재하고 있음이 확인되었다. 명종 15년(1560)에 이심원(李深源)의 행실을 추기(追記)하도록 허락하였고, 이에 따라 '深源斥姦'이 충신편에 추가되었다. 계명대학교 고서실 소장본에는 이 내용이 포함되어 있다. 계명대본은 1581년(선조 14)에 간행된 것으로 판단된다.

보인 두 부류로 나누어진다. 국한 병용본에서 한글 전용본으로 변화한 것은 앞에서 본『삼강행실도』의 경우와 같다. 한글 전용 문체로 변화한 역사적 의미도 양자가 일치한다.

3)『동국신속삼강행실도』

『동국신속삼강행실도』는 광해군 5년(1613)에 착수하여 1617년에 완성된 국가적 편찬 사업이다. 전체 책수가 17권 17책의 방대한 분량이며[45] 조선인 1,587명의 사적(事蹟)이 수록되었다. 효자편이 권1-8까지 8책, 충신편이 권9 1책, 열녀편이 권10-17의 8책이다. 충신에 비해 효자와 열녀가 압도적으로 많은 이유는 임진왜란과 정유재란을 겪으면서 엄청난 희생을 치른 백성들을 위무하고, 민심을 안정시켜 통치의 기강을 다시 세우려 했던 정치적 의도에 기인한다(송일기 2001 : 101).

조선 사람의 행적을 실은 이 책의 편찬 목적은 교화에만 있는 것이 아니라, 땅에 떨어진 지배층의 권위를 회복하려는 시도이고, 국가의 권위를 세우려는 대민 포상 정책이기도 했다. 이 책에 이름을 올린 백성들은 국가로부터 표창을 받는 것과 같았다. 포상 주체인 권력층은 포상을 통해 정치적 권위를 얻음으로써 통치 기강을 세우고, 집권의 안정을 도모하는 효과가 있었다(이광렬 2007 : 145). 반정을 일으켜 연산군을 몰아내고 집권한 중종과 쿠데타를 일으켜 광해군을 쫓아내고 집권한 인조는 서로 공통점이 있다. 강상(綱常)의 기강이 흔들린 정치적 격동기라는 점에서 서로 유사하다. 민심이반이 일어나기 쉬운 혼란의 시기에 충효를 강조하는 행실도류의 간행 사업을 벌린 것이다.

임진왜란과 같은 병란을 거친 후『동국신속삼강행실도』편찬 사업이 대대적으로 시행된 것도 민심 수습을 위한 수단이었다.『동국신속삼강행실도』

---

45) 별책으로 만든 1책의『東國三綱行實圖』와『東國續三綱行實圖』를 포함하면 18책이 된다. 필자가 참고한 판본은 대제각(1988)과 홍문각(1992) 영인본이다.

편찬의 경우는 특별히 찬집청(撰集廳)을 설치하고 편찬 과정을 기록하였다. 이 기록에서 선조 대부터 추진하여 광해군 대에 완성된 이 책의 편찬 사업에 정부가 얼마나 심혈을 기울였는지 알 수 있다.[46) 세종과 성종 대에 간행한『삼강행실도』는 인민 교화에 초점이 있었다. 그러나『동국신속삼강행실도』는 계획 단계에서부터 교화서 간행이라는 목적보다 전란으로 희생된 백성들을 포상·위무하여 무너진 사회 기강을 확립하고, 실추된 왕권을 회복하려는 정치적 의도가 더 컸다(이광렬 2007 : 171).

『동국신속삼강행실도』의 간행은 왕을 중심으로 하는 관료의 인민 통치 행위에 한글이 사용되었다는 점에 그 의의가 있다.『동국신속삼강행실도』에 수록된 1,587명 가운데 임진왜란 이후에 정문(旌門)을 받은 사람이 효자도에 253명, 충신도에 57명, 열녀도에 542명으로 도합 852명이다. 나머지 700여명은 평상시에 정문을 받은 사람들이다. 정문을 받은 수록자 1,587명 중 선조 대에 정문을 받은 이는 69명에 불과하고 나머지는 모두 광해군 대에 정문을 받은 사람들이다(이광렬 2007 : 173). 이 점은 광해군이 민심 수습을 위한 백성 위무에 매우 적극적이었음을 보여 준다. 1,587명의 행적이 한글 문장으로 표현되어 국가 간행의 서적에 실렸다는 것은 정치적 의미가 크다. 국가와 가정 그리고 부모와 남편을 위해 왜적에 대항하여 절의를 지키다가 죽은 사람의 집에 국가가 정문을 세우고, 그 표장(表狀)을 한글 문장으로 지어 출판해 준 것이다. 이런 정책의 집행은 전란으로 상처받은 민심을 치유하는 데 큰 효과를 발휘했을 것이다. 한글이 전란 이후 민심 수습의 수단으로 이용된 점에서 주목할 만한 책이『동국신속삼강행실도』이다.

4)『이륜행실도』

『이륜행실도』의 초간본은 앞의 다른 행실도처럼 조정의 논의를 거쳐 간

---

46) 이 책의 찬집 과정과 이때 발생한 각종 문제점 등에 대한 자세한 검토는 이광렬(2007)을 참고하였다.

행된 것이 아니고, 김안국이 경상도 관찰사 재임 중에 경주와 안동 등 5개 읍에서 출판한 책47)이다. 『삼강행실도』처럼 왕명으로 간행된 것이 아니라, 지방 관료가 향민 교화를 위해 초간본을 지방에서 간행했다는 점이 이 책의 특징이다. 그 후『이륜행실도』는 서울의 교서관에 보내졌고, 이것을 고쳐 간행하여 여러 지방에 나누어 주었다.

김안국은 향촌 사회를 다스리는 데 장유유서(長幼有序)와 붕우유신(朋友有信)이라는 이륜의 덕목이 필요하다고 생각하여 이 책을 간행했다. 인민의 후생 복리 증진과 교화를 가장 중요한 통치 목표로 삼았던 사림파의 정치적 입지로 보면, 향촌 사회의 농민 계도는 중요한 의미를 가진다. 삼강행실의 충·효·열(忠孝烈)은 전적으로 수직적 인간관계에 기반을 둔 윤리 강령이다. 그러나 이륜행실의 '붕우유신'은 수평적 인간관계의 윤리에 기반을 둔 것이라는 점에서 차이가 있다. 이륜의 하나인 '장유유서' 또한 충효열과 같은 수직적 지배 윤리가 아니다. 경상도 관찰사로서 김안국은 향촌 사회의 질서와 조화를 위해 수평적 인간관계에 초점을 둔 이륜의 가르침을 베풀고자 한 것이다.

『이륜행실도』는 방점이 있는 초간본이 1518년에 처음 간행되었고,48) 이어서 선조 12년(1579)에 교서관판49)이 중간되었다. 조선왕조실록에 교서관

---

47) 경상도 관찰사 김안국은 언해본뿐 아니라『口訣小學』도 간행했다. 강혼(姜渾)이 쓴『이륜행실도』의 서문에『口訣小學』이란 책 이름이 나온다. 안병희(1977 : 21)는 안동 소장 책판 '懸吐小學'이『口訣小學』일 것으로 추정했다.

48) 필자가 참고한『이륜행실도』판본은 단국대 동양학연구소(1978), 홍문각(1990)에서 영인한 원간본·기영판·영영판 그리고 복사본으로 본 학봉 내사본, 순천대 소장본, 미공개 개인 소장본 등이다.『이륜행실도』이판본에 대한 종합 정리는 정연정(2014)을 참고하였다. 정연정(2014 : 41-47)이 정리한 이판본 표에는 총 62책이 실려 있고, 판종으로 분류하면 9종이다(정연정 2014 : 51).

49) 『이륜행실도』초간본과 교서관판 중간본의 도판 판화를 비교해 보니 교서관판의 판화는 풍경과 사물의 표현이 입체적이며, 인물의 행동과 표정 등의 묘사가 더 세밀하다. 장면의 배경으로 그려진 산, 나무와 화초, 인물, 가옥, 집의 구조와 지붕 모습 등이 교서관판에서 더 정교하다(정연정 2014 : 64). 지방판과 중앙 간본에 동원된 각수들의 기술적 차이를 보여 준다.

판의 간행 기록이 없으나 학봉종택본의 내사기[50]를 근거로 선조 12년에 이 책이 중간된 것으로 본다(정연정 2014 : 23). 그 후 1727년의 기영판을 비롯해 경상도의 영영판, 황해도의 해영판, 강원도의 원영판 등 여러 도(道)의 감영에서 다시 중간되었다. 4개 도의 감영판 외에 하위 행정 단위인 군현에서도 『이륜행실도』를 간행한 기록이 책판 목록에는 있으나 실물 책은 현전하지 않는다(송일기 2001 : 108). 군현 단위에서 『이륜행실도』를 간행한 사실은 궁벽한 시골의 인민들에게까지 이 책의 교화가 미쳤음을 보여 준다.

그런데 『삼강행실도』에 비해 『이륜행실도』는 그 간행 횟수가 훨씬 적다. 조선왕조실록 기사에서 '삼강행실'에 대한 논의는 빈번하게 나타나지만 '이륜행실'에 대한 언급은 드물다.[51] 이는 통치 이념으로서 삼강이 이륜보다 훨씬 더 중시되었기 때문이다.

『이륜행실도』는 사용 문자의 측면에서 특기할 만한 점이 있다. 이 책은 한문본이 없었을 뿐 아니라 번역문도 초간본부터 한글 전용으로 되어 있다. 『이륜행실도』는 『삼강행실도』나 『속삼강행실도』처럼 국한문 혼용으로 간행된 적이 없다. 이러한 문체적 특징은 『이륜행실도』가 초간본부터 지방에서 간행된 사실과 함께, 『이륜행실도』의 간행 목적이 인민 교화 특히 양인층을 포함한 일반 民을 대상으로 한 것임을 의미한다.

5) 『오륜행실도』

1797년(정조 21)에 왕명에 의해 『삼강행실도』와 『이륜행실도』를 합편하여 『오륜행실도』를 간행했다. 두 책을 단순히 합친 것이 아니라, 『오륜행실도』에서 언해문 원문의 개수(改修)가 이루어졌고, 효자도 「元覺警父」 편과 「郭

---

50) 내사기는 다음과 같다. "萬曆七年 五月日 內賜 吏曹正郎 金誠一 二倫行實圖 一件 命除謝恩 右承旨臣 申 手決".

51) 조선왕조실록 누리집에서 '이륜행실'을 검색해 보니 22건이 나오고, '삼강행실'은 165건이 나왔다.

巨埋子」편이 삭제되었다. 이 두 편의 내용이 인륜상 문제가 있다고 판단한 것이다. 전자는 아버지의 명에 따라 병든 할아버지를 산에 갖다 버리는 이야기이고, 후자는 할머니가 자기의 밥을 손자에게 자꾸 주자 아버지가 아들을 땅에 묻어 버리려 한 이야기이다.[52] 이런 내용을 삭제한 것은 18세기 후기 정조 대의 윤리관이 그 이전 시대의 무조건적 孝에서 합리적 孝로 달라졌음을 보여 준다.

이 책 권두에 정조의 어제 서문이 실려 있는 점이 특기할 만하다. 정조는 이 서문에서 세종 대의 『삼강행실도』 간행과 김안국의 『이륜행실도』 간행 사실을 말한 뒤, 각신(閣臣) 심상규(沈象奎)에게 명하여 『삼강행실도』와 『이륜행실도』 두 책을 가져다 합본하여 고증하고 정정한 뒤 『오륜행실도』를 간행토록 명했다. 정조는 "어리석은 부녀자들도 모두 보고 느껴 본받을 수 있도록 하였다."라고 명하여 교화 대상에 부녀자까지 명시했다.

이 책의 머리에 붙은 좌승지 이만수(李晩秀)의 서문에 삼강과 이륜을 담은 이 책으로 백성 교화의 바탕으로 삼고, 조정·향리·규문(閨門)의 필부필남(匹婦匹男)이 한 번 보고 감동하는 흥이 일어나도록 만들었다는 간행 목적이 밝혀져 있다. 『오륜행실도』는 『이륜행실도』처럼 한문본은 간행하지 않고 한글본만 간행하였다. 문장 텍스트의 구성에 국한문을 혼용하지 않고 한글 전용으로 하였다. 한자를 쓰지 않은 것은 이 책의 교화 대상이 부녀자와 어린이 그리고 하층민임을 뜻한다.

위의 『삼강행실도』 항에서 여씨향약과 오륜행실도의 미담을 뽑아 필사본을 만들고, 고을의 자제 100여 명을 교생으로 선발하여 이를 익히게 하고 이 자제들이 일반 백성에게 나아가 미덕을 권유하도록 한 『목민심서』(牧

---

52) 『홍재전서』 184권에 수록된 정조의 『오륜행실도』 서문 끝에 그 이유를 다음과 같이 밝혔다. "효자류(孝子類)에서 곽거(郭巨) 조항을 삭제하라 특별히 명하였는데, 이는 주부자(朱夫子)가 문인에게 등유(鄧攸)의 일을 『소학』에 자세히 기록하지 말라고 했던 뜻을 나름대로 본받은 것이라 하겠다."

民心書의 교민(敎民) 항을 인용하여 이 책의 교육 방법을 소개한 바 있다. 그런데 『목민심서』(牧民心書)의 교민(敎民) 항에는 『오륜행실도』의 교육 방법을 다음과 같이 하도록 권유하였다.

"정조(正祖) 정사년(1797, 정조21)에 증수오륜행실(增修五倫行實)을 군현에 반포하여 백성을 교유(敎諭)하게 하였다. 내가 살피건대, 오륜행실은 이미 언문으로 번역되었으며 또 그림까지 있으니 (…중략…) 어리석은 백성들이 깊은 감동을 일으키게 될 것이다. 그러나 단 한 권의 책으로써 만가(萬家)가 서로 돌려 보게 하니 한 달이 넘지 않아 책이 모두 파손되어 다시 읽을 수 없게 된다. 그러므로 가호(家戶)의 총수를 계산하여 매 백 호마다 책 한 권씩을 나누어 주어, 1천 호의 읍에는 10권을, 1만 호의 읍에는 1백 권을 나누어 주어야 돌려 가며 두루 읽을 수 있을 것이다." (한국고전종합DB, 목민심서 禮典 6조 제3조 敎民)

앞에서 설명한 교육법과 달리 고을의 가호 수를 헤아려 100호마다 한 권의 『오륜행실도』를 나눠 주고 이 책을 차례대로 돌려 보도록 하였다. 이상적인 방법이기는 하나 언문을 읽을 수 있는 하층민이 적었고, 책판 판각, 인출과 제본 등에 소요되는 비용 문제가 있다. 『목민심서』에서 권유한 교육 방식과 책의 배포가 실제로 시행되기 어려웠을 듯하다.

2.2.2. 풍속 교화서의 간행과 훈민정음 활용

유교 윤리를 책으로 가르치는 것보다 더 직접적인 인민 교화의 방법은 향약으로 일상생활의 윤리 규범을 실천토록 하는 것이다. 향촌 생활의 규범을 향약(鄕約)으로 정해 두고 이를 가르치고자 편찬한 책이 『여씨향약언해』이다. 향촌사회 구성원이 지켜야 할 덕목과 규율을 조목별로 나누어 설명해 놓았다. 『정속언해』도 향약언해와 비슷한 목적으로 간행되었다. 백성들에게 법률의 위엄과 이에 따른 징치(懲治)를 가르치기 위해 『경민편언해』

를 간행하여 널리 보급했다. 이런 종류의 책을 묶어서 풍속 교화서라 부른
다. 풍속 교화에 관한 책들은 언해본으로 간행되었으며 다수의 이판본을
갖고 있다. 인민통치라는 측면에서 풍속 교화서 언해본이 갖는 의미를 문
헌별로 고찰한다.

1) 『주자증손여씨향약언해』

『주자증손여씨향약언해』(朱子增損呂氏鄕約諺解)는 줄여서 『呂氏鄕約諺解』라
부른다. 이 책은 남송(南宋)의 주희(朱熹)가 편찬한 『呂氏鄕約』을 1518년(중종
13)에 김안국(金安國)이 언해하여 처음 간행하였다. 중종 때 개혁 정치를 표
방한 신진 사림 김안국이 경상도 관찰사 재임 중에 향촌 사회의 풍속 교
화를 위해 간행하였다. 원전의 한문에 한자 약체자로 구결토를 달고, 이를
다시 한글로 번역하였다. 중종실록에 김안국이 올린 글이 원문대로 수록
되어 있는데, 김안국은 이 책의 간행 목적을 다음과 같이 말하였다.[53] (밑
줄은 필자)

> 동지중추부사 김안국이 아뢰기를,
> "신이 경상도 관찰사가 되었을 때 그 도의 인심과 풍속을 보니 퇴폐하기
> 형언할 수 없었습니다. 지금 성상께서 풍속을 변화시킴에 뜻을 두시므로,
> 신이 그 지극하신 의도를 본받아 완악한 풍속을 변혁하고자 하는데, 가만히
> 그 방법을 생각해 보니 옛 사람의 책 중에서 풍속을 바로잡을 수 있는 것을
> 택하여 거기에 언해를 붙여 도내에 반포하여 가르치게 하는 것이었습니다.
> 신이 이 책을 수찬하기로 마음먹고 있으나 사무가 번다하여 미처 자세히
> 살피지 못하였으므로 착오가 필시 많을 것으로 봅니다. 지금 별도로 찬집청
> 을 설치하여 문적(文籍)을 인출하고 있으니, 이 책들을 다시 교정하여 팔도
> 에 반포하게 하면 풍화(風化)를 고취시킴에 조금이나마 도움이 있을 것입니
> 다. 『여씨향약』이나 『정속』 같은 책은 곧 풍속을 순후하게 하는 책입니다.
> 『여씨향약』이 비록 『성리대전』에 실려 있으나 주해가 없어 우리나라 사람

---

53) 중종 13년 무인(1518, 정덕 13) 4월 1일 기사.

들은 쉽게 이해하지 못합니다. 그러므로 신이 곧 그 언해를 상세하게 만들
어 사람마다 보는 즉시 이해하게 하였습니다.

밑줄을 그은 부분에 이 책의 간행 목적과 한글로 번역한 목적이 드러나
있다. 풍속을 바로 잡을 수 있는 책에 언해를 붙여 백성들을 교화시키겠다
는 뜻이다. 한문으로 쓰여진 여씨향약은 사람들이 쉽게 이해하지 못하므로
사람마다 즉시 이해하도록 그 언해를 상세히 붙여 번역했다고 하였다. 나
아가 김안국 본인이 간행한 책을 찬집청에서 다시 교정 간행하여 팔도에
반포하기를 청하였다. 김안국의 이 상서는 한글을 인민 통치의 수단으로
본 점, 그리고 그것의 정치적 효용성을 명료하게 설파한 글이다. 김안국이
경상도에서 간행한 『여씨향약언해』는 다른 지방에도 영향을 미쳤다. 실록
에 나타난 다음 기사를 보면[54] 이 점을 알 수 있다.

> 한충(韓忠)이 아뢰기를,
> "신이 보니 충청감사가 『여씨향약』을 간인해서 그 지방의 연소한 선비들
> 을 가르치고 있습니다. 그래서 선비들이 모두 시비(是非)와 호오(好惡)가 무
> 엇인지를 알고 있습니다. 보잘것없는 소민(小民)들도 모두 악한 짓을 하는
> 것이 좋지 않다는 것을 알아서 '아무개는 부모에게 불효하다.' '아무개는 그
> 형에게 불공하다.'라고 하면서 배척하여 동류에 끼워주기를 싫어합니다. 신
> 이 고로(古老)에게 물으니 '예전에는 조정에서 「이제 선도(善道)를 흥기시킨
> 다」라고 말한 경우에도 그 효과를 본 일이 없었는데, 지금에 와서야 조정에
> 서 한 일을 알 수 있습니다.'라고 하였습니다. 또 감사(監司)가 한 고을에서
> 추앙받는 노숙(老宿)을 뽑아 도약정(都約正)·부약정(副約正)을 삼고 그 고을
> 을 교화하게 하고 있는데, 풍속을 선도하고 백성을 바로잡는 데 이보다 더
> 좋은 법이 없습니다. 신이 시골에서 아이들이 읽는 향약을 보니 곧 김안국
> 이 교정한 언해본이었습니다. 이것을 널리 인출하여 팔도에 반포하는 것이
> 가합니다."라고 하였다

---

54) 중종 13년 무인(1518, 정덕 13) 6월 19일 기사. 이때 한충(韓忠)은 홍문관 응교 재임 중
   이었고 청주(淸州)에 갔다가 돌아온 뒤였다.

김안국의 언해본이 경상도에서 간행된 지 불과 일 년 만에 충청도 향리에도 보급되어 가르쳐졌으니, 향약에 대한 이런 열의를 살려 전국 팔도에 향약서를 반포하자고 제안한 것이다(한상권 1984 : 19-20). 사림 세력의 본거지인 경상도는 김안국이 경상감사로 부임하면서 언해본의 간행과 함께 향약 보급이 시작되었다. 이 영향이 충청도에 미쳐 하삼도(下三道)에 모두 향약이 실시되었고 그 영향력이 경성에까지 파급되었다(한상권 1984 : 21).

그런데 여씨향약의 보급은 일반 백성을 대상으로 한 것이 아니라, 향촌 사회의 유력자인 사족층을 중심으로 진행되었다. 예속상교(禮俗相交)의 실천을 위해 매월 약정된 독약례(讀約禮)의 진행 절차를 보면 일반민은 참여가 불가능하고, 유교적 의례에 대한 지식과 소양을 가진 자를 대상으로 한 것이다(이근명 2002 : 278-279). '人民' 중에서 '人'에 해당하는 신분층을 대상으로 한 것이다. 중종 대에 조선에서 행해진 향약과 송나라 주자의 향약 간의 가장 두드러진 차이는 국가 권력의 관여 여부이다. 중종은 조정의 논의를 거쳐 각도의 감사와 수령으로 하여금 향약을 널리 펴도록 했다. 그러나 중국 송대의 향약은 향촌 사회에서 자발적으로 시행된 것이었다(이근명 2002 : 282). 향약의 보급을 지방 관아의 행정력으로 수행한 것이 조선시대 향약의 특징이다. 관 주도로 시행한 이 정책을 뒷받침하기 위해 『주자증손여씨향약언해』를 간행한 것이다. 사족층을 중심으로 행해진 향약의 가르침55)은 원래 취지와 달리 향리 양반들 간의 갈등을 유발하거나 백성을 착취하는 부작용을 빚게 되었다. 앞의 『삼강행실도』와 『오륜행실도』 교육법에 대한 『목민심서』의 내용 소개에서 언급했듯이 향약 시행이 변질되어 많은 폐해가 발생했다. 이이의 율곡 향약이 충청도 청주의 서원(1571년)과 황해도 해주(1577년)에서 시행될 때는 환난상휼(患難相恤)이 특히 강조되어 상호 부조

---

55) 이근명(2002 : 286-287)은 퇴계 이황이 명종 11년(1556)에 안동 예안에서 향약을 시행함으로써 주자의 향약과 다른 조선 향약의 틀이 갖추어지고, 이 향약은 영남을 중심으로 지방 사회에 큰 영향을 미쳤다고 하였다.

(扶助) 성격을 띤 조선 향약의 틀이 굳어진 것으로 보기도 하나(이근명 2002 : 286-287), 다른 한편으로 향약의 시행이 지역 양반층의 권리를 행사하는 조직으로 변질되기도 했다. 이런 문제점이 있지만 훈민정음을 인민 교화에 활용한 사실은 한글생활사의 측면에서 논할 만한 가치가 있다. 훈민정음을 통한 인민 교화 정책은 이 이 문자의 이름에 있는 '訓民'의 취지에 가장 잘 어울리는 사업이다.

안병희(1993)의 해제에 따르면 『여씨향약언해』의 이판본은 다음 네 계열로 나누어진다.

① 尊經閣本 : 김안국이 1518년에 간행한 원간본의 복각 목판본 (35장)
② 華山文庫本 : 을해자본 1574년보다 앞선 판본56) (42장)
③ 一石本 : 을해자본 1574년 간행57) (43장)
④ 一石本의 복각 목판본58) (42장)

앞에서 본 다른 윤리교화서에 비해 『여씨향약언해』는 이판본이 적은 편이다. 이 책이 조선시대 전 시기를 거쳐 지속적으로 간행된 것이 아니라 대부분 16세기에 간행되었다. 조선사회에서 17세기 이후, 향약 시행에 대한 관심은 현저히 약화되었다. '여씨향약'을 조선왕조실록에서 검색해 보면 총 33건이 나온다. 이 중 중종 대 16건, 명종 대 3건, 선조 대 8건이고 그 후는 극소수에 불과하다. 『여씨향약언해』의 간행이 17세기 이후에 추진력을 잃었음을 알 수 있다. 이렇게 된 원인은 지방에서의 향약 시행이 변질되어 지역 양반들의 권리를 남용한 조직이 되었고, 지방민을 핍박하고 착취하는 사조직으로 변질되었기 때문이다. 『목민심서』에서 향약 시행의 폐해를 말한 내용을 앞에서 언급했다. 아울러 기묘사화 이후 향약을 중시한

---

56) 간년의 추정은 안병희(1993)의 해제에 따른 것이다.
57) 이 책에는 만력 2년에 주덕원(朱德元)에게 내려준 내사기가 있다.
58) 이 책은 규장각, 경북대 도서관 취암문고 등에 소장되어 있다.

사림파(김안국 포함)가 권력을 잃게 된 점도 향약의 퇴조에 영향을 미쳤다. 향약의 보급에 적극적이었던 정치 세력은 향촌 사회에 기반을 둔 이른바 재지 사림파(특히 남인) 양반들이었다. 중종 대에 득세한 사림파들이 개혁 정책을 주창할 때 향약의 보급은 핵심 정책의 하나였다. 선조 대에는 사림파의 정치적 영향력이 강했으나, 그 이후에 사림파의 핵심인 남인이 권력 투쟁을 거치면서 밀려나 실질적 통치 집단에서 소외되어 갔다.

『여씨향약언해』의 효용성이 약화된 또 하나의 원인은 향약 보급 대상과 관련하여 언해본의 필요성이 크게 줄어든 점이다. 향약은 일반 民이 아닌 향촌의 사족층을 대상으로 시행한 것이었고, 사족층은 대부분 한문에 능통했기 때문에 군이 언해서를 계속 간행할 필요가 없었을 것이다. 『여씨향약언해』가 선조 대 이후 간행되지 않고, 조정에서 이 책의 출판에 대한 논의가 거의 사라진 원인은 이러한 두 가지 측면에서 찾을 수 있다.

2) 『정속언해』

위에서 중종실록에 실린 김안국의 상서(上書)를 인용한 바 있다. 이 인용문의 밑줄친 부분에 나타나 있듯이, 『여씨향약언해』의 간행 목적은 "완악한 풍속을 변화"시키고자 함이다. 그런데 책의 내용을 자세히 검토해 보면, 이 목적의 실현하기에 가장 적합한 책은 『여씨향약언해』가 아니라 『정속언해』(正俗諺解)이다. 이 책의 원전은 원나라의 일암왕(逸庵王)이 쓰고, 14세기 중엽에 중국 송강부의 왕지화(王至和)가 서문을 붙여 간행한 한문본 『정속편』(正俗篇)이다. 이 한문본에 경상도 관찰사 김안국이 구결을 달고 언해를 붙여 1518년(중종 13)에 간행한 책이 『정속언해』이다. 이때 풍속 교화를 목적으로 한 『여씨향약언해』와 『이륜행실도』를 함께 간행했다.

『정속언해』는 책 제목 '正俗'(풍속을 바로 잡음)이란 뜻에 어울리는 내용을 싣고 있다. 백성들의 완악한 풍속을 바로 잡기 위해, 향촌 사회생활의 지침이 되는 덕목을 가르치는 여러 개의 조목으로 이 책이 구성되어 있다. 孝父

母(어버싀 효도ᄒᆞ욤), 友兄弟(형뎨 ᄉᆞ랑ᄒᆞ야 사괴욤), 和室家(겨집과 화동), 訓子孫(ᄌ
식 손ᄌᆞ들 ᄀᆞᄅ쵬), 睦宗族(아ᅀᆞᆷ들와 화동홈), 厚親誼(아ᅀᆞᆷ 사괴욤), 恤隣里(이웃 ᄆᆞᅀᆞᆯ
ᄒᆞᆯ 어엿비 너굠), 愼交友(버들 삼가아 사괴라), 謹喪祭(상ᄉᆞ 졔ᄉᆞ를 조심ᄒᆞ욤), 務本業
(녀름지ᅀᅵ 힘서 ᄒᆞ욤), (…중략…) 積陰德(됴ᄒᆞᆫ 일 ᄒᆞ욤) 등 도합 18개의 조목에
구결을 붙인 현토 한문과 언해문을 병렬해 놓았다.

이 책은 유교적 강상(綱常)만을 강조한 것이 아니다. 향촌 사회에서 원만
하고 화목한 인간관계를 영위하는 데 필요한 가르침이 주 내용이다. 이 가
르침들은 오늘날 현대인의 윤리 규범으로 삼아도 아무런 문제가 없을 듯한
덕목들이다. 위에 나열한 편명에서 이 점을 간취할 수 있다. 『정속언해』는
가족 사회를 뛰어넘어 지역 사회 공동체의 윤리를 세운 책이다. 이 점에서
『삼강행실도』 등 가족 관계를 바탕으로 한 윤리서와 『정속언해』는 그 차이
가 뚜렷하다. 『정속언해』는 『여씨향약언해』와 함께 지역 공동체 윤리에 초
점을 둔 교화서이고, 『삼강행실도』 등은 종족 공동체 윤리에 초점을 둔 것
이다. 지치(至治)를 추구한 사림파의 정치적 이상을 향촌 사회에서 실현하고
자 한 책이 바로 『정속언해』이며, 이를 위한 실천적 가르침을 담고 있다.

그럼에도 불구하고 『정속언해』의 간행은 활발하지 못하였다. 현재까지
알려진 『정속언해』의 판본은 다음 세 가지 정도에 지나지 않는다(홍윤표
1984). ① 원간본으로 판단되는 고 이원주 교수 소장본, ② 중간본인 규장각
본,[59] ③ '渭原校上'(위원교상)이란 장서기가 있는 일사문고본[60]. ①을 이원
주본(원간본 1518년), ②를 중간본(18세기), ③을 평안도판(18세기)이라 부른다.
『정속언해』의 간행이 이처럼 미미했던 것은 향촌에 기반을 둔 사림파의 퇴
조와 관련된 것으로 보인다. 현철한 관료가 지방 수령으로 나아가 그 지역

---

59) 규장각 소장의 이 책과 동일한 판본이 여러 대학 도서관에 소장되어 있다. 가장 흔한
판본이다.
60) 이 '渭原'(위원)은 평안도 소재의 군 이름이므로 일사본은 평안도판이다. 이 일사문고본
의 권두에 '壬子十二月日 宋按使印送'이라는 묵서가 있다. '宋按使'는 평안감사 송인명(宋
寅明)을 가리킨 것으로 보인다.

인민들의 사회 윤리성을 함양하고자 이 책을 간행했으나 사림파의 퇴조와 함께 일시적 간행에 그치고 말았다.

3) 경민편언해

『경민편언해』(警民編諺解)는 황해도 관찰사 김정국(金正國)이 1519년에 처음 간행한 책이다. 백성들이 윤리와 법에 무지하여 법망에 걸려 죄에 빠지는 것을 안타까이 여겨 父母, 夫妻, 兄弟, 族親 등 13개 항목에 대한 윤리적 규범과, 이를 어겼을 때 받아야 하는 형벌 내용을 일일이 설명한 책이다. 김정국의 발문에 따르면 무지한 백성이 인륜과 법률의 엄중함을 모르고, 옷과 밥[衣食]을 취하는 일에 몰두하다가, 자기도 모르게 법에 저촉되어 범죄에 빠지는 것을 불쌍히 생각하여 13개 조목을 만들어 널리 폈다고 하였다. 이 발문에는 지방 관료가 인민통치를 위해 이 언해서를 간행한 목적이 나타나 있다.

이 책의 원간본은 현전하지 않고, 경상도 관찰사 허엽(許曄)이 1579년(선조 12)에 진주에서 「君上第一」 조항을 추가한 중간본이 전한다. 허엽의 중간본 서문에 이 책을 경주·상주·진주·청송 네 곳에서 인출토록 했고, 속읍(屬邑)에서 인출해 갈 수 있도록 했으며, 민간에서 사사롭게 인출하는 것도 허락하여 집집마다 이 책을 지녀 누구나 볼 수 있도록 했다는 내용이 있다.[61]

『경민편언해』의 본문 내용과 번역문을 고친 개간본이 1658년(효종 9) 이후원에 의해 간행되었다. 이 개간본에는 여러 개의 새 글이 추가되었다. 특히 송강 정철의 「訓民歌」라는 시조가 덧붙었다. 이 시조의 제목이 보여 주듯이 훈민의 뜻을 담은 노랫말을 이용하여 백성을 가르치려 하였다. 상주목사 이정소(李廷熽)는 경술년(1730) 9월에 다시 그의 발문을 붙여 이 개간본

---

61) 이 내용은 담은 원문은 다음과 같다. 玆以此編添補君上一條 付之四長官 慶州尙州晉州靑松 函上於梓 印頒屬邑 屬邑各來印出 兼許民間私印 期於家家有之 人人見之 (허엽의 重刊序)

을 간행하였다.[62] 이 상주판을 다시 복각한 것이 '戊辰七月日 龍城開刊'이
란 간기가 있는 남원판(1748)이다. '戊辰九月 完營重刊'이라는 간기를 새겨
전주에서 간행한 완영판이 있으나 남원판과 거의 같아서 같은 판목으로 간
기만 달리해서 인출한 것으로 보인다.

현전하는 『경민편언해』 중 가장 흔히 보이는 것은 '乙丑六月完營開刊'이
라는 간기를 가진 완영판이다. 이 완영판에는 이정소의 발문과 정철의 훈민
가 그리고 평안감사 송인명(宋寅明)이 지은 八戒(팔계)가 실려 있다. 정철의 훈
민가와 송인명의 팔계는 언해문을 이용한 인민통치의 목적을 여실하게 보
여 주는 글이다. 송인명의 팔계는 간년이 앞서는 상문각 영인본『경민편』[63]
에도 실려 있다. 이 영인본에 실린 팔계는 송인명이 간행한 평안도판에 들
어간 것이고, 상문각 영인본이 평안도판일 가능성이 높다(백두현 2018). 이
책에 수록된 팔계의 첫 부분은 다음과 같다.

　　관셔ᄂᆞᆫ 이 긔주의 녯 도업이라 셩인의 ᄀᆞᄅᆞ치시미 임의 멀고 빅셩의 풍
　쇽이 졈졈 문허디여 패륜 범상ᄒᆞᄂᆞᆫ 일이 간간이 만히 이시니 내 ᄒᆞᄅᆞ믈 닛
　고 교화를 펴ᄂᆞᆫ 소임으로써 이지 ᄇᆞ야호로 스스로 도로혀 기피 슬허ᄒᆞ며
　삼가 ᄋᆞ덟 가지 됴목으로 ᄀᆞᄅᆞ치시던 깃틴 의로써 ᄋᆞ덟가지 경계을 지어
　경민편 ᄭᅳ티 붓텨 써 셧녁 빅셩을 경계ᄒᆞ로라. (後序 1a-1b)

백성의 풍속이 무너지고 패륜 범상(犯上)하는 일이 많아서 경계할 여덟
가지 조목을 지어 끝에 붙였다는 간행 목적과 경위가 나타나 있다. 이는
지방 관료가 인민 교화에 훈민정음을 활용한 전형적 사례라 하겠다. 윗글
에 관서(關西) 지방을 특별히 언급했고, 평안방언의 특징인 'ᄋᆞ덟'(八)이 나타

---

62) 이 발문은 현전하는 완영판에 실려 있다. 그런데 현전 경민편 중 상주목 간기를 가
　진 책은 없다. 남원판과 완영판은 상주판을 복각한 것이거나 재인(再印)한 것으로 짐
　작된다.
63) 이 책은 일찍이 상문각에서 영인하였고, 홍문각에서 『경민편언해(이본 삼종)』(1992)이
　라는 제목으로 초계판, 완영판과 함께 영인하였다.

나며, ㄷ구개음화를 실현한 예가 나타나지 않는 점 등으로 보아 이 문헌은
평안감영판으로 평안방언을 반영한 것이 분명하다.[64]

여기서 한 가지 주목할 사실은 정치적 혹은 사회적 필요가 있을 때 『경
민편언해』가 간행되었다는 점이다. 대표적 사례가 초계판(草溪版) 『경민편언
해』이다. 이 책은 1731년 경상도 초계(지금의 합천군 초계면 지역)에서 간행한
것이다. 1727년에 이인좌의 난이 발발하면서 합천·거창·함양 등의 지역
민들이 반란군에 동조하였다. 특히 합천에 거주하던 정희량(초계 정씨)은 일
족의 지원을 받아 반란군을 이끌고 합천·함양 등 4개 군현을 석권하였다.
이 난이 평정된 후 반란군이 횡행했던 이 지역의 민심을 수습하고자 간행
한 것이 바로 초계판 『경민편언해』이다. 평안도 감영판, 완영판 등도 당시
지역 민란이나 소요 등과 연관되어 간행했을 가능성이 있다. 언해본 『경민
편언해』는 민란이나 민중 봉기로 어지러워진 민습 수습에 적합한 책이다.
이 책에는 단순히 교화적 내용만 서술된 것이 아니라, 범법자에게 부과된
형벌 조항(태형, 장형, 교수형, 참형 등)도 세세히 밝혀져 있다. 인민통치에서
나아가 인민 억압적 내용이 있는 책이 『경민편언해』이다. 『경민편』은 김정
국이 초간본을 간행한 이후에 동인(東人) 허엽(許曄)이 경상도 관찰사 재임
중에 君上 조항을 추가하여 개간본(16세기 후반)을 간행했고, 그 후 다시 서
인(西人) 이후원(李厚源)이 요청하여 중앙 정부에서 개간본(17세기 중반)을 냈다
(정호훈 2006 : 153). 『경민편언해』가 당색을 넘나들며 간행된 것은 이 책이
당파와 무관하게 양반 지배층에게 필요했던 것이기 때문이다. 지방민이 알
아야 할 범법 조항과 이에 수반된 처벌 내용을 가르치기 위한 책이 『경민
편언해』였던 것이다.[65]

---

64) 이 판본에 담긴 평안방언의 특징에 대한 분석은 백두현(2018 : 85~87)을 참고하기 바
란다.

65) 정호훈(2006)은, 허엽은 군주의 직접적 권력 행사를 강조했고 이후원은 도덕 개념을
매개로 권력을 운용하려는 차이가 있음을 지적하고, 이것이 동서 분당의 내적 요인이
되었다고 보았다. 정호훈(2006)은 허엽이 추가한 君上 조항이 갖는 정치적 의미에 착

4) 『이선생유훈언해』

비교적 널리 알려지지 않은 한글본 교화서로 『이선생유훈언해』(二先生遺 訓諺解)가 있다.[66] 이 책은 국립중앙도서관 소장으로 1권 1책의 목판본이며, 원문 5장, 언해 8장의 적은 분량이다. 국립한글박물관에 원문 이미지가 공개되어 있고 황선엽의 해제가 붙어 있다. 이 책의 언해문 말미에 '庚午正月 日'(경오정월일)이라는 기록이 있다. 이 경오년은 1750년이다. 황선엽은 이 책 서문의 내용을 분석하여, 지은이가 충청도 관찰사이고 1750년 1월의 충청도 관찰사는 홍계희(洪啓禧 1703~1771)이므로 『이선생유훈언해』의 지은이는 홍계희라고 판단하였다.

이 책은 주희(朱熹)가 남강 지방의 지사(知事)로 있을 때, 백성들을 훈유하기 지은 「晦菴朱先生知南康時示俗文」(회암 주선생 지남강시 시속문)을 언해한 것이다. 그리고 진덕수(眞德秀, 1178~1235)가 복건 지방의 수령이 되었을 때 백성을 훈유한 글 「西山眞先生帥福建時曉諭文」(서산 진선생 수복건시 효유문)도 이 책에 함께 언해되었다. 주희와 진덕수를 '二先生'이라 칭한 것이다. 언해본 간행자 홍계희는 자신이 다스리는 충청도 백성을 훈유하기 위해 위 두 편의 글을 한글로 번역, 간행한 것이다.

이 책의 간행자는 서문에서 송사를 즐기고 법을 범하는 것이 효에 어긋남을 역설하였다. 최근 이 고을에 산송(山訟)이 있었는데, 이것이 겉으로는 효를 행하는 것인 듯하나 산송의 결과에 따라 부모의 유해를 옮기거나 옥에 갇히고 귀양 가게 되니, 산송이 참된 효가 아니라고 훈유하였다. 산송에 관련한 이 가르침은 당시의 사회적 분쟁과 관련되어 있다. 조선 후기에는 조상의 분묘를 남의 산이나 토지에 몰래 설치한 이른바 투장(偸葬)이 빈번하였고, 이에 따른 분쟁이 심각한 사회문제가 되기도 했다. 홍계희가 언해

안하여, 『경민편』 이판본의 내용 변화를 정치 권력의 변화와 관련지어 고찰하였다.
66) 이 책을 처음 소개한 글은 김길동(1989)인데, 주로 표기 현상의 정리에 그쳤다.

본을 간행하여 이 문제의 해결을 시도했다는 점에서 『이선생유훈언해』는 독특한 가치를 지닌다.[67]

2.2.3. 교화서에 사용된 문자와 교화의 대상

교화서류에 사용된 문자를 통해, 그 문헌이 목표로 한 교화 대상을 미루어 짐작할 수 있다. 교화서의 언해문은 한자가 섞인 국한 병용인지, 한글 전용인지에 따라 두 부류로 나누어진다. 앞에서 언급했듯이, 『삼강행실도』 초간본 계열과 『속삼강행실도』 초간본의 언해문에는 한글로 한자음을 표기한 한자어가 병용되었다. 즉 국한 병용 언해문이었다. 이것이 17세기 이후의 중간본 『삼강행실도』에서 모두 한글 전용 언해문으로 바뀌었다. 『이륜행실도』와 『오륜행실도』의 언해문은 초간본부터 한글 전용이었다.

행실도류 문헌들은 각 인물의 행적을 그림으로 표현한 도판, 도판의 상란에 쓴 언해문, 뒷면에 쓴 한문으로 쓴 행적(行蹟)과 찬시(贊詩)로 구성되어 있다. 도판 뒷면에 있는 한문 문장이 한문으로만 되었는지, 한문 속에 우리말 토를 표기한 구결자의 유무 및 구결자를 표기한 문자의 종류에 따라, 다음 3개 부류로 나눌 수 있다. 제1부류는 한문 문장에 차자 구결이나 한글 구결이 들어가 있지 않은 문헌이다. 『삼강행실도』, 『속삼강행실도』, 『이륜행실도』, 『오륜행실도』가 이 부류에 해당한다. 제2부류는 한문 문장에 차자 구결(伊五, 伊尼, 厓, 爲也 등)이 삽입되어 있는 문헌이다. 『여씨향약언해』, 『경민편언해』(1579, 허엽의 진주 중간본=동경교육대학본), 『정속언해』가 여기에 해당한다. 이 책들에는 언해문의 한글, 한문, 한문에 삽입된 차자 구결이란 세 가지 종류의 문자가 사용되어 있다. 제3부류는 한문 문장에 한글 구결(ᄒᆞ고, ᄒᆞ야, 를, 이, 이니 등등)이 표기된 문헌이다. 『경민편언해』(1658 규장각본,

---

67) http://www.hangeulmuseum.org/sub/information/bookData/detail.jsp?d_code=00205&kind=
G&g_class=04 이상 내용은 위 주소의 황선엽 작성 해제를 참고한 것이다.

1748 남원판 等)이 이 부류에 해당한다. 이 책에는 한글, 한문, 한글 구결이 사용되었다. 한문 문장의 현토 표기에 따라 교화서의 부류를 표로 정리하면 다음과 같다.

[표 2] 한문[行蹟·贊詩]의 현토 표기에 따른 교화서류의 부류

부류	한문 문장의 표기	해당 문헌	사용 문자
1부류	한문 문장[行蹟·贊詩]에 차자 구결이 들어가 있지 않은 것	『삼강행실도』 『속삼강행실도』 『이륜행실도』 『오륜행실도』	한글, 한자
2부류	한문 문장에 차자 구결(伊五, 伊尼, 厓, 爲也 등)이 삽입된 문헌	『여씨향약언해』 『정속언해』 『경민편언해』(1579년)	한글, 한자, 차자 구결
3부류	한문 문장에 한글 구결(ᄒ고, ᄒ야, 를, 이, 이니 等)이 삽입된 문헌	『경민편언해』(1658년 等)	한글, 한문

이 3개 부류 중에서 차자 구결이 있는 둘째 부류 문헌은 한문을 아는 사족층이나 이서층을 독서 대상으로 삼은 것이다. 차자 구결은 한문을 배우지 못한 양인 이하 사람들이 알 수 없는 것이기 때문이다. 한글 구결이 붙은 제3부류 문헌은 한문 문장을 읽기 편하도록 한글 토를 단 것이다. 제1부류 문헌에는 한문에 토 표기가 전혀 없기 때문에 이 부류 문헌의 한문 문장은 한문 식자층을 위한 것이다. 2부류에 속했던 『경민편언해』가 1658년 간행본(규장각 소장본) 이후에 3부류로 바뀐 점이 주목된다. 차자 구결토가 한글 구결토로 바뀐 것이다. 차자 구결토를 한글 구결토로 바꾼 것은 독서자의 편의를 고려한 조치였을 듯하다.

한문을 모르고 언문만 아는 하층민들은 언해문을 통해 그 내용에 접근할 수 있었을 것이다. 그러나 한문을 아는 식자층은 차자 구결 혹은 한글 구결토 표기를 이용하여 한문까지 독해했을 것이다. 언문도 모르는 하층민

들의 경우에는 학식자의 가르침을 통해 이 책의 내용을 귀로 들었을 것이다. 한문, 차자 구결토, 한글 구결토, 언해문이라는 네 가지 부류의 문자는 그 용도가 각각 다른 것이라 볼 수 있다. 언해문은 사족층의 아녀자를 포함하여 일부 양인을 대상으로 한 것이고, 한문과 구결토 삽입 문장은 사족층을 대상으로 한 텍스트이다. 물론 양반 남성도 언해문 즉 한글 문장을 읽었을 것이기 때문에 한글 사용 계층에서 제외되는 것은 아니다. 民과 사족의 중간층에 있는 이서층은 두 문자를 겸용했을 것이다.

인민 통치를 위한 교화서류 중에서 『경민편언해』, 『여씨향약언해』, 『정속언해』라는 풍속 교화서에 한문, 차자 구결토, 한글 구결토, 언해문이 모두 사용된 점은 문자생활사의 측면에서 주목할 만하다. 향촌 인민의 풍속 교화를 위해 간행한 풍속 교화서에 해당하는 이 세 문헌은 『삼강행실도』와 『이륜행실도』 등 윤리 교화서와 구별되는 점이 여기에 있다. 차자 혹은 한글로 표기된 구결토를 한문에 삽입한 것은 풍속 교화서를 읽는 사람들의 계층적 다양성을 고려한 것이다. 풍속 교화서는 향촌 사회를 다스리는 양반층이나 이서 부류까지 고려하여 여러 가지 문자를 같이 쓴 것이다.

교화서류에 쓰인 문자 중 한글이 가장 읽기 쉬운 것이어서 상층·중층·하층을 두루 망라한 문자이다. 그러나 하층민의 대다수는 한글도 읽지 못했을 것이고, 문자를 아는 사람들로부터 간접적으로 책의 내용을 들어서 배웠을 것이다. 교화서를 통한 교화의 목표 계층은 양반가 아녀자와 중인을 포함한 양인 이하 하층민이었을 것이다. 그런데 하층민 대부분이 한글을 모르고 책을 입수하기도 어려웠기 때문에 교화서의 가르침은 고을이나 마을의 부로(父老)와 행실도를 익힌 교생(敎生)을 통해 구두(口頭)로 행해졌을 것이다.

2.3. 인민의 후생 복리를 위한 훈민정음의 활용

의약서와 농업 서적 간행은 인민의 후생 복리를 위한 편찬 사업의 핵심
이었다. 따라서 인민의 후생 복리를 위해 훈민정음을 활용한 정책은 의약
서 언해 및 농서 언해본에 대한 검토를 통해 파악할 수 있다.

2.3.1. 의약서 언해본 간행

세종은 정음 창제 이전에 한문본『향약집성방』(鄕藥集成方 1433)을 간행하
였다. 정음 창제 이후는 의약서의 언해본이 국가 주도로 여러 차례 간행되
었다. 세조 12년(1466)에 간행한『구급방언해』(救急方諺解)가 언해본 의서로 연
대가 가장 빠른 것이다. 그 뒤『구급간이방언해』(救急簡易方諺解 1489),『구급
이해방언해』(救急易解方諺解 1499),『간이벽온방언해』(簡易辟瘟方諺解 1525)의 간
행이 이어졌다. 지방 수령들이 간행한 의서로『벽온방언해』(辟瘟方諺解 1518),
『창진방촬요언해』(瘡疹方撮要諺解 1518),『촌가구급방』(村家救急方 1538/1572) 등
이 있다. 허준의 저술로 알려진『언해두창집요』(諺解痘瘡集要 1608),『언해태
산집요』(諺解胎産集要 1608),『두창경험방언해』(17세기),『신찬벽온방언해』(1613)
등의 의서가 집중적으로 간행되었다. 내의원에서 허준을 중심으로 간행된
이 책들은 임진왜란 후에 만연한 질병과 기근을 다스리기 위한 것이었다.
『벽온신방』(1653)은 1653년에 황해도에 전염병이 크게 유행하자 어의 안경
창이 왕명을 받아 편찬한 것이다. 조선시대 사람들을 공포에 몰아넣은 가
장 흔한 병은 이른바 '역병'(疫病)이었다. '역병'은 '癘疫, 疫疾, 惡疾, 溫疫, 瘡
疹, 時病, 疫疾, 疾病' 등을 뭉뚱그려 칭한 낱말이다. 구급방이나 벽온방 등
역병에 대처하는 의서 간행이 가장 빈번한 까닭이 여기에 있었다.

임진왜란 이후 17세기 초기에 여러 한글 의서를 국가에서 출판한 것은
전후의 질병 치료와 민심 수습을 위한 국가정책의 하나였다. 허준이 편찬

한 『신찬벽온방』(新纂辟瘟方 1613)은 1623년에 함경도와 강원도를 시발점으로 서울 등 전국적으로 유행한 온역에 대처하기 위함이었다. 『신찬벽온방』에는 온역질(溫疫疾)에 대한 의학적 치료뿐 아니라 민간의 속방(俗方)과 치료 성공담[傳說], 지방관은 청렴한 정치로 나쁜 기운을 몰아내야 함, 향촌 구성원들의 상호 부조 등 사회문화적 처방이 담겨 있다(김호 2015 : 310-311). 김호가 지적했듯이, 조선의 의서를 이해하려면 의학적 지식과 함께 정치적·문화적 독법이 필요하다.

『신찬벽온방』은 한문본이다. 1612년 2월에 이정구가 지은 이 책의 서문에 편찬 경위가 나와 있다. 관북지방에 온역이 창궐하자 내의원의 노련한 의원들로 하여금 여러 의서에서 치료법을 찾아내고 이를 다시 전국에 알려야 한다고 신하들이 청했고, 이에 임금이 허준에게 명하여 새롭게 책을 만들어 널리 전파하도록 했다(김호 2015 : 309). 허준이 편찬한 책을 수 백부 인쇄하여 군현에 배포하였고, 지방관과 의생(醫生)들이 이 책을 이용하여 온역 예방법과 치료법을 백성들에게 가르치도록 했다. 지방관과 의생들이 백성들에게 치료법과 예방법을 가르친 체제였으므로 백성들이 의약서 언해본을 직접 읽었다고 보기 어렵다. 전국의 군현이 300여 개이고, 수 백부를 찍어 군현에 반포하였으니 일반인에게 이 책이 배포되기는 어려운 수량이다. 비싼 종잇값과 출판 기술 인력의 한계 등으로 인해 많은 수량의 책을 찍을 수 없었던 점도 제한된 배포의 원인이었다.

이러한 점은 언해본 의약서의 경우도 마찬가지이다. 하층민 중에 한글을 아는 사람이라 하더라도 적은 책 수량과 비싼 책값 때문에 언해본을 구하기는 극히 어려웠을 것이다. 더구나 일반 백성은 한문본 의서를 읽을 수 없었다. 이런 사실을 고려할 때 언해본 의서에 담긴 의학 정보도 교화서나 윤음과 마찬가지로 지방관이나 의생들이 백성들에게 가르쳐 주는 간접 전달 방식으로 전파되었을 것이다.

2.3.2. 김안국의 농서와 의서 간행

김안국이 경상도 관찰사 재임 중에 간행한 농서와 의서 사례를 검토하고, 이어서 조선시대의 농서 편찬에 대해 간략히 살펴보기로 한다. 김안국 (金安國 1478~1543)은 김굉필의 문인으로 사림파의 대표적 인물 중의 한 사람이다. 경상도 관찰사 재임 시에 인민 교화와 민생을 위한 여러 책을 간행하였다.[68] 그가 1517년에 경상도 관찰사로 부임하여 임금에게 올린 상언 (上言)에 그의 서적 출판 사업이 언급되어 있다.[69]

"『정속』 역시 언자(諺字)로 번역하였습니다. 농서(農書)와 잠서(蠶書) 등도 의식(衣食)에 대한 좋은 자료이기 때문에 세종조에 이어(俚語)로 번역하고 팔도에서 개간(開刊)하였습니다. 지금 역시 농업을 힘쓰는 일에 뜻을 두기 때문에 신 또한 언해를 붙이게 되었습니다. 『이륜행실』은 신이 전에 승지로 있을 때 개간을 청하였습니다. 삼강이 중요함은 비록 어리석은 사람들도 모두 알거니와, 붕우형제의 윤리에 대해서는 보통 사람은 알지 못하는 이가 있기 때문에 신이 『삼강행실도』에 의거하여 유별로 뽑아 엮어서 개간하였습니다. 『벽온방』 같은 것은, 온역질은 전염되기 쉽고 사람이 많이 죽기 때문에, 세종조에서는 생명을 중히 여기고 아끼는 뜻에서 이를 이어(俚語)로 번역하여 경향에 인포(印布)하였는데, 지금은 희귀해졌기로 신이 또한 언해를 붙여 개간하였습니다. 『창진방』에 대해서는, 이미 번역하여 개간하였으나 경향에 반포하지 않았습니다. 요절하는 사람들이 대부분 이 병으로 죽기 때문에 신이 경상도로 갈 적에 이를 싸가지고 가서 본도에서 간행하여 반포하였습니다. 바라옵건대 구급에 간편한 비방을 널리 반포하던 성종조의 전례를 따라 많이 개간하여 널리 반포하소서."라고 하니, 전교하기를,
"경이 그 도에 있으면서 학교와 풍속을 변화시키는 일에 전심한다는 말을 듣고 가상히 여긴다. 또 아울러 이러한 책들을 엮어서 가르친다 하니,

---

68) 그의 아우 김정국(金正國) 역시 황해도 관찰사 재임시 『경민편언해』를 간행하여 두 형제가 모두 교화서를 간행했다.
69) 중종 13년 무인 1518년 4월 1일. 본 장의 2.2.2절 '여씨향약언해' 항에서 김안국이 올린 이 상서(上書)의 앞부분을 인용한 바 있다. 여기서는 그 뒷부분을 보이기로 한다.

이 책은 모두 풍교(風敎)에 관계되는 것이라 찬집청에 보내 개간하여 널리 반포하게 하라."라고 하였다.

『여씨향약언해』는 앞에서 인용한 김안국의 상서에 언급되어 있다. 이 인용문에는 김안국이 『정속언해』, 『농서언해』, 『잠서언해』, 『이륜행실도│, 『벽온방언해』, 『창진방언해』를 간행한 것으로 나타나 있다. 김안국이 경상도 관찰사 재임 1년 동안 무려 7종의 언해본을 간행하였다. 이 책들은 세 가지 부류로 나눌 수 있다. 첫째 풍속 교화에 관한 것(여씨향약언해, 이륜행실도, 정속언해), 둘째 농업에 관한 것(농서언해, 잠서언해70)), 셋째 의료 후생에 관한 것(벽온방언해, 창진방언해)가 그것이다. 교화서와 백성들의 이용(利用) 후생을 위한 기술서적을 함께 간행한 점이 특히 주목된다. 이 중에서도 농서와 잠서의 언해본 간행이 중요하다. 김안국이 16세기 초에 경상도 관찰사로 있으면서 농서 언해본을 포함한 인민 복리를 위한 농서언해와 의서언해를 간행한 것은 역사적 의미가 크다. 김안국의 언해본 간행은 농민들의 민생을 안정시킴으로서 향촌에 기반을 둔 사림파의 정치적 이상을 실천한 것이었다. 조선 후기의 전 기간에 걸쳐 경서언해와 교화서 언해본들은 여러 종류가 꾸준히 간행되었지만 농서 언해본은 김안국 이후 단 한 번도 간행된 적이 없다. 농업기술 서적의 간행에 훈민정음을 활용했다는 점에서 김안국의 농서 언해 편찬은 언해본 간행의 역사에서 특별한 가치를 가진다.

여기서 잠시 조선조의 농서 편찬71)을 살펴보기로 한다. 세종은 『농사직설』, 『농상집요』 등을 편찬하여 삼남의 앞선 농사 기술을 이북 지방으로 전파하려 했다. 세종이 평안도 감사에게 내린 전지(傳旨)에 새로운 농법을 각 고을 수령이 백성들에게 타일러 깨우쳐 주라는 말이 있다. 세조 5년(1459)에 한문본 잠서를 편찬하게 하였고,72) 세조 7년(1461)에 최항과 한계희

---

70) 김안국이 간행한 이 두 책은 아깝게도 현전하지 않는다.
71) 김용섭(1983)을 참고할 수 있다.

등에 문신 30여 사람에게 잠서(蠶書)를 언문으로 번역하게 한 기록이 있으나[73] 간행 여부는 알 수 없고, 이 책이 전해지지도 않는다. 17세기 중엽에 이르러 신속(申洬 1600~1661)이 『농사직설』(農事直說), 『금양잡록』(衿陽雜錄), 『사시찬요초』(四時纂要抄), 『구황촬요』(救荒撮要)를 바탕으로 이전의 농서를 종합하여 한문본 『농가집성』(1655)을 간행하였다. 그동안 발전된 농법을 전국에 보급하는 데 이 책이 크게 기여하였다.

양반 지식층이 농작물 재배법을 연구하여 한문으로 저술을 남긴 사례는 더러 있다. 홍만선(1643~1715)이 지은 『산림경제』에 농법에 관한 다양한 내용이 포함되어 있으나 필사본만으로 전하고 간행되지는 못하였다. 『산림경제』의 치농(治農), 치포(治圃), 종수(種樹), 양화(養花), 양잠(養蠶), 목양(牧養) 등의 항목은 농사 기술에 대한 내용이다. 18세기에 활동한 서호수(徐浩修 1736~1799)는 『해동농서』를 저술했고, 서호수의 아들 서유구(徐有榘 1764~1845)는 백과사전 『임원경제제지』[74](113권 52책)를 지었다. 이 책의 「본리지」(권1-권13)에 각종 농사법과 과실수 식재법 등 새로운 농사 기술이 포함되어 있다. 서유구가 지은 『종저보』(種藷譜 1834)는 새로운 농작물 고구마 재배법을 설명한 한문본(목활자본)이다.[75] 강필리(姜必履)의 『감저보』(甘藷譜)와 김장순의 『감저신보』(목활자본)는 이보다 먼저 저술된 고구마 재배법이다. 18세기 말기에 도입된 감저(甘藷=고구마) 재배 기술은 한문으로 저술되었고, 한글은

---

72) 세조 5년 1월 30일에 예문 직제학(藝文直提學) 서강(徐岡)·사헌 감찰(司憲監察) 이근(李覲)에게 『잠서주해』(蠶書註解)를 편찬하게 하였다. 세조 5년 8월 20일에 편찬된 잠서를 세조가 친히 살펴본 후 대호군 양성지에게 오자를 교정토록 하였다. 왕명을 받은 양성지가 잠서를 찬술하여 바쳤다(세조 5년 10월 1일). 그런데 이 책의 간행 여부는 실록에 실려 있지 않다. 잠서에 대한 세조의 관심과 편찬 과정을 보면 이 책이 출판되었을 듯하다. 조정에서 행한 문헌의 출판이 조선왕조실록에 빠짐없이 수록된 것은 아니다.

73) 乙卯/命知中樞院事崔恒, 右承旨韓繼禧等文臣三十餘人, 用諺字譯蠶書. (세조 7년 3월 14일 기사).

74) 이 책은 『임원경제십육지』(林園經濟十六志)라 부르기도 한다.

75) 서유구가 1820년경에 저술한 『난호어목지』(蘭湖漁牧志)는 어류에 관한 연구서이다. 서유구는 19세기 전기에 활동한 가장 뛰어난 실학자이자 농학자라 할 수 있다.

필사본으로 일부 전한다. 18~19세기의 농서가 한글로 번역된 것은 없다. 고구마 재배법을 한글로 기록한 필사본이 드물게 발견되지만76) 책으로 묶여지거나 간행된 적은 없었다. 농업 기술과 지식의 유통에 대부분 한문이 이용되었고, 한글본으로 간행되거나 필사된 문헌 자료가 거의 없다.

2.4. 왕과 인민의 직접 소통에 활용된 훈민정음 : 윤음언해

왕이 관리나 백성들을 상대로 어떤 정책을 호소하거나 위무·경계하려 할 때 반포하는 글을 윤음(綸音)이라 한다. 윤음에는 왕의 통치 이념을 담고 있고, 임금이 백성을 연민하고 애틋해 하는 감정 표현도 나타나 있다. 윤음은 임금의 이름으로 내린 교서(敎書)의 일종으로 문장 작성은 왕명 출납 관리가 대찬(代撰)한 것이 많다.77) 왕이 내린 윤음의 실질적 집행은 조정의 담당 관리와 각 도의 관찰사를 비롯한 지방관의 몫이었다. 윤음의 내용은 구휼(救恤), 위무(慰撫), 탕평(蕩平), 계주(戒酒), 척사(斥邪), 양로(養老), 권농(勸農) 등에 대한 것이다.78) 심한 흉년이나 전염병 등으로 재해가 극심하여 민생이 도탄에 빠졌을 때 민습 수습을 위해 반포한 윤음이 여러 개 있다. 당시의 가장 시급한 사태를 수습하기 위한 수단으로 한글 윤음을 활용하였다. 한글 윤음은 왕이 인민과 소통하는 데 가장 적합한 정책 수단이었으며, 인민 통치를 위한 매체로 기능하였다.

필자가 조사한 바로 현전하는 윤음언해(=언해문이 있는 윤음)은 선조 대의

---

76) 필자는 고구마 재배법을 한글로 필사한 자료를 두어 개 본 적이 있다.
77) 영조가 윤음은 신하들이 대신 지은 것이 많으나 정조의 윤음은 대부분 직접 지은 것이다. 정조가 내린 77건(한문본 포함) 중 직접 지은 것이 69종에 달한다(하상희 2000 : 35).
78) 하상희(2000 : 46-48)는 윤음의 실록 기사에 반포된 윤음과 현전 윤음의 내용을 분석하여 그 비율을 주제별로 제시한 바 있다. 권농 18.26%, 구휼과 위무 23.05%, 탕평과 제도 14.78% 등이다. 현전 윤음의 내용에는 권농이 7.69%, 구휼과 위무 29.81%, 탕평과 제도 9.62%이다.

한글 교서를 포함하면 모두 31건이다. 이것은 『자휼전칙』과 『명의록언해』
에 실린 '御製綸音', 『천의소감언해』에 수록된 '눈음'도 포함시킨 수치이다.
하나의 한문 윤음이 조금 다르게 언해된 것도 있으나 언해문 간의 차이는
미미하다. 「諭京畿洪忠全羅慶尙原春咸鏡六道綸音」과 「諭諸道道臣綸音」이
여기에 해당한다. 이러한 윤음은 하나의 자료로 간주하였다.

한문 윤음만 전하고 언해문이 없는 것으로 「御製海西綸音」, 「諭嶺南父老
士民綸音」(1794), 「諭湖西士夫民庶綸音」(1794)이 있다.[79] 언해가 있는 것과 없
는 것을 모두 합치면 '綸音'은 34종이 현전하는 셈이다. 현전하는 윤음언해
를 반포 연도와 반포 대상, 목적, 지역을 분석하여 표로 정리하면 다음과
같다. 이 표는 윤음언해가 인민 통치에 적용된 양상을 일목요연하게 보여
준다.[80]

〔표 3〕 현전하는 윤음언해 목록

한 글 제 목	연도	왕대	대 상	목 적	지 역	한문 제목
빅셩의게 니ᄅᆞᄂᆞᆫ 글이라	1593	선조	백성	전란시 민심 수습	전국	없음
눈음[81]	1756	영조	百官	정변 해명	전국(조정 신하중심)	『闡義昭鑑諺解』 수록 윤음
어졔 계쥬 륜음	1757	영조	百官	술을 경계함	전국	御製戒酒綸音
효유눈음	1776	정조	백성	위조 윤음 처벌과 수습	전국	曉諭綸音

---

79) 종래 언해가 있다고 알려진 이 세 윤음에 언해문이 없음은 성인출(2004 : 3)에 의해 확
   인된 것이다. 이 셋은 아래 표에서 제외하였다.
80) 아래 표는 언해문이 있는 윤음 31건을 연대별로 제시한 것이다. 이 표는 백두현(2009
   b : 286-287)의 것을 약간 고친 것이다. 이 표의 작성을 위해 성인출(2004), 하상희
   (2000)를 참고하였다. 하상희(2000 : 60-61)는 언해된 윤음을 27건으로 정리하고 이들
   은 모두 한문본 뒤에 첨부되어 있고, 활자본이 12건, 목판본이 15종이라 하였다. 『한
   글이 걸어온 길』(국립한글박물관 2000 : 126) [표 4]에 한글 윤음 27건의 목록이 실려
   있다.
81) 이 '눈음'은 『闡義昭鑑諺解』에 실린 영조의 윤음이다. 『천의소감언해』에는 목판본과 필

한 글 제 목	연도	왕대	대 상	목 적	지 역	한문 제목
어졔뉸음82)	1777	정조	백성	역모의 진상을 밝힘	전국	御製綸音. 『明義錄諺解』 수록 윤음
어졔졔쥬대뎡졍의등 고을부로와 민인등의게 하유ᄒ시ᄂ 글이라	1781	정조	父老民人	기근 구휼	제주도 대정 정의	御製濟州大靜旌義等邑父老民人書
경긔대쇼민인등의게 하유ᄒ시ᄂ륜음	1782	정조	民人	흉년 위무 공세 탕감	경기도	諭京畿大小民人等綸音
유호셔대쇼민인등륜음	1782	정조	民人	흉년 위무 기근 구휼	호서지방	諭湖西大小民人等綸音
유듕외대쇼신셔륜음	1782	정조	士民	역모의 진상을 밝힘	전국	諭中外大小臣庶綸音
유경긔홍츙도감ᄉ슈령등륜음	1783	정조	지방관	흉년 위무 기근 구휼	충청도	諭京畿洪忠道監司守令等綸音
유경상도관찰ᄉ급진읍슈령륜음	1783	정조	관찰사 지방수령	춘궁 위무 기근 구휼	경상도	諭慶尙道觀察使及賑邑守令綸音
유경긔홍튱젼나경샹원츈함경뉵도륜음	1783	정조	백성	원자의 돌을 경하함	전국	諭京畿洪忠全羅慶尙原春咸鏡六道綸音
유경긔민인륜음	1783	정조	民人	원자의 돌을 경하함	경기	諭京畿民人綸音
유호남민인등륜음	1783	정조	民人	흉년 위무 공세 탕감	호남	諭湖南民人等綸音
유경상도ᄉ겸독운어ᄉ김재인 셔	1783	정조	어사 김재인	漕運 폐단을 살핌	경상도	諭慶尙都事兼督運御史金載人書
어뎨유원츈도녕동녕셔대쇼ᄉ민륜음	1783	정조	士民	흉년 위무 기근 구휼	강원도 영동 영서	御製諭原春道嶺東嶺西大小士民綸音
어뎨유함경도남관북관대쇼ᄉ민륜음	1783	정조	士民	흉년 위무 기근 구휼	함경도 남관,북관	御製諭咸鏡道南關北關大小士民綸音
ᄌ휼뎐측	1783	정조	백성	흉년 위무 기근 구휼		字恤典則
어뎨ᄉ긔호별진ᄌ륜음	1784	정조	백성	기근 구휼	경기 호서	御製賜畿湖別賑資綸音

한 글 제 목	연도	왕대	대 상	목 적	지 역	한문 제목
왕셰ᄌ칙녜후각도신군포절반탕감륜음	1784	정조	각도신하	군포 탕감	전국	御製王世子冊禮後各道臣軍布折半蕩減綸音
어제유제쥬민인 눈음	1785	정조	民人	흉년 위무기근 구휼	제주도민	御製諭濟州民人綸音
어뎨함경도남북관대쇼민인등의게위유ᄒ시ᄂ 륜음	1788	정조	民人	흉년 위무기근 구휼	함경도남관, 북관	御製咸鏡道南北關大小民人等綸音
가례신금ᄉ목	1788	정조	士民	딴머리금지	전국	加髢申禁事目
어졔유양쥬포천부로민인등셔	1792	정조	父老民人	포상	경기도양주 포천	御製諭楊州抱川父老民人等書
어졔졔쥬대뎡졍의등고을부로와 민인 등의게 하유ᄒ시ᄂ글이라	1793	정조	父老民人	기근 구휼폐정 수습	제주도	御製濟州大靜旌義等邑父老民人書
유졔도도신륜음	1794	정조	지방관	왕의 탄일을 맞아 지방관 격려	전국	諭諸道道臣綸音
유뉵읍민인등륜음	1794	정조	民人	백성 위무공세 탕감	전라도강진 해남장흥 흥양영암 진도	諭湖南六邑民人等綸音
양로무롱반힝쇼흑오륜힝실향음의식향약죠례륜음	1797	정조	士民	교화서 반포 및 향약권장	전국	御製養老務農頒行小學五倫行實鄕飮儀式鄕約條例綸音
유즁외대쇼민인등쳑샤륜음	1839	헌종	大小民人	천주교 외세 배척	전국	諭中外大小民人等斥邪綸音
어졔유대쇼신료급즁외민인등쳑샤륜음	1881	고종	대소신료 중외민인	외세 배척	전국	御製諭大小臣僚及中外民人等斥邪綸音
어졔유팔도사도기로인민등륜음	1882	고종	耆老人民	서원 훼철 이후 민심을 수습함	전국	御製諭八道四都耆老人民等綸音

사본 두 가지가 있는데 두 이본의 '눈음'이 완전히 같지 않다. 번역과 어휘 표현 등 차

[표 3]에서 알 수 있는 사실은 다음 세 가지로 파악된다. 첫째, 임금이
윤음을 통해 관료 집단은 물론 사족과 양민 등 다양한 계층과 소통했다.
윤음을 내린 주체는 임금 하나이지만 이 윤음을 받는 자는 조정의 대소 신
료와 지방관, 지방민 등으로 다양하다. 둘째, 윤음을 내린 세부 목적은 여
러 가지이나 총괄하여 말한다면 '민심 수습'을 위한 것이다. 흉년과 질병
등의 재해로 고통받는 백성들에게 환곡 상환의 연기, 공세 탕감과 같은 은
전을 베푼 내용이 가장 빈번하다. 왕세자의 책봉이나 원자의 첫돌과 같은
왕실의 경사를 계기로 내린 윤음은 백성들과 함께 그 기쁨을 나누면서 왕
실의 권위를 높이려는 정치적 목적이 깔려 있다. 위조(僞造) 윤음에 대한 경
계, 계주(戒酒), 딴머리 금지 등 다소 특수한 사회적 상황에서 나온 윤음은
생활사적 관점에서 연구 가치가 있다. 셋째, 왕대로 보아 정조 대의 윤음이
압도적으로 많다. 백성과의 소통을 중시한 정조의 면모가 다수의 윤음 건
수에 나타나 있다.[83] 왕대 별로 현전 윤음언해의 건수를 계산해 보니 선조
대 1건,[84] 영조 대 2건,[85] 정조 대 25건, 고종 대 2건으로 모두 31건이다.[86]

이가 적지 않다. 그리고 필사본의 '뉸음' 끝에는 '가선태우 힝룡양위부스딕 신 남유용
봉 교서'이라는 기록이 있으나 목판본에는 이 부분이 없다. 이 '뉸음'의 실제 작성자는
남유용임을 알 수 있다.

82) 이 윤음은 『明義錄諺解』卷首 下에 실려 있는데 지금까지의 윤음 연구에서 언급되지 않
았다. 필자가 보기에 이것도 명백한 윤음의 하나이기 때문에 여기에 포함시켰다. 이
『명의록언해』의 '어뎨뉸음'은 한문 원문이 없이 언해문만으로 되어 있다.

83) 2009년도에 정조가 심환지에게 보낸 다수의 한문 편지가 소개되어 세간의 화제가 된
적이 있다. 정치적으로 적대적 위치에 있는 심환지에게 편지를 보내어 정적과 소통하
는 정조의 정치력이 편지에 나타나 있다. 강력한 세도 권력이 횡행한 당시의 정치 상
황 속에서 고심하는 왕의 모습을 볼 수 있다. 정조 사후에 안동(장동) 김씨 등의 세도
가문은 국가 권력을 사유화하였고, 이들이 옹립한 허수아비 왕들은 신권(臣權)의 손아
귀를 벗어나지 못하였다.

84) 선조 대의 것은 '윤음'이란 명칭을 달고 있지 않다.

85) '효유윤음'은 정조 원년의 것이어서 영조 대와 정조 대 양대에 걸친다. 조선왕조실록에
위조 윤음에 관한 처벌 기사가 12월 25일자로 나온다. 이때는 정조 즉위 후이기 때문
에 이 윤음은 정조 대로 환산함이 옳다. 참고) 정조 즉위년(1776 병신/청 건륭(乾隆) 41
년) 12월 25일(임술) 첫 번째 기사. 윤음을 위조한 죄인을 국문하여 내막을 밝히다.

86) 하상희(2000 : 22)에 따르면, 한문본과 언해본 윤음을 모두 합쳐 현재 전하는 윤음은 영조

이 수치는 정조가 가장 적극적으로 사민들과 소통하려고 노력한 임금이었음을 말해 준다.[87)

정조 대의 윤음은 왕이 백성에게 직접 내린 것도 있지만, 고을을 다스리는 지방관들에게 내려 기근과 재해 등으로 인한 백성들의 어려움을 보살펴 목민에 힘쓰기를 당부한 것도 있다. 예컨대 경상도 관찰사와 수령에게 내린 윤음(유경샹도관찰ᄉ급진읍슈령륜음)에서 정조는 "다만 백성을 불쌍히 여기는 지극한 뜻으로 나아가고, 고을의 원들은 나의 지극한 뜻을 본받아 저으기 두려워하고 가다듬기를 더하게 함이라. 경은 모름지기 이로써 여러 고을에 밝게 명하여 각각 정성과 힘을 다하게 하라"(4a-4b)라고 간곡히 당부하였다. 그리고 전교하여 가르치되, "여기 내리는 윤음을 경이 공경히 받은 후에 여러 고을에 두루 베풀어 곤궁한 봄에 백성으로 하여금 힘을 입어 지탱함에 편안케 하라"(5b)라고 하며, 말미에는 암행어사를 보내어 민정을 감찰하겠다는 말도 덧붙였다. 지방관들은 인민 통치에 각별히 유념하여 진력하라고 당부하는 임금의 뜻이 강조되어 있다.[88)

정조 사후에는 윤음언해의 반포가 급격히 줄어들어 순조, 철종 연간에는 그 예가 전혀 없고, 헌종 대 1건, 고종 대 2건만 나타난다. 정조 대에 집중적으로 나타난 한글 윤음은 인민 통치를 가장 중요한 책무로 생각했던 정조의 치세관을 보여준다는 점에서 정치적 의미가 크다.

임금이 내린 윤음은 지방관을 통해서 백성들에게 전달되었다. 윤음의 전달 과정을 보여 주는 자료로 동일 윤음을 여러 지방에서 번각하여 새긴 것이 있다. 「유경샹도ᄉ겸독운어ᄉ김재인셔」의 끝에는 '嶺營開板'(영영개판)이

23건, 정조 77건, 헌종 1건, 고종 3건 등 총 104건이다. 이 중에서 정조 대의 윤음은 간행된 비율이 74%로 높고 일반 백성들을 대상으로 반포한 윤음이 가장 많음을 지적하였다.
87) 하상희는 조선왕조실록의 기록에 나타난 윤음 반포 건수를 왕대별로 분석하여 그 결과를 표로 정리하였다(하상희 2000 : 21). 영조 116건, 정조 88건, 순조 18건, 헌종 2건, 철종 6건 등 총 230건이다.
88) 이 내용은 백두현(2001)에서 가져온 것이다.

라 되어 있고, 「유졔도도신륜음」은 '完營刊印'(완영간인)이라 명기되어 있다. 영남 감영과 호남 감영에서 각각 새겨 반포한 것이다. 딴머리[加髢] 장식을 금한 『가체신금사목』은 여러 이판본이 전한다. 그 이유는 이 정책을 실천하기 위해 지방 관아 여러 곳에서 복각해 냈기 때문이다. 지방관에게 윤음을 간행하여 널리 알리라고 하는 왕의 명령이 윤음 본문에 나타나는 것도 있다. 「유졔도도신륜음」(諭諸道道臣綸音)의 다음 문장이 그러한 예이다.

다만 그 번역ᄒ야 벗길 제 그릇ᄒ기 쉽고 효유홀 제 ᄌ세치 못홀가 두려 삼가 이 ᄒᆞᆫ 벌을 사겨 내여 녈읍의 반포ᄒ니 위션 촌리에 펴 닐너 어린 ᄉᆞ 나희와 어린 지어미로 ᄒ여곰 됴가의 경ᄉᆞ롤 널니오시고 은혜롤 고로게 ᄒ 오시ᄂᆞᆫ 지극ᄒᆞᆫ 뜻을 다 알게 ᄒ오ᄃᆡ 무릇 슈령이 된 쟤 이 눌노뻐 이 하교 롤 밧드옵고 (…하략…) (6b-7a)

『명의록언해』에 실린 「어졔뉸음」의 말미에 있는 다음 문장은 윤음 시행 과정을 더욱 구체적으로 알려 준다.

이졔 이 뉸음을 즁외에 반포ᄒᆞ야 뵈믄 내 즁외 신셔로 ᄒ여곰 붉이 흉적의 근본을 알아 속고 혹ᄒᆞᄂᆞᆫ 터희 도라가지 아니콰쟈 ᄒᆞᄂᆞᆫ 뜻이라. 명부로 ᄒ여곰 일통을 졉셔ᄒᆞ야 두로 빅뇨의게 뵈고 쏘ᄒᆞᆫ 명원으로 ᄒ여곰 졔도 감ᄉᆞ와 밋 뉴슈의게 하유ᄒᆞ야 뉸음이 각부의 니르ᄂᆞᆫ 날에 각각 즉시 벗겨 녈읍에 반포홀 일을 ᄒᆞᆫ 가지로 하유ᄒᆞ라. (명의록언해 18b)

「유경기홍충젼라경상원춘함경육도윤음」(諭京畿洪忠全羅慶尙原春咸鏡六道綸音 1783)에도 다음과 같은 글이 있다.

이 륜음을 묘당으로 ᄒ여곰 모든 본을 벗겨내야 셩화로 각 희도의 눌이 와 보내고 인ᄒᆞ야 별관으로뻐 도빅의 곳의 엄칙ᄒᆞ야 방곡의 효유ᄒᆞ야 널너 ᄒᆞᆫ 사나희와 ᄒᆞᆫ 계집으로 ᄒ여곰 됴가의 이 날을 만나 빅셩으로 더부러 경 ᄉᆞ롤 ᄒᆞᆫ가지로 ᄒᆞᄂᆞᆫ 뜻을 알게 ᄒ라 (6a-6b)

그리고 「자휼전칙」(字恤典則 1783)[89]에 이 글을 진서와 언문으로 써서 오부와 팔도에 두루 베풀어 준행토록 하라는 지시가 나온다. 언문을 왕명의 전달 수단으로 삼았음을 명기한 사례이다.

> 열 줄 륜음을 우헤 쓰옵고 아래로 아홉 가지 졀목을 진셔와 언문으로 쓰옵고 번역ᄒ야 오부와 팔도에 두루 베프와 뻐 기리 준힝ᄒ옵게 ᄒ올져 (자휼전칙 4b-5a)

조정에서 윤음의 한문과 언해문을 간행하여 지방 감영에 배포하면 감영에서 이를 다시 번각(飜刻) 혹은 전사(轉寫)하여 지방민에게 공포하는 절차를 거쳤다.[90] 이런 절차가 윤음 본문에 나타난 예가 있다. 예컨대 「양로무롱 반힝쇼혹 오륜힝실향음의식향약죠례륜음」(御製養老務農頒行小學五倫行實鄕飮儀式鄕約條例綸音 1795)의[91] 맨 끝에는 '淸道郡守 臣 申大羽 謹書'(청도군수 신 신대우 근서)라는 기록이 있다. 청도군수 신대우가 왕명을 받들어 이 윤음을 청도군에서 간행 반포했음을 이 기록을 통해 알 수 있다.

임금이 내린 윤음을 보고 군현의 지방관들이 판각하여 고을에 펴거나 붓으로 필사하여, 고을 읍성의 관문이나 저잣거리에 붙여 백성들에게 널리 알렸다. 군현을 맡아 다스리는 지방관이 임금이 내린 윤음을 받아 다시 백성들에게 공포한 문서가 백두현(2001)에서 소개된 바 있다. '권롱눈음'[92](勸農綸音)

---

89) 이 윤음에는 버린 아이를 거두어 기르라는 훈유가 나온다. 대흉년으로 유망민이 극심한 해에 반포한 것이다.

90) 언해된 한글 윤음이 전해지지 않지만 한글 교서로 가장 빠른 것은 성종 대에 있었던 언문 교서 반포이다. 조선왕조실록에 기록된 최초의 한글 교서는 성종 3년(1472) 9월 7일의 기사이다. 임금이 스스로 절검에 힘쓰고 몸소 행하고자 하는 뜻을 언문으로 지어 서울과 모든 고을에 이를 반포하고 관문과 장시 곳곳에 걸어 두도록 하였다는 기사가 있다.

91) 이 윤음은 『오륜행실도』 권두에 실려 있는 정조의 윤음과 같은 것이다. 그런데 『오륜행실도』에는 한문만 실려 있고 언해문은 없다.

92) '권롱'은 '권농'(勸農)의 오기이다. '農'의 음을 '롱'으로 적은 예는 윤음의 명칭인 「양로무롱 반힝 쇼혹 오륜힝실 향음의식 향약죠례 륜음'(御製 養老 務農 頒行 小學 五倫行實

이라는 제목이 붙어 있는 필사본은 그 중의 하나이다. 이 윤음은 "왕약왈 나라 근본은 빅셩의게 잇고 빅셩의 근본은 롱스에 이스니…"로 시작하여, "셩샹의 빅셩 딜넘ᄒᆞ심과 롱스 듕이 녀기시는 셩덕을 알게 ᄒᆞ라 ᄒᆞ여 게시니 너의 면임 존동이 자셔이 지위ᄒᆞ여 빅셩이 다 알게ᄒᆞ되…"라고 하였다. 여기에 나온 '면임 존동'은 요즘 말로 하면 '면장 동장'에 가깝다. 면과 동네 어른(문자를 아는 사람)이 관내 사람들에게 가르치라는 지시를 내린 윤음으로 왕명의 전달 과정에서 파생된 문서에 해당한다. 보통의 하층민들은 한글을 읽을 수 없었으니 문자를 아는 고을 면장 혹은 고을 존자(尊者)가 문서를 읽고 면민과 동민에게 그 내용을 알려 준 사실을 「권롱눈음」에서 확인할 수 있다.93)

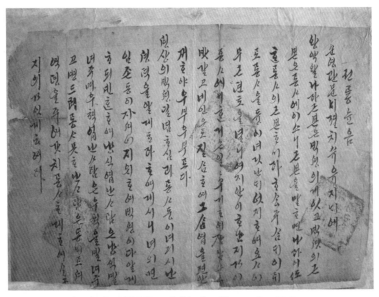

〔그림 2〕「권롱윤음」, 필사본 세로 32cm, 가로 50.3cm

鄕歓儀式 鄕約(條例 綸音)에서 찾을 수 있다. '권롱'은 '롱'을 '룡'으로 오기한 것이다.

93) 위에서 설명한 「권롱윤음」과 아래에서 소개하는 권농 감결은 상당히 긴 장문으로 쓰여 있으나 상태가 좋지 않아 판독이 쉽지 않다. 두 문서의 판독문과 해설문은 『한글 고문서와 한글 편지 강독』(가칭, 未刊)에 수록할 예정이다.

윤음을 지방민에게 공포하는 과정을 알려 주는 또 하나의 자료로 '감결'[94]이란 문서명을 가진 한글 고문서가 있다. 이 문서에는 "ᄌᆞ셰 붉키 일너 알게 ᄒᆞ라 우리 샹감ᄒᆞ신 유지 밧ᄌᆞ와"로 시작하여, 각별히 암행하여 살필 것이니 착실히 거행하고 이 뜻을 널리 알리라고 하는 내용이 있다. 이 감결의 내용은 밭갈기를 부지런히 하고 농사를 게을리 말라는 임금의 효유를 백성들에게 널리 알리고 잘 시행하라는 당부를 담고 있다. 이 감결과 앞의 「권룡눈음」은 임금이 내린 윤음을 다시 한글 문서로 작성하여 각 도의 하급 관청이나 마을 존동(尊洞)에게 하달하는 과정에서 생산된 것이다.[95] 농사를 권면하는 문서에 한글을 사용한 이 두 개 문서는 개별 농민을 독자로 삼아 보낸 것이 아니라 면임(面長)과 존동(尊洞) 등의 실질적 관리 책임자[96]를 대상으로 보낸 것이다.

권농의 실제 시행을 위해 작성된 이 감결은 윤음의 시행 단계에서 백성들을 대상으로 한글 문서를 작성했던 증거이다. 이 문서들은 인민 통치에 한글을 활용한 구체적 사례이다. 인민들에게 내린 이런 한글 문서는 관문 등 공공 장소에 게시되거나, 한글을 아는 면임(面任)과 동리장(洞里長)이 문서 내용을 농민들에게 구두로 전달했을 것이다. 대부분의 농민들은 한글을 읽을 수 없었기 때문이다.

---

94) 이 문서의 크기는 가로 148cm, 세로 19.7cm이다.
95) 김봉좌(2013 : 286-290)는 왕명이 한글로 번역되어 군현 수령에게 전달되는 과정을 자세히 설명하고, 문서 전달 및 번역 단계를 표로 그려 놓았다.
96) 위의 한글 감결에서는 '上有司'라 표기되어 있다.

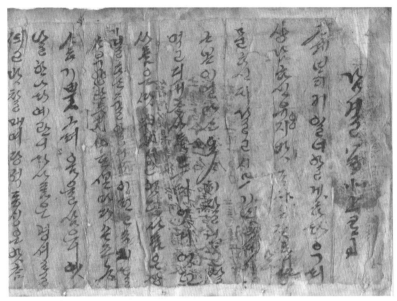

〔그림 3〕 한글 감결의 시작 부분

윤음은 왕이 백성에게 보내는 편지에 가깝다. 개인 간 간찰이 개인 대 개인의 소통 수단이라면, 윤음은 왕이 공개적으로 인민과 소통하는 정치 행위였다. 민심을 다스리는 왕의 정치력을 보여 준다는 점에서 윤음은 왕권 정치 체제에서 효과적인 통치 수단이었다. 윤음은 왕의 뜻을 사민들과 소통한 정치적 매체이며, 이 매체에 한글이 사용되었다는 점에서 정치 문화사적 의미를 갖는다.97)

윤음의 전통을 이어받아 대한제국에서 반포한 한글 포고문 사례가 있다. 융희(隆熙) 3년(1909) 대한제국 탁지부 대신의 이름으로 발표된 화폐 개혁 고시문(「구 백동화 무효에 관한 고시」)이 그것이다. 이 고시문은 구 백동화(舊 白銅貨) 통용을 금지하고, 보유한 백동화를 기한 내에 교환하도록 백성들에게 포고한 문서이다.98)

---

97) 이상에 서술한 내용은 백두현(2001 : 209-210)을 기초로 삼아 확장하여 새로 쓴 것이다.

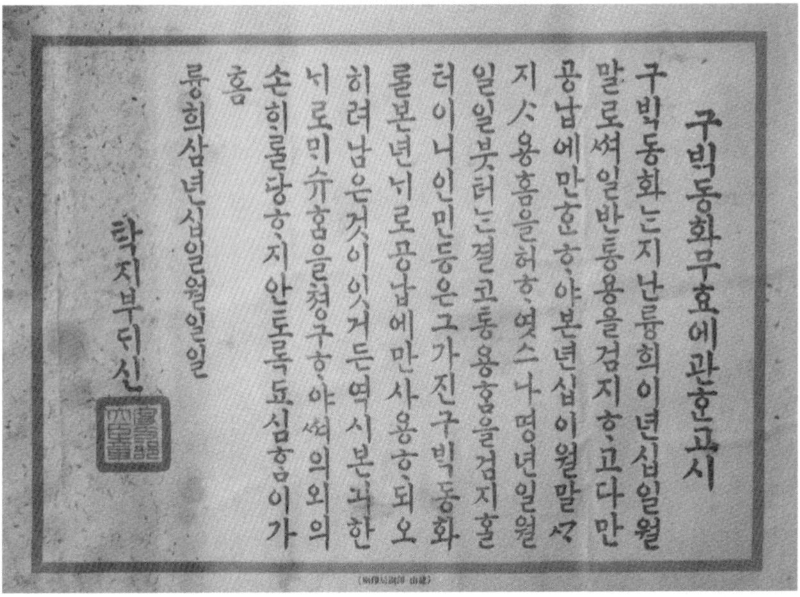
구빅동화무효에관ᄒᆞᆫ고시

구빅동화ᄂᆞᆫ지난륭희이년십일월
말로써일반통용을검지ᄒᆞ고다만
공납에만ᄒᆞᆫᄒᆞ야본년십이월말ᄭᆞ
지ᄉᆞ용ᄒᆞᆷ을허ᄒᆞ엿스나명년일월
일일붓터ᄂᆞᆫ결코통용ᄒᆞᆷ을검지ᄒᆞᆯ
터이니인민등은그가진구빅동화
ᄅᆞᆯ본년ᄂᆡ로공납에만사용ᄒᆞ되오
히려남은것이잇거든역시본과한
ᄂᆡ로미슈ᄒᆞᆷ을청구ᄒᆞ야써의외의
손ᄒᆡᄅᆞᆯ당ᄒᆞ지안도록됴심ᄒᆞᆷ이가
ᄒᆞᆷ

륭희삼년십일월일일

탁지부대신

〔그림 4〕 구 백동화(舊 白銅貨)무효에 관한 고시(1909 탁지부 고시)

한글을 이용하여 백성들에게 국가의 시책을 알리는 전통은 일제의 조선 총독부로 계승되었다. 한 예로 1924년 조선총독부가 고시한 '酒稅令'이 있다. 주세령을 백성에게 널리 알리기 위해 주세령 문서가 벽보용으로 만들어져 방방곡곡에 나붙었다. 문서의 좌우변에 붉은 글씨로 "악ᄒᆞᆫ 일은 쳔리에 들인다", "벽에 귀가 잇스며 장지에 눈이 잇다"라는 협박성 문구가 둘러쳐져 있는데, 이는 식민지 조선 인민으로부터 세금을 착취하고자 주세령을 고시하고 이에 대한 공포심을 불러일으키기 위한 것이다.

---

98) 한말에 白銅貨가 남발되어 이것을 정리하는 사업이 화폐개혁 정책이었다. 1905년 6월 초에 탁지부령으로 '구 백동화 교환에 관한 건'을 공포하였다. 그 내용의 일부를 보이면 다음과 같다. "구 빅동화ᄂᆞᆫ 지난 륭희 이년 십일월말로써 일반 통용을 검지ᄒᆞ고 다만 공납에만 ᄒᆞᆫᄒᆞ야 본년 십이월말ᄭᆞ지 ᄉᆞ용ᄒᆞᆷ을 허ᄒᆞ엿스나 명년 일월 일일붓터ᄂᆞᆫ 결코 통용ᄒᆞᆷ을 검지ᄒᆞᆯ 터이니……". 실물의 모습은 『사진과 해설로 보는 온양민속박물관』(온양민속박물관, 1983/1991) 121쪽 참조.

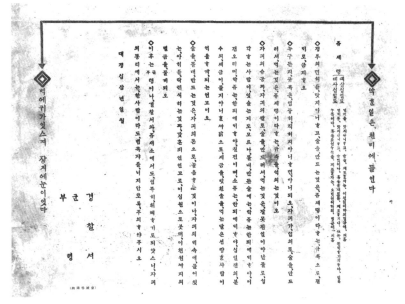

〔그림 5〕 조선총독부가 고시한 주세령(酒稅令)(1924년)

일제는 태평양전쟁을 일으켜 조선의 청년과 물자를 전쟁에 동원하려고 일제강점기 말기에 '국민총력조선연맹(國民總力朝鮮聯盟)'이라는 조직을 만들었다. 이 조직에서 조선 전역에 뿌린 한글 포스터는 한글을 그들의 침략전쟁에 이용한 사례이다. 이 시기의 조선총독부는 조선어 말살정책을 펴 학교에서 조선어 교육과 조선어 사용을 금지했으며, 급기야 1942년에 조선어학회 사건을 조작하여 수십 명의 조선어학자를 체포 투옥 고문하였다. 이런 와중에 전비(戰費)를 충당하고자 기부금 내기를 촉구한 내용의 포스터를 조선 어문으로 작성하여 널리 뿌렸으니, 일제의 이율배반적 행위를 여실히 알 수 있다.99)

---

99) 일제의 이 헌금운동에 응한 친일 조선인 재력가와 종교계 인사 등이 거액의 돈을 내어 비행기를 일제에 바쳤고, 학생 등의 일반인들은 강제 헌금을 내야 했다. 거액 헌금자 명단이 민족문제연구소에 의해 공개된 적이 있다. 한겨레신문 2005.8.12. 기사 외 다수 신문.

〔그림 6〕 대동아 전쟁을 일으킨 일제가 전비 헌금을 독려한 포스터(국민총력조선연맹 國民總力朝鮮聯盟, 1943년 전후)(2012.5.5. 한옥선)

이상에서 조선 왕조의 선조부터 고종까지, 그리고 대한제국기와 일제강점기에 걸쳐 국가가 백성을 다스리는 이용된 윤음언해와 한글 포고문 자료를 살펴보았다. 조선 왕조의 윤음언해와 구한말 이후의 한글 포고문 혹은 고시문은 세부 목적에 있어서 내용 차이가 있으나, 한글이 통치 수단으로 활용되었음은 서로 같다.

2.5. 화포 제조와 군사 훈련을 위한 훈민정음의 활용

국가의 가장 중요한 의무가 외부 침략으로부터 백성의 생활 터전을 지키고 백성의 생명을 보호하는 일이다. 이 목적을 실천하기 위한 문헌의 편찬과 간행에 훈민정음이 이용되었다. 군사 훈련을 위한 한글본 병학서와 화포 제조를 위한 화기류 한글 문헌이 여기에 해당한다.

화포 제조와 관련된 문헌의 한글 번역을 처음으로 주장한 사람은 양성지(梁誠之 1415~1482)이다. 세조 12년(1466), 성종 9년(1478), 13년(1482)에 양성지가 올린 각각의 상서(上書)[100]에 『총통등록』의 언문 번역을 건의하였다. 세조 12년에 올린 상서에서 양성지는, 『총통등록』(銃筒謄錄)은 국가의 비밀 문서이니 간첩(間諜)이 이를 훔쳐내면 동남(東南)의 피해가 이루 말할 수 없을 것이라고 하고, 언자(諺字)로 써서 내외의 사고(史庫)와 홍문관에 각기 3건씩 수장하고, 한자(漢字)로 쓴 것은 모두 불살라 없애자고 아뢰었다. 성종 9년에 올린 상서에서 양성지는, 세종조에 사가(私家)에 퍼져 있던 『총통등록』을 모두 거두어들여 군기감(軍器監) 동쪽 문루(門樓)에 21건(件)을 간직하고 춘추관(春秋館)에 1건을 간직한 사실[101]을 말하였다. 이어서 당시의 『오례의』(五禮儀)에 화포 제조법이 척·촌·푼·리(尺寸分釐)까지 숨김없이 자세히 써서 중외에 인쇄 반포함으로써 온 나라에 두루 퍼졌음을 지적하고, 이 책이 왜적에게 팔려 가면 큰 화(禍)가 될 것이라고 말했다. 양성지는 내외의 관청과 사가에 있는 『오례의』를 모두 거두어들여 그 속의 「병기도설」(兵器圖說) 부분을 삭제한 후 다시 반포하고, <u>총통(銃筒) 만드는 책은 모두 '언자'(諺字) 로 써서</u> 세 곳 사고(史庫)와 실록각 등에 보관하고, 한자로 쓴 것은 모두 불

---

100) 세조 12년 11월 17일 기사. 성종 9년 10월 13일 기사. 성종 13년 2월 13일 기사.
101) 세종실록 121권 세종 30년(1488) 9월 13일 기사에 세종이 『총통등록』을 각도의 절제사와 처치사에게 한 책씩 주고 다음과 같은 말로 유시하였다. "이 책에는 화포 주조하는 방식과 화약 제조법이 세밀하게 실려 있다. 이 책은 군국(軍國)의 비밀한 그릇이니 지극히 중하다. 항상 비밀히 감추고 책을 볼 때는 절제사 혼자 펴 보고 절대로 아전의 손에 맡기지 말라. 후임자와 교대할 때는 서로 직접 주고받아라." 세종이 『총통등록』을 얼마나 중히 여겼는지 알 수 있는 말이다.
　이 기사의 말미에 일찍이 군기감의 총통 제조법이 정밀하지 못하여 사거리가 짧고 화약도 많이 드는 단점이 있었는데, 을축년(1445)에 세종이 임영대군 이구(李璆)에게 명하여 포신(砲身)의 두껍고 얇음, 길고 짧음, 화약의 많고 적음을 다시 고치고 정밀하게 하니 5백보에 미치지 못하던 것이 1천 5백 보까지 맞힐 수 있게 되었고, 무게도 가벼워져 힘을 줄일 수 있게 된 사실을 자세히 기록해 놓았다. 세종이 화포 성능을 크게 높인 기술 개발에 성공했음을 알 수 있다.

태워 없앨 것을 건의했다. 성종 13년에 올린 상서에서 양성지는, 『자경편』, 『동국여지승람』 등의 각종 지리서, 『삼국사기』, 『고려전사』, 『경국대전』 등 여러 문헌102)을 각각 네 건씩 만들어 깊이 수장토록 하자는 건의를 했다. 이 상서에서도 『총통등록』은 병가(兵家)의 비장이 되는 서적이라 하고, "신이 원하건대 지금 이후부터 성상께서 보는 한 건 외에는 <u>모두 언문으로 서사하여</u> 내외 사고에 각기 한 건씩 보관하여 굳게 봉하고, 그 나머지 한자로 서사한 것은 모두 불태워 버려서 만세를 위하는 계책으로 삼게 하소서"103)라고 건의했다.

양성지의 상소문에서 특히 주목되는 점은 총포와 화약에 관한 기밀을 담은 『총통등록』을 언문으로 써서 깊숙히 보관하고, 한문으로 쓴 『총통등록』은 모두 불태워 없애자는 것이다. 국가의 기밀 정보를 언문으로 작성해서 기술 유출을 막으려 하였다. 17세기 전기의 화약 제조법을 담은 병서(『화포식언해』, 『신전자취 염소방언해』, 『신전자초방』)가 언문으로 번역되어 간행된 것도 화약 제조법 유출을 막기 위한 조처이다. 한문은 동아시아의 보편 문자이고, 언문은 조선의 고유 문자이므로 병기 제조 기술의 보안을 위해 언문으로 출판한 것이다.

한글본 병학서는 크게 세 부류로 나누어진다. 화약과 총통(砲) 등 무기 제조법을 담은 화약총포서, 부대 단위의 집단 훈련을 위한 진법서(진법언해,

---

102) 양성지는 이 상소문에서 깊이 수장하여 만세에 대비해야 하는 서적으로, 『삼국사기』(三國史記)·『동국사략』(東國史略)·『고려전사』(高麗全史)·『고려사절요』(高麗史節要)·『고려사전문』(高麗史全文)·『삼국사절요』(三國史節要)와 본조(本朝)의 역대 『실록』(實錄), 그리고 『총통등록』(銃筒謄錄)·『팔도지리지』(八道地理誌)·『훈민정음』(訓民正音)·『동국정운』(東國正韻)·『동국문감』(東國文鑑)·『동문선』(東文選)·『삼한귀감』(三韓龜鑑)·『동국여지승람』(東國輿地勝覽)·『승문등록』(承文謄錄)·『경국대전』(經國大典) 등과 인민 통치의 실무에 필요한 『경외호적』(京外戶籍)·『경외군적』(京外軍籍)·제도(諸道)의 전적(田籍)·공안(貢案)·횡간(橫看), 그리고 제사(諸司)·제읍(諸邑)의 노비(奴婢)에 대한 정안(正案)·속안(續案) 등을 언급하였다.

103) 이 내용에 해당하는 한문 원문은 다음과 같다. 御覽一件外, 俱以諺文書寫, 內外史庫各藏一件, 稱臣堅封, 軍器寺置一件, 提調堅封, 其餘漢字書寫者, 並皆焚之, 以爲萬世之慮.

병학지남), 군관과 병사 개인의 무술 기예를 닦기 위한 무술훈련서(무예도보통지언해)가 세 부류에 해당한다. 앞의 두 부류 언해본의 간행은 임진왜란의 발발과 직접 관련되어 있다. 무술훈련서의 언해본 출판은 임진왜란 직후에 한교(韓嶠 1556~1627)가 척계광의 『기효신서』를 참고하고 곤봉, 방패, 장창, 쌍수도 등의 무술법을 언해하여 『무예제보』(1598)를 편찬한 것으로 시작하였다. 광해군 대에 후금의 세력이 강성해지자 언월도, 왜검 등의 무술을 추가하여 『무예제보 번역속집』(1610)을 편찬했다. 1749년에 사도세자가 『무예신보』를 편찬했다.

1790년에 정조의 명을 받은 이덕무·박제가·백동수가 한문본 『무예도보통지』와 그 언해본을 완성하였다.[104] 정조는 신설한 장용영 장병의 무술 기량을 높이기 위한 개인 무술 훈련서를 한문본과 언해본으로 각각 간행했다. 전승되어 오던 검술, 창술, 권법 등의 무술을 종합하여 1790년에 공간한 것이 한문본 『무예도보통지』(4권 4책)와 언해본 『무예도보통지언해』(1책)이다. 한문본 『武藝圖譜通志』 卷首의 「兵技總敍」(8ㄴ)에 이 세 사람의 이름(德懋, 齊家, 東脩)과 함께 각각 담당한 역할이 적혀 있다. 이덕무는 오래된 비서(秘書)를 살펴서 필요한 글을 가려 뽑았고, 박제가는 찬집하는 여가에 전본(鐫本=底本)의 글씨를 썼고, 백동수는 장용영 교관으로 무예에 익숙한 다른 장교와 함께 기예를 살피고 시험하는 역할을 담당했다.

---

104) 이때 이덕무와 박제가는 규장각 검서관이었고, 백동수는 장용영 초관이었다. 세 사람은 모두 서자 출신이다.

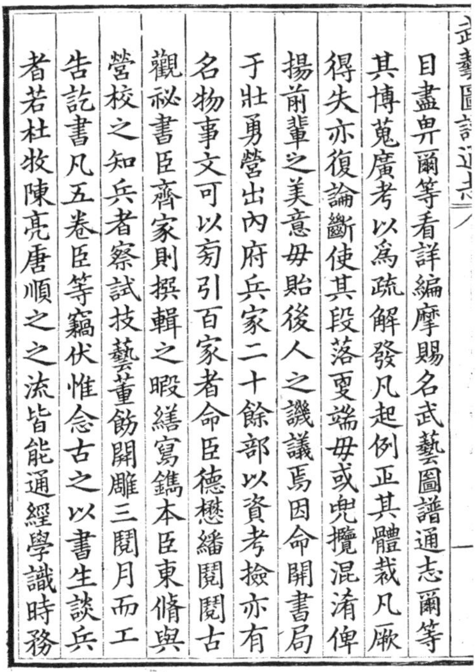
目盡畀爾等看詳編摩賜名武藝圖譜通志爾等
其博蒐廣考以爲疏解發凡起例正其體裁凡厥
得失亦復論斷使其段落要端毋或兜攬混淆俾
揚前輩之美意毋貽後人之譏議焉因命開書局
于壯勇營出內府兵家二十餘部以資考據亦有
名物事文可以旁引百家者命臣德懋繙閱閱古
觀祕書臣齊家則撰輯之暇繕寫鐫本臣東脩與
營校之知兵者察試技藝董飭開雕三閱月而工
告訖書凡五卷臣等竊伏惟念古之以書生談兵
者若杜牧陳亮唐順之之流皆能通經學識時務

〔그림 7〕 한문본 『武藝圖譜通志』에 나온 '德懋 齊家 東脩'라는 이름과 그 역할

정조는 누대에 걸쳐 서울과 지방의 여러 병영에서 간행되어 오던 『병학지남』을 개수하여 진법 훈련을 위한 정본(正本)을 확정했다. 정조는 집단 부대 훈련용 서적과 개인 무술 단련용 서적을 함께 편찬하였다. 이 책은 어렵게 왕위에 오른 정조가 즉위 후 신변 안전을 위해 설치한 장용영(壯勇營)을 중심으로 이용되었던 것으로 보인다.

한글본 병학서의 간행 주체는 국가 기관이었고, 이 책들의 사용자는 장교와 군관 등의 군 지휘관이었을 것이다. 군 지휘관들이 병학서를 공부하여 부대 단위의 진법 훈련과 개인 무술 단련의 학습 및 교육에 이용했을 것이다. 한문본 간행에 그치지 않고 언해본까지 간행한 병학서들은 한문 독서 능력이 모자라는 하급 지휘관들을 고려한 조치였다. 백두현(2015c : 369~370)은 부대 단위 진법 훈련서 언해에 공을 세운 최숙(崔橚 1636~1708) 이105) 쓴 남원영판『병학지남』발문과『진법언해』서두에 실린「절목총론」 (節目總論)을 인용하여 이 책들을 언해한 최숙의 의도를 밝힌 바 있다. 그 요점은 문필에 마음 쓸 겨를이 없는 갑사(甲土)나 초학자는 물론, 한문은 모르지만 언문을 아는 장관(將官), 기대총(旗隊總), 군병(軍兵), 범군(凡軍) 등을 위해 주석과 번역을 했다는 것이다. 최숙의 이 글은 무관과 하급 병사의 문자생활을 알려 주는 자료이다.

3. 마무리

지금까지 국가의 인민 통치라는 측면에서 훈민정음이 어떻게 이용되었는지 관련 문헌을 근거로 논하였다. 국가가 정치적 목적으로 간행한 윤리교화서 · 유교 경서 언해본 · 후생 복리를 위한 의약서 언해본 등을 중점적으로 검토하였다. 이어서 왕이 백성과 소통하기 위해 반포한 윤음언해가 갖는 의미를 왕대별로 반포한 윤음 자료를 통해서 탐구해 보았다.

사서삼경 언해는 양반은 물론 평민층을 고려한 출판으로 임진왜란과 병자호란으로 흐트러진 조선 사회의 기강을 세우는 데 기여하였다. 행실도류의 교화서, 향약언해,『경민편』등의 풍속 교화서는 인민들의 의식에 유교적 윤리관을 내면화하기 위해 훈민정음을 적극적으로 이용한 문헌이다. 특히『동국신속삼강행실도』는 민심 수습을 위해 광해군이 주도하여 훈민정

---

105) 최숙은『병학지남』권2와『진법언해』를 언해하였다(이진호 2013 : 2). 최숙은 1694년에 제70대 삼도수군통제사로 부임하여 통영 충렬사에 있는 이순신 장군의 사당을 중수하고 사적비를 세웠다. 최숙은 숙종 7년에 경상도좌수사(慶尙左水使), 숙종 8년에 춘천부사(春川府使), 숙종 9년(1683)에 공홍병사(公洪兵使), 숙종 11년에 남병사(南兵使) 등을 지냈다.

음을 활용했다는 점에서 정치적 의의가 크다.『경민편언해』는 민란이나 민중 봉기로 어지러워진 민습 수습에 적합한 책으로 민란이 일어난 지역에서 간행되기도 했다. 윤음언해는 왕이 사족층은 물론 일반 민인(民人)들과 소통한 매체이며, 국가의 현안 문제를 극복하는 데 훈민정음을 이용한 통치 수단이었다. 윤음의 전통은 대한제국기와 일제강점기에 이르기까지 고시(告示) 혹은 벽보 형식으로 내용과 형식이 바뀌어 인민을 대상으로 한 홍보문으로 반포되었다.

경상도 관찰사 김안국이 교화서는 물론 농업과 의약에 관한 기술서의 언해본을 간행했다. 김안국의 후생 복리서 간행은 농촌 지역에 기반을 둔 사림파의 개혁 운동과 직결된 것이다. 김안국이 간행한 농서 언해는 전해지지 않지만 그 후 농서 언해본이 한 번도 간행되지 않았다는 점에서 특별한 가치를 가진다. 조선 왕조는 농업을 나라의 근본이라고 강조하면서도 농업 기술서적 보급에 소홀하였다.

화포 제조와 군사 훈련을 위한 병학서 편찬에 훈민정음을 이용한 것은 군사 기밀의 보안에 한글이 적합했기 때문이다. 세조와 성종 연간에 활동한 양성지는 연이은 상서에서『총통등록』은 국가의 비밀 문서이니 간첩이 이를 훔쳐내기 전에 언문으로 번역하고 한문 책은 모두 불살라 버리라고 건의했다. 17세기 전기에 간행된『화포식언해』,『신전자초방』 등이 한글본으로 간행된 것도 병기 제조 기술의 보안을 위한 것이었다. 부대 단위의 진법 훈련을 위한『병학지남』 등의 진법서가 언해본으로 간행되었고, 병사 개인의 무예를 연마하기 위한 무술 훈련서『무예도보통지언해』가 간행되었다. 병서를 언해한 취지는 최숙(1636~1708)이 지은 남원영판『병학지남』 발문과『진법언해』 서두의 「절목총론」에 나타나 있다. 최숙의 언해 목적은 한문은 모르나 언문을 아는 장관(將官), 기대총(旗隊總), 군병(軍兵), 범군(凡軍) 등 하급 군인과 병사들의 훈련에 도움을 주기 위함이었다. 이런 기록을 통해 조선시대 언문이 왕으로부터 양반, 중인, 여성, 하급 군인에 이르기까지 다양한 계층에서 사용되었음을 알 수 있다.

훈민정음은 공식적인 국가 문자가 아니었지만 인민 교화와 후생 복리 증진을 위한 국가의 문헌 편찬에 이용되었고, 왕이 인민과 직접 소통하는 윤음의 문자로 쓰였다. 또한 군사 훈련용 서적과 화약과 화포 등의 무기 제조법 서적의 문자로 훈민정음이 사용되었다. 조선 정부는 인민 통치를 위한 다양한 정책에 훈민정음을 실용했던 것이다.

제3장
법률 제정으로 본 한글의 사회적 활용

1. 들어가기

언어와 문자 사용에 관한 국가 정책이나 국가에서 정한 규범과 법률은 그 나라 국민 개개인의 언어생활에 큰 영향을 미친다. 본 장에서는 훈민정음을 국가에서 법적으로 어떻게 다루어 왔고, 한글 표기 규범이나 법적 규정이 국가에서 제정한 법률에서 어떤 위상을 가졌는지에 대해 논한다. 세종 대의 훈민정음 반포로부터 대한민국 정부 수립 이후 최근의 「국어기본법」에 이르기까지 전반적 흐름을 검토하고, 이것이 언어생활에 미친 영향을 고찰한다. 우리 문자를 가리킨 명칭어를 기준으로 훈민정음 및 언문 관련 법률을 2절에서 논하고, 국문 및 한글 관련 법률을 3절에서 논한다.

2. 훈민정음 및 언문 관련 법률의 내용과 역사적 의의

2.1. 관리 선발 시험에 대한 법률

1) 세종과 세조 대에 시행된 이서 선발과 언문

일찍이 세종이 서리 선발 시험[吏典 取才] 시험에 훈민정음을 부과토록 명

했고(1446.12.26), 함경도 이과(吏科) 시험 응시자에게 훈민정음을 먼저 치르게
했다(1447.4.20). 이 시험에 합격한 자에게 다음 단계의 시험에 응시할 수 있
도록 왕명을 내렸다. 왕명이 곧 법이었으니 이것이 법전에 명문화되지 않
았더라도 법의 일종으로 간주할 수 있다. 1460년 5월 28일에 예조에서 문
과 초장(初場)에 훈민정음 과목을 시행키로 건의하였다. 그런데 이 건의의
시행 여부가 분명치 않고, 시행되었다면 어느 정도 기간에 지속되었는지
불분명하다. 이 건의가 법제화에 이르지 못한 것으로 보인다.[1]

2) 『경국대전』 이전 취재 녹사(吏典 取才 錄事) 조항

세조가 시작한 법전 편찬 사업은 성종 대에 『경국대전』으로 1차 완성되
고(1471, 신묘대전), 수정을 거쳐 최종 완성(1485, 을사대전)되었다.[2] 하급 관리
선발 시험에 언문을 부과한 법률은 『경국대전』의 '이전 취재 녹사'(吏典 取才
錄事)[3] 조에 다음과 같이 나타나 있다.[4]

> 錄事 : 講 : 五經中一, 四書中一。大明律・經國大典。
> 製述 : 啓本・牒呈・關中一。
> 書算 : 楷書・**諺文**・行算。(經國大典 吏典 取才 錄事)[5]

---

1) 안병희(1985b : 806-810)는 한글 사용과 관련된 법규를 『경국대전』, 『수교집록』(受敎輯
   錄, 1698), 언문을 공문서에 쓰도록 명기한 고종의 '公文式' 칙령 제14조 등을 논한 바
   있다. 그러나 1460년 5월에 예조에서 건의한 문과 초장(初場)의 훈민정음 과목 시행 여
   부를 자세히 다루지 않았다. 세조실록에 후속 기사가 나타나 있지 않기 때문이다.
2) 한국민족문화대백과사전 참고. http://encykorea.aks.ac.kr/Contents/Item/E0002296
3) 錄事는 조선 초기까지만 하더라도 주로 사족(士族)의 자제들로 채워져 그 지위가 일반
   사류와 대등하였다. 그러나 16세기 이후 錄事 출신들의 품관(品官) 진출이 극도로 폐쇄
   되어 벼슬길에서의 녹사직은 그 의의가 상실되어 갔다. 그 결과 사족 자제들은 녹사직
   을 기피하였고, 녹사는 점차 양반 士類와 구별되어 中人化하였다. 녹사는 체아직(遞兒職)
   으로서 단지 3년에 한 번 정도밖에 녹봉을 받지 못했으며, 그나마 조선 후기에는 없어
   져 버렸다. (한국민족문화대백과사전 '녹사'항 참고)
4) 아래의 '녹사'조항은 정부 조직의 인원 편성에 관한 법이므로 1485년에 완성된 乙巳大典
   에도 있었을 것이다.
5) http://db.history.go.kr/law 국사편찬위원회, 한국사데이터베이스, 조선시대 법령자료에서

하급직 관리인 '錄事' 선발 시험에 부과된 과목이 위와 같이 나열되어 있다. 강경(講經) 시험 과목은 오경 중의 하나, 사서 중의 하나, 대명률과 경국대전 중의 하나를 선택하게 했다. 제술(글짓기) 시험 과목은 공문서 양식인 계본(啓本) · 첩정(牒呈) · 관문(關文) 중의 하나를 선택하게 했다. 서산(書算=쓰기와 셈하기) 시험 과목은 해서(楷書), 언문(諺文), 행산(行算) 세 개를 모두 치도록 규정했다.

그런데 말미에 들어간 '諺文'의 시험이 시행된 결과를 보여주는 기록 혹은 이와 관련된 고문서는 발견된 바 없다. 세종실록에 나왔던 언문 시험의 합격 수준(초성자, 중성자, 종성자를 합치는 법을 알면 합격)을 넘어서는 구체적 정보를 찾을 수 없다. 언문 시험이 실제로 시행되었는지가 분명치 않다. 녹사 선발 시험 과목을 정한 법률 조항에 '언문'이 들어가 있었으나 언문을 경시했던 관리들의 태도로 보아 실제의 녹사(혹은 서리) 선발 시험에서 '언문' 과목 시험은 제대로 시행되지 않았을 가능성이 있다. 현전하는 고문서에 녹사직 언문 시험과 관련된 문건이 전혀 남아 있지 않다는 것은 이 시험이 실제로 시행되지 않았음을 뜻하는 듯하다.

위에 인용한 『경국대전』의 내용과 거의 같은 법률이 『대전통편』(1785. 정조 9) 이전(吏典) 취재(取才) 녹사(錄事) 항 및 『典錄通考』 吏典下 取才 항에도 나타나 있다.[6] 녹사직 시험에 '諺文'을 부과한 것이 실제로 시행된 것인지, 법조문에 형식적으로 계속 존치된 것인지 분명치 않다. 관련 고문서가 전혀 없는 것으로 보아 후자일 가능성이 높다. 언문은 배우기가 아주 쉬운 것이라 시험 자체가 필요 없다고 간주되었을 수도 있다.

『경국대전』의 녹사직 시험 규정에 '언문' 과목이 들어갔음에도 불구하고

가져왔다.

6) 원문 : 大典通編 吏典 取才 錄事 : 錄事 每年正月七月。 講五經中一, 四書中一, 大明律 · 經國大典。 製述啓本 · 牒呈 · 關中一書籌楷書 · 諺文 · 行籌。 『대전통편』은 『경국대전』과 『속대전』 기타 여러 법령을 통합 편찬한 것이어서 같은 내용의 조항이 포함된 것이다.

이두 문서를 정음 문서로 교체하려고 했던 세종의 뜻은 실현되지 못하였다. 이두를 정음으로 대체하여 백성들이 억울한 일을 당하지 않도록 하려는 세종의 뜻을 후대의 양반 지배층은 따르지 않았다. 이것은 이두 문서를 독점함으로써 서리 계급의 이익을 지키려는 욕망과 한문 능력으로 지식을 독점한 양반 지배층의 사회 지배 욕망이 서로 결합된 결과라고 해석한다.

3) 관문서 작성에 관한 법률

정음으로 관문서를 작성한다는 법률은 제정된 적이 없다. 관에서 작성하는 대민용 문서 혹은 백성이 관에 제출하는 문서에 정음을 쓰도록 한 법률은 『경국대전』에 전혀 없다. 조선시대의 관문서 작성에서 사용하는 문자 관련 규정은 『경국대전』 권3 禮典의 「用文字式」에 있다. 「用文字式」에는 수십 가지의 각종 공문서 양식이 예시되어 있으나, 모두 한문(이두 포함)으로 된 것이고 한글 문서는 전혀 없다. 안병희(1985b : 806)는 공문서의 한글 사용은 불문율(不文律)로 금지되었던 것으로 보았다.

세종의 뜻을 따라 서리(胥吏)가 작성하는 각종 관문서를 정음으로 바꾸어 쓰는 법률을 만들고 이를 장기적으로 시행했었더라면, 정음(=한글)은 조선 사회에 큰 영향을 미쳤을 것이고, 커다란 사회 변화를 이끌어 냈을 것이다. 정음을 관문서에 사용하지 않은 것은 조선 후기 사회의 근대적 변화를 정체시킨 커다란 요인이 되었다고 생각한다.

2.2. 사채(私債) 문서 언문 금지법의 시행

채무에 관한 법률 '戶典 徵債'(호전 징채) 조항에, 사채 문서(出債 成文=私債 成文)가 언문으로 쓴 것이거나 증필자가 없으면 송사에서 증거로 인정해 주지 않도록 한 법률이 있다. 『수교집록』 호전 징채 조에 "빚 문서는 반드시 증필자(證筆者)가 갖추어 있어야만 송사를 심리한다. 언문으로 작성하였거나 증필자가 없으면 송사의 심리를 허락하지 않는다."7)라는 법률이 있다. 이 법률 조항의 끝에 "강희 을묘년(1675, 숙종 1) 이래 전승되어 온 것임"(康熙乙卯承傳)이라는 설명이 붙어 있다.

그런데 숙종실록에는 이 법률에 관한 기사가 없고, 승정원일기(숙종 1년 4월 5일)에 조정 논의에서 신하들이 여러 가지 정책을 건의한 묶음 속에 이 법률이 끼어 있다.8) 업무 파악이 제대로 안 된 즉위 초년의 숙종을 대상으로 신하들이 통과시키고 싶었던 여러 법률과 정책을 일괄 제안하고, 숙종이 이를 허락하는 장문의 기사 중에 사채 문서 언문 사용 금지법 조항이 포함되어 있다. 이 법률 조항이 『속대전』, 『대전통편』, 『대전회통』, 『전록통고』 호전 징채 조항에 '私債成文'이란 문서명 아래 모두 실려 있고,9)『전

---

7) 出債成文, 必具證筆者 聽理, 諺文及無證筆者, 勿許聽理。康熙乙卯承傳 (受教輯錄 戶典 徵債). 숙종이 내린 이 수교를 '사채 문서 언문 사용 금지법'이라 칭하기로 한다.

8) 사채 문서에 언문 사용을 금지한 수교집록 호전 징채 조항이 들어 있는 승정원일기 기사의 전체 내용은 다음과 같다. 밑줄 친 부분은 사채 문서의 문자 사용에 대한 실질적 내용에 해당한다.

○ 晝講時, 吏曹參議尹鑴所啓, 臣待罪銓曹, 雖有可用之人, 拘於規例, 不得收用。今若非生進無鄕薦, 雖有才能, 而不得參, 初入仕之望, 固無可以收拾人才矣。今後, 則勿論生進・幼學, 其才可用, 則破格收用, 何如? 右議政曰, 祖宗朝舊章, 不可輕變, 且日後秉政者, 若非公正之人, 則必有私勝混雜之弊矣。令吏曹抄錄可用者, 與大臣相議稟達後, 使之擬望, 宜矣。上曰, 依爲之。判尹金宇亨所啓, 凡匠人推捉之際, 必關由於本府者, 蓋欲防其濫雜之弊, 而令則各衙門, 任意推捉, 民間, 多有號怨之事, 曾前本府啓達, 一切禁斷矣。此禁, 年久廢弛, 必須依舊例關由本府, 絶勿私自推捉事, 捧承傳申飭施行, 何如? 上曰, 依爲之。又所啓, 五部官員, 例以秩卑無風力之人, 塡差, 凡差役之際, 號令不行, 強悍之輩, 全不畏戢, 時任之官, 雖不可遞改, 今後, 則各別擇差, 何如? 上曰, 依爲之。又所啓, 凡徵債之事, 法典內, 必有具證筆文書後, 始許聽理, 而今則徵債之輩, 只以諺書文記, 呈訴者, 甚多。此類, 若論以違法, 一倂揮却, 則給債者, 似涉冤抑。令前成文者, 則姑爲聽理, 而分付京外, 此後, 則一從法文, 徵債條, 以眞書, 具證筆成文後, 聽理事, 知委施行, 何如? 上曰, 依爲之。又所啓, 本府殘弊特甚, 只有官婢各一人, 全不成模樣, 令刑曹屬公奴婢各五六口, 劃給, 以爲應役之地, 何如? 上曰, 依爲之。以上朝報 (승정원일기 246책 (탈초본 13책) 숙종 1년(1675) 4월 5일.

9)『續大典』戶典 徵債:私債成文, 諺文及無證筆者, 勿聽。
『大典通編』戶典 徵債:私債成文, 諺文及無證筆者, 勿聽。
『大典會通』戶典 徵債:私債成文, 諺文及無證筆者, 勿聽。
『典錄通考』戶典下 徵債:出債成文, 必具證・筆者, 聽理。諺文及無證筆者, 勿許聽理。康熙乙卯承傳。

율통보』형전 징채 조항10)에도 실렸다. 이 사실은 숙종 1년에 정한 법률이
조선조 말기까지 지속되었음을 의미한다.

금전 등의 사채 문서에 한정된 법률로 표현되어 있지만, 훈민정음을 대
민(對民) 관문서 작성에 이용하려 했던 세종의 정책을 실질적으로 무력화시
킨 것이 바로 숙종 1년에 내린 사채 문서 언문 사용 금지법(受敎輯錄 戶典 徵
債 조항)이다. 언문으로 쓴 사채 문서를 무효화한 이 법률은 언문서를 관아
에 제출하는 것을 엄격히 다스린 정책과 함께 훈민정음의 확산과 실용화에
가장 나쁜 영향을 미쳤다. 언문 문서의 법적 효력을 없앤 이 법률은 언문
의 사용과 보급을 가로막은 빗장 같은 장치였다. 사채 문서 언문 사용 금
지법으로 인해 관문서를 언문으로 작성하는 것이 사실상 금지되었고 그 결
과 오늘날 한글 고문서 특히 금전 관련 문서를 보기가 극히 어렵게 된 것
이다. 숙종 대에 와서 선왕(=세종)의 뜻이 망각되어 버렸거나, 언문이 하층
민으로 확산되는 것을 두려워하는 경계심이 깊어져 왕명을 가탁하여 언문
문서를 불법화한 법률을 제정한 것으로 판단된다. 숙종 1년에 사채 문서
언문 사용 금지법을 관철시킨 조정의 신하들은 결국 세종이 정음으로 이두
문을 대체하려는 정책을 꺾고, 최만리의 뜻을 이어받아 이를 법제화한 것
이라 하겠다. 이서 선발 시험에 훈민정음을 넣어 대민용 이두 문서를 정음
문서로 바꾸려고 했던 세종의 뜻은 숙종 즉위년에 이르러 완전히 꺾였다.
이 지점에서는 세종이 지고 최만리 등이 이긴 셈이다.

이두 문서를 정음 문서로 대체하려는 세종의 정책을 조선의 관리들이
받들어 시행했다면 정치적으로는 근대적 시민 양성에 필요한 지식의 교육
과 확산이 촉진되었을 것이고, 민주 공화제로 나아가는 역사적 전환에도

『典律通補』刑典 徵債：私債有具證筆文記者, 許徵。經 諺文及無證筆者, 勿聽。
10) 『典律通補』刑典 徵債：私債有具證筆文記者, 許徵。經 諺文及無證筆者, 勿聽。
　　호전과 형전에 모두 이 조항이 실린 것은 사채 문서 금지법이 민사법이자 형사법이었
　　음을 뜻한다.

기여했을 것이다. 조선의 지배 권력은 바로 이러한 변화를 원치 않았던 것이다.

이두 문서를 정음 문서로 대체하여 썼더라면 오늘날의 현대 한국어 어휘에 쓰이는 많은 한자어들이 고유어 용어로 발전했을 것이다. 그리하여 한국어 어휘의 뜻넓이와 깊이가 확장되고, 문장 표현력도 한층 깊어졌을 것이다. 행정과 법률 용어가 많이 쓰인 추안(推案), 국안(鞫案), 등록류 문서의 예를 들어 보자. 추안과 국안은 의금부에서 중죄인을 심문하고 판결한 내용을 기록한 문서이다. 1601년(선조 34)부터 1892년(고종 29)까지 약 300년에 걸친 기간의 추안과 국안 문서가 전해지고 있다. 관아에서 작성한 각종 등록류 문서도 이두로 작성되었다. 1577년(선조 10)부터 1910년까지 약 330여 년간 각 지방의 관아에서 주고받은 문서들을 모아 편찬한 각사등록(各司謄錄)을 비롯하여 의금부등록(義禁府謄錄)과 포도청등록(捕盜廳謄錄類) 등 각종 등록류 문서[11]가 전해지고 있다. 추안, 국안, 등록류 문서 등의 작성에 정음자가 사용되었더라면 많은 법률과 행정 용어들이 우리말에 녹아들어 이 분야의 용어가 한자어 일색으로 되지는 않았을 것이다.

2.3. 『삼강행실도』 간행에 관한 법률

1434년(세종 16)에 한문본 『삼강행실도』를 간행하여 반포하였고, 훈민정음 창제 이후 세종은 이 책을 언해하려는 뜻을 갖고 있었다. 1481년(성종 12) 언문으로 『삼강행실열녀도』(三綱行實列女圖)를 널리 배포하라는 왕명을 내렸고, 1490년(성종 21)에 『삼강행실도』를 경성과 지방에 두루 나누어 주라고 명하였다. 『삼강행실도』의 간행과 배포는 『경국대전』에 다음과 같이 법률로 규정되었다.

---

11) 이두문이 사용된 문서와 기록물에 대한 언급은 박성종 선생이 2020년 10월 17일에 국어사학회에서 행한 특강 자료를 참고한 것이다.

『삼강행실』을 언문으로 번역하여, 서울과 지방 사족의 가장과 부로(父老) 또는 교수와 훈도 등에게 부녀자와 어린이를 가르치도록 하여 이해하게 한다. 만약 대의에 능통하고 행실이 탁월한 자가 있으면 서울에서는 한성부가, 지방에서는 관찰사가 왕에게 보고하여 시상한다.12) (『경국대전』 예전 장권(禮典 獎勸))

위와 동일한 법률이 『대전통편』, 『대전회통』, 『전록통고』(典錄通考), 『증보전록통고』, 『전율통보』(典律通補)의 예전 장권(禮典 獎勸)조항에 수록되었다. 『삼강행실도』 간행 법률은 사채 문서 언문 사용 금지법과 마찬가지로 조선조 말기 법전에 이르기까지 모두 실렸다. 이 두 법률이 장기 지속적으로 꾸준히 시행한 것은 조선의 지배층이 두 법률을 중시했기 때문이다. 조선의 지배층은 백성의 민생과 관련된 실용 관문서에는 언문 사용을 법으로 엄금하고, 백성들에게 유교 윤리의 핵심인 충효열을 가르치는 데 언문을 이용하는 것은 법률로 의무화해 놓았다. 이 두 법률은 언문 사용에 대해 너무나 극명한 대조를 보인다. 이 대조적 차이는 양반 지배층이 훈민정음 즉 언문을 어느 지점에서 금했고, 어느 곳에서 통치의 도구로 이용했는지를 잘 보여 준다. 필자의 이러한 고찰을 통해 언문에 대한 양반 권력층의 양면성과 이에 수반된 정책의 속성을 꿰뚫어 이해할 수 있다. 이 양면적 정책의 목적은 체제 유지와 양반층의 기득권 지키기로 귀결된다.

3. 국문과 한글 관련 법률의 내용과 역사적 의의

3.1. 갑오개혁 이후 공문식(公文式) 법령의 제정

조선시대의 공문서 문장은 한문을 기본으로 하고, 여기에 이두를 섞어서

---

12) 원문 : 三綱行實, 飜以諺文, 令京外士族家長·父老或其敎授·訓導等, 敎誨婦女·小子, 使之曉解。若能通大義, 有操行卓異者, 京漢城府, 外觀察使, 啓聞行賞。(經國大典 禮典 獎勸)

작성되기도 했다. 안병희(1985b : 806)에서 밝혀졌듯이 1469년에 편찬되고 1485년(성종 16)의 간행본이 전하는 『경국대전』 권3 禮典(예전) 「用文字式」(용문자식)에는 한문(이두 포함) 문서 작성 법률만 명시되었다. 법전에서 공문서의 한글 사용은 아예 언급되지도 않았다.

한글이 공문서의 글로 법률적 지위를 확보한 것은 갑오개혁(1894)과 함께 이루어졌다. 갑오개혁 때, 고종은 국호를 '대한제국'으로 개칭하고 새로운 법률을 공포했다. 고종이 내린 칙령 1호에 「公文式」(공문식) 제14조가 있다. 칙령 제1호 「공문식」의 제14조에 "法律 勅令은 모두 國文으로 本을 삼되 漢文을 附譯하거나 國漢文을 混用할 수 있음"이라고 정했다. 이로써 언문이 국가 문자로 승격하여 그 위상이 일신되었다.

창제 후 450년 동안 훈민정음은 우리 민족이 영위해 온 문자생활의 주변부에서 머물러 있었다. 훈민정음 혹은 언문이 '國文'이란 명칭을 얻게 된 1894년은 한국인의 어문생활 특히 문자생활에서 대단히 뜻 깊은 해이다. 갑오개혁을 통해서 '언문'의 위상이 '국문'으로 바뀌어 대전환이 이루어진 때가 1894년이다. 이때부터 국가의 기록문서와 국가가 편찬한 교과서에 국문이 사용되었고, 국가에서 국문 교육을 시행하게 되었다. 신설된 학교의 교과목에 국문을 가르치도록 학부령(學部令) 제1호(1895.7.23)와 제3호(1895.8.12)에 해당 규정을 명문화하여 관보에 게재하였다.[13] 이런 조치는 말 그대로 역사의 커다란 혁신(革新)이었다.

3.2. 갑오개혁 이후 관리 선발 시험에 부과된 국문

1894년(고종 31년 7월 12일)에 새로 정한 전고국 조례(銓考局 條例)에 관리 선

---

13) 「학부령 제1호 한성사범학교, 부속소학교 규칙」에 국어와 국어작문 교과목이 포함되어 있고, 「학부령 제3호 소학교규칙대강」에 소학교 심상과와 고등과에 국어 및 국문을 교육하도록 규정했다(송철의 2004 : 27-28).

발 시험 규정을 두었다. 이 규정에 '국문'이 시험 과목으로 부과되었다. '국문' 시험이 『경국대전』의 녹사 취재 조항처럼 특정직 시험에 국한하여 부과된 것이 아니라 모든 직위 시험에 공히 부과되었다. 『경국대전』에서 녹사(錄事) 선발 시험의 언문 부과는 서리(書吏)급에 적용되었으나, 고종 대의 전고국 조례의 '국문' 시험은 직위 구분 없이 모든 관리 채용 시험에 부과되었다.[14] 예컨대 가장 하급직은 순검 채용 시험에도 국한문 쓰기 과목이 부과되었다. 내부령(內部令) 제7호[15]에 「순검 채용 규칙」 제4조 '순검 기예의 시험' 과목에 "國漢文으로 論文을 作ᄒ기 得ᄒᄂ 者"라는 규정이 있다(이응호 1975 : 130). 순경을 채용하는 시험에 국한문으로 논설문 쓰기를 부과했던 것이다. 1446년에 세종이 시도했던 서리 선발 시험의 언문 부과 정책이 1894년에 이르러 완전히 법제화되었다고 할 수 있다.[16] '국문'의 위상이 '언문' 시절보다 훨씬 높아진 것이다. '국문'의 위상이 이처럼 크게 높아진 것은 언문이 '국문'으로 승격되었기 때문이다. 언문의 국문화는 조선 인민의 문자생활에 일어난 혁명일 뿐 아니라 모든 제도와 교육 혁신에 불을 당긴 방아쇠이자 도화선이었다.

3.3. 광복 이후의 한글 관련 법률

1) 미군정기와 이승만 정부기

일제강점기 중이었던 1933년에 조선어학회에서 주도한 「한글맞춤법통일

---

14) 이때 정한 선거조례(選擧條例)에 각부 아문 관리 선발에서 조정의 관리와 선비, 서울과 시골의 귀한 사람과 천한 사람을 따질 것 없이 품행이 단정하고 재주와 기술이 있고 겸하여 시무(時務)를 아는 사람을 임명하도록 규정하였다. 과거 시험에서 신분 제한을 철폐한 것이다.

15) 開國 504년 8월 8일 관보에 수록되어 있다.

16) 이응호(1975 : 102-103)는 전고국 조례 등의 갑오개혁안이 일본 공사 오오또리의 압박으로 제정된 것이라 하며 부정적으로 평가했다.

안」이 민간의 신문사와 출판사 등에서 수용되어 민간에서 통용되었다. 1945년 광복과 함께 미군정이 시작되었고, 1945년 12월 8일 미군정청 학무국 조선교육심의회의 제9분과(교과서) 회의에서 "초등 중등 교육에서 원칙적으로 한글을 쓰고, 한자는 안 쓰기로 함", "과도기적 조처로 필요한 경우에는 한자를 함께 써서 대조시켜도 무방함" 등을 의결하였다. 이 의결에 따라 문교부는 교과서 편찬에서 한자 안 쓰기 정책을 시행하기도 했다. 1945년 9월부터 미군정청 편수국장에 취임한 최현배 선생이 교과서 편찬과 어문 규범 정책에 깊이 관여하였다.

1948년에 대한민국 헌법이 제정되었다. 그런데 국가의 문자나 언어에 관한 법을 헌법에 명시하지 않았다. 헌법 제1조에 "대한민국은 민주공화국이다.", 제3조에 "대한민국의 영토는 한반도와 그 부속도서로 한다"와 같은 조항을 두었으나 "대한민국의 언어는 한국어로 하고, 대한민국의 문자는 한글로 한다."와 같은 헌법 조항을 두지 않았다. 한국어로 말하고 한글을 쓰는 것이 너무나도 자연스럽고 당연한 것이어서 헌법에 넣지 않았던 듯하다. 그러나 한편으로 아쉬운 생각을 지울 수 없다. 헌법을 처음 제정할 때 이런 조항을 만들어 두었더라면 국어와 국문에 관련된 하위 법률이나 이에 부수된 시행령이 일찍부터 만들어졌을 것이다. 국가 차원의 법률 근거가 없이 만들어진 「한글맞춤법통일안」에 대한 논란이 일어나기도 했고, 한글 전용 혹은 국한문 혼용 등에 관한 소모적 논란이 끊이지 않은 것은 국가의 언어와 문자에 관한 법률상의 근거가 없었기 때문이다.

1948년 10월 9일자로 정부에서 「한글전용에 관한 법률」(법률 제6호)을 제정 공포했다. 여기에 "대한민국의 공용문서는 한글로 쓴다. 다만, 얼마 동안 필요한 때에는 한자를 병용할 수 있다."라는 짤막한 내용이 포함되었다. 이 법률은 고종의 칙령 제1호 「공문식」과 함께 한글 사용과 그 위상에 있어서 매우 중요한 의미를 가진 법률이다.

한편 「한글맞춤법통일안」에 대한 역사적 반동이 일어나기도 했다.[17)]

1949년 10월 9일에 이승만 대통령이 당시에 통용되었던 「한글맞춤법통일안」이 불편한 것이라고 하면서 이것을 바꾸자는 담화문을 내었다. 이승만 정부는 1953년 4월 27에 국무총리 훈령 제8호를 발표하여, 「한글맞춤법통일안」을 버리고, 초기의 성경 번역서에 쓰이던 구식 표기법을 사용키로 했다. 1954년 3월 29일 이승만은 "3개월 이내에 현행 맞춤법을 버리고, 구한국 말엽의 성경 맞춤법에 돌아가라."라는 특별 담화를 발표했다. 이승만의 지시를 받은 이선근 문교부 장관은 「한글간소화안」을 비밀리에 만들어 공개 심의와 토론 없이 7월 2일 국무회의에서 통과시켰다. 시대를 역행하는 이 같은 엉뚱한 시도가 가능했던 데에는 한글 표기 규범을 명문화한 법률이 미비했던 점이 작용했을 것이다.

1956년 전후에 이승만 대통령의 한글 전용 촉구 담화가 몇 차례 있다가 1957년 12월의 제6117차 국무회의에서 「한글전용 적극 추진에 관한 건」이 의결되었다.[18] 아래의 각주에 인용한 바와 같이 6개 항의 세부 실천 방안도 정하였다. 관청 내 각종 표지판과 인장을 한글로 쓰도록 한 것은 공공기관을 출입하는 국민이 쉽게 인식할 수 있도록 한 조치였다.

2) 박정희 정부기

1961년 12월 박정희 국가재건최고회의 의장이 「한글전용에 관한 법률」의 개정을 천명한 후 1962년 2월 5일에 문교부에 한글전용특별심의회가

---

17) 이하 1945년 광복 이후에 전개된 한글 전용에 관한 정책과 법률에 관한 서술은 이용주(1988 : 50-57)를 참고한 것이다.

18) 6개 항의 의결 내용은 다음과 같다. 1. 공문서는 반드시 한글로 쓴다. 그러나 한글만으로 알아보기 어려운 말에는 괄호를 치고 한자를 써넣는다. 2. 각 기관에서 발행하는 간행물은 반드시 한글로 한다. 3. 각 기관의 현판과 청내 각종 표지는 모두 한글로 고쳐 붙인다. 특히 필요한 경우에 한하여 한자나 다른 외국어로 쓴 현판 표기를 걸어 붙일 수는 있으되, 반드시 한글로 쓴 것보다 아래로 한다. 4. 사무용, 각종 인쇄 및 등사물도 한글로 한다. 5. 각 기관에서 사용하는 관인(官印), 기타 사무용 각종 인은 한글로 하고 (後略) 6. 각 관공서는 그 소할 감독 밑에 있는 사사 단체에 대하여도 위의 각 항목에 따르도록 권한다.

설치되어 1963년 7월까지 활동하였다. 1962년 5월 11일 이 심의회 제3차 전체 회의에서 한글 전용에 대한 주요 사항을 의결하였다.19) 1968년 10월 25일에 박정희 대통령이 「한글전용 촉진 7개 사항」을 지시했고,20) 1968년 12월 24일에 「한글전용에 관한 총리 훈령」(국무총리 훈령 제68호)을 내려 잘 지켜지지 않은 한글전용을 철저히 시행하도록 지시했다. 중고교 교과서에서 한자 표기를 없앴다가 1974년 7월 11일에는 한자를 병용하는 방침이 발표되어 1975년 3월부터 교과서에 한자가 다시 쓰이게 되었다.

「한글맞춤법통일안」은 1988년에 전면 개정되어 그 이름부터 「한글맞춤법」으로 명칭이 간소해졌다. 그러나 새로 제정된 「한글맞춤법」도 국회에서 통과된 법률에 의해 뒷받침된 것이 아니라, '문교부 고시 제88-1호'라는 '고시'(告示) 형식으로 공포되었다. 「한글맞춤법」이란 명칭에 '법'자가 있어서 일반인들이 이것을 법률로 오해하기도 하지만 「한글맞춤법」은 국가 법률로서의 자격을 갖춘 것이 아니었다.

1998년 전후에 한국이 세계화 열풍에 휩싸이면서 영어 공용어론을 주장하는 일부 지식인이 나타났는바 복거일이 대표적 인물이었다. 그는 『국제어 시대의 민족어』(1998)에서 한국의 국가 공용어를 영어로 바꾸자고 주장하였다. 영어 공용어화에 대한 여론 조사를 벌여, 복거일의 주장에 동조하는 여론이 적지 않은 것처럼 보도한 신문사도 있었다. 국어에 대한 법률적 정의와 그 사용에 대한 법 조항이 미비한 결과, 이런 엉뚱한 주장이 나왔던 것이다.

---

19) 의결 내용 : 1. 우리의 일반 국민 생활에 쓰는 글은 모두 한글로 쓴다. 2. 널리 쓰이는 말은 한자말이나 외래어임을 막론하고 한글로 적어서 잘 알아볼 수 있는 것은 그대로 쓰고, 잘 알아보기 어려운 것은 적당한 쉬운 말로 고치어 쓴다. 이하 3, 4항은 생략함.
20) 지시 사항 : 모든 문서와 민원서류에 한글만 쓰고 한자가 포함된 서류를 접수하지 말 것. 한글타자기를 보급할 것. 언론 출판계에 한글 전용을 적극 권장할 것. 각급 학교 교과서에 한자를 없앨 것. 고전을 한글로 번역할 것.

3) 노무현 정부기

이런 문제점을 해소하기 위한 방안으로 2005년 1월 27일에 「국어기본법」 (법률 7368호)이 공포되었고, 그 시행을 뒷받침하기 위해 2005년 7월 28일에 「국어기본법」 시행령(대통령령 제24453호)이 제정되었다. 「국어기본법」 제3조 1항에 "국어란 대한민국의 공용어로서 한국어를 말한다."라고 국어의 정의를 명시했고, 2항에 "한글이란 국어를 표기하는 우리의 고유문자를 말한다."라는 한글의 정의를 법률로 명시했다. 제3조 3항에 관습적으로 통용되어 오던 한글맞춤법 등 어문규범의 법적 근거를 명시했다. 제14조 1항에 "공공기관 등의 공문서는 어문규범에 맞추어 한글로 작성하여야 한다."라고 하고, "다만, 대통령령으로 정하는 경우에는 괄호 안에 한자 또는 다른 외국 글자를 쓸 수 있다."라고 허용 규정을 마련해 두었다. 「국어기본법」에 이런 내용이 법조문으로 정립되면서 한국어와 한글의 위상은 확고한 법률적 근거를 획득하였다.21)

그러나 「국어기본법」이 공포된 이후에도 한글전용과 한자혼용 문제는 여전히 논란이 되었다. 한자혼용을 주장하는 한자교육추진총연합회 등이 「국어기본법」에서 공문서에 한글전용을 규정한 것은 위헌이라며 헌법소원을 냈고(2012.10.22), 헌법재판소가 이것을 기각함으로써(2016.11.24) 공문서 한글전용 논란은 법률적 차원에서 일단락되었다.22) 그러나 한국의 노년층 중에는 한자혼용과 한자교육 강화를 주장하는 사람들이 적지 않아서 이 문제가 다시 돌출될 가능성이 잠복해 있다.

---

21) 「국어기본법」 제정 경위와 제정 후 10년 동안에 일어난 성과와 변화에 대한 연구는 박창원(2015)을 참고하였다.
22) 헌법재판소의 이 판결에 대해 한글문화연대가 낸 논평(2016.11.24. 이건범 작성) 중에 "이 판결은 우리 한민족의 문자 역사가 19세기 말부터 대략 1백여 년의 과도기를 거쳐 한자 시대에서 한글 시대로 완벽하게 옮아왔음을 선포하는 것이다."라고 그 의미를 부여했다.

4. 마무리

왕명이 곧 법이었던 왕조 시대에 세종은 훈민정음을 친제하였고, 새 문자의 사용 방법을 예시한 예의와 어제 서문을 반포했다. 이것은 훈민정음의 탄생이자 시행을 알린 출발점이었다. 세종이 서리 선발 시험에 훈민정음을 부과했던 전통이 『경국대전』의 녹사(錄事) 전형 법조문에 반영되어 있다. 그러나 이 법률이 문자 그대로 시행되었음을 입증하는 관련 문서의 증거가 남아 있지 않아서 실제로 시행되었는지 그 여부가 불분명하다.

숙종 1년의 수교(受教=왕명)에서 언문으로 쓴 사채 문서를 금지한 것은 훈민정음을 창제한 세종의 뜻을 짓밟은 정책이었다. 사채 문서 언문 사용 금지법은 백성이 관아에 내는 청원서 등의 문서에 언문을 쓰지 못하게 하는 데 영향을 미쳤을 것이다. 사채 문서 언문 사용 금지법은 금전 채무과 관련된 문서뿐 아니라 소지와 같은 청원서나 매매 문서에 언문 사용을 금지하는 정책을 더욱 굳히는 결과로 이어졌다. 숙종 1년에 신하들의 건의로 제정된 사채 문서 언문 사용 금지법은 백성들의 형옥과 소송 문서의 이두를 훈민정음으로 대체하려던 세종의 뜻을 제도적으로 막아 버렸다. 연산군의 언문 금압은 일시적으로 끝났지만 숙종 1년에 정해진 사채 문서 언문 사용 금지법은 그 후 수백 년 동안 여러 법전에 반복적으로 실리면서 계속 시행되었다. 이런 점에서 이 법률은 민간의 훈민정음 사용을 억압한 정책이었으며, 훈민정음의 확산에 훨씬 나쁜 영향을 미친 악법이었던 것이다. 양반 권력층은 언문이 하층민들에게까지 널리 확산될 가능성을 그들이 정한 법률로써 차단했던 것이다.

법률적 차원에서 이루어진 훈민정음의 위상 변화도 문자 명칭의 경우와 비슷하게 갑오개혁이 가장 큰 변혁의 계기였다. 1894년 갑오개혁과 함께 언문을 '國文'으로 승격한 칙령이 반포되었고, 국가의 공문서 표기 문자로 國文을 본으로 삼는다는 공문식 규정이 여기에 포함되었다. 법률적 차원에

서 훈민정음이 국가 문자로 정해진 것이다. 갑오개혁 이후에 정해진 관리
선발 규정[전고국 조례]에서 직위에 구분 없이 '국문' 과목을 치르게 하였고,
「순검 채용 규칙」에서도 국한문으로 논설문 쓰기가 포함되었다. 이것은 한
국인의 문자생활에서 훈민정음 반포 이후 두 번째로 큰 혁신이었고, 언문
의 국문화 법률이 갖는 역사적 의의는 크고 무거운 것이다.

대한민국 정부가 수립되면서 제정된 헌법에 국가의 언어와 문자에 대한
조항이 마련되지 않았다. 한반도 내에서 사용되는 말과 문자에 대한 통념
은 한국어이고 한글이라는 사실을 너무나 당연하게 여겨 이를 헌법 조항에
명문화하지 않았던 듯하다. 말과 문자에 대한 법률적 규정을 누락시킨 이
헌법은 고종의 칙령 제1조에 정해진 '국문' 규정을 철저히 계승하지 못한
것이라 할 수 있다. 대한민국 헌법에 "대한민국의 언어는 한국어로 하고
이를 표기하는 문자는 한글로 한다."와 같은 조항을 명문화하였더라면, 그
후에 일어난 한글 전용파와 국한문 혼용파 간의 소모적 갈등을 예방하여,
이 문제를 둘러싼 교육의 난맥과 정책 혼란을 줄일 수 있었을 것이다. 오
늘날에 이르기까지 공문서의 한글 사용을 문제 삼아 헌법재판소에 위헌 소
청을 하는 등 이로 인해 많은 사회적 비용을 치르고 있다. 역사를 되돌아
보면 늘 아쉬운 부분이 있기 마련이지만 이 점 역시 그러하다.

2005년 노무현 정부 때 비로소 국어기본법이란 법률이 제정되어 한국어
와 한국 문자 사용에 관한 규범이 법률적 위상을 갖게 되었다. 한국인의
어문생활사에서 국어기본법이 갖는 의의가 어떻게 정립될 것인지는 이 법
이 정한 정신을 어떤 정책을 통해 어떻게 실천해 가는지에 달려 있다.

1. 들어가기

이 글은 훈민정음 연구사 정리 작업의 하나로 훈민정음의 사용과 보급에 관한 연구 성과를 파악하고, 이를 바탕으로 앞으로의 연구 방향을 모색하기 위한 것이다. 이 글의 제2장에서 대한제국기 이후부터 최근에 이르는 기간 동안 발표된 훈민정음의 사용과 보급에 관한 연구 논저를 학자별로 나누어 연구 성과를 정리한다. 훈민정음의 사용과 보급이란 훈민정음 창제 (1443) 이후에 전개된 이 문자의 확산 과정과 관련되어 있다.

훈민정음 사용과 보급에 대한 기술(記述)은 이 문자의 학습(배움)과 교육 (가르침)을 위한 자료 연구를 수반하게 된다. 이 글의 제3장에서는 제2장에서 정리한 학자별 연구 성과를 네 개의 주제로 나누어 주제별 연구 성과를 정리한다. 네 개 주제란 훈민정음의 보급 시기, 학습 교재, 교육의 주체, 한글 문헌과 한글 사용의 확산이다. 제4장 맺음말에서는 새로운 연구 방향의

---

* 이 글은 「훈민정음의 사용・보급・정책에 관한 연구의 성과와 방향」을 확장하여 고쳐 쓴 것이다. 이 글의 최초 원고는 국립한글박물관의 기획 연구 보고서 『훈민정음 연구의 성과와 전망 I 국내편』(2015 : 116-150)에 수록되었다.

모색을 위한 제언으로 이 글을 마무리한다.[1]

2. 학자별 연구 성과 정리

조선 후기 및 갑오개혁 이전 시대의 훈민정음 연구 성과는 간략히 언급
해 두는 정도로 그친다. 문자로서의 훈민정음에 관한 연구는 조선시대 학
자들의 연구부터 오늘날 21세기에 이르기까지 많은 업적이 축적되어 있다.
이에 관한 연구사적 정리는 김민수(1964/1982), 유창균(1973), 서병국(1973)의
국어학사 저술을 참고할 수 있다.

훈민정음에 대한 최초 연구는 최세진의 『훈몽자회』(1527) 「범례」에 수록
된 「언문자모」에서 시작한 것으로 볼 수 있다.[2] 이전부터 전해오던 내용을
「언문자모」에 정리 수용한 것이라고 하며, 이것을 학술적 연구 성과로 보
는 데 반대할 수도 있다. 그러나 훈민정음 자모의 명칭과 문자 체계를 정
리하여 기록하고, 음절자 생성 원리를 명시하고, 사성법과 그 음가를 기술
했다는 점에서 「언문자모」의 학술적 가치를 인정할 수 있다.

조선 후기에 이루어진 훈민정음에 관한 연구에는 최석정(崔錫鼎 1646~1715)
의 『경세정운도설』(經世正韻圖說 1678),[3] 이사질(李思質 1705~1776)의 『훈음종편』
(訓音宗編), 신경준(申景濬 1712~1781)의 『훈민정음운해』(訓民正音韻解 1750), 황윤
석(黃胤錫 1729~1791)의 『이제유고』(頤齋遺藁 1829)에 수록된 「자모변」(字母辨),
정동유(鄭東愈 1754~1808)의 『주영편』(晝永編 1806), 유희(柳僖 1773~1837)의 『언
문지』(諺文志 1824) 등이 있다.[4] 그런데 이러한 연구서에는 훈민정음의 사용

---

1) 훈민정음의 사용·보급·정책에 관한 연구는 한글생활사와 밀착되어 있다. 이 점을 고
   려하여 본 장을 이 책에 편입하였다.
2) 김민수(1964/1982 : 149)(신국어학사, 전정판)에서 '언문자모'를 다루었다.
3) 일본 교토대학 河合文庫 소장본이다. 김지용의 해제와 김석득의 연구 논문을 실은 영인
   본이 간행된 바 있다. 『경세훈민정음도설』, 명문당, 2011.

과 보급에 관한 내용이 없기 때문에 이 글의 연구 대상에서 제외하였다.

제2장에서는 대한제국기부터 최근에 이르는 기간 동안 발표된 학자들의 논저를 통해 훈민정음의 사용과 보급에 대한 연구 성과를 학자별로 나누어 정리한다. 학자별 연구 성과에 대한 검토는 대한제국기, 20세기, 21세기로 나누어 각 시기에 발표된 논저의 요지를 중심으로 서술한다.

2.1. 대한제국기의 연구 성과

갑오개혁 이후 언문이 국문으로 승격되었다. 새로운 학교 교육에 필요한 교과서 편찬을 위해 국문 철자법 정비 등 국문 연구가 시대적 과제였다. 지석영(1896), 리봉운(1897), 주시경(1897)은 이러한 과제에 부응하여 국문에 관한 새로운 연구의 문을 열었다.[5] 세 분의 연구 내용에서 한글 사용과 관련된 부분을 정리한다.

1) 지석영의 「국문론」(1896)

이 글은 활자로 간행된 「대조선 독립협회 회보」 제1호(1896.11.30) '論說' 항에 '국문론'이란 제목으로 순 국문체로 실렸다. 글의 첫머리는 다음과 같이 시작한다.[6]

---

4) 조선 후기에 이루어진 국어학 연구에 대한 자세한 고찰은 유창균(1969/1982, 제3장), 간략한 개관은 김민수(1964/1982)의 5장과 6장, 문자 의식과 관련한 학자별 연구 내용 분석은 이상혁(2004, 2부 및 3부)를 각각 참고하였다.
5) 이기문(1977)은 지석영(1896), 리봉운(1897), 주시경(1897)의 연구를 묶어서 소개하고, 세 글의 역사적 의의를 다음과 같이 평했다. 이 연구들은 근대화가 시작한 시기에 가장 시급한 문자 문제를 논하였고, 이는 국어학이 현실 문제를 해결하려는 노력에서 시작되었음을 보여 주었으며, 그 뒤 국어학의 전반적 성격을 규정하였다. 세 분의 연구는 19세기의 마지막 10년간을 국어학의 시점으로 잡을 수 있도록 한 내적 증거이다(이기문 1977 : 170).
6) 아래 인용문의 띄어쓰기, 괄호 안의 한자어, 문장 종결부호는 독자의 편의를 위해 필자가 넣었다.

"나라에 국문이 잇서셔 힝용(行用)ᄒᄂᆫ 거시 사름의 입이 잇서셔 말슴ᄒᄂᆫ 것과 ᄀᆺᄒᄂᆯ 말슴을 ᄒ되 어음(語音)이 분명치 못ᄒ면 남이 닐으기롤 반벙어리라 홀 ᄲᅮᆫ더러 졔가 싱각ᄒ야도 반 벙어리오. 국문이 잇스되 힝ᄒ기롤 젼일(專一) ᄒ지 못ᄒ면 그 나라 인민도 그 나라 국문을 귀중ᄒ 줄을 모르리니 엇지 나라에 관계가 젹다 ᄒ리오. 우리나라 사름은 말을 ᄒ되 분명이 긔록 홀 슈 업고 국문이 잇스되 젼일ᄒ게 힝ᄒ지 못ᄒ야 귀중ᄒ 줄을 모르니 가히 탄식ᄒ리로다. 귀중ᄒ게 넉이지 아니홈은 젼일ᄒ게 힝치 못홈이오 젼일 ᄒ게 힝치 못홈은 어음을 분명히 긔록홀 슈 업ᄂᆫ 연고ㅣ러라. 어음(語音)을 분명이 긔록홀 슈 업다 홈은 엇지 홈이요 ᄌᆞ셰히 말슴 ᄒ리니 유지군ᄌᆞ(有志君子)ᄂᆫ ᄌᆞ셰히 들으쇼셔."

위 인용문에서 지석영이 말한 요지는 두 가지이다. 하나는 우리나라에는 말을 적을 수 있는 국문이 있는데 귀중한 줄을 모른다는 것이고, 다른 하나는 국문으로 우리나라 말을 분명히 기록할 수 없는 까닭은 그 쓰임이 전일(專一)하지 못하기 때문이라는 것이다. 일정한 철자법이 갖추어져 있지 않음을 이렇게 말한 것이다.

뜻 있는 군자(有志君子)는 자세히 들으라고 한 뒤, 이어서 국문 적기의 문제점을 높게 나는 소리를 표기하는 방법이 없는 것이라고 예를 들어 설명했다. '동녘 東'자는 본래 소리가 낮고, '움직일 動'자는 높은 소리인데 표시할 방법이 없다고 하였다. '벌릴 列'과 '버릴 棄', '들 擧'와 '들 野'의 차이도 표기할 방법이 없음을 한탄하였다. 이 점을 지적하면서 지석영이 평양 군수 서상집을 만나 들었던 이야기를 적어 놓았다. 내용인즉 서상집이 연전(年前)에 예문관 한림직에 있으면서 전라도 무주의 적성산 사고(史庫) 포쇄관(曝曬官)으로 가서 세종께서 어정(御定)한 국문을 받들어 살피니 평성에는 아무 표도 없고, 상성에는 옆에 점 하나를 치고, 거성에는 옆에 점 둘을 쳐 놓았다[7]는 것이다. 지석영은 이 법을 널리 행하면 우리의 어음 표기가

---

7) 지석영이 상성 점과 거성 점의 수를 뒤바꾸어 놓았다. 이 점은 이기문(1977 : 171)에서

분명해지고 인민이 국문을 귀중하게 여길 뿐 아니라, 성인(=세종)께서 만드신 본의를 밝힘으로써 "독립ᄒᆞᄂᆞᆫ 나라에 확실ᄒᆞᆫ 긔초가 되리로라."라고 끝맺었다.

「국문론」에 언급된 우리말 고저 표기에 대한 지석영의 생각은 그의 「신정국문」(新訂國文 1905)의 주요 골자가 되었고(이기문 1977 : 171), 주시경의 『국문연구』에 영향을 미쳤다. 지석영이 만든 낱장의 국문 학습자료인 「대한국문」(1907)의 좁은 지면에서 '고저음 분별표'라 칭한 구별 부호의 사용례를 보이고 설명해 놓았다.[8] 의학교 교장이던 지석영이 교재 편찬을 위해 국문 철자법을 정비하여 『신정국문』을 제안했고, 고종이 이것을 재가하자 『신정국문』을 통해 새로운 국문 표기법을 널리 교육시키고자 낱장의 국문 음절표 「대한국문」을 손수 만든 것이다.

그러나 『신정국문』의 철자법을 둘러싸고 논란이 크게 일었다. 이를 계기로 학부 내에 국문 철자법 개혁을 위한 국문연구소가 설립되었다(1907.7). 이 연구소에서 위원회를 구성하여 10가지 연구 과제를 선정하고 2년여 동안 토론을 거쳐 『국문연구의정안』(國文研究議定案)이란 보고서가 제출되었다(1909.12). 그러나 제출된 의정안에 대해 아무런 후속 조치가 없었고, 일제의 국권 침탈로 시행되지도 못한 채 사장(死藏)되고 말았다.[9] 지석영이 고심하여 제작한 「대한국문」도 같은 운명이 되어 버렸다.

2) 리봉운의 『국문정리』(1897)

『국문정리』(國文正理)는 리봉운이 1897년 2월[10]에 간행한 국문 연구서[11]

지적된 바 있다.

8) 고저음 분별표는 음절자의 오른쪽 어깨 부위에 점을 찍는 것이다. 예컨대 '눈'(雪)에는 오른쪽 어깨에 점을 찍고 '눈'(目)에는 아무런 표시가 없다.

9) 『국문연구의정안』의 원본은 조선어학자 오구라 신페이가 입수하여 그가 일본으로 갈 때 가져갔다. 현재 동경대학교 오구라문고에 소장되어 있다.

10) 제11장 뒷면에 "대죠션 건양 이년 일월 일 경성 묘동 리봉운 저작 겸 발행"이라 하여,

이다. 리봉운은 이 책의 서문에서 나라를 위해 진정으로 말한다고 전제하고, "대저 각국 사람은 본국 글을 숭상하여 학교를 설립하고 학습하여 국정과 민사를 못할 일 없이 하여 국부민강(國富民强)을 이루었지만 조선 사람은 남의 나라 글만 숭상하고 본국 글은 이치를 아주 알지 못하니 절통(切痛)한지라."라고 탄식하였다. "세종께옵서 언문을 만드셨건만 예로부터 국문을 가르치는 학교와 선생이 없어서 말의 이치와 규법(規法)을 배우지 못하고 입만 놀려 가갸거겨 말하면서 국문을 안다 하되 음도 분명히 모르니 한심한지라."라고 하였다. 이어서 언문 옥편을 발행하여 국문의 이치와 자음과 청탁의 고저를 분명히 알면, 결국엔 나라의 독립과 자주에 도움이 된다고 하며, 이 책을 지은 취지를 밝혀 놓았다.

「자모 규식」에서 '좌모자'(초성)의 음가를 궁·상·각·치·우에 대응하여 제시하고, '우모자'(중성)의 음가를 각각 제시했다. 그리고 각 자모자 옆에 이들이 전청과 전탁 중 어디에 해당하는지를 'ㅇ'와 '●'를 사용하여 표시했다. 특히 그는 'ㆆ', 'ㆁ'(옛이응), 'ㅿ'을 각각 '이', '으', '스'의 단음(短音)으로 보았다. 그리고 'ㅏ'는 'ㅣ'와 점을 합한 것이니 장음이 되어야 하고, 'ㆍ'는 점뿐이니 단음이 되어야 한다고 주장했다. '어토 명목'에 과거(ㅎ엿다), 미래(ㅎ겟다), 현재(ㅎ다), 명령(ㅎ여라), 금지(말아) 등 21개의 활용형을 제시하였다. 활용어미를 어토(語吐)라고 부르고, 이를 분류한 사실은 국어문법학사에서 주목받을 만하다.

장음과 단음 표기, 된소리 표기, 딴ㅣ의 표기 등에 대해 본인의 의견을

이 책의 발행국(대죠선), 발행 연월(건양 이년 일월), 발행지(경성 묘동), 저술자(리봉운)을 정확하게 밝혀 놓았다. 필자는 이 글에서 본인이 '리봉운'이라고 표기한 사실을 중시하여 그의 이름을 '이봉운'이 아닌 '리봉운'이라 표기한다.

11) 이 책은 1책의 목판본으로 표지서명, 권두서명, 권말서명이 모두 '국문정리'이다. 서문 및 목록이 2장, 본문 12장으로 전체 14장이다. 제12장에 '열람'이란 제목 아래 "학부대신 민종묵씨 협판 민영찬씨 비셔 홍우관씨, 편집 리경직씨, 고쥰 홍경후씨 신정우씨", 등 6인의 이름이 기재되어 있다.

밝혔다. 리봉운은 된소리 표기를 '제몸받침'(각자병서)로 해야 한다고 주장했고, 이 견해가 주시경 등에게 수용되었다(정재영 1976 : 14). 『국문정리』의 권말에 실린 「새언문 규법 서언」(제11장)(新諺文規法 序言)에 리봉운 특유의 표기법을 적용한 예문을 제시해 놓았다. 이 서언은 리봉운이 생각한 국문자 개혁안의 자형으로 표기되어 있는데, 비현실적이고 특이한 자형이 적지 않아서 후인들의 관심을 끌지 못하였다.[12]

『국문정리』의 권두에 실린 리봉운의 서문은 조선시대에 훈민정음을 가르치지도 연구하지도 않은 사실을 정면으로 비판한 최초의 글이다. 세종이 훈민정음을 만들었음에도 남의 나라 글만 숭상하고 국문을 가르치지도 연구하지도 않았던 과거를 날카롭게 비판하여 근대적 사고를 가진 지식인의 면모를 보여 주었다.

특히 저작권에 관한 법률사(法律史) 연구 및 이와 관련된 어문생활사 연구라는 측면에서 리봉운의 『국문정리』는 주목받을 만한 내용을 갖고 있다. 리봉운은 근대적인 저작권(著作權) 개념을 이 책에 명시에 놓았다. 『국문정리』의 제12장 뒷면에 인장 모양의 사각형 안에 '관허 판권 소유'라 새기고 그 아래 이 말의 뜻을 다음과 같이 풀이해 놓았다.[13] "관허。판권소유라 ᄒᆞᆫ 뜻슨。늠이。믄돈。칙을 혹 ᄉᆞ의로 인쇄ᄒᆞ야 미각ᄒᆞ면 그 지죠를 뺏는 도적으로 드ᄉᆞ리는 법률이 잇시니 이거시 기명ᄒᆞᆫ 나라에셔 선비로 ᄒᆞ야곰 셔척을 져작ᄒᆞᆫ 권리를 주는 거시라".[14] 권말 서명 '국문졍리 죵' 아래 책값을

---

12) 이기문(1977 : 174)은 리봉운이 "국어에 장단이 있음을 말한 것은 옳았으나 그 표기법의 이론적 근거는 옳지 못한 것이었다. 이리하여 이 책은 사실상 학계에서 잊혀지고 말았던 것이다."라고 이 책의 한계를 지적하였다.
13) 인용문에서 보듯이 띄어쓰기할 자리에 백권점 '。'이 찍혀 있다. 이는 리봉운이 띄어쓰기에 대한 명확한 인식을 가지고 있었음을 보여 준다.
14) 인용문을 현대국어로 옮기면 다음과 같다. "관허(官許)。판권 소유라 한 뜻은 남이 만든 책을 사사로운 의도[私意]로 인쇄하여 매각(賣却)하면 그 재주를 뺏는 도적으로 다스리는 법률이니, 이것이 개명(開明)한 나라에서 선비 학자에게 서책을 저작한 권리를 주는 것이라."

"뎡가금두량닷돈"(定價金 두 량 닷 돈)이라 새겨져 있다. 출판물에 판권 소유와 저작권에 대한 법률을 명시한 것은 이 책이 처음이 아닌가 짐작된다. 고종실록에 '著作權'이란 법률 용어는 등장하지 않는다. 순종실록 2권(순종 1년 8월 13일 기사, 1908년 융희 2)에 한국에 있는 미국인의 발명, 제품 도안, 상표, 저작권을 보호하기 위해 일제의 통감부가 미국과 체결한 조약 (在韓國發明意匠商標及著作權保護 日米條約)의 내용이 실려 있다. 이 조약은 조선 정부가 주체가 된

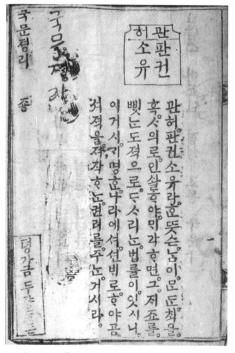

〔그림 8〕『국문정리』의 판권 소유 표시(12b)

것이 아니었다. 리봉운은 이보다 10년 앞선 1897년에 자신의 저작에 저작권을 명시하고, 이에 대한 설명까지 해 놓은 것이다.

3) 주시경의 「국문론」(1897)

주시경의 「국문론」은 독립신문 2권 47호(1897.4.22) · 48호(1897.4.24), 2권 114호(1897.9.25) · 115호(1897.9.28)에 실렸던 것이다.15) 주시경이 '쥬상호'란 이름으로 발표한 「국문론」은 국문을 창제한 취지와 사용상의 편리함, 제자 원리의 우수성 등에 대해 서술한 글이다. 「국문론」은 "사람들이 사는 땅덩

---

15) 주시경의 『국문론』은 이기문 편 『주시경전집』 上(아세아문화사 1976)과 김민수 편 『주시경전집』 1(탑출판사 1992)에 수록되어 있다. 주시경의 이 글은 이현희(1988)에서 주석을 붙여 소개하였다. 필자는 이를 이용하였다.

이 위에 다섯 개의 큰 부주(扶州)가 있고 제각금 본국 글자를 가지고 있는데 그 중에는 말하는 음대로 일을 기록하는 글자도 있고, 무슨 말은 무슨 표라고 그려 놓는 글자도 있는지라."16)라고 하며 문자 일반론으로 서두를 시작하였다. 전자가 배우기 쉽고, 후자는 글자가 몇 만 개가 되고 쓰기가 어렵다고 하였다.17) 이어서 '모음'과 '자음'이란 용어를 쓰면서 각각의 소리 내는 법을 설명하고, '혜늬쉬아'(=페르시아)에서 만든 글자 자모는 스물여섯 개이나 어떤 나라말의 음이든 기록하지 못할 것이 없고 쓰기가 쉬워서 문명한 유럽 여러 나라와 아메리카 여러 나라가 이 글자를 쓴다고 하였다. 조선 글자는 '혜늬쉬아'에서 만든 것보다 더 도움이 되고 규모가 있게 된 까닭을 설명한 내용도 있다. 우리 문자의 우수성을 세계 문자의 관점에서 설명한 것이다.

주시경은 이 글에서 말하고자 한 요지는 다음과 같다. 말하는 음대로 기록하는 우리 글은 배워서 쓰기 쉽고, 무슨 말을 무슨 표라고 기록하는 한자는 쓰기와 배우기가 어렵다. 세종이 문명 정치를 힘쓰시어 백성을 다 밝게 가르치고자 훈민정음을 만들고, 새로운 글자로 한문 책을 풀어 새긴 서적을 널리 펼쳤다. 우리의 큰 성인(세종)께서 만든 훈민정음은 글자 음이 음률에 합당하고 문리가 있어 어린 아이라도 하루 동안만 공부하면 알게 되고, 전국 인민들이 공연히 허비하는 때를 덜어 주고, 남녀노소 빈부귀천 없이 다 편히 쓸 수 있다. 사세가 이러함에도 불구하고 한자에 무슨 조화가 붙은 줄로 여겨 한문 공부를 떨치지 못하면, "우리 나라이 어둡고 약홈을 벗지 못ㅎ고 머지 아니ㅎ야 즈긔 죠샹들의게 젼ㅎ야 밧아 나려 오ㄴ 젼디와 가쟝과 즈긔의 신골과 자손들이 다 어느 나라 사름의 손에 드러가 밥이 될지 아지 아지 못ㅎㄹ 증거가 목하에 뵈이니 참 놀납고 익탄ㅎㄹ 곳이로다"라

---

16) 이 문장은 필자가 원문을 현대국어로 정리하여 다시 쓴 것이다.
17) 문자를 두 부류로 나눈 이 설명은 후일의 『국문연구』(1909)에서는 전자를 기음문자(記音文字), 후자를 기사문자(記事文字)라는 용어로 표현하였다.

고 탄식하였다. "지금 우리나라 흔시 동안은 남의 나라 하로 동안보다 더 요긴ᄒ고 위급ᄒ오니 (한자를 배우느라) 이러케 앗갑고 급흔 째를 허비 식히지 말고 (…중략…) 사름마다 졀머슬 째에 여가를 엇어 실샹 ᄉ업에 유익흔 학문을 익혀 각기 홀 ᄆ흔 즉업을 직혀셔 우리 나라 독립에 기동과 주초가 되어 (…중략…) 우리 나라의 부강흔 위엄과 문명흔 명예가 세계에 빗나게 ᄒ는 거시 뭇당ᄒ도다"라고 하였다. 길게 인용한 이 문장(띄어쓰기 및 괄호 안의 표기는 필자가 한 것)에 주시경이 국문을 연구하고 가르친 뜻이 오롯이 담겨 있다.

주시경은 「국문론」 말미에서 앞으로 해야 할 과제와 국문 사용상의 개선점을 제안하였는데 그 요지는 다음과 같다.

① 조선말로 문법책을 정밀하게 만들어서 남녀노소가 글을 볼 때 법식에 맞게 읽고, 문리와 경계를 밝게 짓도록 해야 한다.

② 국문으로 옥편을 만들어 각색 말의 글자들을 다 모으고 뜻을 자세히 풀고 음을 분명하게 표해 두어야 한다. 음이 높은 글자에 점 하나를 치고 음이 낮은 글자에는 점을 치지 않은[18] 옥편을 만들면 누구든지 글을 짓거나 책을 보다가 분명치 못한 곳이 있는 때 옥편만 펴고 보면 환하게 알게 된다.

③ 조선말을 한문으로, 한문을 조선말로, 영문을 조선말로, 조선말을 영문으로 번역할 때는 뜻의 큰 줄기[大體]만 가지고 번역해야지 만일 그 말 그대로 번역하려면 어려울 뿐더러 조선말을 잡치게 된다. 아무쪼록 사람들이 알아보기 쉽게 번역해야 한다.

---

18) 한자음의 고저 차이를 점으로 구별하는 이 방법은 지석영이 말한 것임을 다음과 같이 밝혀 놓았다. "(이 표ᄒ는 말은 독립협회 회보 첫지번으로 난 칙 지석영씨 국문론에 자셰히 낫더라)" (주시경 「국문론」, 1회차 글의 끝부분). 연구 윤리를 특히 중시하는 요즘의 세태로 보아도 주시경의 이 인용은 학술문의 인용법을 예시했다는 점에서 주목할 만한 사례이다. 앞에서 언급한 리봉운의 저작권 명시에 영향을 받은 것일 수도 있다.

④ 일홈된 말(명사)에 토씨가 붙을 때 소리나는 대로 적으면 문법으로는 대단히 실수하는 것이며, '먹으로'라고 적고 '머그로'라고 적지 말아야 한다. '소네'를 '손에'로, '바른'을 '발은'으로, '바블'을 '밥을'로, '부세'를 '붓에'로 적어 말의 경계를 옳게 찾아 써야 한다.

⑤ 글을 쓸 때는 왼편에서 시작하여 오른편으로 가며 쓰는 것이 편리하다. 오른편에서 시작하여 왼편으로 써 나갈 것 같으면 글씨 쓰는 손에 먹도 묻을 뿐더러 먼저 쓴 글이 손에 가리여 보이지 아니하니 글줄이 삐뚤어지기 쉽고, 먼저 쓴 글줄의 뜻을 생각해 가며 써내려 가기도 어렵다.

①은 국어 문법서의 필요성을 말한 것인데 그의 저서 『국어문전음학』(1908)과 『국어문법』(1910)으로 결실을 맺게 된다. ②는 국어 사전의 필요성을 말한 것인데, 『말모이』 편찬과 지석영의 『자전석요』와 『言文』 등으로 이어졌다. ③은 한문의 국문 번역뿐 아니라 당시에 서구 문명서의 번역이 크게 유행한 사실과 관련하여 번역의 기본에 대해 의견을 밝힌 것이다. ④는 체언 어간을 밝혀 적는 표기법을 제안한 것이다. 한글맞춤법의 역사적 전개에서 대단히 중요한 의견이 이 글에서 처음 제출되었다. ⑤는 영문 서적의 서법(書法)을 받아들여 왼쪽에서 시작하여 오른쪽 방향으로 나아가며 횡서로 쓰는 좌횡서법(左橫書法)을 제안한 것이다. 이 다섯 가지는 한글 사용의 역사에서 매우 중요한 의미를 가진다.

4) 주시경의 「국문연구」(1909)

이 책은 국문연구소 위원으로 참여했던 주시경이 1909년에 제출한 보고서이고, 주시경이 손수 쓴 필사본[19]이다. 권두의 '國文 淵源과 字體 發音의 沿革'(국문 연원과 자체 발음의 연혁)에서 천하에 두 종류의 문자가 있으니, 하

---

19) 이 책은 김민수 편 『주시경전서』(탑출판사, 1992) 제2권 485쪽부터 692쪽에 걸쳐 영인되어 있다. 원본은 동경대학의 오구라문고에 소장되어 있다.

나는 기음문자(記音文字)이고 다른 하나는 기사문자(記事文字)인바, 국문은 기음문자의 대표이고, 한자는 기사문자의 대표라고 하였다. 國文의 시초 연원은 國語에 있으며 말소리는 문자의 뿌리라고 하였다. 주시경은 기자(箕子)가 한자를 한반도에 가져왔고, 한자로 조선어를 표기한 향찰과 향가 그리고 설총의 등장에 따른 이두의 쓰임은 국한문 교용(交用)의 시작이라 하였으며, 이것이 훈민정음으로 이어지는 역사적 흐름을 설명하였다(제1장~제4장). 주시경의 이 글은 한반도에서 전개된 문자 사용의 역사를 '國文'으로 간략히 정리했다는 점에서 학술사적 가치가 높다.

주시경은 '字體 沿革'(제7장-제16장)에서 훈민정음과 용비어천가의 자체를 붓으로 정교하게 필사하여 비교하고, 이어서 정음의 오음자를 차례로 그 자체(字體)를 설명했다. '사성통고 자체'에서 치두음자와 정치음자 자형을 예시하고, 『사성통해』·『훈몽자회』·『삼운성휘』 등 여러 문헌의 자체를 길게 설명했다. 정인시 서문의 '象形而字倣古篆'(상형이자방고전)을 필두로 국문 자체를 전서(篆書)와 관련지은 이수광과 홍양호, 신경준과 권정선의 천지 방원(方圓) 음양설과 강위의 상형설 등을 언급했다. 자체에 대한 여러 학설을 설명한 뒤 국문은 기음문자(記音文字)이고, 말소리는 기파(氣波)의 흐름이니, "音은 形象이 無ᄒ니 形象이 무ᄒ 音을 形象이 有ᄒ 音으로 作ᄒ이 엇지 音을 象形ᄒ다 ᄒ리오"(15b)라고 비판하며 상형설을 부정했다.

'訓民正音의 發音'(제22장 이하)을 길게 논하였는데, 이 중에는 '美國人 게일 韓語文法'의 내용을 인용하여 설명한 것(33a), 중국 상해와 북경의 한자음을 비교하여 설명한 것(38a), 훈민정음과 용비어천가의 발음을 비교한 것(39a), 『사성통고』의 발음을 설명한 것(41a), 최세진의 「언문자모」를 인용하여 설명한 것(41b-43b), 『삼운성휘』의 발음을 설명한 것(47a-49a) 등 여러 문헌을 인용하여 국문 자모의 발음을 논하였다. 주시경은 운소에 대해 논하되 고저는 '振動 番數 多少의 別'이고, 장단은 '發聲 時間 長短의 差'(64a)라고 밝히고, 자음은 장단이 없고 모음만 장단을 가지는 점도 언급하였다.

이밖에도 'ㆁㆆㅿㅇㅁㅸㅃ 八字의 復用當否'(74a 이하), 'ㄱㄷㅂㅅㅈㅎ 刊書法 一定'(78a 이하), 'ㄷㅅ 二字 用法과 ㅈㅊㅋㅌㅍㅎ 六字의 終聲 通用 當否'(81a 이하)를 논하였다. 주시경은 종성에서 ㄷ과 ㅅ을 구별 표기하고, ㅈㅊ 등 6자도 모두 종성에 표기할 것(85b)을 주장했다. 종성을 8자로 쓴 것은 최세진이 "獨用의 法을 倡說ᄒ여 國文이 더욱 混亂"하게 된 것(85b)이라 하였다. '四聲票의 用否와 國語音 高低法'(94a-99a) 항을 두고 성운학 문헌과 최세진 등의 글을 인용하여 사성에 대해 길게 논하였다. 모음에는 고저, 장단, 광협(廣狹)이 있음을 말하고 이 중 狹長音과 廣長音음을 합하여 점 하나로 표하자고 제안했다(99a). 이하 '字母의 音讀 一定'(100a), '字順과 行順의 一定'(102a), '綴字法'(104a) 등에 대한 주시경의 견해가 서술되어 있다. 특히 '철자법' 항에서 훈민정음의 음절자 합자법에 이미 익숙해 있어서 이를 씀이 가하다고 하고서는, "자모자를 각각 橫書홈이 亦當ᄒ니"라고 하여 가로풀어쓰기를 제안하였다. 이렇게 쓰면 발음의 선후가 순서에 맞고 가르쳐 깨우치기(敎曉)가 또한 편하며 활자 인쇄[鑄刊]에도 지극히 요긴한 것이라고 그 장점을 말했다. "우리나라가 밝고 곱다"라는 문장을 가로풀어쓰기로 바꾸어, "ㅜㄹ ㄴㅏㄹㅏ ㄱㅏ ㅂㅏㄹㄱ ㄱㅗ ㄱㅗㅂ ㄷㅏ"로 적어 그 예를 제시하였다. 이것은 시안이고, 주시경의 『말의 소리』(1914)에서 가로풀어쓰기의 최종안이 제시되었다(이기문 1977 : 175).

위에서 요약한 주시경의 연구 결과 중 후대의 우리나라 문자생활에 크게 영향을 미친 것으로는 어간 밝혀 적기가 있다. 주시경의 연구는 그의 제자들이 계승하여 한글맞춤법통일안(1933)에 반영되었고, 가로풀어쓰기 안은 최현배의 『글자의 혁명』(1947)에서 종합되었다.

2.2. 대한제국기 이후 20세기의 연구 성과

대한제국이 멸망하고 이어서 전개된 일제강점기의 한글 연구는 조선어

학회를 중심으로 한글맞춤법 제정, 표준어 사정안 마련 등의 어문 규범 제
정과 조선어 사전 편찬사업에 집중되었다. 그러던 중 1940년 7월에 안동에
서 『훈민정음』 해례본이 출현하여 사회의 큰 관심을 끌었고, 이때부터 훈
민정음에 관한 연구는 새로운 전기를 맞이했다.

19세기 말기부터 오늘날 21세기 초기에 이르는 동안, 한글의 교육과 사
용, 한글 관련 정책 등에 관한 크고 작은 주제[20]가 여러 논저에서 다루어
졌다. 20세기의 연구 중에서 한글의 사용 및 보급과 관련된 주요 성과를
학자별로 나누어 요약하고, 여기에 나타난 주요 논점 몇 가지를 파악하여
연구사적 의미를 고찰해 본다. 끝으로 선행 연구 성과에 비추어 앞으로 나
아가야 할 연구 방향을 제안해 본다.

1) 이능화의 『조선불교통사』(朝鮮佛敎通史)(1918)에 수록된 「언문자법 원출범천」

한문으로 저술된 이능화의 『조선불교통사』(1918)는 한글 번역본 『역주
조선불교통사』(2010)[21]로 재탄생하였다. 이 책의 제5권에 「諺文字法 源出梵
天」(언문자법 원출범천, 이능화 1918 : 380-483)이란 제하에 언문의 창제, 기원,
발달 등 몇몇 주제와 관련 자료를 언급하고, 이에 대한 그의 평가가 기술
되어 있다.[22] 이 중에 언문 사용에 관련된 내용이 있다. 이능화는 조선의
상류층이 본국 방언을 비천히 여겨 내버려 두고, 한문을 숭상해 왔기에 모
든 백성들이 학습에 어려움을 겪었으며, 글을 읽을 수 있는 이는 상급 사
회에 속한 극소수에 불과하다고 했다. 이어서 다수 백성들이 모두 글을 알

---

20) 『동국정운』, 『홍무정운역훈』 등 규범적 한자음 정립을 위해 훈민정음을 이용한 것은
   훈민정음의 보급과 직접적 연관성을 갖지 않기 때문에 이 글의 연구 대상에서 제외하
   였다.
21) 색인 포함 전체 8책, 동국대학교 출판부에서 1918년의 한문본을 번역하였다. 「언문자
   법 원출범천」의 존재를 알려준 이현희 교수께 감사드린다.
22) 류화송(2003)이 이 글을 처음 언급했고, 이병근(2015)에서 자세한 국어학적 고찰이 이
   루어졌다.

지 못했으나 세종대왕이 비로소 언문을 창제하여 백성들의 일상생활을 편리하게 했음을 말하였다(이능화 1918 : 380). 이어서 조선왕조실록, 훈민정음 언해본, 최만리의 반대 상소문, 신숙주의 『홍무정운역훈』서문, 정인지의 『훈민정음』서문에서 취한 원문을 제시하고 이에 대한 의견을 서술했다.

'언문의 연원'에 대해서 이능화는 "단언하건대 이어(俚語, 최만리의 상소 아래 보인다), 속음(俗音, 신숙주의 서문 아래에 보인다), 몽고자 등은 언문을 만드는 기초가 되었고, 고전古篆, 범자梵字 등은 글자를 만드는 모형이 되었으며, 한문의 자모는 발음의 표준이 되었다."(이능화 1918 : 422)라고 하였다. 이는 훈민정음 창제에 작용한 다양한 요소를 지적한 것으로 훈민정음을 융합체로 인식한 그의 생각을 보여 준다.

제9절 '언자諺字의 연혁'에서 훈민정음을 이용한 운서 편찬, 경서언해 간행, 『박통사』와 『노걸대』의 번역, 영조 대의 『삼운통고』와 『화동정음통석 운고』, 『훈민정음도해』, 『삼운성휘』간행, 정조 대의 『규장전운』과 순조 대의 『언문지』(유희) 등의 한글 문헌 간행에 대해 약술하였다. 이능화는 유희의 『언문지』를 높이 평가하면서 주요 내용을 인용하였다(이능화 1918 : 454-455). 이 뒤에도 "상현은 말한다"(이능화의 본인의 생각을 진술하는 방식)라는 제하에 ㅸ의 변화, 장단음의 대립, 성점(聲點)의 변화, 주시경의 문법 연구, 'ㆍ'(아래아)자의 위상23) 등에 대한 자신의 생각을 전개하였다. 이 내용들은 본고에서 다루는 주제와 직접 연관된 것이 아니어서 간략히 언급하는 데 그친다.24)

---

23) 이능화(1918 : 467-468)는 "'ㆍ'는 언문 모음의 기점基點이며 또한 'ㅏ ㅓ ㅡ ㅜ'의 중간 음"이라고 하였으며, 'ㆍ'자를 없애면 아니된다고 주장했다.

24) 제9절의 말미(468-469쪽)에서 이능화는 『훈민정음』 예의와 유희의 생각에 의거한 것이라 하고, 언문 용법에 관한 주장 여섯 가지를 서술하였다. 여기에는 음장 표기 문자로 '-'(예 : 고-ㅁ, 熊), 사이시옷 표기 문자(聯音이라 칭함)로 ㅅ를 제안한 것, 초성 자모의 명칭을 정한 것, 언문 반절 행법(行法)을 정한 것 등이 포함되어 있다. 특히 세 번째 항에서 제안한 외국어음 표기 방식은 여러 언어에 능통했던 이능화의 생각을 보여 준다. 예컨대 'ㅿ'은 영어의 z음 표기, 'ㅸ'은 영어의 v음 표기, 퐁은 영어의 f음 표기,

2) 오구라 신페이(小倉進平)의 『朝鮮語學史』(조선어학사)(1920/19 64)

오구라 신페이의 『조선어학사』는 1920년에 초판본(총 391쪽), 1940년에 증보 개정판이 나왔고, 그의 사후에 제자 고노 로꾸로(河野六朗)가 주석을 달아서 1964년에 증정판(총 957쪽)이 간행되었다. 증정판은 고노의 주석이 붙고, 새로운 내용이 추가되어 그 분량이 두 배 이상 늘어났다.[25] 오구라의 『조선어학사』는 훈민정음의 사용과 보급에 초점을 두고 서술한 것은 아니지만 이와 유관한 내용이 몇 군데 기술되어 있다.

오구라 신페이(1964 : 8-9)는 『용재총화』, 『증보문헌비고』, 세종실록(28년), 중종실록(원년 9월조의 '革諺文廳' 기사) 등을 인용하여 언문청의 설치를 언급하고, 이 기관에서 언문 관련 사업을 했을 것으로 추정했다. 제10절 '문자' 항에서 언문 제정의 유래, 신제(新制) 한자, 최만리의 상소와 세종의 처결, 정음편과 정인지 서문 등에 관한 기록을 『증보문헌비고』와 세종실록을 인용하여 서술했다(小倉進平 1964 : 118-127). 제13절 '언해'에서는 언해 형식의 발생을 신라 설총이 방언으로 九經을 읽고 후생을 가르쳤다는 『삼국사기』의 기록에서 찾았다(小倉進平 1964 : 169). 그러나 진정한 의미의 언해는 세종 28년에 언문이 반포된 후 출현한 것으로 보았다.[26] 언문으로 주석한 책을 언해서라 하고 그 종류가 일일이 들어서 말하기에 너무 많다고 하면서, 편의상 "經子, 敎化, 政法, 歷史, 語學, 佛敎, 道敎, 兵學, 醫藥農蠶救荒, 歌謠文學小說, 서양인의 언문 번역서" 등 10여 항으로 나누었다(小倉進平 1964 : 175). 이어서 이 10개 부류 문헌에 대한 해설이 길게 전개되어 있다(小倉進平 1964 : 175-303). 여기에 진술된 내용은 대부분 개별 문헌을 간략히 해설한

'ㆍ'은 일본어의 ガ음 표기, 'ㅥ'은 일본어의 グ음 표기, 'ㅳ'은 영어의 dr음 표기에 이용할 것을 제안하였다. 그는 drink를 'ㄷㅇ릭'(ㄷㄹ ㅣ ㅇ ㅋ)으로 적고, stick를 'ㅰ'(ㅅㅌ ㅣ ㅋ)으로 표기할 것을 제안하였다. 이러한 그의 시도는 역학서에서 한글로 외국 어음을 표기한 방식을 근대적으로 변용한 것이라 할 수 있다.

25) 아래 내용은 증정판을 대상으로 서술한 것이다.

26) 오구라는 '언해'를 번역과 같은 뜻으로 넓게 썼다.

것이다. 언해서를 해설한 이 내용을 한글 사용 및 보급과 관련지어 볼 수 있으나 직접적으로 연결되는 것이 아니다. 오구라가 이런 문헌의 출판을 언문 보급과 직접 관련지어 명시적으로 기술한 것은 아니다.

3) 이윤재의 「한글 운동의 회고」(1933)

이윤재의 이 글은 1933년 10월 28일 한글날부터 나흘 동안에 걸쳐 동아일보 지상에 「한글 운동의 회고」라는 제목으로 발표된 것이다. 이 글에서 이윤재는 훈민정음의 역사적 전개 과정을 4개 단계의 시대로 구분했다.

① 정음 시대 (創定期) : 세종 28년에서 성종조까지의 50년간
② 언문 시대 (침체기) : 연산조로부터 고종 30년까지의 400년간
③ 국문 시대 (부흥기) : 갑오경장으로부터 경술까지의 17년간
④ 한글 시대 (整理期) : 주시경의 한글 운동으로부터 지금까지의 20여 년간

이윤재의 4단계 시대 구분은 한글의 사용과 보급이라는 관점과 연관성을 가진다. 최현배(1942/1976 : 340)는 이윤재의 이 설을 인용하면서 "우리글의 네 가지 이름에 따른 시대 구분으로 그 내용까지 나타내게 되니, 매우 재미있는 가름이다."라고 평했다. 13년 뒤에 나온 방종현(1946)도 이윤재의 4단계 설과 거의 같은 시대 구분을 한 바 있다(후술함).

4) 김윤경의 『조선문자급어학사』(朝鮮文字及語學史)(1938/1946/1954)

김윤경의 『조선문자급어학사』(朝鮮文字及語學史)[27]는 오구라의 위 책과 함께 초기 국어학사 연구의 중요 성과이다. 김석득(2010 : 5)에 따르면 이 책의 초판은 1938년 1월 25일, 재판은 1938년 1월 28일, 제3판은 1946년 9월 30일에 진단출판협회에서 각각 간행했고, 제4판은 1954년 12월 25일에 동국

---

27) 이 책은 김윤경이 당시의 잡지 『동광』에 게재했던 글을 확대 발전시킨 것이다. 이 점을 알려준 이현희 교수께 감사드린다.

문화사에서 『韓國文字及語學史』로 개칭되어 발행했다고 한다.28) 여기서는 제4판을 기준으로 한글의 사용과 보급에 관련된 내용을 간추리면 다음과 같다. 훈민정음 반포 이래의 변천을 설명한 내용 중에서 사용과 보급과 연관된 것은 세종의 훈민정음 실행 장려, 세조와 성종의 훈민정음 실행 장려, 연산군의 폭정 등에 관한 것이다. 세종이 신하들에게 내린 문서에 훈민정음을 사용한 것, 이전(吏典) 취재(取才) 시험에 훈민정음을 치르게 한 것, 『동국정운』 편찬과 『홍무정운』의 번역, 『석보상절』, 『월인천강지곡』 등 한글 문헌 간행 등을 한글 장려 정책의 하나로 다루었다. 이어서 세조가 과거 시험 과목에 훈민정음을 넣은 것,29) 『월인석보』 간행, 『원각경』, 『법화경』, 『능엄경』 등 불교 경전의 번역 사업을 한글 장려책의 하나로 서술하였다. 성종 대의 『두시언해』와 『명황계감』 등 한글 문헌 간행은 훈민정음 장려책이었으나 연산군 대의 언문 금압과 언문 사용자의 처벌이 훈민정음에 큰 피해를 초래하여 훈민정음이 '반절'로 추락하게 되었다. 그 결과 최세진의 『훈몽자회』 「범례」의 '俗所謂反切二十七字'에 나타나 있듯이 우리 문자의 이름이 '반절'로 격하되었다고 하였다.30)

김윤경은 그가 직접 목격했거나 관여했던 근현대기의 한글 보급 운동 및 관련 정책을 자세히 서술했다. 그는 한글 보급에 기여한 기독교의 공헌을 높이 평가하면서 선교사들이 편찬한 『한불자전』(1880), 『한영문법』(1889) 등을 예시하였다. 이어서 조선총독부에서 정한 보통학교용 조선언문철자법

---

28) 제3판은 본문이 851쪽이고, 정오표 및 권말 부록의 훈민정음 해례본 본문까지 모두 합치면 880쪽이다. 제4판은 그 분량이 1,015쪽으로 늘었다. 제4판에는 훈민정음 해례본의 사진과 번역, 외래어 표기법, 조선어학회 수난 사건, 큰사전 편찬과 중단, 해방 뒤의 한글 운동 등이 추가되었다(김석득 2010 : 5).

29) 이 점에 대해 김윤경은 "문과 시험은 요즈음의 고등문관 시험과 같은 것으로서, 여기에 훈민정음의 과목을 넣게 한 것은 당시의 형편으로서는 얼마나 정음을 존중히 보았는가 알겠습니다."(제3판 162쪽)라고 그 의미를 높이 평가했다.

30) 김윤경의 이런 해석이 오늘날 받아들여지는 것은 아니다. '반절'은 훈민정음이 가진 한자음 표기 기능에 초점을 둔 명칭이며, 최세진은 한어(漢語) 전문가로서 훈민정음의 한자음 표음 기능을 중시하여 '반절'이란 이름을 적극적으로 사용했던 것이다.

(1912, 1921)의 내용을 분석하고, 조선어학회의 한글맞춤법 통일안의 내용과 역사적 의미를 논했다(김윤경 1954 : 688-740).

5) 홍기문의 『정음발달사』(1946)

홍기문의 『정음발달사』는 상권 231쪽, 하권 238쪽의 2책으로 간행되었다. 하권 제5장 '실용의 제 정책'(홍기문 1946 : 89-124)에 훈민정음의 보급과 일부 관련된 내용이 기술되어 있다. 제5장 제1절에서 언문청과 정음청의 설치 기록과 그 실체를 논하였다. 세종실록 28년 11월에 태조실록을 궐내로 가져오게 하여 언문청에 두고 사적(事跡)을 고증하여 용비시(龍飛詩)를 첨입하게 한 사실, 세종실록 29년 7월 기록에 나오는 언문청 관련 기록, 『용재총화』 및 강희맹이 쓴 최항의 묘지(墓誌)에 "세종이 언문을 창제하고 궁궐 내에 局을 열었다"라는 기록을 인용하고 정음청에 관해 논하였다. 언문청과 집현전의 관계에 주목하고 "요컨대 언문청이란 집현전과 같은 관아는 아니다. 오즉 집현전의 職啣을 가진 일부의 사람을 중심 삼아 一廳을 구성한 것에 지나지 않는다."(홍기문 1946 : 92)라고 하였다. 서거정의 『필원잡기』에 나온 "언문청이란 것도 그 分局의 하나인 증거다."라는 문장을 인용하고, "하여튼 언문청이 집현전을 중심 삼아서 별개로 開局한 것임에만은 틀림이 없다. 정음청도 필시 세종 말년 문종 초년에 있어 그러한 개국 중의 하나였을 것"(홍기문 1946 : 95)이라고 주장했다.(이 문제는 후술함)

제5장 제1절 '실용의 제 정책'(홍기문 1946 : 89-95)에서는 언문청과 정음청에 대한 기록 자료를 검토하면서 두 기관의 정체를 상당히 깊이 논하였다. 제5장 제2절에서는 『훈민정음』, 『용비어천가』, 『석보상절』, 『월인천강지곡』, 『동국정운』 등의 현전하는 서적과 현전하지 않는 서적에 대해 논하였다.

제4부는 '일상사용의 실제'라는 제하에 일상생활에서 훈민정음을 사용한 양상을 논하였다(홍기문 1946 : 120-123), 이 내용이 훈민정음의 사용과 보급에 관한 직접적 기술에 해당한다. 홍기문이 서술한 내용을 왕대별로 요

약하면 다음과 같다.

세종 대에 최만리 등이 낸 상소문에 이서들에게 언문을 강습한 사실, 왕이 대간의 죄를 언문서로 써서 의정부, 승정원 등 각신(閣臣)에게 보게 한 사실, 기타 실록 기사에 나온 언서 관련 기록 등을 훈민정음의 실용 사례로 논하였다. 이어서 함길도 자제의 이과(吏科) 시험을 치를 때 다른 과목에 앞서 훈민정음을 먼저 시험하게 한 기록을 인용하고, 이것이 갖는 의미를 논하였다. 단종 원년에 있었던 궁녀의 언문서 사건(수강궁 시녀가 혜빈에게 언서를 보낸 사실)을 언급하였고, 세조 원년 4월의 기사 내용(역관 양성 및 사역원의 한어 학습)을 다루면서 이것이 훈민정음 학습과 관련된 것임을 암시했다. 성종 대의 윤씨 폐비 사건과 관련하여 언서가 오고 간 사실도 다루었다. 홍기문의 이러한 연구는 역사적 사실에 근거하여 훈민정음의 사용과 보급을 기술했다는 점에서 한결음 더 나아간 성과이다.[31]

6) 정인승의 「훈민정음의 연혁」(1946)

정인승의 이 글은 한글학회의 『한글』 98호(334-337쪽)에 수록된 것이다. 이 글의 끝에 "-한글 오백 주년 기념식에서의 훈민정음 연혁 보고 요지-"라고 기록된 것으로 보아 한글날 기념행사 식순의 하나로 훈민정음 연혁 보고가 있었고, 이것을 정인승이 발표했음을 알 수 있다.[32] 이 글은 '정음 창제의 동기', '제작의 경로', '반포 이후의 변천'이란 세 부분으로 구성되어 있다. 이 중 '반포 이후의 변천'에 한글 사용과 보급에 관련된 내용이 기술되어 있다. 정인승은 반포 이후의 오백 년을 ① 최초의 오십 년, ② 중간의 사백 년, ③ 최근의 오십 년이란 세 단계로 나누었다. 처음 오십 년은

---

31) 홍기문의 『정음발달사』(1946)는 해례본의 발견(1940)으로 고조된 훈민정음 연구를 대표하는 최고의 학술서이다. 광복 직후에 이 책이 간행된 사실은 1940년부터 계속된 암흑기 기간에 홍기문이 훈민정음 연구에 몰두했음을 암시한다.

32) 정인승의 글은 연구 논문 형식을 띤 것은 아니지만 한글 사용의 변천에 대한 초기 연구자의 관점을 보여 주므로 이 글의 기술 대상에 포함시켰다.

출발기로서 세종이 문신들과 수양대군을 시켜 한글로『용비어천가』를 짓게 하고,『동국정운』,『홍무정운』,『사성통고』의 한자음을 번역하고, 불경 언해 사업을 한 시기라고 하였다. 또 관문서에 한글을 쓰게 하고 이서 선발 시험에 훈민정음 과목을 부과하여 "새 글의 실용 보급"에 힘쓴 시기라고 하였다. "이어서 문종, 단종, 세조, 예종, 성종조에 이르기까지 한글의 걸음은 매우 활기 있었"다고 하였다. "그러다가 연산조 때 애매한 소박을 만난 뒤부터는 사백 년의 오랜 동안 유리 포박을 계속하는 침체기가 되었다."라고 했다. 연산군이 한글을 배우거나 쓰는 사람을 모두 엄벌하고 한글로 쓴 서적은 모두 불살라 버리라는 법령을 내림으로써 이 때 이후로 한글은 세상에 나타나지 못하고, 겨우 민간의 골방 속에서나 또는 깊은 산중의 절간 같은 데서 그 미미한 잔명을 보존했을 뿐이라고 하였다.

그러나 이 사백 년 동안에 한글의 잔약한 생명의 유지에 조금씩 힘이 된 것으로『훈몽자회』, 칠서 언해, 신경준의『훈민정음운해』, 유희의『언문지』같은 중요한 책이 있었고, 시조나 소설 따위의 문학 저술과 몇몇 번역 서적들이 드문드문 나와서 한글이 명맥을 유지하는 데 도움이 되었다고 하였다. 최근의 오십 년 동안은 한글이 새로운 정신과 새로운 면목으로 새 길을 개척하여 바른 궤도에 올라서게 된 부흥기의 한 계단이라 하였다.

갑오경장 이후 순 한문에서 국한문으로 또는 순 국문으로 문서가 변하였고, 이 속에서『서유견문』과『대한문전』을 지은 유길준의 공적, 주시경의 한글 연구, 1921년 12월 3일에 조선어학회의 조직과 활동(맞춤법, 사전 편찬, 한글지 발행, 표준어 모음 간행) 등을 나열하고, 해방을 맞이하는 동시에 우리말과 우리글이 "욱일승천 형세"로 발전하고 있다고 보았다.

정인승의 이 글은 짧은 보고서 형식이기는 하지만 훈민정음 창제 이후 1946년 당시까지 전개된 한글의 사용과 보급에 대한 큰 줄기를 세웠다는 점에서 연구사적 가치가 있다. 정인승이 세운 세 단계의 연구사적 의미를 강조하기 위해 위의 설명 내용을 표에 담아 정리하면 다음과 같다.

〔표 4〕 정인승이 세운 정음 반포 이후의 시기 구분

내용 \ 구분	출발기	침체기	부흥기
시기	정음 반포 후 최초 50년(세종의 반포부터 성종 조까지)	인종부터 갑오개혁에 이르는 400년	갑오개혁 이후 최근(1946)의 50년
주요 사업	용비어천가 등 한글 문헌 편찬, 관리선발 시험에 언문 부과	연산군의 언문 금압, 훈몽자회, 언문지, 시조, 소설로 명맥 유지	국문 공문서, 서유견문, 대한문전, 조선어학회의 활동

7) 방종현의 「훈민정음사략」(1946) 및 『훈민정음통사』(1948)

방종현(1946)은 훈민정음의 역사를 크게 4기로 나누어 훈민정음 시대, 언문 시대, 국문 시대, 한글 시대로 설정했다.

① 훈민정음 시대 : 세종 25년에서 연산조까지의 50년간.
② 언문 시대 : 최세진의 『훈몽자회』(1527)부터 고종 30년(1893)까지의 약 300년간.
 −전기 : 중종 때부터 선조조 임진왜란까지.
 −후기 : 임진왜란 이후부터 고종 30년까지.
③ 국문 시대 : 1894년 갑오개혁부터 융희 4년(1910)까지의 15−16년간.
④ 한글 시대 : 융희 4년 이후부터 해방(1945)까지 35년간.

방종현의 이 시대 구분은 앞서 본 이윤재(1933)의 시대 구분 명칭과 동일하며, 그 기간에서 미세한 차이가 있을 뿐이다.[33] 이러한 시대 구분 명칭들은 한글의 보급과 관련되어 있다.

이숭녕(1958 : 17)은 이러한 시대 구분을 "현하 유행되는 국어학사에서 '정음 시대, 언문 시대, 국문 시대, 한글 시대'니 하는 그릇된 시대 구분에서

---

33) 이윤재의 '정음 시대'가 방종현에서 '훈민정음 시대'로 바뀌었고, 각 시대의 기간에 약간씩 차이가 있는 점이 서로 다르다. 특히 방종현은 언문 시대를 전기와 후기로 나누어 이윤재와의 차별성을 보여 준다.

특히 '정음' 대 '언문'으로 민족적 자각을 측정하는 듯한 태도는 전연 사실과 배치되는 조작"이라고 비판하였다. 이 비판은 '정음'과 '언문'의 사용 시기가 서로 겹치는 데 근거를 둔 것이어서 그 나름의 일리가 있다. 그러나 이윤재와 방종현의 시대 구분은 문자 명칭을 기준으로 한글 사용의 역사를 간명하게 보여 준다는 점에서 학술적 가치와 실용적 가치를 겸유한다.

방종현(1948)은 훈민정음 이전 시대(제1편), 훈민정음의 저작(제2편), 훈민정음 이후 시대(제3편)로 나누어 우리나라 문자 사용의 전체적 흐름을 개관하였다. 제3편은 시대 구분의 네 시기를 서술하면서, 각 시대의 통설을 앞에 두고, 각 시대에 산출된 한글 문헌과 학술적 연구서에 대해 논하였다. 제3장은 '국문 시대와 한글 시대'를 다루면서 갑오개혁 이후를 '국문의 중흥기'라 하였으며, 국문 시대의 역사적 의미를 특히 높이 평가했다. 이 시대는 "국문에 대한 관심이 개인으로부터 국가에까지 통해서 깊었던 때는 훈민정음 창제 이후에 처음일 것이다."(방종현 1948 : 201)라고 하여 한글 보급의 획기적 전기가 이 시기였음을 말하였다. 관보, 신문, 만국지리지, 유년필독, 국민소학독본 등 교과서류와 공문서에까지 비로소 국한문 혼용이 실행됨으로써 "300여 년간 이를테면 안방에 갇히었던 이 우리 문자가 새로 사랑으로 나가게 된 셈이고 새로 사람 축에 끼어서 미약하나마 그 권리를 행사해 보게 된 형편이다."(방종현 1948 : 202)라고 하며 한글 사용의 큰 변화를 이 시기에서 찾았다. 방종현의 이 연구는 한글의 사용과 보급과 연관된 시대 구분을 설정하고 각 시대의 특성을 기술했다는 점에서 진일보한 성과이다.

8) 최현배의 『한글갈』(1942/1961/1976 등)

최현배의 『한글갈』은 1942년에 초판본이 나오고, 1961년에 고친판으로 증보되었다. 그 후 1976년 판이 나오는 등 여러 번 중판되었다.[34] 여기서

---

34) 『한글갈』의 내용 구성과 학문적 가치 등에 대한 연구는 김석득(1985), 권재일(1994), 임용기(2000)를 참고할 수 있다.

는 1976년 정음사판 『고친 한글갈』을 대상으로 한글의 사용과 보급에 대한 내용을 간추렸다. 최현배(1976 : 53-55)는 시대 구분의 관점에서 한글 발전의 역사를 다음과 같이 6개 시기로 나누었다.

① 한글 창제 시기 : 세종 원년(1419)에서 세조 말년
② 한글 정착 시기 : 성종 원년(1470)에서 임진왜란 전(1591)까지, 한 120
   년 동안(16세기)
③ 한글 변동 시기 : 임진왜란(1592)에서 경종 말년(1724)까지 한 130년
   동안(17세기)
④ 한글 간편화 시기 : 영조 원년(1725)에서 고종 갑오경장 전(1893)까지
   한 170년 동안(18, 19세기)
⑤ 한글 각성 시기 : 고종 갑오경장(1894)에서 8 · 15해방 전(1944)까지 50
   년 동안(20세기 전반)
⑥ 한글 대성(大成) 시기 : 8 · 15해방(1945)에서 무궁한 미래까지

이 여섯 단계의 시기 구분은 한글의 발전 확대 과정을 '창제, 정착, 변동, 간편화, 각성, 대성'이란 틀로 간명하게 요약한 것이다. 이어서 '두째 가름' 이하에서 여섯 시기를 각각 별도의 '목'으로 나누어 각 시기에 이루어진 주요 사건, 한글 문헌의 간행[35]과 연구 등에 대해 서술하였다. 첫째의 한글 창제 시기에는 '세종대왕의 용의주도한 보급책'이란 제하에 문학적 방면에 『용비어천가』, 『석보상절』, 『월인천강지곡』의 간행, 정치적 방면, 경제적 방면의 업적을 다루었다. 둘째의 한글 정착 시기에는 연산군의 악정에 따른 한글의 수난, 중종과 명종 시대에 이루어진 한글 가사 애송을 다루었다. 셋째의 한글 변동 시기에는 선조와 숙종 연간에 이루어진 한글 문학의 발흥과 한글의 평민화를 다루면서 시조 및 소설 문학의 발전을 한글 발전과 연관 지어 보았다. 넷째의 한글 간편화 시기에서는 영조와 정조 시대에 조

---

35) 이호권(1993)은 『한글갈』에서 이루어진 한글 문헌 연구를 쉽게 해설하였다.

선의 문학적 융성과 한글의 발전, 학예 발전과 문예 전성 등을 다루었다. 순조 이후 갑오개혁까지는 한글 발전이 가라앉은 침장기(沈藏期)로 보았다. 다섯째의 한글 각성 시기에는 갑오개혁 이후 한글이 부흥했으나 일제의 조선 강점으로 나라가 망하여 한글이 화란을 입었으나 주시경 등의 한글 연구와 한글 교육, 신소설과 잡지의 성행, 삼일 독립운동 이후 전개된 조선어학회의 활동, 신문사 등에서 전개한 한글 보급 운동, 한글 순회 강습회, 문필가의 활동 등으로 인해 한글에 대한 새로운 각성이 일어났음을 논하였다. 여섯째의 한글 대성 시기에는 해방과 함께 전개된 한글학회의 활동, 신문사를 중심으로 한 사회 각 방면의 한글 운동과 교육 등이 활발하게 전개되어 한글 발전이 대성기에 접어들었다고 보았다. 이 여섯 시기 중에서 다섯째 한글 각성 시기의 한글 부흥을 특별히 논하면서『서유견문』(유길준)의 국한문 혼용이 가진 의미를 강조하였다. 유길준이 칠서언해의 법을 본받아 쉬운 우리말로 저술한 뜻을 높이 평가하였다.

최현배(1976)의 연구는 한글 발전의 역사를 보다 구체적으로 기술하고 발전시켰다. 이 책의 '두재 조각'에서 각 시기별로 언해서의 출판과 그 내용을 설명하였는데, 이것은 한글 사용의 발전을 기술했다는 점에서 연구사적 가치가 높다.

9) 이근수의『朝鮮朝의 語文政策』(1979) 및『훈민정음 신연구』(1995)

이근수(1979)의『조선조의 어문정책연구』및 이근수(1995)의『훈민정음 신연구』제2부에서는 훈민정음의 창제 경위와 그 정책을 논하였다. 사용과 보급에 초점을 맞추어 이근수의 연구 내용을 요약하면 다음과 같다.

이근수는 유창균이 연구한 파스파 문자와 훈민정음의 관계를 인용하면서 "팔사파 문자의 언어 구조 및 그 어문정책이 그대로 모방된 것은 아니겠지만 문자의 구성 원리와 운용 면, 창제와 반포 사이에 있어서 운서의 편찬, 반포 후의 일련의 어문 정책 등을 비교해 볼 때, 훈민정음의 창제와 그 어문정책에 적지 않게 반영된 것으로 본다."(이근수 1995 : 192)라고 하였다. 훈민정음 보급 정책을 제도적인 측면에서 고찰하면서 이서(吏胥) 수십 인에게 훈민정음을 가르친 사실, 이서 인재 등용에서 훈민정음을 과시(課試)한 사실을 지적하였다(이근수 1995 : 193). 세종 시절에 선발한 인재 30인을 사역원에 소속시켜 한음(漢音), 언문(諺文), 홍무정운(洪武正韻)36)을 강습토록 한 일(세조 2년 4월 기록)과, 언해서 등의 도서 인반(印頒)을 통해 훈민정음을 널리 보급한 사실을 논하였다.

세종이 창제 직후 대간들에게 언서를 내려 꾸짖은 일, 성종 3년 9월에 무본절용(務本節用) 교서를 언문으로 번역하여 내린 일 등을 설명했다. 백성들을 대상으로 공지(公知)한 언문 사용에 대해 논하면서, 임진왜란 중인 선조 25년 황해도에 내린 언문 교서, 선조 29년에도 유성룡 등에게 명하여 백성들에게 내린 언서 방문 등을 언급하였다. 숙종 15년 4월에 승정원에 언지(諺旨)를 내린 일, 영조 4년 3월에 교서를 언문으로 번역하여 여러 지방에 내려 인민을 효유한 일을 거론하며 훈민정음의 정치적 사용에 대해 논하였다. "조선조 전대를 통해서 훈민정음이 일시적으로 탄압을 받거나 침체된 때도 있었지만, 그래도 꾸준히 생명을 이어온 것은 훈민정음의 대중성과 실용성에 바탕을 둔, 국민 교화를 위한 어문정책의 덕분이라."(이근수 1995 : 204)라고 요약하였다.

10) 안병희의 「훈민정음 사용에 관한 역사적 연구—창제로부터 19세기까지」 (1985b)37)

안병희(1985b)38)는 '훈민정음 사용'을 논제에 명시한 최초의 논문이다. 한

---

36) 이근수의 글에는 『동국정운』이라 했으나 실록 기사를 확인해 보니 『홍무정운』으로 되어 있어서 바로 잡았다.
37) 이 논문은 안병희(1992) 및 안병희(2007)에 재수록되었다.
38) 이 논문의 주요 내용은 안병희(2000)에 요약되어 있다.

글 학습의 방법에 대한 검토, 한글 사용과 관련된 법규, 한글 사용의 실제
와 보급을 본론으로 삼아서 한글의 사용과 보급 문제를 본격적으로 연구하
고, 기록과 자료를 근거로 주요 사실을 밝혔다. 안병희는 한글 학습에 관한
최초 기록을 최만리 등의 언문 반대 상소문(1444)에서 찾았으며, "지금 여러
사람의 의견을 널리 듣지 아니하고 갑자기 이배 10여 인으로 하여금 언문
을 익히게 했다."(今不博探群議 驟令吏輩十餘人訓習)라는 기록을 그 증거로 들었
다. 이때 사용한 학습 교재는 '세종 어제' 부분(=예의)일 것으로 추정했다.
그 후에 사용된 한글 학습 교재로 「훈민정음언해」, 「언문자모」(『훈몽자회』
소재), 안심사판 중간 『진언집』(眞言集 1560)에 수록된 「언본」(諺本), 이것을 그
대로 복각한 신흥사판 『진언집』(1658), 『비밀교집』(秘密敎集 1784) 권두에 실
린 「언반절」(諺反切)에 대해 설명하였다. 안심사판 『진언집』의 「언본」을 약
간 수정한 만연사(萬淵寺) 중간본 『진언집』(1777)의 「언본」은 『삼운성휘』(三韻
聲彙)의 '諺字初中聲之圖'의 영향을 받은 것임을 밝혔다. 언문 학습 자료의
흐름 속에서 가장 중요한 역할을 한 것은 『훈몽자회』의 「언문자모」이며,
이 「언문자모」는 세종 대까지 소급될 수 있다고 보았다. 『훈몽자회』의 「언
문자모」는 개화기의 한글 학습에 사용된 언문 반절표까지 이어진다고 하
였다.

안병희(1985b)는 한글 사용과 관련된 법규를 『경국대전』, 『수교집록』(受敎
輯錄 1675 숙종 1), '언문'을 '국문'이라 칭하고, 공문서에 쓰도록 법률화한 고
종의 「公文式」(공문식) 칙령 제14조 등을 검토하고 그 내용을 자세히 논했
다. 한글의 보급에 관련된 주요 사실이 안병희의 이 논문에서 밝혀졌다. 15
세기까지 한글 문헌은 서울에서만 간행되었고, 지방판 한글 문헌은 1500년
가야산 봉서사에서 간경도감판을 복각한 『목우자수심결』이 가장 이른 것
이며, 원간본으로서 지방에서 간행된 최초의 한글 문헌은 김안국이 간행한
『이륜행실도』, 『여씨향약언해』임을 밝혔다. 연산군의 언문 금압 사건 등을
언급하며 "서울에서의 한글 보급이 16세기에 들어설 때에도 미미한 것임을

짐작하게 하는 것"이지만 "16세기 후반에 이르러서는 한글이 시골에 이르기까지 광범하게 보급되었을 것으로 보인다."라고 추정했다. 안병희의 이 연구는 지금까지 자세히 드러나지 않았던 한글의 보급과 한글 학습 자료에 대한 주요 사실을 밝혀낸 것으로 높이 평가받아 마땅하다.

2.3. 21세기에 이루어진 연구

11) 백두현의 「조선시대의 한글 보급과 실용에 관한 연구」(2001) 및 「한글을 중심으로 본 조선시대 사람들의 문자생활」(2007)

백두현(2001)은 한글 보급의 세부 과정과 실제 생활에서의 사용 양상을 밝힌 논문이다. 세종대왕이 한글 창제 후 이서(吏胥) 10여 명에게 새 문자를 익히도록 한 사실, 이서 선발 시험에 훈민정음을 부과한 것, 세종이 대간들을 꾸짖으면서 한글 문서를 내려 읽도록 한 사실, 동궁(훗날의 문종)을 가르치는 서연(書筵) 강의에 '언문'을 포함시킨 사실, 세조 6년(1460)에 문과 초장 시험에 훈민정음을 강설토록 한 사실, 성균관의 강경(講經) 시험에 훈민정음을 부과한 사실 등을 예거하면서 훈민정음 창제 초기에 이루어진 국가적 차원의 한글 교육에 대해 논하였다.

이어서 「현풍곽씨언간」에 나타난 사연을 통해 민간에서 아이들에게 한글 교육을 행한 실제 사례를 제시했다. 17세기 초기에 경상도 현풍에 거주한 양반 남성(=곽주)이 아이들 한글 교육에 관심을 갖고, 장모(벽진 이씨)와 아내(진주 하씨)에게 아들딸의 한글 교육을 당부한 사연을 들어 아이들 한글 교육에 여성이 중요 역할을 한 것으로 보았다.

한글의 보급은 15세기 중엽의 궁중에서 시작한 여러 사실을 논하였다. 양녕대군이 문종에게 언간을 보낸 일, 궁녀들의 언간 작성, 대비나 왕비가 언서(諺書)를 통해 국정에 관여한 사실, 연산군 대의 익명 언문서 사건, 승려 신미가 예종에게 언간을 보내어 강경(講經) 시험 보류를 청한 사실, 1485년 종로의 시전(市廛) 상인들이 점포 이전을 반대하며 언문 투서를 한 사건 등을 논하고, 이런 사실을 근거로 반포 직후의 훈민정음 사용은 주로 궁중 및 궁과 가까운 인물들이 사용했던 것으로 보았다.

한글이 지방 사회에 널리 알려지게 된 계기는 성종 3년(1472)에 무본절용을 권장하는 포고문을 언문으로 써서 전국에 반포한 사실에서 찾았다. 16세기에 간행된 김안국의 언해본(교화서, 농서, 의서)과 지방 사찰의 언해 불교서 등의 한글 문헌 사례를 통해 16세기 초기에 한글의 지역적 확산이 이루어진 것으로 보았다. 그리하여 16세기 초에 지방 사회에 한글 보급이 활발해지기 시작하여 16세기 중엽 이후에는 한글을 쓰고 읽을 수 있는 사람이 전국적으로 확대되었으며, 16세기 중엽경에는 지방 사회에 한글 보급이 상당한 수준으로 진행되었다고 판단하였다.

백두현(2001)은 한글 사용의 사회 계층적 확산에 처음으로 주목한 논문이다. 궁중의 궁인, 양반가의 남성과 여성, 중인층, 상인층, 승려, 노복과 재인(才人) 등의 하층민과 관련된 언간과 한글 고문서의 사례를 통해 한글의 사회 계층적 확산에 대해 논하였다. 한글이 실제 생활에서 사용된 사례를 백성 통치를 위한 한글 문서, 개인의 실생활에 쓰인 한글 문서 등의 주요 사례를 검토하여 한글 실용의 양상을 기술하였다. 그러나 문학작품(한글 소설, 가사, 시조 등)이 한글의 보급과 확산에 미친 영향은 다루지 않았다. 이에 관련된 자료가 워낙 방대하고 더 깊이 연구해야 할 점이 많기 때문이다.

백두현(2007b)은 한글을 중심으로 조선시대의 문자생활을 다룬 논문39)이다. 이 논문의 2.3절에서는 한글 창제 이후부터 1990년대에 이르는 장기간 동안 한글을 통한 문자생활이 어떻게 전개되었는지 그 개요를 기술하였다. 낱장으로 판매된 방각본 한글 음절표의 출현, 『언간독』의 여러 이본이 간

---

39) 이 논문을 대폭 확장하여 새로 쓴 것이 본서 제1부의 제1장이다.

행된 사실, 방각본 언문 소설의 유행 등을 근거로, 19세기 후기에 한글 사용 인구가 늘어난 것으로 판단하였다. 1894년 갑오개혁과 함께 한글은 국문으로 승격되어 법률적으로 국가 문자의 지위를 획득하였으나 진정한 의미의 문자생활의 민주화는 1894년 이후에 계속 진행되었고, 광복 이후 대한민국 정부가 수립되어 민주주의 정치 체제가 확립되었고, 이때부터 국가 주도의 한글 교육 정책이 전면적으로 시행되었다. 한글 문해자의 급격한 증가는 이 시기에 이루어진 것이다. 대중 매체에서 한자가 사라진 1990년 후반 이후에 성취된 것으로 보았다. 이러한 커다란 흐름 속에서 한글의 확산에 기여한 주요 매체는 실용의 생활문(연간, 음식조리서 등), 문학서(고소설, 가사 등), 종교서, 신문, 신교육 교과서 등이라고 하였다. 이 논문의 말미에서 한글 보급에 기여한『훈몽자회』의「언문자모」,『진언집』과『일용작법』등에 수록된「언본」, 상업적 판매용으로 유포된 낱장의 한글 음절표(=반절표)의 출현과 이들이 갖는 교육적 의미를 논하였다. 한글 음절표를 실제로 활용하여 한글을 배운 어린이가『논어언해』(17세기 목판본)의 이면지에 음절자 행렬을 연습 삼아 써 놓은 실제 사례를 소개하기도 했다.

12) 시정곤의「훈민정음의 보급과 교육에 대하여」(2007)

시정곤(2007)은 조선 사회에서 훈민정음이 어떤 과정으로 일반 백성에게 교육되고 보급되었는지를 다루었다. 양반층은 가정에서 훈민정음을 교육하였고, 여성의 경우 훈민정음을 의사소통 수단으로 이용하였음을 지적하였다. 조선시대의 제도적인 교육기관인 향교와 서당을 통해 훈민정음 교육이 확대된 것으로 보았다. 상업적 출판문화의 등장, 특히 한글 소설의 방각본 유통과 세책(貰冊) 방식이 한글 보급에 영향을 끼쳤다고 보았다. 또한 서학과 동학의 교리서가 한글로 간행된 것도 한글 보급에 기여한 것이라 했다. 향교와 서당에서 한글을 가르쳤다고 본 것은 천자문 등 초학서 학습에서 한자의 훈을 한글로 익혔을 것이라는 짐작에 근거하고 있다. 그러나 향교와 서당에서 언문 교육을 시행했음을 증명하는 명시적 기록은 발견되지 않았다. 유학의 기본서인 사서를 배울 때 언해본을 교재로 사용했을 터이나 이에 대한 명시적 증거를 더 찾을 필요가 있다.[40]

13) 이호권의 「조선시대 한글 문헌 간행의 시기별 경향과 특징」(2008)

이호권(2008)은 한글 문헌의 간행을 시기별로 검토하여 그 개요와 특성을 연구하였다. 한글 보급에 초점을 둔 연구는 아니지만 이와 관련된 주요 사항을 포함하여 논하였다. 제1기(요람기 : 훈민정음 창제 1443~세조 1469)에는 새 문자가 창제되어 이를 해설한 해례본과 한글본 불교서가 다수 간행되었으며, 제1기의 한글 문헌(간경도감판 등)이 후대의 지방 사찰에서 복각되어 한글 보급에 일정한 역할을 담당한 것으로 보았다(이호권 2008 : 92). 제2기(성장기 : 성종 1470~임진왜란 직전 1592)에는 『진언집』(안심사판 1569)에 실린 「諺本」이 한글 보급에 영향을 미쳤고(이호권 2008 : 94), 『훈몽자회』(1527)의 「언문자모」가 한글 학습에서 갖는 의의를 논하였다. 16세기 말기의 유교 경전 언해가 한문 사용 양반층의 한글 학습 확산에 일정한 역할을 한 것으로 보았다(96쪽). 제3기(변동기 : 임진왜란 발발 1592~영조 이전 1724)에 간행된 역학서, 교화서, 의학서, 유교 경전 등의 한글본 등은 "한글이 한문처럼 公的인 영역은 아니지만 문자생활에서 제 나름대로 부동의 역할과 위치를 차지하게 되었음을 말해 주는 것"(이호권 2008 : 103)이라 하였다. 제4기(융성기 : 영조 1725~정조 1800)는 한글 문헌이 가장 많이 간행된 시기로서 한글 사용층이 두터워졌다고 보았다(이호권 2008 : 108). 제5기(변혁기 : 순조~갑오경장)는 방각본과 서양 종교서의 출현으로 민간이 주도하는 한글 문헌 대중화의 서막을 열었고, 역사의 전면에 나설 준비를 한 시기라고 하였다(이호권 2008 : 111).

---

40) 후술할 정순우(2012)의 연구를 참고하여 이와 같이 판단하였다.

14) 김슬옹의 『조선시대의 훈민정음 발달사』(2012)

김슬옹(2012)은 훈민정음의 사용과 보급 문제를 가장 광범위하게 다룬 연구이다. 이 책은 조선왕조실록 기록을 바탕으로 지배층의 훈민정음 사용을 연구한 김슬옹(2005)을 확대 발전시킨 것이다. 그는 한글 문헌의 부류를 설정하고, 언어 정책과 한글 보급의 관점에서 각 부류의 문헌이 가진 의미를 논하였다. 불교, 유교, 문학, 한글편지, 실용서, 기독교를 통한 훈민정음의 발달 과정을 각 부류의 한글 문헌을 중심으로 3장부터 8장까지 서술하였다. 이어서 훈민정음 교육을 직접 교육과 간접 교육으로 나누어 9장과 10장에서 각각 논하였다.

김슬옹(2012 : 124-127).는 세종 대 한글 불교 문헌 간행을 새 문자의 효용성을 입증하기 위한 실용 전략의 하나로 간주하고, 이 책들이 정음(한글) 교육서 역할을 한 것이라고 보았다. 『삼강행실도』를 중심으로 유교 관련 한글 문헌을 훈민정음 보급 발전 맥락에서 논하면서(김슬옹 2012 : 141-161), 이 문헌들은 훈민정음을 보급하는 강력한 계기를 마련해 주었으며, "지식으로서 권력과 문자(한자)에 갇혀 있던 것이 언문과 언해 책으로 인해 소외 계층까지 소통할 수 있는 길이 열린 것"(김슬옹 2012 : 196-198)이라고 그 의미를 해석했다. 유교 언해서 발간은 언문의 공공성과 공용성을 공적으로 강화시킨 것이라고 하였다(김슬옹 2012 : 206).

김슬옹(2012)의 제5장은 문학을 통한 훈민정음을 본격적으로 논한 내용이다. 그는 시가 문학이 훈민정음 보급에 미친 영향을 논하면서, 『용비어천가』의 사례를 들어 이 책을 "당시로서는 파격적인 550부나 신하들에게 나눠 줌으로써 새 문자 보급에 필요한 실질적인 정책을 수행했다."(김슬옹 2012 : 249)라고 하였다. 시조는 주류 양반들이 언문 생활에 참여하는 장치가 되었으며(이황, 이이, 이현보, 윤선도 등), 기녀들의 언문 사용도 시조를 통해서 이루어졌음을 지적하였다. 한글 산문 문학의 중요 작품인 『설공찬전』, 『홍길동전』, 김만중의 한글 산문 작품 등에 대한 기존 연구 성과를 활용하여 한글 문학이 한글 사용의 확산에 기여한 점을 논하였다.

한글 보급에 크게 기여한『훈몽자회』,『천자문』 등은 비교적 자세히 논했다. 여러 가지 문헌을 검토한 후 김슬옹(2012 : 279-280)은 훈민정음이 얼마나 보급되었는지는 정확히 알 수 없지만, 지방의 양반가 부녀자들과 지방의 서당이나 향교를 중심으로 15세기 후반에 훈민정음이 지방에까지 보급되었다고 하였다. 김슬옹은 안병희 선생이 추정한 16세기보다 더 당겨서 15세기 말쯤에 지방에 훈민정음이 보급되었다고 본 것이다.

김슬옹(2012 : 616-618)은 훈민정음이 널리 확산될 수 있었던 동력을 이 문자의 과학성과 우수성, 한문을 대체하지 않는 비주류적 성격, 문학과 교육의 힘, 종교의 역할, 실용 한글서(한글 편지, 음식조리서 등)에서 찾았다. 이러한 동력에 의해 이루어진 훈민정음의 확산 단계를 다음 아홉 단계로 설정하였다. 1단계 훈민정음 창제, 2단계 악장과 같은 시가 문학을 통한 보급, 3단계 불교 중심의 보급, 4단계 국가 이념(성리학)과 유교 교육을 통한 보급, 5단계 생활서(의학언해서 등)를 통한 보급, 6단계 문학의 힘으로 지배층과 피지배층을 넘나든 자생적 한글 발전, 7단계 지배층과 피지배층 사이의 소통을 통한 보급(언문 교서와 윤음언해), 8단계 생활 분야의 자생적 실용서(음식디미방, 규합총서 등)를 통한 한글의 실용화, 9단계 기독교 한글 성경의 발간. 이러한 여러 단계를 거치면서 한글의 보급과 확산이 이루어졌다고 보았다(김슬옹 2012 : 618-621).

15) 박창원의『한국의 문자 한글』(2014)

박창원(2014 : 75-115)은 이 책의 제3장에서 '한글의 보급과 확산' 문제를 다루었다. 세종과 세조 초기에 과거 시험에 훈민정음을 시험하도록 한 일, 조선 중기 이후 가사 문학 융성, 한글 소설의 유행, 윤음언해 등을 중심으로 한글이 보급됨으로써 한글은 그 위치를 공고히 하고 서민들의 일상생활에 뿌리를 내렸다고 보았다. 이어서 한글 문헌의 제작(『석보상절』 등), 과거 시험과 한글의 확산, 궁중에서의 한글 사용, 임금의 업무와 관련된 일(세종의 한글 교서), 궁내 소통 수단으로서의 한글을 소주제로 삼아 한글 사용 양상과 보급의 실상을 간략히 해설하였다. '연산군의 폭정과 한글 탄압'에 대한 사항은 사실 자체를 중심으로 기술하였다. 한문 교육과 한글 보급을 다루면서 『훈몽자회』, 『천자문』을 배우는 학동들이 한글도 익혔다고 보았다. 칠서언해의 완성과 한글 보급을 관련지어 기술하면서 "사서삼경은 조선시대 관리가 되기 위한 문과 시험 필수과목이었기 때문에, 문과 시험을 치르는 사대부가 모두 한글을 익혔음을 의미한다."(박창원 2014 : 91)라고 해석하였다. 박창원은 시조집 편찬과 한글 소설의 등장도 한글 보급에 기여한 것으로 보았다. '일상으로의 확산'이란 제하에 교훈서 간행(『어제상훈언해』, 『어제백행원』), 임금과 백성의 대화(『윤음』 반포), 삼강오륜과 한글(행실도 문헌의 영향), 여성 교육과 한글(『내훈』, 『음식디미방』, 『규합총서』)에 대해 해당 문헌을 예시하면서 간략히 해설하였다.

제4장(어문생활의 개혁과 위기)의 '조선말의 시대적 상황' 절에서 천주교가 한글 보급에 기여했음을 말하였다(박창원 2014 : 124-126). '동학의 창립' 절에서는 1894년 갑오 동학농민운동이 일어난 후 1905년에 천도교로 개칭하였고, 보성학교와 동덕학교를 운영하여 이 학교에서 조선어를 가르쳐 한글 보급에 앞장섰다고 하였다. 특히 동학의 포교 대상이 농민층을 포함한 서민층이었고, 『용담유사』와 같은 한글 가사가 포교서로 간행되어 한글이 서민들의 삶 속으로 깊이 파고든 것이라고 하였다(박창원 2014 : 126-129).

박창원(2014)은 한글 전반을 쉽게 해설한 책으로 이 책의 영문 번역본도 함께 출간되어 한글의 역사에 대한 보다 깊은 지식을 외국인들에게 전파할 수 있게 되었다.

16) 정주리·시정곤의 『조선언문실록』(2011)

정주리·시정곤(2011)은 조선왕조실록을 중심으로 훈민정음의 사용과 관련된 역사적 사건을 흥미롭게 해설한 책이다. 학술 연구서 체제를 갖춘 것은 아니지만 훈민정음 사용의 역사를 이해하는 데 유용한 책이다. 제1장에서 제4장까지 임금, 사대부, 여성, 백성을 중심으로 일어난 사건들을 서술하고, 제5장에서 '국문'의 탄생을 다루었다.

3. 훈민정음의 보급과 교육에 관련된 주요 논점

이상에서 훈민정음의 보급과 교육에 관한 주요 논저의 연구 성과를 학자별로 검토해 보았다. 이 작업을 통해 여러 학자들의 논저에 나타난 몇 가지 논점을 파악할 수 있다. 제2장에서 파악된 주요 연구 성과와 이들에 나타난 주요 논점을 잡아서 그 의미를 논한다. 선행 연구에서 다루어진 주요 논점에 대한 고찰은 앞으로의 연구 방향 모색을 위한 기초가 될 수 있다. 논점별 정리는 훈민정음의 보급 시기 문제, 한글 문헌과 한글 보급의 관련성 문제, 훈민정음 학습 교재, 훈민정음 교육의 주체라는 네 가지로 나누어 서술한다.

1) 훈민정음의 보급 시기 문제

훈민정음이 창제된 이후에 새 문자가 서울 지역에는 언제쯤 확산되었고, 지방에까지 확산된 시기를 언제로 볼 것인지, 몇몇 학자들이 이 문제를 논구해 왔다. 안병희(1985b, 4장)에서 이 문제가 본격적으로 연구되었다. 연산군 시절에 한글 익명서 사건이 발발하자 그 범인을 찾기 위해 서울 도성 안의 한글 해독자를 잡아들여 필적을 대조한 사실(연산군 10년 1504년 7월)은 한글이 널리 보급되었다면 있을 수 없는 일이라 하고, 이는 서울에서의 한글 보급이 16세기에 들어설 때에도 미미하였음을 짐작케 한다고 보았다(안병희 1985b : 818).

최세진이 『훈몽자회』(1527) 「범례」에서, 「언문자모」를 책 머리에 수록한 목적을, "변방 시골 사람들이 언문을 모르는 사람이 많아서 먼저 언문을 배우도록 하기 위함"이라고 밝혀 놓았다. 안병희는 이를 근거로 16세기의 20년대에는 지방 사회에 한글 보급이 광범위하게 이루어진 것이 아니라고 보았고, 16세기 후반에 이르러 한글이 시골에 이르기까지 광범하게 보급되었을 것으로 추정했다. 이렇게 추정한 근거로는 반포 후 1세기에 걸쳐 여러 방면의 한글 문헌이 간행 보급된 사실, 한자 입문서인 천자문과 경서 언해서가[41] 많이 읽혔을 것, 가사와 소설 문학의 진전, 「순천김씨언간」 등 16세기 후기의 언간 사례를 들었다(안병희 1985b : 819). 안병희 선생의 이 판단은 객관적 사실을 근거로 한 것이어서 이론(異論)의 여지가 없다.

백두현(2001)은 훈민정음 반포 후에 궁중의 왕실 사람들과 궁녀, 그리고 도성의 상인 등이 이 문자를 활용한 사례를 지적하고 궁중과 도성의 한글 보급에 대해 설명했다. 지방 사회에 한글의 존재를 널리 알린 계기는 1472년(성종 3)에 내린 한글 포고문[務本節用 傳旨][42]으로 보았다. 한자 초학자를 위해 16세기 초기부터 간행된 『훈몽자회』 등의 자서(字書)와 『이륜행실도』 등의 풍속교화서, 한글 의서, 지방 사찰에서 간행한 한글 불교서(『목우자수심결』, 『은중경언해』)를 통해 16세기 초기부터 지방 사회에 한글 보급이 활발해지기 시작했을 것이라고 추정했다. 그런데 1468년에 합천에 살던 김종직의 처가 서울에서 벼슬살이하는 남편에게 보낸 편지는 이두문으로 작성된 사

---

41) 율곡의 사서언해가 1576년에 이루어졌으나 간행되지 못하였고, 1590년경에 사서언해의 초간본이 출판된 사실로 볼 때, 사서언해서의 영향은 17세기 이후에 이루어진 것으로 봄이 적절하다.
42) 이 점은 안병희(1985a, 1985b) 등 선행 연구에서 언급되었다.

실을 들어, 1460년대까지는 지방의 양반가 부녀자들도 한글을 몰랐다고 보았다. 이로부터 100년이 지난 1555년과 1580년대 간에 나온 「순천김씨언간」, 1570년경에 작성된 정철 家의 언간, 1576년에 안민학이 부인 곽씨의 죽음을 슬퍼하며 쓴 애도문, 1586년에 원이엄마가 부군 이응태의 죽음을 슬퍼하면서 쓴 언간 등은 16세기 중엽에 사대부 가문의 부녀자들에게 한글이 널리 활용되었음을 입증하는 자료로 간주했다. 이러한 사실을 근거로 16세기 중엽경의 양반층에게 한글이 널리 보급되었다고 판단하였다. 이 연구는 안병희(1985b)의 성과를 더 자세히 심화시킨 것이며, 한글 보급의 시기 판단에 있어서 서로 차이가 없다.

백두현(2001)은 특히 한글 사용의 계층적 확대 과정(평민 이하로의 확산)에 주목하여 몇 가지 사실을 밝혔다. 일반 평민 혹은 하층민에게 한글이 보급되었음을 알려주는 자료로 「현풍곽씨언간」의 주인공 곽주가 노복에게 내린 배지, 해남윤씨 고문서 중 장무(掌務) '니튱신'이 1665년에 쓴 한글 송기(送記)와 노복에게 내린 한글 배지 3매, 은진송씨가의 송규렴(宋奎濂 1630~1709)이 그의 노복 '긔튝이'에게 내린 한글 편지, 『재조번방지』[43]에서 하층민 재인(才人)이 주춧돌에 언문을 쓴 일 등을 근거로 하층민 계층의 일부는 한글 문해자였다고 보았다. 1704년 경상도 예천에서 일반 대중을 독자층으로 한 포교서 『염불보권문』이 간행되었고, 이 책이 다른 여러 지방 사찰에서 중간된 사실을 근거로 18세기 초기에는 '소수'(아마도 극소수)의 시골 평민과 하층민들에게 한글이 보급된 것으로 추정하였다. 19세기 후기에는 『증보언간독』의 간행과 언문 소설을 비롯한 한글 필사본의 유행, 방각본 유포 등을 통해 한글 보급이 상당히 확대되었던 것으로 보았다.

백두현(2015a)은 한글 편지가 왕을 비롯한 왕실 사람들, 궁내의 하급 궁녀, 양반 사대부가 남녀, 중인, 승려, 수신자가 노비인 것 등 가장 다양한

---

43) 『재조번방지』는 임진왜란 당시의 이야기를 담은 책이며 1649년에 신경(申炅 1613~1653)이 저술하였고, 현전하는 한글 필사본은 1759년의 것이다(백두현 1992).

계층에서 소통된 매체였음을 자료 예시를 통해 밝혔다.

시정곤(2007)은 서당 교육의 확대로 평민 계층은 물론 천민 계층의 자제[44]까지 서당에 다니게 되었다는 점을 고려하여 조선 후기로 갈수록 한글이 일반 백성들에게 더 많이 보급되었다고 보았다. 한글 소설의 확대 보급, 강담사의 등장, 세책과 방각본의 유통, 서학과 동학의 교리서 간행 등을 통해 한글 보급이 활발하게 진행된 것으로 보았다.

김슬옹(2012 : 279-280)은 "실제로 훈민정음이 얼마나 보급되었는지는 정확히 알 수 없지만 지방 거주 양반들과 양반 집안의 부녀자들, 각 지방의 서당이나 향교를 중심으로 훈민정음이 15세기 후반에 지방에까지 보급되었을 것"이라 추정하고, 한글의 지방 보급 시기를 안병희 선생이 추정한 16세기보다 빠른 15세기 말쯤으로 더 올려 잡을 수 있다고 보았다.

학자에 따라 약간의 의견 차이가 있지만, 15세기 후기의 경우 한글 보급은 서울과 도성 안에서조차 광범위하게 이루어진 것이 아니라고 봄이 온당하고, 지방 사회의 양반층에 훈민정음이 널리 확산된 것은 16세기 후기에 이루어진 것으로 봄이 타당하다. 한글 사용과 그 보급은 주로 양반 계층 중심으로 진행되었고, 평민 이하의 하층민에로의 확산은 극소수에 국한되었을 것이다. 한글 보급은 19세기 즈음에 세책가를 통해 전개된 한글 필사본 소설의 유행과 방각본 간행 등을 통해 상당한 수준으로 확대되었다고 보는 점도 별 이견이 없다.

그러나 이러한 연구에도 불구하고 한글 사용의 확산과 보급 시기에 대한 정보는 밝혀지지 않은 것이 더 많다. 보급 시기에 관한 대체적 윤곽선을 몇 개 그려냈을 뿐이다. 이 윤곽선에 해당하는 기록들을 정리하면 대체로 다음과 같다.

---

44) 정순우(2012 : 263)에서 유학 남시병이 역속(驛屬)의 자제를 가르친 사실을 언급한 바 있다. 이 경우는 유랑 양반 지식인이 하층민의 집에 머물면서 그 자제들을 가르친 것에 해당한다. 하층민 자제들이 서당에 출입했다는 확실한 증거는 아니다.

① 훈민정음 반포 이후 한양 도성 내외에서 훈민정음 사용을 기록한 조선왕조실록의 여러 기사들, 예컨대 세종이 신하들에게 내린 언문서, 궁궐 내의 궁녀들이 쓴 한글 편지, 대비를 포함한 비빈들이 쓴 언문서, 시전의 상인들이 대신을 비방하는 글을 언문으로 쓴 사건 등이 15세기 후기에 진행된 훈민정음 확산의 윤곽선을 보여 주는 대표적 기록이다.

② 한글이 지방 사회에 널리 알려진 계기는 성종이 내린 「務本節用」(무본절용) 언문 교서이다. 임진왜란 중에 선조가 내린 한글 유서(諭書)도 하층민을 주 대상으로 한 문서라는 점에서 같은 의미를 가진다.

③ 연산군 대의 언문 금압 사건에 관한 조선왕조실록의 기록은 도성 내의 제한적 언문 보급 상황을 암시하는 자료이다.[45] 언문을 안다는 이유로 잡혀 들어가 조사당한 사람들의 이름 표기를 통해 해당자의 신분을 추정하여 하층민의 언문 이해 여부를 일부나마 짐작할 수 있다.

④ 16세기 초기의 지방 사회의 언문 보급 상태에 대한 가장 좋은 정보는 『훈몽자회』 「범례」에 나온 최세진의 증언이다. 변방의 시골 사람(邊鄙下邑之人) 중에 언문을 모르는 사람이 많으므로 그들로 하여금 언문을 먼저 배우게 하고자 「언문자모」를 실었다[46]는 최세진의 말은 16세기 초의 시골 변방에 언문이 보급되지 않은 상황을 증언한 것이다.

⑤ 16세기 후기의 양반 가문에서 작성된 「순천김씨언간」, 정철 가 언간, 이응태 묘 출토 언간(=원이 엄마 편지) 등의 언간 자료들은 이 시기에 양반층 다수에게 한글 확산이 이루어졌음을 알려 주는 결정적 증거이다.

⑥ 18세기 이후에 확산된 고소설 등의 한글 문학 작품과 각종 한글 필사본은 한글 보급에 큰 영향을 미쳤다.

⑦ 19세기 후기에 한글 편지 작성법을 예시한 방각본 『언간독』의 여러 이판본이 간행되었다. 특히 낱장의 한글 음절표가 목판에 인쇄되어 널리

---

45) 이런 점에서 이 사건을 보다 정밀하게 분석할 필요가 있다.
46) 凡在邊鄙下邑之人 必多不解諺文 故今乃幷著諺文字母 使之先學諺文 (훈몽자회 범례)

유포된 것은 하층민에게 한글이 크게 확산되어 가는 계기로 볼 수 있다. 19
세기 후기에 한글 음절표가 장터에서 팔려나간 사실은 한글 확산의 대중화
를 보여 주는 중요 지표이다.

⑧ 서당의 증가와 서당 교육의 계층적 확장이 한글의 확산에 영향을 미
쳤을 것으로 보지만 이를 증명할 확실한 증거의 확보가 필요하다.

이와 같은 윤곽선을 이용하여 앞으로 한글 확산 과정의 세부도를 정밀
하게 그려낼 수 있을 것이다. 그러나 한글 교육에 관련된 문헌의 제약 때
문에 한글 보급의 세부를 묘사하는 것은 쉽지 않은 점이 있다. 한글 문해
자 증가에 대한 역사적 관점의 연구가 필요하다. 이와 관련하여 필자가 궁
리하고 있는 새로운 연구 방법은 조선시대의 신분 변화와 인구 추이에 대
한 역사학계의 연구 성과를 이용하는 것이다. 필자는 일제강점기 및 미군
정기의 한글 문해율 통계를 이용하고 이 수치를 조선시대에 역시적(逆時的)
으로 적용해 보는 방법을 모색하고 있다.[47]

2) 한글 문헌과 한글 보급의 관련성 문제

언해본을 포함한 한글 문헌의 간행과 유포는 한글의 사용과 보급에 큰
영향을 미쳤다. 선행 연구에서도 이 점에 착안하여 한글 문헌의 산출과 한
글의 보급을 서로 관련지어 논한 경우가 많다. 오구라 신페이(小倉進平)는
『조선어학사』(朝鮮語學史) 제13절(175-303쪽)에서 다수의 언해서를 해설했으
나 이 언해서들을 한글의 보급과 명시적으로 연관지어 기술하지는 않았다.
최현배(1976 : 57-89)는 한글 문헌의 간행을 한글의 보급과 적극적으로 관련
지어 연구했다. 그는 이 책에 "두째 가름 한글 쓰기의 번짐(한글 사용의 발
전)"이라는 장을 두고, 첫째 목 한글 창제 시기에서 『용비어천가』, 『석보상
절』 등 문학 방면 한글 서적에 대해 서술했다(최현배 1976 : 57-64). 둘째 목

---

47) 이 연구의 결과를 수년 내에 발표할 예정이다.

한글 정착 시기에서는 중종·명종 연간의 한글 가사의 성행, 이황과 이현보의 시조, 송순의 「면앙정가」, 율곡 이이의 「고산구곡가」, 정철의 「관동별곡」·「사미인곡」·단가, 차천로의 「강촌별곡」 등을 예거하면서 한글 보급에 미친 문학 작품의 영향을 논하였다. 셋째 목 한글 변동 시기에서는 선조부터 숙종 연간에 이루어진 평민 문학의 발흥을 다루면서 시조와 소설이 한글 보급에 미친 영향을 설명했다. 넷째 목 한글 간편화 시기에서는 영조 정조 시대의 조선 문학의 전성에 대하여 논하면서 『청구영언』, 『해동가요』, 『고금가곡』, 『동가선』, 「일동장유가」 등의 시조집과 가사가 한글 보급에 미친 영향을 논하였다. 다섯째 목 한글 각성 시기에서는 한글 부흥의 선구자로 유길준의 『서유견문』을 들고, 유길준이 제시한 국한문체 사용 이유 다섯 가지를 인용하였다.[48] 고종 32년에 고종이 내린 국문 칙령은 당시 내부대신이었던 유길준의 힘씀에 말미암은 바임을 특별히 언급하였다(최현배 1976 : 85). 이 시기에 문예 방면에서 한글의 배양에 힘쓴 이는 신소설 작가들이라 하고, 이인직·조일제·이해조 등의 작품을 예거하였다. 최현배는 특히 춘원 이광수의 기여를 높이 평가하였는바, "한국 사람으로서 서양 사람이 말하는 의미의 소설을 짓기 비롯한 이도 춘원이요, 우리말 우리글로도 우리의 사상 감정을 쉽게 아름답게 표현할 수 있다는 것을 가르쳐 준 이도 춘원이다. 문예 운동을 통하여 우리말, 우리글의 배양과 연마에 끼친 춘원의 공적은 잊을 수 없는 것이라 하겠다."(최현배 1976 : 89)라고 하며 이광수의 업적을 높이 평했다.

강신항(1987/2003 : 346-347)은 "훈민정음이 강력한 유신들의 반대 속에서

---

48) 유길준이 제시한 다섯 가지 이유는 다음과 같다. 1) 견문의 내용을 민중들에게 전파하려면 문체가 평이해야 한다. 2) 나의 한문 지식으로 만방의 기이한 견문을 다 표현하기 어렵다. 3) 칠서언해의 법을 본받아 쉬운 말로 밝게 드러낸다. 4) 한자를 모두 버리지 못함이 유감이다. 한자를 섞어 씀은 오늘의 사정에 맞게 하기 위함이다. 5) 순 한문을 쓰지 않고 국한문으로 쓰는 것에 대한 판단은 후인들에게 맡긴다.(최현배 1976 : 83-84)

창제된 후 운서와 결부되고 불경과 결부되었다는 것은 어느 모로 보면 훈민정음의 정상적인 발달을 위해서는 불행한 일이었다."라고 하고, "훈민정음의 창제와 더불어 한문 보급에 널리 이용되고 계속 한적이 번역되었던들 그 발달은 훨씬 더 활발하였으리라."라고 짐작하였다. 강신항의 이러한 생각은 세종 세조 연간에 유교 서적보다 불교 서적 중심의 출판 사업이 한글 보급에 부정적 영향을 미쳤다고 본 것이다.

강신항의 관점에서 보면, 선조 대에 이루어진 사서언해의 간행이 양반 지식층에게 한글 보급을 확대시킨 요인이라 말할 수 있다. 그러나 사서언해의 간행이 빨리 이루어지지 못한 까닭은 따로 있다. 세종 당대부터 사서언해를 시작했지만 이 작업의 진행은 지지부진하게 진행되다가 선조 대(1590년경)에 완성을 보았다.[49] 사서의 언해 작업이 지지부진했던 까닭은 사서 원문의 현토와 그 번역에 대한 연구가 미진했기 때문이다. 불교 경전에 대한 현토와 주석은 고려시대 구결 자료에서 보듯이 많이 축적되었던 것이나, 宋의 주자가 구성한 사서에 대한 연구는 그렇지 못하였다.

이호권(2008)은 한글 문헌의 흐름을 서술하고 이것이 한글의 보급 혹은 발전에서 갖는 의미를 논했으며, 이를 통해 한글의 보급과 발달 과정을 간략히 언급했다.

앞의 2.2절에서 말했듯이 한글 문헌과 한글 보급을 관련지어 가장 광범위하게 다룬 연구는 김슬옹(2012)이다. 김슬옹은 불교서, 유교서, 문학서, 한글 편지, 실용서, 기독교서 등을 두루 다루면서 이 문헌들이 한글 사용의 발전에 기여한 바를 논했다. 김슬옹(2012 : 271)은 특히 "양반 사대부, 지배층들에게 철저한 비주류 문자였던 훈민정음이 그들이 철저하게 비주류로 본 소설 양식과 결합하여 결국 광범위한 발전의 축이나 장이 된 것은 문학의 힘이었고 시대의 역설이었다."라고 하여 한글 보급에 미친 고소설의 영향

---

49) 사서언해의 번역과 간행 과정은 백두현(2009 : 4-5)에 간략하게 요약되어 있다.

을 강조하였다.

박창원(2014 : 180-219)은 제13장 '한글 사용의 확산'에서 『윤음언해』, 『청구영언』 등의 시조집, 각종 한글 가사, 한글 소설, 언간과 음식조리서, 악보, 행실도 서적, 여성 교육서, 의학서 등을 통한 한글 확산의 흐름을 요약하였다.

다양한 내용을 담은 한글 문헌의 간본과 필사본들이 한글 사용과 보급에 영향을 미쳤음은 분명한 사실이지만 대부분의 선행 연구들은 큰 흐름을 개괄적으로 그리는 데 그치고 있다. 한글 문헌이 한글 보급에 미친 영향 문제는 더 깊이 연구되어야 한다. 앞으로의 보다 깊은 연구를 위해 한글 문헌 산출의 주체와 그 변화를 밝혀내고, 한글 문헌 생산의 시대적 추이를 계량적으로 분석하여 그 결과를 역사적 관점에서 해석하는 작업이 필요하다.

3) 훈민정음 학습 교재

조선시대 사람들이 훈민정음 혹은 언문을 배울 때 사용한 교재가 무엇이었을까? 안병희(1985b)는 '한글의 학습과 반절표'란 소절을 두고 이 문제를 논하였다. 안병희 선생이 훈민정음 창제 초기의 언문 학습에 대해 밝힌 내용을 요약하면 다음과 같다.

> 한글 학습에 대한 최초 기록은 최만리 등의 언문 반대 상소문에 "여러 의논을 널리 듣지 않고 갑자기 吏輩 10여 인에게 한글을 배우도록 했다."라는 것이다. 이때는 해례본이 간행되기 이전이므로 해례본이 아닌 다른 자료로 가르쳤을 터이다. 해례본의 본문에 해당하는 세종 어제 부분(예의)은 이미 완성되어 있었을 가능성이 있으므로 이것으로 가르쳤을 가능성이 있다. 최만리 등의 상소문에 '二十七字諺文'이라고 한 것에 근거하여, 이때 사용된 한글 교재가 "훈몽자회 범례의 언문자모와 같다고 한다면, 이 언문자모로 가르쳤는지도 모르는 일이다."(안병희 1985b : 797).

해례본 간행 이후에는 해례본이 언문 학습에 이용되었을 수 있으나 해례
본은 입문자용 교재는 아니다. 해례본보다 해례본의 어제 부분(예의)가 새
문자의 예시와 그 운용에 대한 설명을 망라하고 있어서 이 내용으로 한글
을 완전히 학습할 수 있다. 그러나 예의에서 자모의 음가를 동국정운 한자
음으로 설명한 것이 특히 어려웠을 것이다. 입문자에게는 자모와 그 결합에
의한 음절 표기 합자에 대한 간단한 지식을 줌이 한글 학습에 바람직하다.
이러한 수요에 따라 나타난 것이『훈몽자회』범례 끝에 실린「언문자모」이
다. "그러나, 자모의 분류와 같은「언문자모」의 골격은 최세진 이전에 이미
이루어진 것50)으로 믿어진다."(안병희 1985b : 799).

「언문자모」는 그 후에 나온 언본과 한글 음절표(=반절표)로 계승되어 한
글 학습의 실질적 원천 자료가 되었다. 언본과 한글 음절표의 내용과 형식
에 대한 역사적 변천 역시 안병희 선생이 주요 사항을 밝혔고 이것이 정설
화되어 학계에 통용되고 있다.

강창석(2012 : 25)은 훈민정음 창제 기사(1443.9)에 나오는 '약게예의'(略揭例
義)라는 문구를 근거로 창제 직후에 이배들에게 사용된 교재는 세종이 작
성한 '약게예의'의 내용이라고 추정했다. 강창석(2014)은 이 생각을 더욱 진
전시킨 논문으로 훈민정음 창제 직후부터 세종이 만든 학습 교재가 있을
것이라는 견해를 내놓았다. 세종이 만든 최초의 언문 교재가 바로「諺文字
母」일 가능성을 제시하고, 그 나름대로의 논리를 전개하여 이를 뒷받침하
였다. 강창석(2014)은 안병희(1985b) 및 이동림(1974)의 생각을 적절히 취사
수용하여 세종이 언문 학습서「언문자모」를 직접 작성한 것으로 보았다.
강창석의 견해는 언문 학습 자료에 대한 안병희의 추정에서 더 나아간 것

---

50) 안병희는 그 증거로 다음 몇 가지를 들고 그 의미를 논하였다. 최세진의「언문자모」에
'初聲終聲通用八字'라고 한 것은 해례본의 '終聲八字可足用'이란 종성해에서 비롯된 것이
다. 성현(成俔 1439~1504)의『용재총화』(慵齊叢話)에 '初終聲八字', '初聲八字', '中聲十一
字'(용재총화 권 7,11a)라는 분류가 이미 나타나 있다. 이런 사실로 보아 최세진의 역할
은 기존의 언문자모에 약간의 주석을 붙인 것이라 할 수 있다. 예컨대 초성 ㆁ의 俗用
에 대한 언급은 최세진이 붙인 것으로 보인다(안병희 1985b : 799).

이다.

강창석의 이러한 주장에 대체로 공감하지만 재고할 점도 있다. 강창석 (2014 : 49-50)은 「언문자모」를 세종이 지은 최초의 해설서로 볼 때, 『훈민정음』 해례본은 그에 대한 수정본 혹은 증보판에 해당한다고 했다. 그러나 세종이 만든 정음 학습자료의 존재를 인정하더라도 그 이름은 「언문자모」가 아니라 「예의」 혹은 「약게예의」로 칭함이 적절하다. 이렇게 보는 근거는 정인지 서문에 "계해년 겨울에 우리 전하께옵서 정음 28자를 창제하시고 예의를 간략히 지어 보이셨다"라고 한 사실에 있다.[51] 이 번역문의 원문에는 '略揭例義以示之'라고 표현되었고, 세종이 간략히 써서 보였다고 한 그것이 바로 '例義'이다.

훈민정음 창제 기사(1443.12)와 언문 반대 상소의 제출(1444.2) 사이에 놓인 시차로 볼 때, 최만리 등은 세종이 보인 '略揭例義'의 내용을 알고 난 후에 언문 반대 상소문을 냈음이 분명하다. 이 상소문에는 언문이 27자[52]로 되어 있고(二十七字諺文), 음을 쓰고 글자를 합하는 것이 모두 옛것에 어긋남(用音合字 盡反於古)을 말한 내용이 나타나 있다. 이런 내용은 최만리 등이 '약게예의'의 내용을 알고 있었음을 뜻한다. '略揭例義'의 '例義'가 궁궐 내외에 유통되면서 이서 시험 응시자와 궁중 내의 여성들의 훈민정음 학습에 이용되었고, 훗날 최세진의 「언문자모」에 수용되었던 것으로 짐작된다.

그러나 세종이 '약게예의'한 그 「예의」가 『훈몽자회』의 「언문자모」와 거의 같은 주장에는 선뜻 동의하기 어렵다. 이 주장은 논거를 확보하기 어렵다. 설령 세종이 만든 그 「예의」를 「언문자모」라고 칭하더라도 이 「언문자모」와 해례본이 서로 수정 혹은 증보의 관계를 가진 것이라는 강창석의 생

51) 癸亥冬 我 殿下創制正音二十八字, 略揭例義以示之 <正音解例27b_4-5>
52) 그런데 이 '약게예의'에서는 당시의 우리말 표기에 쓰이지 않은 ㆆ자를 뺀 듯하다. 그래서 최만리가 상소문에서 27자라고 말했고, 최세진도 「언문자모」에서 27자라고 말했던 것으로 판단한다.

각에는 비약이 있어서 납득되지 않는 점이 있다. 필자는 내용의 질과 양의 측면에서 해례본과 「언문자모」는 성격이 크게 다른 문헌이라고 본다.

최세진의 『훈몽자회』 「범례」를 기준으로 볼 때, 세종의 「약게예의」는 보통 서적 크기의 지면으로 1장(=2면)을 넘지 않은 간략한 정음 학습 자료였을 것이다. 이에 비해 『훈민정음』 해례본에는 이 문자의 창제 원리와 학문적 배경이 한문으로 자세히 서술되어 있고, 그 분량도 33장이 넘는다. 세종이 만든 「약게예의」는 정음자들의 자형과 그 음가를 예시한 것이고, 『훈민정음』 해례본은 제자 원리 해설서이다. 전자는 새 문자의 자형과 음가를 보인 간략한 내용이고, 후자는 양반 지식인층에게 훈민정음 제자 원리를 납득시키려는 설명서이다. 만약 세종이 작성한 「약게예의」를 「언문자모」와 비슷하거나 같은 것이라고 가정한다면, 여기에는 『훈몽자회』 범례에 실린 「언문자모」의 몇 가지 내용(자모 명칭, 초성자, 중성자, 종성자, 자모 결합 방식)이 포함되었을 것이다. 그러나 이것은 추정에 그치는 것일 뿐이다.

한글 학습 자료를 집중적으로 다룬 연구로 송철의(2008)와 홍윤표(2010)의 성과가 있다. 송철의(2008)는 한글 학습 자료의 대명사처럼 쓰인 '반절표'의 변천과 한글 교육의 문제를 종합적으로 다루었다. 홍윤표(2010)는 15세기부터 20세기 전기에 걸쳐 한글 학습 자료를 가장 광범위하게 조사하여 사진을 갖춘 관련 자료를 제시하고 자세히 해설하였다.

위에서 인용한 여러 연구에 의해 조선시대의 한글 학습 자료의 원천과 여기서 파생되어 나온 학습자료의 흐름이 대강 밝혀졌다. 「언문자모」, 『훈민정음』 해례본과 언해본, 「언본」과 「언반절」, 한글 음절표(=반절표) 등이 그것이다. 이런 자료들은 갑오개혁 이후 근대 교육이 시행되자 교과서를 비롯한 여러 가지 한글 학습서에 흡수되어 다양한 형태로 변모되었다.[53]

---

53) 이에 대한 자세한 연구는 홍윤표(2015)를 참고할 수 있다.

4) 훈민정음 교육의 주체

훈민정음의 사용과 보급을 논할 때 제기되는 의문의 하나는 "훈민정음을 어느 곳에서 누가 가르쳤는가?"라는 것이다. 훈민정음의 교육 주체에 대한 주요 내용을 정리하고 관련 문제점을 파악해 보기로 한다.

훈민정음을 가르친 최초의 기록은 최만리의 상소문(1444년 2월)에 나오는 "今不博採群議 驟令吏輩十餘人訓習…"54)이다. 이서배 10여 인을 모아 언문을 가르쳐 익히게 했다는 것이다. 이때 이서배들에게 '누가 무엇으로' 언문을 가르쳤는지는 기록에서 찾을 수 없다. 언문 교육의 주체와 이때 사용한 교재에 대해 아무런 기록이 없다. 새로 만든 글자들의 서법과 자모 글자를 합쳐서 쓰는 합자법을 아는 사람이 가르쳤을 터인데 더 이상의 자세한 정보가 없다. 1444년 2월경에 언문 사용법을 잘 알고 있었던 사람은 세종과 주변 인물들이었을 것이다. 이서배들에게 언문을 가르치는 일은 국가의 공무이므로 가르친 주체는 관리였을 것이다. 운서 번역 사업 혹은 훈민정음 해례본 편찬에 참여한 집현전 학자가 유력한 후보이다.

『훈민정음』이란 책을 공식적으로 가르친 기록은 세자의 서연(書筵)과 관련된 상서(上書)에 나타난다. 세종 29년 11월 14일 이석형(李石亨)이 올린 상서에 "지금 서연관(書筵官) 열 사람에 언문과 의서(醫書)를 제하면 겨우 신 등의 여섯 사람이 윤차로 진강(進講)하옵는데……"라는 기록이 그것이다. 동궁(훗날의 문종)이 배우는 과목에 '언문'이 포함되었던 것이다. 이때는 해례본이 완성된 시기이므로 『훈민정음』 해례본이 교재로 사용되었을 것이다. 그런데 이 책을 동궁에게 가르친 인물이 누구인지 알 수 없다. 세종 29년 11월의 서연관 구성을 밝혀낸다면 가르친 인물을 알아낼 수 있을 것이다. 서연관이 당시 학문에 밝은 유학자가 담당했으므로 집현전 관리로서 운서 번역

---

54) 번역문 : 이제 넓게 여러 사람의 의논을 들어보지도 아니하고 갑자기 이배(吏輩) 10여 인으로 하여금 가르쳐 익히게 하며…

혹은 해례본 편찬에 참여한 인물이었을 가능성이 높다. 훈민정음 창제 이후에도 동궁은 서연을 통해 이 문자에 담긴 이치를 공부했던 것이다. 이석형의 상서가 이 사실을 증언하고 있다.

최만리 등의 언문 반대 상소문에 동궁이 언문 관련 일로 날과 때를 허비하여 학문에 손실이 있음을 지적하는 내용도 주목할 만하다.[55] 최만리의 이 말 속에는 동궁이 아버지 세종을 도와 훈민정음 관련 사업을 돕고 있었음을 의미한다.

공공 교육 기관에서 훈민정음을 가르친 기록은 성균관 교과목에 『훈민정음』이 포함된 사실에서 확인된다. 세종 29년에 예조에서 성균관 학생들의 학습 과목에 대한 상서를 임금에게 올렸다.[56] 예조의 이 상서에 성균관 학생들에게 사서(四書)와 함께 『훈민정음』과 『동국정운』을 시험 과목에 부과하자는 내용도 실려 있다. 이 기록은 성균관 학생들에게 『훈민정음』 해례본을 교재로 삼아 그 원리를 이해하도록 가르쳤고, 이에 대한 시험을 치렀음을 의미한다. 그러나 이 제도 역시 얼마나 오래 지속되었는지는 뒷날의 기록이 없어서 알 수 없다. 현재 전하는 『훈민정음』(간송본 등)은 이때 성균관에서 수학했던 생도들이 학습 교재로 구해서 썼다가 훗날 낙향할 때 가져가 집안에 보존했던 책일 가능성이 높다. 현전하는 해례본이 극히 드문 사실로 볼 때, 성균관 설강과 과시(科試)에서 『훈민정음』을 부과한 기간이 매우 짧았던 듯하다. 이 제도가 장기간에 걸쳐 시행되었다면 이미 새겨놓은 목판으로부터 해례본의 쇄출이 반복되었을 것이고, 전해지는 책 수도 많았을 것이다. 그러나 해례본의 전본(傳本)은 단 두 개뿐인 것은 이 책에

---

55) "이제 동궁(東宮)이 비록 덕성이 성취되셨다 할지라도 아직은 성학(聖學)에 잠심(潛心)하시어 더욱 그 이르지 못한 것을 궁구해야 할 것입니다. 언문이 비록 유익하다 이를지라도 특히 문사(文士)의 육예(六藝)의 한 가지일 뿐이옵니다. 하물며 만에 하나도 정치하는 도리에 유익됨이 없사온데, 정신을 연마하고 사려를 허비하며 날을 마치고 때를 옮기시오니, 실로 제때에 해야 하는[時敏]의 학업에 손실되옵니다."
56) 세종 29년(1447) 9월 17일 기사

대한 수요가 계속되지 않았음을 의미한다.

세조 6년(1460) 5월 28일 기사에, 예조에서 문과 초장(初場) 시험에 '훈민정음' 과목을 두자는 계문(啓文)을 임금께 올렸다는 기록이 있다. 이때의 '훈민정음'은『훈민정음』해례본을 가리킨다. 그러나 이 제도가 얼마나 오래 시행되었는지는 그 뒤의 기록이 없어서 알 수가 없다. 짐작하건대 당시의 한문과 유학 숭배 그리고 언문을 보는 양반 관리의 태도로 보아 문과 초장시험에 훈민정음을 부과한 것이 그리 오래 계속되었을 것 같지 않다. 비록 그 시행 기간이 짧았다고 하더라도 세종 때 시행한 이서 선발에서 언문 시험을 치르게 한 사실, 세조 때 문과 초장에서 훈민정음 강설을 부과했던 사실에서『훈민정음』을 이용한 학습이 한때는 국가 기관에서 시행되었음을 확인할 수 있다.

양반층을 위한 조선시대의 공적 교육 기관으로 성균관, 사부학당, 향교가 있었고, 사설 교육 기관으로 서원과 서당이 있었다. 서당은 서재(書齋), 정사(精舍), 학당, 가숙(家塾) 등 여러 가지 이름으로 개설된 초급 수준의 민간 교육 시설이었다. 정약용이 1818년에 지은『목민심서』(禮典 六條 課藝 제6조)에서 말하기를, 군현의 각 면에는 수십 개 마을이 있고 네댓 개 마을에 반드시 하나의 서재가 있는데 한문을 잘 모르는 훈장57)이 어린이 수십 명을 거느리고 있다고 하며 서당의 상황을 표현했다. 우용제(1992)는 방방곡곡에 서당이 널리 분포한 것을 '향촌 서당의 편재(遍在) 현상'이라 이름 붙이고 이에 대해 논했다.58) 정순우(2012 : 264-265)는 조선 후기에 향촌 서당

---

57) 글을 제대로 읽지 못하는 훈장을 '都都平丈'(도도평장)이라고 표현하였다. 이것은 한문에 미숙한 훈도가 생도를 잘못 가르침을 비꼰 말이다. 논어「八佾」(팔일) 편에 '郁郁乎文'(욱욱호문)이란 구절이 있는데 어느 모자란 서당 훈장이 이것을 '도도평장'이라고 읽었다는 고사에서 생겨난 말이다. 한국고전번역원,『목민심서』, 정태현 번역, 1986.

58) 갑오개혁 이후 신분제의 붕괴에 따라 서당이 급격히 늘어났을 것으로 본다. 조선총독부의 통계에 의하면 1910~1911년에 전국에 16,540개 서당이 존재했고, 그곳에 14,604명의 학생이 다녔다. 이후 계속 증가하여 1920년에는 25,482개 서당과 292,625명의 학생에 달하였다(우용제 1992 : 79).

이 일반화되어, 양반층 이외에도 중인층은 물론 평민 혹은 천민까지 포괄하는 서당 교육이 확대되었을 것으로 보았으며, 서당에서는 초학자들에게 천자문과 같은 교재를 통해 기초적인 문자(=漢字) 교육을 했으니, 이때 언문도 가르쳤던 것으로 짐작하였다. 이러한 추정이 그럴듯하기는 하나 서당에서 언문을 가르친 구체적 증거를 확보할 필요가 있다. 조선 중기 이후에 국가 교육 기관(성균관, 사부학당, 향교)에서 언문을 가르쳤다는 기록은 찾을 수 없다. 비교적 규모가 큰 서원은 물론, 양반가 문중이나 민간에서 사사롭게 설치 운영했던 서당에서도 언문을 가르쳤다는 구체적 기록은 현재까지 발견되지 않고 있다. 서당에서 초학자용으로 사용한 『천자문』이나 『유합』 등의 자훈서(字訓書)59)에 언문으로 새김을 붙인 것이 많기 때문에 서당이 언문 교육과 관련되어 있을 것으로 보지만 그러나 서당에서 언문을 가르쳤다는 명시적 기록은 찾기 어렵다. 정순우(2012 : 313-326)는 서당의 교재 목록을 여러 개 도표로 제시했는데 문자학습용 아동 교재로 『천자문』, 『유합』, 『훈몽자회』, 『정몽유어』 등 19종을 들었다. 이 교재에 언문 새김은 있지만 「언문자모」처럼 언문 자모자 쓰는 법을 구체적으로 설명한 문헌은 『훈몽자회』뿐이다.

서당에서 과연 언문을 가르쳤을까? 한문 존숭 사고방식에 젖은 조선의 유학자들, 이 중의 하나인 서당 훈장이 정식으로 언문을 가르치지 않았던 듯하다. 장모와 아내에게 아이들의 언문 교육을 당부한 곽주의 편지로 보아 양반집 자제들은 가정에서 언문을 배운 후 서당으로 나아갔을 것이다. 조선 후기에 상민층 자제도 서당에 갈 수 있었을 때, 이들은 가정에서 언문을 배웠을 가능성이 낮다. 이런 경우의 상민층 자제들에게는 서당에서 언문을 가르쳤을 수 있다. 그런데 이런 서당에 양반층 자제들은 출입하지 않았다.60) 만에 하나 불가피한 상황이라 동일 서당을 두 계층이 출입하였

---

59) 자훈서(字訓書)는 자석서(字釋書)라 부르기도 한다. 자훈서의 자료와 자석에 대한 포괄적 연구는 신경철(1993)을 참고할 수 있다.

다면 시간대를 달리하여 출입했을 수도 있다.[61]

조선 중기부터 갑오개혁 이전의 장기간에 걸쳐 국가의 제도적 교육 기관에서 언문 교육은 공식적 지위를 갖지 못했다. 공식적인 언문 교육 과목도 없었고 언문 학습자료를 간행한 적도 없었다. 관학과 사학(私學) 할 것 없이 국가 교육 제도 안에서는 한문 교육만 시행되었다.

정주리·시정곤(2011 : 59)에 따르면 나이 어린 왕세자 교육을 위해『소학』과『효경』의 쉬운 구절을 뽑아 이를 언문으로 번역하여 세자의 보모로 하여금 가르치게 했다는 기록(숙종 17년 9월 13일 기사)이 있다. 이때는 세자의 보모 상궁이 세자에게 언문을 가르친 것이다.

공공적 제도권에서 소외된 언문 교육은 민간의 각 집안에서 사사롭게 가르쳐졌다. 양반 사대부가 가문에서 아이들에게 언문을 가르친 증거는「현풍곽씨언간」의 사연에서 찾을 수 있다(백두현 2001). 민간에서 언문을 가르친 주체로서 여성이 중요한 역할을 하였다. 어머니나 할머니가 집안에서 아이들에게 언문을 가르쳤던「현풍곽씨언간」의 사연이 그 증거이다. 이런 방식의 언문 교육은 아이들이 천자문이나 동몽학을 배우기 이전에 행해졌거나, 이런 책을 배우면서 동시에 베풀어졌을 것이다(백두현 2007).[62] 갑오개

---

60)『목민심서』예전(禮典) 육조(六條)의 제4조「흥학(興學)」에서 지방관의 향교 관리를 논하면서, 다음과 같이 벽지 향교의 상황을 묘사한 내용이 있다. "향교의 일을 맡은 사람은 교장(校長)이 1인, 장의(掌議) 1인, 색장(色掌) 1인이다. 먼 벽지에는 사족(士族)은 드물고 토족(土族)이 많으니 사족들은 그들과 어울리는 것을 수치로 여겨 일체 향교에 왕래를 하지 않는다. 그러므로 토족들이 학궁(學宮)을 독점하여 저희들의 소굴로 삼는다. 이들은 대부분이 불학 무식한 무리들로서 끼리끼리 모여 당파를 만든다."라고 하였다. 여기서 말한 '土族'(토족)이란 시골에 사는 양인층 이하 하층민을 가리킨 것이다. 하층민이 출입하는 벽지 향교에 양반층은 이들과 어울리는 것을 수치로 여겨 출입하지 않았다는 것이다. 양반층 자제들이 아예 없었던 이런 향교나 서당에서는 언문을 가르쳤을 수 있다.
61) 갑오개혁 이후 신학교가 세워졌을 때 양반층 자제들이 상민 아이들과 한 방에서 공부할 수 없다고 항의했다는 글을 읽은 적이 있다.
62) 백두현(2007b)은 실제로 한글을 배우던 아이들이 한글 음절자 행렬을 낙서처럼 연습한 자료를 찾아서 제시하였다. 언문 음절자 행렬 자료는 17세기 목판본『논어언해』이면

혁 이후 언문이 국문으로 승격되면서 국문 교육은 국가의 공적 교육 제도 권에 들어오게 된다. 언문이 국가 문자로서의 위상을 갖게 됨으로써 국가 가 국문 교육의 주체가 된 것이다.

4. 맺음말 : 연구 방향 모색을 위한 제언

지금까지 훈민정음의 사용과 보급에 관한 연구 성과를 학자별 및 주제 별로 나누어 정리 요약하고, 논점을 파악하여 이와 관련된 문제점을 논하 였다. 주제별 정리에서는 기존 연구에서 다루어진 주요 주제를 여섯 가지 로 나누어, 밝혀진 내용과 쟁점을 요약하였다. 앞으로의 연구 방향에 대한 필자의 생각 몇 가지를 개진하면서 이 글을 마무리 짓는다.[63]

앞으로 한글 문헌이 한글 보급에 미친 영향을 더 깊고 자세히 연구할 필 요가 있다. 한글 문헌의 간행 주체, 문헌 간행의 역사적 변화 양상, 각 문헌 이 산출된 사회적 배경 등을 더 연구해야 한다. 문헌 간행이 시대에 따라 문헌 부류별로 다르게 전개된 양상을 기술하고, 이러한 차이가 나타나게 된 사회적 배경을 찾고 그 의미를 해석해야 한다. 이러한 관점에서 종교서 의 역사적 흐름을 잠시 검토해 보자. 조선 중기와 후기에는 불교서 간행이 대부분이었고, 19세기 중엽에는 도교서가 다수 간행되었다. 19세기 말기에 는 동학의 포교 가사와 기독교 교리서가 간행되어 한글 보급에 기여했다.

지에 낙서처럼 써어 있다.

63) 박창원(1998 : 86)의 다음과 같은 진술은 연구사 정리자들이 유념할 만한 것이다. "과 거를 되돌아보는 목적은 현대적인 안목으로 선각자들의 업적을 평가하고, 정리하는 것만은 아닐 것이다. 이러한 단계를 넘어서서 선각자들의 깊은 고민을 이해하고, 그것 을 공유함으로써, 그것을 계승 발전시킬 수 있는 디딤돌을 만드는 것이 과거사 서술의 한 목적이 될 것이다. 그뿐만 아니라, 선각자들의 깊은 고민이 후학들에게 계승 발전 되지 못한 면이 있다면, 그 원인을 정확하게 지적하고 그에 대한 처방을 내림으로써 그러한 일이 되풀이되지 않도록 하는 것도 과거사 서술의 다른 한 목적이 될 것이다."

이러한 시대적 흐름에 내재된 의미를 더 깊이 궁구하여 종교서가 한글 보급에 미친 영향과 역사적 변천 양상을 밝혀야 할 것이다. 이 작업을 하려면 인접 학문에서 이루어진 성과64)에도 유의할 필요가 있다. 폭넓은 지식의 획득은 새로운 관점을 세우고, 새로운 연구 방법을 개발하는 데 유용한 기초가 된다.

앞으로 새로운 관점을 세우고, 이에 따른 연구 방법을 개발하는 데 일조하기 위해 몇 가지 질문을 아래와 같이 제기해 본다.

첫째, 한글 사용을 쓰기와 읽기로 나누어 그 역사적 전개 과정을 연구하는 방법은 없을까? 쓰기와 읽기 두 가지 측면에서 한글 사용 및 보급에 접근하는 방법도 고려해 볼 수 있다. 한글을 처음 배울 때 초성자와 중성자의 자형을 익히면서 이들을 결합한 음절자 생성 원리도 함께 배운다. 이 단계를 거쳐서 쓰기와 읽기가 진행된다. 현대인의 경우 대부분의 사람들은 쓰기보다 읽기에 더 많은 시간을 보낸다. 필사자로서의 한글 사용보다 독서자로서의 한글 사용의 비중이 더 높다. 이런 양상은 흘러간 전통 사회 및 과거 시대(예컨대 18~19세기)에도 비슷했을 것이다. 대부분의 사람들은 한글로 지어진 고소설, 가사, 언간, 음식조리서, 종교서, 교육서 등의 필사와 향유에 있어서 저술자 혹은 필사자로 참여하는 경우보다 독서자로 참여했을 것이다. 한글 사용과 보급의 역사를 이와 같은 두 가지 측면으로 나누어 연구하는 방법을 찾을 필요가 있다. 이런 연구가 가능해지려면 흘러간 시대에 이루어진 문자생활 관련 정보를 풍부하게 확보해야 한다. 이 방면의 연구를 진전시키면 한글 사용과 보급에 관한 연구는 문자생활사 또는 어문생활사 연구와 결합하게 된다. 어문생활사의 관점에서 한글의 사용과 보급이라는 문제에 접근하면, 이 방면의 연구는 더 체계적 연구로 발전할

---

64) 오윤희(2015)는 불교 언해서의 간행 의미를 새롭게 검토하였다. 이러한 연구를 국어학자들이 참고할 필요가 있다. 불교 언해서의 간행을 한글 보급과 연관 지은 본격적 연구가 필요하다.

것이다.

둘째, 한글 확산 과정을 계량적으로 연구할 수 있는 방법은 없을까? 훈민정음 반포 이후 20세기에 이르는 수백 년 동안 전개된 한글의 보급과 확산 양상의 연구에 계량적 통계 방법을 적용하여 한글 보급률을 수치화할 수 있는 방법을 모색해 보는 것이다. 예컨대 정조 연간의 조선의 인구를 파악하고 이 인구 중 한글 해독 능력을 가진 비율을 파악하는 방법이 있다. 인구 역사학의 통계를 이용하고, 문자 학습에 접근 가능한 양반층 인구 비율을 산출해 낼 수 있다면, 이러한 질문에 답할 수 있을 것이다. 한글 문해율에 대한 통계 조사는 일제강점기 때의 자료가[65] 가장 이르다. 이 자료의 수치를 역시적(逆時的)으로 소급하여 19세기와 18세기의 한글 문해율을 추산하는 방법도 모색해 볼 만하다.

셋째, 한글의 확산에 가장 중요하게 기여한 한글 학습 자료는 무엇인가? 『훈민정음』 해례본과 그 언해본, 『훈몽자회』, 한글 음절표(반절표) 등의 문헌이 한글 교육과 보급에 어떻게 기여했을까?

넷째, 대한제국기, 일제강점기, 대한민국 정부 수립 등 근현대사의 격동기에 전개된 국문 연구와 한글 보급 운동이 한글 문해율 증가에 어떻게 기여했을까? 대한제국기의 지석영, 주시경, 리봉운, 외국인 선교사 등의 국문 연구와 일제강점기 동안에 전개된 민간단체의 문맹 퇴치 운동(브나로드 운동)도 한글 보급에 영향을 미쳤다. 한글의 보급과 확산이라는 관점에서 이에 대한 종합적 연구가 필요하다. 광복 이후 미군정을 거치고 대한민국 정부가 수립되면서 민주주의의 근간인 보통 선거를 시행한 것이 한글 문해율 증가에 어떤 기여를 했는지, 통계 자료에 근거한 분석과 관련 정보를 동원한 해석이 필요한 연구 문제이다.

이러한 네 가지 문제를 더 깊고 넓은 시야에서 연구하려면, 훈민정음의

---

65) 일제강점기의 한글 문해율 수치가 있지만 이것이 갖는 타당성은 검증이 필요하다.

사용과 보급에 관련된 국가 정책을 15세기부터 현대까지 꿰뚫어 연구할 필
요가 있다.[66]

66) 이 글의 초고를 쓸 때 홍윤표, 송기중, 정우영, 김주원, 이승재, 이현희, 김유범 교수께
서 도움말을 주셨다. 특히 이현희 교수는 이능화의 『조선불교통사』에 담긴 정보를 알
려 주셨다. 김슬옹 교수는 이 글의 초고를 읽고 여러 가지 조언해 주셨다. 도움을 주
신 여러 분들께 감사드린다.

제4부

조선시대 여성의 문자생활

제1장
조선왕조실록과 한글 필사본을 통해서 본
조선시대 여성의 문자생활

1. 연구 목적

동서양의 전통 사회에서 문자 사용 능력은 사회적 권능을 상징하는 주요 징표였다. 이 능력을 가진 자는 대체로 당시 사회의 지배층에 속하였으며, 하층민이 문자 사용 능력을 가진 경우는 극히 예외적이었다. 이런 점에서 전통 시대에서 문자는 지배층의 권력 행사와 통치 수단으로 기능한 사회제도의 하나라 할 수 있다. 지배층은 문자 기록물을 통해 정치에 필요한 지식과 정보를 관리하고 통치의 기술을 획득할 수 있었다. 문자는 당대 사회의 가치관과 의식을 표현하는 핵심적 역할을 하며, 개인의 현실적 삶과 사회적 이념을 지배하는 상징 도구로 기능해 왔다.

그런데 인류 사회에서 여성은 역사 이래 사회적으로 약자의 처지에 있었기 때문에 문자 활용이라는 면에서도 당대 사회의 주류가 아닌 주변부에

---

* 이 글은 『진단학보』 97호(2004, 진단학회) 139-187쪽에 실었던 논문(조선시대 여성의 문자생활 연구—조선왕조실록 및 한글 필사본을 중심으로)의 제목과 본문 일부를 다듬고 고쳐 쓴 것이다.

놓여 있었다. 이러한 상황은 우리나라를 포함한 동아시아에서 모두 같았다. 그러나 지배층에 속했던 일부 여성들은 일찍부터 문자 사용 능력을 가졌던 것으로 역사서에 기록되어 있다. 『삼국유사』의 진덕왕(眞德王)조에 여왕이 즉위한 후 스스로 태평가(太平歌)를 지어 당 태종에게 바쳤다는 기록이 있고 노래의 내용도 나와 있다. 당 태종에게 올린 이 글은 여왕이 직접 지은 것이 아니라 문장력 있는 신하가 지어 여왕에게 올린 것일 수도 있다. 사실이 그러하다 하더라도 이 기록은 통일신라시대의 여왕이 일정한 수준의 한문 구사 능력을 가졌음을 암시한다. 그러나 통일신라시대나 고려시대에 여성 문장가가 있었던 것은 아니다. 고려사 등에서 여성의 문자 사용 사실이 발견되기는 하지만 지엽적인 것에 지나지 않는다.

조선시대의 경우는 훈민정음 반포와 더불어 여성들의 문자생활 환경도 달라졌다. 세종의 신문자 창제 이후 여성들의 문자 사용에 대한 기록은 크게 늘어났다. 대표적인 조선시대 기록물인 조선왕조실록에는 여성의 문자생활과 관련된 정보가 수록되어 있다. 이 논문에서 필자는 조선왕조실록(약칭 '실록')에 나타난 기록을 조사 분석하여[1] 조선시대 여성의 문자생활이 전개되어 온 양상과 그것이 갖는 의미를 밝히고자 한다. 이 목적을 달성하기 위해 필자는 다음 몇 가지 논점을 세워 실록의 기사를 분석한다.

첫째, 여성들의 문자생활을 표기 수단에 따라 이두·한글·한문으로 나누어, 각 표기 수단에 따라 여성의 문자생활 양상이 실록 기사에 어떻게 반영되었는지 기술한다. 실록에는 등재되지 않은 양반층 여성의 문필 활동에 대해서도 언급할 것이다.

둘째, 여성들의 문자생활이 표기 문자에 따라 어떻게 달리 이루어졌으

---

[1] 필자는 조선왕조실록 CD를 이용하여 여성 관련 기사를 검색하였다. 실록에 등재된 여성의 문자생활 관련 기사를 찾으려고 필자가 설정한 검색어는 '아내, 어머니, 노모, 모친, 부인, 女, 중궁, 중전, 대비, 문자, 언문, 언간, 언서, 언교, 언자, 국문, 편지, 내간, 내서, 내찰' 등이다.

며, 그것이 가진 언어적·사회적 의미를 해석한다. 구체적으로 각각의 표기 수단이 사용된 목적, 주요 내용, 문서의 형식, 여성의 역할, 수급자의 신분이나 지위 등의 요소가 어떤 양상으로 문자생활에 작용하였는지 검토한다. 여성 문자생활 기사에 함축된 정치적 의미를 고려하면서 해당 문자가 발휘했던 역할과 그 영향력에 주목할 것이다.

셋째, 여성의 문자생활 기록 중 그 내용이 가장 다양한 한글 관련 기사를 문자 사용 주체의 사회적 신분에 따라 나누어 고찰한다. 이런 관점을 취한 이유는 한글을 통한 문자생활의 목적과 그 의미가 그 신분에 따라 상당히 다르다고 판단되기 때문이다.

넷째, 표기 수단(이두, 한글, 한문) 간의 상호 관계가 시대 변화에 따라 어떤 추이를 보이는지 유의할 것이다. 사용된 문자 간의 우열 관계는 사용 주체나 사용 목적, 그리고 사회적 환경에 따라 결정되는 측면이 있기 때문에 이 점을 함께 고려할 것이다.

이 글에서 말하는 '문자생활'은 두 가지 측면을 포함한다. 문자를 쓰는 행위 즉 서사자(writer)로서의 문자생활과, 문자를 읽는 행위 즉 독서자(reader)로서의 문자생활이 그것이다. 전자는 일차적, 후자는 이차적 문자생활이라 할 수 있다. 그런데 실록의 기사에는 여성이 문자를 쓴 행위의 빈도가 훨씬 더 높다. 문서의 작성 행위가 읽는 행위보다 사건 기록에 많이 남는 것은 당연하다. 따라서 이 글은 여성이 서사자로 참여한 문자생활에 초점을 둘 것이다.

문자생활은 문자 교육으로부터 출발하기 때문에, 제2장에서 여성에 대한 문자 교육이 어떻게 이루어져 왔는지 간략하게 논한다. 이어서 제3장에서 실록 기사를 위 논점에 따라 분류하고 분석하여 그것이 갖는 의미를 규명한다. 제4장에서는 3장에서 밝혀진 핵심 내용을 논점 중심으로 상호 연관 지어 유기적으로 해석하고, 이를 요약하여 표로 제시한다.

2. 조선시대 여성의 문자 교육

우리나라는 삼국 시대로부터 태학 등 국가적 차원의 학교를 설립하여 인재를 육성했지만 여성은 당대 사회의 제도권 교육을 받지 못했다. 고대는 물론 고려, 조선시대를 거치면서 여성 교육은 국가의 교육 제도에 포함되지 못하고 가정을 중심으로 한 사적(私的) 차원에서 이루어져 왔다. 교육의 내용도 당대 사회가 요구했던 여성적 덕목과 가사 생활을 꾸리기 위한 직능을 갖추는 데 목적을 두었다. 여성 교육은 주로 경학과 시문, 그리고 외국어나 의술 등 특수 분야의 기술을 가르쳤던 남성 교육과 차이가 컸다.

조선시대 여성 교육의 기초가 된 『내훈』2)의 주요 내용은 언행·효친·혼례·부부(夫婦), 모의(母儀)·돈목(敦睦)·염검(廉儉)과 같은 것이다. 특히 '여유사행(女有四行)'이라 하여 부덕(婦德)·부언(婦言)·부용(婦容)·부공(婦功)을 여성 교육의 핵심 내용으로 삼았다. 교육 내용에 있어서 남녀 간 큰 차이가 있었으나, 여성에 대한 교육의 필요성은 충분히 인식하고 있었다. 문자 교육을 포함한 여성 교육의 필요성을 언급하고 있는 몇 가지 내용을 『내훈』 등 여성 교육서에서 찾아보면 다음과 같다.

> (1) ㉠ 또 겨지븨 어딜며 사오나오매 브튼디라. フ르치디 아니호미 몬ᄒ리라(내훈 서 5b)
>
> ㉡ (士婚禮예 닐오디) 아비 ᄯᆞ롤 보낼 제 命ᄒ야 닐오디 조심ᄒ며 恭敬ᄒ여 일 져므리ᄒ야 命을 그릇디 말라. 어미 ᄯᅴ 미오 手巾 미오 닐오디 힘 쓰며 恭敬ᄒ야 일 져므리ᄒ야 짒이롤 그릇디 말라. (내훈 권1, 75b)
>
> ㉢ 여둛힌어든 小學애 들으믈 フ르쳐 믈 쓰리고 쓸며 (…중략…) 풍뉘

---

2) 1475년(성종 6) 왕의 어머니인 소혜왕후(昭惠王后)가 부녀자 훈육을 위하여 편찬한 책. 3권 3책. 소혜왕후는 당시의 부녀자들이 쉽게 읽을 수 있는 교양서적이 없음을 안타깝게 여겨, 중국의 『열녀전』·『소학』·『여교』(女敎)·『명감』(明鑑)의 네 책에서 부녀자들의 훈육에 요긴한 대목을 뽑아서 『내훈』을 편찬했다.

며 활 쏘며 물 졔御ᄒ기며 글 스며 혬 혜ᄂᆞᆫ 글월룰 ᄀᆞᄅ치며(女訓
下 28ㄴ) (…중략…) ᄯᆞ룰 둔ᄂᆞᆫ 쟈도 피히 일로뻐 ᄀᆞᄅ치디 아니티
몯홀디니라(女訓 下 29ㄱ)

(2) ㉠ (伊川先生의 어마님 侯夫人이) ᄒᆞ마 ᄌᆞ라 글와룰 즐겨 호디 글 지소
믈 아니ᄒᆞ며 그 시졀 겨지비 글 지ᄉᆡ와 글 수므로 ᄂᆞ미게 보내ᄂᆞ
닐 보고 ᄀᆞ장 외오 너겨 ᄒᆞ더라 (내훈 권1, 26a)

㉡ 부인 녀ᄌᆞ로도 맛당이 시셔(詩書)와 사긔(史記)와 소학(小學)과 니측
(內則)룰 일거 역뎨(歷代)의 ᄂᆞ라 이롬과 선뎨(先代) 조상의 명ᄌᆞ(名
字)룰 알디니 그러ᄒᆞ올분 필(筆)의 공교(工巧)ᄒᆞ고 시ᄉᆞ(詩詞)의 찬
란홈은 오히려 창기(娼妓)의 본식(本色)이오 사부(詞賦)가 부녀의 힝
홀 비 안니니라. (규중요람 4) (괄호 안의 漢字는 필자가 넣은 것)

(3) 왕이 전교하기를, "아녀는 비록 중용(中庸)이나 대학(大學)을 안다 하여
도 쓸 곳이 없으니, 다만 천자문(千字文)을 가르쳐 글자를 쓸 줄 알게
한 뒤에 의녀로 하여금 시구(詩句)를 가르치도록 하는 것이 가하다."[3]

(1)㉠은 여성 교육의 필요성을 언급한 것이고, ㉡은 부모가 출가하는 딸
을 가르친 내용이다. ㉢은 아들 교육의 내용을 연령대별로 자세히 서술하
였으나, 딸 교육에 대해서는 말미에 "딸을 둔 자도 가르치지 아니하지 못
할 것이라" 하고 그 필요성을 언급하는 데 그쳤다.

(2)는 전통 사회에서 여성에 대한 문자 교육관을 보여 주는 것인데, 여성
을 대상으로 한 문자 교육의 목적은 그 한계가 분명하다. ㉠에서 보듯이
이천선생(伊川先生)의 어머니 후부인(侯夫人)이 글을 좋아했지만 글 짓는 일은
아니 하였으며, 여자가 글을 지어 남에게 보이는 일은 그릇된 행동이라 하
였다. 글을 좋아했지만 그것은 어디까지나 여성으로서의 덕성을 닦는 것이
목적이고, 글을 짓거나 지은 글을 남에게 널리 보이는 것은 여성이 해서는
안 되는 일이라고 생각했던 것이다. 이런 사고방식이 보편적이었던 전통
사회에서 여성들에게 활발한 문자 활동을 기대하기는 어려운 것이다. 조선

---

3) 연산군 10년 12월 5일.

말기의 학자 유희(1773~1837)의 어머니 사주당 이씨(師朱堂 李氏 1739~ 1821)가
학문에 밝아 많은 저술을 썼으나, 말년에 이르러, 글을 남기는 것은 아녀자
의 도리가 아니라고 하면서, 『태교신기』를 제외하고 모두 불태운 것도 이
러한 사고방식에 기인한 것이다.[4]

(2)ⓛ은 퇴계 선생이 지었다고 하는 『규중요람』[5]을 19세기 말경에 언해
한 자료에서 뽑은 것인데 여성의 품성 교육을 위해 시서(詩書)와 사기(史記)
등 기본적 한문 서적 및 몽학용(蒙學用) 서적의 독서를 강조하고 있다. 그러
나 '독서' 이상을 넘어선 '작문'은 '창기(娼妓)의 본색(本色)'이고 양가 여성이
행할 바가 아니라 하여 그 한계를 그었다. 한문을 통한 사상과 감정의 표
현은 여성이 할 바가 아니라고 규정했다. 그리하여 한문에 관한 한, 여성은
문자 활동에서 능동적 역할 즉 서사자나 창작자가 아니라, 수동적 역할 즉
독서자의 역할만 하도록 강요하는 사회적 통념이 형성되었던 것이다. 공식
적으로는 오직 여성의 덕목을 쌓기 위한 한문 독서자 역할만을 허용했다.[6]

여성에 대한 한문 교육이 크게 제약되었던 실상은 다음과 같은 세종의
발언에서도 엿볼 수 있다. 세종 19년 11월 12일조에 시경(詩經)을 강독하던
도중, 세종이 말하기를 "중국에는 부녀도 문자를 알았던 까닭에 혹 정사에
참여하였다. 환자(宦子)가 정권을 멋대로 하여 나라를 그르친 자도 있었다.

---

4) 『태교신기』를 간행할 때 그의 따님들이 쓴 발문에서, "어머니는 경사에 박통하시고 여
러 책을 두루 보실 뿐 아니라 의감과 속설에 이르기까지도 지식이 되는 것이면 버리시
는 일이 없다."라고 평하고 있듯이 그의 박학함과 또 배운 것을 실천하려는 노력은 남
다른 데가 있었다. 조지훈의 "師朱堂 李氏"(『哲學大辭典』, 學園社 編輯局 編, 1963, p.485
참고). 석천 신작(石泉 申綽, 1760~1828)이 지은 「夫人墓誌」(부인묘지)에 의하면, 부인은
어렸을 때부터 총명하였고, 자라서는 경서를 널리 읽어 동문의 남자들도 그를 앞서지
못하였다. 평생 언론은 주자학을 표준하여 스스로 사주당이라고 호하였다. 저서가 적지
않았으나, 그가 임종 시에 유명하여 모두 태워 버리게 하고, 『태교신기언해』(胎敎新記諺
解)만 후세에 전하라고 하였다. 이 책은 1935년에 비로소 후손에 의하여 간행되었다.
(김민수 1987 : 149 재인용)

5) 국립도서관에 소장된 『규중요람』을 이용하였다. 필사본 25장. 언해자 및 필사자 미상.

6) 조선 후기에 가면 이런 사회적 통념에 예외적인 인물이 몇몇 나타나기는 한다. 3.3절
참조

우리 동방은 부녀들이 문자를 깨치지 못한 까닭에 부인이 정사에 참여하지 못한 것은 진실로 의심할 바 없으니…"라고 하였다. 여기서 '문자'는 한문을 말한다. 조선의 여성들은 한문을 모르므로, 중국의 사례처럼 여성이 정사에 참여하여 국정을 어지럽히는 일이 우리 동방에서는 없었다는 이야기다. 연산군 때의 기록인 (3)에서도 여성을 대상으로 한 문자 교육은 천자문의 한자 정도에서 그치고, 한문으로 나아갈 필요가 없음을 명백히 하였다.

갑오개혁 이후 신식 교육 제도가 도입되고 여성을 위한 학교가 설립되기 이전에는 문자와 서책을 통한 여성 교육은 개별 집안 내부에서 이루어졌다. 신식 교육 제도가 도입되기 이전에는 국가나 사회적 차원에서 여성 교육을 위한 공공기관은 없었다. 비록 여성 문자 교육을 위한 공공기관은 없었지만 특수 집단의 여성을 대상으로 하여 문자 교육이 일부 시행되었음을 알려주는 기록이 있다. 세종 5년 12월 27일, 예조에서 다음과 같은 계를 올렸다. (밑줄은 필자가 그음)

"제생원(濟生院)7)의 의녀(醫女)들은 반드시 **먼저 글을 읽게 하여, 글자를 안 연후에 『의방』(醫方)을 읽어 익히도록 하고 있으니**, 지방에서 선발하여 올려보내려고 하는 의녀에게도 거주하고 있는 그 고을의 관원으로 하여금 먼저 『천자』(千字), 『효경』(孝經), 『정속편』(正俗篇) 등의 **서책을 가르쳐서 문자를 대강 해득하게 한 뒤에** 올려보내도록 하게 하소서."

각 지방에서 의녀를 선발하여 의녀 양성 기관인 제생원에 보내게 되는데 제생원에서 의녀 교육의 효율성을 높이기 위해 미리 문자 교육을 시행해 문자를 아는 의녀 후보생을 보내 달라는 요청이다. 여기에 등장하는 서명(書名)으로 볼 때 이때의 문자 교육은 한문 중심으로 이루어진 듯하다. 그러나 언문 교육도 수반되었을 것이다. 『천자문』 등으로 한자를 가르칠 때

---

7) 제생원 : 1397년(태조 6) 설치한 의료 기관. 동녀(童女) 수십 명을 뽑아 맥경(脈經), 침구법(鍼灸法)을 가르쳐 부인들의 질병을 치료하는 의녀를 양성하였다.

언문을 먼저 익히게 하는 것이 훨씬 효율적이었고 또 그렇게 행해졌기 때문이다. 그러나 양반가 여성 혹은 양민 여성을 대상으로 한 당시의 문자 교육이 구체적으로 어떻게 이루어졌는지 알려 주는 기록은 찾기 어렵다. 갑오개혁 이전에 여성에 대한 문자 교육이 어떻게 이루어졌는지는 앞으로 연구해야 할 과제이다.

3. 조선왕조실록을 통해서 본 여성의 문자생활

3.1. 이두에 의한 문자생활

조선시대에 관청의 실무 문서와 개인이 관에 내는 문서 등 생활 실용문들은 거의 대부분 이두로 작성되었다. 이 점은 한글 창제 이후에도 마찬가지였던 바 상속·매매·청원 등을 목적으로 한 문서 작성이 이두문으로 이루어졌음은 주지의 사실이다. 조선왕조실록에는 여성이 관청에 제출한 각종 문서에 대한 기사가 나오는데 이 문서의 작성에 사용한 문자는 이두였다. 여성들이 이두문으로 어떻게 문자생활을 영위했는지 알아보기 위해 관련된 사례를 검토해 보기로 한다.

조선 개국 초기에 국가 제도와 법률을 정비할 때, 노비변정도감에서 올린 노비 쟁송에 관한 19개 조목 중에는 부부 중 어느 한쪽이 사망했을 경우의 노비 상속에 대한 규정이 있다.[8] 이 규정에 따르면 여성도 문서 작성에 참여자가 될 수 있었다. 그러나 문서 작성에 여성이 직접 붓을 들고 서사자로 참여한 것은 아니다. 오늘날의 대서소(代書所) 서기와 같은 '필집'(筆

---

8) 그 내용인즉 "남편이 아내에게 문서로 만들어 준 것은 허여(許與)한 것에 따라 전승케 하고, 아내가 남편을 위하여 허여한 것은 인신(印信)과 수촌(手寸)만으로는 믿기 어려우니 반드시 증필(證筆)의 적실한 것이 있는 연후에야 결급을 허가하라."라는 것이다. (태조 6년 7월 25일 기사).

執)이라는 소임이 있어서 이들이 문서를 썼다. 따라서 여성이 서사의 주체는 아니었다. 문서의 당사자인 여성이 직접 쓴 것은 아니라 하더라도 문서의 작성, 내용의 확인, 문서의 증여 행위에 여성이 참여하였기 때문에 이런 문서류는 여성 문자생활사 서술에 포함시켜야 한다.

여성이 문서 작성, 내용 확인, 문서 증여 등 문서 관련 행위에 참여한 사례는 매우 많다. 집안일과 관련하여 관청에 낸 문서로 소지(所志)나 원정(原情)과 같은 청원서 그리고 양자(養子)를 세우려고 관에 내는 입안(立案) 등에 여성이 참여한 예를 발견할 수 있다. 조선왕조실록에는 남편의 신원(伸寃) 혹은 집안의 억울한 일과 관련하여, 여성이 조정에 청원서를 제출한 기록이 적지 않게 보인다. 그리고 재산 상속을 위한 분재기와 화회문기, 전답과 노비의 매매문서 등을 검토해 보면, 여성이 재주(財主)로서 주도적으로 관여한 사례가 적지 않다. 이러한 문서는 거의 대부분 이두문으로 작성되었다. 이러한 문서들은 여성이 서사자로 참여한 것은 아니지만, 문서 작성을 지시하거나 그 내용을 확인하는 등 중요 과정에 관여했음이 분명하다. 따라서 이두문의 경우 여성들의 역할은 내용 확인자 혹은 독서자로 참여한 것이라 할 수 있다.

조선왕조실록 기사에서 여성이 참여한 각종 이두 문서를 그 내용에 따라 몇 개의 사례를 살펴보기로 한다. 조선 초기에 여성이 주체가 되어 관에 문서를 제출한 몇 예를 들어 보면 다음과 같다.

- 수녕부(壽寧府) 사윤(司尹) 최함(崔咸)의 누이가 토지 상속문제로 청원서를 내다. (태종 원년(1401) 9월 26일)
- 김을성의 처 정씨(鄭氏)가 분경죄로 귀양가 있는 남편의 죄를 용서해 주도록 탄원서를 내다. (태종 12년 1월 17일)
- 전라도 광주에 사는 판사(判事) 현사의(玄思義)의 아내가 82세에 아들 삼형제가 모두 국사로 자기를 봉양할 수 없게 되자 전라도 관찰사에게 별시위(別侍衛)로 징병된 셋째 아들 현계인(玄季仁)을 직무에서 풀어 달

라는 청원서를 내다. (태종 12년 12월 11일)
- 참찬 최유경(崔有慶)의 아내 이씨(李氏)가 장지(葬地) 문제로 고소장을
  내다. (태종 13년 11월 11일)
- 조호(趙瑚)의 처 노씨(盧氏)가 노비를 환급해 달라고 상서(上書)하다. (태
  종 16년 7월 11일)
- 의금부에 구속된 장온(張蘊)을 방면하기 위해 그의 아내가 도순문사(都
  巡問使) 강회중(姜淮仲)에게 억울하다고 관에 고하다. (태종 17년 7월 15
  일)
- 순덕후(順德侯) 진리(陳理)의 처 이씨(李氏)가 나라에서 하사한 노비를
  상속할 수 있게 해달라고 청원서를 내다. (세종 원년 9월 2일)
- 순덕후(順德侯) 진리(陳理)의 아내 이씨(李氏)가 늙고 아들이 없는 처지
  를 호소하며 정읍 현감직으로 간 사위를 경기 지방으로 전임시켜 자신
  을 봉양할 수 있도록 해 달라고 청원하다. (세종 3년 7월 16일)
- 제주목사 이종윤이 관아에서 죽었다. 그의 아내 김씨가 관의 녹봉으로
  상사 치르기를 청하자 이종윤의 청렴함을 칭찬하며 정월분 녹봉을 지
  급하게 하다. (연산군 1년 2월 22일)
- 김감(金勘)의 처 채씨(蔡氏)가 글을 올려, 아비 채수(蔡壽)가 전일에 극력
  간하여 폐비를 반대했음을 호소하다. (연산군 10년 4월 21일)
- 사옹원의 각색장(各色掌) 말손(末孫)의 처가 지아비의 원통함을 들어 소
  장을 내다. (중종 7년 3월 16일)

연산군과 중종 때의 예를 중심으로 조선 초기의 사례만 제시했으나 위
와 유사한 예들은 실록에 많이 나온다. 여성이 집안 재산 문제나 남편 혹
은 부모를 위해 관아에 글을 올린 기사는 실록에 자주 등장한다. 물론 이
러한 문서를 관련 여성이 직접 쓴 것이 아니라, 각종 관문서 작성에 익숙
한 사람에게 대필(代筆)시켰을 것이다. 대필이라 하더라도 관련 여성들이 문
서 작성을 지시하거나 내용을 확인하였을 터이기 때문에 이들은 여성의 문
자생활 자료에 포함된다.

위 사례들의 문서 내용은 실록 기사에 간략하게 요약되어 있을 뿐이고,

해당 문서가 전해지는 것은 극히 드물다. 이러한 문서들이 이두문으로 작성되었음은 유사한 목적으로 당시에 작성되어 현전하는 문서를 통해 쉽게 확인할 수 있다. 보물 1005호로 지정된 영주(榮州) 인동장씨 소장(仁同張氏 所藏) 고문서는 1385년에서 1450년 사이에 작성된 것이다. 여말선초에 살았던 장전(張戩)의 처 신씨(辛氏)가 1427년(세종 9)에 경상도 도관찰출척사(慶尙道 都觀察黜陟使)에게 올린 소지(所志)와, 1426년에서 1435년 사이에 신씨가 양주도호부사(楊州 都護府使)에게 올린 소지, 그리고 1404년(태종 4)에 작성된 '장전처신씨 동생화회문기(張戩妻辛氏 同生和會文記)'는 모두 이두문으로 작성되었다. 이 문서의 본문 일부를 제시하여 문서에 쓰인 이두의 실상을 알아보자.9)

① 張戩의 처 辛氏가 慶尙道都觀察黜陟使에게 올린 소지(1427년) 중에서
   [右]謹[言所]志矣段 [道內(?)]順興府居生多年 [ ]爲有如 ……金莊等乙良
   □□徒同生三四寸是白(?)[]爲有臥乎 ……隱匿爲有臥乎 所 尤不冬爲白去
   有良亦 ……徵身幷以 執捉准受爲只爲 順興府良中 行下向敎是事乙良 望
   白內臥乎事是在亦… (이하 생략)
② 張戩妻辛氏同生和會文記(1404년) 중에서
   永樂二年甲申伍月拾伍日 成文爲臥乎事叱段 父敎是 去壬寅年分 義州牧使
   赴任 身故敎是去乙 母敎是 奴婢乙 矣徒各衿 遺言許給敎是遣… (이하 생략)

위 자료문에서 차자표기로서의 이두가 문서 작성에 이용되었음을 알 수 있다. 이 문서에 나타난 이두문은 고려시대의 다른 이두 자료에서도 확인된다. 장전의 처 신씨는 의주목사를 지낸 신익철(辛益哲)의 딸인데 한자에 대한 기초적 소양은 갖고 있었을 것이다. 신씨가 위 이두문을 직접 작성하지 않았다 하더라도 문서를 읽어 보고 내용은 확인하였을 것이다. 신씨는

---

9) 아래 문장 자료는 안승준(1996)에서 인용한 것이다.

당시 지배계층에 속하는 여성으로서 가정에서 일정한 문자 교육을 받았을
것이다. 특히 노비 추쇄와 재산 분배는 매우 중요한 집안일이기 때문에 당
사자인 신씨 본인이 이 문서의 내용을 파악했을 것이다.

노비 혹은 재산과 관련된 경우가 아닌 특수 사례도 발견된다. 전(前) 호
군(護軍) 김외(金畏)가 아들을 못 낳는다는 이유로 조강지처 윤씨를 버리고
김온(金穩)의 딸에게 새장가를 들면서 전처 윤씨에게 '버린다는 글'[棄妻書]
을 보내었다. 사헌부에서 이를 문제 삼아, 조강지처를 버린 김외가 전처를
불러 다시 함께 살아야 한다는 계문을 왕에게 올렸으나 윤허되지 않았
다.10) 여기서 김외가 아내에게 주었다는 문서가 이두문인지 한문인지 구체
적 언급은 없다. 그러나 일상생활의 문서가 대부분 이두로 작성되었던 당
시 상황을 고려할 때 이런 문서도 이두로 작성되었을 것으로 본다.

또 하나의 흥미로운 사례가 세종 8년의 기록에 보인다.11) 내시 한세보(韓
世甫)의 아내 박씨가 남편이 싫어지자 그를 협박해서 이혼한다는 약조 문서
를 받아 냈다. 당시의 법조문에 이런 행위를 처벌하는 규정이 없지만 사리
에 어긋나는 일이라 박씨를 곤장 80대에 처했다는 기록이 있다. 이와 비슷
한 사건이 세종 14년 기록에도 나타난다. 함경도 길주 사람 김가물(金加勿)
의 아내가 남편에게 이혼 합의 증서를 억지로 쓰게 하고는 사사로이 이실
(李實)의 아들과 같이 살자, 김가물이 분노하여 이실의 집에 불을 질렀다.12)
이때는 훈민정음 창제 이전이니, 내시의 아내나 김가물의 아내가 받아낸
이혼 합의 문서는 당시의 관행대로 이두문으로 썼을 것이다.13) 이런 문

10) 세종 8년 6월 6일.
11) 세종 8년 9월 11일.
12) 세종 14년 10월 29일.
13) 한글로 표기된 춘향전에 춘향이 이몽룡에게 혼인을 약속해 달라는 문서를 받아 내고
그 문서의 내용이 묘사되어 있다. 소설 속의 이 문서는 표기만 한글로 되었을 뿐 다음
에 보듯이 전통적 이두문 투식을 그대로 따르고 있다. "우불망긔쭌은……고관변정시
라"(경관본 춘향전)(김재문 1993 : 81 재인용). 19세기까지 개인적으로 주고받는 사문
서에서 이두문 투식을 쓴 점으로 보아 위에서 언급한 이혼합의서도 이두문으로 작성

서들은 개인 간에 수수된 사적 문서이며 내용상으로는 개인 가정사를 다룬 것이 된다.

훈민정음 반포 이후의 실록 기사에서도 비슷한 성격의 사건이 계속 나타나고, 이에 따른 문서 제출 기록이 다수 발견된다. 단종 1년(1453)에 방패(防牌)의 아내들이 관리들의 탐악한 처사를 조사해 달라는 고발장[狀告]을 사간원에 냈으나 수리되지 않자, 이를 다시 사헌부에 낸 사건이 있었다.14) 세조 9년(1463)에 강복(康輻)이라는 사람이 그의 아내에게 '버린다'[棄別]라고 하는 문서를 주었다.15) 세조 7년에 전(前) 사용(司勇) 신윤오(申允悟)의 아내 유씨(柳氏)가 사헌부에 "나의 생질인 전(前) 현감(縣監) 유자미(柳自湄)가 나를 구타하였다"라고 서면으로 고발하였다.16) 이와 같이 여성이 주체가 되어 사헌부에 소장을 낸 사건은 실록에 빈번하게 나타난다. 실록에는 위에서 든 예시 이외에도 여성과 관련된 문서 제출 기록이 여러 개 발견된다.

이러한 문서는 모두 이두문으로 작성되었음이 분명하다. 그러나 소지 혹은 청원, 고발 등 관아에 낸 법적 행위 문서가 아니라, 일반적 내용의 청원문을 낸 경우는 그것이 순 한문으로 작성되었는지 아니면 이두 형태가 삽입된 이두문으로 작성되었는지 판단하기 어렵다. 예컨대 우의정 강순(康純)의 처 이씨(李氏)가 형의 죄에 연좌되어 고부 관노로 있는 아비 이확을 용서해 달라고 청하는 상언(上言)을 올렸다.17) 또 선천(宣川) 군사(郡事) 김숙보(金叔甫)의 처 서씨(徐氏)가 아들 김관의 사로(仕路)를 열어 줄 것을 청하는 상언을 올렸다.18) 부녀자가 관에 낸 이런 문서는 순 한문으로 작성되었는지 이

했을 것이다.

14) 단종 1년 7월 25일.

15) 남편으로부터 버림받은 딸을 친정어머니가 이준생(李俊生)에게 시집보낸 것이 사건화되었다. 사헌부에서 이를 조사하되 강복의 전처는 아무 죄가 없으니 추핵하지 말라는 것이 주요 내용이다. 세조 9년 4월 29일.

16) 세조 7년 11월 6일.

17) 세조 13년 12월 26일.

18) 세조 2년 4월 24일.

두문으로 작성되었는지 명기되어 있지 않으나, 이두문이었을 가능성이 높다. 이 문서들의 작성에 여성은 서사자가 아닌 내용 확인자로 참여했을 가능성이 높다.

훈민정음을 창제하기 이전에, 세종은 백성들이 율령의 경중을 모른 채 죄에 빠지는 점을 염려하여, 율문을 이두로 번역하여 백성들에게 널리 알리라는 명을 내린 적이 있다.[19] 고려 이래로 법률 문서는 물론 대부분의 문서는 이두문으로 작성되었다. 이 관습은 조선에서도 지속되었다. 훈민정음을 창제한 이후에 세종은 이서(吏胥) 선발 시험 과목에 훈민정음을 넣어 이두를 정음 문자로 대체하려 했으나 대왕의 붕어하심으로 계속 실천되지 못하였다.

이두문으로 관문서를 작성한 관습은 조선 후기에도 계속되었던바 이렇게 된 가장 큰 원인은 한글로 작성한 문서는 그 법률적 효력을 인정해 주지 않았던 데 있다. 1675년(숙종 즉위년)에 언문으로 쓰거나 증필(證筆)이 없는 사채(私債) 문서는 심리하지 않는다[20]는 수교(受敎, 왕명)가 내려졌다. 이 왕명이 『수교집록』(受敎輯錄 1698)에 실렸다. 정해졌다. 이로써 관아에 제출하는 증빙서나 징채 관련 송사에 언문 문서를 쓴다는 것이 불가능하게 되었다. 이 법률에 따라 관에 제출하는 문서는 이두문으로 작성할 수밖에 없었다. 실록 기사에서 백성들이 관아에 제출한 문서들이 이두문으로 작성·제출된 것이 거의 확실하다.

조선시대 여성들이 관에 제출한 문서나 각종 계약 및 약조 문서는 이두

---

19) 임금이 좌우 근신에게 이르기를, "비록 사리를 아는 사람이라 할지라도, 율문에 의거하여 판단이 내린 뒤에야 죄의 경중을 알게 되거늘, 하물며 어리석은 백성이야 어찌 범죄한 바가 크고 작음을 알아서 스스로 고치겠는가. 비록 백성들로 하여금 다 율문을 알게 할 수는 없을지나, 따로이 큰 죄의 조항만이라도 뽑아 적고, 이를 이두문[吏文]으로 번역하여 민간에게 반포하여 보여, 우부우부(愚夫愚婦)들로 하여금 범죄를 피할 줄 알게 함이 어떻겠는가." (…중략…) 드디어 집현전에 명하여 옛적에 백성으로 하여금 법률을 익히게 하던 일을 상고하여 아뢰게 하였다. (세종 14년 11월 7일 기사)
20) 出債成文 必具證筆者聽理 諺文及無證筆者勿許聽理(受敎輯錄 戶典 徵債條).

문으로 작성되었고 이런 경향은 한글 창제 이후에도 계속되었다. 이두 문서 작성에 여성이 직접 서사자로 참여하지는 않았으나 문서 내용의 확인과 쟁송의 참여 등에 있어서 적극적 주체가 된 경우는 많았다. 여성이 참여하여 작성한 이두문은 관청에 제출되는 것이기 때문에 일정한 형식을 갖추어야 했다. 이들 문서의 내용은 재산 문제 등 집안일과 관련된 것이 대부분이다. 이들 문서의 내용은 이해 당사자에게 한정된 것이나, 그 결과는 사회적으로 파급될 영향력을 가졌다고 할 수 있다. 이두는 여성들의 문자생활 특히 관문서를 포함한 실용문 작성에서 가장 중요한 서사(書寫) 수단이 되었다고 결론지을 수 있다.

3.2. 한글에 의한 문자생활

이 절에서는 훈민정음 반포 이후의 여성 문자생활을 다룬다. 새 문자가 만들어진 후 여성들이 어떤 내용을 담아, 무슨 목적을 위해, 누구를 대상으로 하여 이 문자를 활용했으며, 작성된 문서의 성격과 영향력은 어떠한 것이었는지 조선왕조실록에 나타난 기사를 중심으로 논한다.

3.2.1. 중전과 대비의 한글 사용

조선왕조실록에서 한글 사용의 주체로 가장 많이 등장하는 신분은 대비나 중전[21]이다. 특히 왕이 어린 나이로 즉위하였을 경우 대비가 일정 기간 수렴청정을 하는 관례가 있었던바, 이런 시기에 대비가 언문서를 통해 국정에 참여한 기록이 많다. 이 절에서는 대비나 중전가 언문서로 국정에 참여한 기록을 실록에서 찾아내어 그 문서의 내용과 목적, 영향력 등을 밝혀

---

21) 중전(中殿)은 왕후를 가리키며 '중궁'(中宮)이라 칭하기도 한다.

문자생활의 실상을 왕대(王代)별로 기술할 것이다. 이어서 여성의 신분을 양
반층 여성, 평민층 여성, 여관(女官)을 비롯한 궁녀, 기생, 여비(女婢)로 나누
어, 실록 기사에 나타난 이들의 한글 활용 양상을 문자생활이라는 측면에
서 살펴보고자 한다.

■ 세조 대

중전[王侯]이 한글 문서를 통해 국정에 관여한 가장 이른 기록은 세조 4
년(1456)에 다음과 같이 나타난다.

> 조금 있다가 중궁(中宮)이 언문으로써 아뢰기를, "근래에 사람들 가운데
> 사죄(死罪)에 연좌(連坐)된 자가 많았는데, 김분 등이 범한 죄도 진실로 같은
> 류에 해당한다면, 성상께서 모름지기 극형에 처하여야 할 것입니다. 그렇지
> 아니하다면, 청컨대 먼 곳으로 유배하셔서 살길을 구해 주소서"라고 하니,
> 임금이 즉시 그 글을 정원(政院)에 내려보내어 특별히 사형을 감하게 하였
> 다. (세조 4년 8월 24일)

김분(金汾)과 김인(金潾)이 '공신 홍윤성(洪允成)이 그들의 누이를 취하려 한
다.'라는 무고 건으로 옥사가 일어나 이들을 죽여야 한다는 논란이 일어났
다. 중궁이 언문으로 왕에게 글을 올려 죽을 죄가 아니라면 죄인들을 원방
에 유배함이 좋겠다는 의견을 내었고 왕이 이를 수용하였다. 위 기사는 여
성이 작성한 한글 문건이 국사의 결정에 중요하게 작용한 첫 사례라는 점
에 그 의의가 있다.

이하에서 각 왕대별로 그 사례를 종합 검토하여, 문자생활상 중요하다고
생각되는 것을 대상으로 그것이 갖는 의미를 검토해 보기로 한다.[22]

---

22) 이하에서 왕조실록의 검색을 통해 얻은 구체적 사례는, 앞으로의 관련 연구에 참고 자
　료가 될 수 있도록, 그 내용의 핵심을 간략히 요약하여 논문 말미에 부록으로 붙여 놓
　았다. 논문 중의 기사 번호는 부록의 것과 대조하여 보기 바란다.

■성종 대

성종 대에는 대비 혹은 중전이 언문서로 국정에 관여한 기사 17건이 나타난다.[23] 그 사례가 비교적 많은 이유는 성종이 열세 살의 어린 나이로 왕위에 오른 후 7년 동안 세조 비(妃) 정희대비(貞熹大妃)가 수렴청정을 했기 때문이다. 성종 대 기사 중 두 가지(부록의 기사 번호 1과 2)는 성종 초기에 수렴청정한 정희대비가 언문서로 국정에 관여한 것이다. 그 내용을 보면 (1)은 옹주 모녀가 재산 문제로 송사를 일으키고 조정 대신들이 이 문제를 논의하자, 대신들이 올바른 판단을 할 수 있도록 정희대비가 송사에 얽힌 과거지사를 상세히 적은 글을 준 것이다. 정희대비가 언문서로 국정에 관여한 일이 적지 않았을 터인데 실록에는 더 이상의 기사가 보이지 않고 수렴청정을 거두기 위해 언문서를 내린 (2)의 기사로 끝맺고 있다.

이에 비해 성종의 어머니였던 인수대비가 언문서를 내려 국정에 관여한 기사가 훨씬 많이 나타나 있다. 특히 연산군의 생모 윤씨를 폐비시키는 과정에서 인수대비가 언문서를 통해 주도적 영향력을 행사한 기사가 5건이나 된다. (3)~(7)번의 기사가 그것이다. (7)번 기사는 당시 활동했던 삼대비가[24] 함께 언문서를 작성하여 조정 대신들에게 그들의 의견을 개진하였던 일을 기록한 것이다. 그 밖의 성종 대의 언문 기사는 대비들의 사찰 중창 등 불교를 옹호하는 태도에 맞서서, 도첩제를 강화하여 억불 정책을 펼치려는 유신들이 서로 대립하는 과정에서 나온 것이다. 두 대비는[25] 자신의 뜻을 관철하려고 수차례 언문서를 조정에 내렸다. 이 문제에 대한 대비와 신하들 간의 설전은 실록에 그 내용이 자세히 실려 있다. 대비들과 신하들이 언문서를 통해 불사(佛事)에 관한 토론을 벌였던 것이다.

---

23) 이 글 말미에 붙인 부록 자료 중 '성종 대'를 참조 바란다.

24) '삼대비(三大妃)'란 정희대비(세조의 비), 인수대비(성종의 생모), 인혜대비(예종의 비)를 가리킨 말이다.

25) 정희대비는 성종 14년에 승하했으므로 성종 15년 이후의 이 기사들은 인수대비와 인혜대비가 관여한 것들이다.

성종 대 기사에서 여성이 언문을 통해 국정에 참여한 내용은 크게 보아 세 가지로 나눌 수 있다. 첫째는 중궁 윤씨의 폐비와 관련하여 대비가 언문서를 내린 것이다. 둘째는 사찰 중창 등 불교를 신앙하는 왕실 여성들의 활동에 대해 유신들이 반대 상소를 올리자, 이에 대응하여 대비가 언문서를 내린 경우이다. 셋째는 임금의 수라상 차림과 신변 문제에 대해 대비가 언문서로 지시를 하달한 내용이다. 이 자료들은 왕의 측근에 있었던 대비들이 언문서를 통해 그들의 의견을 국가 공사(公事)에 반영시켰음을 보여 준다. 특히 윤씨 폐비를 주도한 인수대비의 언문서들은 당시의 정치에 영향을 미쳤다.

대비와 중전의 언문서는 한문으로 번역되어 실록에 실렸고[26] 국사에 정치적 영향을 미쳤기 때문에, 여성의 문자 활동이 국가적 차원에서 공적 성격을 발휘한 대표적 사례라 할 수 있다. 아울러 여성이 독서자가 아닌 서사자 혹은 구술자로 문서 작성에 관여했다는 점에서 여성 문자 활동 중 가장 적극적 성격을 띤 것이라 할 수 있다. 이 점은 이하에서 서술될 대비와 중전의 언문서에도 동일하게 해당된다.[27]

■ 연산군과 중종 대

연산군과 중종 대에 대비나 중전이 언문으로 국정에 참여한 기록은 모두 4건이 나타난다. 연산군 대 1건의 기사는, 성종 사후에 대왕의 행장을 수찬할 때, 성종의 세 번째 비였던 정현왕후(貞顯王后)가 성종의 행적을 언문으로 적어 조정에 내린 일에 대한 것이다. 왕의 행장을 수찬할 때 왕후가 작성한 언문서도 함께 참고했던 것이다.

중종 대에는 3건의 기사가 나타난다. 왕의 건강을 염려하여 대비가 내린

---

26) 대비의 언문서를 한문으로 번역한 사람들은 연산군 폭정 때 모두 처벌당하는 비운을 겪게 된다.
27) 중복을 피하기 위해 이하 왕대의 서술에서 이 점을 일일이 언급하지 않는다.

언문서, 왕실 여성들의 갈등과 반목 과정에서 대비가 경빈 박씨를 제어하려고 내린 언문서, 그리고 자순대비가 사후의 행장 수찬에 이용하도록 생전에 자기의 행장을 언문으로 작성해 놓은 것[28]이 그것이다. 연산군과 중종 대의 기사가 극히 적은 것은 수렴청정이 없었기 때문이다. 그 내용 또한 정치적 사안에 대한 것이 아니라, 개인 신변에 관련된 것이라는 점에서 그 가치가 미미하다.

■ 명종 대

명종 대에 대비가 내린 언문서 기록은 모두 12건이다. 이 12건 중 6건 (1~5번, 11번)은 명종의 어머니인 문정대비가 내린 언문서이다. 명종 대에 대비의 언문서가 많이 작성된 것은 명종이 열두 살의 어린 나이로 왕위에 오르게 되자, 그의 어머니이자 중종 비였던 문정왕후 윤씨가 대비가 되어 8년에 걸쳐 수렴청정을 했기 때문이다.

문정대비가 언문서에 적은 내용은 임금의 행적, 친정 집안사람의 처벌에 대한 것, 그리고 불사를 행하는 일에 대한 변호 등이다. 조정 대신들이 어린 임금에게 치도의 경계문을 지어 올리면서 같은 내용을 언문으로 풀어서 대비전에도 올렸다(3번). 이런 경우는 대비가 독서자로 문자 활동에 참여한 것이 된다. 임금에게는 한문으로, 대비에게는 언문으로 각각 다르게 작성하여 올린 사실은 두 개 문자의 사용에 대한 관리들의 공식적 태도를 보여준다. 이는 국가적 차원에서 행해진 이중 문자생활의 전형적 사례이다. 이런 일이 지속적으로 반복됨으로써 언문은 여성과 관련된 문자라는 인식이 굳어져 갔다.

불사(佛事)를 행하는 것이 사사로운 이익을 위한 것이 아니라 왕실의 안녕을 빌기 위한 것이라는 문정대비의 주장이 언문서로 대신들에게 전달되

---

28) 실록 편수관들은 이 언문 자료를 다시 한문으로 번역하여 기사화하였다. 여성이 작성한 문서가 국사 기록의 자료로 활용되었던 것이다.

기도 하였다(5번). 이 문서에는 귀양 간 윤백원(尹百源)을 가까운 곳으로 이배(移配)하라는 내용도 포함되어 있다. 문정대비는 자주 언문서를 활용하여 자기의 뜻을 강하게 피력하고 관철하였다.

(6)~(10)과 (12)번은 명종의 비 인순왕후(仁順王后)가 중전으로서 언문서로 국사의 결정에 관여한 것이다. 관여한 국정의 내용은 죄인을 사면하는 것과 왕의 위중함을 당하여 그 후사를 결정하는 문제이다. 특히 (12)번은 명종이 죽은 후 왕의 명복을 기원하기 위해 나라에서 죄수를 석방할 때, 중전이 국기(國紀)나 강상(綱常)을 범한 자와 도적까지 석방하라는 언문서를 내리자 신하들이 이를 반대하였고, 이에 중전이 다시 언문서를 내려 자기 뜻을 관철시킨 내용이다. 이 언문서는 한문으로 번역되어 실록에 실렸다.

■ 선조 대

선조 대에 나온 언문서는 모두 10건으로 작성 주체가 비교적 다양하다. (1)~(7)의 언문서는 당시의 대왕대비인 공의전(恭懿殿)이 쓴 것인데, 그 내용은 대부분 대비 자신의 사생활에 관한 것이다. (8)은 명종의 비 인순왕후(仁順王后)가 왕의 건강을 염려하여 내린 언문서이다.

(9), (10)은 선조의 계비 인목왕후(仁穆王后)가 쓴 것이다. 선조의 병이 위중하게 되자 인목왕후가 언문서를 내려 세자가 섭정토록 지시하였다. 이를 두고 신하들이 반대하자 중전은 다시 언문서를 내려 시행토록 하였다. 선조의 임종이 임박하여 국정에 공백이 생기자, 중전이 언문서를 통해 원만한 국정 수행이 이루어지도록 지시한 것이다. 이것은 중전이 언문서를 통해 국정 수행에 결정적 영향을 미친 사례이다.

이에 대해 신하들이 거세게 반발하지만 중전의 조치는 강행되었다. 이 기사의 끝에 실린 사평(史評)이 흥미롭다. "사신은 논한다. 상의 기후가 미령하지만 국가를 위한 계교가 매우 지극하다. 중전은 여주(女主)이다. 이처럼 정책을 결정하고 부탁하는 일을 어떻게 언서로 간여할 수 있겠는가. 이런 버릇은 자라게 할 수 없는 것이다. 그러나 중전인들 어찌 女主가 간여할 수 없다는 것을 모르겠는가. 이처럼 위급한 때를 당하여 특별히 명지(明旨)를 내린 것은 대계(大計)를 보인 것이다." 이 사평은 중전이 언서로 국정에 간여한 것을 강하게 비판하였다. 국가 정책을 결정하는 일을 언서(諺書)로 간여한 것은 있을 수 없는 일이라고 하고, 이런 버릇이 자라게 그냥 두어서는 아니된다고 강경하게 말했다. 조선의 양반층은 언문이 국정을 논하는 공적 영역에 사용되는 것에 대해 매우 강한 거부감을 가지고 있었던 것이다. 이 사평에 나타난 사관(史官)의 인식은 양반층 모두가 공유한 공통적 생각이었음이 분명하다. 양반 권력층은 언문이 국정과 관련된 공적 영역의 기록 문자로 사용되지 못하도록 막았던 것이다. 대비나 왕후가 내린 언문서는 모두 한문으로 번역되어 회람되거나 실록 기사에 등재될 수 있었던 것은 이런 태도에 기인한다.

■ 광해군 대

광해군 대에는 선조의 계비 인목왕후가 대비가 되어서, 언서를 내린 기사 3건이 나타난다. 선조의 능침 곁에 대비 자신의 장지를 정해 두라는 언서 1건과 왕의 건강을 염려하는 언서 2건이 전부이다. 이들은 모두 특별한 정치적 의미를 가진 것이 아니라 개인적 관심사와 왕의 신변에 대한 것뿐이다.

■ 인조 대

인조 대에 대비가 언문서를 내린 기사는 16건이다. 광해군 대와 인조 대의 언문서를 내린 주체는 선조의 계비였던 인목대비이다. 인목대비는 앞에서 언급한 선조 대 기사 (9), (10)과 광해군 대의 3건, 인조 대 16건, 모두 합쳐 21건의 언문서를 내려, 후술할 정순대비 다음으로 그 건수가 많은 인물이다. 인조 대의 언문 기사가 특히 많은 이유는 인조반정 때, 광해군을 폐위하고 인조가 등극하는 과정에 인목대비가 정치적으로 중요 결정을 하여 협력한 공이 있기 때문이다. 인목대비는 광해군 치하에서 소생 영창대군을 잃고 서궁에 유폐되는 등 쓰라린 고초를 겪었지만, 인조반정 이후 그 지위를 회복하면서 국사에 큰 영향력을 행사하였다. 이에 수반하여 인목대비가 내린 언문서가 다수 생성되었다.

인목대비가 내린 언문서는 그 내용이 가장 다양하다. 그녀가 폐위된 광해군의 죄목 열 가지를 언문서로 작성하여 조정 대신들에게 내린 인목대비의 언문서는 당시의 정국 흐름에 큰 영향을 끼쳤다. 이 언문서는 인조반정에 그럴듯한 명분을 제공한 것으로 역사적 의미가 큰 글이었다. 인목대비는 억울하게 죽은 영창대군의 행장을 언문으로 작성하여 승정원에 내리고, 대군의 시호를 의정(議定)케 하였다. 이에 대해 사헌부 관원들이 대비가 언문서를 승정원에 내린 것은 옳지 않다는 상소를 하였다. 언문서가 공적 영역에 사용되는 것을 막으려 한 것이다. 그러나 왕이 관원들의 상소를 가납치 않았다(인조 1년 12월 7일). 사헌부 관원들은 대비의 언문서를 한문으로 번역한 후 뒷일을 처리했을 것이다.

인목대비가 내린 언문서에는 왕의 건강과 식사에 관한 기사나 딸 정명공주와 관련된 사생활 내용도 있다. 그러나 전체적으로 볼 때, 국가 공무에 대한 내용이 많다. 백성을 위무하거나 농우 도살을 염려하며 민생을 걱정한 대비의 언문서(7번)는 색다른 면모를 보인다. 특히 인목대비가 언문서로 조정 대신들에게 국가를 지키는 도리를 설파한 기사(9번)는 국정에 대한 대비의 식견이 높았음을 보여 준다. 역모 사건에 대해 대비의 의견을 밝힌 것(11번), 인성군의 처벌에 관여하여 스스로 자결하라고 명령한 언문서(12, 13번)도 특이하다. 대비가 흉년으로 인한 민생고를 걱정하여 백성들이 바치는 물건을 줄이도록 하교한 언문서(14, 15번)는 신하들의 강한 반대에 부딪혔다. 이에 인목대비는 추가 언문서를 세 차례 더 내려 그 뜻을 관철시켰다. 백성을 생각하는 마음씨가 어느 대비보다 두드러진다. 대비의 환도(還

都) 행차에 백성들이 겪을 고초를 염려하여 노량진에 부교를 설치하지 말
도록 특별히 지시한 내용(10번)도 주목된다.[29] 앞에서 나온 다른 대비들의
국정 참여 내용과 비교해 볼 때, 인목대비의 언문서는 그 내용이 훨씬 다
양하고 영향을 미친 범위가 넓다. 이 기사들은 백성들에 대한 인목대비의
마음 씀씀이가 남달랐음을 보여 주며, 당시 조정에서 인목대비의 위상이
높았음을 의미한다.[30] 인목대비가 내린 언문서들은 국정에 관여한 문서로
서 그 가치와 중요성이 다른 어느 대비의 언문서보다 크고 무겁다고 말할
수 있다.

■ 현종 대

현종 대에는 3건의 언문서가 확인되는데 이는 인조의 계비 장렬왕후(莊烈
王后) 조씨(趙氏 1624~1688)가 대왕대비가 되어 내린 것이다. 이 분은 슬하에
자녀를 두지 못했으나 효종, 현종, 숙종 대까지 4대에 걸쳐 왕실의 어른으
로 지냈다. 언문서의 내용은 모두 대비가 왕의 병세를 걱정하며 시약을 명
한 것이다. 교서의 내용은 나랏일[國事]에 대한 것이 아니라 왕의 신변 문제
에 국한되어 있다.

■ 숙종 대

숙종 대에는 대비가 내린 언문 기사 17건이 확인된다. 숙종 대에 대비
와 중전이 내린 언문서의 빈도가 높은 것은 숙종의 재위 기간이 긴 점도
있고, 이 시기에 왕실 여성의 활동이 비교적 활발했기 때문이다. 언문서의
내용은 왕의 건강과 신변에 대한 것이 대부분이고 나랏일에 대한 것은 소
수이다.

---

29) 인조 대의 기사 중 7, 8, 10, 14, 15, 16을 참조.
30) 인목대비는 글씨에도 뛰어나 금강산 유점사에 인목대비 어필인 『보문경』(普門經) 일부
   가 전해졌다고 한다.

이 중 (3), (4), (15)는 장렬대비(莊烈大妃)가 내린 언문서이며, 그 내용이 왕의 건강 문제에 국한되어 있다. 현종 대의 언문서와 성격이 같다. 장렬대비 관련 3건 기사와 (17)을 제외하면 숙종 대의 나머지 기사 13건은 모두 현종의 비였던 명성왕후(明聖王后) 김씨가 왕대비가 되어서 내린 언문서이다. (17)은 숙종이 세상을 떠난 후 장례를 준비하는 과정에서 중전이 내린 언문서 기사이다. 이 기사에는 중전의 언문서와 함께 장례 비용을 충당하기 위해 내수사의 은자를 내린 사실도 아울러 기록하였다.

왕대비가 내린 언문서에도 역시 왕의 건강이나 신변 문제에 대한 내용이 포함되어 있다. 조선시대 왕실에서는 질병이나 변고가 연이어 일어날 때 왕의 처소를 잠시 옮겨 몸가짐을 조심하는 관습이 있었다. (8)과 (15)의 기사는 왕의 처소를 옮기는 문제를 왕대비가 직접 챙겨 구체적 장소와 시기를 언문서로 지시했음을 보여 준다. 새 중전의 간택과 관련한 일은 대비가 주관했는바 (10), (11), (12)의 기사는 왕대비가 언문서로 이 일을 진행하였고, 왕비될 사람을 정한 후 언문서를 내려 주변의 뜻을 물었다는 내용을 담고 있다.

여성이 주체가 되어 행해진 국가의 주요 대사는 그 내용이 언문으로 작성되어 남성 관리에게 전달된 사실도 발견된다. (9)와 (16)은 왕대비인 명성대비 김씨가 송시열에게 국정에 참여하여 왕을 도우라는 언문 서간을 내렸다는 기사이다.[31] 당시에 인망을 누리던 인물을 국정에 참여시켜 정쟁을 수습하고 내정의 안정을 도모하려는 왕대비의 노력이 언문 서간을 통해 실천되었던 것이다. (13)은 성내에 질병이 돌자 궁내 사람들의 왕래를 삼가도

---

[31] 명성대비의 이 언서는 조선왕조실록에 언급된 것으로서 유일하게(?) 실물이 현전하고 있다. 김일근(1991 : 172)에 따르면, 청주에 사는 종손(宗孫) 송원달(宋元達)이 이 언서를 소장하고 있다. 이 언서는 송시열(1607~1689)의 문집으로 가장 늦게 간행된 『송서습유』(宋書拾遺) 권두에 수록되었다. 『송서습유』는 송병선(宋秉璿)이 1927년에 9권 4책의 목판본으로 대전의 남간정사(南澗精舍)에서 간행한 것이다. 『송서습유』(宋書拾遺) 권두에 이 언서를 서체 그대로 새겨 넣고 '明聖大妃諺札'(명성대비언찰)이라 이름하였다.

록 지시한 것인바, 이는 왕대비의 언문서로서는 이례적 내용이다.

■ 경종 대

경종 대의 언문서 5건은 모두 숙종의 제3비인 인원왕후(仁元王后) 김씨가 내린 것이다. 이 시기의 언문서는 그 건수는 적으나 그 정치적 의미가 어느 왕대보다 크다. 경종 대 (2)의 언문서는 연잉군(훗날의 영조)을 왕세제로 봉한 내용이다. 이 언문서는 붕당의 대립에서 노론을 승리로 이끈 문서가 되었으며, 노론과 소론의 권력 투쟁 과정에서 노론의 지지를 받은 영조를 등극케 하는 데 결정적 역할을 하였다. (5)는 박상검의 역모 사건 당시 대비가 조태구에게 내린 언문서를 받은 자가 간직하고 있다가 임금에게 바쳤다는 기사이다. 이런 기사에서 우리는 대비의 언문서가 지닌 정치적 중요성과 국가 운영에 미친 영향력을 확인할 수 있다.

■ 영조 대

영조 대에 대비와 중전의 언문서 기사는 13건이 나타난다. 이 중 10건(1, 2, 4~11)은 앞서 언급한 인원왕후 김씨가 대왕대비가 된 후에 내린 것이다. (1)의 기사는 영조 즉위 이전이기 때문에 이 기사의 '대비'는 인원왕후 김씨를 가리키고, '왕비'는 경종의 비 선의왕후를 가리킨다. (2)는 영조 즉위 후 이들의 지위가 한 등급씩 올라 각각 대왕대비와 왕대비가 된 이후의 기록이다. (4)~(11)의 '대왕대비'는 숙종의 계비 인원왕후 김씨를 가리킨다. 실록 기사에는 '대비'로[32] 나와 있으나 혼동을 피하기 위해 필자가 말미 부록의 목록에서 '대왕대비'로 통일하였다. (3)은 영조의 비 정성왕후 서씨가 중전으로서 내린 것이고, (12), (13)은 영조의 계비 정순왕후[33]가 내린 것이다.

---

32) '대비'라는 말을 원뜻 그대로 보면 이 '대비'는 경종의 계비 선의왕후 어씨(魚氏)가 되어야 하겠지만, 어씨는 1730년(영조 6)에 이미 사망하였기에 기사에 나타날 수 없었다.
33) 김한구의 딸인 정순왕후 김씨는 14세의 나이에 65세 영조의 계비로 책봉되어 왕비로

영조 대의 언문서를 보면 중전보다 대왕대비의 정치적 영향력이 더 컸음을 알 수 있다. (1)과 (13)은 왕위 승계 과정에서 대비와 중전의 언문서가 중요한 정치적 결정에 작용했음을 보여 준다. 왕이 붕어한 당시의 왕실에서 가장 높은 지위를 가진 여성34)의 허락이 왕위 계승에 결정적인 역할을 했고, 이와 관련된 절차가 언문서를 통해 이루어졌다. 이때 대비가 내린 언문서는 여성이 작성한 문서로서 최고의 정치적 영향력을 행사하였다. 이밖에도 우리는 부록의 여러 기사에서 왕의 처소를 옮기는 문제, 존호를 정하는 문제, 동궁이 국가 서무를 관장하는 문제 등에 대비의 언문서가 중요한 영향을 미쳤음을 확인할 수 있다.

■정조 대

정조 대에는 임금이 백성에게 내린 한글 윤음도 많지만 대비 등이 내린 언문서가 많다. 정조 대의 언문 기사는 24건이다. 이 중 5건(12, 16, 17, 23, 24)은 혜경궁 홍씨가 내린 언문서 기사이다. 나머지 19건은 영조의 계비 정순왕후(貞純王后) 김씨(金氏)가 왕대비로서 내린 언문서에 대한 것이다. 실록의 번역문에서 '왕대비' 혹은 '자전'(慈殿)으로 표현된 인물은 모두 정순왕후를 가리킨다. 이 여인은 당시 왕대비로 있으면서 크고 작은 국정에 관여하였고 순조 즉위 후에는 수렴청정을 하면서 언문서로 안동 김씨의 세력을 확장하는 데 큰 영향력을 행사했다.

정순대비가 언문서를 통해 관여한 내용을 보면 전통적으로 대비의 주요 관심사였던 왕의 건강과 신변 문제에 관한 것은 거의 없고, 죄인의 처벌에 관한 기사(4, 10, 18, 20) 등 국가 정무에 대한 것이 많다. 특히 (18)의 기사는

서 17년 그리고 정조와 순조 대에 걸쳐 23년 동안이나 대비 지위에 있으면서 당파 간 권력 쟁투에 큰 영향력을 행사하였다.

34) 이 여성의 신분은 그 윗사람 중 누가 살아 있느냐에 따라 대비일 수도 있고 중전일 수도 있다.

대비가 모든 신하들에게 언문서를 내려 역적 처벌에 대한 자신의 의견을 강하게 피력하여 이를 관철한 것이어서 그 의미가 특별하다.

정순대비가 내린 언문서를 영의정 등이 보고 눈물을 흘리면서 팔도에 반포하도록 청하는 기사(5)에 뒤이어 대비의 이 전교를 높이 칭송하고 감복하는 기사가 4회나 더 기록되어 있다.[35] 그 언문 전교가 잘 실천되지 않자 정순대비가 탕약과 수라를 거부하는 기사(6)도 있다. 이는 언문서를 통한 대비의 국정 관여 욕구가 매우 강함을 보여 준다.

■ 순조 대

순조 대의 언문서 기사는 25건으로 그 수가 가장 많다. 이 시기에 영조의 계비였던 정순대비가 수렴청정을 하면서 언문서를 내려 국정에 깊이 관여했기 때문이다. (13), (24), (25)의 3건을 제외한 나머지 22건은 정순대비가 수렴청정을 하면서 내린 국정 처결 내용이다. 정순대비는 언문서를 통해 국가 서무에 계속 관여하였는바 영조 대의 2건, 정조 대의 19건, 순조 대의 22건으로 도합 43건의 언문 기사에 관여하여 수치상으로 빈도가 가장 높다. 정순대비의 이러한 영향력은 안동 김씨가 부패한 세도정치를 확장하는 데 일조하였다. 앞에서 본 인목대비가 언문서를 통해 행한 정치와 정순대비의 그것은 큰 격차를 보인다.

특히 (5)는 신하들이 조정에 올리는 각종 보고서와 상소문 등을 한문과 함께 언문으로 작성해 대비에게 올리도록 한 조치여서 주목을 끈다. 우리는 여기서 국가의 주요 문서가 언문으로 기록되었던 시기가 있었음을 확인할 수 있다. 대비가 내린 언문서의 내용은 대부분 국가 서무에 관한 것이

---

35) 정순대비가 내린 언문 전교의 핵심 내용은 정조의 총신 홍국영을 비롯해 죄인 송덕상, 이담을 처벌하라는 것이다. 영의정 김치인 등이 대비전에 나아가 "나라가 오늘이 있게 된 것은 누구의 은혜이겠습니까? 경각에 달려 있는 위태로움을 삽시간에 전환시켜 태산과 반석처럼 끝없이 공고하게 하였습니다."라고 정순대비의 공을 칭송하는 아부성의 말을 올리는 기사가 수차례 나온다

다. 왕의 몸 조섭에 대한 기사도 1건(6)이 보이지만 그 비중은 극히 낮다.

■ 헌종 및 철종 대

헌종 대에 3건, 철종 대에 1건의 언문서 기사가 나타난다. 그 수가 적고 관련된 내용도 왕의 신변 문제에 국한되어 있다. 대비 혹은 대왕대비의 정치적 영향력이 컸던 시기와 큰 차이를 보인다. 고종 대의 실록은 일제하에서 편찬되어서 역사학계는 그 역사적 가치를 달리 보고 있다. 이 글에서는 고종 대의 언문서에 대한 언급을 생략한다.[36]

■ 요약

대비와 중전이 언문서를 통해 크고 작은 국사에 관여한 사실을 왕대별로 나누어 검토하였다. 대비 및 중전이 내린 언문서의 내용은 왕의 신변과 건강 문제에 대한 것도 있으나, 국가 정무에 대한 처결한 내용도 많다. 이러한 언문서는 중전이나 대비가 국사에 대해 의견을 밝히고 중요 결정을 내린 것이어서 정치적 의미가 크다. 언문서를 작성할 때 대비나 중전은 문서 작성의 주체로서 서사자 혹은 구술자로 참여했을 것이다. 이 문서의 수급자는 주로 조정 대신이었다. 이러한 언문서는 여성이 관여한 어떤 다른 문서보다 공공적 영향력이 컸으며, 국가의 주요 현안을 결정하는 데 작용하였다. 대비의 정치적 영향력이 컸던 시기에는 언문서의 빈도가 높았던바 성종, 인조, 선조, 숙종, 영조, 정조, 순조 대가 그러하다. 인목대비의 언문서는 백성을 사랑하는 마음으로 내린 것이 적지 않아서 특별한 가치를 가진다. 정조와 순조 대에 정치적 영향력이 컸던 정순대비의 경우는 언문서를 통해 국정의 여러 방면에 부정적으로 작용한 점이 있다. 이러한 고찰을 통해 한글을 표기 수단으로 한 왕실 여성의 문자 활동이 국가적·공공적

---

36) 고종 대에 정치적으로 큰 영향력을 가졌던 명성왕후(속칭 민비)의 언문 사용과 관련하여 별도의 연구가 필요하다.

차원에서 중요한 영향력을 행사하였고, 그것의 정치적 의미가 컸다는 사실을 확인할 수 있었다. 왕대별로 언서 기사의 건수 및 관련 인물을 도표로 요약하면 다음과 같다.

〔표 5〕 왕대별 언서 기사의 건수 및 관련 인물

왕대	건수	관련 인물	비고
세조	1건	세조 비 정희왕후 윤씨	
성종	17건	정희대비 2건, 인수대비 외 15건	수렴청정
연산군	1건	성종 비 정현왕후	
중종	3건	자순대비	
명종	12건	명종 모 문정대비 6건, 명종 비 인순왕후 6건	수렴청정
선조	10건	대왕대비인 공의전 7건, 명종 비 인순왕후 1건, 선조 비 인목왕후 2건	
광해군	3건	인목대비	
인조	16건	인목대비	
현종	3건	장렬대비 조씨(인조의 계비)	
숙종	17건	장렬대비 3건, 명성대비 김씨(현종 비) 13건, 중전(인원왕후 김씨) 1건	
경종	5건	인원대비 김씨	
영조	13건	인원대비 김씨 10건, 정성왕후 1건, 정순왕후 2건	
정조	24건	혜경궁 홍씨 5건, 정순대비(영조의 계비) 19건	
순조	25건	대왕대비 정순대비 22건, 왕대비(정조 비 효의선왕후) 3건	수렴청정
헌종	3건	대왕대비 효의선대비 2건, 왕대비 1건	
철종	1건	대왕대비	

3.2.2. 빈궁과 궁녀 등 궁중 여성의 한글 사용

이 절에서는 대비와 중전을 제외한 궁중 여성의 문자생활에 대해 검토한다. 궁중의 비빈과 궁녀들이 한글로 글을 지은 최초의 기록은 단종 1년(1453)에 나타난다. 이때는 훈민정음 반포 후 7년밖에 안 되었던 시기이다.

빈궁 신분의 혜빈뿐 아니라 그를 돌보는 묘단 등의 시녀들도 한글로 글을
쓸 수 있었음이 확인된다(부록 자료 3.2.2절의 1, 2번 참조). 한문을 몰라 문자로
자기의 생각이나 감정을 한 번도 표현해 보지 못했던 여성들에게 새로 만
들어진 훈민정음은 참으로 신기하고도 고마운 존재였을 것이다.

한글을 익힌 궁녀가 궁을 출입하는 남자를 좋아하여 그리워하는 마음을
편지에 담아 몰래 통하려다가 발각된 사건도 일어났다(3, 4). 궁중 내에서
벌어진 여성들 간의 암투와 갈등 과정에서 언문 서간이 쓰였고(5, 7), 심지
어는 궁내에서 발생한 동성애 사건을 궁중 유모가 발견하고 이를 언문 편
지로 고해 바친 일도 있었다(6). 연산군 대에 언문 금압이 있었으나 그 와중
에도 궁녀의 제문을 언문으로 번역하여 의녀로 하여금 읽도록 하는 등(8),
실생활에서 언문 사용이 계속되었다.

(9)의 기사 내용은 특히 우리의 주목을 끈다. 임금의 공무 수행은 사관(史
官)이 곁에서 일일이 기록하지만 규문(閨門) 안에서 행해지는 임금의 일상은
기록되지 않기 때문에, 여자 사관[女史]을 따로 두어 내전에서 일어난 일을
기록하자고 신하들이 임금(=중종)에게 제안하였다. 다만 여성으로 한문을
능히 구사하는 이가 드물기 때문에 언문을 기록하는 문자로 써도 무방하다
고 신하들이 중종에게 진언하였다.37) 이 기사는 당시의 관료들이 언문으로
임금의 내간 생활을 기록하여 사료로 남겨야 한다는 생각을 담고 있다는
점에서 중요한 자료이다.

---

37) 신하들의 이런 요청에 대해 중종은 처음에 한문을 잘 구사하는 여자를 찾기 어렵다
고 답하였다. 그러자 여사(女史)는 사관과 달리 언문으로 기록해도 가하다고 신하들이
응수하였다. 이에 중종은 여사(女史)의 직임이 중요한 만큼 선악을 잘 구별하는 올바
른 여자를 얻은 뒤에야 가하다고 답하였다. 중종은 임금의 사생활까지 투명하게 만들
려는 이 요구를 내심 기피한 듯하다. 임금이 달가워 할 리가 없는 안방 생활의 기록
은 결국 시행되지 않았다. 이 계청이 받아들여져 지속적으로 시행되었다면 많은 사초
(史草)가 한글로 기록되었을지 모른다. 여자 사관을 두어 임금의 안방 생활까지 기록
하자는 신하들의 요구는 중종반정을 계기로 강해진 신권(臣權)이 선을 넘었다는 느낌
을 준다.

조선시대의 강력한 배불정책 속에서도 궁중 여성들이 왕실의 안녕과 기복을 위해 승려 혹은 사찰과 지속적으로 교류했음은 잘 알려진 사실이다. 궁중 나인의 언문 편지가 먼 산사에까지 전해져 서로 교통하고 있다고 한 상소문(10)이 있다. 광해군 대의 상궁과 승려 간의 언문 서간 교환(14)은 궁중 여인과 승려들의 언문 사용 양상을 알려 준다. 궁중의 나인과 후궁이 중종의 용모를 한글로 묘사한 문장을 지었는데, 이것이 나중에 귀중한 참고 자료가 되었다는 기록도 있다(11). 그리고 선왕(先王)의 후궁이 궁에서 쫓겨난 후 시골을 전전하다가 그곳의 현감에게 언문 서간을 보내어 가련한 처지를 알리고 선처를 호소한 기록도 있다(12). 병조의 서리와 궁중 나인이 주고받은 언문 편지가 죄인 심문의 중요 자료가 된 기록(13)은 언문이 당시 여성 생활에서 자기 생각을 표현하여 상대방에게 전달하는 중요 수단이었음을 보여 준다. 대비의 장례식과 같은 국가의 공식 행사에 필요한 문서가 언문으로 작성되기도 했다(15). 이 기사는 대비의 언문서와 함께 국가 공무의 수행에 언문을 통한 여성의 문자 활동이 이루어졌음을 보여 준다.

빈궁이나 궁녀 등이 작성한 언문 글은 그 형식이 서간문과 기록문 중심이며, 그 내용은 사적인 것이 많다. 이런 문서 작성에 여성은 서사자 혹은 구술자로 참여하여 적극적 역할을 하였다. 이 문서의 수급자는 개인이라 할 수 있고, 구체적으로는 궁중 여성이 사찰의 승려에게 보낸 것도 적지 않았던 듯하다. 이 문서의 영향력은 개인적 차원에 놓이는 것이 대부분이었다.

그러나 궁중에서 왕후 등에게 존호를 바치는 의례 진행과 관련된 언문 홀기(笏記)와 같은 경우는 공공적 성격을 띤 것이라 할 수 있다. 왕후나 대비가 장례 절차 중에서 시책문(諡冊文)과 애책문(哀冊文)을 올리는 것이 있다. 이때 궁의 여관(女官)으로 하여금 이 문서를 읽게 하였고, 문서의 한자에 언문으로 그 음을 달아 여관이 읽을 수 있도록 하였다. 숙종 27년(1701) 11월 11일 기사에도 이와 비슷한 내용이 나와 있다. 궁중의 공식적 의례에서 여성이 맡은 절차에서 언문 문서가 쓰였던 것이다. 연산군 10년 11월 24일 기사에, "궁녀들이 문자를 알지 못하여 서책을 보아도 제목조차 모른다. 궁중의 예의범절은 글을 알아 의주(儀註)를 읽을 수 있어야 집례(執禮)를 할 수 있으니, 젊고 영리한 계집을 뽑아들여 학습시키도록 하라."라는 내용이 있다.[38] 궁중의 의례를 집례하는 여관(女官)은 적어도 언문을 알아야 했던 것이다.

3.2.3. 일반 여성의 한글 사용

왕의 곁에서 궁중 생활을 함께 하였고, 유사시에는 국정 처결권을 가졌던 대비와 중전의 문자생활에 관한 기사는 조선왕조실록에 많이 나타난다. 그러나 궁궐 밖의 일반 여성(양반층, 양인층, 중인층 여성)의 문자생활에 대한 기록은 실록 기사에 올라갈 기회가 상대적으로 적었다. 일반 여성 특히 양반가 여성이 집안 문제로 소송장을 내거나, 상언(上言)을 올려 이것이 조정에서 논의된 경우에는 그 내용이 실록에 등재되었다. 그러나 소송이나 상언은 이두문 혹은 한문으로 작성해야 해서 언문으로 작성한 관문서 사례는 아주 드물다. 그럼에도 불구하고 여성이 관청에 낸 언문서가 소수나마 전하고 있다.

여성과 관련된 사문서는 언문으로 작성되기도 했고, 그 내용이 사회 문제로 비화하여 실록에 실린 사례가 발견된다. 이 절에서는 궁궐 밖의 일반 여성이 한글을 통해 어떤 문자생활을 영위하였는지 실록 기사에 나타난 내용을 중심으로 살펴보고, 그것이 갖는 의미를 검토하기로 한다.[39]

---

38) 연산군 10년 11월 24일 기사에 언급한 글이 한문인지 언문인지 명시되어 있지 않으나 언문일 가능성이 높다.
39) 여러 계층에 속한 여성을 '일반 여성'으로 묶어서 논하는 이유는 '일반 여성'의 한글 사용 기사가 그리 많지 않을 뿐 아니라 관련된 여성의 계층적 지위를 정확하게 말하기 어려운 점도 있기 때문이다.

일반 여성의 한글 문자생활 관련 기사는 21건을 찾을 수 있었다. 이 중 4건(부록 자료 3.2.3절의 2, 3, 8, 18번)은 독자를 여성으로 삼아 읽도록 한 것이고, 나머지 17건은 여성이 직접 쓴 문기(文記)에 관한 것이다. 전자에 해당하는 기사로서 부록의 (2)는 연산군이 예쁜 여자를 흥청(興淸)으로 잡아들이자, 이를 불안히 여긴 무관 한복이 그의 첩 채란선에게 예쁘게 꾸미지 말라고 보낸 한글 편지에 대한 것이다. (3)은 중종이 백성들에게 검박과 절약을 강조하며 내린 언문서에 관한 기사이다. (8)은 임진왜란 중(1593) 산속에 숨은 백성들에게 생활 터전으로 돌아가기를 권유한 선조 임금의 유서(諭書)이다.[40] 선조의 언문 유서가 여성만을 대상으로 한 것은 아니나 "부녀자들도 알도록 하라."라는 의도를 중시하여 여성 문자생활사 자료로 간주할 수 있다. (18)은 오라비가 누이에게 언문 편지를 보내 의금부 공초(供招)에서 좋은 말로 응하라고 부탁한 사연이다. 이들은 여성을 독자로 삼은 문자생활사 자료이다.

나머지 17건은 여성이 작성한 한글 편지와 문서에 대한 것들이다. 여성이 억울하거나 어려운 사정을 호소하기 위해 관청에 언문 소지나 단자를 낸 기사 5건이 보인다. 이홍로의 처 기씨 부인이 언문으로 단자를 올리자 의금부에서 이를 접수하였다(9). 그러나 언문 문서의 출납을 금하는 법을 어겼다 하여 조정 신하들이 이 문서를 되돌려 주고, 당시 언문서를 접수한 의금부 관리를 처벌하라고 왕에게 청한 기사가 연이어 나타난다.[41] 언문 문서의 법적 효력을 없앤 정책이 『수교집록』(受教輯錄)의 사채 문서 언문 사용 금지(숙종 1년) 이전에 이미 시행되었음을 알 수 있다. 언문 문서를 금한 조치는 누구나 쉽게 언문 문서를 쓸 수 있기 때문에 문서의 위변조가 쉽다

---

40) 이 언문 교서의 제목은 '빅셩의게 니르는 글이라'이다. 문서에 찍힌 관인으로 보아 이 언문서는 유서(諭書)에 해당한다. 보물 제951호. 가로 48.8cm. 세로 75.0cm, 권이도 소장.

41) 광해 2년 5월 10일 및 5월 16일 기사.

는 명분을 내세워 시행되었다. 그러나 이 조치는 결과적으로 평민과 여성 등 사회적 약자의 한글 문자생활을 공공적 차원에서 금지함으로써, 한문과 이두문 사용을 독점한 당시 지배계급의 권익을 지키는 데 기여하였다.

그런데 숙종 대의 여성이 언문 단자를 낸 기사 4건이 더 있다. 왕자의 혼사 문제로 경안군의 부인 허씨가 언문 단자를 낸 것(11), 유두성의 누이 유두임이 패륜적인 언문 단자를 낸 것(12, 13), 청백리로 유명한 남편(=이단석)이 죽자 생계가 끊긴 그의 아내가 진휼을 청하며 언문 단자를 낸 것(14)이 그것이다. 이런 사실들을 보면 극소수이기는 하지만 사안에 따라 언문서가 수용되기도 했음을 보여 준다. 그러나 숙종 대 이후에는 일반 여성이 언문서를 제출한 기록을 찾기 어렵다.

(1), (5), (7)번 등 나머지 기사는 여성이 직접 쓴 언문 편지에 대한 내용이다. (15)는 윤씨 부인이 쓴 언문 유서라고 하나 그 성격이 편지와 크게 다르지 않다. 일반 여성들의 일상생활에서 언문을 가장 많이 쓴 매체는 편지였다. 고(故) 영산 현감(靈山縣監) 남효문의 수양아들인 남순필이 수양어미와 저지른 치정 패륜에 언문 편지가 이용되었다(5번 기사). 패륜을 저지른 남녀 간에 언문 편지의 왕래가 빈번했음을 보여 준다. 실록 기사에 여성의 사사로운 편지가 등재된 것은 그것이 중요한 사건과 연루되었을 경우에 국한되어 있다.

오늘날까지 전하는 언문 편지의 대부분이 여성에 의해 작성된 것이거나, 여성이 수신한 것이다. 이 사실로 보아 서사자 혹은 독서자로서 여성이 참여한 문자생활은 언문을 서사(書寫) 수단으로, 편지라는 매체를 통해 이루어졌음을 알 수 있다. 그 내용은 대부분 개인의 가정사나 신변 문제에 그쳤고, 공적 사무에 관련된 것은 극히 적었다. 따라서 언간의 사회적 영향력은 개인적 차원에 그치는 것이 대부분이다.

3.2.4. 기녀와 여비(女婢)의 한글 사용

기녀로서 시조 등 문학작품을 남긴 이는 홍랑과 황진이 등이 있으나 실록에는 오르지 못했다. 실록에는 궁중과 궁 밖에서 활동했던 기녀의 문자생활 관련 기사가 몇 개 실려 있다. 세조가 황해도와 평안도를 순시할 때, 관아의 기생들이 세조에게 노래를 지어 바친 기사가 3건(부록 자료 3.2.4절의 1, 2, 3번)이다. 기생들이 지은 노랫말을 한글로 지었는지 한문으로 지었는지 적시하지 않았으나 전자일 가능성이 높다. 실록의 본문에는 가사가 한문으로 적혔다. 이 한문 가사는 한글로 지은 가사를 번역한 것이거나 한글 음만으로 적은 것을 한자로 바꾼 것일 듯하다. 한글이든 한자든 기녀들이 지어서 불렀다는 점에서 특수 집단에 속한 여성의 문자생활사 자료에 넣을 수 있다.

(4)는 세종이 지은 월인천강지곡 가사를 기녀들에게 부르게 한 것이다. 이 가사는 한글로 지은 작품이 현전하고 있다. (5)는 연산군이 궁중의 가무를 위해 새로 노래를 짓고 이를 언문으로 풀어 기녀들에게 부르게 했다는 기사이다. (6, 7)도 연산군이 궁중에 흥청이라고 부른 기녀들을 끌어모아 이들에게 문자를 가르치고, 궁중 생활에 익숙해지도록 궁중 존칭어 등을 언문으로 풀어서 교육시켰다는 내용이다.

(8)은 죄를 입어 노비로 격하된 철비가 면천(免賤)을 청하는 언문 단자를 냈다는 기사이다. 그러나 면천은커녕 언문으로 상언함이 무례하다 하여, 철비는 추가 처벌을 더 받게 되었다는 기사가 이어져 나와 있다. (9)는 윤씨 폐비 문제와 관련하여, 윤구와 교류한 사비라는 여비가 언문 서찰을 썼다는 내용이다. 이런 기사들은 궁중 및 관아의 기녀나 여비(女婢)가 언문을 학습하여 이를 수단으로 궁중의 일상생활에 활용했음을 알려 준다.

3.3. 한문에 의한 문자생활

조선시대의 사대부가 여성으로서 한문을 이용해 시문을 남긴 이가 더러 있다. 「권선문첩」(勸善文帖)과 산수화 두 폭을 남긴 설씨 부인(1429~1508), 『난설헌집』(蘭雪軒集)으로 문명(文名)을 떨친 허난설헌(1563~1589),[42] 『덕봉집』(德峯集)을 남긴 유희춘의 처 송덕봉, 선조 연간에 활약한 듯한 이씨 부인의 『옥봉집』(玉峰集),[43] 한시 유묵을 남긴 정경부인 장계향(1598~1680), 『정일당 유고』를 남긴 정일당(靜一堂) 강씨(1772~1832), 여성으로서 성리학 논설을 남긴 윤지당 임씨(允摯堂 任氏, 1721~1793) 등이 있다. 그 수량이 그리 많은 것은 아니지만, 이들이 남긴 한문 문장은 한문을 매개로 한 조선시대 여성들의 문자생활이 일부에 한해 가능했던 것임을 보여 준다.

조선왕조실록에는 한자와 한문을 활용한 여성의 문자생활 기사가 그리 많지 않다. 실록 전체를 모두 읽어 보고 확인한 것이 아니라, 검색어 중심으로 관련 기사를 찾은 것이어서 자료 색출의 한계는 있을 수 있다. 한문을 이해하는 것을 흔히 "문자를 안다"라고 하였던 점을 감안하여, '문자'를 중심으로 실록을 검색하고 관련 기사 내용을 검토하였다. 그리고 '아내', '부인', '어머니', '부녀' 등의 여성 명사를 검색어로 삼아, 한문 사용 기사를 찾아내었다. 이런 과정을 거쳤음에도 불구하고, 여성의 한문 사용 기사는 소수에 지나지 않았다.

관찰사 이귀산의 아내 유(柳)씨가 한자를 조금 알아 파자(破字)의 방법으로 밀회를 한 사건(부록 자료 3.3의 1번)이 있다. 박대년이 아내에게 혈서로 약조문을 써 준 사건도 발견된다. 이 기사들은 사대부가 부녀자들이 한자에 대한 기초 지식을 갖고 있었음을 보여 준다. 중전이 임금에게 축하의 전문

---

42) 「廣寒殿白玉樓上樑文」(광한전백옥루상량문), 「夢遊廣桑山詩序」(몽유광상산시서)와 같은 글을 남겼다.
43) 정창권, 『미암일기』에 나타난 송덕봉의 일상생활과 창작활동, 『어문학』 78집, 552쪽 참고

을 올릴 때도 한문으로 썼다(2). 세자빈 봉씨에게 『열녀전』(烈女傳)을 가르친 때가 훈민정음 창제 이전인 세종 18년이니(3), 이 책은 한문 서적이었음이 틀림없다. 봉씨가 한문을 알고 있었던 것이다. 성종 초에 수렴청정을 했던 인수대비가 자기는 문자를 몰라서 정무를 감당하기 어렵지만, 수빈은 문자를 잘 알아 적임자라고 말한 (6)은 겸사에 지나지 않았을 것이다. 세종이 동방의 부녀자들은 중국과 달리 문자를 모르기 때문에 정사에 참여하여 나라를 어지럽힐 염려가 없다고 말했다(4). 그러나 여성의 현실 정치 참여가 불가능했던 것은 당시의 관습과 제도 탓이지 문자[漢文]를 몰랐기 때문인 것은 아니다.

(7)의 기사는 수렴청정하는 대비를 도와 문서 출납까지 담당한 궁중의 비녀(婢女) 두대(豆大)가 한문을 해득하여 기세를 부렸고, 두대는 왕의 은전으로 면천되어 양인이 되었다는 내용이다. 일개의 비녀가 한문을 해득하였다는 것은, 이 여성의 생활이 궁중이라는 특수 환경에서 이루어졌고 그 속에서 한자와 한문을 배울 기회가 있었기 때문일 것이다. 그러나 하천(下賤) 궁녀가 다 한자를 알았던 것은 아니었다. 연산군 대의 기사(8)는 궁녀들이 한자를 몰라 집례(執禮)를 못하므로 영리한 계집을 불러들여 학습을 시키도록 했다는 내용이다. 그러나 이승언의 첩은 한문을 잘 알아 유혹하는 남자와 한시문을 주고받았다는 기사(9)도 보인다. 한문을 통한 조선시대 여성의 문자생활은 실록에 나타나 있는 것보다 훨씬 많이 존재했을 것이다.44) 여성의 한문 글쓰기를 경원시한 당시의 통념으로 인해 여성들이 남긴 한문 글이 적었고, 실록에 등재된 관련 기사 역시 소수에 지나지 않았을 것이다.

한문에 의한 여성의 문자생활은 앞에서 본 한글의 경우와 몇 가지 점에

---

44) 그러한 실제 사례를 정부인 장계향(1598~1680)에서 볼 수 있다. 장계향은 "십여 세에 두루 문예에 통하여 배우지 않아도 능히 발휘되었다. 시를 읊고 붓을 휘둘러 글씨를 쓰니 의연하고 아담한 풍모와 글씨체를 이루었다"라고 한 기록이 있다(『貞夫人 安東 張氏 實紀』 제29장). 또 장계향이 남긴 초서 유묵은 대단히 유창하고 미려하여 한문과 글씨에 대한 소양이 상당했음을 보여 준다.

서 차이가 있다. 사회계층상 한문으로 글을 쓸 수 있는 여성은 양반가의 여성이었고, 특수 신분을 가진 기생이나 궁중에서 생활한 비녀(婢女)도 극소수 존재했다. 문자 활동의 목적으로 볼 때, 시문이나 편지를 쓰는 행위는 개인의 생각과 정서를 표현하기 위한 것이다. 이는 여성이 서사자로서 문자 활동에 참여한 경우이다. 그리고 여성의 덕성 함양을 위해 여성이 교훈서를 읽는 것은 독서자로서의 문자 활동이다. 한문에 의한 여성의 문자생활은 이 두 가지로 이루어졌을 것이나 양반가의 일부 여성에 국한되었을 것이다. 이런 사실로 보아 한문을 통한 여성의 문자생활은 사적 차원에서 이루어졌고, 그 영향력은 개인적 차원에 국한된 것이 대부분이다.

4. 요약과 마무리

지금까지 필자는 여성에 대한 문자 교육을 먼저 검토하고, 이어서 조선왕조실록에 나타난 여성의 문자생활을 표기 수단에 따라 이두문에 의한 것, 한글에 의한 것, 한문에 의한 것으로 나누어 논하였다. 아울러 관련 기사에서 여성이 행한 문자 활동이 당대의 현실 정치 및 생활에 미친 영향을 고려하여 그것의 문자사적 의미를 고찰하였다. 글머리에서 제시한 연구 목적 세 가지(첫째부터 셋째까지)를 상호 연관 지어서 논구한 내용을 요약하면 다음과 같다.

① 이두문에 의한 여성의 문자생활은 관아에 제출한 문서 즉 관문서를 통해 이루어졌다. 이런 문서의 내용은 노비를 포함한 집안의 재산 문제나 남편이 당한 억울함을 풀기 위한 것이며, 소지나 언문 단자 등의 청원서 형식으로 관아에 제출되었다. 이두문을 통한 문자생활에서 여성이 문서의 형식상 청원의 주체나 혹은 분재(分財)의 주체로서 중요 역할을 했으나, 서사자로서 문서 작성에 참여한 것은 아니다. 문자생활에서 이차적 의미를

가진 독서자로 참여했음이 분명하다. 이두문에 의한 여성의 문자생활은 고려시대 이후 조선조 말까지 지속되었고, 이에 관한 기사가 실록에 다수 나타난다. 개인의 재산 문제나 억울한 처지를 해소하고자 이두문으로 형식에 맞는 관문서를 작성하여 제출했다. 여성이 이두문으로 관아에 낸 문서들은 개인의 경제적 목적 및 가사(家事)와 관련된 것이 대부분이다. 이런 점에서 이두문을 통한 여성 문자생활은 그 범위가 제한적이었다.

② 훈민정음 창제는 여성의 문자생활에 커다란 변화를 가져 왔다. 훈민정음은 여성이 보다 적극적으로 문자를 통해 사회적 발언을 하고, 법적 권한을 요구할 수 있는 계기를 만들어 주었다. 실록에 나타난 여성의 한글 사용 기사는 그 빈도가 높고 내용도 다양하여 이들을 여성의 신분별로 나누어 검토하였다.

세조 이후 궁중의 대비 및 중전이 언문서를 통해 국정에 관여한 사실이 실록 기사에 지속적으로 나타나 있다. 필자는 이 자료들이 여성 문자생활사에서 갖는 의의가 크다고 판단하고 이 부분을 집중적으로 논했다. 중전과 대비의 언문서는 왕대에 따라 그 내용이 다른 점이 있고, 정치적으로 미치는 영향의 범위도 크게 달랐다. 대비의 정치적 영향력이 컸던 왕대에는 언문서가 내려진 빈도가 높았으며, 성종, 인조, 선조, 숙종, 영조, 정조, 순조 대가 그러하다. 대비 및 중전과 관련된 언문 기사에는 왕의 신상, 병의 치료 등에 대한 내용이 적지 않다. 이런 경우의 문자생활은 개인적 차원의 사적 성격을 띤 것이라 할 수 있다. 그러나 성종 대의 문정대비, 인조 대의 인목대비, 정조와 순조 대에 정치적 영향력이 컸던 정순대비 등의 경우는 언문서를 통해 국정의 여러 방면에 깊이 관여하여 중요 결정권을 행사하였다. 이러한 시기에 여성이 작성한 언문서는 국가적 차원의 공공적 성격을 가진다. 언문을 통한 왕실 여성의 문자 활동은 국정의 여러 국면에 상당한 영향력을 미쳤음을 확인하였다. 정치 권력의 쟁탈전에 연루된 대비와 왕후들이 내린 언문서는 국사에 적지 않은 영향을 미쳤다.

궁중의 비빈과 궁녀들이 한글을 사용한 최초의 기사는 1453년에 나타났다. 그 후 궁중이나 조정에서 물의를 일으켜 실록에 등재된 여성 문자생활 관련 기사가 적지 않다. 궁을 지키는 군인을 사모한 궁녀가 사랑의 언문 편지를 보냈다가 사건화된 기사도 있다. 궁중 여성과 사찰의 승려 간에 오고 간 언문 편지를 유신(儒臣)들이 강하게 비판한 기사도 주목된다. 이런 기사는 궁중 여성과 승려 간의 교신이 한글을 통해 이루어졌음을 알려 주며, 한글이 궁중 여성들의 종교 행사나 종교 생활에 중요 매체가 되었음을 보여 준다.45)

이어서 궁궐 밖 일반 여성의 한글 사용 기사를 검토하였다. 실록이 조정과 궁중 내부의 일을 중심으로 기록된 것이기 때문에, 일반 여성의 사적 문자생활은 특별히 사건화된 경우가 아닌 한 실록에 등재되지 않았다. 그리하여 실록 기사에는 일반 여성의 한글 사용에 관한 내용이 드물다. 그러나 여성이 쉽게 사용할 수 있는 문자가 한글이었고, 현전하고 있는 언간의 수효로 보아 양반가 여성들은 주로 한글로 편지를 쓴 사실은 명백하다. 남순필의 치정 사건을 조사할 때, 남순필이 양어미와 주고받은 언간에 음탕하고 더러운 말이 있었고, 잡다한 문서 두 부대 속에서 언간이 발견되었다는 기사46)도 이런 증거의 하나이다. 양반가 여성들의 문자생활에서 가장 중요한 비중을 차지한 것은 한글 편지였다. 한글 편지는 여성의 문자생활에서 가장 중요한 매체였다. 일반 여성들이 주고받은 한글 편지는 개인적 차원의 사적 문자생활 범주에 해당한다. 한글 편지는 여성들이 문자생활의 두 가지 측면(서사자 및 독서자)에 동시에 참여한 매체이고, 가장 전형적인 문자생활을 보여 준다는 점에서 그 의의가 있다.

조선왕조실록에 사회적 신분이 낮은 기녀와 여비(女婢)들의 문자생활에

---

45) 이 점은 개화기 이후 기독교 경전들이 한글로 번역되어 부녀자들에 많이 읽혔던 사실과 유사하다. 한글은 역사 이래 민중의 신앙생활과 밀착되어 있었음을 알 수 있다.
46) 중종 29년(1534) 5월 10일 기사. 5월 10일 기사. 5월 11일 기사 等,

대한 기사는 아주 드물다. 궁중에 들어와 가무를 행한 기녀들에게 한글 가사를 주어 부르게 한 것이 있고, 여비가 언문 서찰을 썼다는 기사도 발견된다. 이러한 사실은 한글이 양반층 여성뿐 아니라, 기녀라는 특수 집단은 물론 사회적으로 가장 신분이 낮은 소수 노비들에게도 사용되었다는 점에서 그 의미가 크다.

③ 한문에 의한 여성의 문자생활 기사는 실록에 드물게 나타난다. 당시 실생활에서 일부 사대부층 여성의 한문 사용은 상당한 수준으로 행해진 사례가 여럿 있으나, 실록에 나타난 여성의 한문 사용 기사는 소수에 지나지 않는다. 여성이 한문으로 글을 지어 남기는 것은 여성답지 못한 행위라고 생각한 당시의 통념이 이런 결과에 영향을 미쳤을 것이다. 현재 남아 있는 여성들의 한문 문장을 볼 때, 조선시대의 남성들이 그러했듯이 당시의 여성 중에는 한글과 한문을 동시에 사용한 이중 문자생활 영위자가 소수나마 존재했던 것이다.

④ 필자가 세운 네 번째의 논점 즉 표기 수단(이두, 한글, 한문) 간의 우열 관계는 다음과 같이 파악할 수 있다. 여성의 문자생활에서 가장 중요한 비중을 차지한 것은 한글이다. 한글에 의한 여성의 문자생활은 다음 몇 가지 점에서 중요한 의미를 가진다. 첫째, 문자생활의 일차적 측면인 서사자로서의 활동이 여성의 문자생활에서 실천되었다는 점이다. 둘째, 대비나 왕후의 언문서는 국사의 결정에 관여했다는 점에서 정치적 영향력이 컸다. 셋째, 한글은 사회 계층적으로 다른 문자보다 훨씬 넓은 범위에 걸쳐 사용되었다. 한글은 대비와 중전, 궁녀, 양반층 여성, 기녀와 비녀 등 여러 계층에 걸쳐 가장 많이 사용되었기 때문에, 여성 문자생활에서 가장 중요한 역할을 한 문자이다. 넷째, 문자 사용의 목적에 있어서도 한글이 가장 다양한 용도로 쓰였다는 점이다. 이두문은 관문서나 거래용 문서에 주로 활용되었고, 한문은 편지 및 문학적 성격의 글에 주로 이용되었다. 이에 비해 한글은 편지와 시문(詩文)뿐 아니라 일상생활의 기록에 널리 이용되었고, 특수한

경우 관청에 제출한 청원서에 이용되기도 했다.

문자 사용의 시대적 추이라는 관점에서, 이두는 조선조 말기까지 계속 사용되었으나 그 용도가 관문서나 매매 문기 등에 제한되었다. 반면 한글은 창제 이후 지역적으로나 사회 계층적으로 점차 확대 사용되어 갑오개혁 이후에는 주류 문자로 자리 잡았다.[47] 이해의 편의를 위해 이 글에서 논한 내용을 표에 요약 정리하면 다음과 같다.

〔표 2〕 문자별로 정리한 문자생활의 양상 요약

문자 \ 분류	여성의 역할	사용 목적	주요 내용	문서 형식	받는 자	영향력	성격
이두	독서자 참여자	재산·청원 등 법률적 문제 해결	집안 및 개인 가정사 중심	고문서 형식	관청	이해관계 당사자	관청 문서
한글 — 대비 및 왕후	서사자 혹은 구술자	국정 논의	국사와 왕의 신변 문제	언문서	조정 대신	국가적 국사	국정 문서
한글 — 기타 인물	서사자 혹은 독서자	수수자 간 정보·정서 교류	개인 신변 및 가정사	편지	개인	개인	개인 문서
한문	서사자 혹은 독서자	정서와 사상 표현	개인의 정서와 사상	시문·편지	개인	개인	창작물 개인 문서

---

47) 19세기 이후에는 매매나 계약 문서에서도 한글을 사용하는 사례가 조금씩 늘어갔다. 이 점에 대한 논구는 후속 연구에서 행할 것이다.

〈부록〉 조선왕조실록의 여성 문자생활 관련 기사 목록 및 내용 요약

3.2. 한글에 의한 문자생활

3.2.1. 대비와 중전의 한글 사용

1. 세조 대
(1) 조금 있다가 중궁이 언문으로써 아뢰기를, "근래에 사람들 가운데 사죄(死罪)에 연좌(連坐)된 자가 많았는데, 김분 등이 범한 죄도 진실로 같은 류에 해당한다면, 성상(聖上)께서 모름지기 극형에 처하여야 할 것입니다. 그렇지 아니하다면, 청컨대 먼 곳으로 유배하셔서 살 길을 구해 주소서."라고 하니, 임금이 즉시 그 글을 정원(政院)에 내려보내어 특별히 사형을 감하게 하였다. (세조 4년 8월 24일)

2. 성종 대
(1) 대비가 숙선옹주·경신옹주 모녀들이 서로 송사한 일과 관련하여 경신옹주의 처신과 과거 세조가 이들에 대해 처결한 사유를 언문으로 적어 의견을 대신들에게 알리다. (성종 1년 3월 9일)
(2) 대비가 정무에서 물러나고자 하는 사연을 언문으로 적어 정승들에게 전하니 원상(院相)들이 만류하다. (성종 7년 1월 13일)
(3) 대비가 언문서를 내려 정소용(鄭昭容)·엄숙의(嚴淑儀)와 관련하여 중궁 윤씨의 불순한 소행을 들며 폐비 문제를 대신들에게 의논토록 하다. (성종 8년 3월 29일)
(4) 대비가 윤씨를 폐비한 사유를 언문으로 써 대신들에게 내려 주다. 이때 폐비 윤씨도 언문으로 작성한 글을 함께 제출하다. (성종 10년 6월 5일)
(5) 대비전에서 나온 언문서를 환관 안중경과 승지 강자평으로 하여금 한문으로 번역케 하다. (성종 13년 6월 10일)
(6) 대비가 폐비 윤씨를 옹호한 권경우를 처벌하라고 신하들에게 언문서를 내리다.

(성종 13년 8월 11일)

(7) 삼전(三殿)48)에서 윤씨 사사(賜死)에 대한 언문서를 조정에 내리다. (성종 13년 8월16일)

(8) 대간들이 월산대군을 추궁해야 한다는 상소를 올리자 대비가 모든 일이 불사를 좋아하는 자신의 탓이라는 언서를 내리다. (성종 11년 5월 30일)

(9) 두 대비전(인수대비와 인혜대비)에서 임금에게 언서를 보내 고기반찬을 먹기를 권유하니 임금이 이에 따르다. (성종 14년 5월 13일)

(10) 안암사 중창을 반대하는 홍문관 신하들에게 두 대비전에서 그 사유를 해명하는 언문서를 내리다. (성종 15년 3월 1일)

(11) 안암사 중창을 반대하는 지평 양순경의 상소에 대해 두 대비전에서 언문서를 내리다. (성종 15년 3월 2일)

(12) 부제학 이명숭 등이 안암사 중창을 반대하는 상소를 올리자 두 대비전에서 이에 반박하는 언문서를 내려 홍문관에 보이게 하다. (성종 15년 3월 13일)

(13) 왕이 대간을 불러 안암사 중창에 대한 두 대비전의 언문서를 보인 후 더 이상이 일에 대한 계문을 받아들이지 않도록 하다. (성종 15년 3월 15일)

(14) 두 대비전에서 승려 도첩제를 크게 바꾸는 데 대한 정책적 의견을 언문으로 내리자 의정부, 홍문관 등의 관원이 모여 이 일을 의논하다. (성종 23년 11월 21일)

(15) 불교에 관용적인 대비의 태도를 문제 삼아 대간과 홍문관 관원들이 상소한 것에 대해 대비가 언문서를 내리다. (성종 23년 11월 25일)

(16) 두 대비가 불교를 억누르는 정책을 반대하는 언문 글을 허종과 유지 등에게 내리다. (성종 23년 12월 2일)

(17) 홍문관 부제학(弘文館 副提學) 안침(安琛) 등이 언서를 통한 대비의 정치 간여가 부당함을 아뢰다. (성종 23년 12월 2일)

3. 연산군·중종 대

(1) 대비(慈順大妃=정현왕후)49)가 성종의 효성스러운 행장을 언문으로 적은 글을

---

48) 당시에 존재했던 삼대비(三大妃) 즉 정희대비(세조의 비), 인수대비(덕종의 비=성종의 어머니), 인혜대비(예종의 비)가 머무는 전각을 가리킨 말이다.

49) 정현왕후 윤씨(貞顯王后 尹氏 1462~1530). 성종의 세 번째 부인이며 중종의 친어머니이다. 우의정 윤호(尹壕)의 딸. 1497년 자순대비에 봉해졌으며 1530년 68세를 일기로 졸하였다.

내리다. (연산 1년 1월 2일)

(2) 대비가 대신들에게 주상과 세자의 기력이 약하니 상사(喪事)를 예제 그대로 시행해서는 아니된다고 언문서를 신하들에게 내리다. (중종 17년 12월 15일)

(3) 작서(灼鼠)의 변이 일어나자, 대비가 그 범인으로 경빈(敬嬪) 박씨(朴氏)를 지목하여 의심스러운 행태를 언문으로 적어, 조정 대신에게 보내다. (중종 22년 4월 14일)

(4) 승하한 자순대비가 생전에 자신의 행적을 언문으로 써 놓은 것이 있어서, 왕이 이것을 예조에 내려 대비의 지문(誌文)을 짓게 하다. (중종 25년 8월 23일)

4. 명종 대

(1) 중전50)이 중종이 돌아가시기 전에 유언한 내용을 언문으로 기록하여 신하들에게 내려 보내다. 이것을 한문으로 번역에 조정에 널리 알리다. (인종 원년 7월 4일)

(2) 대비51)가 돌아가신 仁宗의 효행과 근학을 적은 언서 두 폭을 빈청에 내리니 이를 한문으로 번역하였다. (명종 원년 7월 21일)

(3) 영의정 윤인경 등이 10개 조항의 경계문을 지어 임금에게 올리면서 한 통은 언문으로 번역하여 자전(慈殿=대비전)에게 올리다. (명종 원년 7월 25일)52)

(4) 신하들이 윤임의 죄에 대해 불편하게 생각하지 말도록 대비에게 권유하자, 대비가 자기의 뜻을 언문으로 적어 답서를 내리다. (명종 원년 8월 23일)

(5) 대비가 조정의 여러 일에 대한 의견을 적은 언문서를 내리다. (명종 20년 4월 6일)

(6) 중전53)이 대신들에게 이양 및 윤원형 등의 감형에 대해 3차례의 언문서를 내려 자기의 생각을 말하고, 이를 관철하다. (명종 20년 9월 15일)

(7) 대신들이 이양 및 윤원형 등의 감형에 관해 중전에게 아뢰자, 중전이 다시 언문서를 내리다. (명종 20년 9월 16일)

(8) 영평 부원군 윤개 등이 후사에 관하여 중전에게 언문 문서로 아뢰자, 중전이 세 차례에 걸쳐 언문서를 내리다. (명종 20년 9월 17일)

---

50) 중종의 비(妃)인 문정왕후를 가리킨다.
51) 중종(中宗)의 제2계비인 문정왕후 윤씨(文定王后 尹氏 1501~1565)가 대비로서 권력을 행사하던 때의 기사이다.
52) 명종 : 문정왕후의 아들. 12세에 등극하여 문정왕후가 수렴청정을 하게 된다.
53) 명종의 비 인순왕후 심씨를 가리킨다.

(9) 신하들이 중전에게 후사를 정하는 데 대한 언문서를 올려 아뢰자, 중전이 그에 답하는 언문서를 내리다. (명종 20년 9월 18일)

(10) 신하들이 중전에게 후사를 정하는 데 대한 언문서를 올려 아뢰자, 중전이 다시 그에 답하는 언문서를 내리다. (명종 20년 9월 19일)

(11) 대비전에서 언문 교지가 나오자, 이것을 한문으로 번역하여 실록에 싣다. (명종 22년 3월 12일)

(12) 승정원이 옥을 열어 죄수를 석방하는 일에 대하여 중전에게 아뢰자, 중전이 두 차례에 걸쳐 언문서를 내리다. (명종 22년 6월 27일)

5. 선조 대

(1) 공의전(恭懿殿)⁵⁴⁾에서 장사를 검소히 할 것과 주상은 고기를 먹을 것 등을 언문서로 내리다. (선조 6년 5월 4일)

(2) 대신들이 공의전에 나가 위로하며 수라 들기를 권하니, 언문서를 내려 응하다. (선조 8년 1월 7일)

(3) 조정 대신들이 공의전에 나아가 육식을 청하니, 대비가 언문서로 답하다. (선조 8년 1월 18일) *공의전이 언문서를 내린 기사는 4회가 더 나온다.

(4) 공의전이 고기를 권하니, 상이 물리치고 받지 않다. 이에 공의전이 언서를 대신에게 내리다. (선조 8년 2월 15일)

(5) 약방 제조가 공의전을 문안하니, 언문서를 내리다. (선조 8년 2월 30일)

(6) 三公이 공의전을 문안한 후, 공의전에서 내린 언문서 두 통을 선조 임금에게 드리다. (선조 8년 2월 30일)

(7) 공의전이 의녀(醫女)를 추문(推問)하지 말 것을 대신들에게 언서로 전교하다. (선조 10년 11월 28일)

(8) 대비⁵⁵⁾가 약방(藥房)에 언서로 하유하여 왕의 진찰을 명하다. (선조 6년 7월

---

54) 공의전은 인종의 비 인성왕후(仁聖王后) 박씨(朴氏)를 가리킨다. 명종 2년에 공의(恭懿)라는 존호를 올려 공의왕대비(恭懿王大妃)가 되었다가 선조 10년(1577)에 사망하였다.

55) 명종의 비인 인순왕후(仁順王后)를 가리킨다. 1532년(중종 27)에 태어나 1575년(선조 8)에 작고. 영돈녕부사(領敦寧府事) 청릉부원군(靑陵府院君) 심강(沈鋼)의 딸이다. 1545년(명종 즉위년)에 왕후에 책봉되고, 중종의 일곱째 아들인 덕흥대원군(德興大院君)의 셋째 아들인 선조(宣祖)가 즉위하자 청정(聽政)을 사양하다가 마침내 청정하였다. 1568년(선조 1) 흰 무지개가 태양에 꿰임을 보고 정사를 왕에게 돌렸다. 1569년(선조 2) 존호 의성(懿聖)을 받았다. 슬하에 순회세자(順懷世子)를 두었으나 13살(1563년)의 나이로 요절했다.

11일)

(9) 중전[56])이 삼공을 빈청에 모이게 하고, 임금이 조섭에 힘쓰기 위해 세자가 섭정 토록 하라는 언문서를 내리다. (선조 40년 10월 11일)

(10) 영의정 유영경 등 삼공이 중전의 언문서(세자의 섭정을 인정함)의 불가함을 아뢰니, 중전이 다시 답하는 언서를 내리다. (선조 40년 10월 11일)

6. 광해군 대

(1) 대비[57])가 선왕(선조)의 원릉을 정한 곳에 자신의 장지를 정하라는 언서를 내리 다. (광해 원년 2월 7일)

(2) 대비가 약방에 언서를 내려 전하의 건강을 염려하다. (광해 원년 7월 11일)

(3) 대비가 왕의 거처를 동궁으로 옮겨 조섭할 것을 언서로 정원에 하교하다. (광해 원년 7월 12일)

7. 인조 대

(1) 자전(慈殿)[58])이 언서로 폐군(광해군)의 죄목 10가지를 적어 하교하다.(인조 1년 3월 14일)

(2) 자전이 죽은 영창대군의 행장을 언문으로 지어 내려 시호를 의정케 하다. (인조

---

56) 선조의 계비 인목왕후(仁穆王后)를 가리킨다. 1584년(선조 17)에 나서 1632년(인조 10) 에 사망하였다. 연흥부원군(延興府院君) 김제남(金悌男)의 딸. 선조의 유일한 적통인 영 창대군(永昌大君)의 어머니이다. 1602년(선조 35) 왕후에 책봉되고, 존호를 소성(昭聖)· 정의(貞懿)·명렬(明烈)로 받았다. 광해군이 즉위하자 광해군을 왕세자로부터 폐하려 했던 소북(小北)의 유영경(柳永慶) 일파가 몰락하고 대북(大北)의 정인홍(鄭仁弘) 등이 득 세하였다. 이에 1613년(광해군 5) 대북의 흉계로 영창대군·김제남은 피살되고 인목대 비도 서궁(西宮)에 유폐되었다. 1623년(광해군 15) 살제폐모(殺弟廢母) 사건을 이유로 서인(西人) 이귀(李貴) 등이 거병하여 인조반정이 성공하자 인목대비는 광해군을 질책 하고 능양군(陵陽君)을 추대하여 왕위에 오르게 하였으며, 대왕대비가 되어 인경궁 흠 명전에 기거하다가 세상을 떠났다. 글씨에도 뛰어나 금강산 유점사(楡岾寺)에 인목대비 어필인 『보문경』(普門經) 일부가 전해진다.

57) 앞의 주에서 언급한 인목대비를 가리킨다.

58) '자전'(慈殿)은 왕의 어머니가 거처하는 전각 즉 대비전을 가리키는 것이나 인조 대의 기사에서 '자전'으로 기록된 인물은 인목대비를 가리킨다. 인조의 친모(추존된 인헌왕 후)는 국정에 전혀 영향을 미칠 수 없었다. 인조(능양군)는 인목대비가 왕으로 추대했 기 때문에 인목대비는 당시 대왕대비가 되어 정치적 영향력이 컸다. 번역된 실록 기사 에는 '대비'라고 지칭한 곳도 있으나 필사 주체의 통일성을 기하고자 아래 인용에서는 모두 '자전'으로 통일하였다.

1년 10월 29일) 이에 대해서 사헌부 관원들이 이의를 제기하여 대비가 언문 편지를 승정원에 내린 것은 옳지 않은 일이라고 상소하였으나, 왕이 받아들이지 않았다. (인조 1년 12월 7일)

(3) 대신들이 자전에 왕의 조섭이 부당함을 청하니 자전이 언서로 비답을 내리다. (인조 4년 1월 16일)

(4) 자전이 신하들에게 언서로 하교하여 왕이 건강에 힘쓰도록 청하기를 요구하다. (인조 4년 7월 2일)

(5) 자전이 정명공주(=선조의 딸)의 집을 수리하도록 한 명령을 환수토록 승정원에 하교하다. (인조 4년 7월 10일)

(6) 자전이 임금의 수라에 육선(肉膳)을 올리도록 삼공과 정원에 언서로 하교하다. (인조 5년 1월 19일)

(7) 자전이 농우(農牛)의 도살이 많음을 걱정하여 쇠고기를 찬에 올리지 말라고 언서로 하교하다. (인조 5년 2월 4일)

(8) 자전이 언서로 하교하여 부민(府民)들을 위로케 하다. (인조 5년 2월 9일)

(9) 자전이 대신과 정원에 언서로 하여 국가를 지키는 계책에 대해 말하다. (인조 5년 2월 9일)

(10) 자전이 환도할 때 노량에 부교를 설치하는 것은 민폐가 된다고 언서로 하교하여 못하게 하다. (인조 5년 4월 25일)

(11) 허유의 역모 사건을 국문할 때 자전이 언문으로 쓴 하교를 국청에 내리다. (인조 6년 1월 3일)

(12) 자전이 대신들에게 인성군 이공을 처벌할 것을 윤허받으라고 언서로 하교하다. (인조 6년 1월 20일)

(13) 자전이 인성군의 처벌을 원하는 언문서를 국청에 내리다. (인조 6년 2월 21일) 결국 인성군으로 하여금 자결토록 명했다. (인조 6년 5월 14일)

(14) 흉년이 들자 백성들이 바치는 물건을 줄이라고 자전이 언서로 하교하다. 신하들이 반대하자 3차례에 걸쳐 언서를 계속 내려 뜻을 강하게 피력한다. (인조 6년 9월 7일)

(15) 자전이 흉년에 양전(兩殿)의 진상 품목을 줄이라고 언서로 하교하다. (인조 6년 9월 11일)

(16) 자전이 삼공과 육경에게 흉년이 들어 수연(壽宴)을 거행할 수 없음을 상께 아뢰도록 하교하다. (인조 7년 9월 21일)

8. 현종 대

(1) 왕이 병 증세가 있어 대왕대비[59]가 언서로 약방에 하교하다. (현종개수 15년 3월 6일)

(2) 대왕대비의 언서가 있자 약방 도제조 허적이 왕에게 입진할 것을 계청하다. (현종개수 15년 3월 7일)

(3) 대왕대비가 시약청에 하교하여 왕의 거처를 옮기게 하다. (현종 15년 8월 17일)

9. 숙종 대

(1) 왕대비[60]가 어린 나이로 보위에 오른 숙종을 잘 보필하라고 신하들에게 언문서를 내리다. (숙종 원년 3월 18일)

(2) 왕대비가 친부 김우명의 상을 당하자 자결코자 한다는 언문 글을 내리니, 듣는 이가 다 눈물을 흘리다. (숙종 원년 6월 21일)

(3) 대왕대비[61]와 왕대비가 언서로 약방에 교지를 내려, 왕이 약 드시기를 청토록 하다. (숙종 원년 8월 30일)

(4) 대왕대비가 약방에 내린 언서에서 임금이 약 드시게 됨을 알리다. (숙종 원년 9월 2일)

(5) 왕대비가 선왕(효종)의 행장을 언서로 적어 내리자, 대제학 김만기 등이 한문으로 번역하다. (숙종 원년 9월 8일)

(6) 왕대비가 약방에 언문서를 내려 왕의 기침이 심하니, 도성 밖으로의 거둥을 중지하도록 권유하다. (숙종 원년 12월 7일)

(7) 왕대비가 언서를 약방에 내려 교외에서 백관이 왕을 맞이함을 알리다. (숙종 원년 12월 9일)

(8) 도깨비 소동이 일어나자 왕대비가 왕에게 날을 받아 경덕궁으로 옮겨 거처할

---

59) 인조의 계비 장렬왕후 조씨(莊烈王后 趙氏 1624~1688)를 가리킨다. 어린 나이에 인조의 계비가 되어 슬하에 자녀를 두지 못했으나 효종, 현종, 숙종 대까지 4대에 걸치는 왕실의 어른으로 지냈다. 1624년(인조 2)에 출생하여 1688년(숙종 14)에 사망. 한원부원군(漢原府院君) 조창원(趙昌遠)의 딸이다.

60) 현종의 비 명성왕후(明聖王后) 김씨(金氏)를 가리킨다. 숙종 대에는 왕대비가 되었다. 청풍부원군(淸風府院君) 김우명(金佑明)의 딸. 슬하에 숙종과 세 명의 공주(明善, 明惠, 明安)을 두었다. 42세(1683년 숙종 9)의 나이에 창경궁에서 승하하였다.

61) 이곳의 대왕대비도 인조의 계비인 장렬왕후를 가리킨 것으로 판단된다. 이 시기에 이분 말고는 대왕대비로 불릴 만한 인물이 없었다. 정확히 표기한다면 '대대왕대비'가 되어야 한다.

것을 청하는 하교를 약방에 내리고, 약방 도제조 김수항이 이를 거행하다. (숙종 6년 7월 24일)

(9) 왕대비가 영중추부사(領中樞府事) 송시열에게 궁궐에 들어와 왕을 도우라고 언문서를 내리니 송시열이 명을 따르다. (숙종 6년 12월 23일)

(10) 왕대비가 인경왕후가 죽자 새 중전의 간택에 관해 언서로 하교하다. (숙종 7년 1월 3일)

(11) 새 중전의 간택에 관해 논의하는 중 왕대비가 언서로 답하다. (숙종 7년 1월 4일)

(12) 왕의 혼인을 위해 삼간택을 거행하니 왕대비가 병조판서 민유중의 딸을 간택해 두고 언문서를 내려 신하들의 뜻을 묻다. (숙종 7년 3월 26일)

(13) 성내에 두질(痘疾)이 크게 번지니 왕대비가 궐중 왕래를 삼가도록 언문으로 하교하다. (숙종 9년 10월 13일)

(14) 왕대비가 임종에 임하여 언문으로 유교(遺敎)를 지어 내리다. (숙종 9년 12월 5일)

(15) 대왕대비가 임금의 거처를 창경궁으로 옮기도록 권하는 언문서를 내리다. (숙종 10년 11월 4일)

(16) 송시열의 아들 송기태가 왕대비로부터 받은 언문 편지 등을 왕에게 바치다. (숙종 20년 5월 11일)

(17) 중전이 원상(院相) 김창집(金昌集)에게 언문 하교를 내리고, 은자를 주어 국장에 보태 쓰게 하였다. (숙종 46년 6월 9일)

10. 경종 대

(1) 대비[62]가 언서로 하교하여 장녕전에 있는 숙종의 어진을 벽상에 펴서 봉안하게 하다. (경종 원년 6월 21일)

(2) 대비가 왕에게 준 언문서에 근거하여 연잉군(영조)를 왕세제로 삼다. (경종 개수 실록 1년 8월 20일)

(3) 박상검이 환관과 모의하여 왕세제를 살해하려 한 사건이 일어나자, 대비가 영의정 조태구 등에게 언문서를 내려 왕세제를 궁 밖으로 나가도록 권유하다. (경종 1년 12월 23일)

---

[62] 인원왕후(仁元王后) 김씨(金氏). 1687년(숙종 13)에 경은부원군(慶恩府院君) 김주신(金柱臣)의 딸로 태어나 1701년 인현왕후 승하 후 왕후로 책봉되었다. 영조 대까지 왕대비로 지내다가 1757년(영조 33)에 71세의 나이로 슬하에 소생 없이 하세하였다.

(4) 대비가 언문서를 정원(政院)에 내려, 왕의 치통을 진료하도록 의관을 부르다. (경종 2년 11월 20일)

(5) 조태구(趙泰耉)가 대비의 언문서를 봉환(封還)하다. (경종 개수실록 3년 6월 1일)

11. 영조 대

(1) 영조가 즉위할 때 어좌에 오르는 것을 사양하자, 대비63)와 왕비64)가 언문서를 지어 보위에 오를 것을 권유하다. (영조 원년 8월 30일)

(2) 대왕대비의 하교에 따라 약원에서 왕대비전에 아뢰어 권도(權道)를 따를 것을 청하다. (영조 원년 12월 22일)

(3) 중전이 언서를 내려 대왕대비전의 진연례 행하는 것을 허락하지 않다. (영조 12년 1월 27일)

(4) 대왕대비가 왕에게 오순 잔치를 권유하는 언문 글을 내리다. (영조 19년 7월 17일)

(5) 명정전에 나아가 황단의 서계를 받고, 존호를 올리는 일을 의논하였으나 왕이 가납하지 않자, 대왕대비가 여러 차례 언서로 하교하다. (영조 28년 2월 27일)

(6) 송현궁에 거둥한 이후 환궁 문제로 논란을 벌일 때 대왕대비가 언서로 하교하고 왕이 이에 대해 언문 답서를 올리다. (영조 28년 12월 5일)

(7) 김상로 등 신하들이 대소 공무를 동궁(정조)에게 처결 받으라는 왕명을 거두어 달라고 대왕대비전에 청하니, 대왕대비가 언서로 하답하다. (영조 28년 12월 8일)

(8) 왕의 귀궁 문제로 대왕대비전과 동궁에서 언서로 승전색에 하교하다. (영조 28년 12월 17일)

(9) 왕이 대왕대비의 하교를 받고 존호를 올리기를 윤허하다. 대왕대비의 언서를 한문으로 번역케 하다. (영조 31년 12월 8일)

(10) 왕이 대왕대비의 언문 글을 잘 간직하도록 하다. (영조 32년 2월 24일)

(11) 대왕대비의 언서 하교를 받아 왕이 진하(陳賀) 받음을 허락하다. (영조 32년 7월 9일)

(12) 약방에서 중궁전에 상선(常膳)을 회복하도록 청하니, 중전이 언문 답서를 내려

---

63) 앞에 나온 숙종의 계비인 인원(仁元)왕후 김씨를 가리킨다.

64) 경종의 계비인 선의왕후 어씨(宣懿王后 魚氏 1705~1730)을 가리킨다. 함원부원군(咸原府院君) 어유구(魚有龜)의 따님이다. 1718년(숙종 44)에 세자빈에 책봉되어 1720년(경종 즉위년) 왕비가 되었다. 슬하에 자녀를 두지 못했다.

이에 따르다. (영조 45년 11월 20일)

(13) 대신과 백관이 중궁전에 가서 왕세손이 보위를 잇도록 설득해 달라고 청하자, 중전이 언문서를 내리다. (영조 52년 3월 8일)

12. 정조대

(1) 대비65)가 은자 일천냥을 유사(有司)에게 내리도록 언문서를 내리다. (정조 1년 3월 12일)

(2) 송환억이 예전에 명성왕후가 내렸던 언문 하교를 정조에게 올리다. (정조 1년 6월 3일)

(3) 대비가 언문서를 내려 빈(嬪)의 간택을 명하니, 조정에서 금혼령을 내리다. (정조2년 5월 2일)

(4) 대비가 홍국영, 이담 등의 역적됨을 승정원에 언문으로 하교하다. (정조 10년 12월 1일)

(5) 대비가 내린 언문서를 영의정 등이 읽어 보고 눈물을 흘리며 팔도에 반포하도록 청하다. (정조 10년 12월 1일) * 이 뒤에 대비의 언문 전교를 높이 칭송하고 그 덕에 감복하는 기사가 4회 더 나온다.

(6) 대비가 내린 언문서의 내용이 제대로 실천되지 않자, 탕약과 수라를 거부한다. (정조 10년 12월 4일)

(7) 김치인 등이 대비에게 존호를 받으실 것을 권유하자, 대비가 자신의 뜻을 밝히는 언문 전교를 내리다. (정조 10년 12월 22일)

(8) 대비가 약원에 언문서를 내리니, 정조가 이를 가납하다. (정조 13년 9월 1일)

(9) 대비가 윤승렬과 이인의 일로 탕제를 도로 내리고, 대신들에게 언문서로 하교하다. (정조 13년 9월 26일)

(10) 대비가 다시 언문서를 내려, 이인의 토죄를 엄히 분부하다. (정조 13년 9월 26일)

---

65) 영조의 계비(繼妃) 정순왕후 김씨(貞純王后 金氏 1745~1805)를 가리킨다. 오흥부원군(鰲興府院君) 김한구(金漢耈)의 딸이다. 1759년(영조 35)에 14세의 나이로 65세가 된 영조의 계비에 간택되었다. 정순왕후는 사도세자와의 사이가 좋지 않았다. 친정아버지 되는 김한구의 사주로 나언경(羅彦景)이 세자의 비행을 상소하여 세자는 폐위되었고 뒤주에 갇혀 굶어 죽게 했다. 정조 사후 사도세자를 비호한 신하들을 숙청했다. 순조가 즉위하자 정순대비가 수렴청정하면서 남인(南人) 시파(時派)와 서교(西敎)를 신봉하는 신서파(信西派)를 탄압하여 대금압령(大禁壓令)을 내렸으며 신유사옥(辛酉邪獄 1801)을 일으켜 천주교도(天主敎徒)들을 박해하기도 하였다.

(11) 대비가 총호가에 언문서를 내리다. (정조 13년 10월 2일)

(12) 혜경궁66)이 박명원에게 언문서를 내렸는데, 이것을 왕이 열람하고 환궁을 의
논하다. (정조 13년 10월 2일)

(13) 완성군 이의행이 대비의 언문서 내용을 찬탄하고 그 실천을 청하다. (정조13
년 10월 23일)

(14) 대비가 예정에 없는 임금의 돌발적인 행차와 관련하여 언문서를 내리다. (정
조 14년 11월 18일)

(15) 대비의 탄신 행사에 대해 대신들이 논의하자, 대비가 언문서를 내려 이를 타
이른다. (정조 17년 11월 22일)

(16) 대비와 혜경궁의 탄신 의례 문제를 신하들이 논하자, 혜경궁이 언문으로 답서
를 내린다. (정조 17년 11월 22일)

(17) 영의정 홍낙성 등의 호소에 대해 혜경궁이 언문으로 비답을 내리다. (정조 18
년 1월 20일)

(18) 대비가 역적 처벌 문제로 자신의 생각을 밝히는 언문 전교를 모든 신하들에게
내리다. (정조 18년 4월 10일)

(19) 대비가 김희 등 백관이 대비전에 와서 면대를 청하자, 언문으로 비답을 내리
다. (정조 18년 4월 10일)

(20) 강극성의 국문과 관련하여 대비가 조정 신하들에게 언문 전교를 내려 충신으
로 구하라고 말하다. (정조 18년 4월 11일)

(21) 대비가 모든 공상(供上)을 물리칠 것이라는 언문 전교를 신하들에게 내리다.
(정조 18년 4월 12일)

(22) 사옹원 도제조 김이소가 대비전에 공상(供上)을 받아들이시도록 청하자, 거절
하는 언문 답서를 내리다. (정조 18년 4월 13일)

(23) 빈청에서 혜경궁에게 글을 올려 탄신 진하 허락을 요청하였으나, 혜경궁이 언
문 비답을 내려 거절하다. (정조 18년 6월 3일)

(24) 빈청에서 혜경궁에게 글을 올려 탄신 진하 허락을 재차 요청하였으나, 혜경궁
이 언문 비답을 다시 내려 거절하다. (정조 18년 6월 3일)

---

66) 혜경궁 홍씨(1735~1815). 홍봉한의 둘째 딸로 태어나 10살의 나이에 영조의 둘째 아
들인 장헌세자(훗날의 사도세자)의 빈으로 책봉되었다. 정조의 생모 사도세자가 죽은
후 혜빈으로 책봉되었다가 정조가 즉위한 해(1776)에 혜경궁으로 승격되었다. 사후에
헌경왕후(獻敬王后)로 추존되었다. 궁중문학의 백미 「한중록」(閑中錄)을 남겼다.

13. 순조 대

(1) 대왕대비[67]가 언문서를 내려 윤행임을 도승지로, 박준원을 어영 대장으로, 황 인점 등을 종척의 집사로 삼다. (순조 원년 7월 4일)

(2) 대왕대비가 또 언문서를 내려 심환지를 영의정으로 이시수를 좌의정으로 삼다. (순조 원년 7월 4일)

(3) 대왕대비가 언문서를 내려 홍용한, 홍준한 등을 종실의 집사로 삼다. (순조 원 년 7월 4일)

(4) 대왕대비가 언문서를 내려, 국장과 산역에 대한 책임자를 정하다. (순조 원년 7 월 4일)

(5) 대왕대비가 조보(朝報)나 소장(訴狀) 등의 조정 공사를 언서로 써서 들이게 하 다. (순조 원년 7월 20일)

(6) 대왕대비가 언문서를 내려, 왕의 보호와 몸 조섭에 대해 의논하다. (순조 원년 7월 20일)

(7) 대왕대비가 윤승렬, 이원배의 죄를 용서하라는 언문서를 내리니, 승지 장지면 등이 반대하는 의견을 내다. (순조 원년 7월 27일·28일)

(8) 대왕대비가 왕대비와 혜경궁의 명위(名位)에 관해 언문서를 내리다. (순조 원년 8월 11일)

(9) 대왕대비가 언문서 1통을 내리고, 신료들과 국사를 논의하다. (순조 원년 12월 18일)

(10) 대왕대비가 이인과 홍낙임의 처벌에 관한 언문서를 내리다. (순조 1년 4월 27 일)

(11) 대왕대비가 김치묵의 처벌에 관한 일로 언문서를 내리다. (순조 1년 5월 19일)

(12) 대왕대비가 신하들의 의견을 듣고, 종사와 임금을 위한 처분을 언문서로 내리 다. (순조 1년 5월 29일)

---

67) 앞에서 언급한 정순왕후(貞純王后)를 가리킨다. 정순대비가 수렴청정하면서 내린 전교 와 비답을 모아 기록한 필사본 4책이 규장각에 소장되어 있다. 책 이름은 『睿順聖哲莊 僖惠徽翼明宣綏光獻隆仁昭肅靖憲貞純王后』이다. 수렴청정하는 기간 중에 일어난 사 건들에 대한 대왕대비의 조처들, 즉 邪學(西學)의 엄금, 신유사옥(辛酉邪獄), 윤행임(尹行 恁)의 사사(賜死), 김조순(金祖淳) 딸의 왕비 책봉 등과 대왕대비가 수렴청정을 거두게 되는 시기까지의 약 3년 6개월에 해당한다. 어린 순조의 즉위 이후 대왕대비로서 국정 을 전담하여 자기의 반대파인 시파(時派)·남인(南人)과 신서파(信西派)를 탄압한 실상 이 잘 나타나 있다. 안동 김씨가 부패한 세도정치로 국정을 전횡하는 데 정순대비가 크게 작용하였다.

(13) 왕대비[68]가 존호를 올리는 건의에 대해 언서로 빈청에 하교하다. (순조 2년 5
월 13일)

(14) 대왕대비가 왕대비전의 존호에 관한 언문서를 내리다. (순조 2년 5월 14일)

(15) 대왕대비가 세도를 깊이 우려한다는 언문서를 내리다. (순조 2년 7월 6일)

(16) 대왕대비가 가을날에 심히 번개와 천둥이 친 재변 때문에 언서로 하교하다.
(순조 2년 10월 5일)

(17) 대왕대비가 수렴청정을 거두고 환정(還政)한다는 언문서를 내리다. (순조 3년
12월 28일)

(18) 대왕대비가 수렴청정을 거두면서, 모든 공사를 들이지 말 것과 언문 문서를
올리던 일을 중지토록 하교하다. (순조 3년 12월 28일)

(19) 대왕대비가 흉측한 상소를 올린 조진정과 함부로 통문을 돌린 유생들을 추궁
하라고 언서로 하교하다. (순조 4년 1월 3일)

(20) 대왕대비가 좌의정 서용보에게 언서 하교를 내려, 조정을 진정시키라고 유시
하다. (순조 4년 1월 9일)

(21) 대왕대비가 다시 수렴청정을 하겠다고 하면서, 언문서로 정사를 처분하는 일
에 대해 하교하다. (순조 4년 6월 23일)

(22) 대왕대비가 일관과 관계된 김노충의 일에 대해 언서로 하교하다. (순조 4년 6
월 24일)

(23) 대신들이 한해옥의 옥사에 대한 조서를 언문으로 써서 대왕대비에게 올리자,
대비가 여기에 대해 잘 조사하도록 하교하다. (순조 4년 10월 21일)

(24) 대신들이 왕대비가 내린 언문서의 환원을 청하다. (순조 10년 6월 5일)

(25) 왕대비가 왕과 함께 잠시 경희궁으로 거처를 옮기도록 하는 언서를 승전색에
내리다. (순조 10년 6월 5일)

14. 헌종 대

(1) 대왕대비가 임금이 상여를 수종하지 않도록 대신들에게 하교를 내리다. (헌종
12년 5월 16일)

(2) 대왕대비가 빈청에 언교를 내려, 왕실 자손을 이을 처자를 구하도록 하다. (헌
종 13년 7월 18일)

---

68) 정조의 비 효의선왕후(1753~1821)를 가리킨다. 청원부원군(淸原府院君) 김시묵(金時默)
의 따님이다. 10세 때 왕세손이었던 정조의 빈(嬪)으로 책봉되었다.

(3) 효유헌서왕대비(孝裕獻聖王大妃)가 선왕에 대해 언교(諺教)를 내리다. (헌종 부록)

15. 철종 대

(1) 대왕대비가 대신들을 불러 임금의 학업 증진에 대해 의논하고, 언문서를 내리다. (철종 원년 6월 9일)

3.2.2. 빈궁과 궁녀 등 궁중 여성의 한글 사용

(1) 수강궁의 묘단이란 시녀가 언문 편지를 혜빈(惠嬪)에게 보내어, 자금(者今)·중비(重非)·가지(加知) 등이 별감(別監)과 사통함을 고하다. (단종 1년 4월 2일)

(2) 성원위(星原尉) 이정녕(李正寧)의 아내 숙혜옹주(淑惠翁主)가 어머니 병 치료를 할 수 있도록 청하는 언문서를 혜빈(惠嬪)이 올리다. (단종 1년 4월 20일)

(3) 방자(房子) 가지(加知)와 소친시(小親侍) 함로(咸老), 방자(房子) 중비(重非)와 소친시(小親侍) 부귀(富貴), 방자(房子) 자금(者今)과 별감(別監) 수부이(須夫伊) 등이 간통하려고 언문을 서로 주고받았다.[69) 또 방자(房子) 복덕(卜德)은 그들이 청하는 사연을 듣고 언문으로 그 정(情)을 글로 써서 통하게 하고자 하였고, 그 답서가 이르면 이들을 위해 읽어 주었다. (단종 1년 5월 8일)

(4) 궁녀 덕중이 귀성군 이준을 연모하는 편지를 써서, 환관 최호와 김중호에게 전해 주기를 청하다. 이준이 이 사실을 아비와 함께 와서 고해 바쳤다. 이에 두 명의 환관을 장살하였다. (세조 11년 9월 4일)

(5) 임금이 중전을 폐한 사유를 알리면서, 엄씨(嚴氏)와 정씨(鄭氏)가 서로 통하여 윤씨를 모해한 언문서를 만들어 고의로 권씨 집에 던져 넣었음을 지적하다. (성종 10년 6월 5일)

(6) 제안대군의 아내 박씨가 그의 몸종 내은금(內隱今)에게, "너는 어젯밤에 몇 번이나 나를 사랑했느냐? 내가 남자의 형세가 있었다면 (…중략…) 너는 마음으로 나를 안타깝게 여겼을 것이다"와 같은 음탕한 글을 언문으로 써서 주다. 이를 안 궁중의 유모 금음물(今音物)이 언문 편지를 왕대비전에 올려 고하다. (성종 13년 6월 11일)

(7) 석금(石今)이 고하기를 아지(阿之)[70)가 갇히기 전에 언문 편지를 나에게 부치기

---

69) 방자는 궁녀이고 소친시는 관아의 남아 소동(小童)이다. 이 죄로 수부이·부귀·함로는 함경도 부령진 관노로, 중비·자금·가지는 평안도 강계의 관비로 쫓겨났다.

를, "이것은 폐물을 옮기는 일이니, 너는 수비(守非)의 집에 전해 주라."라고 했다. (성종 25년 7월 10일)

(8) 죽은 궁녀를 위해 제문을 짓고, 언문으로 번역하여 의녀(醫女)를 시켜 읽게 하다. (연산 11년 9월 15일)

(9) 궁궐 내전에서 일어나는 왕의 일상생활을 기록하기 위해 여성 사관(女史)를 두자고 신하들이 제안하면서 여사의 기록은 언문으로 해도 무방함을 아뢰다. (중종 14년 4월 22일)

(10) 궁중 나인의 언문 서간이 먼 절간까지 전해지고 있는 사실을 홍문관 부제학 김귀영이 상소문에서 언급하다. (명종 20년 10월 10일)

(11) 나인과 덕양 부인이 언서로 중종의 용모를 기록한 사실을 예조 참의 이관이 검시 보고서에서 언급하다. (선조 26년 6월 28일)

(12) 명종의 후궁 신숙의(愼淑儀)가 아산 지방을 떠돌다가 그곳 현감에게 언문 편지를 써서 굶주림을 호소하다. (선조 26년 7월 11일)

(13) 죄인 병조서리 서응상(徐應祥)과 대비전의 나인들이 서로 주고받은 언문 편지 한 통을 임금이 보고 국청에 내리다. (광해 6년 1월 7일)

(14) 광해군 때의 보모 상궁이 임해군 이숙노의 집에 머물던 승려와 정기적으로 사통하며 언간 편지 10여 통을 주고받다. (인조 4년 7월 7일)

(15) 국장도감(國葬都監)에서 대비의 장례식 때, 시책문(諡冊文)과 애책문(哀冊文)을 여관(女官)으로 하여금 읽게 하므로 전례에 따라 진서와 언문 두 가지를 모두 써서 넣도록 아뢰다. (숙종 27년 11월 11일)

3.2.3. 일반 여성의 한글 사용

(1) 종실 수춘군(壽春君)의 아내가 써 준 언문 서장(書狀)을 정의손(鄭義孫)이 한문으로 번역하여, 의금부에 家舍 관련 소송을 제기하다. (성종 21년 11월 13일)

(2) 겸사복 벼슬의 한복이란 자가 그의 첩 채란선(採蘭仙)에게, 예쁘게 꾸미면 궁중에 뽑혀 들어갈 것이니 꾸미지 말라고 하는 언문 편지를 보냈다가 언서 죄율에 걸려들다. (연산 11년 5월 22일, 24일)

(3) 중종이 절약과 검박함을 권장하는 글을 언문으로 번역하여 부녀자와 어린이로 하여금 모두 알도록 하라는 전지를 내리다. (중종 8년 2월 6일)

---

70) 궁내의 유모를 통칭 '아지'라고 한다. 단종 1년 4월 2일 기사 참조

(4) 경오년 왜란 때에, 영등포 만호 양지손(梁智孫)의 첩과 수종하던 여자 세 사람이 포로로 잡혀 대마도에 있으면서 언간을 보내어 돌아오기를 희망하다. (중종 9년 4월 4일)

(5) 영산현감을 지낸 남효문(南孝文) 집안의 패륜 치정 사건을 밝히기 위해 남효문의 아내와 그의 수양아들 남순필의 집에 금부 낭관과 내관을 보내어 언문 편지를 수색하게 하다. (중종 29년 5월 10일)71)

(6) 남효문(南孝文) 집안의 치정 사건을 수사하던 중 남순보의 집에서 잡다한 문서두 부대와 언문 편지를 가져와 의금부에서 조사하다. (중종 29년 5월 11일)

(7) 윤임의 딸 소주(小主)가 계집종 모린을 시켜 언문 편지를 숙의(淑儀)72)에게 전하다. (명종 원년 9월 6일)

(8) 선조가 황해도에 내리는 교서를 조정의 방문처럼 만들고, 의병장이나 감사에게 언문으로 번역하여 촌민과 부녀자들이 모두 알 수 있도록 하라고 지시하다. (선조 25년 8월 1일)

(9) 죄를 받고 죽은 이홍로(李弘老)의 처 기씨(奇氏)가 의금부에 언문 소지를 올리자, 언문으로 상언하는 일이 전례에 없지만 부득히 접수하다.73) (광해 2년 5월 5일)

(10) 지평 이후징(李厚徵)이 정재빈(鄭載賓) 외조모가 쓴 언문 편지 내용을 일일이 들며, 정시성(鄭始成)의 처벌을 주장하다. (현종 11년 2월 13일)

(11) 경안군(慶安君)의 부인 허씨(許氏)가 언서로 종부시(宗簿寺)에 단자를 올려, 임금의 둘째 아들 이엽의 혼사를 홍구서(洪九敍)의 딸과 할 수 있도록 청원하다. (숙종 10년 10월 27일)

(12) 유두성이 출옥하자 그의 누이가 어머니의 음행을 증거하는 언문 소장(訴狀)을 내다. (숙종 14년 11월 25일)

(13) 유두성이 누이동생인 유두임(柳斗任)이 이대헌의 사주를 받아 언문 소장과 한

---

71) 이 사건 관련 기사는 같은 해 5월 11일에 2회, 6월 4일에 1회 더 나타난다. 이 사건의 조사는 남효문의 양자 남순필과 남효문의 아내가 음란한 내용을 주고받은 한글 편지를 찾아내어 사건 전모를 밝히기 위한 것이었다.

72) 임금의 후궁에게 내리던 종이품 내명부의 품계. 소용(昭容)의 위, 소의(昭儀)의 아래이다.

73) 이 문서를 접수한 의금부 관리들은 언문 문서를 금하는 법을 어겼다는 죄로 탄핵을 받지만 광해군은 이들을 처벌하지 않고 넘어간다. 같은 해 5월 10일조 기사에 이에 대한 기사가 실려 있다.

문 소장을 순찰사에게 제출하다. (숙종 15년 4월 18일)

(14) 청백리로 소문난 참판 이단석(李端錫)이 죽은 후 극도로 곤궁해진 그의 아내가 언문으로 단자를 올려 진휼을 청하자, 매달 쌀 1곡(斛)을 지급하게 하다. (숙종 25년 4월 3일)

(15) 진사 유석기(兪碩基)가 일찍이 아내 윤씨를 쫓아냈다. 유석기가 죽자 윤씨가 돌아와 상복을 입고 곡을 하자, 유석기의 이모부 심익겸이 윤씨의 상복을 빼고 쫓아냈다. 이에 윤씨가 통곡하며 죽은 남편 무덤에 가서 언문 유서를 써 두고 자결하니, 조정에서 심익겸과 유씨 집안의 어른 유명겸을 옥에 가두고 문책하다. (숙종 27년 4월 25일)

(16) 신태영(申泰英)이 심문을 받으면서, 제 지아비 유정기(兪正基)의 죄상을 언문서로 공초하다. (숙종 31년 9월 12일)

(17) 동궁 모해 역모로 포도청에 갇힌 강재승(姜宰承)의 집안을 수색하니, 그의 어머니가 쓴 언문서 1매와 원정 등의 문서가 나오다.[74] (숙종 35년 10월 9일)

(18) 영원군(靈原君)이 과매(寡妹)에게 언문 편지를 보내어, 의금부 수사에서 좋은 말로 대답해 달라고 부탁하다. (숙종 36년 10월 29일)

(19) 사헌부가 계를 올려 이이명과 김창집의 가산 적몰을 주장하며, 역적들의 어머니와 누이가 그들이 쓴 언문 편지 내용이 드러나자 스스로 자결했다고 아뢰다. 또 역적 이희지의 어머니가 쓴 언문 편지를 찾아 조사한 사실을 언급하다. (경종 2년 5월 5일)

(20) 죽은 승지 김보택(金普澤)의 집안이 죄에 빠져 의금부의 조사를 받던 중, 아내의 언문 편지에서 그의 죄상이 적발되자, 그의 아내가 가문의 보호를 위해 자결하다. (경종 2년 9월 12일)

(21) 포도청에서 이소(李炤) 첩 초정(草貞)이 이양제에게 보낸 언문 편지를 증거로 이양제와 초정을 심문하여 공초를 받다. (영조 28년 4월 18일)

3.2.4. 기녀와 女婢의 한글 사용

(1) 임금의 수레가 황주에 이르니, 여기(女妓) 등이 가요를 지어 올리다. (세조 6년 10월 13일)

(2) 임금의 수레가 평양부에 이르니, 여기(女妓) 등이 가요를 지어 올리다. (세조 6

---

74) 숙종 35년 10월 9일 기사에서 강재승은 이 언문 서찰이 그의 어미가 쓴 것이 아니라고 주장하였다.

년 10월 15일)

(3) 임금의 수레가 남대문에 이르니, 여기(女妓) 세류지(細流枝) 등이 가요를 지어 올리다.[75] (세조 6년 11월 4일)

(4) 임금이 사정전(思政殿)에 나아가 8명의 기녀에게 월인천강지곡의 언문 가사를 부르게 하다. (세조 14년 5월 12일)

(5) 새로 지은 악장 경청곡(敬淸曲) 등을 여민락(與民樂) 등의 가사에 의거, 진서와 언문으로 인쇄하여 흥청과 운평으로 하여금 각자 학습하도록 하다. (연산 11년 11월 18일)

(6) 공·사천(公私賤)과 양녀(良女)를 막론하고 언문을 아는 여자를 각원(各院)에서 2사람씩 뽑아 들이게 하다. (연산 12년 5월 29일)

(7) 새로 뽑혀온 흥청과 운평들이 어전에서 쓰는 존칭어를 익힐 수 있도록 존칭어를 언문으로 번역·인쇄하여 각원에 배포하여 배우게 하다. (연산 12년 6월 1일)

(8) 철비가 언문으로 上言하여 성상의 덕을 입어 사천(私賤)을 면해 달라고 청하다. 철비는 종실녀(宗室女)로 이과(李顆)의 어미이다. (중종 4년 9월 11일)

(9) 중전 폐비 문제로 윤구의 아내와 종 삼월이를 국문하다. 삼월이가 아뢰기를, "언문 방양서 중 큰 것은 윤구의 아내가 쓰고, 작은 것은 사비(四非)가 썼습니다"라고 하다.[76] (성종 8년 3월 29일)

3.3. 한문에 의한 여성의 문자생활

(1) 전 관찰사 이귀산(李貴山)의 아내 유(柳)씨를 참형에 처하고, 사통한 지신사(知申事) 조서로(趙瑞老)를 영일로 귀양 보내다. 유씨는 문자를 약간 알아 조서로에게 손으로 쓴 글을 은근히 주어 밀통하여 약속하기를, "목복(木卜)의 집에서 만나 울울하게 맺은 정을 풀기 바란다."라고 하였다. '목복'(木卜)은 곧 '박'(朴)자로서 조서로의 누이동생의 아들인 박동문(朴東文)이다. (세종 5년 10월 8일)

(2) 왕후가 임금에게 전문(箋文)을 올려 사은하다. (세종 14년 5월 11일)

(3) 세종이 여사(女師)로 하여금 세자빈 봉씨에게 『열녀전』을 가르치게 했는데, 봉씨가 책을 내던지며 학업을 즐겨하지 아니하다. (세종 18년 11월 7일)[77]

---

75) 실록에 실린 이 시는 한문으로 되어 있다.
76) 윤씨 폐비 이후 사건을 종결지으면서 임금이 유시한 말에는 윤구의 아내가 자신이 쓴 것이 아니라고 말한 내용이 나온다. (성종 10년 6월 5일 기사)

(4) 세종이 말하기를 중국의 고사에 비추어 볼 때, 우리 동방 부녀자들이 문자를 깨치지 못하여 정사에 참여하여 그르친 일이 없으나, 임금의 마음을 미혹케 하는 일이 있을 수 있다고 하다. (세종 19년 11월 12일)

(5) 박대년(朴大年)의 아내 윤씨(尹氏)는 해평(海平)의 거족 출신인데, 박대년이 옥에 있으면서 혈서로 약조의 글을 지어 주니, 윤씨가 문자를 조금 알아서 맹서의 글을 써서 답하다. (세조 9년 6월 23일)

(6) 대비가 말하기를, "나는 문자를 알지 못하여 정무를 청단(聽斷)하기 어려우나, 임금의 어머니인 수빈(粹嬪)은 문자도 알고 사리(事理)에 밝으니 이를 감당할 만하다."라고 하다. 신숙주 등이 다시 아뢰어 수렴청정을 청하다.[78] (성종 원년 11월 28일)

(7) 임금이 교지를 내려 사비(私婢) 두대(豆大)가 세조(世祖) 때부터 지금까지 내정(內庭)에서 부지런히 시중하여 공을 세웠기에 영구히 양인(良人)됨을 허락하다. 두대는 성이 조가(曹哥)로서 광평대군(廣平大君)의 가비(家婢)인데, 성품이 총명하고 슬기로우며, 문자를 해득하였고, 누조(累朝)의 내정에서 시중하여 궁중의 고사를 많이 알고 있었으며, 정희왕후가 수렴청정할 때에는 기무를 출납하여 기세가 대단하였다. (성종 13년 8월 11일)

(8) 궁녀들이 문자를 알지 못하여 서책을 보아도 제목조차 모른다. 궁중의 예의범절은 글을 알아 의주(儀註)를 읽을 수 있어야 집례(執禮)를 할 수 있으니, 젊고 영리한 계집을 뽑아 들여 학습시키도록 하라고 명하다. (연산 10년 11월 24일)

(9) 이승언(李承彦)에게 자태가 빼어나고 문자를 잘 아는 첩이 있었는데, 이웃에 사는 성몽정이 시로 유혹하여 가까이 하였다. (중종 10년 10월 6일)

---

77) 세종이 봉씨를 폐출시킨 이유를 대신들에게 설명하는 기사 중에 나온다.
78) 성종 1년 1월 13일 기사에 신숙주가 수렴청정을 다시 청하여 대비가 수락한 기사가 나온다.

제2장
한글 편지와 한글 고문서를 통해서 본
조선시대 여성의 문자생활

1. 서론

훈민정음 창제 이후의 조선시대에서 한글에 의한 문자생활의 중심은 여성이었다. 필자는 앞의 제1장(백두현 2004)에서 조선왕조실록에 나타난 여성들의 문자생활 관련 기사를 분석하여, 왕대별 및 사회 신분별로 조선시대 여성의 문자생활 양상을 규명하였다. 이로써 조선왕조실록에 나타난 여성 문자생활의 개요가 드러났다. 이 글에서는 조선왕조실록에 나타난 여성 문자생활에 대한 이해를 바탕으로, 실용된 한글 문헌 자료를 통해 여성 문자생활의 실상을 밝히고자 한다. 이 글의 연구 대상은 여성이 직접 작성하였거나 작성에 관여한 언간 및 한글 고문서이다. 언간과 한글 고문서 중에는 여성이 작성하였거나 관계한 자료가 상당수 전한다. 이 자료들을 분석하여 한글을 통한 조선시대 여성의 문자생활을 밝혀 보려 한다. 이 작업은 문자

---

* 이 글은 『어문론총』 42호(2005, 한국문학언어학회) 39-85쪽에 실었던 논문(조선시대 여성의 문자생활 연구-한글 편지와 한글 고문서를 중심으로)의 제목과 본문 일부를 다듬고 고쳐 쓴 것이다.

생활사 연구의 기초를 놓는 일이며, 앞으로 보다 많은 연구가 이루어져야
할 과제이다.

이 글은 다음과 같은 단계로 진행한다. 1단계로 조선시대 여성이 주고받
은 언간과 여성이 관련된 한글 고문서의 목록을 작성한다. 이와 관련된 선
행 연구 논저와 보고서, 각종 도록 등을 조사하여 목록 작성을 위한 자료
를 수집한다. 특히 한국정신문화연구원에서 간행한 『고문서집성』과 언간
자료집, 그리고 개인의 연구 논저를 활용하였다. 2단계 작업으로 다음과 같
은 몇 가지 사항을 기준으로 목록화한 자료를 분석한다.

(1) 해당 자료에서 여성이 한 역할은 무엇인가.
(2) 언간 혹은 문서의 작성자(발신자)와 수신자의 관계는 무엇인가.
(3) 자료의 내용은 여성과 관련하여 어떤 특징을 가지는가.

(3)은 모든 편지의 내용 전체를 대상으로 하는 것이 아니라 여성의 문자
생활과 관련된 내용에 국한한다. 그러한 내용을 분석하여 그 속에 내포된
문자생활사적 의의를 논할 것이다. 위와 같은 세 가지 기준을 적용한 분석
을 통해 문자생활에서 여성이 수행한 사회적 역할과 그 의미가 드러날 수
있다.

이 글에서 조선시대 여성의 문자생활 자료가 정리·분석되면, 이것은 한
국 여성학 연구에도 이용될 수 있을 것이다. 여성들이 작성한 언간과 고문
서를 종합·정리하고 각 자료가 갖는 문자생활사적 의미를 추출해 내는 작
업은 국어 생활사 연구 및 여성사 연구에 기여할 것이다.

2. 한글 편지를 통해서 본 조선시대 여성의 문자생활

2.1. 연구 대상 자료

■ 언간

현재 학계에 알려진 언간은 그 분량이 적지 않다. 이 글에서 분석 대상
으로 삼은 언간은 김일근(1986)에 수록된 다수의 언간을 비롯하여, 김종택
(1979), 조항범(1998), 백두현(2003/2019), 한국정신문화연구원(2003) 등에 소개
된 언간을 포괄하였다. 그 분량이 많거나 역사적 가치가 큰 자료를 중심으
로 연구 대상 언간 자료를 나열하면 다음과 같다.

(1) 순천김씨언간 : 189매, 1550년대~임란 전(壬亂 前)의 자료.
(2) 송강 정철가 언간 : 7매, 1571년, 1572년 등.
(3) 안민학언간 : 1매, 1576년.
(4) 학봉 김성일언간 : 1매, 1592년.
(5) 이응태묘 출토 언간 : 1매, 1586년.
(6) 현풍곽씨언간 : 176매, 1602년~1640년대의 자료.
(7) 송규렴가언간(「선찰」 소재 언간) : 128매, 17세기 후반~18세기 초기.
(8) 추사 김정희가 언간 : 73매 중 20매 공개, 18세기 후반~19세기.
(9) 김일근(1986)에 수록된 사대부가 언간 일체.

위의 자료들은 모두 양반 사대부 집안의 자료들이다. 이 글의 연구 대상
에는 다음과 같은 왕실 언간도 포함된다. 왕실 언간의 목록은 김일근(1986)
을 참고한 것이다.

(10) 조선시대 왕실 언간
  ⓐ 선조 언간 : 19매. 선조가 공주 등에게 준 편지. 목릉신한첩(穆陵宸翰
    帖) 및 선조어필첩(宣祖御筆帖).
  ⓑ 인목대비 언간 : 2매. 목릉신한첩.

ⓒ 장렬왕후 언간 : 4매. 숙명신한첩(淑明宸翰帖). 숙휘신한첩(淑徽宸翰帖).

ⓓ 효종 언간 : 13매. 박병호 외 소장.

ⓔ 인선왕후 언간 : 70매. 숙명신한첩. 숙휘신한첩.

ⓕ 현종 언간 : 5매. 숙명신한첩. 숙휘신한첩.

ⓖ 명성왕후 언간 : 3매. 숙명신한첩. 숙휘신한첩. 종손가.

ⓗ 숙종 언간 : 7매. 현묘어필첩(顯廟御筆帖). 숙휘신한첩.

ⓘ 인현왕후 언간 : 4매. 숙휘신한첩.

ⓙ 정조 언간 : 4매. 근조내간선(近朝內簡選).

ⓚ 순조와 명온공주 언간 : 2매. 근조내간선.

ⓛ 순원왕후 언간 : 3매. 개인소장.

ⓜ 신정왕후·명헌왕후·철인왕후 언간 : 각 1매, 도합 3매. 개인 소장.

ⓝ 명성황후 언간 : 2매. 개인 소장.

ⓞ 대원군 언간 : 3매. 개인 소장.

2.2. 여성의 참여 양상과 역할 분석

편지는 다음 네 가지 요소가 있어야 성립된다. 발신자(서사자), 수신자(독서자), 전달 내용(사연), 필사 재료(종이)가 그것이다. 조선시대 언간을 기반으로 당시 여성의 문자생활을 서술하려면 앞의 세 요소를 분석해야 한다. 이 글은 위 언간 자료 중 분량이 100매 이상이 되는 「순천김씨언간」, 「현풍곽씨언간」, 「송규렴가 언간」에서 발신자와 수신자 및 이들의 관계를 분석하여 여성의 역할을 밝히고자 한다. 그밖에 「정철가 언간」, 「김성일 언간」 등 분량이 적은 것은 김일근에 수록된 사대부가 언간[위의 (1)~(9)번]과 함께 묶어서 분석할 것이다. 그리고 왕실 언간[위 10번]은 전체를 한 묶음으로 다루어 동일한 방법으로 분석할 것이다.

2.2.1. 「순천김씨언간」

조항범(1998, 8~9)은 「순천김씨언간」을 발신자와 수신자에 따라 분류하였다. 이것을 도표화하고 그 비율을 표시하면 다음과 같다.

〔표 1〕「순천김씨언간」의 발신자와 수신자 분류

발신자	수신자	관계	매수	비율	방향	여성의 역할	비 고
신천강씨	순천김씨	모녀	117	62.5%	여→여	필자/독자	순천김씨의 친모
〃	김여물	모자	3	1.6%	여→남	필자	김여물은 순천김씨의 남동생
〃	딸들	모녀	1	0.5%	여→여	필자/독자	수신자 : 순천김씨와 여동생
신천강씨	순천김씨 올케	시모와 며느리	3	1.6%	여→여	필자/독자	
〃	채무이	장모와 사위	4	2.2%	여→남	필자	채무이 : 순천김씨의 남편
김훈	순천김씨	부녀	5	2.7%	남→여	독자	김훈 : 순천김씨 친부
〃	순천김씨와 여동생	부녀	4	2.1%	남→여	독자	
〃	순천김씨 올케	시부와 며느리	1	0.5%	남→여	독자	
채무이	순천김씨	부부	41	21.9%	남→여	독자	순천김씨의 남편
김여흘	순천김씨	남동생과 누나	1	0.5%	남→여	독자	순천김씨의 동생
김여물	순천김씨와 여동생	남동생과 누나들	1	0.5%	남→여	독자	순천김씨의 동생
不明	不明		6	3.2%			

[표 1]에는 발신자와 수신자의 관계, 수수의 방향과 그에 따른 매수, 비율 등의 수치가 나타나 있다. 이를 통해 우리는 발신자와 수신자의 관계에 따라 187매 언간을 주고받은 양상을 파악할 수 있다. 순천김씨의 친정어머니 신천강씨가 쓴 편지가 128매이며 전체 편지의 68.4%를 차지한다. 이 중에서 딸 순천김씨에게 쓴 것이 117매이며 전체 62.5%이다. 두 번째로 많은 것은 남편 채무이가 아내 순천김씨에게 쓴 것인데, 41매이며 전체에서 21.9%를 차지한다. 순천김씨의 친정아버지인 김훈이 쓴 것은 10매, 5.3%로 세 번째로 많다. 모녀>부부>부녀 간의 순서로 그 분량이 많음을 알 수 있다. 다른 양반가 언간에 비해 모녀 간의 왕래가 특히 많은 것은 「순천김씨언간」의 특징이다.

위 표에서 '방향' 항목에 기재된 수치를 남녀 간 언간 왕래의 방향성이라는 면에서 검토해 보자. 남녀 간의 방향은 다음 네 가지로 분류되며, 발·수신자에 따라 분산된 수치를 합산하면 다음과 같다.[1)]

〔표 2〕「순천김씨언간」에서 발신자와 수신자의 성별 비율

발신자	수신자	비 율	역할	성별	비 율
여성	여성	64.6%	발신자	여성	68.4%
여성	남성	3.8%		남성	28.2%
남성	여성	28.2%	수신자	여성	92.8%
남성	남성	0%		남성	3.8%

여성이 발신자 역할(=필자)을 한 것은 68.4%이고, 남성이 발신자 역할을 한 것은 그 절반에도 미치지 않는 28.2%이다. 수신자의 관점에서 보면 여성이 수신자 역할(=독자)을 한 것은 92.8%이고, 남성이 수신자 역할을 한

---

1) 발·수신자가 '불명'인 6매로 인하여 전체 합산이 정확히 100%가 나오지 않는다. 아래 표에서도 이러한 점이 있다. 아래의 다른 표에서도 수신자가 남녀 모두 포함된 경우 등으로 인해 남녀 합산 비율이 100%에서 모자라거나 초과하기도 한다.

것은 3.8%에 지나지 않는다.[2] 이런 수치는 16세기 후기경의 양반 가문 내에서 오고간 언간의 수수(授受) 비율이 남녀 간에 현격히 달랐음을 보여 준다. 특히 남성과 남성 간에 오고간 언간은 전혀 없다. 이런 수치는 언간이 여성을 중심으로 이용된 의사소통 수단이었음을 여실히 보여 준다.

주고받은 언간에서 행해진 여성의 역할을 필자와 독자로 나누어 고찰해 볼 수도 있다. 여성이 필자 역할을 한 비율은 68.4%이다. 이 중 필자와 독자를 겸한 경우(여성 간 왕복 서신)은 64.6%이고, 필자 역할만 한 경우(여성이 남성에게 보낸 것)는 3.8%이다. 이 수치는 「순천김씨언간」에서 언간이 여성 중심으로 사용되었음을 보여 준다.

2.2.2. 「현풍곽씨언간」

「현풍곽씨언간」 전체를 발신자와 수신자를 기준으로 분류하면 다음 [표 3]과 같다.

〔표 3〕「현풍곽씨언간」의 발신자와 수신자 분류

발신자	수신자	관계	매수	비율	방향	여성의 역할	비 고
곽주	하씨	부부	96	60%	남→여	독자	곽주와 하씨는 부부
곽주	장모	사위와 장모	2	1.3%	남→여	독자	
곽주	곽샹	주인과 노복	1	0.6%	남→남		곽샹은 노복 이름
곽이창	하씨	모자	1	0.6%	남→여	독자	곽주의 장남
곽宜昌	하씨	모자	1	0.6%	남→여	독자	곽주의 아들
곽유창	하씨	모자	2	1.3%	남→여	독자	곽주의 아들

---

2) 남녀 발신자의 합과 남녀 수신자의 합이 각각 100%에 미달하는 것은 앞의 각주 1)에서 언급한 이유 때문이다. 이 말은 아래의 여러 표에 모두 적용된다.

발신자	수신자	관계	매수	비율	방향	여성의 역할	비 고
곽형창	하씨	모자	1	0.6%	남→여	독자	곽주의 아들
곽이창	박씨	손자와 할머니	1	0.6%	남→여	독자	박씨는 곽주의 어머니
하씨	곽주	부부	4	2.5%	여→남	필자	
하씨	곽주(추정)	부부	2	1.3%	여→남	필자	
합산댁	박씨	안사돈간	1	0.6%	여→여	필자/독자	합산댁은 곽주의 장모
주씨	하씨	안사돈간	1	0.6%	여→여	필자/독자	주씨는 곽주의 안사돈
출가녀	곽주	부녀	1	0.6%	여→남	필자	
출가녀	하씨	모녀	42	26.3%	여→여	필자/독자	
출가녀	여동생	자매	3	1.9%	여→여	필자/독자	
?	마님	?	1	0.6%	?→여	독자	

[표 3]은 「현풍곽씨언간」 176매 중 한문 간찰 5매와 수신자가 분명치 않은 물목기 등을 빼고 160매만을 대상으로 분석한 것이다. 이 표에서 가장 의미 있는 수치는 곽주가 하씨에게 보낸 96매(60%)와 출가녀가 친정어머니 하씨에게 보낸 42매(26.3%)이다. 이것이 전체의 86.3%를 차지한다. 앞서 본 「순천김씨언간」에서는 친정어머니가 시집간 딸에게 쓴 편지가 62.5%로 가장 많았다. 그러나 「현풍곽씨언간」에서는 남편이 아내에게 쓴 편지가 60%로 가장 많다. 「순천김씨언간」에서 남편(채무이)이 아내(순천김씨)에게 보낸 것은 21.9%로 두 번째로 많았다. 두 언간 자료에서 남편이 아내에게 보낸 편지가 상당히 많다는 점은 공통적이다.

「순천김씨언간」에 적용했던 방법과 마찬가지로, [표 3]의 '방향' 항목에 기재된 수치를 남녀 간 언간 왕래를 기준으로 정리하면 다음과 같다.

〔표 4〕「현풍곽씨언간」에서 발신자와 수신자의 성별 비율

발신자	수신자	비율	역할	성별	비율
여성	여성	29.4%	발신자	여성	33.8%
여성	남성	4.4%		남성	65.6%
남성	여성	65%	수신자	여성	94.4%
남성	남성	0.6%		남성	5%

여성이 발신자 역할을 한 것은 33.8%이고, 남성이 발신자 역할을 한 것은 65.6%이다. 이 수치는 앞의 「순천김씨언간」과 반대이다. 「순천김씨언간」에서 여성 발신자는 68.4%이고, 남성 발신자는 28.2%에 지나지 않았다. 수신자의 관점에서 보면 「현풍곽씨언간」에서 여성이 수신자 역할을 한 것은 94.4%이다. 「순천김씨언간」에서는 이 비율이 92.8%였다. 두 언간 자료가 이 경우에 거의 같은 수치를 보여 준다. 발신자로서의 여성의 비율은 언간 자료에 따라 유동성이 크지만[3] 수신자로서의 여성 비율은 두 자료가 거의 같다. 두 자료에서 언간을 받아보는 사람은 9할 이상이 여성이었던 것이다. 여성이 남성에게 보낸 언간의 비율도 「순천김씨언간」은 4.4%, 「현풍곽씨언간」은 3.8%로 거의 비슷하다. 그런데 「현풍곽씨언간」에서는 남성과 남성이 주고받은 언간 1매가 있다. 곽주가 그의 노복 '곽샹'에게 준 언간이 그것인데 그 사연을 보면 이른바 배지(牌旨)에 가깝다.

「현풍곽씨언간」에서 부부 간의 편지가 가장 비중이 높다. 곽주가 부인 하씨에게 준 것이 96매(60%)이고, 하씨가 남편에게 보낸 것이 6매(3.8%)로, 도합 63.8%가 부부 간의 왕복 서신이다. 혼인 생활에서 언간이 부부 간의 주요 의사소통 수단으로 이용되었던 것이다. 여기서 우리는 한글을 통한 문자 활동이 여성의 일상생활에 중요한 의미를 갖고 있음을 확인할 수 있

---

[3] 그 이유는 언간 자료를 산출한 집안 사정이 저마다 달랐기 때문일 것이다. 발신자와 수신자의 거주지 간 거리나 집안 내에서의 인간관계 등이 편지 수수의 요인으로 작용하였을 것이다. 집안 형편에 따라 이런 사정이 달랐음은 당연하다.

다. 「현풍곽씨언간」에서 두 번째로 비중이 높은 것은 출가녀가 친정어머니
에게 보낸 편지이며 42매로 점유율 26.3%를 차지한다. 그밖에 사위가 장모
에게 보낸 편지가 2매, 아들이 어머니에게 보낸 편지가 5매(3%)이고, 손자
가 할머니에게 보낸 편지 1매, 안사돈 간에 주고받은 편지가 2매(1.2%)가 있
다. 「현풍곽씨언간」의 발·수신자가 다양한 사실을 알 수 있다. 여기에 참
여하고 있는 여성들의 지위도 다양하다. 아내로서, 딸로서, 할머니로서, 사
돈으로서, 자매로서 언간 수수(授受)에 참여하였던 것이다. 언간이라는 매체
가 당시 여성들의 장거리 의사소통 수단으로 유일한 것이었기 때문에 여성
의 문자생활사라는 측면에서 언간 자료가 가장 중요한 의미를 가진 것이라
할 수 있다.

2.2.3. 「송규렴가 언간」

은진송씨 『제월당편』(霽月堂篇)[4])에 실린 「先札」 소재 언간의 발신자와 수
신자 및 그 관계를 표로 정리하면 다음과 같다.

〔표 11〕「송규렴가 언간」의 발신자와 수신자 분류

발신자	수신자	관계	매수	비율	방향	여성의 역할	비고
송규렴	며느리 *칠원윤씨5)	시부와 며느리	15	12.6%	남→여	독자	
송규렴	손자 (송필환)	조손 간	1	0.8%	남→남		
송규렴 (삼촌)	청파집	삼촌(季父) 과 姪婦	1	0.8%	남→여	독자	
송규렴 (송판서)	이세창	?	1	0.8%	남→남		

---

4) 한국정신문화연구원(2003), 『한국간찰자료선집 Ⅲ』.

발신자	수신자	관계	매수	비율	방향	여성의 역할	비고
송규렴 (삼촌)	*청파집	삼촌(季父) 과 姪婦	1	0.8%	남→여	독자	
송규렴	*딸	부녀	2	1.7%	남→여	독자	
송규렴	아기	*부녀	2	1.7%	남→여	독자	
송규렴	기튝이	주인과 노복	1	0.8%	남→남		
송규렴	*손녀	조부와 손녀	4	3.3%	남→여	독자	송규렴 발신은 도합 28매 (24.3%)
송규렴 (삼촌)	천안 衙內	숙부와 조카 (고을 원)	1	0.8%	남→남		고을 원 노릇 하는 조카에게
안동김씨	승지 (송상기= 아들)	모자	80	67.2%	여→남	필자	안동김씨는 송규렴의 처
안동김씨	아기(딸)	모녀	1	0.8%	여→여	필자 /독자	
안동김씨 의 오라비	안동김씨	오라비와 누이	1	0.8%	남→여	독자	
안동김씨	손자·손녀	할머니와 손자·손녀	5	4.2%	여→ 남녀	필자 /독자	
안동김씨	이서방집 (손녀)	할머니와 손녀	2	1.7%	여→여	필자 /독자	안동김씨 발신 은 도합 90매 (75.6%)
안동김씨 (증조모)	덕손(손자)	증조모와 손자	1	0.8%	여→남	필자	도합 119매

[표 5]에서 알 수 있듯이 「송규렴가 언간」 119매 중 1매를 제외하면 모두 송규렴과 그의 부인이 쓴 것이다. 송규렴이 쓴 28매는 전체의 24.3%를 차지한다. 이 중 며느리에게 쓴 것이 15매(12.6%), 손녀에게 쓴 것이 4매이

---

5) *칠원윤씨는 수신자를 추정한 것이며, 이하 수신자 난의 '*'는 추정의 뜻이다.

다. 안동김씨가 쓴 것은 도합 90매이며, 전체의 75.6%를 차지한다. 여성이 필자 역할을 한 것이 압도적으로 많은 점은 앞에 본 두 자료의 경우와 같다.

송규렴이 쓴 편지 중 종이 한 장에 한문 서간과 언문 서간을 병렬한 것이 10매다. 이 10매는 아들이나 손자에게는 한문으로 쓰고, 며느리나 손부에게는 언문으로 쓴 것이다. 성별에 따라 차별화된 당시 문자생활의 이중성을 엿볼 수 있는 전형적 사례이다.

앞에서 적용한 방법을 여기에도 적용하여 [표 5]의 '방향' 항목에 나타난 수치로 남녀 간의 언간 수수 비율을 살펴보자.

〔표 12〕「송규렴가 언간」에서 발신자와 수신자의 성별 비율

발신자	수신자	비율	역할	성별	비율
여성	여성	6.7%	발신자	여성	79%
여성	남성	72.3%		남성	25.2%
남성	여성	21.8%	수신자	여성	28.5%
남성	남성	3.4%		남성	75.7%

「송규렴가 언간」은 훗날 후손이 장첩을 하였다. 이때 부모의 필적만을 수록했기 때문에 발신자가 송규렴과 그의 부인으로 제한되어 있다. 이런 점에서 이 자료는 발신자의 다양성을 살피기에는 부적합하다. 이 자료에서 여성 발신자 비율은 79%이고, 남성 발신자 비율은 25.2%이다. 이 수치는 「순천김씨언간」의 경우와 비슷한 경향을 보여 준다. 수신자의 관점에서 보면 남성 수신자가 75.7%이고, 여성 수신자 비율은 28.5%이다.[6] 이 자료에서 가장 특징적인 것은 여성이 남성에게 보낸 비율이 72.3%로 가장 높다

---

6) 여성 발·수신자의 합과 남성 발·수신자의 합이 각각 100%가 약간 넘는 이유는 수신자가 남녀 공동(손자 손녀)으로 되어 있는 5매를 양쪽에 다 넣어 계산했기 때문이다.

는 점이다. 이것은 어머니가 아들에게 보낸 편지를 모두 모아 두었다가 장첩한 결과이다. 「송규렴가 언간」의 남성 수신자 비율이 다른 언간 자료보다 높은 이유가 여기에 있다. 이 자료에 나타난 또 하나의 특징은 남성 간왕복 편지가 3.4%를 차지한다는 점이다. 「순천김씨언간」에서 이 비율은 0%, 「현풍곽씨언간」에서는 0.6%로 「송규렴가 언간」과 대조적인 모습이다.

2.2.4. 기타 사대부가의 언간들

이 절에서는 김일근의 『언간의 연구』(三訂版) '자료편'에 실린 목록표를 통해 여성의 문자생활 양상을 분석한다. 이 책의 목록표에 수록된 언간 중분량이 비교적 많은 집안의 것을 검토해 보자.

〔표 7〕「정철가 언간」(8매)의 발신자와 수신자 분류

발신자	수신자	관계	매수	비율	방향	여성의 역할	비고
정철(鄭澈)의 자당 안씨	정철 형제	모자	3	37.5%	여→남	필자	선조4(1571)
정철	부인	부부	3	25%	남→여	독자	선조5(1572)
정철의 부인 유씨(柳氏)	아들	모자	2	25%	여→남	필자	연기 미상

〔표 8〕「송시열가 언간」(10매)의 발신자와 수신자 분류

발신자	수신자	관계	매수	비율	방향	여성의 역할	비고
송시열 (宋時烈)	민씨(閔氏) (鄭普演 미망인)	제자의 아내	1	10%	남→여	독자	숙종5. 정보연은 송강의 증손
송시열	민씨 (鄭普演 미망인)	제자의 아내	2	20%	남→여	독자 (대필)	현종13(송시열의 구술을 며느리가 대필함)

발신자	수신자	관계	매수	비율	방향	여성의 역할	비고
송시열	송씨 (曺一周 처)	종손부	4	40%	남→여	독자	현종12, 숙종6, 9, 12
송시열	장손부(長孫婦)	손부	1	10%	남→여	독자	현종12, 봉제사를 위한 분재기 성격
송환기	손부(孫婦)	손부	1	10%	남→여	독자	순조 5, 송환기는 송시열 5대손
송환기	증손녀(曾孫女)	증손녀	1	10%	남→여	독자	순조 5

〔표 9〕「이봉환언간」(25매)의 발신자와 수신자 분류

발신자	수신자	관계	매수	비율	방향	여성의 역할	비고
이봉환 (李鳳煥)	어머니	모자	20	80%	남→여	독자	영조 23·24년(이병기의 『근조내간선』 소재)
이봉환	아내	부부	5	20%	남→여	독자	영조 37·38년(이병기의 『근조내간선』 소재)

〔표 10〕「신면(申冕)가 언간」(8매)의 발신자와 수신자 분류

발신자	수신자	관계	매수	비율	방향	여성의 역할	비고
신면(申冕)	아들 종화(宗華)	부자	1	12.5%	남→남		효종 즉위 연간 象村先生簡帖
신면	아내 윤씨	부부	1	12.5%	남→여	독자	상동
신면	며느리 김씨	구고 (舅姑)	3	37.5%	남→여	독자	상동
신면 부인 (申冕 夫人)	아들 종화	모자	1	12.5%	여→남	필자	상동
신철(申轍)	어머니	모자	2	15%	남→여	독자	申轍 宗華의 아들

「정철가 언간」은 어머니가 아들에게 준 것과 남편이 아내에게 준 것으로 구성되어 있다.

「송시열가 언간」에서 특이한 것은 송시열이 제자의 아내에게 준 편지가 7매나 된다는 점이다. 이 중의 한 매는 송시열이 구술하고 그의 며느리가 대필한 것이다. 남성 시아버지의 구술을 여성 며느리가 받아 적은 것은 특이한 사례이다. 이 집안의 자료는 모두 남성이 여성에게 보낸 것이라는 점이 타 집안의 경우와 다르다.

「이봉환언간」은 25매로 비교적 많은 편이다. 어머니에게 보낸 이봉환7)의 편지는 그가 조선통신사의 일원으로 일본에 가는 도중에 보낸 것이다. 이봉환이 아내에게 보낸 편지는 그가 서북지방 여행 중에 쓴 것이다. 남성 가장이 여행 중이라는 특수 환경에서 집안의 어머니와 아내에게 보낸 것이기 때문에 발신자와 수신자 관계가 단순하다. 다만 어머니에게 보낸 것이 아내에게 보낸 것보다 네 배 더 많다는 점이 특이하다. 「이봉환언간」에서도 「송시열가 언간」처럼 여성은 독자 역할만 하고 있다. 외임 중의 남편에게 보낸 아내의 답신도 있었을 터이나 전하지 않는다.

「신면가 언간」8)은 매수가 적지만 발·수신자의 관계가 다양한 편이다. 특히 시아버지와 며느리 간의 왕복 서신이 3매나 된다. 며느리가 시아버지에게 답신을 썼을 터이지만 전해지지 않는다. 여성이 필자 역할을 한 것은 1매에 불과하다. 남성이 출타 중에 집안의 여성에게 언간을 보낸 것이 대부분이기 때문에 그러하다. 여성의 답신은 남성이 외지에서 받아 읽었기에 집안에 보존되기 어려웠을 것이다.

---

7) 이봉환 : 출생 연대 미상. 조선 후기의 문신. 본관은 전주(全州). 영조 때에 사마시에 합격하였고, 영의정 홍봉한(洪鳳漢)의 천거를 받아 관직에 나아갔다. 시문에 재주가 뛰어났다. 1770년(영조 46)에 옥사에 연루되어 죽음을 당했다.
8) 신면(申冕)은 신흠(申欽)의 손(孫)이고, 동양위(東陽尉) 익성(翊聖)의 아들이다.

〔표 11〕「신창맹씨가 언간」(9매)의 발신자와 수신자 분류

발신자	수신자	관계	매수	비율	방향	여성의 역할	비고
맹만택(孟萬澤) 부인 완산이씨 (完山李氏)	아들 숙주(淑周)	모자	2	22.2%	여→남	필자	숙종 30년. 신창맹씨가전(新昌孟氏家傳) 「자손보전」(子孫寶傳)
심한규(沈漢圭) 부인 달성서씨 (達成徐氏)	외손 맹지대 (外孫 孟至大)	외손자	1	11.1%	여→남	필자	영조 20년경 「자손보전」
황진하(黃震夏) 부인 신창맹씨 (新昌孟氏)	친질 맹지대 (親姪 孟至大)	숙질	1	11.1%	여→남	필자	맹지대의 제4고모
서종급(徐宗伋) 부인 신창맹씨 (新昌孟氏)	친질 맹지대	숙질	1	11.1%	여→남	필자	영조 50년 맹지대의 제5고모
맹양대(孟養大) 부인 밀양박씨(密陽朴氏)	동서(同娣)	동서간	1	11.1%	여→여	필자 독자	영조 34년. 박씨는 맹지대의 제수(弟嫂)
맹지대 부인 연안김씨 (延安金氏)	아들 심원(心遠?)	모자	1	11.1%	여→남	필자	영조 35년경
맹조원(孟祖遠) 부인 전주이씨 (全州李氏)	아들 흠구(欽耉)	모자	1	11.1%	여→남	필자	순조대. 이씨 (정조 2-헌종 9)
맹흠구(孟欽耉) 부인 거창신씨 (居昌愼氏)	동서(同娣)	동서간	1	11.1%	여→여	필자 독자	헌종 13년. 부군이 과거에 실패한 사연

「신창맹씨가 언간」은 여성이 남성에게 쓴 것이 압도적으로 많다. 그 이유는 외지에 근무하는 아들 혹은 과거 시험 준비 중인 조카를 격려하는 편지가 거의 대부분이기 때문이다. 여성이 필자 역할을 한 것이 100%이고, 독자 역할을 한 것은 22.2%에 불과하다. 여성 동서 간에 왕래한 편지 2매의 존재가 다른 자료와 구별되는 특징이다.

〔표 12〕「이집(李潗)가 언간」(16매)의 발신자와 수신자 분류

발신자	수신자	관계	매수	비율	방향	여성의 역할	비고
이집(李潗)	아내	부부	1	6.25%	남→여	독자	영조 2년 (「근조내간선」소재)
이집의 처	이집	부부	1	이하 동일	여→남	필자	영조 2년 (「근조내간선」소재)
이병건(李秉健)	아내	부부	1		남→여	독자	이집의 아들 지례 현감
이산중(李山重)	어머니	모자	1		남→여	독자	이병건의 아들 (군자감정 軍資監正)
반남박씨 (潘南朴氏)	손부(孫婦)	조구고	1		여→여	필자 독자	박씨는 이산중의 재취
이석중(李石重)	장모	사위와 장모	1		남→여	독자	이병건의 차자
이규영(李奎永)	조모	조손	1		남→여	독자	이석중의 양자 우마쟁공론(牛馬爭功論) 언급
윤씨(尹氏) (이산중 부인)	손부	조구고	1		여→여	필자 독자	이산중의 부인
이해중(李海重)	어머니	모자	1		남→여	독자	이해중은 이병건의 삼자(三子)(문과 급제)
홍씨(洪氏) (이해중 부인)	이해중	부부	1		여→남	필자	당직 중의 남편에게 보낸 답장
이태영(李泰永)	어머니	모자	1		남→여	독자	태영은 이산중의 아들
유씨(兪氏) (이태영 부인)	질부	숙질	1		여→여	필자 독자	정조 2년. 상제 위문편지
김씨(金氏) (이규영 부인)	질부	숙질	1		여→여	필자 독자	문안 답장
김씨(金氏) (이규영 부인)	시어머니	고부	1		여→여	필자 독자	문안지 형식
윤집(尹潗)	출가녀	부녀	1		남→여	독자	윤집은 이석중의 장인
이희국(李羲國)	아내	부부	1		남→여	독자	아내는 임동진의 딸

「이집가 언간」은 매수는 16매로 그리 많지 않지만 발신자와 수신자가 그 집안과 관련된 여러 인물로 나타나 다양한 편이다. 이집9)과 그의 처 사이에 왕래한 편지는 이집이 황해도 관찰사 재임 중에 주고받은 것이다. 홍씨 부인이 남편 이해중에게 쓴 것은 남편이 당직 근무를 할 때 보낸 편지다. 여성이 발신자 역할을 한 것은 7매로 43.7%를 차지한다. 남자가 발신자 역할을 한 것은 9매로 여성의 경우보다 약간 더 많다. 여성이 수신자 역할을 한 것은 모두 14매이며 87.5%이다. 이 비율은 다른 언간 자료와 비슷한 경향의 수치이다. 발신자·수신자 간의 인간관계를 보면 부부, 모자, 숙질, 부녀, 조손, 사위와 장모 등으로 다양하다. 다양한 인간관계에서 언간이 활용되었음을 보여 준다.

송강 「정철가 언간」부터 「이집가 언간」을 모두 합하면 76매이다. 여러 사대부가 언간을 종합하여 여성의 역할을 계량화하면 다음과 같다.

〔표 13〕 사대부가 언간(76매)에서 발신자와 수신자의 성별 비율

발신자	수신자	매수	비율	역할	성별	비율
여성	여성	7	9.2%	발신자	여성	28.9%
여성	남성	15	19.8%		남성	71%
남성	여성	53	69.7%	수신자	여성	78.9%
남성	남성	1	1.3%		남성	21.1%

앞의 각 표에 나타나 있듯이 여러 사대부 집안의 언간은 가족 구성원의 거주지나 벼슬 등에 따라 발·수신자의 관계에 편차가 컸다. 이것을 모두

9) 이집(1670~1727)은 조선 후기의 문신·학자이다. 본관은 한산(韓山). 어머니는 제주양 씨(濟州梁氏)로 응교를 지낸 만용(曼容)의 딸이다. 형인 욱(澳)·택(澤)·협(浹) 등과 아버지에게 배웠다. 1725년(영조 1)의 증광 문과에 을과로 급제하였으며, 당쟁의 외중에서 청주목사·한성부 우윤을 역임한 뒤 이듬해 승정원 승지에 제수되고 황해도 관찰사를 역임하였다.

합하여 종합한 것이 [표 13]이다. 남성이 여성에게 보낸 것이 69.7%로 가
장 높다. 여성 수신자 비율 78.9%가 여성 발신자 비율 18.9%보다 압도적으
로 높다. 이런 수치의 경향은 「현풍곽씨언간」의 경우와 유사하다.

　현전하는 언간의 수수 관계의 수치가 이렇게 나타난 사실을 근거로 가
족 간 언간의 교류에 여성이 남성보다 소극적 역할을 했다고 말할 수는 없
다. 그 이유는 여성이 외지에 있는 남성에게 보낸 편지는, 남성이 외지에서
집안으로 보낸 편지보다 망실되는 경우가 많아, 그 집안에 전존(傳存)될 가
능성이 상대적으로 낮기 때문이다. 이러한 사실은 「현풍곽씨언간」에서 이
미 확인되었다. 언간 교류에서 여성의 필자 또는 독자 역할은 「순천김씨
언간」과 「송규렴가 언간」이 서로 비슷한 경향을 보여 주고, 「현풍곽씨언간」
과 '사대부가 언간 종합'이 서로 유사한 경향을 드러내고 있다.

2.2.5. 사대부가 언간 종합

　지금까지 정철 집안부터 여러 사대부 집안의 언간의 발신자·수신자와
이에 따른 여성의 역할을 분석하였다. 이 언간 전체를 대상으로 여성이 어
떤 역할을 하였는지 종합적으로 정리해 보기로 한다. 여러 자료를 한데 합
쳐 개별 자료가 가진 특수성을 중화시킴으로써 전체적 경향을 파악할 수
있다.

〔표 14〕 사대부가 언간(533매)의 발신자와 수신자 분류

관계	방향	매수	비율
부부간	남편→아내	148	27.8%
	아내→남편	8	1.5%
모녀간	어머니→딸	118	22.1%
	딸→어머니	43	8.1%

관계	방향	매수	비율
모자간	어머니→아들	93	17.4%
	아들→어머니	29	5.4%
부녀간	아버지→딸	14	2.6%
	딸→아버지	1	0.2%
부자간	아버지→아들	1	0.2%
	아들→아버지	0	0%
고부간	시모→며느리	3	0.6%
	며느리→시모	1	0.2%
구부간	시부→며느리	19	3.6%
	며느리→시부	0	0%
조구부간	조부→손부	6	1.1%
	조모→손부	2	0.4%
조손간	조부→손자	1	0.2%
	조부→손녀	6	1.1%
	조모→손자	5	0.9%
	조모→손녀	3	0.6%
	손자→조모	2	0.4%
처부모	처모→사위	4	0.8%
	사위→처모	3	0.6%
형제자매간	자매간	3	0.6%
	누이→오빠	2	0.4%
	오빠→누이	1	0.2%
숙질간	숙부→질부	2	0.4%
	숙부→조카	1	0.2%
	숙모→질부	2	0.4%
	숙모→조카	2	0.4%
	질녀→숙모	1	0.2%
동서간	여동서간	2	0.4%
사제간	제자의 처	3	0.6%
사돈간	안사돈간	2	0.4%
주종간	주인→노복	2	0.4%
	합계	533	

〔표 15〕 사대부가 언간(종합)에서 발신자와 수신자의 성별 비율

발신자	수신자	매수	비율	역할	성별	비율
여성	여성	180	33.8%	발신자	여성	55.4%
여성	남성	115	21.6%		남성	44.6%
남성	여성	233	43.7%	수신자	여성	77.5%
남성	남성	5	0.9%		남성	22.5%

[표 14]에 나타난 매수와 비율의 순위로 보면 ① 남편이 아내에게(27.8%), ② 어머니가 딸에게(22.1%), ③ 어머니가 아들에게(17.4%)가 상위를 차지한다. ④ 위는 딸이 어머니에게(8.1%), ⑤ 위는 아들이 어머니에게(5.4%), ⑥ 위는 시아버지가 며느리에게(3.6%), ⑦ 위는 아버지가 딸에게(2.6%)로 나타난다. 단일 역할로 가장 높은 비율은 어머니가 딸과 아들에게 보낸 것이 39.5%로 가장 많다. 사실상 동일한 신분인 아내·어머니·며느리로서 수신자 역할을 한 비율은 40.5%에 이른다. 이러한 수치들은 언간의 수수 관계에서 '어머니와 아내로서의 여성'이 가장 중요한 역할을 하였고, 그 비중이 가장 높음을 입증한다.

[표 14]에 나타난 특질 중의 하나는 언간의 수수 관계가 비대칭적 양상을 보인다는 점이다. 즉 남편→아내(27.8%)에 비해 그 반대 방향인 아내→남편(1.5%)의 비율은 현저히 낮다. 이 점은 어머니→딸(22.1%)에 비해 딸→어머니(8.1%)의 비율이 현저히 낮은 사실, 어머니→아들(17.4%)에 비해 아들→어머니(5.4%)가 아주 낮은 사실, 아버지→딸(2.6%)에 비해 딸→아버지(0.2%)의 비율이 낮은 사실과 모두 평행적이다. 연령적으로나 사회적 신분으로나 상위자인 남편, 어머니, 아버지는 발신자 역할이 우세하고, 하위자인 아내, 딸, 아들은 발신자 역할이 현저히 낮다. 특히 시아버지가 며느리에게 보낸 언간은 있으나 며느리가 시아버지에게 보낸 것은 하나도 없다는 점이 특이하다.[10] 이것은 전통 사회에서 상위자가 하위자에게 언간을

보낸 것이 압도적으로 우세하였음을 뜻한다.

[표 15]에서 볼 수 있듯이 남성이 여성에게 보낸 언간 비율(43.7%)이 가장 높고, 여성이 여성에게 보낸 비율(33.8%)이 두 번째이다. 남성이 남성에게 보낸 것은 0.9%로 아주 낮다. 여기에는 주인이 노복에게 보낸 것과 조부가 손자에게 보낸 것이 포함되어 있다. 대등한 지위의 남성 간에 언간의 교환은 거의 이루어지지 않았던 것이다. 이 표는 언간의 수수가 남성과 여성 간(부부 간·모자 간·구부 간), 여성과 여성 간(모녀 간·고부 간)에 주로 이루어졌음을 보여 준다. [표 15]에서 여성 수신자 비율이 남성 수신자 비율보다 압도적으로 높은 수치도 언간이 여성을 중심으로 이용되었음을 객관적으로 보여 준다.

위의 분석 대상에 포함되지 않은 것 중에서 각각 한두 매에 지나지 않지만 다음과 같은 자료는 발·수신자의 관계가 특이한 것이어서 언급해 둘 만하다.[11] 김일근(1986)의 자료 목록에는 다음과 같이 수수 관계가 특이한 것이 있다.

> 조병길(趙秉吉)의 형수 정씨(鄭氏)가 조병길에게 쓴 것 1매 (고종 31)
> 비녀(婢女)(명천 母)가 조병길에게 쓴 것 1매(고종 31)
> 기첩(妓妾) 옥경(玉瓊)이 조병길에게 쓴 것 1매(고종 32)
> 양자 문제를 상의하기 위해 윤선도가 형수에게 쓴 것 2매(효종 8·현종 10)
> 신광수(申光洙)가 애첩 중벽(重璧)에게 쓴 것 1매(영조 대)

여기서 가장 주목되는 것은 비녀(婢女)가 주인 남성 조병길에게 쓴 것과 기첩(妓妾)이 주인에게 쓴 것이다. 천한 신분의 여성이 주인 남성과 언간으

---

10) 이 점은 이 글에서 다룬 언간에 나타난 특이한 점이다. 동춘당 언간이나 후대 19세기의 언간에서는 며느리가 시부에게 보낸 언간을 더러 볼 수 있다.

11) 동춘당 송준길 언간(400여 건, 미정리), 이동표 언간 10매(부분 공개), 선세언적(先世諺蹟)(고령박씨가 21매, 미공개), 월성이씨 언간 3매(공개), 추사가 언간(33매, 부분 공개), 김성일 언간 1매, 이응태부인 언간 1매 등은 이 글의 분석 대상에 포함되지 않았다.

로 의사소통한 사실을 보여 주는 이 자료들은 그 수량은 적지만 문자생활사 및 여성사적 관점에서 가치 있는 자료이다. 당시 사회에서 이러한 하위 신분의 사람들이 언간을 사용하였던 것이다. 그러나 하층민들은 주거 환경의 열악하고, 집안의 힘이 미미하여 명문 사대부가처럼 집안 문서를 대대로 전존하지 못하였을 것이다. 하층민이 남긴 자료로서 오늘날 우리가 접할 수 있는 것이 극히 드문 까닭이 여기에 있다.

2.2.6. 왕실 언간

김일근(1986)의 자료 목록에 수록된 왕실 언간은 도합 147매이다.[12] 이것을 주요 발신자와 수신자를 기준으로 계량화하여 다음 표로 정리했다.

〔표 16〕 왕실 언간의 발신자와 수신자 분류

발신자	수신자	매수	비율	관계	방향
왕	빈(嬪)	1	0.07%	준부부	남→여
	공옹주	30	20.4%	부녀	남→여
	장모	2	0.14%	처모	남→여
	누이	2	0.14%	남매	남→여
	처남	1	0.07%	처남	남→남
	자전(어머니)	2	0.14%	모자	남→여
	숙모	7	4.8%	숙질	남→여
왕비	공옹주	73	49.7%	모녀	여→여
	오빠	1	0.07%	남매	여→남
	시누이	2	0.14%		여→여
	신하	1	0.07%		여→남
	숙모	5	3.4%	숙질	여→여
	친부	1	0.07%	부녀	여→남

---

12) 대원군의 언간과 상궁이 궁 밖에 보낸 언간은 제외하였다. 박부자(2015 : 106)에 왕실 언간의 목록 412건이 정리되어 있다.

발신자	수신자	매수	비율	관계	방향
	부마(사위)	3	2.04%	사위	여→남
	신하의 처	4	2.72%		여→여
	친정조카	1	0.07%	숙질	여→남
대비	빈	1	0.07%		여→여
	조카	1	0.07%	숙질	여→남
	공주	4	2.72%	조손	여→여
왕자(세손)	질녀	4	2.72%	숙질	남→녀
공옹주	왕	1	0.07%	부녀	여→남
		계 147			

왕이 발신자인 매수가 45매로 전체의 30.6%이고, 왕비가 발신자인 매수
가 91건으로 전체의 61.9%이다. 이 둘을 합치면 92.5%으로 전체의 대부분
을 차지한다. 왕실 언간의 남아 있는 자료는 왕과 왕비의 것이 대부분이다.
수신자를 기준으로 보면 왕이 공주에게 보낸 것이 30매로 20.4%이며, 왕비
가 공주, 옹주에게 보낸 것이 73매로 49.7%이다. 이 둘을 합치면 70.1%가
된다. 이 수치는 언간 수신자로서 공주가 압도적 비중을 차지했음을 보여
준다. 물론 이러한 수치가 갖는 특수성이 있다. 현재 전해지는 왕실 언간이
대부분 공주의 후손가에 전존되어 왔다는 점 때문에 이러한 수치가 나타난
것이다. 사정이 이렇다 하더라도 당시 왕실에서 언간은 왕과 공주, 왕비와
공주 간에 오고 간 것이 가장 많았던 사실을 확인할 수 있다.

2.3. 『언간독』에 나타난 유형과의 비교

언간에 나타난 여성의 역할과 참여 양상을 양반 사대부가 언간 및 왕실
언간을 통해 고찰하였다. 실제 자료에 나타난 여성의 역할 및 언간의 수수
양상과 언간 규식서 『언간독』에 나타난 여성의 참여 양상을 서로 비교해
보기로 한다. 이 작업은 언간 규식서와 실제 언간의 수수가 어떤 상관성을

가지고 있는지 점검하는 것이며, 양자에 나타난 여성의 역할을 확인하는 일이다.

『언간독』의 여러 이본 중『징보언간독』(1886 治洞版)에 실린 언간 규식을 검토 대상으로 한다.『징보언간독』은 그 발신자가 남성으로 상정된 26건의 편지 규식과 그 발신자가 여성으로 상정된 20건의 편지 규식이 수록되어 있다. 전자는 상편에, 후자는 하편에 나뉘어 있다. 김봉좌(2004 : 58)에 정리된 도표를 인용하여 편지 내용 및 발·수신자 간의 관계를 검토해 보자.13)

〔표 17〕『징보언간독』의 구성 내용과 발·수신자

내용	상편		내용		하편	
문안	아버지 ↔ 아들(2)	답장	문안		며느리 → 시아버지 <신부문안>	답장
	삼촌 ↔ 조카(2)	답장			질부 → 시삼촌내외(2)	답장
	형 ↔ 아우(2)	답장			제수 → 시숙	답장
	조카 → 외삼촌	답장			올케 → 시누이	답장
	사위 → 장인	답장			손아랫동서 → 손윗동서	답장
	사돈<신부측> → 사돈<신랑측>	답장			안사돈<신부> → 안사돈<신랑>	답장
	손아랫사람 → 존장	답장			장모 → 사위	답장
세시	답교날	답장	축하	생신	며느리 → 시부모(2)	답장
	화류때	답장			질부 → 시삼촌내외(2)	답장
	관등날	답장	제사		며느리 → 시아버지	답장
	복날	답장	친교		이웃집부인간	답장
	가을날	답장	위문	조장	손아랫동서 → 손윗동서	답장
	묵은해세찬	답장			친정어머니 → 딸	답장
	새해 인사	답장			장모 → 사위	답장
축하	생남 치하	답장		위장	손윗사람 ↔ 손아랫사람(2)	답장

---

13) 김봉좌(2004)는『언간독』의 여러 이판본을 종합하여 그 차이점과 내용 구성 체계를 밝혔다. 특히 「언간독」의 저본이 「후사류집」(候謝類輯)(19세기말, 武橋刊)임을 밝힌 것은 주목된다.

내용	상편		내용	하편	
	과거 치하	답장	문안	고목	답배지
	외임 치하	답장			
상고	상고간<거래>	답장			
	상고간<환매>	답장			
	상고간<반품>				
위문	문병	답장			
	조장	답조장			
	위장	답위장			

『언간독』의 상편은 남성 간 규식서로 설정되어 있고, 하편은 모두 여성 간 규식서로 설정되어 있다. 상편의 내용은 무교(武橋) 간행의 한문 간독서 『후사류집』과 그 내용이 거의 같다(김봉좌 2004 : 20).[14] 그러나 하편에 실린 여성 간 왕복 규식서 내용은 한문 간독서 『후사류집』에 없다. 하편의 여성 왕복서는 『언간독』 편찬 시에 새로 들어간 것이다. 위 표에서 보듯이 남성 간 언간 규식서의 여러 유형이 실려 있지만 실제로 남아 있는 언간 자료에 는 남성 간 언간이 극히 드물다. 예컨대 『언간독』에는 아버지와 아들 간의 언간 규식이 책머리에 실려 있지만, 필자가 앞에서 분석한 다수의 사대부 가 언간에서 이런 유형은 신면(申冕)이 아들 종화(宗華)에게 준 1건이 유일하 다. 그 밖에 남성 삼촌과 남성 조카 간, 형과 아우 간, 조카와 외삼촌 간, 사위와 장인 간 왕복서는 거의 없는 것이나 마찬가지다. 현실 생활에서 거 의 쓰이지 않은 남성 간 언간 규식이 『언간독』에 버젓이 들어간 이유는, 『언간독』 상편의 내용이 한문 간독서 『후사류집』의 내용을 그대로 번역하 였기 때문이다.[15]

---

14) 『징보언간독』 상편의 남성 간 왕복 규식서는 상고(商賈) 간 서신 3건만 빼고 모두 한 문 간독서 『후사류집』과 같다. 즉 한문 간독서의 것을 한글로 번역한 것이다.
15) 그러나 『언간독』 상편이 19세기 말에 이르러 남성 간 언간 왕복도 어느 정도 이루어 진 당시의 사회적 변화를 반영한 것일 수도 있다. 앞으로 19세기 말 이후에 쓰인 언간

『언간독』에 수록된 규식서의 유형과 앞에서 검토한 실재 언간의 발·수신자 양상을 비교해 보면 몇 가지 차이가 있다. 첫째, 『언간독』에는 부부 간의 왕복 규식서가 없다는 점이다. 앞에서 본 실존 언간에는 남편이 아내에게 보내거나 그 반대의 것이 많음에도 『언간독』에는 이런 양식이 수록되어 있지 않다. 둘째, 부녀 간의 왕복 규식서가 없다는 점이다. 이 두 가지는 실재 언간에서 가장 흔한 것이 『언간독』에 실리지 않은 예이다. 이와 반대로 『언간독』에는 있지만 실존 언간에는 그 예를 찾기 어려운 것도 있다. '이웃집 부인 간' 혹은 '제수→시숙'이 그런 예이다.

『언간독』하편의 여성 간의 왕복서에서 발신자로 가장 건수가 많은 것은 '며느리'이다. '며느리 → 시아버지'가 2회, '며느리 → 시부모'가 1회씩 나타난다. '질부 → 시삼촌 내외' 2회, '올케 → 시누이'가 1회 있다. 인간관계에 따라 '며느리, 질부, 올케'로 달리 표현되었지만 사실상 같은 인물이 발신자 역할을 한 것이라 말할 수 있다. 이것은 출가한 여성이 언간 사용의 중심축임을 의미하며, 현전(現傳) 언간의 발·수신자 분석 결과와 부합된다.

2.4. 언간의 내용 면에서 본 여성의 문자생활

2.4.1. 어린이의 언문 학습과 여성의 역할

언간 자료가 많기는 하나 문자생활과 직접 관련된 내용은 드물다. 여성이 주축이 된 가족 구성원 사이에 오고 간 언간이 다수인 관계로 언간의 내용은 대부분 가족 구성원과 관련된 사사로운 일이나 가정의 대소사에 대한 것이다.

그런데 여성 문자생활과 관련하여 의미 있는 내용이 「현풍곽씨언간」에 나타나 있다. 곽주가 외가에 간 아이들에게 언문을 가르쳐 달라고 장모에

들의 실태를 조사해 보아야 확실한 판단을 내릴 수 있다.

게 청한 내용이 그것이다. "아우 자식들이 거기에 간 김에 언문을 가르쳐 보내주십시오. 수고로우시겠지만 언문을 가르쳐 주십시오. 말하기 조심스러워 하다가 이렇게 아뢰옵니다"(2번)라고 하였다. 곽주의 이 편지는 1612년에 작성된 것이다. 17세기 초기에 이미 사대부가 여성들은 언문 사용에 능통했으며 집안 아이들의 언문 교육을 담당했던 것이다.16) 곽주의 편지에 아이들의 언문 학습을 여러 차례 강조한 것으로 보아 어린이에 대한 언문 교육을 상당히 중시한 것으로 보인다. 「현풍곽씨언간」에는 '유무'라는 낱말이 모두 76회 등장하는데 거의 대부분 여성과 관련된 언문 편지를 가리킨다.

2.4.2. 여성의 가사 활동과 삶의 애환

현전하는 언간은 거의 대부분이 가족 간에 주고받은 것이다. 가족 중에서도 부부 간, 모자 간, 시부모와 며느리 사이에 주고받은 것이 가장 많음을 위에서 보았다. 사정이 이러하니 당연히 그 내용도 가족 간의 문안 인사, 건강과 질병, 집안의 대소사에 관한 것이 대부분이다. 특히 모녀 사이 같은 친밀한 관계에서 주고받은 언간에 가정사의 온갖 일들이 구구절절 그려져 있다. 「순천김씨언간」 중에서 어머니 신천강씨가 출가한 딸 순천김씨에게 보낸 사연이 특히 그러하다. 예컨대 14번 편지의 "또 건넛집에 며주 열일곱 말이 있느니라. 가져다가 집에 있는 그 장독까지 가져다가 (장을) 네게 담아 두어라. 소금 받을(사들일) 무명을 아무 데서나 한 필만 꾸어서 (소금을) 받아라."17)라는 사연에서 보듯이, 장 담는 이야기와 소금을 사들이기

---

16) 「현풍곽씨언간」에는 '언문'이라는 말이 5번 나타나는데 이들은 모두 아이들의 언문 학습과 관련된 문맥에서 쓰였다.

17) 원문은 다음과 같다. "쏘 건넌 지비 며조 열닐굽 마리 인ᄂ니라 가져다가 지비 인ᄂ 그 쟝독조차 가져다가 네게 ᄃ마 두어라 소곰 바ᄃᆯ 무명을 아모 ᄃ나 ᄒ 필만 쒀 바다라"

위해 무명을 꾸는 이야기 등 여성의 가사(家事) 활동이 자세히 묘사되어 있다. 이러한 여성 가사 활동이 주고받은 언간의 문장을 통해 기록된 것이다.

「순천김씨언간」 중에서 어머니 신천강씨가 출가한 딸 순천김씨에게 보낸 편지에는 늙고 병든 신세 한탄, 무명과 면화, 음식과 장 담는 이야기, 행전·버선·저고리 등 의복 짓는 이야기 등이 다양하게 나타난다. 심지어 남편이 시앗을 본 데 대한 하소연을 딸에게 하는 내용도 보인다.

"종이나 남이 투기한다고 할까 봐 아픈 티도 내지 못한다. 정말 마음을 둘 데 없어 이 글을 쓰노라. 일백 권에 쓴다고 다 쓰랴. 사위에게도 말하지 마라. 너만 보아라. 종잇장을 못 구하여 (다) 못 쓰겠다. 이렇게 앓다가 너무 힘들면 내 손으로 죽어 버리려 한다. 아무말 않고 (있다가) 소주를 독하게 해서 먹고 죽어버릴까 생각도 한다."

이 사연에는 남편에게 버림받고 병든 몸으로 고단히 살아가는 여인의 아픔이 진하게 녹아 있다. 소주를 독하게 해서 먹고 죽을버릴까 한다는 어머니 신천강씨의 말은 딸의 가슴을 철렁 내려앉게 했을 듯하다.

한편 「현풍곽씨언간」에는 질병과 그 치료, 민간신앙의 당시의 습속, 제례·상례·관례·혼례의 준비, 농사, 노복 다스리기, 과거 시험 길에서 겪는 고초와 여행담 등 인간 생활의 풍부한 내용이 담겨 있다.

영조 때, 홍계희를 수행하여 조선통신사의 일원으로 참여한 이봉환이 여행 도중 어머니에게 보낸 언간에는 통신사의 노정과 여로에서 발생한 이야기들이 다채롭게 묘사되어 있다. 부산의 영가대에서 해신제를 지내면서 직접 배를 타고 먼 바다로 나간 이야기도 나온다. 언간은 단순히 국어사 자료에 그치는 것이 아니라 인접 학문의 여러 분야에서 연구할 수 있는 자료임을 「이봉환언간」에서 확인할 수 있다. 그러나 이런 내용은 여성의 문자생활과 직접적 관련성이 없기 때문에 더 이상 다루지 않는다.

2.4.3. 언간에 나타난 '유무'와 '편지'

언간의 내용 속에는 왕복 서신과 관련하여 '편지'나 '유무'라는 낱말이 많이 등장한다. 서신을 가리키는 용어인 '편지'와 '유무'가 출현하는 빈도를 살핌으로써 편지라는 의사전달 매체가 그들의 생활에 차지한 비중을 엿볼 수 있다. 이 낱말들과 함께 문자생활과 관련된 어휘들의 출현 빈도를 주요 언간 자료에서 색출하면 다음과 같다.

〔표 18〕 문자생활 관련 어휘의 출현 빈도

어휘 자료	유무	편지	붇 붓	죠히	글시	언문	벼로
순천김씨언간	77	18	3	4	0	0	1
현풍곽씨언간	76	1	0	6	2	5	4
김일근 수록 언간	6	31	1	1	18	2	0
이봉환언간	0	23	0	1	0	0	0

위 수치는 각 자료에 나타난 문자생활 관련 어휘의 출현 빈도이다. 16세기 후기 자료인 「순천김씨언간」과 17세기 전기 자료인 「현풍곽씨언간」에는 '유무'와 '편지'가 높은 빈도로 나타난다.[18] 두 자료에서 이 낱말들이 빈번하게 보이는 것은 언간 수수(授受)가 활발하게 이루어졌던 당대의 상황을 반영한 것이다. 김일근(1986)에 수록된 언간과 「이봉환언간」에는 '편지'가 빈도 높게 나타난다.[19] 그 밖에 문자생활과 관련된 도구나 어휘들인 '붓, 벼로, 죠히'와 이 도구로 쓰인 '글시'와 '언문' 등 어휘들도 몇몇 자료에 나타난다.

---

18) 「순천김씨언간」의 '유무'의 빈도수는 단독형 '유무'와 함께 주격 조사 '-ㅣ'가 결합한 '유뮈'의 빈도를 합친 수치이다. 「현풍곽씨언간」의 '죠히' 빈도는 과도교정형 '됴히'를 포함한 것이다.
19) '유무'와 '편지'의 출현 빈도는 후대로 내려올수록 '편지'로 단일화된다. 16, 17세기에는 '유무'가 압도적으로 우세하나, 18세기 후기의 「이봉환언간」에는 '편지'만 나타난다.

3. 한글 고문서를 통해서 본 조선시대 여성의 문자생활

고전소설 「춘향전」에는 이도령이 춘향에게 써준 한글 혼인 계약서가 나와 있고,[20] 춘향의 억울 사정을 아뢰는 원정(原情)과 형벌 집행 시의 다짐[考音]도 인용문 형식으로 나타난다(김재문 1993). 일상생활에서 사용된 문서의 종류는 다양하다. 여기서는 여성이 직접 작성했거나 작성에 관련한 한글 고문서를 통해 여성 문자생활의 일면을 검토해 본다.

3.1. 연구 대상 자료

이 글에서 연구 대상으로 삼은 한글 고문서는 작성 주체와 작성 연대가 밝혀진 것으로서 여성이 관여한 것에 국한된다. 이런 범위에 드는 한글 고문서는 그리 많지 않다. 필자가 각종 보고서와 도록, 연구 논문 등에서 확인한 여성 관련 한글 고문서 자료는 다음과 같다.

1) 소지(所志)와 상언(上言)
(1) 황여일(黃汝一)의 계배(繼配) 완산 이씨 부인이 작성한 소지[21]
  1656년(효종 7). 양자 결정에 대해 관에 청원하기 위해 작성한 소지. 이 글은 편지 형식으로 되어 있으며 이씨 부인이 직접 작성한 것으로 판단된다. 관인이 없는 것으로 보아 작성만 하고 관에 제출을 아니한 것으로 보인다. 이씨가 작성한 유서도 함께 전해진다.
(2) 조지원(趙持元)의 처 정씨(鄭氏) 부인이 낸 원정(原情)
  1687년에 서울 남부동에 사는 '됴지원'의 처 정씨가 친정의 증조부 정엽(鄭曄)의 사당을 지킬 사람이 없다며, 자신이 친정의 신주를 돌볼 수

---

20) 모년모일춘향전불망긔라 우불망긔쯘은 우연이 산천구경코져 광한루의 올느쯔가 쳔성비필을 만는 이불탕셩이라 빅년가약을 밋기로 샹약호뒤 일후의 만일 빅약호는 폐 잇거든 이 문긔로 고관변졍시라 호엿더라.(김재문 1993 : 81)
21) 이정옥(1982), 완산이씨유언고(完山李氏遺言考), 『문학과 언어』 3, 문학과언어연구회. 이 소지는 울진군 기성면 사동에 사는 황의석 씨 집안에 전해온 것이다.

있도록 해 달라는 내용이다.

(3) 은전군(恩全君) 이찬(李襸)(사도세자의 서자) 부인 조씨(趙氏) 상언(上言)[22]

1800년(순조 즉위년). 이찬이 정조 원년 정조 시해 사건 음모에 연루되어 자결 처분을 받고 조씨의 친정 일문도 죄를 받는다. 뒷날 억울함이 밝혀져 신원(伸冤)되었으나 조씨 부인의 친정아버지는 주위의 무관심으로 신원되지 못하였다. 이에 순조 즉위 국가 경사를 맞아 조씨가 친부의 신원을 호소하며 조정에 낸 상언이다. 문서 작성자는 조씨 부인이며, 수급자는 조정의 관아이다.

(4) 구례 문화유씨가의 순창 조씨(趙氏 1794~1852)가 관아에 제출한 한글소지 3건[23]

• 유풍천(柳豊川) 손부(孫婦) 조씨(趙氏) 원정(原情), 순조 16년(1816), 2건, 수급자는 순상(巡相=관찰사).

• 유진억(柳鎭億) 처(妻) 조씨(趙氏) 원정, 순조 16년(1816), 1건, 수급자는 성주(城主 구례 현감).

이 소지의 내용은 분재 및 서고모 '구축'(驅逐)과 관련되어 풍화(風化)를 범한 죄로 조씨의 남편 유진억이 옥에 갇히자 조씨가 관에 그 억울함을 호소한 것이다. 그 사연이 절실하다. 구례 현감의 조치로 유진억은 풀려났다. 유진억은 옥에서 나온 후 1816년 11월부터 이 일과 관련된 이두문 소지 6건을 작성 제출하였다.

(5) 청면 지곡리(靑面 芝谷里) 김씨(金氏) 원정(原情)

1873년경 충청도 청양에 사는 김씨 과부가 남편 사후에 무단히 투장한 자를 고발하기 위해 현감에게 낸 진정서.[24] 작성자는 김씨 부인. 수급자는 고을 현감.

(6) 홍안 송면 거장리 이과부(李寡婦) 원정(原情)[25]

정묘년(고종 4)에 이과부가 과부를 핍박하여 헐값에 전답을 빼앗아 간

---

22) 김일근(1986), 『언간의 연구』, 일지사, 323쪽 참고.
23) 홍은진(1998a), "구례 문화 유씨가의 한글 소지(所志)에 대하여", 『고문서연구』 13, 고문서학회.
24) 홍윤표(2000), 조선 후기 한글 고문서 석독, 『고문서연구』 16·17호, 고문서학회.
25) 김일근(1986), 『언간의 연구』, 일지사, 325쪽 참고. 김일근에 수록된 문서들은 실물을 확인하지 못하였다.

동네 사람 최백능·한선달을 고발하는 진정서.

(7) 은하면(銀河面) 상국리(上菊里) 김씨(金氏) 원정(原情)[26]

1894년경 충청도 홍성군 은하면에 살던 과부 김씨가 집터 매매문서 문제로 홍주 현감에게 제출한 진정서. 작성자는 김씨 부인. 수급자는 고을 현감.

(8) 충남 노성군의 백(白)과부가 전라북도 여산 군수에게 낸 발괄(白活) 3 건[27]

1904년. 백과부는 자신이 없는 틈에 서씨가 토지를 가로챘으니 이를 돌려받게 해달라고 요청하였다. 약장수인 서씨가 약값 서 냥 닷 돈을 백과부의 동생이 갚지 못하자 이를 빌미로 토지를 차지해 버렸다. 작성자는 백과부이고, 수급자는 고을 현감이다. 공적 문서이다.

(9) 유씨(柳氏) 부인 원정(原情)[28]

유씨 부인이 성주(城主)에게 제출한 진정서로 심치옥, 심봉석 등의 처벌을 요청한 내용. 문서에 적힌 기축년은 1889년으로 판단된다.

(10) 김소사(金召史)가 부안 군수에게 낸 양자 입안 청원서[29]

1909(융희 3). 부안 동도면 외서리에 사는 김소사가 양자 문제로 부안 군수에게 청원한 문서. 이재열(李再烈) 일괄 문서 중의 하나.

(11) 포곡면 수하동 박소사(朴召史) 발괄(白活)[30]

경술년(韓末)에 오월쇠의 어머니 박소사(朴召史)가 관가에 붙들려 갔다가 도망친 오월쇠 때문에 생긴 문제를 해결하기 위해 관청에 낸 진정서. 문서 작성자는 박씨이며, 수급자는 고을 관장 '판사(判事)님'이다.

2) 명문(明文)

(1) 정치우 처 송씨 명문(남권희 소장)

1845년 12월에 정치우의 처 송씨가 발급한 토지 매매 명문 4건.

---

26) 홍윤표(2000).

27) 전북대 박물관 『도록』의 405-407쪽에 영인.

28) 『설촌가 수집 고문서집』(雪村家 蒐集 古文書集), 304쪽에 수록. 문서번호 : 설0758, 국민대학교 박물관, 1996.

29) 『설촌가 수집 고문서집』, 307쪽에 수록. 문서번호 : 3871. 국민대학교 박물관, 1996.

30) 김일근(1986), 『언간의 연구』, 일지사, 326쪽 참고 김일근 소장. 『문학사상』 34호에 처음 소개되었다.

발급자는 송씨이고 수급자는 미상.

(2) 구례 문화유씨가 윤씨 부인 발급 명문

1765년(영조 41) 윤씨 부인이 노 '치위'에게 발급한 토지 매매 문서[31].
발급자는 윤씨부인, 수급자는 노 치위.

(3) 사비(私婢) 분례의 전답 매매 명문[32]

'경즈 이월 초십일 즈근 아가씨젼 명문'으로 시작한다.

작성자는 '전주(田主) 사비(私婢) 분례(粉禮)'로 되어 있다. 분례가 흉년
에 생계가 곤란하여 텃밭 너 마지기를 작은 아가씨에게 판 명문이다.
연대 미상.

3) 유언(遺言)

(1) 황여일(黃汝一)의 계배(繼配) 완산 이씨 부인이 자손들에게 남긴 유서
(遺書)이다.[33] 순치 8년(1651, 효종 2). 이씨 부인이 양자에 관한 결정
을 적은 유서이다.

(2) 열부이씨(烈婦李氏) 유서(遺書) 1편[34]

숙종 42년. 이씨는 27세에 미망인이 되어 시부모와 아이를 양육하다
가 43세에 양자에게 유서를 남기고 자결하였다. '몽아비 보아라'로 시
작한다.

(3) 서흥(瑞興) 김씨(金氏) 유서 4편[35]

이 자료는 남편이 병사한 후 뒤따라 자결한 열녀 서흥 김씨(1883~
1904)가 부모님께 남긴 국문 유서이다.

(4) 서령유씨부인(瑞寧柳氏婦人) 유서 2편[36]

연대 미상. 유씨 부인이 16세에 1년 연상인 남편에게 시집 와서 24세
에 남편을 잃은 후, 자결을 결심하고 딸 '팽아'와 시부모에게 남긴 글

---

31) 남편의 상사를 당하여 초상 빚을 갚으려고 토지를 노비 신분의 '치위'에게 팔면서 준
명문.
32) 김일근(1986), 『언간의 연구』, 일지사, 325쪽 참고 332쪽에 영인된 사진이 실려 있다.
33) 이정옥(1982), 완산이씨유언 고, 『문학과 언어』 3, 문학과언어연구회.
34) 이수봉(1971), 열부이씨필 유서, 『여성문제연구』 1집, 효성여자대학교
35) 황재문(2000), 서흥 김씨 유서, 『문헌과 해석』, 통권 10호, 문헌과해석사.
36) 임치균(1999), 유씨 부인 유서, 『문헌과 해석』, 통권 6호, 문헌과해석사. 임치균(1999).
『서령유씨부인 유서』 연구, 『고문서연구』 15집, 고문서학회, 47-65쪽.

이다. 각각 1편씩 남겼는데, 받는 대상에 따라 쓴 내용과 분위기가 사
뭇 다르다.

4) 분재기

(1) 송시열이 장손부(은석 처)에게 준 분재기[37]

현종 12년 5월에 송시열이 장손부에게 토지와 노비를 급여한 문서. 내
용 중에 장손(長孫) '은석' 앞으로는 한문 문서로 썼고, 만일의 착오에
대비하여 다시 손부에게 새삼 부탁한다고 하며 한글 문서를 작성해
주었다. 작성자는 송시열이고, 수급자는 손부(孫婦)이다.

(2) 조모 박씨가 도서방댁에게 준 분재기[38]

연대 미상. 조모 박씨가 패가한 손녀딸과 사위에게 전답을 나누어 준
분재기. 작성자는 조모 박씨이고, 수급자는 출가 손녀 도서방댁이다.

5) 의례류

(1) 동춘당가 혼례 관련 문서 : 연대 미상

- 의양 단자(衣樣 單子) : 자료번호 1220, 1221, 1222, 1223
- 신랑 의복 목록 : 연대 미상. 자료번호 1258
- 혼슈 홍셩긔 : 자료번호 1259, 1261(정미 시월), 1262, 1263. 혼수 물
  목과 가격 표시(냥)
- 혼슈 발긔(件記) : 자료번호 1269, 1270, 1271, 1272, 1273, 1274,
  1275, 1279, 1280, 1282, 1283, 1284, 1288(신부 관례츠, 신랑의복, 관
  례시 의복츠)
- 신랑 의복츠 : 자료번호 1289, 1291
- 과일 등 음식 재료 치부 : 자료번호 1290. 혼례 소요 음식 마련 재
  료.[39]

6) 수표(手標)

(1) 여씨(呂氏) 부인이 작성한 '시오촌 신경행 전 수표'[40]

---

37) 김일근(1986), 『언간의 연구』, 일지사, 321쪽 참고.
38) 『고문서집성』 36, 용인 해주오씨편, 한국정신문화연구원, 1998년, 298쪽.
39) 기타 동춘당가 문서에는 혼례 관련 자료가 더 있으나 비슷한 유형이어서 다 기록하지
   않았다.

건륭 21년(1756). 신명휴의 처 여씨 부인이 시오촌(媤五寸) 신경행 앞
으로 작성해 준 확인서이다. 내용은 미망인이 된 여씨 부인이 흉년을
당해서 토지를 팔아야 하겠는데 여인이 나설 수 없으니 친척 신경행
에게 토지매매를 위임한다는 것이다. 작성자는 여씨 부인이고, 수급자
시오촌 신경행이다.

(2) 박주사(朴主事) 춘동부인(春東夫人) 평택(平澤) 임씨(林氏) 수표41)
1906년에 작성. 박주사(춘동)라는 사람이 죽은 후 그의 부인이 궁핍해
져 백여 리나 떨어진 선영에 장사 지내지 못하고 이참의(李參議) 댁의
산지를 빌어 묘를 쓰고 써 준 각서이다.

3.2. 고문서에 나타난 여성의 참여 양상과 문자생활사적 의미

언간은 가족 간에 주고받은 것이 대부분이고, 그 용도와 내용이 사적(私
的)인 성격의 것이다. 이에 비해 고문서는 가족이 아닌 타인과 주고받은 것
이 대부분이며, 그 용도와 내용이 공적(公的)인 것이다. 문자생활이라는 관
점에서 볼 때 언간과 고문서는 그 범주를 달리하는 자료이다.

언간에 발신자와 수신자가 있듯이, 고문서에는 발급자(문서 작성자)와 수
급자(문서 접수자)가 있다. 그런데 고문서의 경우는 특정 서식이 있어서 여성
이 직접 작성자가 되어 문서를 만드는 것이 쉽지 않았다. 그리하여 여성이
관련된 고문서라 하더라도 그 여성이 문서 필사자로서 참여하지 않은 경우
가 많았을 것이다. 그러나 이 경우라 하더라도 문서가 작성된 후 관련된
여성이 문서 내용이 원래의 목적에 부합되게 작성되었는지를 점검하는 내
용 확인 과정에는 참여했을 것이다. 이 점을 고려하여 고문서에서 여성의
역할은 발급자(혹은 필사자), 수급자(혹은 독서자), 내용 확인자로 나눌 수 있다.
이러한 점을 고려하면서 위 고문서 자료를 통해 여성의 역할과 그것이 갖

---

40) 김일근(1986), 『언간의 연구』, 일지사, 321-322쪽. 332쪽에 영인된 사진이 실려 있다.
41) 김일근(1986), 『언간의 연구』, 일지사, 326쪽 참고 332쪽에 영인된 사진이 실려 있다.

는 문자생활사적 의미를 고찰해 보자.

1)의 소지(所志)와 상언(上言)은 모두 관문서에 해당하므로 작성자가 관아에 제출한 것이다. 이들 중 (1), (2), (10)은 그 내용이 집안에 양자를 들이는 문제와 위패를 지키려는 가통(家統) 수호와 관련된 것이다. 이런 내용의 청원서를 여성이 관아에 올린 것은 공적 차원에서 한글을 사용한 문자생활 자료라는 점에 그 의의가 있다.[42]

(3), (4)는 집안일과 관련된 억울함을 풀기 위해 관아에 제출한 청원서를 여성이 작성 주체가 된 사례이다. (5), (6), (7), (8)은 모두 과부가 전답 매매 과정에서 발생한 억울한 사건이 배경으로 되어 있으며, 현감·군수에게 청원서를 제출한 것이다. 나머지도 이와 유사한 경우이다. 이들은 모두 여성이 작성자가 되고 관아의 수장이 수급자가 된 경우이다. 수급자인 고을의 수장은 이 청원서에 처분하는 글(뎨김 題音)을 한문으로 써서 되돌려 주는 것이 관례였다.

2)의 '명문'(明文)은 매매를 증명하기 위한 문서이다.[43] 앞의 (1), (2)는 양반가 부녀자가 직접 쓴 것이고, (3)은 사비(私婢) '분례'가 주인 아가씨에게 바친 문서이다. 이 문서를 '분례'가 직접 쓴 것인지 대필한 것인지 단정 짓기 어렵지만 천민 사비가 발급의 주체라는 점에서 특이한 자료이다. 이 문서는 양반가 여성뿐 아니라 천민에 속하는 여성들도 한글을 통한 문자생활에 참여했음을 보여 준다.

3)의 '유언(遺言)'은 그 목적이 다를 뿐 사실상 언간과 그 성격이 같다. 가족에게 사적인 목적으로 준 글이라는 점에서 그러하다. 이런 문서는 앞에서 다룬 공적인 문서와 그 성격이 같지는 않지만 재산 분배 등의 문제가

---

42) 조지원의 처 정씨가 올린 (2)번 문서는 그 서체의 세련됨으로 보아 대필(代筆)의 가능성도 있다. 그러나 문서 사연의 자세함으로 보아 본인이 구술해 주는 등 어떤 형태로든 문서 작성에 관여했을 것으로 짐작된다.

43) 여성이 작성한 한글 명문 자료를 여기에 3건밖에 제시하지 못했지만 좀 더 광범위한 조사가 행해지면 더 나올 것이 확실하다.

발생하면 '유언'이 법적 효력을 가질 수 있다는 점에서 공적인 문서 성격이 있다. 여성의 유서는 대부분 정절을 지켜 남편을 따라 순사(殉死)하는 과정에서 나온 것이다.

4)의 분재기는 하나는 남성이 써 여성에게 준 것이고, 다른 하나는 여성이 써서 자녀들에게 준 것이다. 후자와 같은 분재기는 이두문으로 쓴 것이 대부분이고 여성이 재주(財主)가 되어 분재한 이두문 분재기는 적지 않게 전해지고 있다. 분재 문서는 법률적 구속력이 강했으므로 법적 효력이 명백한 이두문으로 작성하였다. 한글로 작성한 분재기는 극히 드물다. 이런 점에서 분재기 (2)번 자료는 그 가치가 높은 것이라 하겠다.

5)의 의례류에 속하는 한글 문서는 동춘당가 소장 자료에 가장 많다. 주로 혼례와 관련된 물목이나 의양단자가 많다. 이런 자료는 동춘당가뿐 아니라 미정리된 문서에 더러 포함되어 있다. 혼례 물목기(物目記)의 작성 주체는 여성이 아니고 그 집안의 남성인 경우가 많다. 이런 자료는 여성이 독서자로 참여한 것이다. 조상의 기일이나 어른의 생신일 등을 한글로 적은 것도 있다. 이런 자료는 집안일을 꾸리는 여성이 작성하였을 가능성이 높다. 이런 문서는 사적 성격을 가진 것이라는 점에서 공적 차원의 문서와 구별된다.

6)의 '수표'는 그 성격이 앞에서 본 명문과 거의 같다. 일종의 매매 증명서 혹은 각서로서 법률적 효력을 가진다는 점에서 공적 차원의 문자생활 자료이다.

이상에서 살펴본 한글 고문서는 크게 나누어 공적인 것과 사적인 것 두 가지로 나뉜다.44) 소지나 상언, 명문, 분재기, 수표는 공적 성격의 문서이고, 유언과 의례류 문서는 사적 문서라 할 수 있다. 이런 자료를 통해 우리

---

44) 여기서 다루지 않은 여성 작성 문서로 한글 제문이 있다. 한글 제문은 홍윤표(2001)에 의해 일부가 소개되었다. 한글 제문은 대부분 20세기의 것이기는 하지만 이 자료들도 손이 닿는 대로 정리할 필요가 있다.

는 조선시대 여성이 한글을 통해 공사(公私) 간의 일 처리에 관여하였음을 알 수 있으며, 당시 여성의 문자생활의 실상을 확인할 수 있다.

4. 요약 및 마무리

조선시대 여성의 문자생활에서 가장 보편적으로 사용된 표현 매체는 언간이었다. 남편과 아내, 자녀와 어머니, 시부모와 며느리 사이에 주고받은 언간들이 상당 분량 전해지고 있으며, 우리는 이 자료들을 통해 전통 사회의 문화와 언어에 접근할 수 있다. 이 글은 언간과 여성 관련 한글 고문서를 대상으로 당시의 여성들이 누린 문자생활의 일면을 규명하였다.

현전하는 다수의 언간을 여성의 역할, 발신자와 수신자의 관계, 내용상의 특징을 기준으로 분석하였다. 특히 앞의 두 항은 자료별로 계량적으로 분석하고 그 결과를 표로 제시하였다. 자료의 성격에 따라 개별적으로 분석한 후 이들을 모두 통합 분석한 결과를 [표 14]와 [표 15]에 요약하였다. 언간의 건수와 비율로 볼 때 어머니가 딸과 아들에게 보낸 것이 39.5%로 가장 많다. 사실상 동일한 신분인 아내·어머니·며느리가 수신자 역할을 한 비율은 40.5%이다. 이 수치는 언간의 수수 관계에서 어머니와 아내로서의 여성이 가장 중요한 역할을 하였고, 그 비중도 가장 높음을 객관적으로 증명하는 것이다.

언간의 수수 관계에 나타난 비중이 남녀 간 비대칭적이라는 점도 밝혔다. 남편→아내(27.8%)에 비해 그 반대 방향인 아내→남편(1.5%)의 비율이 현저히 낮다. 그리고 남성이 여성에게 보낸 비율(43.7%)이 가장 높고, 여성이 여성에게 보낸 비율(33.8%)이 두 번째이다. 남성이 남성에게 보낸 것은 0.9%로 매우 낮다. 여성 수신자 비율이 남성 수신자 비율보다 압도적으로 높다. 이것은 언간이 주로 여성을 위한 통신 수단이었음을 의미한다.

　왕실 언간의 경우, 왕이 발신자인 매수는 45매로 전체의 30.6%이고, 왕비가 발신자인 매수는 91매로 전체의 61.9%이다. 이 둘을 합치면 92.5%으로 전체의 대부분을 차지한다. 수신자를 기준으로 보면 왕이 공주에게 보낸 것이 30매로 20.4%이며, 왕비가 공주, 옹주에게 보낸 것이 73매로 49.7%이다. 이 둘을 합치면 70.1%가 된다. 이 수치는 현재 전해지는 왕실 언간이 대부분 공주의 후손가에 전존(傳存)되어 왔다는 특성에 기인한 점도 있지만, 왕실 언간은 왕과 공주, 왕비와 공주 간에 수수된 것이 가장 많았음을 의미한다.

　『언간독』에 수록된 규식과 실재의 언간에 나타난 발·수신자 양상을 비교하여 몇 가지 차이점을 밝혔다. 첫째, 『언간독』에는 부부 간의 왕복 규식서가 없다. 앞에서 본 현전 언간에는 남편이 아내에게 보내거나 그 반대의 것이 많음에도 『언간독』에는 이런 양식이 수록되지 않았다. 둘째 『언간독』에는 부녀 간의 왕복 규식서가 없다. 이 두 가지는 현전 언간에서 가장 흔한 것이 『언간독』의 규식에 오르지 않은 예이다. 이와 반대로 『언간독』 규식에는 있지만 실존 언간에는 그 예를 찾기 어려운 것도 있다. '이웃집 부인 간' 혹은 '제수→시숙'이 그런 예이다.

　언간 내용에서 여성 문자생활과 관련하여 의미 있는 것은 「현풍곽씨언간」에 나타난다. 사위가 장모에게 외가에 간 아이들에게 언문을 가르쳐 달라고 청한 내용이 그것이다. 그 밖에도 아이들 한글 교육에 관한 내용이 더러 발견된다. 현전하는 언간의 내용은 거의 대부분 가족 간의 문안 인사, 건강과 질병, 가정의 대소사에 대한 것이다.

　한글 고문서는 언간에 비해 현재 전하는 수량이 적다. 언간이 친족 범위 안에서 이루어지는 사적 차원의 문자 활동인 데 비해 고문서는 공적 성격을 가지는 것이 많다. 한글 소지와 한글 명문, 한글 분재기, 한글 상언(上言) 등의 사례를 통해 여성 문자생활의 양상을 규명하였다.

1. 들어가기

한글 창제는 한민족의 문자생활에 커다란 변화를 일으켰다. 문자는 인간 생활의 여러 방면에 활용되는 중요한 도구이기 때문에 우리 민족에게 한글 창제는 커다란 의미를 가진 사건이었다. 한글의 활용은 문자 사용의 목적을 기준으로 그 범주를 생활적 활용, 교육적 활용, 종교적 활용, 문학적 활용, 학문적 활용 정도로 나눌 수 있다. 한글이 조선시대의 학술 연구서에 사용된 경우는 거의 없었다고 해도 과언이 아니다. 조선시대 남성 지식인들은 학술 서적의 저술에 한글을 사용하지 않았다. 그러나 초학자용 교육 도서인『훈몽자회』나『유합』, 『천자문』, 『소학언해』 등에는 한글이 사용되었다. 그리고 15세기부터 계속 간행된 각종 불경언해 등의 불교서, 19세기에 나온 한글본 도교서류 및 기독교 관련 한글 문헌들은 한글을 종교적 목

---

* 이 글은『어문론총』45호(2006, 한국문학언어학회) 261-321쪽에 실었던 논문(조선시대 여성의 문자생활 연구―한글 음식조리서와 여성 교육서를 중심으로)의 제목과 본문 일부를 다듬고 고쳐 쓴 것이다.

적으로 이용하였다. 일반 서민 혹은 대중이 읽는 서적에 한글을 사용한 것
은 이 문자의 창제 목적상 자연스러운 일이었으나 이런 서적은 드물었다.
한글의 생활적 활용으로 대표적인 것은 한글 편지 및 한글 고문서이다. 이
글에서 다룰 한글 여성 교육서는 한글의 교육적 활용에 해당하고, 한글 음
식조리서는 생활적 활용에 해당한다. 이 두 가지 자료를 대상으로 조선시
대 여성의 문자생활 양상을 밝히는 것이 이 글의 목적이다.[1]

2. 연구 대상 문헌과 그 특징

2.1. 음식조리서

가정주부가 해야 하는 가사 업무 중에서 가장 중요한 것이 음식 조리이
다. 음식 조리는 나날의 식생활은 물론 여성의 중요한 책무였던 봉제사(奉祭
祀), 접빈객(接賓客)을 위해서도 긴요한 일이었다. 그리하여 양반 가문에서는
각각 나름대로의 특유한 음식 조리법을 만들고 전수해 왔으며, 이는 그 집
안 여성들의 자부심이었고 가문의 자랑거리였다. 좋은 음식을 잘 만드는
방법을 집안 대대로 전수하기 위해 여성들은 한글로 된 음식조리서를 짓거
나 전사하였다.

17세기 후기부터 19세기에 걸쳐 나온 음식조리서에는 여러 가지가 있
다.[2] 지금까지 알려진 음식조리서 관련 문헌은 이성우(1992)에 집성되어 있
다.[3] 이성우 선생이 편찬한 영인본에 수록된 한글본 음식조리서로서 19세

---

1) 한글 음식조리서는 생활적 활용이면서 학술적 활용의 성격을 띤다. 특히 한학에 깊은
   소양을 가진 장계형의 저술『음식디미방』은 분류 체계를 갖추고 문장 표현이 정밀하여
   학술적 성격이 뚜렷하다.
2) 옷을 짓고 손질하는 일도 가사의 중요 부분을 차지하지만 의복에 관한 한글 자료는 찾
   기 어렵다.
3) 이성우(1992),『한국 고식문헌 집성』, 수학사. 이 자료집은 한문본 자료와 한글본 자료,

기 말기까지 나온 문헌을 정리하여 도표로 제시하면 다음과 같다.[4]

〔표 1〕한글 음식조리서 목록

제목	저자	연대	소장처
음식디미방	장계향	1670년경	경북대학교
주방문	하생원?	1700년대 초기 추정	규장각
음식보	미상	1700년대(?)	황혜성(마이크로필름)
술만드는법	미상	1800년대	고려대학교
주식방(고려대 규곤요람)	미상	1795년	고려대학교
규곤요람	미상	1896년	연세대학교
규합총서(목판본)	빙허각 이씨	1869년	
규합총서	(정양완 역주)	1800년대	고려대학교 신암문고
주방	미상	1800년대 초엽	이성우 영인
역잡록	미상	1830년대	
정일당잡지(貞一堂雜識)	정일당	1856년	
음식책	단양댁?	1838년/1898년	
음식방문	미상	1800년대 중엽	동국대학교
음식법(찬법)	미상	1854년?	윤서석 소장
김승지댁 주방문	미상	1860년	황혜성 사본
술빚는 법	미상	1800년대 말엽	국립중앙도서관
이씨음식법	미상	1800년대 말기	이성우본
시의전서	미상	1800년대 말엽?	이상훈

[표 1]은 『규합총서』(간본)를 제외하고 모두 필사본이다. 이 책들 중의 상
당수는 여성에 의해 필사되거나 저술되었을 것이다. 규장각 소장의 『주방

간본 자료와 인본 자료가 망라되어 전체 7책으로 영인되었다.
4) [표 1]의 연대는 이성우 교수의 판단을 중심으로 하여 필자가 약간 조정한 것이다. [표
1]은 2004년에 이 글을 발표하던 당시의 것이다. 백두현(2017a : 17-19)은 필사본 음식
조리서와 언간에 들어간 낱장의 음식방문을 모두 합하여 도합 64건의 음식조리서 목록
표를 제시한 바 있다. 국립한글박물관 소장본과 개인 소장본이 더 있어서 전체 건수는
앞으로 더 늘어날 것이다.

문』은 방문명을 한자로 쓰고 필체가 남성적 특성을 보이기는 하나 이 책의
저술에 여성이 일정한 역할을 했을 것이다. 위 책들은 모두 여성들이 활용
한 것이 확실하다. 봉제사, 접빈객을 위한 음식 조리법의 습득과 전수에 이
책들이 이용되었을 것이다.

　[표 1]의 문헌 중에서 저술 연대가 가장 앞서고[5] 그 가치가 남다른 것은
『음식디미방』이다. 이 책은 경북 북부의 안동과 영양 일대에서 살았던 정
부인(貞夫人) 장계향(張桂香 1598~1680)이 총 146개 항에 달하는 음식 조리법
을 한글로 서술해 놓았다. 이 책은 한국 음식사 및 조선시대 음식 문화를
연구하는 데 그 어떤 자료보다 귀중한 가치를 가진다. 필자의 최근 연구에
서 추가된『주초침저방』과『주찬방』은 필사자를 모르고, 필사 연대도 추정
한 것이나『음식디미방』은 필사자와 출처 가문이 분명하다.『해주최씨음식
법』은 그 분량과 방문 텍스트의 짜임새에서『음식디미방』수준에 미치지
못한다.

　[표 1]에 포함된 책 이외에도 20세기 초에 들어서 신활자로 인쇄한 음식
조리서가 몇 가지 간행되었다. 20세기 신활자본 음식조리서에는 다음과 같
은 것이 있다.[6]

〔표 2〕 신활자본 음식조리서 목록

조선요리제법	방신영(方信榮)	1917년
조선무쌍신식요리제법	이용기(영창서관·한흥서림)	1924년
조선요리법	영남춘추사	1934년
간편조선요리제법	이석만(삼문사)	1934년
四季의 朝鮮料理	鈴木商店	1934년

---

5) 백두현(2017a : 17-19)에 제시된 음식조리서로『음식디미방』보다 연대가 앞선 것은 네
　가지(주초침저방, 주찬방, 해주최씨음식법, 현풍곽씨언간 중 죽엽주 포도주법)이다.
6) [표 2]의『조선요리제법』은 그 이판본이 여러 개 있다.『四季의 朝鮮料理』는 해방 이후
　1946년 조선문화건설협회에서 간행한 것이 있으나 그 내용에 차이가 많다.

위의 음식조리서 이외에도 필자는 본 연구를 진행하면서 몇 가지의 음식조리서를 새로 찾아낼 수 있었다. 필자가 새로 찾아낸 것을 비롯하여 학계에 아직 잘 알려져 있지 않은 자료를 소개하면 다음과 같다.

1) 『주식시의』(酒食是儀)

이 책은 동춘당 송준길 집안의 종손 송봉기 옹이 설립한 '선비박물관'(대전 소재)에 소장되었던 것이다. 이 책의 저술 시기는 19세기 후기경으로 판단된다. 필사기, 서문, 필사자에 관한 기록이 나타나지 않는다. 구기자주법, 감향주법, 약식법 등 도합 99가지 조리법이 수록되어 있고, 육아와 관련된 내용도 실려 있다.

2) 『우음제방』(禹飮諸方)

이 책은 『주식시의』와 같은 선비박물관 소장이었으며, 19세기 후기에 필사한 자료로 판단된다. 『주식시의』와 필체가 전혀 다르다. 표지서명은 '우음제방'이라 묵서되어 있으나 권두서명은 '각식술방문'으로 되어 있다. 필사기, 서문, 필사자 등에 관한 아무 기록도 없다. 이 책에는 24종의 술 담는 법이 설명되어 있다.

3) 『부인필지』(婦人必知)

이 책은 규장각 소장이며, 표지서명은 '부인필지 婦人必知 全'으로 되어 있다. 의식주 전반에 걸쳐 부녀자들에게 도움이 될 내용이 실려 있다. 『규장각 소장 어문학 자료』의 해설에 의하면, 이 책은 서유본(徐有本)의 아내 빙허각(憑虛閣) 이씨(李氏)가 저술한 『규합총서』(閨閤叢書)를 후대인이 간추린 것이라 한다. 이 책에는 필사자와 필사 연대 기록이 없다. 언어적 특징과 표기로 보아 19세기 말에서 20세기 초에 필사된 것으로 추정한다. 내지에 '경셩부 뎌안동'이라는 기록 있어서 서울에서 필사된 것임을 알 수 있다.

본문 내용은 '다품'에서 '미자다법', '국화다법' 등으로 시작하는데 이 점이 특징적이다.

4) 『규합총서』(영남대본)

이 책은 영남대 도서관 소장본이며, 권두서명이 '규합총셔'로 되어 있다. 목판본 『규합총서』와 그 내용이 다르다. 권말에 '을뫼 오월 순일 필수 셔강 슈일루'라는 필사기가 있다.

5) 『주식방문』(酒食方文)

이 책은 노가재(老稼齋) 김창업(金昌業 1658~1721)의 후손가에 전하는 책이다. 김창업은 조선 후기의 문인이며 본관은 안동(安東)이다. 필사기가 없다.

6) 『주식방문』(酒食方文)

이 책은 개인 소장본인데 필자가 복사하여 이용하였다. 위 5)와 서명이 같으나 내용에 차이가 있다. 권두 표지에 "정미연 이월 일 등츌 전급 소명 ᄒᆞ니 일치 말고 두고 보라"는 필사기가 있다. 19세기 말에 필사한 자료로 판단된다. 글씨가 굵고 크며, 반듯한 서체로 잘 쓴 필사본이다.

7) 『보감록』(寶鑑錄)

이 책은 필자가 소장한 1책의 필사본이며, 음식조리법과 함께 가정생활에 필요한 여러 가지 내용을 싣고 있다. 이 책에는 '정묘 경월 십구일 등셔'라는 필사기가 있는데, 책의 상태로 보아 이 정묘년은 1927년으로 판단된다. 음식조리법을 포함하여 오륜가라는 가사, 궁합법 등 여러 내용이 들어 있다. 이 내용 각각의 필체가 서로 달라 세 사람이 나누어 쓴 것임을 알 수 있다. 권두의 첫 항에 'ᄉᆞ태우 식시오관'(士大夫 食時五觀)라는 제목 아래, 음식 만드는 사람의 공과 노고를 깊이 생각하라는 마음가짐을 가르치고 있다. 이런 내용은 다른 조리서에서 찾을 수 없는 특이한 것이다.

8) 『주방문 초』

이 자료는 필자가 소장한 절첩본이다. 권두 서명에 '酒方文' 및 '酒方文鈔'라는 두 가지 제목이 쓰여 있다. 규장각본 『주방문』과 구별하기 위해 '초'를 덧붙이기로 한다. 분량이 적고 수록 내용이 얼마 되지 않는다. 하일두강주법(夏日杜康酒法), 오병주법(五甁酒法), 과하주법(過夏酒法), 청명주법(淸明酒法), 백화주법(白花酒法)이라는 다섯 가지 술 방문이 실려 있다. 다른 음식조리서와 달리 음식 명칭(=方文名)은 한자어로, 방문 내용은 언해문 형식으로 되어 있어 전통적 언해체 구성을 보여 준다. 필사한 글씨가 뛰어난 달필체이다. 학문을 닦은 남성이 쓴 것으로 판단한다.

9) 음식방문 넷

이 자료는 가로 36cm, 세로 39.5cm의 한지 한 장에 쓰여 진 것이며, 글 제목이 없다. '감양쥬방문', '알느리미방문', '잡장아지방문', '마늘장아지방문'의 네 가지 조리법이 실려 있다. 편의상 「음식방문 넷」이라 이름해 둔다. 19세기 말기경의 자료로 추정된다.

새로 찾아낸 위의 아홉 가지 자료와 앞의 [표 1]에서 제시한 음식조리서를 모두 이 글의 고찰 대상으로 삼는다. 특히 문헌의 출처가 분명한 『음식디미방』, 『주식시의』, 『주식방문』(노가재공댁), 아래에 언급할 『온주법』 등을 중시할 필요가 있다. 그 밖에 이미 알려져 있었지만 앞의 [표 1]에서 제시한 목록에 들어가지 않았고, 아직 깊이 있는 연구가 진행되지 않은 다음 자료도 이 글의 연구 대상에 포함시켰다.

10) 『온주법』(蘊酒法)

『온주법』은 안동시 임하면 천전동 소재의 의성 김씨 종가에 소장된 한
글 필사본이다. 이 자료는 표은(瓢隱) 김시온(金是榲) 선생(1598~1669)의 사적
을 추린 「숭정처사 표은 김공 사적략」(崇禎處士 瓢隱 金公 事蹟略)의 뒷면에 쓰
여진 것이다(서보월 1999).[7] 서보월(1999)에 따르면 이 문헌의 조리법에 쓰인
부분은 11장(22면)이며, 총 56항의 조리법이 서술되어 있다. 주류 44항, 누
룩 만드는 법 2항, 장(醬) 2항, 병과류 6항, 반찬류 2항이고 기타 술과 장 담
그는 것, 조약법(調藥法)과 염색, 의복 관리 방법 등이 적혀 있다. 이 책의 이
면지에 적힌 '사적략'의 마지막 부분에 '正宗 丙午'가 기록된 것으로 보아
『온주법』은 1786년경에 작성된 것으로 보인다.

11) 『규합총서』(정양완본)

『규합총서』의 정양완 가장본(家藏本)에는 3종이 있다. 정양완이 '가본', '나
본', '다본'이라 이름 붙였다. 정양완(1975)에서 자세히 주석되었고, 정신문화
연구원(2001)에서 영인본으로 간행한 바 있다.[8] 이 책은 빙허각 이씨의 저
술로 알려져 있으며, 이씨의 친필이 포함되어 있다(정양완 1975의 해제 참고).
그리고 '나본 2'의 속지에 "뎡집 글시로 본 적마다 벅기다"라는 필사기가
있다. 이것은 정씨와 관계가 있는 여성이 원본을 보고 전사했음을 의미한
다. '가본'과 '나본'은 2인 혹은 3인이 함께 쓴 것이고, '다본'은 1인이 2책을
모두 쓴 것이다. '다본'의 필체가 가장 세련되고 뛰어나 이것이 원본의 일
부일 가능성이 높다.

　빙허각의『규합총서』는 음식 조리에 관한 설명뿐 아니라 가사의 경영에
필요한 의복, 기물, 생활 상식 등을 망라한 일종의 백과사전이라 할 수 있

---

7) 이하 『온주법』에 대한 기술은 서보월(1992)의 연구를 인용한 것이다.
8) 『규합총서』(閨閤叢書) 한국학자료총서 29, 한국정신문화연구원, 2001.

다. 이 책은 태교 등 여성 교육의 내용도 포함하고 있으며, 각종 고전 문물에 대한 내용이 풍부하고 다채롭다. 문자생활과 관련된 종이, 먹, 서화, 서적 등에 대한 내용도 자세하게 서술되어 있다.

12) 『규합총서』(동경대본)

이 책은 빙허각이 지은 책을 보고 전사한 것으로 추정된다. 한국정신문화연구원(2001)에서 영인본을 간행했다. 권1이 망실되어 권2부터 권8까지 영인되었다. 이 책은 궁중에서 한글 필사를 전문으로 한 서사자가 쓴 것으로 보인다. 필치는 뛰어난 솜씨의 정형화된 궁체 달필체이며, 처음부터 끝까지 순 한글로 한 사람이 필사하였다.

13) 『규합총서』(국립중앙도서관본)

이 책은 국립중앙도서관 소장본이며 도서번호는 '한古朝 29-114'이다. 전체가 68매이며, 1책만 남아 있다. 이 책의 글씨는 동경대본과 같이 전문 서사인이 쓴 궁체 달필체이며, 처음부터 끝까지 순 한글로 한 사람에 의해 필사되었다.

2.2. 여성 교육서

2.2.1. 조선시대 여성 교육의 내용

조선시대의 교육은 유교적 가치관과 윤리관을 중심 내용으로 하였으며, 유학의 주요 경서와 역사와 정치에 귀감이 되는 내용을 담은 통감(通鑑) 등의 독서를 강조하였다. 관학 기관으로 서울에 성균관과 사부 학당을 두었고, 지방의 군현 단위에 향교를 세웠다. 한편 서당과 서원을 중심으로 한 사학(私學)도 중요 역할을 하였다. 그런데 이러한 교육 기관은 양반 남성 자제를 위한 것이었다. 갑오개혁 이후 신식 교육제도가 도입되면서 여성을 위한 학교가 설치되었다. 신식 교육제도가 도입되기 이전에는 국가 차원에서 설치한 여성 교육 기관은 없었다. 여성 교육은 각 가정에 맡겨져 이른바 규방 교육을 통해서 이루어졌다. 비록 국가적 차원의 여성 교육 기관은 없었지만 조선시대에 여성 교육은 중시되었다. 조선시대 여성 교육의 기초가 된 『내훈』은 여성 교육의 중요성을 다음과 같이 강조하였다.

> 일로브터 보건댄 다슬며 어즈러우며 니러나며 敗亡호미 비록 남지늬 어딜며 사오나오매 關係ㅎ나 ㅆ 겨지븨 어딜며 사오나오매 브튼디라 ㄱᄅ치디 아니호미 몯ᄒ리라 <내훈 서(序) 6a>

『내훈』은 여성의 품행과 덕성 교육에 중점을 두었다. 언행·효친·혼례·부부(夫婦)·모의(母儀)·돈목(敦睦)·염검(廉儉)을 여성 교육의 주 내용으로 하였다. 특히 '여유사행(女有四行)'이라 하여 부덕(婦德)·부언(婦言)·부용(婦容)·부공(婦功)을 여성 교육의 핵심 내용으로 삼았다.

아동 교육서로 주로 활용된 『소학언해』에서는 바람직한 여성의 덕목을 다음과 같이 요약하였다.

> 겨집이 열 히어든 나ᄃ니디 아니ᄒ며 스승 어믜 ㄱᄅ치믈 유순히 드러 조ᄎ며 삼며 뚝삼을 잡들며 실과 고티를 다ᄉ리며 명디 깁 ᄣᅡ며 다회 ᄣᅡ 겨집의 이룰 빅화 ᄡᅥ 衣服을 쟝만ᄒ며 祭祀에 보술펴 술와 촌믈과 대그릇과 나모그릇과 팀치와 저술 드려 禮로 도와 버리기를 도올디니라 열히오 ᄯᅩ 다ᄉᆺ 히어든 빈혀 곳고 스믈히어든 남진 브틀디니 연고 잇거든 스믈 세힌 히예 남진 브틀디니라 聘례로 ᄒ면 안해 되고 그저 가면 妾이 되ᄂ니라 <소학언해 1, 7a-7b>

여자 나이 열 살이 되면 스승 격인 어머니가 가르치는 것을 유순히 좇아서, 의복 다스리기와 음식 조리에 힘쓰라고 하였다. 여성 교육의 핵심을 가사 활동에 두었음을 위 자료는 알려 준다.

문자와 서적을 통한 여성 교육 내용도 여성 교육서에 나타난다. 그러나 여성이 글을 배우고 읽는 것을 즐겨할 수는 있으나 시문(詩文)의 공교함을 좇거나 문장을 남기는 일 따위는 하지 말라고 가르쳤다.9) 이러한 가르침은 여성을 대상으로 한 문자 교육의 한계를 명백히 설정한 것으로 조선시대 여성의 문자생활에 큰 제약을 가하였다. 퇴계가 지었다고 하는『규중요람』10) 의 다음 내용은 문자와 서적에 관한 여성 교육의 한계를 보여 준다.

부인 녀ᄌ로도 맛당이 시셔(詩書)와 사긔(史記)와 소학(小學)과 니측(內則) 롤 일거 역디(歷代)의 ᄂ라 이롬과 선디(先代) 조상의 명ᄌ(名字)롤 알디니 그러ᄒ올분 필(筆)의 공교(工巧)ᄒ고 시스(詩詞)의 찬란홈은 오히려 창기(娼 妓)의 본식(本色)이오 사부(詞賦)가 부녀의 힝홀 비 안니니라. (규중요람 4) (괄호 안의 한자는 필자가 넣은 것)

여성의 품성 교육을 위해 시서(詩書), 사기(史記), 소학(小學), 내칙(內則) 등의 독서를 언급해 놓았으나, 시사(詩詞)를 지어 꾸미는 것은 '창기(娼妓)의 본색' 이고 양가 여성이 행할 바가 아니라 하였다. 조선시대 여성 교육의 목표는 어질고 착한 품성으로 부모와 남편을 받들고 아이를 양육하며, 가사 운영 에 필요한 의복과 음식 다스리기를 잘할 수 있도록 가르치는 것이었다. 이 것은 곧 여자의 네 가지 행실 중 부덕(婦德)과 부공(婦功)으로 요약된다. 앞에 서 언급한 음식조리서는 부공의 연마를 위해 이용된 문헌이다. 그리고 부 덕의 함양을 위한 책이 바로 여성 교육서이다. 이런 여성 교육서는 대부분 한글을 위주로 하였다. 다음 절에서는 지금까지 알려진 것과 필자가 새로

---

9)『내훈』(권1, 26a)에는 이천 선생의 모부인의 예를 들어 여성의 독서와 문장의 한계를 정 해 놓았다.

10) 국립도서관 소장본. 25장으로 된 필사본인데 언해자 및 필사자가 미상이다. 언해는 19 세기 후기에 이루어진 것이다.

발굴한 한글 여성 교육서를 간본과 사본으로 나누어 제시하고 간략히 해설한다.

2.2.2. 간본 여성 교육서

1) 『내훈』(內訓)

이 책은 최초의 여성 교육서이나[11] 1475년에 간행된 초간본은 전해지지 않는다. 중간본 네 가지가 전하고 있다.[12]

> ㉠ 1573년(선조 6)의 을해자본 : 이 책에는 내사기가 있으며, 3권 4책으로 분책되어 있다. 일본 봉좌문고(蓬左文庫) 소장이다.
> ㉡ 1611년(광해군 2)의 훈련도감 목활자본 : 3권 3책.
> ㉢ 1656년(효종 7)의 목판본 : 3권 3책.
> ㉣ 1736년(영조 13)의 금속활자본 : '어제내훈'이라 불리며, 무신자(戊申字)로 찍었다. 3권 3책.

중간을 거듭하던 『내훈』은 1736년(영조 13)에 그 내용과 번역문을 일부 수정 보완하여 『어제내훈』(御製內訓)(위의 ㉣)으로 개간(改刊)되었다. 『어제내훈』에는 영조의 어제 서문이 붙어 있으며 번역문과 표기법 등에서 달라진 점이 많다.

---

11) 『삼강행실도』에 포함된 '열녀도'가 최초의 한글 여성 교육서로 볼 수도 있다. 그런데 이 『삼강행실도』는 책 전체가 여성교육을 목표로 한 것이 아니기 때문에 『내훈』과 그 성격이 다르다. 이 점은 '한국문학언어학회'의 하계 발표(경성대학교)장에서 김유범 교수가 지적해 주셨다.

12) 『내훈』의 1573년 판을 연세대 인문과학연구소에서 1969년에 영인하였다. 1611년 판을 아세아문화사에서 1974년에 영인하였다.

2) 『여훈언해』(女訓諺解)

『여훈언해』는 1508년 명나라 무종(武宗) 때 성모장성자인황태후(聖母章聖慈 仁皇太后)가 편찬 간행한 것이다. 이 책은 1532년(중종 27)에 최세진이 번역하여 교서관에서 간행했으나 초간본은 전하지 않는다. 1620~1640년경에 간행된 목판본 『여훈언해』가 만송문고에 소장되어 있으며, 이것을 홍윤표 교수의 해제를 붙여 홍문각(1990)에서 영인하였다. 한문으로 된 '御製女訓序'와 '女訓目錄'이 권두에 있고, 그 뒤에 한문 본문으로 여성에 대한 가르침 12개 항을 두었다. 이어서 「어제여훈서」의 언해문, 여훈서 언해문, 본문 언해 등의 순서로 편성되었다. 이 책에 서술된 12개 항의 가르침은 후대의 각종 여성 교육서 내용에 많은 영향을 미쳤다.

3) 『여사서언해』(女四書諺解)

영조의 명을 받아 이덕수(李德壽)가 중국의 『여사서』(女四書)를 언해하여 1737년(영조 13)에 교서관에서 무신자로 간행한 활자본이다. 4권 3책이다.[13] 이와 별도로 한문본 『여사서』를 1907년에 박만환(朴晩煥)이 다시 번역하고 내용을 약간 개편하여 4권 2책의 목판본으로 간행한 『여사서언해』도 있다.[14]

4) 『여소학언해』(女小學諺解)

이 책은 1882년에 간행한 목판본이며, 19세기말 충북 회인 지역의 방언을 반영하고 있다. 홍문각의 영인본(1990)에 실린 홍윤표 교수 해제에 이 책에 대한 자세한 해설이 있다.

---

13) 아세아문화사의 영인본(1974년)과 홍문각 영인본이 있다.
14) 이 책은 1996년에 홍문각에서 영인본을 냈다.

5) 『여사수지』(女士須知)

이 책은 1889년에 밀양군의 자암서당에서 1권 1책의 목판본으로 간행한 것이다.15)

6) 『태교신기언해』(胎教新記諺解)

이 책은 1938년에 경북 예천군에서 석인본(石印本)으로 간행되었다. 태교에 관한 것이 주 내용이지만 여성의 품행 교육에 관한 내용도 적지 않다.

7) 신활자본 여성 교육서 몇 가지

일제강점기 즈음에는 신식 납활자로 다수의 여성 교육서가 간행되었다. 이러한 책을 다 거론하기는 어려우므로 필자가 직접 본 자료 몇 가지를 여기에 소개해 둔다.

> ㉠ 1914년 회동서관(滙東書舘)에서 간행한 『현토주해 여자보감』(懸吐註解 女子寶鑑)
> ㉡ 1922년 영창서관에서 간행한 『명원여자보감』(名媛女子寶鑑). 이 책은 삼국시대부터 조선시대에 이르기까지 행실이 뛰어난 여성의 행적을 인물별로 서술한 것이다. 종전의 여성 교육서와 그 내용이 다르다.
> ㉢ 1928년 덕흥서림에서 간행한 『가정교육 여자행실록』(家庭教育 女子行實錄).
> ㉣ 1936년 명문당(明文堂)에서 간행한 『중등교육 여자조선어독본통해』(中等教育 女子朝鮮語讀本通解).

2.2.3. 사본 여성 교육서

조선시대 여성 교육서의 대부분은 필사본으로 전해진다. 필자가 본 연구

---

15) 이 책은 백두현(1991)에서 영남 방언 자료로 이용된 적이 있다.

에서 조사한 자료와 이미 알려져 있는 필사본 여성 교육 문헌의 목록을 간략히 제시하면 다음과 같다.

1) 『규중요람』(閨中要覽)

이 책은 퇴계 이황(李滉)이 부녀 교육을 위해 지었다고 전하는 한문 글을 19세기 후기경에 누군가가 언해한 필사본이다. 국립중앙도서관에 소장되어 있다. 『소학』, 『시경』 등 중국의 고전을 인용하였으며, 부의(婦儀), 수신편(修身篇), 치가편(治家篇), 규범록(閨範錄), 효행편(孝行篇)의 다섯 편으로 구성하였다(신정숙 1970)(손인수 1978).

2) 「우암 송선생 계녀서」

이 자료는 우암(尤庵) 송시열이 권씨가에 시집가는 딸에게 준 교훈서이다. 여성의 수신제가에 필요한 내용을 20개 항으로[16] 나누어 서술하였다. 이 자료는 많은 사람에 의해 전사되어 다수의 필사본이 전해진다. 필자가 이 글에서 이용한 것은 경북대 도서관 소장의 '우암션싱계녀서'이다.[17]

3) 『사소절』(士少節) 중의 「부의」(婦儀)

이덕무(1741-1793)가 찬술한 『士小節』 중의 「부의」(婦儀) 편을 1870년(고종 7년)에 조택희(趙宅熙)가 번역한 한글 필사본으로 책 이름은 'ᄉ쇼졀'로 표기

---

16) 그 20개 항은 다음과 같다. ① 부모 섬기는 도리라. ② 지아비 섬기는 도리라. ③ 시부모 섬기는 도리라. ④ 형제 화목하는 도리라. ⑤ 친척들 화목하는 도리라. ⑥ 자식 가르치는 도리라. ⑦ 제사 받드는 도리라. ⑧ 손 대접하는 도리라. ⑨ 투기하지 말라는 도리라. ⑩ 말삼을 조심하는 도리라. ⑪ 재물을 존절히 쓰는 도리라. ⑫ 일 부지런히 하는 도리라. ⑬ 병환 모시는 도리라. ⑭ 의복 음식하는 도리라. ⑮ 노비 부리는 도리라. ⑯ 꾸미어 받는 도리라. ⑰ 팔고 사는 도리라. ⑱ 비수원하는 도리라. ⑲ 종요로운 경계라. ⑳ 옛 사람 착한 행실 말이라.

17) 이 책의 표지 서명은 '규범'(閨範)으로 되어 있고 권두서명은 '우암션싱계녀서'이다. 도서번호 811.13 규 43.

되어 있다. 이 책에 여성의 문자 교육에 대한 내용이 다음과 같이 자세히 나와 있다.

① 부인은 맛당이 글과 스긔와 논어와 시젼과 쇼학과 녀편니 스셔를 약간 일거 그의 리를 통ᄒ고 빅집의 셩과 션셰의 독보와 역디의 나라 일홈과 셩현의 일름ᄌ를 통홀 ᄯ름이라. (59a)

② 훈민졍음(언문이라) 바침 반졀의 쳐음과 가운디와 마침 쇼리의 이와 혀의 쳥탁과 ᄌ체의 가감ᄒ미 우연ᄒ지 아니ᄒ니 비록 부인이라도 ᄯ 맛당이 발키 셔로 밧치고 셔로 변ᄒᄂ 묘리롤 알라 쓸지니 이를 아지 못ᄒ면 스령과 셔찰이 촌스럽고 비루ᄒ고 쇼루ᄒ고 어드러져 써 격식이 되지 못홀지니라. (59b)

③ 무릇 언문 편지를 쓰미 말슘을 반다시 발고 간략ᄒ게 ᄒ고 글ᄌ를 반다시 셩긔고 바르게 ᄒ고 가히 거칠게 쵸셔ᄒ고 어지러이 말ᄒ야 쟝황ᄒ고 지리ᄒ게 스람으로 ᄒ여곰 듯기 슬케 아니홀지니라. (60a)

①은 여성이 배우고 익힐 범위를 구체적인 글과 책 이름을 들어 정해 놓은 것이다. ②는 훈민정음 쓰는 법을 익혀야 서찰의 촌스럽고 비루함을 면할 수 있다고 하며 훈민정음 학습의 필요성을 말한 것이다. ③ 언문으로 편지를 씀에 지켜야 할 문장의 도리를 말한 것이다. 말씀은 간략하게 하여 장황하고 지루하게 하지 말 것, 글자는 반듯하게 쓰되 초서로 어지럽게 쓰지 말 것을 가르쳤다. 이밖에도 언문으로 쓴 이야기책을 읽으면 여공을 폐하고 가산을 흩으며, 그 말이 투기와 음란함을 부추긴다고 경계한 내용도 있다. 언문으로 번역한 가곡을 입으로 배우지 말고, 당나라 사람의 시와 장한가 따위는 방탕하여 기생이 전담하는 것이니 익히지 말라고 하였다. 이덕무의 「부의」편은 언문 글쓰기와 글읽기의 한계를 분명히 그어 놓았다.

4) 『여계약언』(女戒約言)

이 책은 경북대 도서관 소장본인데, 권두서명은 『녀계약언 쌀 경계한 말이라』로 되어 있다. "병오 이월십이일 필셔"라는 권말 필사기가 있다. 책의 상태로 보아 이 '병오'(丙午)는 1906년으로 추정된다. 이 책의 권말 필사기에는 "이 칙 쥬인은 경셩부 송현 안병ᄉ 즈부오니 글이 망측ᄒ니 살펴보쇼셔 샹치 말고 즉젼홀 ᄎ"라고 적혀 있다. 서울에 사는 병사(兵使) 벼슬을 한 안씨 집안의 며느리가 쓴 것임을 알 수 있다. 아래의 『계녀약언』과 거의 같은 내용의 열네 가지 가르침을 베푼 후에, 몇몇 가사와 편지, 상복 입는 법 등의 내용을 추가하여 분량이 늘어났다.

5) 『계녀약언』(戒女約言)

이 책은 경북대 도서관 취암문고 소장본이다. 서문 끝에 '졍유삼월념팔일손녀근셔'라 되어 있고, 권말에는 원래의 저술자인 듯한 사람이 "경신윤ᄉ월회일 父"라고 기록해 놓았다. 이 기록 뒤에는 또다른 사람이 "졍뉴 三月二十八日" 및 "이 칙은 우리 죠교게셔 큰 고모 연안 니시 부인 되신이…" 등의 쓰여 있다. 이 책이 이루어진 경위를 밝히는 내용이 있다. 이 책의 내용은 위 4)의 『여계약언』에 실린 열네 가지 가르침과 거의 같다.

6) 『계녀어』(戒女語)

이 책은 일사문고본으로 규장각에 소장되어 있다. 1책의 필사본이며 저자 및 필사 연대는 미상이다. 『내훈』과 『여소학』 등을 참고하여 옛 어진 부인의 행실을 가려 뽑은 책이다. 19세기에 필사된 것으로 추정된다.

7) 『규문수지』(閨門須知)

이 책은 경북대 도서관 소장본이다. 1책의 필사본이며 표지서명은 '閨門

須知'이다. 한문으로 쓴 서문이 있는데 서문 작성자는 황기(黃豈)이다. 서문의 작성 연대가 '屠維單閼元月八日齊安黃序'(도유단알원월팔일제안황서)로 되어 있다. 고갑자(古甲子)인 '屠維單閼'은 기묘년(己卯年)에 해당한다. 본문 속에 한문을 간간히 넣은 점이 다른 여성 교육서와 구별되는 특징이다.

한편 경북대 도서관에는 '규문지운'이라는 서명을 가진 고전소설도 있는데 내지에는 '김씨절힝규문지연'이라 적혀 있다. 여성 교육을 위해 소설 형식을 취한 것이다. 이 점은 고전소설이 여성들에게 많이 읽힌 당시의 현실을 반영한다.

8) 『규학신편』(閨學新編)

이 책은 계명대학교 도서관 소장본이다. 서문이 있으며 이 서문에 '영역빅육십년 조선일민 우고'라 되어 있다. 계명대 도서관에서 간행한 고서목록집에 이 책의 필사 연대를 1806년으로 잡아 놓았다. 이 책의 권말에는 '졍효부 사셜이라'이라 하여 효부전이 덧붙어 있다.

9) 『여범』(女範)

4권으로 된 이 책은 1750년에 영빈 이씨(映嬪 李氏, 사도세자의 생모)가 지었다고 한다(유재영 1981).[18] 중국의 역대 여성 중 귀감이 될 만한 인물의 사적을 언문으로 번역한 책이다. 이 책의 서명은 '녀범'으로 되어 있다.

10) 『고금여범』(古今女範)

이 책은 가람문고본으로 규장각 소장본이다. 저자와 필사 연대가 미상이며 1책의 한글 필사본이다. 여성의 귀감이 될 만한 내용을 모은 것인데, '밍모, 노계강, 검누쳐' 등이 수록되어 있다.

---

18) 『여범』은 대제각에서 1977년에 원본을 영인 출판한 적이 있다.

11) 『규범』(閨範) (김복한본)

이 책은 개인 소장본으로 3권 1책의 필사본이며, 광곽과 계선이 있는 인쇄 용지에 쓴 것이다. 책이 깨끗하고 정성들여 필사된 것으로 보아 출판을 위해 작성한 원고일 가능성이 있다. 권두 범례가 있고 본문은 상편·중편·하편으로 나뉘어 있다. 『내훈』, 『소학』, 『삼강행실도』 등 여러 문헌에서 여성 교육과 관련된 내용을 뽑아 편성하였다. 권말의 발문에 저술자가 '김복한'[19]으로 되어 있고, '임술십이월 상한에 관암정사의셔 등초라'라 하여 필사 시기를 밝혀 놓았다. 김복한의 생애로 볼 때 이 '임술'은 1922년이 된다.

12) 『규범』(閨範) (영가본)

이 책은 국립중앙도서관 소장본이다. 책 머리에 음양의 이치를 노래한 가사 한 편이 나오고, 그 뒤에 권두 서명 자리에 '규범목녹'이라 되어 있으나 목록 내용은 없다. 이어서 서문이 나오고 이 서문 말미에 "긔미 계하의 영가 후인은 셔ᄒ노라"라는 필사기가 있다. 같은 국립중앙도서관 소장본인 한문본 『규범』의 서문 말미에 '己未季夏永嘉後人書'(기미계하영가후인서)라는 기록이 있다.[20] 그러므로 『규범』(영가본)은 이 한문본을 번역한 것임을 알 수 있다. 그리고 이 책들은 앞서 언급한 『규범』(김복한본)과 밀접한 관계가 있다. 『규범』(영가본)은 『규범』(김복한본)을 참고하여 다시 전사한 것으로 판

---

19) 김복한(金福漢 1860~1924)은 조선 말기의 문신이며 일제침략에 맞서 의병장으로 활동한 사람이다. 본관은 안동(安東)이며 호는 지산(志山)이다. 충청남도 공주(公州)에서 출생하였다. 1905년에 을사조약이 강제 체결되자 이설과 함께 이지용(李址鎔)·박제순(朴齊純)·이완용(李完用) 등 5적의 참수를 간청하는 소를 올리다가 투옥되었다. 1906년에는 민종식(閔宗植)과 홍주에서 다시 의병을 일으켜 일본군과 싸우다가 체포되어 옥고를 치렀다. 1919년 3·1운동이 일어나자 문인 박경호(朴敬鎬)를 상경시켜 유림 대표들과 협의하게 하였다. 영남의 곽종석(郭鍾錫)과 함께 호서 유림을 대표해 전국 유림 137명의 서명을 받아 파리강화회의에 독립청원서인 파리장서(巴里長書)를 발송하였다. (『한국민족문화대백과사전』·'김복한' 항 참고).

20) 국립중앙도서관에는 1책의 한문 필사본으로 『규범선영』(閨範選英)이 있다. 이 책에는 서문이 있으나 저술자를 명기하지 않았다. 23장이며 권말 낙장이 있다.

단된다. 그리하여 한문본『규범』과『규범』(김복한본),『규범』(영가본)은 상호
간 관련성이 깊다고 할 수 있다. 이들 간의 관계는 더 정밀히 살펴볼 필요
가 있다.

13)『규범』(閨範) (國漢文本)

이 책은 김지용 소장본으로 홍문각에서 1991년에 영인하였다. 이 영인본
에 김미란의 간략한 해제가 붙어 있다. 이 책은 다른 여성 교육서와 달리
한문 본문이 앞에 있고 본문 전체가 끝난 뒤에 한글 번역문이 실려 있다.
그래서 '國漢文本'(국한문본)을 서명 뒤에 붙여 다른 '규범'과 구별하였다. 이
책은 앞서 언급한 두 가지 규범(김복한본과 영가본)과 그 내용이 현저히 달라
서 이름만 같을 뿐 서로 관계가 없는 책이다.

권말 필사기 내용이 가람본『女敎』와 비슷하지만 필사 연대가 '임신'으
로 되어 있고, 소장처 혹은 필사 장소를 '강산누더'라고 써 놓은 점이 다르
다. 이 책은 가람본「女敎」를 보고 제3자가 다시 전사한 것으로 판단된다.
필사기 끝에 "임신 등하의 뻐 모든 누의롤 주노라"라고 한 기록이 특히 주
목된다. '누의'리고 한 점으로 보아 이 책은 어떤 남성이 누이를 위해 저술
한 것임을 알 수 있다.

14)『곤범』(壺範)

이 책은 장서각 소장본이며, 3권 3책의 필사본이다. 경서와 심경 등 유학
의 고전에서 부덕(婦德)에 관한 교훈적 내용을 가려서 편성한 것이다. 이 책
이 원래 연경당에 소장되어 있었던 점으로 보아 왕실 여성의 교육을 위해
이 책이 편찬된 것으로 보인다. 이 책에는 유학 경서와 송대 성리학자의
글이 수용되어 있다는 점에서 다른 여훈서들과 구별되며, 여성 독서의 심
화된 내용을 보여 주는 중요 자료이다(허원기 2002).

15) 『부인요람』(婦人要覽)

이 책은 경북대 도서관 소장본이며 1책의 필사본이다. 표지서명 옆에 '壬戌十二年十二月朔始謄成粧'(임술십이년십이월삭시등성장)이라는 필사기가 묵서되어 있다. 이 책에는 세 가지 내용이 합철되어 있다. 첫째가 '부인요람'인데, 이것은 가사체의 운문과 산문으로 되어 있고, 한자어를 혼용하면서 한자 옆에 그 음을 한글로 달아 놓았다. '부인요람'이 끝난 제19장에 '壬戌臘月元旦婦人要覽終'(임술납월원단부인요람종)이라는 필사기가 있다. 그 뒤에 내방가사 '효부가(孝婦歌)'가 있고, 효부가가 끝나고 제30장부터 '언간독(諺簡牘)'이 실려 있다. 몇 가지 내용을 한 책에 담아 여성 문자생활의 내용 구성을 보여 주는 자료이다.

16) 『여교』(女敎)

이 책은 가람문고본이며, 저자 및 필자 미상인 1책의 필사본이다. 부덕을 주 내용으로 하여 '녀교니편샹하'와 '녀교외편샹하'로 구성되어 있다. 음역된 한문 원문을 앞에 놓고 그것의 언해문을 뒤에 두는 전통적 언해 방식으로 되어 있다. 한문 음역에는 구결토가 붙어 있다. 권말 필사기에 '갑진츄의 시작ㅎ고……을ᄉ츄구월지동필서'라는 묵서가 있다. 이 '갑진'과 '을ᄉ'는 책의 상태로 보아 각각 1904년과 1905년으로 추정된다(『규장각 소장 어문학 자료』의 해설 참고).

17) 『여학사편』(女學四編)

이 책은 규장각 소장의 2책의 한글 필사본이다. 저자와 필사 연대 미상의 여성 교육서이며 국한혼용체가 사용되었다. 여성이 갖추어야 할 네 가지 덕목을 '부덕편(婦德篇), 부언편(婦言篇), 부용편(婦容篇), 부공편(婦功篇)'으로 나누고, 역대의 전범을 들어 설명하였다. '총요(總要)' 및 '부덕편'이 제1책,

'부언편' 이하가 제2책으로 되어 있다. 제1책의 '목록' 뒤에는 "젼년의 녀계 훈 권을 밍그러 주고 미진훈 쁫을 쪼 녀혹 훈 권을 뼈 주노니⋯⋯임슐늇월"(2b)이라는 기록이 나온다. 이 '임슐'은 책의 형태나 언어 사실로 보아 1862년(철종 13)일 가능성이 높다(『규장각 소장 어문학 자료』의 해설 참고).

18) 『여소학』(女小學)

이 책은 박문호(朴文鎬 1846~1918)가 1882년(고종 19) 부녀자들에게 필요한 글을 모아 언해한 6권 6책의 필사본이다. 박문호의 문집 『호산집』(壺山集)에 그의 나이 37세 되던 임오년에 '女小學成'이라 하였는 바, 이것으로 이 책의 저술 연대를 알 수 있다. 박문호는 1848년에 충북 회인군 눌곡리에서 태어난 사람이어서 당시의 방언 연구 자료로도 가치가 있다. 본문 한자에 모두 한글 훈음을 붙인 형식이 특이하다. 홍윤표 교수의 해제를 붙여 1990년에 홍문각에서 영인본을 내었다.

19) 『규곤의측』(閨壼儀則)

이 책은 가람문고본으로, 규장각 소장이다. 이 책은 부덕과 여성의 가사 활동에 필요한 음식 조리 및 의복 짓기 방법을 가르치기 위한 여성 교육서이다. 필사기는 권말에 있는데 "셰지 병진 밍츄 긔망 안동셔"라고 되어 있다. 안동 지역의 규방 교육 자료임을 알 수 있다.

20) 『여손훈사·규문상목』

이 자료들은 청주대학교 국문과에서 나온 『어문론총』 제5집(1986)에 영인되었다. 이 책의 저자 유중교(柳重敎 1821~1893)는 양근(楊根, 현재의 경기도 양평)에서 태어났다. 이 자료 중 '녀손훈사'는 유중교의 친필본이고 나머지는 확실치 않다. '녀손훈사'는 1887년에 지어진 것이다. '규문상목'에 들어 있는 '허부인 뉴부인 녈힝녹'은 장작 및 필사 연대가 불분명하다.

21) 『여학별록』(女學別錄)

개인 소장본. 권두에 서문이 있으나 서문 중간에 마멸이 있어서 내용을 다 파악할 수 없다. 서문의 끝 부분에 "쇼위 칙 일홈을 녀학별록이라…긔록ᄒ나 닉 학식이 좁고 …‥ 한망혼 졍신이 순낙ᄒ여 가히 훌만혼 말을 덜 건져시나 츄호 츅낙 업시 이만 ᄒᆡᆼᄒ여도 온ᄀᆞᆺ 츅홈이 족ᄒ리니 부딕 건셩으로 보지 말고 ᄆᆞ음의 박켜 보와 ᄌ나 쎠나 닐넘이 … 평ᄉᆡᆼ ᄉᆞ업을 삼으라. 도광 니십 팔년 무신 명월 쵸슌의 쳐리 남양홍씨 셔"라는 기록이 있다. 남양 홍씨가 1848년에 이 책을 저술하였음을 알려 준다. 이 책은 그 내용이 주제별로 체계적으로 서술된 점이 특징이다.[21]

22) 『훈규록』(訓閨錄)

개인 소장본. 책의 내지에 책 제목을 '훈규록'이라 쓰고 그 뒤에 '규문을 훈게혼 칙이ᄅ'라는 풀이가 있다. 상하 2권 1책인데 상권에는 소학, 내훈 등에서 뽑은 글 몇 편을 실었고, 하권에는 시경의 '관저장', '규목장' 등을 번역하여 실었다. 이 책을 지은 동기를 쓴 서문이 권말에 실려 있다. 서문 끝에 '계묘계츈하한의 호상 죠슈는 쓰노ᄅ'라고 하였다. 이 '계묘'(癸卯)는 1843년 혹은 1903년 중의 하나인데 책의 상태로 보아 후자일 가능성이 높다.

23) 『규측』(閨則)

개인 소장본. 1권 1책이며, 부덕과 가사 경영에 유익함이 있는 글로 구성되어 있다. 권말에 필사기가 있으나 필사자의 이름이나 필사 연대에 대한 기록은 없다.

---

21) 이 책의 편명을 보이면 다음과 같다. 심공편이라, 부모봉양편이라, 부부공경편이라, 형졔우익편이라, ᄉᆞ매친익편이라, ᄌᆞ딜교훈편이라, ᄌᆞ녀혼가편이라, 비복심복편이라, 족척화목편이라, 봉졔ᄉᆞ편이라, 졉빈긱편이라.

24) 『고금여감록』(古今女鑑錄)

개인 소장본. 표지에 '거창가 고금녀감녹'이라 되어 있고, '칙쥬 당평 청 강댁'이라는 책 주인의 기록이 있다. '거창가'라는 가사가 끝난 뒤에 '고금 녀감녹'이 이어진다. '고금녀감녹' 이라는 서명 아래 "부녀들 보고 가히 힝 실은 짝글지라 벌노 보지 말고 명심명념"이라는 당부의 말이 씌어 있다. 내용은 당나라 한나라 등 전범이 되는 여성의 행적을 풀이하였다. 모두 7 장으로 되어 있어 책의 두께가 얇다.

25) 『치심전』

이 책은 박재연 교수가 제공해 준 필사본이다.[22] 표지에 '치심전'이라는 제목이 묵서되어 있다. 권두 첫 면에 집안의 누이를 가르치기 위해 이 책 을 지었다는 서문 격의 짧은 글이 있다. 그 뒤에 '니시미훈'[23]이라는 소제 목이 누이를 위해 지은 것임을 말해 준다. 저작자나 필사자에 대한 다른 정보는 나타나 있지 않다.

26) 『여사』(女史)

이 책은 동춘당 송준길 가에 전해져 내려오는 여성 교육서이다. '신종황 제어제녀계(神宗皇帝御製女戒)'를 비롯하여 『여사서』(女四書)의 내용을 간추려 한글로 필사한 책이다. 이 책 뒤에는 종부가 시집 가는 딸에게 당부한 글 이 덧붙어 있다(허경진 2003 : 140).

27) 『규감』(閨鑑)

이 책은 동춘당 송준길의 후손 송명흠(宋明欽 1705~1768)이 1723년에 지은

---

22) 자료를 제공해 주신 박재연 교수께 감사 드린다.
23) '니시미훈'은 '李氏妹訓'을 적은 표기이다.

한글 여성 교육서이다(허경진 2003 : 141).

28) 『설씨내범』(薛氏內範)

이 책은 여성 교육을 위해 고전소설 형식을 빌려 지은 것인데 일종의 윤리 소설이라 할 만하다. 저자를 알 수 없으나 작품 내용으로 보아 남성 지식층일 것으로 판단된다(강현경 1984). 이 책은 조선조 말기 순조, 헌종 (1801~1849) 연간의 작품으로 알려져 있다. 이 소설은 다른 한글 소설과 달리 작자의 서문[24]이 권두에 실려 있다. 이 서문에 이 책을 지은 의도가 밝혀져 있다. 여성 교육을 위해 여성들이 즐겨 읽는 소설 형식을 취했음 말해 놓았다. 소설을 통해 여성을 교육하려는 『사씨남정기』와 그 궤를 같이 하는 책이나 『설씨내범』이 교육적 의도를 더 분명히 드러낸 것이라 할 수 있다.

29) 『계녀자록』(誡女子錄)

이 책은 가람문고본(규장각 소장)이며, 1책 26장의 내방가사 작품이다. 이 책에 실린 '계녀자록'과 '여자행실기'가 여성 교육의 내용을 담고 있다. 전자는 김낙영의 딸이 어려운 가정에서 태어나 가정을 잘 꾸린 이야기 및 시집가는 딸에 대한 당부가 주 내용이다. 후자는 시집가서 시부모를 잘 모시고 봉제사를 잘하라는 당부를 담은 가사이다. 권말 필사기가 '경술경월십오일'이라 되어 있는데 이 경술은 1910년으로 추정된다(『규장각 소장 어문학 자료』의 해설 참고).

---

24) 이 서문의 일부는 다음과 같다. "셰속의 니룬바 파한셜홰(破閑說話) 근셰예 셩힝ᄒᆞ여 부녜 쇼일홀 배 업순족 언문으로 번역ᄒᆞ야 보느니 이는 부덕의 무익홀분 아녀 도로혀 해 잇느니 시험ᄒᆞ야 의논ᄒᆞ리라 (…중략…) 내 일로 뻐 근심ᄒᆞ야 규졍(糾正)홀 바롤 싱각ᄒᆞ야 파한셜화 규구(規矩)를 의지ᄒᆞ야 셜시ᄂᆡ범을 지어 써 부ᄌᆞ 군신 부부 형뎨 붕우의 도리롤 베프니 부녀의 일용의 요졀ᄒᆞᆫ 말 아닌 거시 업스니…"

이 글에서 언급된 자료 외에도 필사본 여성 교육서는 상당히 많이 전해
지고 있다. 웬만한 사대부가에서는 집안의 부녀 교육을 위해 소학·내훈
등을 참고하여 나름대로 여성 교육서를 엮거나, 이미 전해 오는 필사본을
베껴서 활용하였다. 이런 까닭으로 한글 필사본 여성 교육서는 아직도 정
리되지 않고 흩어져 있는 문헌이 적지 않다. 위에서 언급한 자료만으로도
이 글의 목적을 달성할 수 있으므로 자료 소개는 이 정도로 해 둔다.

3. 문자생활의 양상과 그 내용

한글을 이용한 조선시대 여성들의 문자생활은 크게 세 가지 필요에 의
해 이루어졌다. 첫째는 실생활의 필요에 의한 문자생활이다. 멀리 있는 가
족 친지에게 소식을 알리기 위해 작성한 한글 편지, 매매 등의 계약을 위
한 한글 고문서 작성, 집안의 제삿날이나 어른 생신일의 기록, 의양(衣樣)
이나 버선본 마련 등 실생활의 필요에 의한 문자생활이다. 둘째는 고소설
의 전사와 독서, 규방가사의 창작과 독서 등과 같은 문학적 문자생활이다.
셋째는 부덕(婦德) 함양을 위한 여성 교육서와 음식 조리법의 전수·교육
을 위한 음식조리서 등 여성교육 측면의 문자생활이다. 이 글에서는 세
번째 범주에 속하는 문헌 즉 음식조리서와 여성 교육서를 대상으로 이 문
헌들의 필사 관련 요소와 내용을 분석하여 여성 문자생활의 구체적 양상
을 기술한다.

3.1. 필사 관련 요소의 분석

음식조리서와 여성 교육서 자료 중 필자가 직접 확인하고 실사(實査)한
문헌을 대상으로 저자, 필사자, 필사기, 사용 문자 등 필사 관련 요소를 분

석하여 다음과 같은 두 개의 도표로 제시한다. 이 표에 들어갈 수 없는 필사기 내용 등 자세한 것은 각 항목을 논하는 자리에서 다룬다.

〔표 3〕 음식조리서 필사 관련 요소 분석

서명	저자	필사자	필사자 수	서문	발문	필사기	독서기	본문 문자	서명의 문자	서체와 필치
음식디미방	장계향	안동장씨	1인	없음	장계향	장계향	없음	한글	표지 : 한자 권두 : 한글	해서보통
주방문 (규장각)	미상	미상	1인	없음	없음	河生員	없음	한글 한자	표지 : 한자 권두 : 한자	흘림달필
주방문 초	미상	미상	1인	없음	없음	없음	없음	언해체	표지 : 한자 권두 : 한글	흘림달필
온주법	의성 김씨 종가	미상	1인	없음	없음	없음	없음	한글	권두 : 한글 25)	흘림달필
주식시의	연안이씨	송준길가	2인	없음	없음	없음	없음	한글	표지 : 한자	해서보통
우음제방	연안이씨	송준길가	2인	없음	없음	없음	없음	한글	표지 : 한자	반흘림보통
주식방문 (노가재)	유와공가	유와공가	1인	없음	없음	없음	없음	한글	표지 : 한글 권두 : 한글	흘림달필
규합총서 (鄭가)	빙허각	미상	2인	있음	없음	없음	없음	한글	표지 : 한자 권두 : 한글	해서보통
규합총서 (鄭나)	빙허각	鄭씨	3인	없음	없음	없음	없음	한글	표지 : 한글 권두 : 한글	해서보통
규합총서 (鄭다)	빙허각	미상	1인	없음	없음	없음	없음	한글	표지 : 한자 권두 : 한글	해서보통
규합총서 (동경)	빙허각	미상	1인	없음	없음	있음	없음	한글	표지 : 한글 권두 : 한글	해서보통
규합총서 (국도)	빙허각	미상	1인	없음	없음	없음	없음	한글	표지 : 한글 권두 : 한글	해서보통
규합총서 (영대)	빙허각	미상	1인	없음	없음	을묘	없음	한글	권두 : 한글	해서보통
주식방문 (丁未)	미상	미상	1인	없음	없음	정미년	없음	한글	표지 : 한글 권두 : 한글	해서보통

서명	저자	필사자	필사자 수	서문	발문	필사기	독서기	본문 문자	서명의 문자	서체와 필치
부인필지	미상	미상	1인	없음	없음	경성 부	없음	한글	표지 : 국한	해서보통
보감록	미상	미상	3인	없음	없음	정묘	없음	한글	표지 : 한글	반흘림보통
음식방문 넷	미상	미상	1인	없음	없음	없음	없음	한글	없음	흘림보통
술 만드는 법	미상	미상	1인	없음	없음	없음	없음	한글	한글26)	해서달필
주식방 (酒食方)	미상	미상	1인	없음	없음	없음	없음	한글	한글	흘림달필
주방(酒方)	미상	미상	1인	없음	없음	없음	없음	한글	한글	흘림달필
정일당잡 지	정일 당	미상	1인	없음	없음	병진	없음	한글	한글	후대 전사
음식책	미상	미상	1인	없음	없음	없음	없음	한글	한글	흘림달필
음식방문	미상	미상	2인	없음	없음	없음	없음	한글	한글	해서달필
尹氏 음식법	윤씨 가	윤씨 가	3인	없음	없음	갑인	없음	한글	한글	다양
김승지댁廚 房文	미상	미상	1인	없음	없음	병진	없음	한글	한글	흘림달필
술빚는법	미상	미상	3인	없음	없음	없음	없음	한글	한글	반흘림소졸
李氏 음식법	미상	미상	1인	없음	없음	없음	없음	한글	한글	해서보통
규곤요람 (연대)	미상	미상	1인	없음	없음	양원 년	없음	한글	한글	반흘림달필
음식방문 27)	미상	미상	2인	없음	없음	없음	없음	한글 한자	한글	흘림달필 해서달필
부인필지 (이씨)	빙허 각	미상	2인	없음	없음	없음	없음	한글	한글28)	해서달필 반흘림달필

25) 이하 표지와 권두 하나만 명기한 것은 둘 중 하나의 서명만 있는 경우이다. 『온주법』 의 표지에 한자로 '醞酒法'이라 썼으나 서체가 본문과 전혀 다르다. 이 한자 서명은 나 중에 딴 사람이 써넣은 것이다.

26) 이하의 문헌은 이성우 교수 영인본에 표지가 없어서 표지서명을 알 수 없기에 권두서

〔표 4〕 여성 교육서의 필사 관련 요소 분석

서명	저자	필사자	필사자 수	서문	발문	필사기	독서기	본문 문자	서명의 문자	서체와 필치
규중요람	이황	미상	1인	없음	있음	없음	없음	한글	한글	반흘림 보통
우암계녀 서	송시열	미상	1인	없음	없음	니쇼져	없음	한글	한글	해서 보통
부의편 (스쇼졀)	이덕무	미상	1인	조택 회	없음	경오	없음	한글	한글	반흘림 보통
여계약언	미상	안병ᄉ 자부	1인	없음	없음	안병 ᄉ자부	없음	한글	한글	반흘림 달필
계녀약언	아버지	미상	1인	손녀	없음	여성	있음	한글	한자	반흘림 보통
계녀사	미상	미상	1인	없음	없음	없음	없음	한글	한글	해서 소졸
규문수지	황기	미상	1인	있음	없음	기미	없음	한글*	한자	반흘림 보통
규문지운	미상	미상	1인	없음	없음	융희4년	없음	한글	한글	해서 보통
규학신편	남성	남성	2인	우고	없음	조선 일민	없음	한글	한글	흘림 소졸
고금여범	미상	미상	1인	없음	없음	없음	있음	한글	한글	흘림 달필
규범 (김복한)	김복한	김복한	1인	범례	김복 한	임술	없음	한글	한글	해서 달필
규범 (영가본)	영가후인	미상	1인	있음	없음	기미	없음	한글	한자	흘림 달필
규범 (국한문본) 29)	남성	미상	1인	범례	강산 누더	임신	없음	국한 문체	한문	흘림 달필
부인요람	미상	미상	1인	없음	없음	임술	冊主	국한 문체	한자	해서 소졸
여교	지동	미상	1인	없음	지동	을사	없음	한글	한글	흘림 달필
여학사편	미상	미상	2인	있음	없음	임술	없음	국한 문체	국한 문체	반흘림 달필

서명	저자	필사자	필사자 수	서문	발문	필사기	독서기	본문 문자	서명의 문자	서체와 필치
여소학	박문호	미상	1인	박문호	박문호	무신	없음	언해체	한자	해서 소졸
규곤의측	미상	여성	1인	없음	없음	병진	없음	한글	한글	흘림 달필
여학별록	남양홍씨	여성	1인	남양홍씨	남양홍씨	을묘	없음	한글	한글	반흘림 달필
훈규록	호상조슈	미상	2인	호상조슈	없음	계묘	없음	한글	한글	해서 소졸
고금여감록	미상	청강댁	1인	없음	없음	을묘	있음	한글	한글	반흘림 보통
규측	미상	미상	1인	없음	있음	발문 同	없음	한글	국한문체	반흘림 소졸
설씨내범	미상	미상	1인	있음	없음	없음	없음	한글	한글	해서 달필
잡저	미상	'누인'	1인	없음	없음	경자	없음	한글	한자	흘림 달필
치심전	남성	미상	3인	있음	있음	신미	없음	한글	한글	흘림 달필 · 해서 보통

3.2. 필사 관련 요소로 본 여성의 문자생활

위의 [표 3]과 [표 4]는 음식조리서와 여성 교육서의 저술자부터 필체에
이르기까지 문자생활과 관련된 10가지 요소를 분석한 결과이다. 이 장에서

명만 표기한다.

27) 이성우 교수는 이 책의 이름을 '시의전서(是議全書)'라고 하였으나 원본의 권두 서명
은 '음식방문'으로 되어 있다. 권두서명에 의거하여 자료 명칭을 정하는 것이 원칙이
다. 『음식디미방』은 저자 장계향이 쓴 권두서명으로 서명을 정했다.

28) 이 책은 권두에 목록이 있는데 목록 서명과 장절 제목은 한글로 크게 쓰고 그 옆에 작
은 글씨로 한자를 써넣었다. 목록에서만 국한병용을 하였다.

29) 한글 본문은 가람본 『녀교』와 비슷하다. 권말의 발문 내용도 서로 비슷하다.

는 [표 3]과 [표 4]에 제시한 사항을 더 자세히 검토하면서 여성들의 문자
생활 양상을 논한다.

어떤 문헌 자료를 문자생활이라는 관점에서 고찰할 때 주목해야 할 요
소는 저술자, 필사자, 독서자 그리고 사용한 문자의 종류라 할 수 있다. 어
떤 문자를 사용하여 누가 썼으며, 누가 그 문헌을 읽었는가 등이 문자생활
에서 중요한 요소이다. 조선시대 사회에서 문자생활을 수행한 압도적 주류
는 남성 양반 지식인층과 관문서를 담당한 남성 이서(吏胥)층이었다. 이들은
한문 및 한문에서 파생된 이두문에 관한 지식을 바탕으로 한문 문헌의 저
술과 독서, 이두 문서의 작성 등 문자생활을 거의 독점하다시피 했다. 그러
나 한글을 수단으로 한 문자생활은 이와 전혀 다른 양상을 보이며, 특히
음식조리서와 여성 교육서의 경우는 저술자 및 독서자로 여성이 참여한 특
성을 가진다.

3.2.1. 음식조리서의 경우

■ 저술자와 필사자

여기서 저술자는 한 문헌을 최초로 짓거나 편찬한 사람을 가리키고, 필
사자는 그것을 쓴 사람을 뜻한다. 저술자와 필사자는 동일인일 수도 있고
다를 수도 있다. 위 [표 3]에 제시한 음식조리서에는 저술자가 밝혀진 것과
그렇지 않은 것이 있다. 저술자가 밝혀진 것은 장계향의 『음식디미방』과
빙허각 이씨의 『규합총서』이다. 『음식디미방』의 저술자는 장계향이고 필사
자도 장계향이다. 장계향이 저술하여 손수 쓴 친필본인 것이다. 그러나 정
양완 소장 『규합총서』의 여러 책에는 필체가 서로 다른 것이 섞여 있어서
이 책 전체가 빙허각 친필본은 아닌 것으로 판단된다. 『주식시의』와 『우음
제방』은 송영로(1803~1881)의 부인 연안 이씨(1804~1860)가 처음 기록하기
시작하였고 그 뒤 이 집안의 부녀자들도 일부 써넣었다고 한다(허경진 200

3 : 162). 그러나 이 책 안에 저술자 혹은 필사자에 관한 기록이 없어서 확정
하기는 어렵다. 집안에 내려오는 전언이 대부분 옳은 것이기는 하나 관련
된 기록 등 신뢰할 만한 근거가 없으면 저술자를 확정 짓기는 어렵다.

『주식방문』(노가재)은 유와공 집안에 전해진 것이므로 이 집의 부녀자들
이 쓴 것으로 판단된다. 이성우 교수가 편찬한『한국고식문헌집성』제3권
1207쪽 이하에 『정일당잡지』(貞一堂雜識)가 수록되어 있다. 이 책의 권말에
"병진 구월 십칠일의 장동덕 방의셔 맛치다"라는 필사기가 있다. 이 필사기
는 정일당이 쓴 것으로 짐작된다. '장동덕'은 장동에 있는 집을 뜻한다. 정
일당(貞一堂)이 기거한 집에 장동(서울의 동네 이름)에 있었기에 '장동덕 방의
셔' 필사를 마쳤다고 쓴 것이다.

한편 이 책의 서명 '貞一堂雜識'(정일당잡지)에 나오는 '貞一堂'은 여류 문
인으로 알려져 있는 정일당 강씨(靜一堂 姜氏)와 같은 인물인지 아닌지는 판
단하기 어렵다. '정일당(貞一堂)'과 '정일당(靜一堂)'은 서로 다른 아호이기 때
문이다.[30]

조리서의 서명에 성씨 혹은 집안이 표시된 『김승지댁 주방문』, 『윤씨음
식법』, 『이씨음식법』과 같은 책들은 이 문헌의 저술이나 필사된 가문을 엿
볼 수 있게 한다. 각각 해당 집안의 여성들이 이 문헌을 저술하거나 필사
하였을 것이다. 그 밖의 『부인필지』, 『보감록』, 『주방』 등 몇몇 책은 저술자
와 필사자에 대한 어떤 기록도 나타나 있지 않다.

저술자나 필사자에 대한 기록이 전혀 없지만『온주법』은 의성 내앞의

---

30) '靜一堂'(정일당)의 '靜'은 원래의 '貞'을 '靜'으로 오기한 것일 가능성도 고려해 볼 수 있
다. 그러나 이 점을 명백히 밝힐 근거가 없어서 이 책의 저자가 '靜一堂'이라고 할 수는
없다. 필자는 '貞一堂'이란 당호를 쓰는 사람을 찾지는 못하였다. 靜一堂 강씨(1772~
1832)는 윤광연(尹光演)의 부인이다. 강씨 부인은 어려서부터 학문을 좋아하고 경서에
두루 통하여 성리학의 심오한 원리를 깨달았다고 한다. 시문에 뛰어나 당시에 이미 문
명(文名)이 높았다. 글씨에도 능하여 여러 명필가의 필법을 익혔으며『정일당유고』1
책을 남겼다.

의성김씨 종가에 보존되어 왔던 점과, 그 이면지에 '崇禎處士 瓢隱 金公 事蹟略'(숭정처사 표은 김공 사적략)과 묘갈명 등의 한문 문장이 쓰여 있는 것으로 보아 이 자료는 의성 김씨 종가의 어떤 분이 18세기 말기에 작성한 것으로 판단된다. 『온주법』은 그 필체가 남성적이고 이면지의 한문 문장으로 보아 남성이 저술하고 쓴 것으로 본다. 필체로 보면 규장각 소장의 『주방문』도 남성적 성격이 강하다. 이 책에 '河生員'(하생원)이라는 기록이 있어서 저술자 혹은 필사자가 남성일 가능성이 있다. 그리고 필자가 소장한 『주방문 초』는 한문으로 조리법을 쓰고 그 뒤에 한글 번역을 붙인 언해체 형식을 갖추었다. 음식조리서로는 언해체를 가진 유일한 예이다. 글씨 또한 세련된 달필체여서 남성이 쓴 것이 거의 확실하다. 한글 음식조리서 중 필체와 책에 기록된 문자 등의 정황으로 보아 『주방문』(규장각본), 『온주법』, 『주방문 초』는 책의 저술에 남성이 관여했음이 확실한 것으로 판단한다.

그런데 과연 조선시대 남성 선비들이 과연 음식 조리법 저술서를 낼 만큼 조리법을 잘 알았을까? 비록 한문 조리서이지만 김유(金綏 1481~1552)가 저술한 『수운잡방』(需雲雜方)에는 주류 60항, 장류 10항, 김치 15항, 식초 6항 등이 서술되어 있다(윤숙경 1998). 남성이 쓴 것이 확실한 『주방문 초』는 조리항목의 수가 4개에 불과하고 그것도 술에 대한 것뿐이다. 이런 점으로 볼 때 조선시대 남성도 음식조리서를 저술하고 필사하였음을 알 수 있다. 그러나 이런 책을 지을 때 집안 여성의 도움을 받았을 것이 틀림없다. 조리법에 대한 세부적 설명 문장을 지을 때 여성의 도움은 필수적이었을 것이다. 따라서 남성이 저술한 음식조리서라 하더라도 여성이 개입한 것으로 봄이 옳다. 남성이 저술한 음식조리서라 하더라도 한 집안의 남녀가 협력하여 공동 저술한 것이라 할 수 있다. 문자생활이라는 점에서 음식조리서는 남녀가 함께 참여할 수 있었던 장르라 하겠다.

위에서 언급한 문헌을 제외한 기타 저자 및 필사자가 미상본인 것들은 남성이 관여한 흔적을 찾기 어렵다. 시기적으로 19세기 이후의 것이 대부분인 이런 책들은 여성에 의한 저술 및 필사가 이루어진 것으로 보아도 무방하리라 생각된다.

음식조리서가 특정 가문을 배경으로 하고 있음은 『음식디미방』의 필사기에서 확인할 수 있다. 이 책의 권말 필사기에 저술자 장계향이 출가한 딸들은 이 책을 가져갈 생각일랑 하지 말고 베껴 가라고 써 놓았다. 이런 조치는 원본을 종가에 보존하여 조리법을 길이 집안에 전수하려 한 의도에서 비롯된 것이다. 전통적 사대부 가문의 여성들은 집안의 음식솜씨를 중요하게 생각하였다. 왜냐하면 여성의 가장 중요한 책무인 봉제사와 접빈객을 수행하는 데 음식의 조리가 필수적이었기 때문이다. 이런 점으로 볼 때 음식조리서의 저술과 독서는 일차적으로 한 집안의 여성 중심으로 이루어졌을 것이다. 저술된 조리서는 이어서 사돈가, 외가 등의 친척으로 확대되어 읽혔을 것이다.

■ 필사자 수

위 표에서 필사자의 수는 책의 본문만 대상으로 필체의 차이를 기준으로 판단한 것이다. 사람에 따라 필체가 다르기 때문에, 필체의 종류를 기준으로 필사자 수를 판단할 수 있다. 음식조리서의 필사자 수는 대부분 1명이다. 한 사람이 처음부터 끝까지 필사한 것이 가장 많은 셈이다. 위에 제시한 [표 3]에 나온 30종을 필사자 수로 나누어 보면 다음과 같다.

    1인 필사 : 21종
    2인 필사 : 6종
    3인 필사 : 3종

가장 많은 필사자가 동원된 경우가 3명인데 『규합총서』(정양완 나), 『보감록』, 『윤씨음식법』이 그것이다. 정양완 소장 『규합총서』는 분량이 많은 관계로 혼자 쓰기가 쉽지 않았을 것이다. 그러나 『보감록』 등은 분량이 많지 않음에도 몇 사람이 참여하여 필사하였다. 2인이 참여한 책 중 송준길가 전래본인 『주식시의』와 『우음제방』은 그 집안의 부녀자가 대대로 전수해 오면서 조리법을 추가해 넣었다는 증언이 있다. 허경진(2003 : 162)의 조사에 의하면 대전 선비박물관 송봉기 관장의 5대조인 송영로(1803~1881)의 부인 연안 이씨(1804~1860)가 처음 이 책을 쓰기 시작하였는데 그 후 이 집안의 여성들이 대대로 추기(追記)해 넣었다는 것이다. 그런데 『주식시의』에는 두 사람의 필체가 있고, 같은 집안에 전해진 『우음제방』에 또 다른 두 사람의 필체가 있다. 이로 보아 대대로 써넣었다는 증언은 두 책을 모두 포함해서 한 설명인 듯하다. 『우음제방』은 필사 시기로 보아 19세기 후기 자료로 보이며 『주식시의』와 필체가 전혀 다른 사람이 썼다. 그리고 『우음제방』의 필사 양상을 보건대 이 책은 '대대로' 쓴 것이 아니라 같은 때에 두 사람이 번갈아 쓴 것이 분명하다. 한 책을 여러 사람이 쓴 경우는 대부분 번갈아 쓴 것이 많다. 필사 작업이 고된 것이기 때문에 한 사람이 쉬는 동안 가족 중의 다른 사람이 필사했기 때문에 다른 필체가 번갈아 나타난 것이다. 『윤 씨음식법』은 그 내용이 상당히 많고 길다. 권말에 다음과 같은 필사기가 실려 있어 필사의 노고를 짐작할 수 있다.

> 극논이 필셔ᄒ니 디 〃 전진ᄒ고 (…중략…)
> 갑인 오월 초싱 시셔ᄒ여 슌일 필셔
> 삼디 글이 ᄎᄒ등치 아니코 쥬ᄒ다

극난(極難)히 필사하였으니 잘 보전하여 대대로 물려주라는 당부와 함께 삼대(三代)의 글씨가 같지 않다는 말을 덧붙였다. 그러나 이 책이 비교적 짧은 시기에 한꺼번에 필사되었음은 갑인 오월 초생에 쓰기 시작하여 순일(旬日 10일)에 마쳤다는 기록으로 알 수 있다. 만약 이 기록이 없었다면 이 책이 삼대에 걸쳐 지속적으로 필사되었다고 생각하기 쉬웠을 것이다.

위 [표 3]에서 1인 필사가 21종으로 가장 많은 것은 조리서가 대체로 그 분량이 그리 많지 않아서 필사자 혼자 감당할 수 있었거나 믿고 맡길 만한 필사자가 주위에 없었기 때문일 것이다.

■ 서문과 발문

보통의 문집류처럼 서문과 발문을 갖춘 음식조리서는 없다. 위의 [표 3]에 서문, 발문, 필사기 항을 구별해 표시했으나 서문과 발문 항은 모든 자료에 해당이 없다. 조선시대에는 통념상 여성이 문자를 남기는 것을 부정적으로 본 관념이 있었다. 그리하여 저술을 할지라도 집안에서 나누어 보는 제한된 범위에 그쳤다. 음식조리서도 한 집안 내부에서만 사용되는 것이 대부분이었다. 한 집안 내의 여성들이 주로 참고하는 책이 음식조리서이기 때문에 형식적 성격을 가진 서문이나 발문을 붙일 필요가 없었던 것이다. 그러나 조리서에 따라 드물게 붙어 있는 필사기의 내용을 보면 필사기가 서문 혹은 발문의 구실을 하는 경우도 있다.

■ 필사기와 독서기

여기서 말하는 필사기란 필사한 사람이 필사 전후에 쓴 기록을 말한다. 필사기에는 쓴 연대가 간지명(干支名)으로 들어간 것이 가장 많다. "건양 원연 쵸하의 등출이라"(규곤요람 연세대본)와 같은 양식이 가장 흔하다. 필사 주체를 기록하지 않은 경우가 더 많다. 필사기의 내용을 비교적 길고 자세하게 적은 것으로 『음식디미방』의 다음 기록이 있다.

> 이 칙을 이리 눈 어두온디 간신히 써시니 이 쓰줄 아라 이째로 시힝ᄒ고 쓸ᄌ식들은 각각 벗겨 가오디 이 칙 가뎌 갈 싱각을안 싱심 말며 부디 샹치 말게 간쇼ᄒ야 수이 써러 ᄇ리디 말라.

(이 책을 이렇게 눈이 어두운데 간신히 썼으니, 이 뜻을 알아 이대로 시 행하고, 딸자식들은 각각 베껴 가되, 이 책을 가져 갈 생각일랑 절대로 내 지 말며, 부디 상하지 않게 간수하여 빨리 떨어져 버리게 하지 말아라.)

장계향이 고령의 나이에 눈이 어두워 글이 잘 보이지 않음에도 불구하 고 손수 이 책을 지은 의도가 윗글에 담겨 있다 책을 본가에 잘 보존하되 딸들은 베껴서 가져가라고 한 점이 주목된다. 서책을 깨끗이 잘 보존하라 는 각별한 당부도 곁들여 있다. 이 필사기는 권말에 붙어 있기는 하나 글 의 성격으로 보아 짤막한 서문으로 보아도 무방하다. 장계향의 유훈대로 딸자식들은 이 책을 베껴 갔을 것이다. 원본을 보고 다시 전사하는 필사본 의 특성을 이 필사기가 잘 보여 준다.

『주방문』은 필체는 강건하고 굵직하여 남성적이다. 이 책의 권말에 한자 로 "하생원 주방문 책(河生員 酒方文 冊)"이라 쓰여 있고, 또 그 오른쪽 옆에 다른 필체로 "정월이칠일전일냥(正月二七日 錢一兩)"란 글이 쓰여 있다. 정월 27일에 돈 한 냥을 주고 이 책을 샀다는 것인지, 필사 대금으로 돈 한 냥을 주었다는 것인지 판단하기 어렵다.

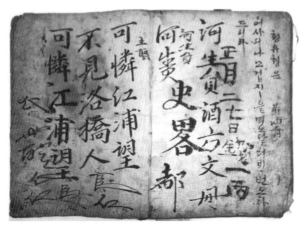

〔그림 30〕『주방문』의 본문 이면지

『주방문』의 본문 이면지에는 몇 가지 한글 가사가 전사되어 있기도 하고 이런 저런 낙서도 있다. 이런 잡기들은 이 책이 전해지던 집안의 여성들이 나중에 써넣은 것이 확실하다. 이 책을 집안에 두고 보던 여성들이 이면지 여백에 가사를 짓거나 베껴 넣은 것이다. 이것은 이 책이 그 집안 여성들의 참고 자료로 읽혀지고 활용되었음을 의미한다.

한편 『주식방문』(정미본)은 책의 앞 표지에 다음과 같은 필사기가 있다.

> 정미연 이월 일 등출 전급소명ᄒ니 일치 말고 두고 보라
> (정미년 이월 일에 등출(謄出)하여 전급(傳給)한다. 소중한 것이니 잃지 말고 두고 보아라.)

표지에 필사기를 쓴 예는 드물다. '등출'(謄出)이라는 용어로 보아 이 책은 다른 책을 보고 베껴 쓴 것이다.

『규합총서』(영남대본)은 권말에 "을ퟹ 오월 슌일 필ᄉ 셔강 슈일루"라는 필사기가 있다. 필사를 한 때를 간지와 월일로 표기하고 '셔강 슈일루'라 작은 글씨로 적었는데 '셔강'은 지명이고, '슈일루'는 누정(樓亭)의 이름으로 짐작된다. 필사 시기와 필사 장소를 적은 것이다.

『부인필지』(婦人必知, 규장각본)는 빙허각 이씨가 지은 목판본 『규합총서』를 참고하여 후대인이 간추려 필사한 것이다. 이 책의 권두 내지에 "경성부ᄃᆞ안동"이라는 필사기가 있다. '경성부'라는 지명을 쓴 것으로 보아 이 책은 일제강점기에 서울에서 만들어진 것임을 알 수 있다.

『정일당잡지』는 권말에 "병진 구월 십칠일의 장동딕 방의셔 맛치다"라는 필사기가 있다. 필사한 때와 필사한 지명을 명기한 사례가 된다. 『윤씨 음식법』에는 앞에서 언급했듯이 권말에 다음과 같은 필사기가 나와 있다.

> 극ᄂ니 필셔ᄒ니 디〃 젼진ᄒ고 득ᄌ 싱녀 션〃이 ᄒ며 셩혼시와 등과ᄒ여 외임 격의 대빈 졉딕 이딕로 ᄒ고 환갑 회혼녜의 낙셩연 음식도 이 만치

만 ᄒ라

갑인 오월 초ᄉᆞᆼ 시셔ᄒᆞ여 슌일 필셔 삼디 글이 ᄎᆞ등치 아니코 쥬ᄒ다

이 필사기는 그 내용으로 보아 여성이 썼음이 분명하다. 필사의 과정이 매우 힘들었음을 적고 대대로 전하기를 당부하였다. 그리고 득남득녀를 시원시원히 하고 혼인 때와 등과 급제하여 접대할 때 여기에 적은 대로 하며, 환갑연, 회혼례 잔치, 낙성연(落成宴) 음식도 이 글과 같이 하라고 당부했다. 음식조리서에 이런 내용의 필사기가 있는 것은 『윤씨음식법』이 유일하다. 이 책의 필사기는 필사한 때와 필사에 참여한 사람이 삼대에 걸쳐 있음을 명기한 것이 특이하다.

『김승지댁 주방문』의 권말에는 "학풍 십년 경신 팔월 십이일 金承旨宅 新冊"이라는 필사기가 있다. '학풍'은 '함풍'의 오기이다. 1860년에 이루어진 이 책은 필사 연월일과 필사한 집안까지 밝혀 놓았다. 음식조리서가 양반 사대부가 집안에서 저술되고 필사되었음을 잘 보여 주는 필사기이다.

『보감록』의 표지에는 "졍묘 졍월 십구일 등서"라는 필사기가 있는데 이 정묘는 1927년으로 추정된다. 이 필사기도 필사한 때만을 기록하였다. 『규곤요람』(연대본)의 권두에는 "건양 원연 쵸하의 등츌이라"라는 필사기가 있다. 건양 원년은 1896년이다. 쓴 시기만 명시하고 쓴 이에 대한 기록은 없다.

위 [표 3]의 음식조리서 30종 중 필사기를 가진 것이 10개이고 나머지 20개는 필사기가 없다. 독서기는 30종 모두에 나타나지 않는다. 독서기는 한글 고소설에 자주 나타난다. 소설 내용이 주는 교훈과 재미 등에 대해 한 마디 적어 놓은 경우가 적지 않다. 그러나 음식조리서에는 이런 독서기가 전혀 나타나지 않는다. 그 까닭은 음식조리서가 재미·교훈·감동 따위를 목적으로 한 것이 아니고 실용적 생활의 참고서였기 때문이다.

■ 사용 문자

서적의 저술과 필사에 어떤 문자를 사용했는가 하는 문제는 문자생활에서 중요한 의미를 가진다. 위 [표 3]을 보면 본문에 한자를 사용한 것은 『주방문』(규장각 소장본)과 『주방문 초』뿐이다. 『주방문』은 요리 명칭 표기에 한글과 한자를 병렬하였으나 본문의 조리법 설명에서는 한자를 전혀 쓰지 않았다. 이 책의 필사기도 한자로 되어 있다. 필체로 보아도 이 책은 남자가 쓴 것이 확실하므로 음식조리서의 저술에 남성이 관여했음을 입증하는 자료이다.

음식조리서로서 유일하게 언해문체를 가진 『주방문 초』는 조리 음식명을 한자어로 쓰고 그 아래 한문 조리법과 그것의 한글 번역문을 배치하였다. 이런 양식은 언해서의 전형적 체제이다. 언해문체를 취한 것도 저술자가 남성인 점과 밀접하게 관련되어 있다. 본문에 한자를 사용한 『주방문』과 『주방문 초』를 제외한 나머지 28종 조리서의 본문은 한글로만 쓰였다.

본문에서와 달리 서명(書名)을 표기하는 데 있어서는 한자 사용 빈도가 높다. 위 [표 3]에서 '술만드는법' 이하의 문헌은 표지가 영인본에 없어서 표지서명을 확인할 수 없다. 『음식디미방』부터 「음식방문 넷」까지 17종 문헌은 표지서명과 권두서명을 모두 확인하였다. 표지서명과 권두서명을 모두 가진 10종 문헌에서 서명 표기에 사용된 문자를 정리하면 다음과 같다.

- 표지서명은 한자이고 권두서명은 한글인 것 : 4종/ 음식디미방, 주방문 초, 규합총서(정양완 가), 규합총서(정양완 다)
- 표지서명과 권두서명이 모두 한자인 것 : 1종/ 주방문(규장각)
- 표지서명과 권두서명이 모두 한글인 것 : 5종/ 주식방문(노가재), 규합총서(정양관 나), 규합총서(동경), 규합총서(국도), 주식방문(정미)

여기서 권두서명만으로 보면 한글 표기가 9종임에 비해, 한자 표기는 1종에 불과하다. 이성우 교수 영인본을 포함한 자료에서 권두서명만 있는 조리서는 14종인데 모두 한글로만 표기되어 있다. 이에 비해 표지서명만 있는 것은 4종이며, 이 중에서 한자로 된 것이 2종(주식시의, 우음제방), 한글로 된 것이 1종(보감록), 국한 병용이 1종(부인필지)이다.

권두서명이든 표지서명이든 한자가 나타나는 것은 8종에 지나지 않는다. 이런 수치는 본문 표기는 물론 서명 표기에 있어서도 한글로 표기한 것이 압도적임을 의미한다. 서명 표기에 한글을 위주로 했다는 점은 음식조리서에 나타나는 큰 특징이라 하겠다.

■ 서체와 필치

여기서의 '서체'는 해서체·흘림체(초서) 등과 같은 글씨체를 가리키고, '필치'는 솜씨에 따라 달라지는 필서의 수준을 뜻한다. 필자는 위 표에서 서체를 해서(반듯하게 쓴 정자체), 반흘림(해서체 요소가 있는 초서), 흘림(초서)로 세 가지로 구별하였다.31) 필치는 달필체(達筆體), 보통체, 소졸체(疏拙體)로 구별하여 표시하였다.32) 30종 전체의 서체를 수치로 요약하면33) 해서체가 13개, 흘림체가 10개, 반흘림체가 5개이다. 필치로 보면 달필체가 15개, 보통체가 14개, 소졸체가 1개이다. 달필 및 보통 솜씨의 것이 압도적으로 많은데 이는 당시 양반가 여성들의 필사 수준이 높았음을 뜻한다. 이러한 분석을 통해 우리는 한글을 통한 전통 사회 여성들의 서사 활동이 빈번하였고, 한글 텍스트를 필사한 수준도 높았던 사실을 확인할 수 있다.

---

31) '궁체'는 특수화된 용어여서 필자의 설정 기준에 맞지 않다. 궁체이면서 해서체인 것이 있을 수 있고 흘림체인 것이 있을 수 있으며, 궁체이면서 그 필치가 '달필'일 수도 있고 '보통'일 수도 있다. 이런 점이 있기 때문에 서체와 필치의 구별에서 '궁체'는 제외하였다.

32) 필치의 수준을 이 세 가지로 나누었지만 이렇게 나누는 객관적 기준은 없기 때문에 필자의 경험에 입각하여 주관적으로 판단하였다.

33) 2인 이상의 필사한 경우는 각각 별도로 계산하였다. 따라서 전체 합계는 30을 넘는다. 다만 『정일당잡지』는 최근에 철필(鐵筆)로 전사한 것이어서 뺐다. 『윤씨음식법』은 여러 가지 유형이 혼재하여 계산에 넣지 않았다.

3.2.2. 여성 교육서의 경우

■ 저술자와 필사자

전통 사회에서 여성 교육서는 집안의 어른인 아버지나 할아버지가 딸·
며느리·손녀 등을 위해 기존 서적을 참고하여 저술하는 것이 일반적 관행
이었다. 위 [표 4]에 제시한 25종의 여성 교육서에는 저술자가 밝혀진 것과
그렇지 않은 것이 있다. 저술자로 드러난 이황·송시열·이덕무는 저명한
유학자로 잘 알려진 인물이다. 『여소학』은 박문호(朴文鎬 1846~1918)가 1882
년(고종 19)에 부녀자들에게 필요한 글을 모아 언해한 6권 6책의 필사본이
다. 『규학신편』과 『규범』(국한문본), 『치심전』의 저자는 누구인지 모르지만
그 내용으로 보아 남자임은 분명하다. 『규학신편』은 딸의 교육을 위해 글
잘하는 친구에게 부탁하여 지은 것이라고 서문에 씌어 있다. 그리고 『치심
전』의 권두에는 누이를 가르치려고 지었다는 내용이 있다. 이런 점을 감안
하여 [표 4]에서 이 책들의 저자를 '남성'이라 표기했다. 경북대 소장 『규문
수지』의 서문은 황기(黃豊)가 작성한 것인데 책의 저자도 동일인임이 분명
하다. 『훈규록』의 서문에는 질녀와 사촌 누이들이 10여 세가 되어 한글을
깨치고 난 뒤, 배우고 익힐 글이 없음을 안타까이 여겨서 이 책을 지었다
는 저술 동기가 쓰여 있다.

이 히 밍츈에 너으 질여와 죵미 형졔 ᄂᆞ히 ᄃᆞ 십여셰라. 랄노 셰죵죠의
지은 ᄇᆞ 국문 빅오십일ᄌᆞ을 비와 ᄃᆞ 통ᄒᆞ고 너의게 쳥ᄒᆞ야 왈 녀ᄌᆞ의 비올
그리 이 ᄲᅮᆫ이니ᄀᆞ 닉 ᄃᆞ로니 옛 스룸은 글얼 비우미 고금을 통달ᄒᆞ야 ᄡᅥ 그
도리을 힝ᄒᆞ고 문견을 널리 ᄒᆞ야 ᄡᅥ 그 덕힝을 둑거늘 이졔 녀ᄌᆞ의 그리 이
빅여 ᄌᆞ에 근치면 무엇스로 고금을 통ᄒᆞ고 문견을 너룻게 ᄒᆞ리잇고 닉 듯
고 기히 너겨 둡 왈, (…중략…) 고금에 흥융흔 집과 픠뭉흔 사롬이 경셔와
샤기에 슬녀 잇셔 역〃히 거울ᄒᆞ야 볼지니 이졔 이 언문이 비록 겨근 글이
ᄂᆞ 물로써 글ᄌᆞ을 ᄆᆞᆫ들면 쳔ᄒᆞ의 못홀 몰리 업고 ᄆᆞᆫ고의 못 기록홀 그리 업
ᄂᆞ니 (…중략…) 이졔 닉 너으 등을 위ᄒᆞ야 칙 흔 권을 ᄆᆞᆫ들 일 ᄒᆞ고 이에

죵슈훈 겨를로 고인으 아름돈 물과 어진 힝실 빅여 언을 기록ᄒᆞ야 돌포문
에 ᄃᆞ 허니 글리 굴약ᄒᆞ고 물리 귓셰여 충졸에 보기 어련고로 혹 존쥬도 씨
고 혹 ᄀᆞ으로 협셔도 ᄒᆞ고 규졀ᄆᆞ등 쥬졈을 쥬어 올기 쉬ᄇᆞ게 ᄒᆞ야 ᄒᆞ야곰
눌로 잇켜 고인으 덕힝과 언어을 쓴 븟게 ᄒᆞ노니 너으 등은 삼ᄀᆞᄒᆞ고 공경
ᄒᆞ야 이 글을 ᄇᆞ드ᄅᆞ. 계묘 계츈 하한의 호상 죠슈는 쓰노ᄅᆞ.

한글을 막 익히고 난 후 읽을거리를 더 구하고자 하는 여성들의 독서 욕
구가 위 인용문에 나타난다는 점이 흥미롭다.

그러나 [표 4]의 문헌 중에는 여성이 지은 것도 있다. 『여학별록』은 남양
홍씨 부인이 지은 것이다.[34] 『녀교』의 권말 서문 끝에 '진동'이라 썼는데,
여성의 택호를 동네 이름으로 나타낸 관습으로 볼 때, 이 책의 필사자는
여성일 것이다. 또 이 책을 지은 동기가 서문에 길게 서술되어 있는데 그
내용으로 보아 여성이 쓴 것으로 판단된다. 위 표에 나타난 것으로 볼 때
저자가 알려진 여성 교육서에는 남성 저술자가 더 많다. 그러나 저자 미상
인 책이 더 많은 상황에서 저자의 성별 경향을 자세히 논하기 어렵다.

여성 교육서 중 필사자가 명기된 것은 『여계약언』의 '안병ᄉᆞ자부', 『규범』
의 김복한, 『고금여감록』의 '청강댁'에 지나지 않는다.[35] 『규학신편』의 필
사자는 남성으로 짐작된다. 이 책의 서문 끝에 "영역 빅육십년 병오 월일
조션 일민 우고는 셔ᄒᆞ노라"라는 것이 있기 때문이다. 여성이 이런 식으로
자신을 표현한 경우는 본 적이 없다. 필사자가 여성이 확실한 것은 『여계
약언』, 『고금여감』, 『규곤의측』, 『여학별록』이다. 나머지 '미상'으로 된 문
헌은 필사자의 성별을 판단하기 어려우나 그 서체나 필치로 볼 때 대부분
여성이 쓴 것으로 짐작된다.

---

34) 서문의 끝 부분에 "도광 니십 팔년 무신 명월 쵸슌의 쳐리 남양홍씨 셔"라는 기록이
   있다.
35) 그러나 이 필사자가 저술자일 가능성도 있다. 특히 김복한이 지은 『규범』은 저자 김복
   한이 직접 지은 것일 가능성이 높다.

여성 교육서의 저술자와 필사자를 서로 비교해 보면 성별에 의한 특성
이 발견된다. 저술자는 남성이 압도적으로 우세하지만, 필사자는 여성이
우세하다는 점이 그것이다. 이는 집안이나 주위에 전존되어 온 기존 서적
을 보고 여성들이 옮겨 쓴 경우가 많았기 때문이다. 기존 문헌을 구하여
이것을 다시 옮겨 쓰는 활동은 조선시대 여성들이 행한 문자 활동의 상당
부분을 차지했을 것이다. 한글 고전소설의 수많은 필사본들이 이런 옮겨쓰
기 행위로 생성된 것이다.

■ 필사자 수

[표 4]의 25종 문헌에서 필사자가 한 사람인 것이 22책, 두 사람인 것이
2책, 세 사람인 것은 1책이다. 『규학신편』과 『훈규록』이 2인 필사의 경우
인데, 두 사람의 필체가 반복적으로 교체되는 양상을 보인다. 이 점으로 보
아 이 책들은 두 사람이 번갈아 가며 필사했음을 알 수 있다. 『훈규록』에
서 대부분 분량을 필사한 주 필자의 필체는 독특한 정자체이다. 이에 비해
보조 필자의 필체는 전혀 다른 정자체이다. 『치심전』은 그 서체로 보아 세
사람이 쓴 것이 분명하다. 이 책은 어느 남성이 누이를 위해 지었다고 되
어 있는데, 전사 작업이 쉽지 않은 관계로 한 집안의 여성들이 나누어 필
사한 것으로 짐작된다. 전체적으로 볼 때 한 책의 필사는 한 사람이 전적
으로 수행한 경우가 많고, 몇 사람이 필사에 참여한 경우도 있음을 [표 4]
에서 확인할 수 있다.

■ 서문과 발문

여성 교육서 중 서문이 있는 것이 모두 13책이다. 이 13책 중 서문을 쓴
이가 누구인지 명기되어 있는 것이 7책이다. 위 [표 4]의 서문 항에 '조택
희', '손녀', '우고', '김복한'(범례), '박문호', '남양 홍씨', '호상 죠슈'라고 되어
있는 것이 여기에 해당한다. 이 중에서 조택희, 김복한, 박문호는 남성이고

나머지는 여성으로 보인다. 서문이 있는 책 중 『설씨내범』, 『치심편』, 『여학사편』도 남성의 저술로 판단된다. 서문을 전체적으로 볼 때 여성 교육서는 음식조리서와 달리 남성 저술자가 압도적으로 많은 것이 특징이다.

[표 4]에서 발문이 있는 책은 25책 중 7책이다. 발문항에 '김복한', '강산 누더', '직동', '박문호', '남양 홍씨' 및 '있음'으로 표기된 『설씨내범』과 『치심전』이 여기에 해당한다. 『치심전』은 오라비가 누이를 위해 쓴 것이므로 발문을 쓴 이가 남성이다. '김복한', '박문호'를 제외한 '강산 누더', '직동', '남양 홍씨'로 표기된 것은 여성의 것으로 판단된다. 발문이 없는 책들 중에도 다수가 남성 저술자일 것으로 추정된다.

■ 필사기와 독서기

필사본에 나타난 기록 중 가장 중요한 것이 필사기다. 위 25책 중 어떤 형식으로든 필사기가 있는 것이 21책이다. 이 수치는 다른 부류의 필사본보다 더 높다. 필사기가 없는 책은 4책에 지나지 않는다. 필사기 빈도가 높은 것은 필사자가 스스로 이 책을 통해 언행을 닦았음을 기록하려는 뜻이 뚜렷했음을 보여 준다.

필사기의 형식은 '경오'와 같이 필사 시기를 표기한 것과, '니쇼져'처럼 필사자를 표기한 것이 있다. 필사자를 표기한 것은 '니쇼져', '안병수 자부', '조선 일민'에 지나지 않는다. 조택희가 필사한 '부의편', 김복한이 지은 『규범』, 황기가 지은 『규문수지』 등 저자나 필사자가 앞의 서문 등에서 밝혀진 경우는 필사기에 간지 명칭을 적은 경우가 대부분이다.

『규곤의측』 권말에 실린 필사기의 한 예를 보이면 다음과 같다.

> 셰지 병진츄 긔망 안동셔 지필은 됴지 아니ᄒ고 느즌 더위 심훈 듕 쇠안으로 계유 쎠시니 내 집의 드러 오는 부녀들은 ᄌᄼ히 명심ᄒ여 효측홀지어다.

병진년 가을 열엿샛날 안동에 사는 한 부인이 쓴 것이다. 시원찮은 지필로 늦은 더위가 심한 중 쇠잔한 눈으로 겨우 이 글을 썼으니, 집안 부녀들은 자자(字字)히 명심하여 읽고 본받으라고 당부하였다. 이 필사기에는 필사한 사람의 의도가 분명히 나타나는바, 집안에 며느리로 들어오는 사람의 교육을 위함이다. 짐작하대 이 집안의 며느리는 이 책을 틈틈이 읽었을 듯하다.

경북대 소장본 『계녀약언』은 서문, 본문, 필사기, 독서기가 각각 다른 사람에 의해 쓰여져 있어서 특이한 자료이다. 이 책의 권두에 서문이 있는데 서문 끝에 '정유 삼월 념팔일 손녀 근셔'라고 되어 있는데, 이것의 필체가 본문과 전혀 다르다. 각 글의 모습을 간략하게 보이면 다음과 같다.

 1) 서문
 이 칙은 우리 큰 고모게셔 연안 니씨 학성 됴학의 부인도야 계시더니 불힝ᄒᆞ여 일즉 과거ᄒᆞ신고로 우리 됴부게오셔 측은히 여기시고 우구ᄒᆞ사 고금의 효부와 녈녀의 가언 션힝으로 인증ᄒᆞ시고 당신 경계ᄒᆞ신 말슴으로 너허 십ᄉᆞ편을 디으ᄉ 경계ᄒᆞ시니 (…중략…) 우리 됴부의 셩은 됴씨요 한양인이시고 휘와 ᄌᆞ휘ᄂᆞᆫ 감이 쓰디 못ᄒᆞ거니와 별호ᄂᆞᆫ 몽듀라 ᄒᆞ시다 이 칙 등초ᄒᆞ시나니ᄂᆞᆫ 편슈의 이 글 벗기여 칙 듀신이 뉘신 쥴을 알게 ᄒᆞ시읍소셔정유 삼월 념팔일 손녀 근셔

 2) 본문
 계녀약언 쓜 경계ᄒᆞᄂᆞᆫ 간약ᄒᆞᆫ 말이ᄅ
 ᄉᆞ구고 졔일편 구고롤 셤기ᄂᆞᆫ 졔일편이라…(이하 생략)…
 경군ᄌᆞ 졔이편 난편을 공경ᄒᆞᄂᆞᆫ 졔이편이라…(이하 생략)…
 (…중략…)

 3) 필사기
 (아래 3.3.2의 '경신 윤숨월 회일'의 필사기 참고)

4) 독서기

졍뉴 三月二十八日 묘졔 題

이 칙은 우리 죠고계셔 큰 고모 연안 니시 부인 되신이알 위ᄒ여 지으슨 녀계라 글시 셜고 문리 부죡ᄒ기로 오ᄌ 낙셔 만ᄒ오니 보는 이 용셔ᄒ옵 붓그럽기 가니 업노라

1)의 서문은 2), 3)과 전혀 다른 필체이다. 2), 3)은 아버지가 딸에게 준 글이다. 특히 3)은 본문 필사자(=저술자)가 본문을 다 쓴 후에 적은 필사기이다. 4)는 다른 제3자가 쓴 것인데 '죠고'라고 지칭하는 것으로 보아 1)을 쓴 사람과 같은 항렬의 사람으로 판단된다. 한양 조씨인 어떤 아버지가 출가한 딸을 그리워하며 가르침을 베풀기 위해 이 책을 지었고, 훗날 이 책을 읽은 손녀가 서문에 가까운 글을 지어 책머리에 붙였다. 그리 또 다른 손녀가 독서기라 할 만한 4)를 써넣었다. 웃어른이 남긴 한 권의 책을 이리토록 애중하며 읽고 그 느낌을 책에다가 추기(追記)하였다. 이런 점에서 이 책은 여성의 문자생활 실상을 보여 주는 좋은 자료라 하겠다.

■ 사용 문자

위 [표 4]에는 본문과 서명 표기에 사용한 문자가 한글이냐 한문이냐에 따라 표시해 놓았다. 25책 중 국한문체가 3책, 언해체가 1책이다. [표 4]의 『규문수지』의 본문 문자란에 '한글*'처럼 *표를 붙인 것은 본문에서 글 제목만 한자로 쓰고 본문은 한글로 쓴 특이점을 표시한 것이다. 예컨대 '敎養 ᄯᆞᆯᄌᆞ식을 가르쳐 길은단 말이라'와 같은 예가 있는가 하면, 짤막한 한문구를 앞세우고 이어서 한글로 풀이한 것도 있다. 이런 것들은 언해체도 아니고 국한문체도 아니어서 *표를 달아 별도 표시하였다. 국한문체는 한글과 한문을 혼용한 경우이고, 언해체는 사서언해처럼 한문을 앞에 두고 그 뒤에 한글 번역문을 붙인 것이다. 이런 언해체는 박문호가 지은 『여소학』뿐

이다. 언해체나 국한문체처럼 한문을 많이 사용한 책은 필사자 혹은 저술자가 남성인 경우이다. 위 다섯 사례를 제외한 나머지 20책은 본문은 모두 순 한글로 썼다. 여성 교육서 본문이 대부분 한글로 되어 있음은 당시 여성의 문자생활이 한글 중심으로 이루어진 결과이다.

서명(書名) 표기에 한자를 쓴 책은 모두 6개이다. 그리고 『여학사편』과 『규측』은 한자와 한글을 혼용한 국한문체로 되어 있다. 이들 8책을 제외한 나머지 17책은 서명 표기에 한글을 썼다.

사용 문자의 측면에서 음식조리서와 여성 교육서를 비교해 보면 후자에서 한문 혹은 한자가 훨씬 더 많이 쓰였다. 그 까닭은 아버지가 딸을 위해 짓는 등, 남성이 여성 교육서의 저술과 필사에 더 많이 관여했기 때문이다. 이에 비해 음식조리서는 여성이 짓거나 필사된 것이 더 많은 까닭으로 한자나 한문 사용 정도가 상대적으로 낮다.[36]

■ 서체와 필치

위 [표 4]에서 서체를 기준으로 보면 해서체로 쓴 책이 9책, 반흘림체가 8책, 흘림체가 7책, 흘림체와 해서체를 섞어 쓴 것이 1책이다. 여러 가지 서체가 골고루 구사되었음을 보여 준다. 독서의 효율성이라는 면에서 해서체와 반흘림체가 흘림체보다 더 우월하다. 이런 점에서 필사자가 개인적 독서만 염두에 둘 때와 타인의 독서까지 염두에 둘 때 구사하는 서체가 달라질 수 있다. 타인의 독서를 더 중시할 때 해서체가 선택된다고 할 수 있다.

---

36) 백두현(2017b)이 소개한 『주초침저방』(酒醋沉菹方)은 한문본인데, 제30면과 31면에 다섯 가지 한글 방문(집장, 벽한주, 녹파주, 경장주, 절주)가 실려 있다. 박학다식하며 필력이 빼어난 남성이 쓴 것으로 판단하였다. 한글 방문 다섯 개는 한문 방문을 번역한 것으로 여성이 읽을 수 있도록 배려한 조치로 짐작된다. 『주초침저방』은 남성이 쓴 한문본 음식조리서이면서 일부 한글 방문을 싣고 있다.
백두현·홍미주(2019)에서 소개한 『주찬방』은 한문 방문과 한글 방문이 섞여 있다. 권두의 「용정식」과 「작말식」은 한문으로만 쓰였고, 전체 104개 방문 중 34개 방문에 한글과 한문이 병기되어 있다.

필치로 보면 달필체가 11책, 보통체가 7책, 소졸체가 6책이다. 그리고 달필체와 보통체가 겸유된 것은『치심편』1책이다.『여교』(가람본)은 서사 상궁이 쓴 듯한 뛰어난 달필체이다. 전체적으로 보면 달필체와 보통체가 압도적으로 많다. 이 점은 음식조리서에서도 같다.

한편 필사기 내용 안에 필사자가 필사를 하고 있는 상황이나 스스로의 글솜씨에 대해 언급한 사례들이 더러 있다. 유려한 달필체로 쓰인『규곤의측』에서 "지필은 둏지 아니ᄒ고 느즌 더위 심훈 듕 쇠안으로 계유 뻐시니"라고 한 것은 필사 상황의 어려운 처지를 토로한 것이다.『계녀약언』의 서문에는 "이 칙 등초ᄒ시나니는 편슈의 이 글 벗기여 칙 듀신이 뉘신 줄을 알게 ᄒ시ᄋᆸ소셔"라고 하여 다른 사람이 이 책을 다시 베껴 쓰는 것을 염두에 두고 당부의 말을 하였다. 이 말은 같은 책을 두고 여러 사람이 후대에 중복하여 베꼈던 당시의 실정을 반영한다. 이 책의 서문이 끝나고 그 뒤에 다음과 같이 추기한 내용이 있다.

> 이 칙은 우리 죠고계셔 큰 고모 연안 니시 부인 되신이알 위ᄒ여 지으 슨 녀계라 글시 셜고 문리 부죡ᄒ기로 오즈 낙셔 만ᄒ오니 보는 이 용셔ᄒᆸ 붓그럽기 하니 업노라

이 책에 자신이 쓴 글씨가 설고, 낙서(落書, 빠진 글자)가 많으니 보는 이의 용서를 바라며 스스로 부끄러워 한다는 겸사를 적은 것이다. 필사기 속에는 글쓴이가 스스로의 글씨를 겸사한 말도 있지만 글씨체가 나쁘다고 욕하지 말고 너그러이 봐 달라고 독자에게 청하는 내용도 적지 않게 나타난다. 경북대 소장본『여계약언』의 권말 필사기에도, "이 칙 쥬인은 경셩부 송현 안병스 즈부오니 글이 망칙ᄒ니 살펴보쇼셔"라고 하였다. 스스로의 글씨체가 못났다고 하는 겸사는 필사본에서 상투적으로 나타나는데 이는 의례적 표현이기도 하다.

3.3. 문헌의 내용으로 본 문자생활

위에서 다룬 음식조리서와 여성 교육서 자료에 기록된 내용을 분석하여, 여성들의 문자생활이 어떤 내용을 대상으로 행해졌는지를 이 절에서 논한다. 각 문헌이 음식 조리법과 및 여성 교육을 주 내용으로 한 것은 기본적으로 알고 있으므로, 이 두 범주에 들지 않는 내용을 중심으로 다룬다. 이렇게 하는 이유는 두 가지이다. 첫째, 본 연구가 음식 조리와 여성 교육에 관한 문헌을 대상으로 하기 때문에 문헌의 내용이 이미 음식과 여성 교육이라는 점이 전제되어 있다. 이미 알고 있는 내용을 다시 언급할 필요가 없다. 둘째, 음식조리서나 여성 교육서라 하더라도 주 내용 이외에 여러 가지 잡다한 기록이 들어 있어서 다양한 일상생활 요소들이 반영되어 있기 때문이다. 다양한 내용을 살펴봄으로써 당시 여성이 행한 문자 활동의 다양성을 밝혀낼 수 있다.

3.3.1. 음식조리서의 경우

음식조리서에는 음식 관련 내용뿐 아니라 가정사에 필요한 다양한 종류의 생활 상식을 담고 있는 경우가 많다. 음식 조리법을 포함하고 있는 간본 『규합총서』에는 양조법과 염색법이 있고, 심지어 노비 다스리는 방법도 수록하였다. 그 밖에도 바느질, 점괘, 금기, 육아법, 빨래하는 일 등 가정생활과 관련된 내용도 있다. 음식 만드는 일 뿐만 아니라 부녀자들이 집안일을 꾸리는 데 필요한 생활 상식을 같은 책에 넣었던 것이다. 정양완 교수가 주석한 『규합총서』에는 음식법, 양조법은 물론 화법(畵法), 문방사우 감식법, 약재법(藥材法) 등 온갖 종류의 백과사전적 지식들이 정리되어 있다.[37]

---

37) 정양완 교수 역주본의 권두 서문 끝에 "이 편니 비록 만흐나 그 귀췌을 구훈즉 이 다 양뎡흐는 션무오 티가흐는 요법이라 진실로 일용의 궐치 못홀 거시오 부여의 맛당이

영남대 소장의 필사본 『규합총서』에는 이러한 내용이 요약되어 있다.[38]

『주방문』과 『술빚는법』에는 음식 조리법에 대한 내용이 끝난 뒤 권말에 가사(歌辭)를 실은 것이 있다. 『주방문』에는 상사별곡(相思別曲), 춘면곡(春眠曲), 시주별곡(詩酒別曲), 천주가(天酒歌) 등의 가사와 함께 한시(漢詩)도 몇 수 실려 있다. 『술빚는법』의 권말에는 '목난가'라는 가사를 적어 놓았다.

『보감록』은 그 내용상 특이한 점이 있다. 이 책에는 세 가지 내용이 서술되어 있다. 음식 조리법, '오륜가'라는 한글 가사, 그리고 권말에는 오행법 등 생활 상식 몇 가지를 추기해 놓았다. 각 내용을 쓴 필치가 서로 달라 세 사람이 나누어 쓴 것임을 알 수 있다. 『보감록』 권두에는 음식 조리법이 아니라 음식을 대하는 태도를 가르치는 내용이 놓여 있는 점이 특이하다. '스태우 식시오관'(士大夫 食時五觀)이라는 소제목 아래, 상에 놓인 이 음식을 만들고자 땅을 갈아 씨앗을 심고, 열매를 거두고 찧고 까불고 지진 후에 상에 올리는 것이고, 한 사람이 먹는 음식은 열 사람이 수고한 것이니, 그 공덕을 헤아려 음식을 대하라고 하였다. 음식을 대하는 태도를 교육하는 내용이다.

동춘당가(송준길 후손가)에 전해져 온 『주식시의』 본문 중 제25장부터 제26장에는 '아기 비고 탈 잇시면 약 시난 법'과 '산모 졋 니난 법'에 대한 내용이 실려 있다. 이 책에는 음식 조리법에 대한 설명이 거의 대부분이고 '타식 드리는 법'(24장)과 앞에 언급한 두 가지 내용만 특이한 것이다. 특히 임신부가 배탈이 났을 때의 약 쓰는 법은 태아의 건강에 중요한 일이어서 삽입했을 것이다. 아기를 낳은 후에 젖이 잘 나게 하는 법도 육아를 위한

강구홀 바라 드ᄃᆞ여 이룰 뼈 서룰 ᄒᆞ야 분너예 녀부비룰 쥬노라"라고 하여 여러 가지 내용을 포함시켰음을 말해 두었다.

38) 이 책에는 버선본에 쓰는 문구를 예시하고 풀이한 다음 내용도 있다. 괄호 및 문장부호는 필자가 붙인 것이다. "보션본을 미양 동지일에 고쳐 쓰면 길흐다 ᄒᆞ고, 본의 쓰는 명어 이스니, 왈 보션본의 쓰는 것, 양승어지(양긔는 ᄯᆞ흐로셔 오르고), 일영어텬(희는 하날의 길엇도다). 댱이경복(길이 큰 복을 드듸여), 지우억년(억만 희의 니ᄅᆞ리로다)"

상식이어서 조리법을 설명하는 도중에 삽입한 것으로 보인다.[39]

3.3.2. 여성 교육서의 경우

여성 교육서의 전형적 내용 구성을 보여 주는 한 사례를 『계녀약언』(戒女約言)을 통해 알아보기로 한다. 경북대 취암문고 소장본인 이 책의 표지서명은 '戒女約言 單'으로 되어 있고, 표지에 '癸卯二月上澣粧'이라는 필사기가 쓰여 있다. 권두 내지(內紙)의 서명은 '계녀약언 단 戒女約言 單'인데 한글과 한자를 나란히 적었다. 권두 내지에 또 하나의 필사기가 있는데 '丁졍酉유三삼月월念념八팔日일謄등抄쵸'라고 되어 있다. 이 책의 서문 끝에는 '졍유 삼월 넘팔일 손녀 근셔'라는 서문 쓴 연대를 적어 놓았다. 이 기록은 책을 장정하면서 서문을 써넣은 것으로 판단된다. 그런데 서문은 본문을 쓴 필체와 전혀 다르다. 서문 내용으로 보아[40] 저자의 손녀 되는 사람이 훗날 새로 서문을 써넣은 것으로 판단된다. 조부가 쓴 글을 애중하는 손녀가 다시 책을 수보(修補)하면서 서문 격의 글을 새로 넣은 것으로 짐작된다. 이 책의 주요 목차를 소제목을 통해 보이면 다음과 같다.

> 계녀약언 쑬 경계ᄒᆞᄂᆞᆫ 간약ᄒᆞᆫ 말이라(권수제)
> ᄉᆞ구고 졔일편 구고롤 셤기ᄂᆞᆫ 졔일편이라
> 경군ᄌᆞ 졔이편 난편을 공경ᄒᆞᄂᆞᆫ 졔이편이라
> 봉졔ᄉᆞ 졔삼편 졔ᄉᆞ밧드ᄂᆞᆫ 졔ᄉᆞᆷ편이라
> 교ᄌᆞ손 졔ᄉᆞ편 ᄌᆞ손을 가라치라

---

39) 백두현·홍미주(2019)가 소개한 『주찬방』에는 과실나무를 좋게 하는 법, 역청과 동유를 고아서 칠하는 방법도 실려 있다.

40) 서문의 첫머리는 다음과 같다. "이 칙은 우리 큰 고모게셔 연안 니씨 학ᄉᆡᆼ 됴학의 부인도야 계시더니 불ᄒᆡᆼᄒᆞ여 일즉 과거ᄒᆞ신고로 우리 됴부게오셔 측은히 여기시고 우구ᄒᆞᄉᆞ 고금의 효부와 녈녀의 가언 션ᄒᆡᆼ으로 인증ᄒᆞ시고 당신 경계ᄒᆞ신 말ᄉᆞᆷ으로 너허 십ᄉᆞ편을 디으ᄉᆞ 경계ᄒᆞ시니 ……"

졉빈긱 졔오편 손임을 줄 디졉ᄒ라
화ᄉ고 졔육편 동셔와 시누의롤 화목ᄒᄅ
목족쳑 졔칠편 계려롤 화목ᄒ라
어비복 졔팔편 기집죵과 ᄉᄂ회 죵을 어거ᄒᄅ
졔의복 졔구편 의복을 지으라
의쥬 졔십편 슐과 밥을 의논ᄒ라
신언어 졔십일편 말슴을 슴가ᄒᄅ
엄례방 졔십이편 녜로 막기롤 엄히 ᄒ라
쳐환난 졔십삼편환과 난을 줄 쳐ᄒᄅ
안빈쳔 향부귀 졔십ᄉ편 빈쳔을 편이ᄒ면 부귀롤 누리라

위 소제목에 나타난 열네 가지의 가르침을 보면, 조선시대 여성들이 어떤 교육을 받았는지 한눈에 파악할 수 있다. 제일편에서 제팔편까지는 가족을 포함한 인간관계에 관한 가르침이다. 부모와 남편을 섬기고, 형제·친척과 화목히 지내고, 노복을 잘 다스리는 법을 가르치고 있다. 그리고 제사 받드는 방법과 자식 훈육법을 설명하였다. 제구편과 제십편은 옷 짓기와 음식 조리법의 중요성을 가르친 것이고, 제십일편과 십이편은 언어와 품행을 말하였다. 그리고 끝으로 부귀 빈천을 있는 대로 받아들이는 마음가짐을 가르쳤다.[41] 인간 윤리와 품성 함양은 물론 일상생활을 영위하는 태도와 마음가짐 등에 관한 내용을 골고루 담아 삶의 지침서가 되도록 한 것이 『계녀약언』이다. 아버지가 딸을 사랑하는 깊은 마음으로 인생의 귀중한 가르침을 담은 것이 이 책이다. 이 책을 저술한 아버지는 딸에 대한 애정과 안타까움을 이렇게 표현하며 글을 마쳤다.

쏠ᄅ 네 아비 얼굴 보고 스브고 목소리 듯고 스브거든 이 칙을 헷쳐 주셰 보ᅌ라 ᅌᄆ리 가셔 보고 스브나 그 모양을 엇디 보며 무슨 말을 엇디 ᄒ리

---

41) 이 내용들은 '계녀서'로 널리 알려진 송우암계녀서와 공통점이 있으나 서로 다른 내용도 적지 않다. 이 자료들을 통해 우리는 여성 교육의 변천 과정을 연구할 수 있다.

셰월이 오리면 추 〃 잇고 며느리롤 보면 조곰 풀닐가 ᄒ야더니 갈ᄉ록 약
ᄒ 무옴 셜믯츤다 너의 두 노인 졍경 싱각ᄒ오면 네의 불상ᄒ 무옴 젹은덧
시요 두려운 걱졍 지향 업다 너롤 보면 경계홀 말 무궁ᄒ야 싱각히ᄂ 디로
긔록ᄒ니 칙이 ᄒ 권이라 그 듕의 혹 격언이 잇스니 만분의 일분이ᄂ 공부
ᄒ야 이디로 ᄒ면 네 존구의 며느리요 너의 ᄯᆯ이라42)
　　경신 윤슘월 회일父 부

이 문장에는 출가한 딸이 일찍 홀로 되어 살아감을 안타까이 여기며 딸
에게 가르침을 베푸는 부정(父情)이 진하게 어려 있다.

한편 경북대학교 고서실에 소장된 『여계약언』(女戒約言)에는 위 내용과
같은 열네 가지 가르침을 베푼 후 그 뒤에 다른 여러 가지 내용을 더 붙여
놓았다. 이 책의 권두서명은 「녀계약언 ᄯᆯ 경계한 말이라」로 되어 있다. 『여
계약언』에 더 붙은 내용의 제목만 옮겨 나열하면 다음과 같다.

> 셰상죄목 회심곡이라 / 귀녀가 / 녀ᄌ자탄셔 / 신파별곡 / 졍쥬승젼곡 /
> 형뎨상니셔 / 아녀별곡 / 어마님젼 상술이 / ᄯᆯ의 답셔 / 답소샹 /
> 궁합 권지단 / 삼지법 / 복졔식 / 출계한 ᄉ람이 싱가복이라 /
> 국휼복법이라 / 은ᄌ동아 금ᄌ동아 /
> 병오 이월 십이일 필셔
> 이 칙 쥬인은 경셩 북숑현 안병ᄉ ᄌ부오니 (⋯중략⋯)
> 이 칙 일치 말고 너모 칙장 졉지 마르쇼셔

이 책 끝에는 '병오 이월 십이일 필셔'라는 권말 필사기가 있다. 책의 상
태로 보아 이 '병오'(丙午)는 1906년으로 추정된다. 이 책의 권말 필사기에는

---

42) 이 글의 내용을 간략히 옮기면 다음과 같다.
　　"딸아, 이 아비 얼굴 보고 싶거든 이 책을 열어 보아라. 아무리 가서 보고 싶어도 네
　　안타까운 모습을 어이 보며 무슨 말을 하겠느냐. 세월이 지나 며느리를 보면 너에 대
　　한 마음이 풀릴까 했는데 갈수록 내 마음이 맺히는구나. 너에게 경계할 말 무궁하나
　　생각나는 대로 기록하니 한 권의 책이 되었구나. 만분의 일이나마 공부하여라. 너는
　　네 시부모의 며느리요, 나의 딸이라."

"이 칙 쥬인은 경성부 송현 안병스 즈부오니 글이 망칙ᄒ니 살펴 보쇼셔 샹치 말고 즉젼홀 ᄎ"라고 적혀 있다. 병사(兵使) 벼슬을 하고 서울에 산 안 씨 가문의 며느리가 쓴 것이다. 위에서 언급한 『계녀약언』과 같은 내용의 열네 가지 가르침을 베푼 후에 그 뒤에 가사와 편지, 상복 입는 법 등을 더 포함시켜 분량이 늘어났다. 이 책은 한글로 개인의 감회를 적은 가사를 채 록해서 읽은 점과, 일상생활에 긴요한 사항을 기록해 두고 필요할 때마다 활용했음을 보여 주는 문헌이다.

4. 마무리

조선시대의 한글 사용에 있어서 여성이 가장 중요한 몫을 차지하였다. 백두현(2003b)은 조선왕조실록에 나타난 기록을 통해 궁중 여성의 한글 사 용 양상을 밝혔다. 궁중 여성들이 일상생활에 한글을 사용한 구체적 양상 을 기술하였고, 왕후나 대비가 국정에 관여하여 언문서를 내린 사실을 서 술하였다. 이어서 백두현(2005)에서는 한글 편지(언간)와 한글 고문서를 대 상으로 발신자와 수신자, 문서 작성자와 독서자 등을 분석하여 조선시대 여성의 문자생활 양상을 논하였다.

필자는 이 글에서 한글 필사본 자료 중 음식조리서와 여성 교육서를 통 해 조선시대의 여성들이 영위한 문자생활 양상을 조명해 보았다. 제2장에 서는 필자가 이 주제와 관련하여 수집한 문헌과 그 특징을 간략히 소개하 였다. 제3장에서는 필사본의 특성에 나타난 필사 관련 요소를 분석하고 그 것이 갖는 의의를 논하였다. 그리고 한두 문헌의 사례를 들어 문헌 자료의 내용으로 본 문자생활을 서술하였다. 이러한 논구를 통해 우리는 음식조리 서와 여성 교육서에 나타난 조선시대 여성의 문자생활 양상을 이해할 수 있게 되었다.

이 글에서 검토 대상으로 삼은 음식조리서는 모두 30종이다. 음식조리서를 종합한 이성우 교수의 영인본에 실린 것이 17종이고, 필자가 새로 찾아내거나, 음식조리서로서 기존 보고서의 검토 대상에 포함된 것이 13종이다. 이 30종을 대상으로 필사 관련 요소를 분석하여 [표 3]에 제시하였다. 이 글에서 다룬 여성 교육서는 간본이 7종이고 필사본이 29종이다. 이 중 필사본 25종을 대상으로 필사 관련 요소를 분석하여 [표 4]에 제시하였다. 분석 대상에 넣은 필사 관련 요소는 저자, 필사자, 필사자 수, 서문, 발문, 필사기, 독서기, 본문의 문자, 서명의 문자, 서체와 필사기 등으로 설정하였다. 이 항목들에 대하여 필사자가 남녀 성별, 필사자로 참여한 인원 수, 서문과 발문의 유무와 쓴 사람, 필사기와 독서기의 유무와 쓴 사람, 본문과 서명(書名)을 쓴 문자(한글 혹은 한자), 서체와 필치의 수준 등에 관한 사항을 각 문헌에서 분석하여 두 개의 표로 요약 제시하였다. 이어서 두 표에 나타난 주요 내용을 구체적으로 검토하여 사용 문자의 종류에 따른 경향과 필치의 수준이 보여 주는 특징을 분석하였다. 이와 같은 분석을 통해 밝혀진 주요 내용을 요약하면 다음과 같다.

■ 음식조리서의 경우

한글 음식조리서 30종 중 『주방문』(규장각본), 『온주법』, 『주방문 초』는 책의 저술에 남성이 관여했음이 확실한 것으로 판단하였다. 그러나 가정에서 음식 조리를 여성이 주관한 만큼 이 책들의 저술에도 그 집안 여성들이 일정한 역할을 한 것으로 본다. 남성과 여성이 공동 참여한 문자생활의 결과가 음식조리서에 반영되었을 것이다. 나머지 27책의 저술과 필사는 여성에 의해 이루어진 것으로 추정된다.

음식조리서의 필사자 수를 보면, 1인 필사가 21종, 2인 필사가 6종, 3인 필사가 3종이다. 2~3인이 필사에 참여한 까닭은 필사 작업이 매우 고된 것이어서 작업의 고통을 분담한 결과이다. 『윤씨음식법』의 권말 필사기에

는 필사의 극난함과 아울러 삼대(조모, 시어머니, 며느리)가 함께 필사했음을
기록했다.

음식조리서에는 서문이나 발문을 갖춘 것이 없다. 그 이유는 공간(公刊)
을 염두에 두지 않은 여성 저술이기 때문이다. 여성이 저술을 남기는 것은
조선시대의 통념상 받아들여지기 어려운 것이었다. 서문이나 발문은 없지
만 간단한 필사기가 있는 것이 있다. 그 대표적인 것이『음식디미방』이다.
이 책의 필사기에는 딸들에게 한 당부 내용이 있어서 특이하다. 그러나 대
부분의 음식조리서에는 필사 연대를 적은 정도의 필사기만 있다.

음식조리서 중 본문에 한자를 사용한 것은『주방문』과『주방문 초』뿐이
고[43] 나머지는 모두 순 한글로 되어 있다.『주방문』은 요리 명칭 표기에
한글과 한자를 병렬하였으나 본문의 조리법 설명에서는 한자를 전혀 쓰지
않았다.『주방문 초』는 한문 번역체 즉 언해체 양식을 가진 유일한 것이다.
언해체 양식과 필체 등으로 보아 이 책은 남성의 저술이 확실하다. 음식조
리서에서 서명에 한자를 쓴 경우도 그 수가 적다. 권두서명이든 표지서명
이든 한자를 쓴 것은 8종에 지나지 않는다. 책의 서명까지 한글로 적은 것
은 음식조리서의 중요한 특징이라 할 수 있다. 음식조리서의 서체를 보면
해서체가 13개, 흘림체가 10개, 반흘림체가 5개이고, 필치로 보면 달필체가
15개, 보통체가 14개, 소졸체가 1개이다. 달필과 보통 솜씨의 것이 압도적
으로 많은 점은 당시 양반가 여성들의 필사 수준이 높았음을 뜻한다.

■ 여성 교육서의 경우

여성 교육서의 저술자는 남성이 많지만 여성이 직접 저술한 것으로 보
이는 책도 있다. 필사자가 여성이 확실한 것은『여계약언』,『고금여감』,

---

43) 최근에 발표된 백두현(2017)과 백두현·홍미주(2019)에 따르면, 한문 음식조리서인『주
초침저방』의 권말에 한글 방문 5개가 들어가 있고,『주찬방』에는 한글 방문과 한문
방문이 병기된 것이 다수 나타난다.

528 제4부 조선시대 여성의 문자생활

『규곤의측』, 『여학별록』이다. 나머지 필사자 미상 문헌들은 서체 혹은 필치로 볼 때 대부분 여성이 쓴 것으로 판단된다. 한편 여성 교육서의 저술자와 필사자를 서로 비교해 보면 성별에 의한 특성이 발견된다. 저술자는 남성이 압도적으로 우세하지만, 필사자는 여성이 우세하게 나타났다. 이것은 집안 혹은 친지들에게 전해 온 서적을 보고 여성들이 전사하였기 때문이다.

여성 교육서 25종에서 필사자가 한 사람인 것이 22책, 두 사람인 것이 2책, 세 사람인 것은 1책으로 나타났다. 필사자 수의 관점으로 보면 한 책을 한 사람이 줄곧 쓴 경우가 압도적이다. 여성 교육서 중 서문이 있는 것은 13책이고, 서문의 작자가 분명한 것이 7책이다. '조택희', '손녀', '우고', '김복한', '박문호', '남양 홍씨', '호상 죠슈'라고 되어 있는 것이 후자에 해당한다. 서문이 있는 책 중 『설씨내범』, 『치심편』, 『여학사편』도 남성의 저술로 보인다. 이러한 사실에서 알 수 있듯이, 여성 교육서는 음식조리서와 달리 남성 저술자가 압도적으로 많다.

여성 교육서 25책 중 어떤 형식의 필사기이든 필사기가 있는 것이 21책이다. 필사기가 없는 책은 4책에 지나지 않는다. 필사기 출현 빈도가 높은 것은 필사자가 스스로의 기록을 남기려는 의도가 강했음을 의미한다.

본문의 사용 문자를 보면 여성 교육서 25책 중 20책이 순 국문체이고, 국한문체가 3책, 언해체가 1책이다. 일반 언해본처럼 한문을 앞에 두고 그 뒤에 번역 언문을 놓는 언해체 방식의 문헌에는 박문호가 지은 『여소학』뿐이다. 한문을 많이 쓴 언해체나 국한문체로 된 문헌은 필사자 혹은 저술자가 남성이다. 여성 교육서 본문은 대부분 한글 중심으로 되어 있는데, 이는 조선시대 여성의 문자생활이 한글 위주로 이루어진 사실을 반영한다. 사용 문자의 측면에서 음식조리서와 여성 교육서를 비교해 보면 후자에서 한문 혹은 한자가 훨씬 더 많이 쓰였다. 그 까닭은 여성 교육서의 저술과 필사에 남성이 많이 관여했기 때문이다. 부녀자 교육을 위해 아버지를 포함한 남성이 지은 여성 교육서가 많기 때문에 이런 결과가 나타난 것이다. 이에 비해 음식조리서는 여성이 짓거나 필사한 것이 많은 까닭으로 한자나 한문 사용 정도가 상대적으로 낮다.

여성 교육서의 서체를 보면 해서체로 쓴 책이 9개, 반흘림체가 8개, 흘림체가 7개, 흘림체와 해서체를 섞어 쓴 것이 1개이다. 여러 가지 서체가 골고루 구사되었음을 보여 준다. 독서의 효율성이라는 면에서 해서체와 반흘림체가 흘림체보다 우월하기 때문이 전자의 서체가 많이 사용되었다.

제3장에서는 문자생활이라는 측면에서 음식조리서와 여성 교육서의 내용을 고찰하였다. 음식조리서에는 음식에 관한 내용뿐 아니라 가정생활에 필요한 여러 가지 생활 상식을 적은 것도 적지 않다. 그리고 『주방문』 등 일부 책에는 한글 가사(歌詞)나 오행법 등이 실린 것도 있다. 이런 양상은 여성 교육서에도 나타나 있는데 편지 쓰는 양식, 상복 입는 법 등에 대한 내용도 포함되어 있다.

이 글에서 밝혀진 문자생활 관련 정보는 앞으로 연구될 필요가 있는 한국 어문생활사 자료로 활용될 수 있다. 이 글에서 정리된 여성 교육서는 전통적 여성문화 연구 자료로 활용될 수 있고, 음식조리서는 조선시대 음식사 및 전통 음식의 개발 등의 자료로 활용될 수 있다. 이 자료에 담겨 있는 언어가 국어사 연구를 위한 자료가 됨은 말할 필요가 없다.

참고문헌

논저

강경훈(1998), 정경부인 한산이씨 『고행록』, 『문헌과 해석』 5, 문헌과해석사, 128-131.

강신항(1963), 연산군 언문금압에 대한 삽의-국어학사상에 미친 영향의 유무를 중심으로, 『진단학보』 24, 진단학회, 27-62.

강신항(1984/2003), 『수정 증보 훈민정음 연구』, 성균관대학교 출판부.

강신항(1995), 『국어학사』(증보개정판), 보성문화사.

강영철(2006), 1774년 文殊寺 靑蓮庵 佛事의 現揚資料-首畵僧 雪訓의 書簡文信을 중심으로, 『동악미술사학』 7, 동악미술사학회, 341-351.

강창석(2012), 훈민정음 반포와 관련한 몇 가지 문제, 『개신어문연구』 35, 개신어문학회, 5-30.

강창석(2014), 『諺文字母』의 작성 주체와 시기에 대하여, 『언어와 정보사회』 22, 서강대학교 언어정보연구소, 27-52.

강현경(1983), 『설씨내범』의 연구, 『설씨내범』(薛氏內範) 영인본의 해제 논문, 오성사.

고영근(1983a/1994) 한글의 유래, 『통일시대의 어문 문제』, 도서출판 길벗.

고영근(1983b/1994), 개화기 국어연구 단체와 국문 보급 활동, 『통일시대의 어문 문제』, 도서출판 길벗.

고영근(1985), 『국어학연구사』, 학연사.

곽충구(2010), 李匡明의 〈이쥬풍속통〉과 18세기 함남 甲山의 언어 문화, 『방언학』 12, 한국방언학회, 141-201.

구본관(2009), 국어생활사 교육 내용, 『문법교육』 10, 한국문법교육학회, 1-48.

구수영(1979), 안민학의 애도문 고, 『백제연구』 10, 백제문화연구소, 169-192.

권경희(1983), 내간 사돈지 연구, 효성여자대학교 석사학위 논문.

권덕규(1923), 『朝鮮語文經緯』, 광문사.

권덕규(1926), 훈민정음의 연혁, 『신민』 20, 하동호 편(1986), 『한글논쟁 논설집 下』, 탑출판사, 『역대한국문법대계』 3-11, 박이정.

권재선(1989), 『간추린 국어학 발전사』, 우골탑.

권재일(1994), 『한글갈』을 통해 본 외솔의 문헌 연구, 『나라사랑』 89, 외솔회, 137-155.

규장각한국학연구원 엮음(2013), 『실용서로 읽는 조선』, 정호훈·최종성·권기석 기획.

김경숙(2006), 고문서를 활용한 생활사 연구의 현황과 과제, 『영남학』 10, 경북대학교 영남문화연구원, 303-334.

김광해(1995), 조망- 국어에 대한 일본어의 간섭, 『새국어생활』 5-2, 국립국어연구원, 3-26.

김광해(1996), 국어발전의 양상, 『선청어문』 24, 서울대학교 사범대학 국어교육과, 123-146.

김길동(1989), 『이선생유훈언해』에 대한 국어학적 연구, 『도솔어문』 5, 단국대학교 국어국문학과, 146-159.

김동욱(1957), 正音廳 始末, 『논문집』 5, 서울대학교, 109-126.

김동욱·김경표·이왕기·박명덕(1990), 조선시대 건축용어 연구 -조선후기 영건의궤서에 기록된 부재 명칭의 변천에 대하여, 『대한건축학회 논문집』 6(3), 대한건축학회, 3-12.

김민수(1964/1982), 『신국어학사』(전정판), 일조각.

김민수(1967), 韓國語學史(下), 『한국문화사대계』 V, 고려대학교 민족문화연구소.

김민수(1987), 『국어학사의 기본이해』, 집문당.

김봉좌(2004), 조선시대 방각본 언간독 연구, 한국정신문화연구원 석사학위 논문

김봉좌(2015), 순조대 진작 의례와 한글 기록물의 제작, 『정신문화연구』 38(3), 한국학중앙연구원, 151-178.

김석득(1979), 『한국어 연구사(상·하)』, 연세대학교 출판부.

김석득(1985), 최현배 [한글갈], 『한글』 190, 한글학회, 69-88.

김석득(2010), 한결 선생의 『조선문자 급 어학사』, 『애산학보』 36, 애산학회, 1-29.

김선기(1965), 문자 정책론, 『한글』 134, 한글학회, 20-32.

김슬옹(2005), 『조선시대 언문의 제도적 사용 연구』, 한국문화사.

김슬옹(2012), 『조선시대의 훈민정음 발달사』, 도서출판 역락.

김승곤(1998), 세종 시대의 어문 정책, 『세종문화사대계』 1(어학·문학), 세종대왕기념사업회, 201-303.

김연주(2009), 의궤 번역에 있어서 차자 표기 해독, 『민족문화』, 33, 한국고전번역원, 55-83.

김영욱(2001), 개화기의 어문 운동에 관하여-고종칙령 제1호 14조의 해석을 중심으로, 한국어교육학회, 발표 초록.

김완진(1971), 세종의 어문정책에 대한 연구; 훈민정음을 위요한 수삼의 문제, 『성곡논총』 3, 성곡학술문화재단, 185-215.

김완진(1984), 훈민정음 제작의 목적, 『국어와 민족문화』(김민수 외 편), 집문당.

김용경(2001), 평해황씨가 완산이씨의 유언 및 소지, 『문헌과 해석』 14, 문헌과해석사, 76-89.

김용섭(1983), 農書 小史, 『한국학 문헌 연구의 현황과 전망』, 아세아문화사, 31-48.

김웅배(2000), 훈민정음에 나타난 중국 운학의 창조적 내용, 『목포어문학』 2, 목포대학교 국어국문학과, 225-233.

김유범(2009), 국어생활사 교육의 방법과 교재, 『문법교육』 10, 한국문법교육학회, 49-64.

김윤경(1938/1946/1954), 『조선문자급어학사』(朝鮮文字及語學史), 진단출판협회/동국문화사

김은성(2007), 국어 어문생활사 기술을 위한 시론-자료 수집 및 분류 체계화 방안을 중심으로, 『국어교육연구』 19, 국어교육학회, 437-468.

김일근(1978), 경기도 지평현 백성들의 노상(路上) 발괄(白活), 『독서신문』 제398호(1978년 10월 15일자) 한글 반포 532주년 기념 특집호.

김일근(1986/1991), 『언간의 연구』(三訂版), 건국대학교 출판부.

김일근·이종덕(2000), 17세기의 궁중 언간-숙휘신한첩, 『문헌과 해석』 11, 문헌과해석사, 74-82.

김일근·이종덕(2001), 숙명공주의 한글 편지첩 ③,『문헌과 해석』 17, 문헌과해석사, 148-162.

김일근·황문환(1999), 김상희(추사 계제)가 아내와 누이에게 보내는 편지(1831년), 『문헌과 해석』 7, 문헌과해석사, 75-83.

김일근·황문환(1999), 어머니 해평 윤씨(추사 조모)가 아들 김노경(추사 부친)에게 보내는 편지, 『문헌과 해석』 6, 문헌과해석사, 61-68.

김일근·황문환(2000), 아내 기계 유씨(추사 모)가 남편 김노경(추사 부)에게 보내는 편지, 『문헌과 해석』 10, 문헌과해석사, 80-90.

김재문(1993), 한국고전소설 속의 법률 문서-춘향전·이춘풍전을 중심으로, 『고문서연구』 4, 한국고문서학회, 79-114.

김종택(1979), 언간을 통해 본 근세 전기어의 단면-이동표선생의 언간을 중심으로, 『어문연구』 4, 경북대학교 어학연구소, 1-12.

김항수(1998), 『삼강행실도』 편찬의 추이, 『진단학보』 85, 진단학회, 229-245.

김호동(2000), 麗末鮮初 향교 교육의 강화와 그 경제적 기반의 확보 과정, 『대구사학』 61, 대구사학회, 1-31.

남광우(1989), 훈민정음의 재조명, 『수여 성기열박사 환갑기념논총』, 인하대학교 출판부.

남풍현(1996), 언어와 문자, 『조선시대 생활사』, 한국고문서학회, 역사비평사.

도수희(1985), 哀悼文에 나타난 16세기 국어, 『어문론지』 4·5, 충남대학교 국어국문학과.

류진아(2010), 언간을 활용한 국어생활사 교수·학습 방안 연구, 경북대학교 교육대학원 석사학위 논문.

류탁일(1986), 『한국문헌학연구서설』, 세종문화사.

류탁일(1989), 『한국문헌학연구』, 아세아문화사.

류탁일(2001), 『영남지방 출판문화론고』, 세종문화사.

류화송(2003), 『조선불교통사』에 나타난 이능화의 언문 인식 고찰-'언문자법 원출범천'을 중심으로, 불교학보 40, 동국대학교 불교문화연구원, 331-347.

민현식(2003), 국어문화사의 내용 체계화에 대한 연구, 『국어교육』 110, 국어교육학회, 201-267.

박부자(2015), 삶 속에 자리잡다, 『한글이 걸어온 길』, 국립한글박물관, 99-145.

박영민(2016), 빙허각 이씨의 『청규박물지』(淸閨博物志) 저술과 새로운 여성지식인의 탄생, 『민족문화연구』 72, 고려대학교 민족문화연구원, 261-295.

박은향(2004), 조선 후기 한글 음식조리서 『주방문』의 음운 연구, 경북대학교 대학원 석사학위 논문.

박재연·황문환(2005), 『충북 송병필가 한글 편지』, 중한번역연구소·미도민속관.

박정숙(2012), 나은(懶隱) 이동표의 생애와 글씨 세계, 『월간 서예』 통권 375호, 158-162.

박창원(1998), 한국인의 문자생활사, 『동양학』 28, 단국대학교 동양학연구소, 57-88.

박창원(2014), 『한국의 문자 한글』, 이화여자대학교출판부.

박창원(2015), 국어기본법 10년을 되돌아보면서, 『새국어생활』 25-3(2015년 가을호), 국립국어원, 3-35.

방종현(1946), 훈민정음 사략, 『한글』 97, 한글학회, 37-50, 이기문 편(1977 : 137-152)에 재수록.

방종현(1948), 『훈민정음통사』, 일성당서점.

배영환(2012), 현존 最古의 한글 편지 '신창맹씨묘출토언간'에 대한 국어학적인 연구, 『국어사연구』 15, 국어사학회, 211-239.

배영환·신성철·이래호(2013), 진성이씨 이동표가 언간의 국어학적 연구, 『장서각』 30, 한국학중앙연구원 장서각, 222-254.

백낙천(2007), 국어생활사 자료로서의 언간의 특징, 『한국언어문화』 34, 한국언어문화학회, 183-198.

백두현(1992), 『재조번방지』의 서지·국어학적 연구, 『성곡논총』 23, 성곡학술문화재단, 1831-1877.

백두현(1993), 窮儒寒士本 孟子諺解에 대하여, 『용연어문논집』 6, 용연어문학회, 경성대학교 국어국문학과, 159-174.

백두현(1999), 정부인 안동장씨와 『음식디미방』, 『문헌과 해석』 9, 문헌과해석사, 115-122.

백두현(2001), 조선시대의 한글 보급과 실용에 관한 연구, 『진단학보』 92, 진단학회, 193-218.

백두현(2003a), 음식디미방의 내용과 구성에 관한 연구, 『영남학』 창간호, 경북대학교 영남문화연구원, 249-280.

백두현(2003b), 조선시대 여성의 문자생활 연구─조선왕조실록 및 한글 필사본을 중심으로, 『진단학보』 97, 진단학회, 139-187.

백두현(2003c), 취암문고 소장 국어사 자료의 연구, 『영남학』 3, 경북대학교 영남문화연구원, 109-174.

백두현(2003d), 『현풍곽씨언간 주해』, 태학사.

백두현(2004a), 우리말[韓國語] 명칭의 역사적 변천과 민족어 의식의 발달, 『언어과학연구』 28, 언어과학회, 115-140.

백두현(2004b), 조선시대 여성의 문자생활 연구─조선왕조실록 및 한글 필사본을 중심으로, 『진단학보』 97, 진단학회, 139-187.

백두현(2004c), 한국어 문자 명칭의 역사적 변천, 『문학과 언어』 26, 문학과언어학회, 1-16.

백두현(2005), 조선시대 여성의 문자생활 연구─한글 편지와 한글 고문서를 중심으로, 『어문론총』 42, 한국문학언어학회, 21-56.

백두현(2006a), 국어사 연구의 새로운 방향 설정을 위하여, 『국어학』 47, 국어학회, 3-40.

백두현(2006b), 안동권씨가 남긴 한글 분재기, 『문헌과 해석』 36, 문헌과해석사, 134-147.

백두현(2006c), 조선시대 여성의 문자생활 연구─한글 음식조리서와 여성 교육서를 중심으로, 『어문론총』 45, 한국문학언어학회, 261-321.

백두현(2006d), 『음식디미방 주해』, 글누림.

백두현(2007a), 한글 필사본의 필사기류에 나타난 조선시대 사람들의 문자생활, 제25회 한말연구학회 전국학술대회 발표 논문집, 한말연구학회, 49-76.

백두현(2007b), 한글을 중심으로 본 조선시대 사람들의 문자생활, 『서강인문논총』 22, 서강대학교 인문과학연구소, 157-203.

백두현(2008a), 17세기 한글 노비 호적 연구, 『어문학』 100, 한국어문학회, 31-58.

백두현(2008b), 계명대학교 동산도서관 소장 국어사 자료의 가치, 『한국학논집』 37, 계명대학교 한국학 연구소, 65-114.

백두현(2009), 훈민정음을 활용한 조선시대의 인민 통치, 『진단학보』 108, 진단학회, 263-297.

백두현(2011), 『한글 편지로 본 조선시대 선비의 삶』, 경북대학교 인문교양총서 1, 도서출판 역락.

백두현(2012), 음운변화로 본 하생원 주방문(酒方文)의 필사 연대, 『한국문화』 60, 서울대학교 규장각한국학연구원, 181-211.

백두현(2015a), 소통의 관점에서 본 조선시대의 한글 편지, 『한글편지, 시대를 읽다』, 국립한글박물관 기획특별전, 138-149.

백두현(2015b), 훈민정음의 사용·보급·정책에 관한 연구의 성과와 방향-훈민정음의 사용·보급·정책에 관한 연구사적 검토-, 『훈민정음 연구의 성과와 전망 I 국내편』, 국립한글박물관, 116-150.

백두현(2015c), 『한글문헌학』, 태학사.

백두현(2017a), 음식디미방의 위상과 가치, 『음식디미방과 조선시대 음식문화』, 경북대학교 출판부, 15-71.

백두현(2017b), 『주초침저방』의 내용 구성과 필사 연대 연구, 『영남학』 62, 경북대학교 영남문화연구원, 407-446.

백두현(2019), 『현풍곽씨언간 주해』(증보판), 도서출판 역락.

백두현·안미애(2019), 표기와 음운변화로 본 『주찬방』의 필사 연대, 『국어사연구』 28, 국어사학회, 233-268

백두현·홍미주(2019), 17세기 한글 음식조리서 『주찬방』의 서지와 내용 구성, 『영남학』 70, 경북대학교 영남문화연구원, 7-46.

복거일(1998), 『국제어 시대의 민족어』, 문학과지성사.

서병국(1973), 『신강 국어학사』(新講 國語學史), 형설출판사.

서보월(1999), 「온주법」의 말자음군 표기, 『안동어문학』 4, 안동어문학회, 23-44.

성원경(1970), 훈민정음 제자이론과 중국 운서와의 관계, 『학술지』 11, 건국대학교, 131-147.

성인출(2004), 18세기 후기 국어의 표기법 연구-윤음언해를 중심으로, 계명대학교 대학원 박사학위 논문.

小倉進平(1940), 『增訂 朝鮮語學史』, 東京 : 刀江書院.

손인수(1978), 『한국인의 가치관』, 문음사.

송기호(2002), 고대의 문자생활 : 비교와 시기 구분, 『강좌 한국고대사』, 가락국 사적개발 연구원.

송민(1988), 일본 수신사의 신문명 어휘 접촉, 『어문학논총』 7, 국민대학교 어문학연구소, 51-65.

송민(1989), 개화기 신문명 어휘의 성립과정, 『어문학논총』 8, 국민대학교 어문학연구소, 69-88.

송일기·이태호(2001), 조선시대 행실도 판본 및 판화에 관한 연구, 『서지학연구』 21, 서지학회, 79-121.

송재용(2008), 『미암일기연구』, 제이앤씨.

송지혜(2001), 『남해문견녹』의 국어학적 고찰, 『국어사연구』 2, 국어사학회, 231-255.

송철의(2004), 한국 근대 초기의 어문운동과 어문정책, 『한국문화』 33, 서울대학교 규장각 한국학연구원, 1-36.

송철의(2008), 반절표의 변천과 전통시대 한글 교육, 『세계 속의 한글』(홍종선 외), 박이정, 165-194.

송호근(2011), 『인민의 탄생, 공론장의 구조변동』, 민음사.

송호근(2013), 『시민의 탄생』, 민음사.

시정곤(2007), 훈민정음의 보급과 교육에 대하여, 『우리어문연구』 28, 우리어문학회, 33-63.

신경철(1993), 『국어 자석 연구』, 태학사.

신정숙(1970), 한국전통사회의 내훈에 대하여, 『국어국문학』 47, 국어국문학회, 5-141.

신정숙(1984), 『한국전통 사회의 여성생활문화』, 대광문화사.

안귀남(1999), 고성 이씨 이응태 묘 출토 편지, 『문헌과 해석』 6, 문헌과해석사, 40-46.

안병희(1977), 초기 한글 표기의 고유어 인명에 대하여, 『언어학』 2, 한국언어학회, 65-72.

안병희(1985a), 언해의 사적 고찰, 『민족문화』 11, 한국고전번역원, 7-26.

안병희(1985b), 훈민정음 사용에 관한 역사적 연구 : 창제로부터 19세기까지, 『동방학지』 46·47·48, 연세대 동방학연구소, 793-821.

안병희(1992), 훈민정음 사용의 역사, 『국어사연구』, 문학과 지성사.

안병희(1993), 여씨향약언해 해제, 『연민학지』 1, 연민학회, 333-341.

안병희(2000), 한글의 창제와 보급, 『겨레의 글 한글』(새천년 특별전 도록), 국립중앙박물관, 174-183, 안병희(2007)에 재수록.

안병희(2007), 『훈민정음 연구』, 서울대학교 출판부.

안승준(1996), 조선시대 사노비 추쇄와 그 실제─영주 인동장씨 소장 고문서를 중심으로, 『고문서연구』 8, 한국고문서학회, 1-39.

안승준(1998), 점필재 김종직이 어머니와 아내로부터 받은 편지, 『문헌과 해석』 5, 문헌과해석사, 42-49.

안승준(1999), 1689년 정씨부인이 예조에 올린 한글 소지, 『문헌과 해석』 8, 문헌과해석사, 82-95.

안승준(2000a), 1556년 이씨 부인이 경상도 관찰사에게 올린 청송(聽訟), 『문헌과 해석』 13,

문헌과해석사, 56-65.

안승준(2000b), 1652년 오신남의 처 임씨가 계후에 관하여 관찰사에게 올린 의송,『문헌과 해석』 10, 문헌과해석사, 56-73.

안승준(2000c), 제사윤행과 여성의 재산 상속에 관한 분재기,『문헌과 해석』 11, 문헌과해석사, 93-104.

安自山(1938), 諺文名稱論,『正音』 26, 朝鮮語學硏究會, 4-5.

양승민(2008), 진주유씨가묘 출토 유시정언간,『경기동부지역의 고문헌』, 강남대학교 인문과 학연구소, 308-316.

오윤희(2015),『왜 세종은 불교 책을 읽었을까』, 불광출판사.

오창명·손희하·천득염(2007),『西闕營建都監儀軌』의 목재류 어휘 분석 연구,『건축역사연구』 16-1, 통권 50호, 한국건축역사학회, 29-48.

옥영정(2005), 17세기 간행 사서언해에 대한 종합적 연구,『서지학연구』 32, 한국서지학회, 361-386.

옥영정(2008), 한글본 「뎡니의궤」의 서지적 분석,『서지학연구』 39, 한국서지학회, 139-168.

우용제(1992), 조선후기 서당 교육의 양면성,『교육사학연구』 4, 교육사학회, 79-100.

유재영(1981),『여범』(女範), 영빈 이씨 편저, 유재영 역주, 형설출판사

유창균(1969/1982),『신고 국어학사』(新稿 國語學史), 형설출판사.

유창균(1995),『국어학사』, 형설출판사.

유창균(1996),『훈민정음 역주』, 형설출판사.

윤병석(1977), 李匡明의 생애와 「이쥬풍속통」에 대하여,『어문연구』 15-16, 한국어문교육연구 회, 75-101.

윤숙경(1998),『수운잡방·주찬』(需雲雜方·酒饌), 신광출판사.

이경하(2005), 17세기 상층여성의 국문생활에 관한 문헌적 고찰－여성 대상 傳狀文, 碑誌文을 중심으로,『한국문학논총』 39, 217-241, 한국문학연구회, 217-241.

이광렬(2007), 광해군대『동국신속삼강행실도』 편찬의 의의,『한국사론』 53, 정옥자선생 정년 기념호, 서울대학교 국사학과, 143-202.

이근명(2002), 주희의『增損呂氏鄕約』과 조선사회－조선 향약의 특성에 대한 검토를 중심으로, 『중국학보』 45, 한국중국학회, 275-293.

이근수(1979/1987),『조선조의 어문 정책』, 개문사.

이근수(1983), 훈민정음 창제와 그 정책,『한국어 계통론 훈민정음 연구』, 추강 황희영 박사 송수 기념 논총 간행위원회 편, 집문당, 333-356.

이근수(1995),『훈민정음 신연구』, 보고사.

이기대(2007),『명성황후 편지글』, 다운샘.

이기문 편(1976),『주시경전집』(上·下), 아세아문화사.

이기문 편(1977),『국어학논문선 7. 문자』, 민중서관.

이기문(1970),『개화기의 국문 연구』, 일조각.

이기문(1977), 19세기 말의 국문론에 대하여, 『어문논집』 20, 민족어문학회, 월암(月巖)박성의
    박사 환력기념호, 169-178.

이기문(2005), 우리나라 文字史의 흐름, 『구결연구』 14, 구결학회, 233-251.

이능화(1918), 『조선불교통사』(朝鮮佛敎通史), 신문관, 김영태 이법산 효탄 김진무 한상길 김치
    온 류화송 심원 심효섭 황금연 장현아 譯註(2010), 『역주 조선불교통사』 8책,
    동국대학교 불교문화연구원 조선불교통사 역주편찬위원회.

이동림(1974), 훈민정음 창제 경위에 대하여-俗所謂 反切 二十七字와 상관해서, 『국어국문학』
    64, 국어국문학회, 59-62.

이래호(2015), 조선시대 언간 자료의 특성과 가치, 『국어사연구』 20, 국어사학회, 65-126.

이병근(2015), 이능화의 국문 연구와 언문자법원출범천, 『애산학보』 41, 애산학회, 181-213.

이복규(1996), 우리의 옛 문장 부호와 교정 부호, 『고문서연구』 9·10, 한국고문서학회,
    457-482.

이상규(2011), 『한글 고문서 연구』, 경진.

이상혁(1997), 우리말글의 명칭의 역사적 변천과 그 의미, 『한국어학의 이해와 전망』, 박이정.

이상혁(1998), 언문과 국어 의식-중세와 실학 시대의 '훈민정음'과 '언문' 개념의 비교를 중심
    으로, 『국어국문학』 121, 국어국문학회, 55-73.

이상혁(1999), 문자 통용과 관련된 문자 의식의 통시적 변천 양상, 『한국어학』 10, 한국어학회,
    233-256.

이상혁(2004), 『조선후기 훈민정음 연구의 역사적 변천』, 도서출판 역락.

이석규(1998), 조선초기 '敎化'의 성격, 『한국사상사학』 11, 한국사상사학회, 153-185.

이성무(1999), 『조선왕조실록은 어떤 책인가』, 동방미디어.

이성연(1980), 세종의 언어정책에 대한 연구, 『한국언어문학』 19, 한국언어문학회, 197-210.

이성우(1981), 『한국식경대전』, 향문사.

이성우(1992), 『한국고식문헌집성』, 수학사.

이성임(2004), 조선 중기 양반 관료의 '칭념'(稱念)에 대하여, 『조선시대사학보』 29, 조선시대
    사학회, 47-74.

이숭녕(1958), 세종의 언어정책에 관한 연구-특히 운서 편찬과 훈민정음 제정과의 관계를
    중심으로 하여, 『아세아연구』 1·2, 고려대학교 아세아문제연구소, 29-84.

이숭녕(1972), 鑄字所·冊房·正音廳의 상호 관계에 대하여, 『同大논총』 2, 동덕여자대학교,
    89-100.

이승복(1997), 『유교』의 서지와 문학적 성격, 『규장각』 20, 서울대학교 규장각, 55-73.

이승복(1998), 긔ᄉ유사, 『문헌과 해석』 5, 문헌과해석사, 174-215.

이승복(1998), 유교, 『문헌과 해석』 4, 문헌과해석사, 194-206.

이승재(1992), 『고려시대의 이두』, 국어학총서 17, 태학사.

이승재(2001), 고대의 '方言'과 그 類似 指稱語, 『새국어생활』 11-3, 국립국어연구원, 49-63.

이승희(2010), 『순원왕후의 한글 편지』, 도서출판 푸른역사.

이승희(2013), 조선 후기 왕실 여성의 한글 사용 양상, 『한국문화』 61, 서울대학교 규장각한국학연구원, 301-325.

이용주(1988), 우리나라 문자 정책과 교육, 『정신문화연구』 34, 한국정신문화연구원, 49-66.

이우성(1976), 조선왕조의 훈민 정책과 정음의 기능, 『진단학보』 42, 진단학회, 182-186.

이원호(2002), 『조선시대 교육의 연구』, 문음사.

이응호(1975), 『개화기의 한글 운동사』, 성청사.

이장희(2008), 어문생활사 연구의 현황과 과제, 『영남학』 13, 경북대학교 영남문화연구원, 333-367.

이정옥(1982), 완산이씨유언고』, 『문학과언어』 3, 문학과언어연구회.

이종덕(2005), 17세기 왕실언간의 국어학적 연구, 서울시립대학교 대학원 박사학위 논문.

이종묵(2007), 조선시대 여성과 아동의 한시 향유와 이중언어 체계(Diaglosia), 『진단학보』 104, 진단학회, 179-208.

이종묵(2008), 조선시대 한시 번역의 전통과 한시 번역의 모델, 『민족문화』 32, 한국고전번역원, 75-102.

이진호(2009), 17-18세기 병서(兵書) 언해 연구, 계명대학교 대학원 박사학위 논문.

이진호(2011), 『진법언해(陣法諺解)』의 표기와 음운, 『언어과학연구』 56호, 언어과학회, 137-158.

이진호(2013), 17세기 연병류 병서의 어휘 연구, 한글학회 대구지회 제282차 논문 발표회, 2013.7.13.

이충렬(2010), 『간송 전형필』, 김영사.

이현희(1988), 쥬샹호 "국문론" 譯註, 『주시경학보』 1, 주시경연구소, 199-211.

이호권(1993), '한글갈'의 문헌 연구, 『새국어생활』 3-3, 국립국어연구원, 114-132.

이호권(2008), 조선시대 한글 문헌 간행의 시기별 경향과 특징, 『한국어학』 41, 한국어학회, 83-114.

임용기(2000), 『한글갈』을 통해 본 국어학 연구의 방향, 『나라사랑』 100, 외솔회, 84-110.

임치균(1999), 유씨 부인 유서, 『문헌과 해석』 6, 문헌과해석사, 217-226.

임치균(2000), '선부인가전', '선부인언행별록', 『문헌과 해석』 11, 문헌과해석사, 269-280.

임홍빈(1996), 주시경과 한글 명칭, 『한국학논총』 23, 계명대학교 한국학연구원, 21-41.

임홍빈(2006), 한글은 누가 만들었나, 『이병근선생 퇴임기념 국어학논총』, 태학사, 1353-1394.

장윤희(2005), 국어생활사의 관점에서 본 문학 작품의 가치, 『국어국문학』 141, 국어국문학회, 107-132.

장윤희(2009), 국어생활사 교육의 성격과 목표, 『문법교육』 10, 한국문법교육학회, 287-311.

전경목(2011), 한글 편지를 통해 본 조선후기 과거제 운용의 한 단면-진성이씨 이동표가 언간을 중심으로, 『정신문화연구』 34-3(통권 124호), 한국학중앙연구원, 27-57.

정긍식(1998), 1816년 구례 문화유씨가의 소지에 대한 법적 고찰, 『고문서연구』 14, 한국고문서학회, 99-122.

정순우(2012), 『서당의 사회사 : 서당으로 읽는 조선 교육의 흐름』, 태학사.

정승혜(1999a), 조선시대 토지 매매에 사용된 한글 배지(牌旨), 『문헌과 해석』 9, 문헌과해석사, 74-85.

정승혜(1999b), 한글 토지매매 명문, 『문헌과 해석』 8, 문헌과해석사, 96-103.

정승혜(2000), 한글 토지매매 명문과 배지(牌旨)에 대한 일고찰, 『국어사자료연구』 창간호, 국어사 자료학회, 175-191.

정승혜(2012), 조선통사가 남긴 대마도의 한글 편지에 대하여, 『어문논집』 65, 민족어문학회, 219-250.

정양완 역주(1975), 『규합총서』, 빙허각이씨 저, 보진재.

정연식(2009), 한국생활사 연구의 현황과 과제-조선시대 생활사 연구를 중심으로, 『역사와 현실』 72, 한국역사연구회, 289-314.

정연정(2014), 『이륜행실도』 이판본의 계통과 국어사적 연구, 경북대학교 대학원 박사학위논문.

정연정·천명희(2016), 고성 이씨 소장 『해도교거사』의 국어학적 가치, 『어문론총』 68, 한국문학언어학회, 9-32.

정인승(1946), 훈민정음의 연혁, 『한글』 98, 한글학회, 28-31.

정재영(1996), 19세기말부터 20세기초의 한국어문, 『한국문화』 18, 서울대학교 규장각 한국학연구원, 1-31.

정재영(1998), 안락국 태자 변상도, 『문헌과 해석』 2호, 문헌과해석사, 156-169.

정정남(2016), 파리동양어학교(BULAC) 소장 『整理儀軌』의 건축사료적 가치, 한국건축역사학회 추계학술발표대회 논문집, 123-128.

정주리·시정곤(2011), 『조선언문실록』, 고즈윈.

정창권(2002a), 『한국 고전 여성소설의 재발견』, 지식산업사.

정창권(2002b), 『미암일기』에 나타난 송덕봉의 일상생활과 창작활동, 『어문학』 78, 한국어문학회, 543-562.

趙紀彬(1976), 『論語新探』, 제1판, 人民出版社.

조동일(2003), 어문생활사로 나아가는 열린 시야, 『관악어문』 28, 서울대학교 인문대학 국어국문학과, 69-90.

조성산(2009), 18세기 후반~19세기 전반 조선 지식인의 語文 인식 경향, 『한국문화』 47, 서울대학교 규장각한국학연구원, 177-202.

조재모(2014), 전통건축용어와 영건의궤, 『건축』 58(12), 대한건축학회, 46-46.

조지훈(1963), 사주당 이씨, 『철학대사전』(학원사 편집국 편, 1963, 485쪽)

조태린(2009), 국어생활사 연구의 사회언어학적 요소, 『문법교육』 10, 한국문법교육학회, 347-368.

조항범(1998), 『주해 순천김씨묘 출토 간찰』, 태학사.

존 로스 저, 홍경숙 역, 『존 로스의 한국사』(살림출판사, 2010), 584쪽; History of Corea, Ancient and Modern; with Description of Manners and Customs, Language and Geography (1891).

주보돈(2002), 신라의 漢文字 정착 과정과 불교 수용, 『금석문과 신라사』, 지식산업사, 387-416.

지정민(1996), 조선전기 서민 문자교육에 관한 연구—慕齋 金安國의 교화서 언해사업을 중심으로, 『교육사학연구』 제6·7, 서울대학교 교육사학회, 97-116.

천명희(2014), 새로 발견된 광흥사 월인석보 권21의 서지와 특성, 『국학연구』 24, 한국국학진흥원, 9-33.

최강현(1983), 정경부인 초계 정씨 행장 소고, 『홍익어문』 2, 홍익대학교, 9-18.

최남선(1973), 『육당최남선전집』 3, 육당전집 편찬위원회, 현암사.

최웅환(1999), 16세기 「안민학 애도문」의 판독과 구문분석, 『국어교육연구』 31, 국어교육학회, 263-288

최현배(1942/1949), 『한글갈』, 정음사.

최현배(1961/1976), 『고친 한글갈』, 정음사.

한국고문서학회(1996), 『조선시대 생활사』, 역사비평사.

한국고문서학회(2000), 『조선시대 생활사2』, 역사비평사.

한상권(1984), 16 17세기 향약의 기구와 성격, 『진단학보』 58, 진단학회, 17-68.

허경진(2003), 『사대부 소대헌·호연재 부부의 한평생』, 푸른역사.

허원기(2002), 『곤범』(壼範)의 자료적 성격과 의미, 『장서각』 8, 한국정신문화연구원, 95-111.

허재영(2008a), 어문생활사 연구 대상과 방법, 『우리말글』 42, 우리말글학회, 135-153.

허재영(2008b), 조선시대 문자, 어휘 학습 자료에 대하여, 『한민족문화연구』 26, 한민족문화학회, 259-277.

洪起文(1946), 『正音發達史』(上·下), 서울신문사 출판국.

홍윤표(1984), 정속언해 해제, 홍문각 『正俗諺解』, 1-17.

홍윤표(1990), 여훈언해 해제, 『여훈언해 규합총서』(합본), 홍문각.

홍윤표(2000), 조선 후기 한글 고문서 석독, 『고문서연구』 16·17, 고문서학회, 101-111.

홍윤표(2001a), 딸이 쓴 아버지 제문, 『문헌과 해석』 17, 문헌과해석사, 54-69.

홍윤표(2001b), 물목에 담은 부모 마음, 『문헌과 해석』 16, 문헌과해석사, 48-60.

홍윤표(2001c), 버선본에 담은 효심, 『문헌과 해석』 15, 문헌과해석사, 27-31.

홍윤표(2006), 한글 고문서의 연구 현황과 과제, 『영남학』 10, 경북대학교 영남문화연구원, 185-262.

홍윤표(2008), 『한국 어문생활사, 세계 속의 한글(홍종선 외)』, 박이정, 105-164.

홍윤표(2009), 한글 고문헌 및 한글 고문서의 주석 방법에 대하여, 『영남학』 15, 경북대학교 영남문화연구원, 273-306.

홍윤표(2010), 한글을 어떻게 배워왔을까요?(국어학자 홍윤표의 한글이야기 10), 〈쉼표. 마침표(국립국어원 소식지)〉 60(11월호)〈웹진〉, 국립국어원.

홍윤표(2013), 『한글 이야기』 1, 2, 태학사.

홍윤표(2015), 한글(조선글) 자모의 명칭과 배열 순서에 대한 역사적 연구, 제12차 코리아학국
제학술토론회, The 12th ISKS International Conference of Korean Studies.

홍은진(1997), 방각본 언간독에 대하여, 『문헌과 해석』 1, 문헌과해석사, 84-97.

홍은진(1998a), 구례 문화 유씨가의 한글 소지(所志)에 대하여, 『고문서연구』 13, 한국고문서학
회, 111-143.

홍은진(1998b), 며느리와 시댁 식구 간의 언간 규식」, 『문헌과 해석』 5, 문헌과해석사, 72-94.

홍은진(2000a), 조선 후기 한글 고문서의 양식, 『고문서연구』 16·17, 고문서학회, 57-89.

홍은진(2000b), 한글 배지(牌子)와 명문(明文), 『문헌과 해석』 11, 문헌과해석사, 83-92.

홍은진(2000c), 구례 문화유씨가의 동약독법 언해(洞約讀法 諺解), 『문헌과 해석』 12, 문헌과해
석사, 150-163.

황금연(1989), 의궤류의 한자 차명 표기 연구, 전남대학교 박사학위 논문.

황문환(1997), 월성 이씨가 아들에게 보내는 한글 편지 1(1716년), 『문헌과해석』 창간호, 문헌
과해석사, 61-72.

황문환(1998a), 김노경(추사 부친)이 아내와 어머니에게 보내는 편지(1791년), 『문헌과해석』
5, 문헌과해석사, 64-71.

황문환(1998b), 월성 이씨가 아들에게 보내는 한글 편지 2(1716년), 『문헌과해석』 2, 문헌과해
석사, 46-55.

황문환(2001), 이인칭대명사 '자내'의 기원, 『국어학』 37, 국어학회, 197-217.

황문환·임치균·전경목·조정아·황은영 엮음(2014), 『조선시대 한글 편지 판독자료집』 1, 2,
3, 한국학중앙연구원 어문생활사연구소, 도서출판 역락.

황위주(1996), 한문자의 수용시기와 초기 정착과정(1), 『한문교육연구』 10, 한국한문교육학회,
115-149

황위주(2000), 한문의 초기 정착과정 연구(2)-기원 이전의 상황-, 『대동한문학』 13, 대동한문학
회, 89-130.

황위주(2003), 한문의 초기 정착 과정 연구(3), 『동방한문학』 24, 동방한문학회, 5-42.

황재군(1985), 『한국 고전 여류시 연구』, 집문당.

황재문(2000), 서흥 김씨 유서, 『문헌과 해석』 10, 문헌과해석사, 240-245.

황혜진(2007), 독서생활사 연구를 위한 시론-연구 방향과 자료 기술 방안을 중심으로, 『국어
교육연구』 19, 서울대학교 국어교육연구소, 399-436.

기관 자료집

국립민속박물관(1991), 『생활 문화와 옛문서』.

국립한글박물관(2014), 『소장자료총서 1 곤전어필 정조어필한글편지, 김씨부인한글상언』.

국립한글박물관·한국국학진흥원(2020), 『여성, 한글로 소통하다』(내방가사 속 여성들의 이야기).

전북대학교 박물관(1999), 『박물관 도록-고문서』.

조선왕조실록 CD, 동방미디어.

정신문화연구원(2001), 『규합총서』 영인본.

한국정신문화연구원(2001), 『규합총서』 / 국학진흥연구사업추진위원회 편집.

한국정신문화연구원(2003), 『한국간찰자료선집 Ⅲ』.

한국학중앙연구원 편(2005), 『조선후기 한글 간찰(언간)의 역주 연구』 1, 2, 3, 연구 책임자 이광호, 태학사.

한국학중앙연구원 편(2009), 『조선후기 한글 간찰(언간)의 역주 연구』 4, 5, 6, 7, 8, 9, 10, 연구 책임자 이광호, 태학사.

찾아보기

저자 백두현(白斗鉉)

1955년 경북 성주(星州) 연산 마을 출생. 경북대학교에서 대학과 대학원을 마치고 1990년 2월에 문학박사 학위를 받았다. 경성대학교 부교수를 거쳐 현재 경북대학교 인문대학 국어국문학과에 교수로 재직하고 있다. 『영남 문헌어의 음운사 연구』, 『석독구결의 문자체계와 기능』, 『현풍곽씨언간주해』, 『음식디미방주해』, 『한글문헌학』, 『현장 방언과 문헌 방언 연구』, 『국어음운사와 어휘사 연구』 등의 학술서와 『경상도 사투리의 말맛』, 『한글편지로 본 조선시대 선비의 삶』, 『한글편지에 담긴 사대부가 부부의 삶』 등의 교양서를 출간했다. 국어사와 훈민정음, 석독구결과 고대국어 자료, 한글 문헌과 어문생활사 등에 관련된 130여 편의 연구 논문을 발표하였다.

한글생활사 연구

초판 인쇄 2021년 6월 7일
초판 발행 2021년 6월 14일

저　자 백두현
펴낸이 이대현
편　집 권분옥
디자인 자유안·최선주

펴낸곳 도서출판 역락
주　소 서울시 서초구 동광로 46길 6-6(반포동 문창빌딩 2F)
전　화 02-3409-2060(편집부), 2058(영업부)
팩　스 02-3409-2059
등　록 1999년 4월 19일 제303-2002-000014호
이메일 youkrack@hanmail.net

ISBN 979-11-6742-011-4 93710